| 유형의 완성 |
개념원리
이홍섭 지음
RPM
기하

KB263521

수학
필독서
5000만 부
돌파

개념원리 인강
www.imath.tv

개념원리 수학연구소

# 함께 만드는 최상의 수학 콘텐츠, RPM

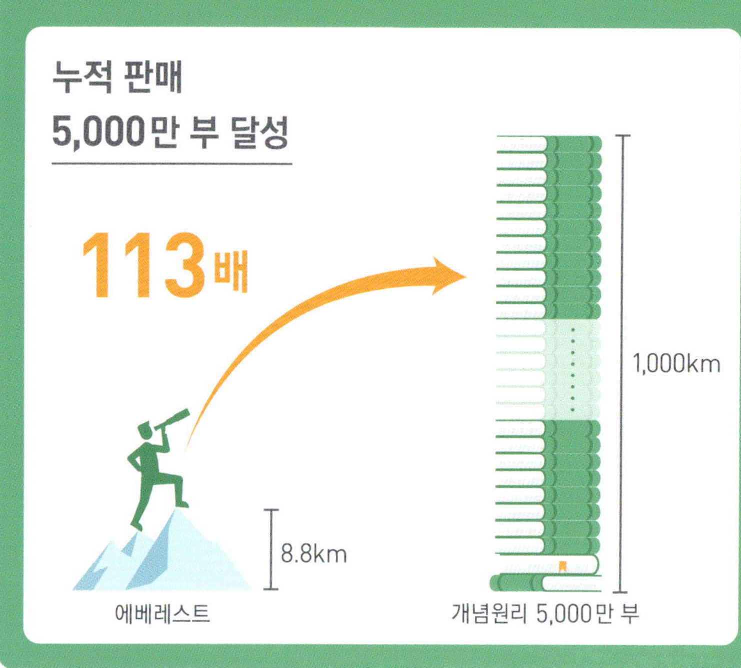


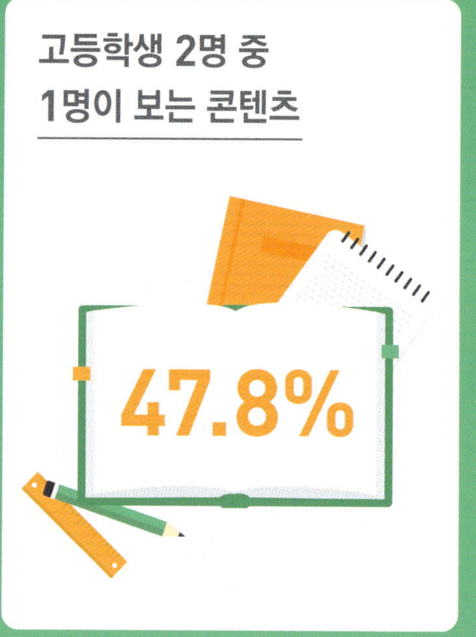


## 01 실사용자 의견 반영

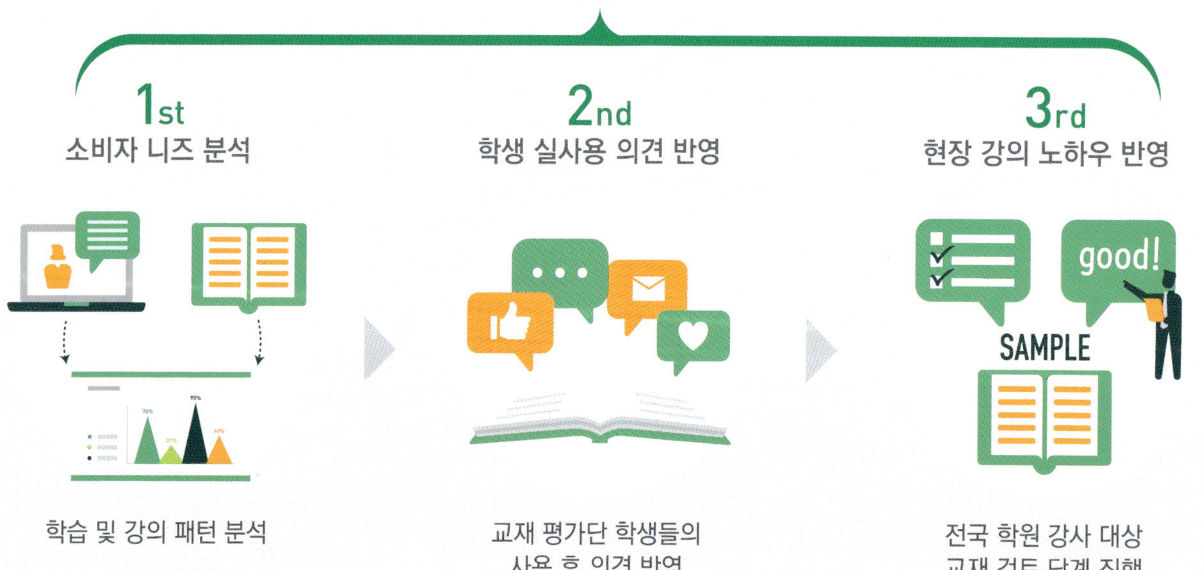

# 02 빅데이터 분석

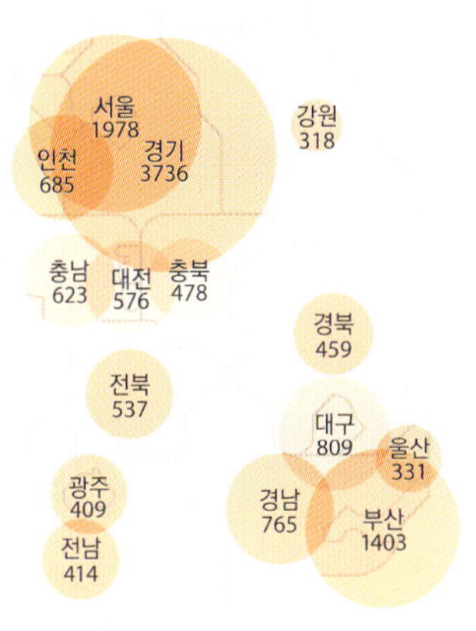


## 분석 시험지 총 수

**13,688** 장

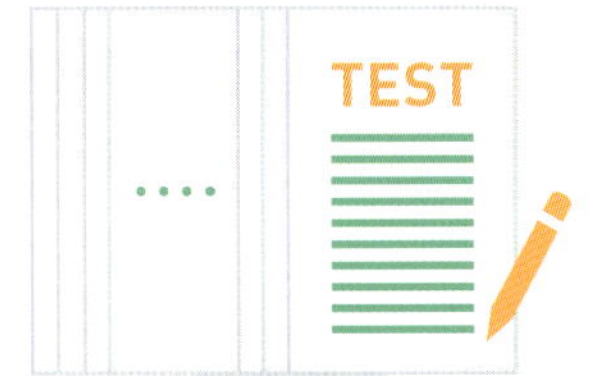


## 분석 기출문제 수

**301,137** 문제

---

## 트렌드 A

### 분석

평가원·교육청 기출문제와 동일
혹은 변형한 기출문제
출제율 증가

**16%**  **23%**

TEST

2017　2018

### 결과 반영

기출문제 보강 및
기출문제 수 추가

**1.34배**

47 문제 — Before

63 문제 — After

---

## 트렌드 B

### 분석

변별력을 요하는
고난도 문제 평균
1-2 문제씩 출제

$$\sqrt{2} \times \int_{2} \cdots (a+\beta)^2$$

### 결과 반영

고난도 문제를 위한
# 유형 UP
코너 신설

**NEW**

**15 코너 신설**

---

# 개념을 알면 원리가 보인다
# 유형의 완성, RPM

개념원리

| 발행일 | 2022년 9월 15일 2판 2쇄 |
| --- | --- |
| 지은이 | 이홍섭 |

| 사업 총괄 | 안해선 |
| --- | --- |
| 사업 책임 | 황은정 |
| 마케팅 책임 | 권가민, 정성훈 |
| 제작/유통 책임 | 조경수, 이미혜, 이건호 |
| 콘텐츠 개발 총괄 | 한소영 |
| 콘텐츠 개발 책임 | 오영석, 김경숙, 모규리, 김현진, 송우제, 이완성, 전문균 |
| 디자인 | 스튜디오 에딩크, 손수영 |

| 펴낸이 | 고사무열 |
| --- | --- |
| 펴낸곳 | (주)개념원리 |
| 등록번호 | 제 22-2381호 |
| 주소 | 서울시 강남구 테헤란로 8길 37, 7층(역삼동, 한동빌딩) 06239 |
| 고객센터 | 1644-1248 |

개념원리 RPM 기하

0496 7　　0497 모서리 AD, 모서리 AE, 모서리 BC, 모서리 BF
0498 모서리 DC, 모서리 EF, 모서리 HG
0499 모서리 DH, 모서리 CG, 모서리 EH, 모서리 FG
0500 면 ABCD, 면 AEFB　　0501 면 AEHD, 면 BFGC
0502 면 DHGC, 면 EFGH
0503 면 ABCD, 면 BFGC, 면 EFGH, 면 AEHD
0504 면 DHGC　　0505 면 ACFD, 면 ABED, 면 BCFE
0506 면 DEF　　0507 90°　　0508 45°　　0509 90°
0510 45°　　0511 90°　　0512 풀이 참조
0513 풀이 참조　　0514 ㈎ 5　㈏ $\overline{AB}$　㈐ 6
0515 ㈎ $l$　㈏ $n$　　0516 점 A　0517 선분 CH
0518 삼각형 DHC　　0519 선분 CF　　0520 2
0521 30°　0522 $\dfrac{3}{2}$　0523 $8\sqrt{2}$　0524 7　0525 4
0526 ⑤　0527 20　0528 ⑤　0529 ㄱ, ㄴ, ㄷ
0530 7　0531 13　0532 ㄴ, ㄷ　0533 ④　0534 ②, ⑤
0535 ②　0536 ④　0537 ①　0538 ③　0539 ④
0540 $\dfrac{\sqrt{3}}{2}$　0541 ③　0542 0　0543 45°　0544 $\dfrac{3\sqrt{41}}{5}$
0545 6　0546 10　0547 ①　0548 ②　0549 $9\pi$
0550 $\dfrac{1}{2}$　0551 $\dfrac{\sqrt{6}}{4}$　0552 $\dfrac{\sqrt{3}}{3}$　0553 30°　0554 60°
0555 ③　0556 ②　0557 $\dfrac{\sqrt{3}}{3}$　0558 45°　0559 $\dfrac{1}{2}$
0560 ③　0561 $\dfrac{\sqrt{3}}{3}$　0562 30°　0563 4　0564 ⑤
0565 2　0566 ③　0567 $16\sqrt{2}\pi$　0568 ③　0569 $\dfrac{1}{8}$
0570 $\dfrac{9}{25}$　0571 ④　0572 $60\pi$ cm²　　0573 $\dfrac{36\sqrt{5}}{5}$
0574 ④　0575 $\dfrac{\sqrt{6}}{6}$　0576 $\dfrac{4}{3}$　0577 ②　0578 ⑤
0579 9 cm　0580 6　0581 6　0582 ②　0583 ①
0584 $\dfrac{3\sqrt{11}}{11}$　0585 ②　0586 $\dfrac{\sqrt{3}}{3}$　0587 ②　0588 ①
0589 3　0590 ③　0591 $15\sqrt{3}$　0592 $10\sqrt{2}$　0593 6
0594 $\dfrac{\sqrt{2}}{2}$　0595 250　0596 $\sqrt{13}$　0597 ④　0598 $12\pi$
0599 $2\sqrt{7}$



0600 ⑴ $(2, 0, 1)$　⑵ $(2, 4, 1)$　⑶ $(2, 4, 0)$
0601 ⑴ $(-2, 3, 0)$　⑵ $(0, 3, 1)$　⑶ $(-2, 0, 1)$
0602 ⑴ $(3, 2, -4)$　⑵ $(-3, -2, -4)$　⑶ $(3, 2, 4)$
　　⑷ $(-3, 2, -4)$
0603 6　　0604 6　　0605 $\sqrt{29}$　　0606 ⑴ $(-1, 2, 3)$　⑵ 2
0607 ⑴ $(3, 3, 4)$　⑵ $(-7, -2, -1)$　⑶ $\left(2, \dfrac{5}{2}, \dfrac{7}{2}\right)$
0608 $(3, 2, 1)$
0609 중심의 좌표: $(1, -1, 2)$, 반지름의 길이: 3
0610 중심의 좌표: $(-3, 2, -4)$, 반지름의 길이: 4
0611 $(x-2)^2+(y+3)^2+(z-4)^2=25$
0612 $x^2+y^2+z^2=5$
0613 중심의 좌표: $(0, 3, 0)$, 반지름의 길이: 3
0614 중심의 좌표: $(2, -1, -3)$, 반지름의 길이: $\sqrt{14}$
0615 $x^2+y^2+z^2-x+3y-5z=0$
0616 $-2$　0617 6　0618 ④　0619 0　0620 ③
0621 6　0622 ②　0623 ②　0624 10　0625 $\sqrt{6}$
0626 ②　0627 ⑤　0628 ②　0629 ③　0630 2
0631 ⑤　0632 ④　0633 ⑤　0634 45°　0635 $\sqrt{41}$
0636 ④　0637 5　　0638 $3\sqrt{3}+\sqrt{35}$
0639 $(8, 0, -3)$　　0640 10　0641 9　0642 $\sqrt{62}$
0643 ②　0644 2　0645 ①　0646 $\dfrac{17}{2}$　0647 ①
0648 9　0649 ③　0650 $-1$　0651 ⑤
0652 $\left(\dfrac{2}{3}, 1, 4\right)$　　0653 $(1, 2, 3)$　　0654 42
0655 ③　0656 ②　0657 ②　0658 $x^2+y^2+z^2-2z=0$
0659 ④　0660 1　0661 $(x+2)^2+(y-1)^2+(z+3)^2=24$
0662 ③　0663 ②　0664 ②　0665 ③
0666 $(x-3)^2+(y+1)^2+(z-5)^2=1$　0667 ③　0668 ④
0669 9　0670 ③　0671 ③　0672 $2\sqrt{10}$　0673 ①
0674 $10+2\sqrt{30}$　0675 ④　0676 8　0677 3
0678 ①　0679 ③　0680 $-11$　0681 ④　0682 ②
0683 ④　0684 5　0685 64　0686 ④　0687 90
0688 ⑤　0689 ②　0690 1, 4　0691 20　0692 ④
0693 6　0694 ④　0695 $-2$　0696 2　0697 ①
0698 ④　0699 5　0700 0　0701 ③　0702 $4\sqrt{3}\pi$
0703 $-3$　0704 ⑤　0705 13　0706 ③　0707 15
0708 2　0709 $\sqrt{41}$　0710 5　0711 ④　0712 3
0713 $(5, 0, -1)$　　0714 $3\sqrt{17}$
0715 $(x+4)^2+(y-3)^2+(z-7)^2=18$　0716 41　0717 30
0718 $\sqrt{39}$　0719 $63\pi$　0720 $\dfrac{256}{3}\pi$

0201 $(-1, 0)$　0202 $-1$　0203 ③　0204 $\dfrac{8\sqrt{5}}{5}$

0205 ④　0206 $\dfrac{\sqrt{3}}{3}$　0207 6　0208 ⑤

0209 $y=-\dfrac{\sqrt{2}}{2}x+\dfrac{\sqrt{2}}{2}+2$　0210 12　0211 2　0212 $4\sqrt{5}$

0213 3　0214 5　0215 12　0216 $\dfrac{4}{3}$　0217 ③

0218 8　0219 ④　0220 $y=-x\pm\sqrt{3}$　0221 2

0222 1　0223 ④　0224 $y=\dfrac{1}{4}x-\dfrac{3}{2}$　0225 $\dfrac{8}{5}$

0226 $-\dfrac{\sqrt{2}}{3}$　0227 $\dfrac{1}{12}$　0228 4　0229 3　0230 8

0231 $\dfrac{4\sqrt{5}}{3}$　0232 ④　0233 $2\sqrt{6}$　0234 ⑤　0235 $2\sqrt{5}$

0236 $2\sqrt{5}$　0237 $\dfrac{3\sqrt{15}}{4}$　0238 ①　0239 $y=-x-1$

0240 $\dfrac{\sqrt{2}}{2}$　0241 ③　0242 1　0243 $-16$　0244 ④

0245 $\dfrac{1}{8}$　0246 ②　0247 31　0248 $y=-\dfrac{2}{3}x+4$

0249 $\dfrac{3}{2}$　0250 2　0251 ④　0252 $y=-\sqrt{2}x\pm\sqrt{14}$

0253 ②　0254 ②　0255 $\sqrt{2}$　0256 4　0257 $k>\sqrt{5}$

0258 1　0259 $a=2\sqrt{3},\ b=\sqrt{6}$　0260 $\sqrt{2}+1$　0261 4

0262 15　0263 4



0264 (1) 4　(2) 5

0265 (1) $\vec{a}$와 $\vec{c}$, $\vec{b}$와 $\vec{d}$　(2) $\vec{a}$와 $\vec{b}$와 $\vec{d}$, $\vec{e}$와 $\vec{f}$　(3) $\vec{b}$와 $\vec{d}$　(4) $\vec{e}$와 $\vec{f}$

0266 풀이 참조　0267 풀이 참조　0268 $\overrightarrow{\text{AD}}$

0269 $\vec{0}$　0270 (1) $-\vec{a}+\vec{b}$　(2) $-\vec{a}-\vec{b}$

0271 풀이 참조　0272 $5\vec{a}-2\vec{b}$

0273 $-10\vec{a}+15\vec{b}$　0274 $\vec{x}=-\vec{a}+5\vec{b}$

0275 $\vec{x}=-2\vec{a}+3\vec{b}$　0276 $-8$　0277 풀이 참조

0278 ③　0279 $2\sqrt{3}$　0280 ②　0281 ②　0282 ②, ④

0283 7　0284 ④　0285 ⑤　0286 ④　0287 ④

0288 ①　0289 평행사변형　0290 ④　0291 ②

0292 1　0293 $-2$　0294 ①　0295 ②　0296 15

0297 3　0298 ④　0299 $-\dfrac{1}{3}\vec{a}+\dfrac{1}{6}\vec{b}$　0300 ⑤

0301 $4\vec{a}+3\vec{b}$　0302 ④　0303 5　0304 ④

0305 $-12$　0306 ①　0307 5　0308 ③

0309 ㄱ, ㄴ, ㄷ　0310 2　0311 ②　0312 ⑤

0313 ②　0314 ③　0315 $\dfrac{\sqrt{2}}{2}$　0316 $-2$　0317 3

0318 ④　0319 2　0320 ⑤　0321 4　0322 5분

0323 $30\sqrt{2}$ kg중　0324 (1) $\dfrac{3}{2}$ km　(2) 15분　0325 8

0326 ③　0327 ⑤　0328 ①　0329 ③　0330 $\vec{a}+5\vec{b}$

0331 ②　0332 2　0333 ②　0334 ①　0335 ①

0336 $-2$　0337 $\sqrt{2}$　0338 8　0339 ③　0340 12

0341 $-3$　0342 7　0343 $54\sqrt{3}$　0344 ②　0345 ⑤

0346 $\dfrac{\pi}{3}$



0347 (1) $2\vec{a}-4\vec{b}$　(2) $-\vec{a}+3\vec{b}$　0348 $\dfrac{2\vec{a}+3\vec{b}}{5}$

0349 $-\vec{a}+2\vec{b}$　0350 $\dfrac{\vec{a}+\vec{b}}{2}$

0351 $(2, -3)$　0352 $(-1, -5)$

0353 $3\vec{e_1}-2\vec{e_2}$　0354 $-4\vec{e_1}+9\vec{e_2}$　0355 $\sqrt{13}$

0356 13　0357 $m=5,\ n=5$　0358 $m=2,\ n=2$

0359 (1) $(-2, 11)$　(2) $(0, -8)$

0360 $\overrightarrow{\text{AB}}=(-1, 2),\ |\overrightarrow{\text{AB}}|=\sqrt{5}$

0361 $\overrightarrow{\text{AB}}=(-3, 4),\ |\overrightarrow{\text{AB}}|=5$　0362 (1) $6\sqrt{2}$　(2) $-6$

0363 $-3$　0364 $-8$　0365 $\dfrac{1}{2}$　0366 0　0367 $135°$

0368 $-4$　0369 $-3$　0370 2　0371 2

0372 $\dfrac{x-7}{2}=\dfrac{y+2}{3}$　0373 $x=3$　0374 $x-5=\dfrac{y+1}{3}$

0375 $\dfrac{x+2}{5}=\dfrac{4-y}{3}$　0376 $x-5y+17=0$

0377 $3x+4y-20=0$　0378 0　0379 $\dfrac{4}{5}$

0380 (1) $-\dfrac{2}{5}$　(2) 10

0381 (1) $(x-2)^2+(y-3)^2=1$　(2) $x^2+y^2=9$

0382 6　0383 $-3$　0384 $-\dfrac{2}{3}$　0385 $\dfrac{1}{3}\vec{a}+\dfrac{1}{6}\vec{b}$

0386 $\vec{a}+\vec{c}-\vec{d}$　0387 $\dfrac{6}{5}\vec{a}+\dfrac{4}{5}\vec{b}$　0388 $\dfrac{17}{14}$

0389 $-1$　0390 2　0391 $-\dfrac{1}{3}\vec{a}+\dfrac{1}{3}\vec{b}$　0392 $-2$

0393 ③　0394 5　0395 ㄱ, ㄷ　0396 40　0397 0

0398 $(2, 5)$　0399 ③　0400 ③　0401 ②　0402 ③

0403 ①　0404 $2\sqrt{2}$　0405 $m=2,\ n=3$　0406 ⑤

0407 ⑤　0408 8　0409 ②　0410 $-\dfrac{1}{2}$　0411 ②

0412 0　0413 36　0414 $-2$　0415 $12\sqrt{3}$

0416 ㄱ, ㄴ　0417 ②　0418 ④　0419 ②　0420 6

0421 ③　0422 ②　0423 ②　0424 $-3$　0425 $\dfrac{13}{2}$

0426 ②　0427 ②　0428 ②　0429 $\dfrac{1}{2}$　0430 ②

0431 ⑤　0432 $90°$　0433 ②　0434 $45°$　0435 ②

0436 $5\sqrt{2}$　0437 10　0438 ②　0439 6　0440 8

0441 1　0442 $-7$　0443 ④　0444 ②　0445 $\dfrac{9}{2}$

0446 $3x+y-2=0$　0447 ①　0448 ③　0449 ②

0450 $\dfrac{10}{3}$　0451 6　0452 $\dfrac{2}{3}$　0453 $x+4=\dfrac{y-3}{2}$

0454 $13\pi$　0455 15　0456 ②　0457 $3x-4y+32=0$

0458 4　0459 ④　0460 ②　0461 21　0462 $\pi$

0463 ③　0464 $\dfrac{x^2}{25}+\dfrac{y^2}{9}=1$　0465 $-\dfrac{1}{7}$　0466 ②

0467 ⑤　0468 $\sqrt{61}$　0469 ②　0470 ⑤　0471 63

0472 120　0473 $54\sqrt{3}$　0474 $-3$　0475 24　0476 ②

0477 ⑤　0478 ②　0479 $\dfrac{1}{4}$　0480 6　0481 ②

0482 ③　0483 ②　0484 ①　0485 $-10$　0486 ②

0487 $8\pi$　0488 $\dfrac{8}{3}\pi$　0489 $\dfrac{1}{2}$　0490 $\dfrac{26}{9}$　0491 $\dfrac{10}{3}$

0492 $\left(\dfrac{7}{4}, -\dfrac{3}{2}\right)$　0493 $2\sqrt{3}$　0494 ①　0495 ②

## 01 이차곡선　　　　　　　　　본문 6~25쪽

**0001** $y^2=20x$　　**0002** $x^2=-16y$

**0003** 초점의 좌표: $(-1, 0)$, 준선의 방정식: $x=1$

**0004** 초점의 좌표: $\left(\dfrac{1}{8}, 0\right)$, 준선의 방정식: $x=-\dfrac{1}{8}$

**0005** 초점의 좌표: $(0, 2)$, 준선의 방정식: $y=-2$

**0006** 초점의 좌표: $\left(0, -\dfrac{1}{6}\right)$, 준선의 방정식: $y=\dfrac{1}{6}$

**0007** 초점의 좌표: $(0, 1)$, 준선의 방정식: $x=-2$

**0008** 초점의 좌표: $(2, -1)$, 준선의 방정식: $y=7$

**0009** (1) $(3, 2)$　(2) $(5, 2)$　(3) $x=1$

**0010** $\dfrac{x^2}{16}+\dfrac{y^2}{12}=1$　　**0011** $\dfrac{x^2}{16}+\dfrac{y^2}{25}=1$

**0012** 초점의 좌표: $(3, 0)$, $(-3, 0)$, 장축의 길이: 10, 단축의 길이: 8

**0013** 초점의 좌표: $(0, 5)$, $(0, -5)$, 장축의 길이: 14, 단축의 길이: $4\sqrt{6}$

**0014** 초점의 좌표: $(\sqrt{3}, 0)$, $(-\sqrt{3}, 0)$, 장축의 길이: 4, 단축의 길이: 2

**0015** 초점의 좌표: $(0, 2)$, $(0, -2)$, 장축의 길이: 8, 단축의 길이: $4\sqrt{3}$

**0016** 초점의 좌표: $(\sqrt{6}, 1)$, $(-\sqrt{6}, 1)$, 장축의 길이: $4\sqrt{2}$, 단축의 길이: $2\sqrt{2}$

**0017** 초점의 좌표: $(1, 5)$, $(-7, 5)$, 장축의 길이: 10, 단축의 길이: 6

**0018** (1) $(1, 2)$　(2) $(\sqrt{3}+1, 2)$, $(-\sqrt{3}+1, 2)$　(3) 4　(4) 2

**0019** $\dfrac{x^2}{16}-\dfrac{y^2}{9}=1$　　**0020** $\dfrac{x^2}{25}-\dfrac{y^2}{144}=1$

**0021** $\dfrac{x^2}{2}-\dfrac{y^2}{3}=-1$　　**0022** $\dfrac{x^2}{20}-\dfrac{y^2}{16}=-1$

**0023** 초점의 좌표: $(4, 0)$, $(-4, 0)$
꼭짓점의 좌표: $(2\sqrt{3}, 0)$, $(-2\sqrt{3}, 0)$, 주축의 길이: $4\sqrt{3}$

**0024** 초점의 좌표: $(0, \sqrt{26})$, $(0, -\sqrt{26})$
꼭짓점의 좌표: $(0, 4)$, $(0, -4)$, 주축의 길이: 8

**0025** 초점의 좌표: $(\sqrt{5}, 0)$, $(-\sqrt{5}, 0)$
꼭짓점의 좌표: $(1, 0)$, $(-1, 0)$, 주축의 길이: 2

**0026** 초점의 좌표: $(0, \sqrt{13})$, $(0, -\sqrt{13})$
꼭짓점의 좌표: $(0, 2)$, $(0, -2)$, 주축의 길이: 4

**0027** $y=\pm\dfrac{4}{3}x$　　**0028** $y=\pm\dfrac{2}{3}x$

**0029** $y=\pm\dfrac{3}{2}x$　　**0030** $y=\pm\dfrac{\sqrt{2}}{2}x$

**0031** 초점의 좌표: $(\sqrt{13}+1, -1)$, $(-\sqrt{13}+1, -1)$
꼭짓점의 좌표: $(4, -1)$, $(-2, -1)$

**0032** 초점의 좌표: $(4, 9)$, $(4, -3)$, 꼭짓점의 좌표: $(4, 7)$, $(4, -1)$

**0033** $y=\sqrt{2}x+2\sqrt{2}$, $y=-\sqrt{2}x-2\sqrt{2}$

**0034** $y=2x-13$, $y=-2x-1$

**0035** (1) $(-1, 0)$　(2) $(\sqrt{5}-1, 0)$, $(-\sqrt{5}-1, 0)$
(3) $y=2x+2$, $y=-2x-2$

**0036** 포물선　**0037** 원　　**0038** 타원　**0039** 쌍곡선

**0040** $-64$　**0041** $y^2=-2x$, $x^2=2y$　**0042** 12　　**0043** ③

**0044** ④　　**0045** $-4$　　**0046** $\dfrac{13}{2}$　　**0047** $y=-4$　**0048** ③

**0049** ②　　**0050** $(y+1)^2=4x$, $(y+1)^2=-16(x-5)$

**0051** 8　　**0052** $-2$　　**0053** ③

**0054** $x^2+2x+4y+9=0$　**0055** $x^2+(y-2)^2=9$　　**0056** ④

**0057** ⑤　　**0058** 3　　**0059** 12　　**0060** ⑤　　**0061** 26

**0062** 18　　**0063** 4　　**0064** ②　　**0065** 24　　**0066** $30\pi$

**0067** 8　　**0068** $\dfrac{21}{4}$　　**0069** ②　　**0070** ④　　**0071** 34

**0072** 16　　**0073** 7　　**0074** 9　　**0075** 9　　**0076** $\dfrac{3}{2}$

**0077** ③　　**0078** 4　　**0079** $\dfrac{(x-1)^2}{9}+\dfrac{(y-2)^2}{4}=1$

**0080** ㄱ　　**0081** ②, ⑤　**0082** 40　　**0083** 4　　**0084** $2\sqrt{3}$

**0085** 8　　**0086** 12　　**0087** 18　　**0088** 40　　**0089** ③

**0090** $\dfrac{5\sqrt{2}}{2}$　　**0091** ④　　**0092** 6　　**0093** 7　　**0094** 10

**0095** 4　　**0096** $4\sqrt{3}$　　**0097** 4　　**0098** 40　　**0099** ④

**0100** $8\pi$　　**0101** ④　　**0102** $-6$　　**0103** $-9$　　**0104** 2

**0105** $-2$　　**0106** ④　　**0107** ⑤　　**0108** 10　　**0109** 5

**0110** 1　　**0111** ③　　**0112** 9　　**0113** 17　　**0114** 28

**0115** $30\sqrt{2}$　**0116** 128　　**0117** 2　　**0118** 1

**0119** $-2<k<-1$　　**0120** ④　　**0121** $-\dfrac{5}{3}$　**0122** 4

**0123** $2x^2-7y^2-2x-3=0$　**0124** $\dfrac{x^2}{4}+y^2=1$

**0125** $(-2, 0)$　　**0126** $\dfrac{x^2}{9}+\dfrac{y^2}{8}=1$　　**0127** ④

**0128** ④　　**0129** ③　　**0130** ④　　**0131** 5　　**0132** ④

**0133** ①　　**0134** 5　　**0135** ㄱ, ㄷ　**0136** $2\sqrt{3}$　**0137** ⑤

**0138** ②　　**0139** 9　　**0140** 10　　**0141** ④　　**0142** $-9$

**0143** $\dfrac{1}{4}$　　**0144** ①　　**0145** ③　　**0146** ⑤　　**0147** 18

**0148** $32\sqrt{5}$　**0149** $\dfrac{1}{2}$　　**0150** ②　　**0151** $y^2=10\left(x-\dfrac{5}{2}\right)$

**0152** ③　　**0153** 40　　**0154** 51　　**0155** 16　　**0156** 1

**0157** ①　　**0158** 14　　**0159** 12

## 02 이차곡선과 직선　　　　　　본문 26~38쪽

**0160** 서로 다른 두 점에서 만난다.　　　**0161** 만나지 않는다.

**0162** 한 점에서 만난다. (접한다.)

**0163** (1) $a<4$　(2) 4　(3) $a>4$

**0164** $y=-x-\dfrac{3}{4}$　　**0165** $y=3x-\dfrac{4}{3}$

**0166** $y=\dfrac{\sqrt{3}}{2}x+\sqrt{3}$　　**0167** $y=-2x+1$

**0168** $y=4x-6$　　**0169** $y=2x+4$

**0170** $y=-x\pm\sqrt{5}$　　**0171** $y=2x\pm\sqrt{11}$

**0172** $y=x-5$　　**0173** $y=-x+4$

**0174** $y=\sqrt{3}x\pm3$　　**0175** $y=-2x\pm\sqrt{3}$

**0176** $y=-2x-3$　　**0177** $y=\dfrac{1}{2}x+1$

**0178** $y=-x+1$　　**0179** $y=-\dfrac{1}{2}x+\dfrac{1}{2}$

**0180** ④　　**0181** ③　　**0182** $k\leq-\dfrac{3}{4}$ 또는 $k\geq\dfrac{3}{4}$

**0183** $-\dfrac{\sqrt{2}}{3}<m<\dfrac{\sqrt{2}}{3}$　　**0184** ①　　**0185** $-6$　　**0186** ④

**0187** $\dfrac{3\sqrt{2}}{2}$　**0188** ③　　**0189** $\dfrac{75}{4}$　　**0190** 3　　**0191** 96

**0192** ⑤　　**0193** 1　　**0194** ②　　**0195** $-8$　　**0196** ③

**0197** ②　　**0198** $4\sqrt{5}$　**0199** 2　　**0200** ①

# 개념원리 RPM

## 기하

수학의 자신감은
많은 문제들을 반복해서 풀어 봄으로써
얻을 수 있습니다.

> 이 책을
> 펴내면서

수학 공부에도 비결이 있나요?

예. 있습니다.
무조건 암기하거나 문제를 풀기만 하는 수학 공부는 잘못된 학습방법입니다.
공부는 많이 하는 것 같은데 효과를 얻을 수 없는 이유가 여기에 있지요.

그렇다면 효과적인 수학 공부의 비결은 무엇일까요?

첫째. 개념원리 기본서를 통하여 개념과 원리를 정확히 이해합니다.
둘째. RPM의 다양한 문제를 풀어 봄으로써 수학의 자신감을 얻습니다.

이처럼 개념원리 기본서와 RPM을 함께 공부해 나간다면 수학의 자신감을 얻고
학교 시험에서 고득점을 얻는 데 큰 도움이 될 것입니다.
개념원리 기본서와 RPM으로 열심히 공부하여 수학에서 만점을 받아 보세요.

# 구성과 특징

## 1 핵심 개념 정리

교과서 내용을 꼼꼼히 분석하여 핵심 개념만을 모아 알차고 이해하기 쉽게 정리하였습니다.

### 핵심 개념

각 단원에서 반드시 알아야 할 개념만을 모아 자세한 부가설명과 함께 수록하였습니다.

### 개념 플러스

혼동하기 쉬운 개념이나 새로운 개념을 이해하는데 필요한 내용과 문제해결에 유용한 내용 등을 제공하였습니다.

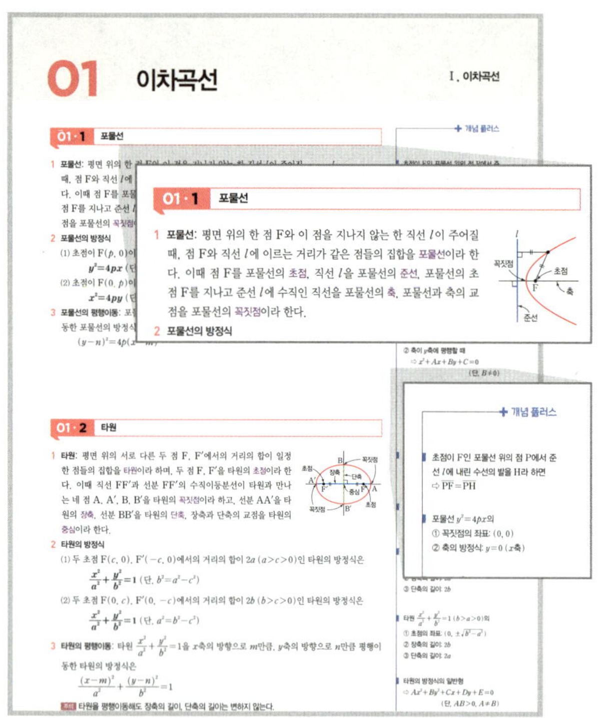

## 2 교과서 문제 정복하기

학습한 정의와 공식을 적용하여 해결할 수 있는 기본적인 문제를 충분히 연습하여 개념을 확실하게 익힐 수 있도록 구성하였습니다.

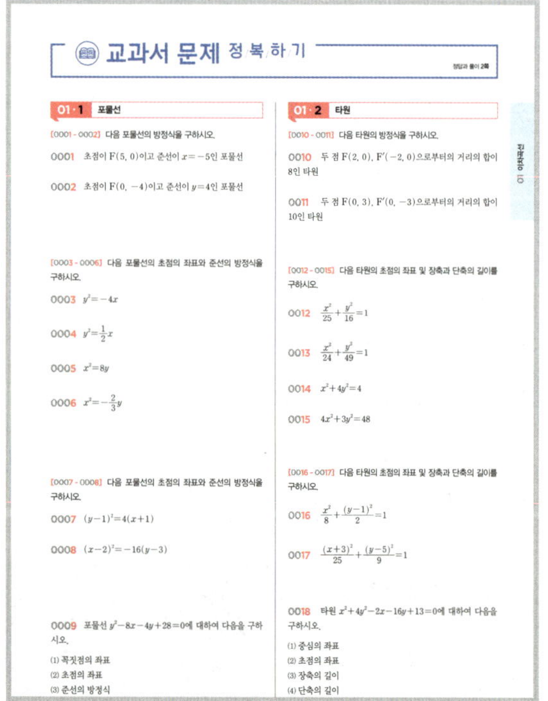

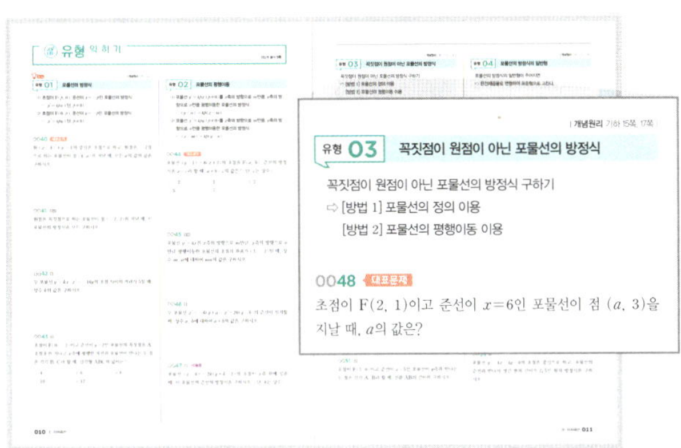

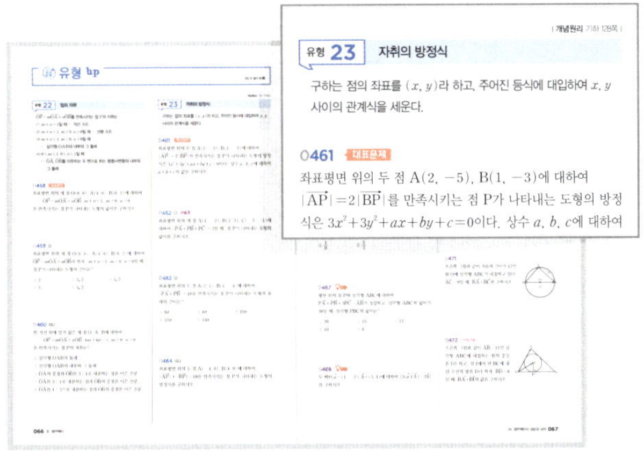

## 3 유형 익히기 / 유형 UP

문제 해결에 사용되는 핵심 개념과 문제의 형태 및 풀이 방법
등에 따라 문제를 유형화하였습니다.

### 핵심 개념

유형 연습에 필요한 핵심 개념 및 풀이 방법을 실었습니다.
중요 유형은 중단원별로 세분화된 유형 중 시험 출제율이 70 % 이상인
유형입니다. 모든 유형의 학습이 다 중요하겠지만 중요 유형은 반드시
알아두어야 합니다.

### 개념원리 수학기본서 피드백

각 유형에 대한 개념과 공식의 적용 및 접근 방법을 좀 더 자세히 볼
수 있는 개념원리 수학기본서 쪽수입니다.

## 4 시험에 꼭 나오는 문제

실제 학교 시험에 나왔던 출제율이 높은 문제를 통해 유형을
익혔는지 확인할 수 있을 뿐만 아니라 실전력을 기를 수 있
도록 하였습니다.

### 서술형 주관식

비중이 높아진 서술형 문제의 풀이 방법을 확인할 수 있도록 구성하였
습니다.

### 실력 UP

난이도 높은 문제를 풀어 봄으로써 어려워지는 학교 시험을 더욱 완벽
하게 대비할 수 있습니다.

# 차례

# I

## 이차곡선

# 01 이차곡선

## 01 · 1  포물선



**1 포물선**: 평면 위의 한 점 F와 이 점을 지나지 않는 한 직선 $l$이 주어질 때, 점 F와 직선 $l$에 이르는 거리가 같은 점들의 집합을 **포물선**이라 한다. 이때 점 F를 포물선의 **초점**, 직선 $l$을 포물선의 **준선**, 포물선의 초점 F를 지나고 준선 $l$에 수직인 직선을 포물선의 **축**, 포물선과 축의 교점을 포물선의 **꼭짓점**이라 한다.

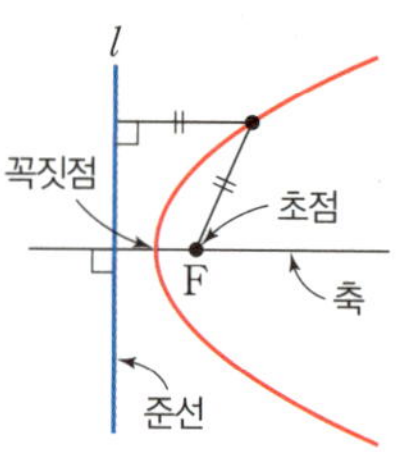


■ 초점이 F인 포물선 위의 점 P에서 준선 $l$에 내린 수선의 발을 H라 하면
$\Rightarrow \overline{\mathrm{PF}} = \overline{\mathrm{PH}}$

**2 포물선의 방정식**

(1) 초점이 $\mathrm{F}(p, 0)$이고 준선이 $x = -p$인 포물선의 방정식은
$$y^2 = 4px \ (단, p \neq 0)$$

(2) 초점이 $\mathrm{F}(0, p)$이고 준선이 $y = -p$인 포물선의 방정식은
$$x^2 = 4py \ (단, p \neq 0)$$

■ 포물선 $y^2 = 4px$의
① 꼭짓점의 좌표: $(0, 0)$
② 축의 방정식: $y = 0$ ($x$축)

■ 포물선 $x^2 = 4py$의
① 꼭짓점의 좌표: $(0, 0)$
② 축의 방정식: $x = 0$ ($y$축)

**3 포물선의 평행이동**: 포물선 $y^2 = 4px$를 $x$축의 방향으로 $m$만큼, $y$축의 방향으로 $n$만큼 평행이동한 포물선의 방정식은
$$(y-n)^2 = 4p(x-m)$$

■ 포물선의 방정식의 일반형
① 축이 $x$축에 평행할 때
$\Rightarrow y^2 + Ax + By + C = 0$
(단, $A \neq 0$)
② 축이 $y$축에 평행할 때
$\Rightarrow x^2 + Ax + By + C = 0$
(단, $B \neq 0$)

## 01 · 2  타원

**1 타원**: 평면 위의 서로 다른 두 점 F, F′에서의 거리의 합이 일정한 점들의 집합을 **타원**이라 하며, 두 점 F, F′을 타원의 **초점**이라 한다. 이때 직선 FF′과 선분 FF′의 수직이등분선이 타원과 만나는 네 점 A, A′, B, B′을 타원의 **꼭짓점**이라 하고, 선분 AA′을 타원의 **장축**, 선분 BB′을 타원의 **단축**, 장축과 단축의 교점을 타원의 **중심**이라 한다.

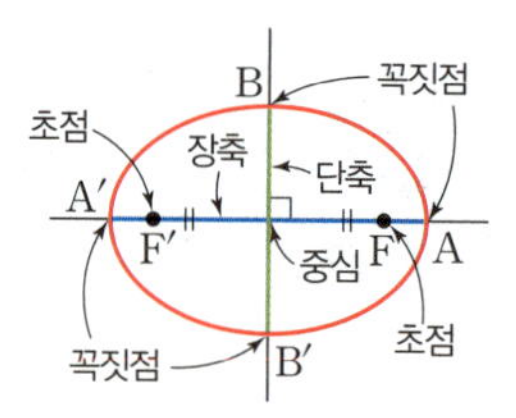


■ 초점이 F, F′인 타원 위의 점 P에 대하여
$\Rightarrow \overline{\mathrm{PF}} + \overline{\mathrm{PF'}} = (일정)$

■ 타원 $\dfrac{x^2}{a^2} + \dfrac{y^2}{b^2} = 1$은 $x$축, $y$축, 원점에 대하여 각각 대칭이다.

**2 타원의 방정식**

(1) 두 초점 $\mathrm{F}(c, 0)$, $\mathrm{F'}(-c, 0)$에서의 거리의 합이 $2a \ (a > c > 0)$인 타원의 방정식은
$$\frac{x^2}{a^2} + \frac{y^2}{b^2} = 1 \ (단, b^2 = a^2 - c^2)$$

(2) 두 초점 $\mathrm{F}(0, c)$, $\mathrm{F'}(0, -c)$에서의 거리의 합이 $2b \ (b > c > 0)$인 타원의 방정식은
$$\frac{x^2}{a^2} + \frac{y^2}{b^2} = 1 \ (단, a^2 = b^2 - c^2)$$

■ 타원 $\dfrac{x^2}{a^2} + \dfrac{y^2}{b^2} = 1 \ (a > b > 0)$의
① 초점의 좌표: $(\pm\sqrt{a^2 - b^2}, 0)$
② 장축의 길이: $2a$
③ 단축의 길이: $2b$

■ 타원 $\dfrac{x^2}{a^2} + \dfrac{y^2}{b^2} = 1 \ (b > a > 0)$의
① 초점의 좌표: $(0, \pm\sqrt{b^2 - a^2})$
② 장축의 길이: $2b$
③ 단축의 길이: $2a$

**3 타원의 평행이동**: 타원 $\dfrac{x^2}{a^2} + \dfrac{y^2}{b^2} = 1$을 $x$축의 방향으로 $m$만큼, $y$축의 방향으로 $n$만큼 평행이동한 타원의 방정식은
$$\frac{(x-m)^2}{a^2} + \frac{(y-n)^2}{b^2} = 1$$

■ 타원의 방정식의 일반형
$\Rightarrow Ax^2 + By^2 + Cx + Dy + E = 0$
(단, $AB > 0$, $A \neq B$)

**주의** 타원을 평행이동해도 장축의 길이, 단축의 길이는 변하지 않는다.

# 📖 교과서 문제 정/복/하/기



## 01·1  포물선

[0001 ~ 0002] 다음 포물선의 방정식을 구하시오.

**0001**  초점이 $F(5, 0)$이고 준선이 $x=-5$인 포물선

**0002**  초점이 $F(0, -4)$이고 준선이 $y=4$인 포물선

[0003 ~ 0006] 다음 포물선의 초점의 좌표와 준선의 방정식을 구하시오.

**0003**  $y^2=-4x$

**0004**  $y^2=\dfrac{1}{2}x$

**0005**  $x^2=8y$

**0006**  $x^2=-\dfrac{2}{3}y$

[0007 ~ 0008] 다음 포물선의 초점의 좌표와 준선의 방정식을 구하시오.

**0007**  $(y-1)^2=4(x+1)$

**0008**  $(x-2)^2=-16(y-3)$

**0009**  포물선 $y^2-8x-4y+28=0$에 대하여 다음을 구하시오.

⑴ 꼭짓점의 좌표
⑵ 초점의 좌표
⑶ 준선의 방정식

## 01·2  타원

[0010 ~ 0011] 다음 타원의 방정식을 구하시오.

**0010**  두 점 $F(2, 0)$, $F'(-2, 0)$으로부터의 거리의 합이 8인 타원

**0011**  두 점 $F(0, 3)$, $F'(0, -3)$으로부터의 거리의 합이 10인 타원

[0012 ~ 0015] 다음 타원의 초점의 좌표 및 장축과 단축의 길이를 구하시오.

**0012**  $\dfrac{x^2}{25}+\dfrac{y^2}{16}=1$

**0013**  $\dfrac{x^2}{24}+\dfrac{y^2}{49}=1$

**0014**  $x^2+4y^2=4$

**0015**  $4x^2+3y^2=48$

[0016 ~ 0017] 다음 타원의 초점의 좌표 및 장축과 단축의 길이를 구하시오.

**0016**  $\dfrac{x^2}{8}+\dfrac{(y-1)^2}{2}=1$

**0017**  $\dfrac{(x+3)^2}{25}+\dfrac{(y-5)^2}{9}=1$

**0018**  타원 $x^2+4y^2-2x-16y+13=0$에 대하여 다음을 구하시오.

⑴ 중심의 좌표
⑵ 초점의 좌표
⑶ 장축의 길이
⑷ 단축의 길이

# 01 | 이차곡선

## 01·3  쌍곡선

**1 쌍곡선**: 평면 위의 서로 다른 두 점 F, F′에서의 거리의 차가 일정한 점들의 집합을 쌍곡선이라 하며, 두 점 F, F′을 쌍곡선의 초점이라 한다. 이때 직선 FF′이 쌍곡선과 만나는 두 점 A, A′을 쌍곡선의 꼭짓점, 선분 AA′을 쌍곡선의 주축, 선분 AA′의 중점을 쌍곡선의 중심이라 한다.

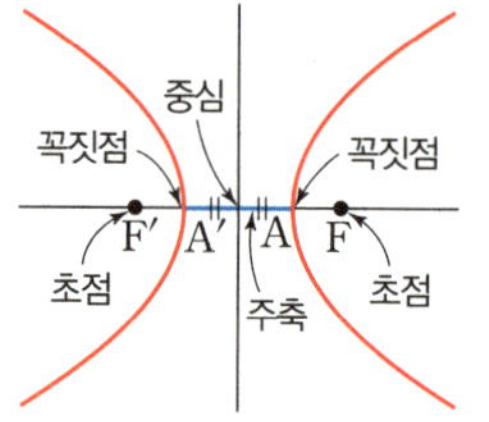


**2 쌍곡선의 방정식**

(1) 두 초점 $F(c, 0)$, $F'(-c, 0)$에서의 거리의 차가 $2a$ $(c>a>0)$인 쌍곡선의 방정식은

$$\frac{x^2}{a^2}-\frac{y^2}{b^2}=1 \ (\text{단, } b^2=c^2-a^2)$$

(2) 두 초점 $F(0, c)$, $F'(0, -c)$에서의 거리의 차가 $2b$ $(c>b>0)$인 쌍곡선의 방정식은

$$\frac{x^2}{a^2}-\frac{y^2}{b^2}=-1 \ (\text{단, } a^2=c^2-b^2)$$

**3 쌍곡선의 점근선**: 쌍곡선 $\frac{x^2}{a^2}-\frac{y^2}{b^2}=\pm1$의 점근선의 방정식은

$$y=\pm\frac{b}{a}x$$

> **참고** 곡선이 어떤 직선에 한없이 가까워질 때, 이 직선을 그 곡선의 점근선이라 한다.

**4 쌍곡선의 평행이동**: 쌍곡선 $\frac{x^2}{a^2}-\frac{y^2}{b^2}=\pm1$을 $x$축의 방향으로 $m$만큼, $y$축의 방향으로 $n$만큼 평행이동한 쌍곡선의 방정식은

$$\frac{(x-m)^2}{a^2}-\frac{(y-n)^2}{b^2}=\pm1 \ (\text{복부호동순})$$

> **주의** 쌍곡선을 평행이동해도 주축의 길이는 변하지 않는다.

**＋ 개념 플러스**

▌ 초점이 F, F′인 쌍곡선 위의 점 P에 대하여
$\Rightarrow |\overline{PF}-\overline{PF'}|=(\text{일정})$

▌ 쌍곡선 $\frac{x^2}{a^2}-\frac{y^2}{b^2}=\pm1$은 $x$축, $y$축, 원점에 대하여 각각 대칭이다.

▌ 쌍곡선 $\frac{x^2}{a^2}-\frac{y^2}{b^2}=1$ $(a>0, b>0)$의
① 초점의 좌표: $(\pm\sqrt{a^2+b^2}, 0)$
② 꼭짓점의 좌표: $(\pm a, 0)$
③ 주축의 길이: $2a$

▌ 쌍곡선 $\frac{x^2}{a^2}-\frac{y^2}{b^2}=-1$ $(a>0, b>0)$의
① 초점의 좌표: $(0, \pm\sqrt{a^2+b^2})$
② 꼭짓점의 좌표: $(0, \pm b)$
③ 주축의 길이: $2b$

▌ 쌍곡선의 방정식의 일반형
$\Rightarrow Ax^2+By^2+Cx+Dy+E=0$
(단, $AB<0$)

## 01·4  이차곡선

일반적으로 계수가 실수인 두 일차식의 곱으로 인수분해되지 않는 $x$, $y$에 대한 이차방정식

$$Ax^2+By^2+Cxy+Dx+Ey+F=0 \ (A, B, C, D, E, F\text{는 상수})$$

은 특수한 경우를 제외하면 원, 포물선, 타원, 쌍곡선 중의 어느 하나를 나타내며 이들을 통틀어 이차곡선이라 한다.

> **참고** $x$, $y$에 대한 이차방정식 $Ax^2+By^2+Cx+Dy+E=0$이 이차곡선을 나타낼 때, 이차항의 계수 사이의 관계에 따라 다음과 같이 분류된다.

| 이차곡선 | 원 | 포물선 | 타원 | 쌍곡선 |
|---|---|---|---|---|
| 계수 사이의 관계 | $A=B$ $(A\neq0, B\neq0)$ | $A=0, B\neq0$ 또는 $A\neq0, B=0$ | $AB>0, A\neq B$ | $AB<0$ |

▌ $x$, $y$에 대한 이차방정식이 이차곡선을 나타내지 않는 경우
① 실근이 한 쌍인 경우
　$\Rightarrow x^2+y^2=0$은 한 점을 나타낸다.
② 실근이 존재하지 않는 경우
　$\Rightarrow x^2+y^2+1=0$은 도형을 나타내지 않는다.
③ 두 일차식의 곱으로 인수분해되는 경우
　$\Rightarrow x^2-y^2=0$은 두 직선을 나타낸다.

## 01 · **3**    쌍곡선

[0019 ~ 0022] 다음 쌍곡선의 방정식을 구하시오.

**0019** 두 점 $\mathrm{F}(5, 0)$, $\mathrm{F}'(-5, 0)$으로부터의 거리의 차가 8인 쌍곡선

**0020** 두 점 $\mathrm{F}(13, 0)$, $\mathrm{F}'(-13, 0)$으로부터의 거리의 차가 10인 쌍곡선

**0021** 두 점 $\mathrm{F}(0, \sqrt{5})$, $\mathrm{F}'(0, -\sqrt{5})$로부터의 거리의 차가 $2\sqrt{3}$인 쌍곡선

**0022** 두 점 $\mathrm{F}(0, 6)$, $\mathrm{F}'(0, -6)$으로부터의 거리의 차가 8인 쌍곡선

[0023 ~ 0026] 다음 쌍곡선의 초점과 꼭짓점의 좌표 및 주축의 길이를 구하시오.

**0023** $\dfrac{x^2}{12} - \dfrac{y^2}{4} = 1$

**0024** $\dfrac{x^2}{10} - \dfrac{y^2}{16} = -1$

**0025** $4x^2 - y^2 = 4$

**0026** $4x^2 - 9y^2 = -36$

[0027 ~ 0030] 다음 쌍곡선의 점근선의 방정식을 구하시오.

**0027** $\dfrac{x^2}{36} - \dfrac{y^2}{64} = 1$

**0028** $\dfrac{x^2}{18} - \dfrac{y^2}{8} = -1$

**0029** $9x^2 - 4y^2 = 36$

**0030** $5x^2 - 10y^2 = -10$

[0031 ~ 0032] 다음 쌍곡선의 초점과 꼭짓점의 좌표를 구하시오.

**0031** $\dfrac{(x-1)^2}{9} - \dfrac{(y+1)^2}{4} = 1$

**0032** $\dfrac{(x-4)^2}{20} - \dfrac{(y-3)^2}{16} = -1$

[0033 ~ 0034] 다음 쌍곡선의 점근선의 방정식을 구하시오.

**0033** $\dfrac{(x+2)^2}{3} - \dfrac{y^2}{6} = 1$

**0034** $\dfrac{(x-3)^2}{4} - \dfrac{(y+7)^2}{16} = -1$

**0035** 쌍곡선 $4x^2 - y^2 + 8x = 0$에 대하여 다음을 구하시오.

⑴ 중심의 좌표
⑵ 초점의 좌표
⑶ 점근선의 방정식

## 01 · **4**    이차곡선

[0036 ~ 0039] 다음 방정식은 어떤 도형을 나타내는지 말하시오.

**0036** $x^2 - 4x - 4y + 16 = 0$

**0037** $x^2 + y^2 - 4x - 5 = 0$

**0038** $9x^2 + 16y^2 - 144 = 0$

**0039** $5x^2 - 4y^2 + 24y - 16 = 0$

| **개념원리** 기하 14쪽 |

## 유형 **01**  포물선의 방정식

(1) 초점이 $F(p, 0)$, 준선이 $x=-p$인 포물선의 방정식
$\Rightarrow y^2=4px$ (단, $p\neq0$)
(2) 초점이 $F(0, p)$, 준선이 $y=-p$인 포물선의 방정식
$\Rightarrow x^2=4py$ (단, $p\neq0$)

### 0040 대표문제

원 $(x-4)^2+y^2=1$의 중심을 초점으로 하고, 원점을 꼭짓점으로 하는 포물선이 점 $(4, a)$를 지날 때, 모든 $a$의 값의 곱을 구하시오.

### 0041 중하

원점을 꼭짓점으로 하는 포물선이 점 $(-2, 2)$를 지날 때, 이 포물선의 방정식을 모두 구하시오.

### 0042 중

두 포물선 $y^2=kx$, $x^2=-16y$의 초점 사이의 거리가 5일 때, 양수 $k$의 값을 구하시오.

### 0043 중

초점이 $F(0, -2)$이고 준선이 $y=2$인 포물선의 꼭짓점을 A, 초점 F를 지나고 $x$축에 평행한 직선과 포물선이 만나는 두 점을 각각 B, C라 할 때, 삼각형 ABC의 넓이는?

① 4 　　　　② 6 　　　　③ 8
④ 10 　　　　⑤ 12

## 유형 **02**  포물선의 평행이동

(1) 포물선 $y^2=4px$ $(p\neq0)$를 $x$축의 방향으로 $m$만큼, $y$축의 방향으로 $n$만큼 평행이동한 포물선의 방정식
$\Rightarrow (y-n)^2=4p(x-m)$
(2) 포물선 $x^2=4py$ $(p\neq0)$를 $x$축의 방향으로 $m$만큼, $y$축의 방향으로 $n$만큼 평행이동한 포물선의 방정식
$\Rightarrow (x-m)^2=4p(y-n)$

### 0044 대표문제

포물선 $(y-1)^2=8(x+2)$의 초점을 $F(a, b)$, 준선의 방정식을 $x=c$라 할 때, $a+b-c$의 값은? (단, $c$는 상수)

① $-2$ 　　　　② 1 　　　　③ 3
④ 5 　　　　⑤ 7

### 0045 중하

포물선 $y^2=4x$를 $x$축의 방향으로 $m$만큼, $y$축의 방향으로 $n$만큼 평행이동한 포물선의 초점의 좌표가 $(3, -2)$일 때, 상수 $m$, $n$에 대하여 $mn$의 값을 구하시오.

### 0046 중

두 포물선 $x^2=-6(y+a)$, $x^2=20(y-b)$의 준선이 일치할 때, 상수 $a$, $b$에 대하여 $a+b$의 값을 구하시오.

### 0047 중 서술형

포물선 $(x-k)^2=2k(y+k-2)$의 초점이 $x$축 위에 있을 때, 이 포물선의 준선의 방정식을 구하시오. (단, $k$는 상수)

## 유형 03   꼭짓점이 원점이 아닌 포물선의 방정식

꼭짓점이 원점이 아닌 포물선의 방정식 구하기
⇨ [방법 1] 포물선의 정의 이용
　[방법 2] 포물선의 평행이동 이용

### 0048   대표문제

초점이 $F(2, 1)$이고 준선이 $x=6$인 포물선이 점 $(a, 3)$을 지날 때, $a$의 값은?

① 2　　　　　　② 3　　　　　　③ $\dfrac{7}{2}$

④ 4　　　　　　⑤ $\dfrac{16}{3}$

### 0049   중하

점 $F(2, 3)$과 직선 $y=-1$로부터 같은 거리에 있는 점 $P$가 나타내는 도형의 방정식은?

① $(x+2)^2=8(y-1)$　　② $(x-2)^2=8(y-1)$
③ $(x-2)^2=-8(y-1)$　　④ $(y-2)^2=8(x+1)$
⑤ $(y-2)^2=8(x-1)$

### 0050   중

점 $(4, 3)$을 지나고 초점이 $F(1, -1)$인 포물선의 준선이 $y$축에 평행할 때, 이 포물선의 방정식을 모두 구하시오.

### 0051   중

초점이 $F(3, 0)$이고 준선이 $x=5$인 포물선이 $y$축과 만나는 두 점을 각각 A, B라 할 때, 선분 AB의 길이를 구하시오.



## 유형 04   포물선의 방정식의 일반형

포물선의 방정식의 일반형이 주어지면
⇨ 완전제곱꼴로 변형하여 표준형으로 고친다.

### 0052   대표문제

포물선 $y=x^2+2px+q$의 초점의 좌표가 $\left(\dfrac{1}{2}, 4\right)$일 때, 상수 $p$, $q$에 대하여 $pq$의 값을 구하시오.

### 0053   중하

포물선 $y^2-8x+2y+17=0$에 대한 다음 **보기**의 설명 중 옳은 것만을 있는 대로 고른 것은?

> ● 보기 ●
> ㄱ. 꼭짓점의 좌표는 $(2, -1)$이다.
> ㄴ. 초점의 좌표는 $(-4, -1)$이다.
> ㄷ. 준선의 방정식은 $x=0$이다.

① ㄱ　　　　　② ㄱ, ㄴ　　　　　③ ㄱ, ㄷ
④ ㄴ, ㄷ　　　　⑤ ㄱ, ㄴ, ㄷ

### 0054   중

세 점 $(1, -3)$, $(-3, -3)$, $(-1, -2)$를 지나고 축이 $y$축에 평행한 포물선의 방정식을 구하시오.

### 0055   중

포물선 $y^2-4x-4y=0$의 초점을 중심으로 하고, 포물선의 준선과 만나서 생긴 현의 길이가 $2\sqrt{5}$인 원의 방정식을 구하시오.

| 개념원리 기하 18쪽 |

### 유형 05 포물선의 정의의 활용 – 포물선 위의 점이 주어질 때

초점이 F인 포물선 위의 점 P에서 준선 $l$에 내린 수선의 발을 H라 하면
$\Rightarrow \overline{PF} = \overline{PH}$

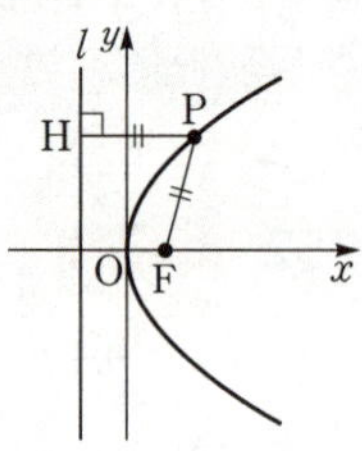

#### 0056 대표문제

포물선 $y^2 = 4(x-1)$의 초점을 F라 하고, $\overline{PF} = 5$를 만족시키는 포물선 위의 점 P에서 $x$축에 내린 수선의 발을 H라 할 때, 삼각형 PFH의 넓이는?

① 3      ② 4      ③ 5
④ 6      ⑤ 7

#### 0057 중 하

오른쪽 그림과 같이 점 F를 초점, 직선 $l$을 준선으로 하는 포물선이 있다. 이 포물선 위의 점 P에서 준선 $l$에 내린 수선의 발을 H라 하자. $\angle FPH = 40°$일 때, $\angle PFH$의 크기는?

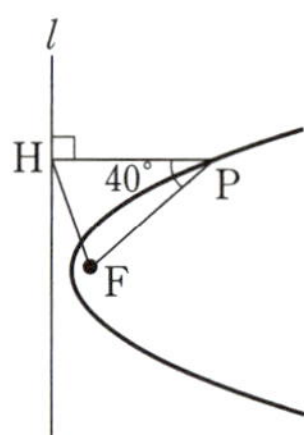

① 50°      ② 55°      ③ 60°
④ 65°      ⑤ 70°

#### 0058 서술형

포물선 $x^2 = y$ 위의 점 $P(a, b)$와 포물선의 초점 사이의 거리가 $\dfrac{3}{4}$일 때, $4(a^2 + b^2)$의 값을 구하시오.

#### 0059 중

포물선 $y^2 = 8x$ 위의 서로 다른 세 점 A, B, C를 꼭짓점으로 하는 삼각형 ABC의 무게중심이 이 포물선의 초점 F와 일치할 때, $\overline{AF} + \overline{BF} + \overline{CF}$의 값을 구하시오.

#### 0060 상 중

오른쪽 그림과 같이 원점을 중심으로 하는 원이 포물선 $y^2 = 4x$의 초점 F를 지난다. 원과 포물선이 두 점 A, B에서 만날 때, 점 A의 $x$좌표를 $a$라 하자. 이때 사각형 AOBF의 둘레의 길이를 $a$로 나타내면? (단, O는 원점)

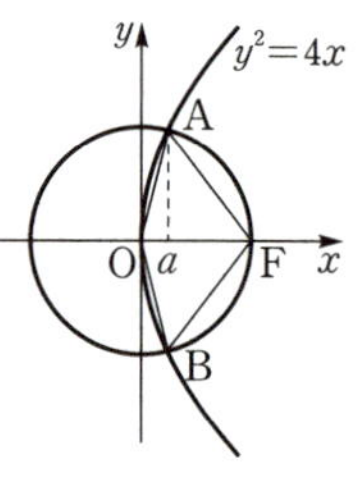

① $4a$      ② $4a+2$      ③ $2a+2$
④ $4a+4$      ⑤ $2a+4$

| 개념원리 기하 18쪽 |

### 유형 06 포물선의 정의의 활용 – 초점을 지나는 직선이 주어질 때

포물선의 초점 F를 지나는 직선이 포물선과 만나는 두 점을 각각 P, Q라 하고, 두 점 P, Q에서 준선 $l$에 내린 수선의 발을 각각 H, H′이라 하면
$\Rightarrow \overline{PQ} = \overline{PF} + \overline{QF}$
$\qquad = \overline{PH} + \overline{QH'}$

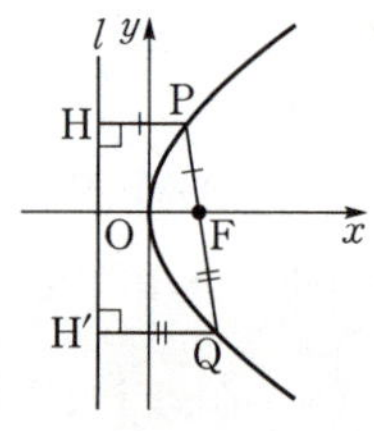

#### 0061 대표문제

오른쪽 그림과 같이 포물선의 초점 F를 지나는 직선이 이 포물선과 두 점 P, Q에서 만난다. 두 점 P, Q에서 준선 $l$에 내린 수선의 발을 각각 H, H′이라 할 때, $\overline{PQ} = 9$, $\overline{HH'} = 8$이다. 이때 사각형 HH′QP의 둘레의 길이를 구하시오.

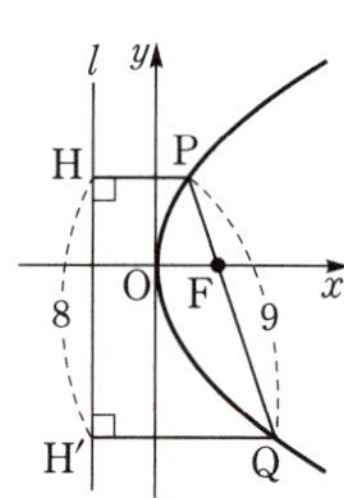

#### 0062 중

오른쪽 그림과 같이 포물선 $y^2 = 8x$의 초점 F를 지나는 직선이 이 포물선과 만나는 두 점 P, Q의 $x$좌표를 각각 $\alpha$, $\beta$라 하자. $\alpha + \beta = 14$일 때, 선분 PQ의 길이를 구하시오.

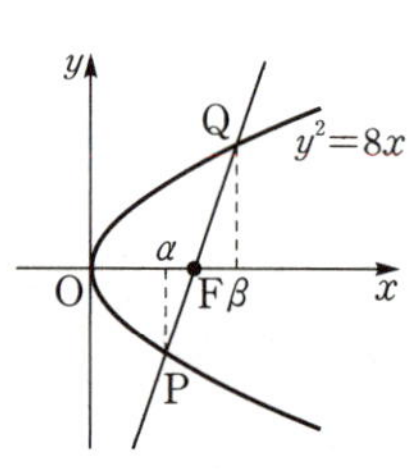

## 0063 <sub>중</sub>

직선 $y=m(x-1)$과 포물선 $y^2=4x$의 두 교점을 각각 P, Q 라 하자. $\overline{PQ}=10$일 때, 선분 PQ의 중점의 $x$좌표를 구하시오.

(단, $m>0$)

## 0064 <sub>중</sub>

오른쪽 그림과 같이 포물선 $y^2=4px\ (p>0)$의 초점 F를 지나고 $x$축에 수직인 직선 $m$이 이 포물선과 만나는 두 점을 각각 A, B라 하고, 두 점 A, B에서 준선 $l$에 내린 수선의 발을 각각 A$'$, B$'$이라 하자. 사각형 A$'$B$'$BA의 넓이가 32일 때, 삼각형 AOB의 둘레의 길이는?

(단, O는 원점)

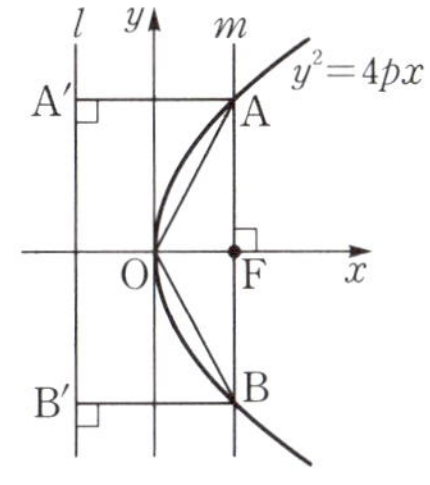

① $10+2\sqrt{5}$ ② $8+4\sqrt{5}$ ③ $4+2\sqrt{5}$

④ $4+2\sqrt{3}$ ⑤ $2+4\sqrt{2}$

## 0065 <sub>중</sub>

포물선 $y^2=6x$의 초점 F를 지나는 직선 $l$이 이 포물선과 두 점 A, B에서 만난다. $\overline{AF}:\overline{BF}=2:3$이고 직선 $l$의 기울기를 $m$이라 할 때, $m^2$의 값을 구하시오.

(단, 점 B는 제1사분면 위의 점이다.)

## 0066 <sub>상중</sub>

오른쪽 그림과 같이 점 F를 초점으로 하는 포물선 $y^2=10x$ 위의 두 점 A, B에서 $x$축에 내린 수선의 발을 각각 C, D라 하자. 또, 중심이 점 A이고 반지름의 길이가 $\overline{AC}$인 원의 넓이를 $S_1$, 중심이 점 B이고 반지름의 길이가 $\overline{BD}$인 원의 넓이를 $S_2$라 하자. $\overline{AF}+\overline{BF}=8$일 때, $S_1+S_2$의 값을 구하시오.

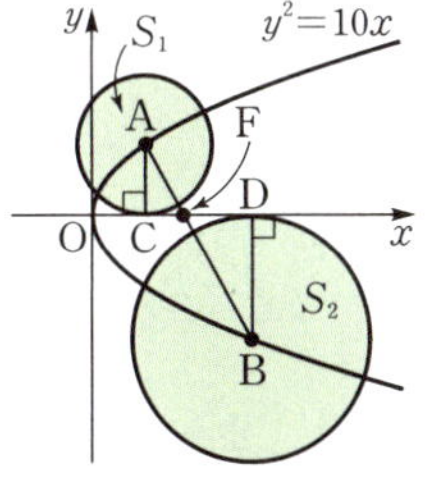

---



### 유형 07 포물선의 정의의 활용 – 최단 거리

초점이 F인 포물선 위의 점 P와 포물선 밖의 점 A에서 준선 $l$에 내린 수선의 발을 각각 H, K라 하면 세 점 A, P, H가 한 직선 위에 있을 때, $\overline{AP}+\overline{PF}$의 값이 최소이다.

⇨ $\overline{AP}+\overline{PF}=\overline{AP}+\overline{PH}\geq\overline{AK}$

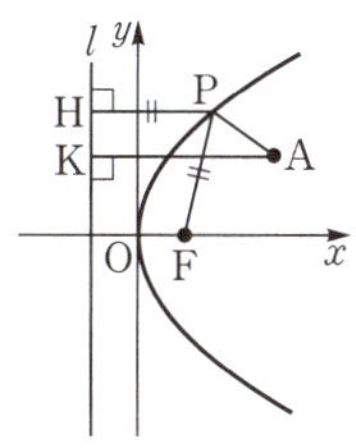

## 0067 대표문제

오른쪽 그림과 같이 포물선 $y^2=8x$ 위의 점 P와 두 점 A$(2,0)$, B$(6,3)$에 대하여 $\overline{PA}+\overline{PB}$의 최솟값을 구하시오.

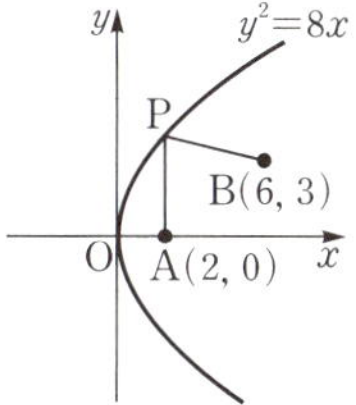

## 0068 <sub>중</sub>

오른쪽 그림과 같이 포물선 $x^2=4y$의 초점을 F라 하자. 이 포물선 위의 점 P$(a,b)$와 점 A$(3,5)$에 대하여 $\overline{AP}+\overline{PF}$의 값이 최소일 때, $a+b$의 값을 구하시오.

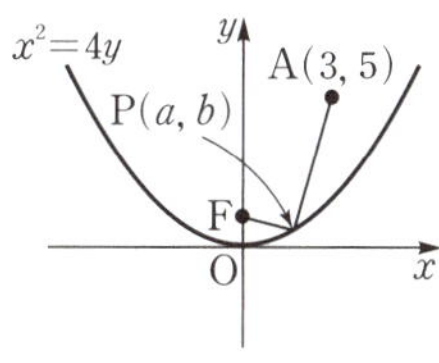

## 0069 <sub>상중</sub>

오른쪽 그림과 같이 좌표평면 위의 두 점 A$(5,3)$, B$\left(\dfrac{3}{4},0\right)$과 포물선 $y^2=3x$ 위의 점 P에 대하여 삼각형 APB의 둘레의 길이가 최소일 때, 삼각형 APB의 넓이는?

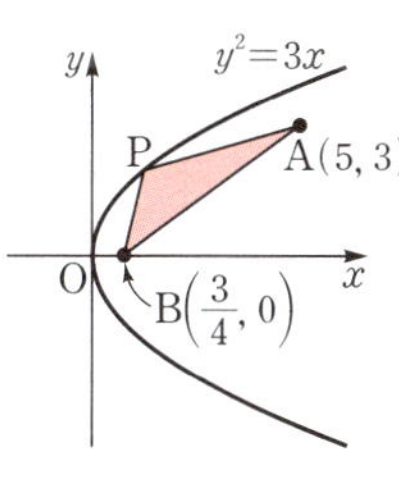

① 2 ② 3 ③ 4

④ 5 ⑤ 6

| 개념원리 기하 26쪽 |

## 유형 **08**  타원의 방정식

(1) 두 초점 $F(c, 0)$, $F'(-c, 0)$에서의 거리의 합이
  $2a\ (a>c>0)$인 타원의 방정식
  $\Rightarrow \dfrac{x^2}{a^2}+\dfrac{y^2}{b^2}=1$ (단, $b^2=a^2-c^2$)

(2) 두 초점 $F(0, c)$, $F'(0, -c)$에서의 거리의 합이
  $2b\ (b>c>0)$인 타원의 방정식
  $\Rightarrow \dfrac{x^2}{a^2}+\dfrac{y^2}{b^2}=1$ (단, $a^2=b^2-c^2$)

### 0070  대표문제

타원 $\dfrac{x^2}{9}+y^2=1$과 두 초점을 공유하고, 장축의 길이가 10인 타원의 방정식은?

① $\dfrac{x^2}{9}+\dfrac{y^2}{17}=1$  ② $\dfrac{x^2}{9}+\dfrac{y^2}{25}=1$  ③ $\dfrac{x^2}{10}+\dfrac{y^2}{2}=1$

④ $\dfrac{x^2}{25}+\dfrac{y^2}{17}=1$  ⑤ $\dfrac{x^2}{25}+\dfrac{y^2}{33}=1$

### 0071  중하

타원 $\dfrac{x^2}{a^2}+\dfrac{y^2}{b^2}=1$의 두 초점이 $F(4, 0)$, $F'(-4, 0)$이고 장축과 단축의 길이의 차가 4일 때, 상수 $a$, $b$에 대하여 $a^2+b^2$의 값을 구하시오. (단, $a>0$, $b>0$)

### 0072  중

원점을 중심으로 하고, 한 초점이 $F(0, 2\sqrt{7})$인 타원이 점 $P(-3, 4\sqrt{3})$을 지난다. 이 타원의 다른 한 초점을 $F'$이라 할 때, $\overline{PF}+\overline{PF'}$의 값을 구하시오.

## 유형 **09**  타원의 평행이동

타원 $\dfrac{x^2}{a^2}+\dfrac{y^2}{b^2}=1$을 $x$축의 방향으로 $m$만큼, $y$축의 방향으로 $n$만큼 평행이동한 타원의 방정식
$\Rightarrow \dfrac{(x-m)^2}{a^2}+\dfrac{(y-n)^2}{b^2}=1$

### 0073  대표문제

타원 $\dfrac{(x-p)^2}{a^2}+\dfrac{(y-q)^2}{5}=1$의 두 초점이 $F(5, 1)$, $F'(1, 1)$일 때, 상수 $a$, $p$, $q$에 대하여 $a+p+q$의 값을 구하시오. (단, $a>0$)

### 0074  중

타원 $\dfrac{(x+2)^2}{20}+\dfrac{(y-3)^2}{11}=1$의 두 초점을 $F$, $F'$이라 할 때, 삼각형 $OFF'$의 넓이를 구하시오. (단, $O$는 원점)

### 0075  중

타원 $\dfrac{x^2}{25}+\dfrac{y^2}{16}=1$을 $x$축의 방향으로 $\alpha$만큼, $y$축의 방향으로 $\beta$만큼 평행이동하면 $x$축과 $y$축에 동시에 접한다. 이때 $|\alpha|+|\beta|$의 값을 구하시오.

### 0076  중

타원 $\dfrac{(x-k)^2}{4}+\dfrac{(y+2)^2}{9}=1$의 초점 중 $y$좌표가 양수인 점과 직선 $2x-y+\sqrt{5}=0$ 사이의 거리가 $\sqrt{5}$일 때, 양수 $k$의 값을 구하시오.

| **개념원리** 기하 27쪽 |

## 유형 **10** 중심이 원점이 아닌 타원의 방정식

중심이 원점이 아닌 타원의 방정식 구하기
⇨ [방법 1] 타원의 정의 이용
　　[방법 2] 타원의 평행이동 이용

### 0077 　대표문제

두 점 $A(0, 0)$, $B(4, 0)$에 대하여 $\overline{PA}+\overline{PB}=8$을 만족시키는 점 $P(x, y)$가 나타내는 도형의 단축의 길이와 장축의 길이의 곱은?

① $28\sqrt{3}$　　　② $30\sqrt{3}$　　　③ $32\sqrt{3}$
④ $34\sqrt{3}$　　　⑤ $36\sqrt{3}$

### 0078 　중하

두 초점이 $F(-1, 5)$, $F'(-1, -1)$이고 장축의 길이가 $2\sqrt{13}$인 타원의 단축의 길이를 구하시오.

### 0079 　중

세 점 $A(-2, 2)$, $B(1, 0)$, $C(4, 2)$를 꼭짓점으로 하는 타원의 방정식을 구하시오.

### 0080 　상중

단축이 $y$축과 평행한 타원이 두 점 $A(2, 0)$, $B(-3, 3)$을 꼭짓점으로 할 때, 다음 **보기**의 설명 중 옳은 것만을 있는 대로 고르시오.

> ● 보기 ●
> ㄱ. 조건을 만족시키는 타원은 2개 존재한다.
> ㄴ. 장축의 길이와 단축의 길이의 합은 18이다.
> ㄷ. 어떤 타원의 초점도 제2사분면 위에 존재하지 않는다.

| **개념원리** 기하 28쪽 |

## 유형 **11** 타원의 방정식의 일반형

타원의 방정식의 일반형이 주어지면
⇨ 완전제곱꼴로 변형하여 표준형으로 고친다.

### 0081 　대표문제

다음 중 타원 $16x^2+7y^2-32x+42y=33$에 대한 설명으로 옳은 것을 모두 고르면? (정답 2개)

① 중심의 좌표는 $(-1, 3)$이다.
② 초점의 좌표는 $(1, 0)$, $(1, -6)$이다.
③ 장축의 길이는 $2\sqrt{7}$이다.
④ 단축의 길이는 4이다.
⑤ 꼭짓점의 좌표는 $(\sqrt{7}+1, -3)$, $(-\sqrt{7}+1, -3)$, $(1, 1)$, $(1, -7)$이다.

### 0082 　중하

타원 $5x^2-10x+4y^2+16y+1=0$을 $x$축의 방향으로 $m$만큼, $y$축의 방향으로 $n$만큼 평행이동하면 타원 $5x^2+4y^2+k=0$과 일치할 때, $mnk$의 값을 구하시오.
　　　　　　　　　　　　　　　　（단, $k$는 상수）

### 0083 　중하

타원 $x^2+2y^2-4\sqrt{2}x+8y+8=0$의 두 초점 사이의 거리를 구하시오.

### 0084 　중　서술형

타원 $x^2+2y^2-4x-20y+44=0$이 $y$축과 만나는 두 점을 각각 $A$, $B$라 하고, 타원의 중심을 $C$라 할 때, 삼각형 $ABC$의 넓이를 구하시오.

## 유형 익히기

### 유형 12 타원의 정의의 활용 – 장축의 길이

타원 $\dfrac{x^2}{a^2}+\dfrac{y^2}{b^2}=1$ 위의 점 P와 두 초점 F, F′에 대하여

(1) $a>b>0$일 때, $\overline{PF}+\overline{PF'}=2a$

(2) $b>a>0$일 때, $\overline{PF}+\overline{PF'}=2b$

**0085** 대표문제

오른쪽 그림과 같이 두 점 F$(3, 0)$, F′$(-3, 0)$을 초점으로 하는 타원과 점 F를 지나는 직선이 만나는 두 점을 각각 A, B라 하자. 삼각형 AF′B의 둘레의 길이가 20일 때, 이 타원의 단축의 길이를 구하시오.

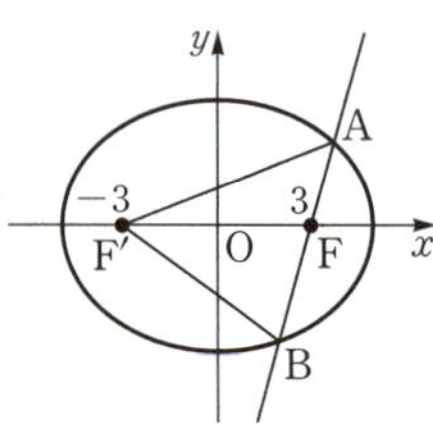

**0086** 중하

점 $(0, 1)$을 지나는 직선이 타원 $\dfrac{x^2}{8}+\dfrac{y^2}{9}=1$과 만나는 두 점을 각각 A, B라 하자. 세 점 A, B, C$(0, -1)$을 꼭짓점으로 하는 삼각형 ABC의 둘레의 길이를 구하시오.

**0087** 중

오른쪽 그림과 같이 타원 $\dfrac{x^2}{25}+\dfrac{y^2}{9}=1$의 두 초점 F, F′과 타원 위의 두 점 P, Q에 대하여 사각형 PF′QF가 직사각형일 때, 사각형 PF′QF의 넓이를 구하시오.

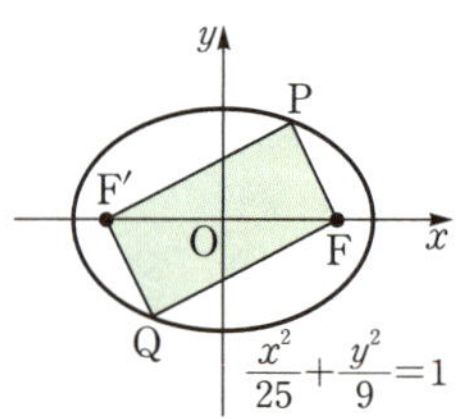

**0088** 상중

오른쪽 그림과 같이 타원 $\dfrac{x^2}{36}+\dfrac{y^2}{11}=1$ 위의 서로 다른 6개의 점 $P_1$, $P_2$, $\cdots$, $P_6$과 두 점 A$(-5, 0)$, B$(5, 0)$에 대하여 $\overline{AP_1}+\overline{AP_2}+\cdots+\overline{AP_6}=32$일 때, $\overline{BP_1}+\overline{BP_2}+\cdots+\overline{BP_6}$의 값을 구하시오.

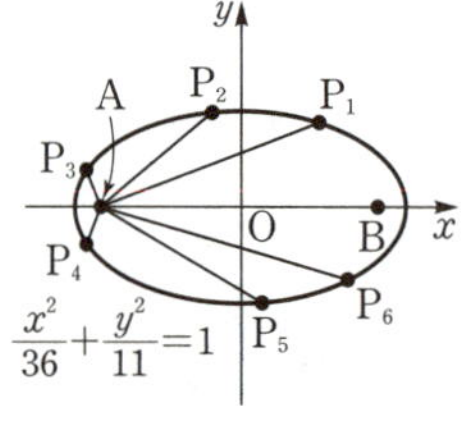

### 유형 13 타원의 정의의 활용 – 최대, 최소

타원 $\dfrac{x^2}{a^2}+\dfrac{y^2}{b^2}=1$ $(a>b>0)$ 위의 점 P$(x_1, y_1)$과 두 초점 F, F′에 대하여 $\dfrac{x_1{}^2}{a^2}+\dfrac{y_1{}^2}{b^2}=1$ 또는 $\overline{PF}+\overline{PF'}=2a$임과 산술평균과 기하평균의 관계를 이용한다.

**0089** 대표문제

타원 $\dfrac{x^2}{16}+\dfrac{y^2}{9}=1$의 두 초점 F, F′과 타원 위의 점 P에 대하여 $\overline{PF}\times\overline{PF'}$의 최댓값은?

① 12　　② 14　　③ 16

④ 18　　⑤ 20

**0090** 중하

타원 $2x^2+y^2=10$ 위의 제1사분면에 있는 점 P$(a, b)$에 대하여 $ab$의 최댓값을 구하시오.

**0091** 중

오른쪽 그림과 같이 타원 $\dfrac{x^2}{25}+\dfrac{y^2}{16}=1$에 내접하는 직사각형 ABCD의 넓이의 최댓값은? (단, 직사각형의 각 변은 $x$축 또는 $y$축에 평행하다.)

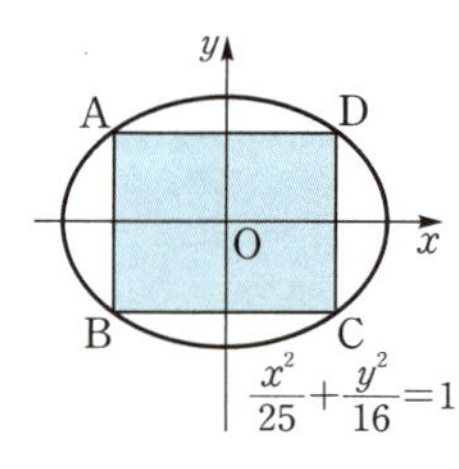

① 10　　② 20　　③ 30

④ 40　　⑤ 50

**0092** 중

타원 $3x^2+2y^2=6$의 두 초점을 각각 F, F′이라 할 때, 타원 위의 점 P에 대하여 $\overline{FP}^2+\overline{F'P}^2$의 최솟값을 구하시오.

## 유형 **14**　쌍곡선의 방정식

(1) 두 초점 $F(c, 0)$, $F'(-c, 0)$에서의 거리의 차가
　$2a$ $(c>a>0)$인 쌍곡선의 방정식

$\Rightarrow \dfrac{x^2}{a^2} - \dfrac{y^2}{b^2} = 1$ (단, $b^2 = c^2 - a^2$)

(2) 두 초점 $F(0, c)$, $F'(0, -c)$에서의 거리의 차가
　$2b$ $(c>b>0)$인 쌍곡선의 방정식

$\Rightarrow \dfrac{x^2}{a^2} - \dfrac{y^2}{b^2} = -1$ (단, $a^2 = c^2 - b^2$)

### 0093 　대표문제

좌표평면 위의 두 점 $A(5, 0)$, $B(-5, 0)$에 대하여
$|\overline{PA} - \overline{PB}| = 8$을 만족시키는 점 P가 나타내는 도형의 방정
식이 $\dfrac{x^2}{a^2} - \dfrac{y^2}{b^2} = 1$일 때, $a^2 - b^2$의 값을 구하시오.

(단, $a$, $b$는 상수)

### 0094 　중하

오른쪽 그림과 같이 두 초점이 F, F'
인 쌍곡선 $\dfrac{x^2}{a^2} - \dfrac{y^2}{9} = 1$ 위의 한 점 A
에 대하여 $\overline{AF} - \overline{AF'} = 8$일 때, 선분
FF'의 길이를 구하시오. (단, $a>0$)

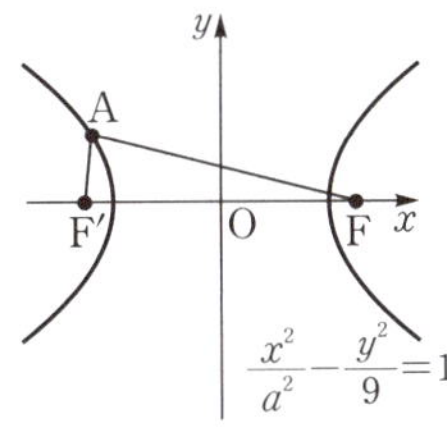

### 0095 　중하

포물선 $y^2 = 8x$의 초점과 쌍곡선 $\dfrac{x^2}{a^2} - \dfrac{y^2}{b^2} = 1$의 한 초점이 일
치할 때, 상수 $a$, $b$에 대하여 $a^2 + b^2$의 값을 구하시오.

### 0096 　중

두 초점의 좌표가 $(4, 0)$, $(-4, 0)$이고, 점 $(6, -2\sqrt{2})$를
지나는 쌍곡선의 주축의 길이를 구하시오.

## 유형 **15**　쌍곡선의 점근선

쌍곡선 $\dfrac{x^2}{a^2} - \dfrac{y^2}{b^2} = \pm 1$의 점근선의 방정식

$\Rightarrow y = \pm \dfrac{b}{a} x$

### 0097 　대표문제

타원 $\dfrac{x^2}{36} + \dfrac{y^2}{16} = 1$과 두 초점 F, F'을 공유하는 쌍곡선이 있
다. 이 쌍곡선의 점근선의 방정식이 $y = \pm 2x$일 때, 쌍곡선
위의 점 P에 대하여 $|\overline{PF} - \overline{PF'}|$의 값을 구하시오.

### 0098 　중

점 $(6, 4)$를 지나는 쌍곡선 $\dfrac{x^2}{a^2} - \dfrac{y^2}{b^2} = 1$의 두 점근선이 서로
수직일 때, 상수 $a$, $b$에 대하여 $a^2 + b^2$의 값을 구하시오.

### 0099 　중

쌍곡선 $\dfrac{x^2}{6} - \dfrac{y^2}{2} = -1$의 두 점근선이 이루는 예각의 크기는?

① $15°$　　　　② $30°$　　　　③ $45°$

④ $60°$　　　　⑤ $75°$

### 0100 　중　서술형

쌍곡선 $\dfrac{x^2}{9} - \dfrac{y^2}{16} = 1$의 한 초점을 중심으로 하고 이 쌍곡선의
점근선에 접하는 원의 둘레의 길이를 구하시오.

### 유형 16 쌍곡선의 평행이동

쌍곡선 $\dfrac{x^2}{a^2}-\dfrac{y^2}{b^2}=\pm1$을 $x$축의 방향으로 $m$만큼, $y$축의 방향으로 $n$만큼 평행이동한 쌍곡선의 방정식

$\Rightarrow \dfrac{(x-m)^2}{a^2}-\dfrac{(y-n)^2}{b^2}=\pm1$ (복부호동순)

**0101** 대표문제

쌍곡선 $\dfrac{(x-2)^2}{4}-\dfrac{(y-1)^2}{9}=-1$에 대한 다음 **보기**의 설명 중 옳은 것만을 있는 대로 고른 것은?

— 보기 —

ㄱ. 두 초점은 $y$축 위에 있다.

ㄴ. 중심의 좌표는 $(2, 1)$이다.

ㄷ. 주축의 길이는 4이다.

ㄹ. 점근선의 방정식은 $y=\dfrac{3}{2}x-2$, $y=-\dfrac{3}{2}x+4$이다.

① ㄱ, ㄴ      ② ㄱ, ㄹ      ③ ㄴ, ㄷ
④ ㄴ, ㄹ      ⑤ ㄷ, ㄹ

**0102** 중하

쌍곡선 $(x+3)^2-\dfrac{(y-1)^2}{7}=1$의 초점의 좌표가 $(p, 1)$, $(q, 1)$일 때, $p+q$의 값을 구하시오.

**0103** 중하

쌍곡선 $\dfrac{(x+2)^2}{5}-\dfrac{y^2}{k^2}=-1$의 두 초점 사이의 거리가 $2\sqrt{14}$일 때, 모든 실수 $k$의 값의 곱을 구하시오.

**0104** 중

쌍곡선 $\dfrac{x^2}{4}-\dfrac{y^2}{16}=1$을 $x$축의 방향으로 $-1$만큼, $y$축의 방향으로 2만큼 평행이동한 쌍곡선의 점근선과 $y$축으로 둘러싸인 부분의 넓이를 구하시오.

### 유형 17 중심이 원점이 아닌 쌍곡선의 방정식

중심이 원점이 아닌 쌍곡선의 방정식 구하기
⇨ [방법 1] 쌍곡선의 정의 이용
    [방법 2] 쌍곡선의 평행이동 이용

**0105** 대표문제

두 점 $F(4, 2)$, $F'(-6, 2)$를 초점으로 하는 쌍곡선 위의 점 P에 대하여 $|\overline{PF}-\overline{PF'}|=8$이다. 이 쌍곡선이 점 $(k, -1)$을 지날 때, 모든 $k$의 값의 합을 구하시오.

**0106** 중하

두 점 $F(-1, 7)$, $F'(-1, -5)$에서의 거리의 차가 10인 점 $P(x, y)$가 나타내는 도형의 방정식은?

① $\dfrac{(x-1)^2}{25}-\dfrac{(y+1)^2}{11}=1$

② $\dfrac{(x+1)^2}{25}-\dfrac{(y-1)^2}{11}=-1$

③ $\dfrac{(x+1)^2}{11}-\dfrac{(y-1)^2}{25}=1$

④ $\dfrac{(x+1)^2}{11}-\dfrac{(y-1)^2}{25}=-1$

⑤ $\dfrac{(x-1)^2}{11}-\dfrac{(y-5)^2}{25}=-1$

**0107** 중

초점의 좌표가 $(2, 0)$, $(10, 0)$이고 주축의 길이가 4인 쌍곡선이 $y$축과 만나는 두 점을 각각 A, B라 할 때, 선분 AB의 길이는?

① $4\sqrt{6}$      ② $5\sqrt{6}$      ③ $6\sqrt{6}$
④ $7\sqrt{6}$      ⑤ $8\sqrt{6}$

## 유형 **18**　쌍곡선의 방정식의 일반형

쌍곡선의 방정식의 일반형이 주어지면
➡ 완전제곱꼴로 변형하여 표준형으로 고친다.

### 0108 대표문제

쌍곡선 $9x^2-4y^2+18x+48y-171=0$의 초점의 좌표가 $(a, b)$, $(c, d)$일 때, $a+b+c+d$의 값을 구하시오.

### 0109 중하

쌍곡선 $2x^2-5y^2+12x+10y+3=0$은 쌍곡선 $\dfrac{x^2}{a^2}-\dfrac{y^2}{b^2}=1$을 $x$축의 방향으로 $m$만큼, $y$축의 방향으로 $n$만큼 평행이동한 것이다. 이때 $a^2+b^2+m+n$의 값을 구하시오. (단, $a$, $b$는 상수)

### 0110 중 서술형

쌍곡선 $x^2-9y^2+2x-8=0$의 한 초점과 이 쌍곡선의 점근선 사이의 거리를 구하시오.

### 0111 중

쌍곡선 $2x^2-y^2+4x+8y-8=0$의 두 초점을 각각 F, F′이라 할 때, 삼각형 OFF′의 넓이는? (단, O는 원점)

① 1　　　　② 2　　　　③ 3
④ 4　　　　⑤ 5

---



## 중요　유형 **19**　쌍곡선의 정의의 활용

쌍곡선 $\dfrac{x^2}{a^2}-\dfrac{y^2}{b^2}=1\ (a>0,\ b>0)$ 위의 점 P와 두 초점 F, F′에 대하여
➡ $\left|\,\overline{PF}-\overline{PF'}\,\right|=2a$

### 0112 대표문제

오른쪽 그림과 같이 점 F$(4, 0)$을 지나는 직선이 쌍곡선 $\dfrac{x^2}{9}-\dfrac{y^2}{7}=1$의 $x\geq0$인 부분과 두 점 A, B에서 만난다. 세 점 A, B, C$(-4, 0)$을 꼭짓점으로 하는 삼각형 ABC의 둘레의 길이가 30일 때, 선분 AB의 길이를 구하시오.

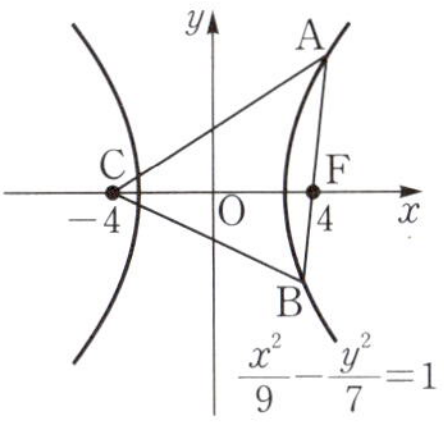

### 0113 중하

오른쪽 그림과 같이 쌍곡선 $\dfrac{x^2}{9}-\dfrac{y^2}{6}=1$ 위의 두 점 P, Q와 두 초점 F, F′에 대하여 $\overline{PF}=1$, $\overline{QF}=4$일 때, $\overline{PF'}+\overline{QF'}$의 값을 구하시오. (단, $\overline{PF'}>\overline{PF}$, $\overline{QF'}>\overline{QF}$)

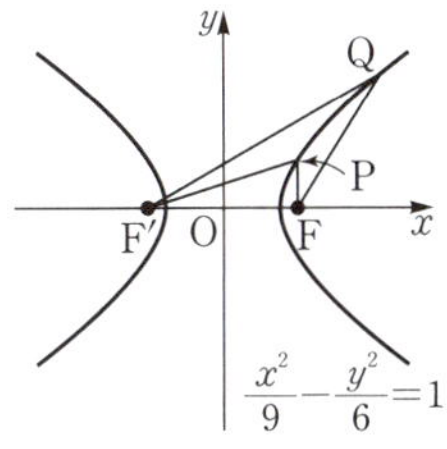

### 0114 중

쌍곡선 $\dfrac{x^2}{4}-\dfrac{y^2}{12}=1$ 위의 점 P와 두 초점 F, F′에 대하여 $\overline{PF}:\overline{PF'}=3:2$일 때, 삼각형 PF′F의 둘레의 길이를 구하시오.

### 0115 상중

쌍곡선 $\dfrac{x^2}{8}-\dfrac{y^2}{16}=1$에서 $x\geq0$인 부분 위의 점 P$_n$ $(n=1, 2, 3, 4, 5)$과 두 초점 F, F′에 대하여 $\overline{FP_1}+\overline{FP_2}+\cdots+\overline{FP_5}=10\sqrt{2}$일 때, $\overline{F'P_1}+\overline{F'P_2}+\cdots+\overline{F'P_5}$의 값을 구하시오.

(단, $\overline{F'P_n}>\overline{FP_n}$)

## 유형 **20**  쌍곡선의 정의의 활용 – 이차곡선이 주어질 때

주어진 이차곡선의 정의를 이용하여 문제를 해결한다.

### 0116  대표문제

오른쪽 그림과 같이 두 초점 F, F′을 공유하는 타원 $\dfrac{x^2}{64}+\dfrac{y^2}{28}=1$과 쌍곡선 $\dfrac{x^2}{16}-\dfrac{y^2}{20}=1$이 서로 다른 네 점에서 만난다. 타원과 쌍곡선의 교점 중 제1사분면에 있는 점 P에 대하여 $\overline{\mathrm{PF'}}^2-\overline{\mathrm{PF}}^2$의 값을 구하시오.

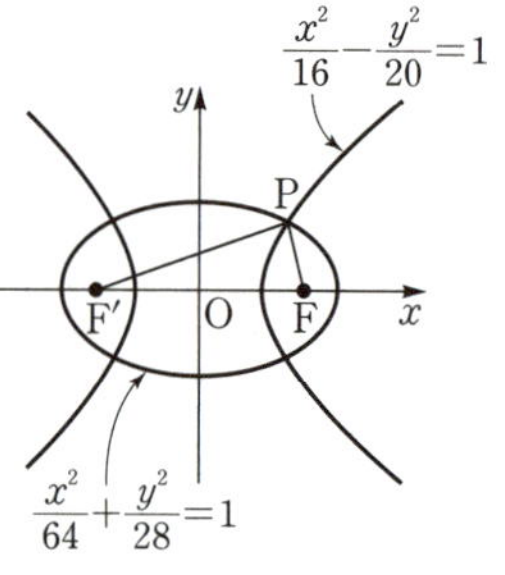


### 0117  중

오른쪽 그림과 같이 두 초점이 F, F′인 쌍곡선 $\dfrac{x^2}{2}-\dfrac{y^2}{2}=1$이 원 $x^2+y^2=4$와 제1사분면에서 만나는 점을 P라 할 때, 삼각형 PF′F의 넓이를 구하시오.

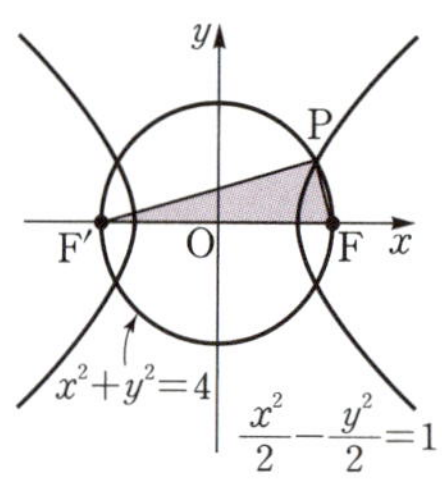


### 0118  상중

오른쪽 그림과 같이 두 점 F$(2, 0)$, F′$(-2, 0)$을 초점으로 하는 타원과 쌍곡선이 점 P$(2, 1)$에서 만난다. 쌍곡선의 한 꼭짓점을 A, 타원의 한 꼭짓점을 B라 할 때, 선분 AB의 길이를 구하시오. (단, 두 점 A, B의 $x$좌표는 모두 양수이다.)

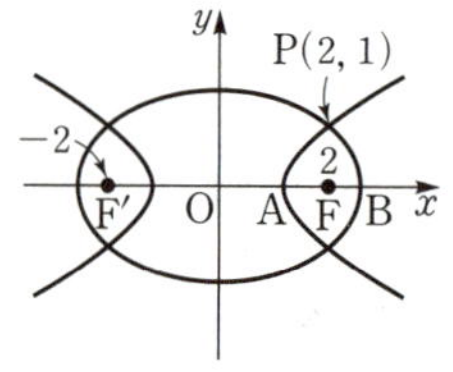


## 유형 **21**  이차곡선

$x, y$에 대한 이차방정식 $Ax^2+By^2+Cx+Dy+E=0$이 이차곡선을 나타낼 때

(1) 원 $\Rightarrow A=B\ (A\neq0, B\neq0)$
(2) 포물선 $\Rightarrow A=0, B\neq0$ 또는 $A\neq0, B=0$
(3) 타원 $\Rightarrow AB>0, A\neq B$
(4) 쌍곡선 $\Rightarrow AB<0$

### 0119  대표문제

방정식 $2x^2+y^2-1+k(x^2+y^2-1)=0$이 나타내는 도형이 쌍곡선이 되도록 하는 실수 $k$의 값의 범위를 구하시오.

### 0120  중하

방정식 $x^2+ky^2-2y=0$이 나타내는 도형이 타원일 때, 다음 중 실수 $k$의 값이 될 수 있는 것은?

① $-1$      ② $-\dfrac{1}{2}$      ③ $0$
④ $\dfrac{1}{2}$      ⑤ $1$

### 0121  중  서술형

방정식 $(k+2)x^2-(3k-1)y^2-4x+6y+4=0$이 나타내는 도형이 포물선이 되도록 하는 모든 실수 $k$의 값의 합을 구하시오.

### 0122  중

방정식 $7x^2-y^2-4-k(x^2-y^2)=0$이 나타내는 도형이 타원이 되도록 하는 정수 $k$의 개수를 구하시오.

# 유형 up



## 유형 22  자취의 방정식

(1) 한 점과 직선에 이르는 거리가 같은 점의 자취 ⇨ 포물선
(2) 두 점에서의 거리의 합이 일정한 점의 자취 ⇨ 타원
(3) 두 점에서의 거리의 차가 일정한 점의 자취 ⇨ 쌍곡선

### 0123  대표문제

쌍곡선 $2x^2 - 7y^2 = 14$ 위의 점 P와 점 Q$(1, 0)$에 대하여 선분 PQ의 중점을 M이라 할 때, 점 M이 나타내는 도형의 방정식을 구하시오.

### 0124  중

오른쪽 그림과 같이 길이가 3인 선분 AB의 양 끝 점 A, B가 각각 $x$축, $y$축 위를 움직일 때, 선분 AB를 $1 : 2$로 내분하는 점 P$(x, y)$가 나타내는 도형의 방정식을 구하시오.

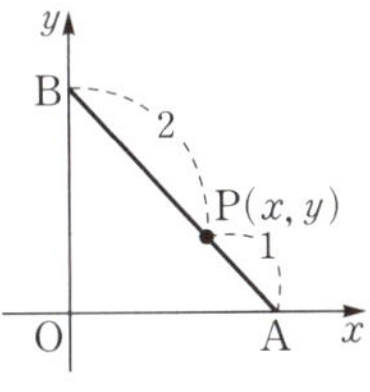

### 0125  중

점 A$(-2, 0)$을 지나고 $y$축에 접하는 원의 중심을 P$(x, y)$라 할 때, 점 P가 나타내는 도형의 초점의 좌표를 구하시오.

### 0126  상 중

오른쪽 그림과 같이 원 $C_1 : (x+1)^2 + y^2 = 1$에 외접하고, 원 $C_2 : (x-1)^2 + y^2 = 25$에 내접하는 원의 중심을 P라 할 때, 점 P가 나타내는 도형의 방정식을 구하시오.

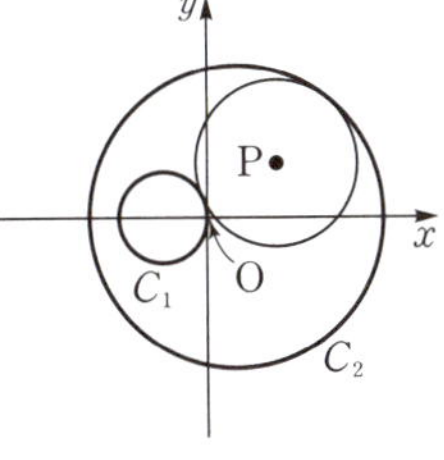

## 유형 23  이차곡선의 실생활에의 활용

주어진 상황에서 이차곡선의 정의를 이용하거나 이차곡선의 방정식을 구한다.

### 0127  대표문제

지구를 한 초점으로 하여 타원 궤도를 움직이는 인공위성이 있다. 지구로부터 이 인공위성까지의 최단 거리는 1000 km이고 최장 거리는 2000 km일 때, 인공위성이 그리는 타원 궤도의 단축의 길이는?

(단, 지구와 인공위성의 크기는 생각하지 않는다.)

① $500\sqrt{2}$ km    ② $1000\sqrt{2}$ km    ③ $1500\sqrt{2}$ km
④ $2000\sqrt{2}$ km    ⑤ $2500\sqrt{2}$ km

### 0128  상 중

오른쪽 그림과 같이 일부가 포물선 모양인 강이 포물선의 초점 위치에 있는 마을 P와 또 다른 마을 Q를 돌아 흐르고 있다. 강변의 한 곳에 하수처리장을 건설할 때, 하수처리장으로부터 두 마을 P, Q까지의 직선 거리의 합이 최소가 되도록 하려고 한다. 하수처리장의 위치로 가장 적합한 곳은 A, B, C, D, E 중 어느 곳이겠는가? (단, A는 포물선의 꼭짓점에 위치하고 있고, $\overline{\mathrm{PA}}$와 $\overline{\mathrm{QD}}$는 서로 평행하다.)

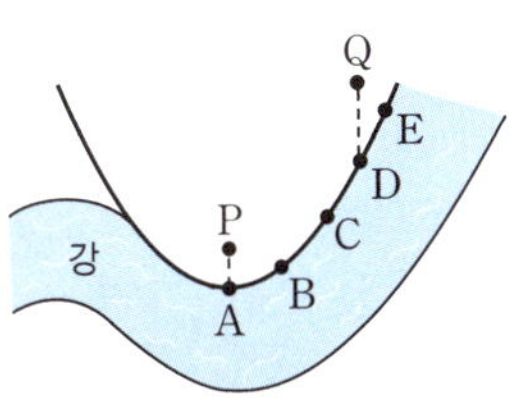


① A    ② B    ③ C
④ D    ⑤ E

### 0129

두 포물선 $x^2=4y$, $y^2=-8x$의 초점을 각각 $F_1$, $F_2$라 할 때, 선분 $F_1F_2$의 길이는?

① $\sqrt{3}$　　　　② $2$　　　　③ $\sqrt{5}$
④ $3$　　　　⑤ $3\sqrt{2}$

### 0130

포물선 $8x=y^2+4cy$의 초점이 직선 $y=x-2$ 위에 있을 때, 양수 $c$의 값은?

① $1$　　　　② $2$　　　　③ $3$
④ $4$　　　　⑤ $5$

### 0131

두 포물선 $y^2+4x-4y-4=0$, $x^2-2x-4y+a=0$의 초점이 일치할 때, 상수 $a$의 값을 구하시오.

### 0132 중요

오른쪽 그림과 같이 포물선 $y^2=4x$의 초점을 F, 포물선 위의 점 P에서 이 포물선의 준선에 내린 수선의 발을 H라 할 때, 삼각형 PHF는 정삼각형이다. 이때 삼각형 PHF의 한 변의 길이는? (단, 점 P는 제1사분면 위의 점이다.)

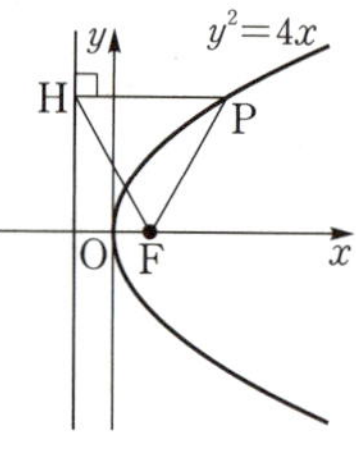


① $3$　　　　② $\dfrac{7}{2}$　　　　③ $4$
④ $\dfrac{9}{2}$　　　　⑤ $5$

### 0133 수능 기출

오른쪽 그림과 같이 포물선 $y^2=12x$의 초점 F를 지나는 직선과 포물선이 만나는 두 점 A, B에서 준선 $l$에 내린 수선의 발을 각각 C, D라 하자. $\overline{AC}=4$일 때, 선분 BD의 길이는?

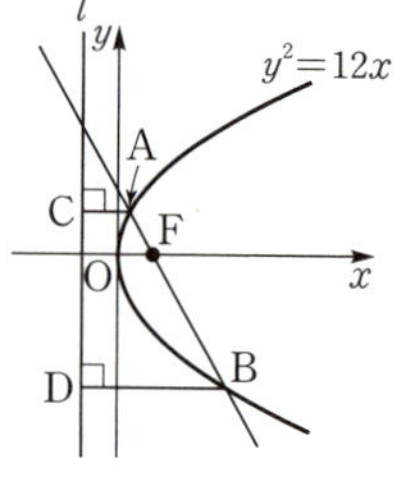


① $12$　　　　② $\dfrac{25}{2}$
③ $13$　　　　④ $\dfrac{27}{2}$　　　　⑤ $14$

### 0134

오른쪽 그림에서 직선 $l$이 포물선 $y^2=8x$의 준선일 때, 점 A(3, 1)에서 포물선 $y^2=8x$ 위의 점 P를 거쳐 초점 F에 이르는 거리의 최솟값을 구하시오.

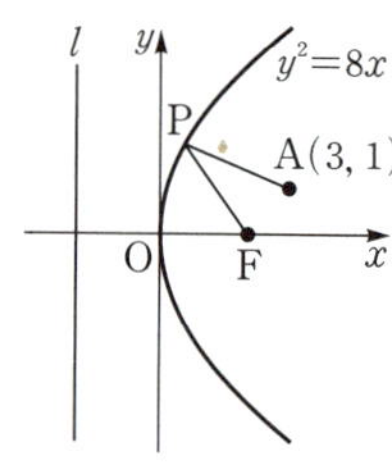


### 0135 중요

타원 $x^2+\dfrac{y^2}{k^2}=1$에 대한 다음 **보기**의 설명 중 옳은 것만을 있는 대로 고르시오. (단, $k>0$)

> **보기**
> ㄱ. $k>1$이면 초점은 $y$축 위에 있다.
> ㄴ. $k>1$이면 타원 위의 한 점에서 두 초점까지의 거리의 합은 2이다.
> ㄷ. $0<k<1$이면 장축의 길이는 2이다.

### 0136

오른쪽 그림과 같이 밑면의 반지름의 길이가 3인 원기둥이 있다. 이 원기둥을 밑면과 $30°$의 각을 이루는 평면으로 잘랐을 때 생기는 단면의 모양은 타원이다. 이 타원의 두 초점 사이의 거리를 구하시오.

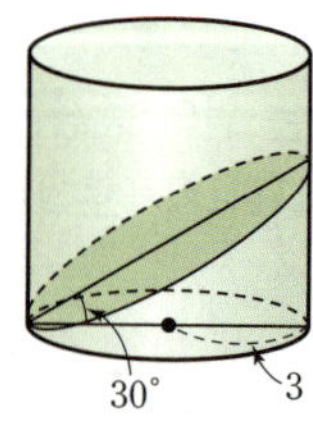

## 0137

타원 $\dfrac{x^2}{9}+\dfrac{y^2}{4}=1$의 두 초점을 P, P′이라 하고, 타원 $\dfrac{(x+5)^2}{9}+\dfrac{(y-2)^2}{4}=1$의 두 초점을 F, F′이라 할 때, 사각형 PFF′P′의 넓이는?

① $12-2\sqrt{5}$  ② $10-2\sqrt{5}$  ③ $2\sqrt{5}$

④ $3\sqrt{5}$  ⑤ $4\sqrt{5}$

## 0138

두 점 F$(4,\ 0)$, F′$(-2,\ 0)$을 초점으로 하는 타원이 두 점 A$(5,\ 0)$, B$(1,\ k)$를 지날 때, 양수 $k$의 값은?

① $\sqrt{6}$  ② $\sqrt{7}$  ③ $2\sqrt{2}$

④ $3$  ⑤ $\sqrt{10}$

## 0139

타원 $9x^2+4y^2+54x-8y+49=0$의 장축의 양 끝 점을 A, B라 할 때, 삼각형 ABO의 넓이를 구하시오. (단, O는 원점)

## 0140 중요

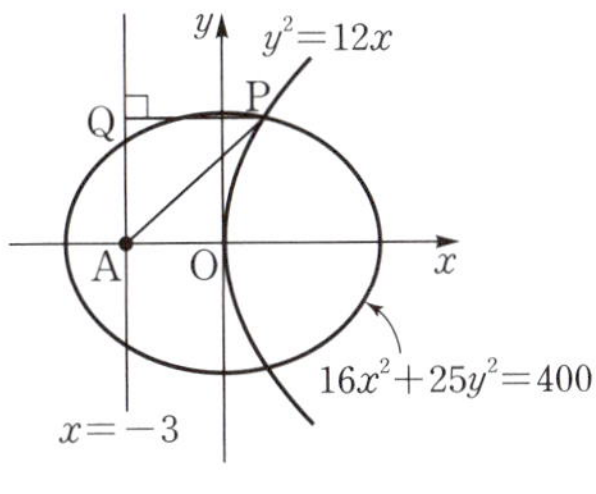

오른쪽 그림과 같이 타원 $16x^2+25y^2=400$과 포물선 $y^2=12x$의 한 교점을 P, 점 P에서 포물선의 준선 $x=-3$에 내린 수선의 발을 Q라 할 때, 점 A$(-3,\ 0)$에 대하여 $\overline{AP}+\overline{PQ}$의 값을 구하시오.

## 0141 교육청 기출

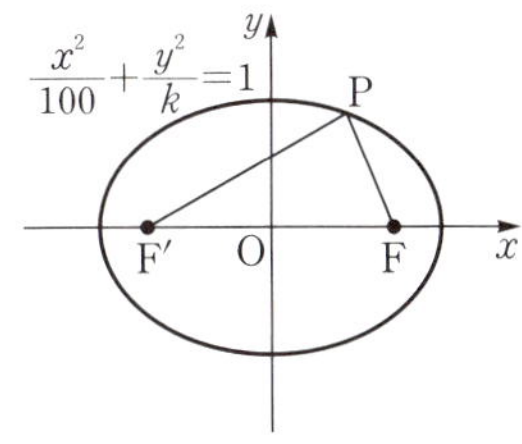

오른쪽 그림과 같이 타원 $\dfrac{x^2}{100}+\dfrac{y^2}{k}=1$ 위의 제1사분면에 있는 점 P와 두 초점 F, F′에 대하여 삼각형 PF′F의 둘레의 길이가 34일 때, 상수 $k$의 값은?

(단, $0<k<100$)

① $36$  ② $41$  ③ $46$

④ $51$  ⑤ $56$

## 0142

타원 $\dfrac{x^2}{36}+\dfrac{y^2}{9}=1$과 두 초점을 공유하고 주축의 길이가 6인 쌍곡선의 방정식을 $\dfrac{x^2}{a^2}-\dfrac{y^2}{b^2}=1$이라 할 때, $a^2-b^2$의 값을 구하시오.

## 0143

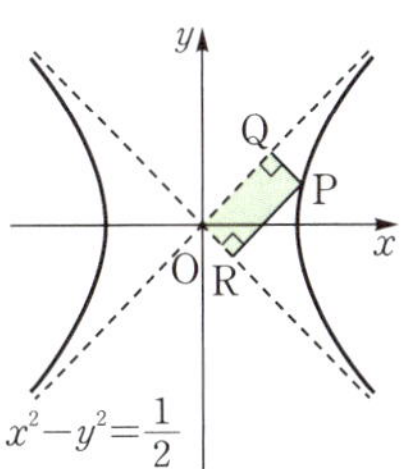

오른쪽 그림과 같이 쌍곡선 $x^2-y^2=\dfrac{1}{2}$ 위의 점 P에서 두 점근선에 내린 수선의 발을 각각 Q, R라 할 때, 사각형 PQOR의 넓이를 구하시오. (단, O는 원점)

## 0144

쌍곡선 $x^2-y^2+2y+a=0$의 주축이 $x$축에 평행할 때, 실수 $a$의 값의 범위는?

① $a<-1$  ② $a>-1$  ③ $a<1$

④ $a>1$  ⑤ $a>2$

## 0145 💡중요

쌍곡선 $\dfrac{x^2}{9}-\dfrac{y^2}{9}=1$ 위의 한 점 P에 대하여 $\overline{OP}=7$이다. 이 쌍곡선의 두 초점 F, F′에 대하여 $\overline{PF}\times\overline{PF'}$의 값은?

(단, O는 원점)

① 40　　　　② 45　　　　③ 49

④ 52　　　　⑤ 55

## 0146 평가원 기출

두 초점이 F, F′인 쌍곡선 $x^2-\dfrac{y^2}{3}=1$ 위의 점 P가 다음 조건을 만족시킨다.

> (가) 점 P는 제1사분면에 있다.
> (나) 삼각형 PF′F가 이등변삼각형이다.

삼각형 PF′F의 넓이를 $a$라 할 때, 모든 $a$의 값의 곱은?

① $3\sqrt{77}$　　　　② $6\sqrt{21}$　　　　③ $9\sqrt{10}$

④ $21\sqrt{2}$　　　　⑤ $3\sqrt{105}$

## 0147 💡중요

오른쪽 그림과 같이 쌍곡선 $\dfrac{x^2}{4}-\dfrac{y^2}{5}=1$ 위의 한 점 P와 두 초점 F, F′에 대하여 ∠F′PF의 이등분선이 $x$축과 점 A$(1,\ 0)$에서 만날 때, 삼각형 PF′F의 둘레의 길이를 구하시오.

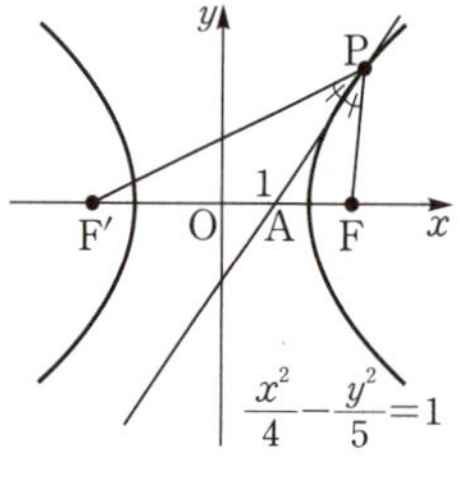

## 0148

쌍곡선 $\dfrac{x^2}{16}-\dfrac{y^2}{20}=1$의 두 초점을 지름의 양 끝 점으로 하는 원과 쌍곡선의 두 점근선이 만나는 4개의 점을 꼭짓점으로 하는 사각형의 넓이를 구하시오.

## 0149

오른쪽 그림과 같이 두 초점 F$(\sqrt{2},\ 0)$, F′$(-\sqrt{2},\ 0)$을 공유하는 타원과 쌍곡선이 점 P$(\sqrt{2},\ 1)$에서 만나고, 쌍곡선과 타원의 꼭짓점 중 $x$좌표가 양수인 것을 각각 A, B라 할 때, 삼각형 PAB의 넓이를 구하시오.

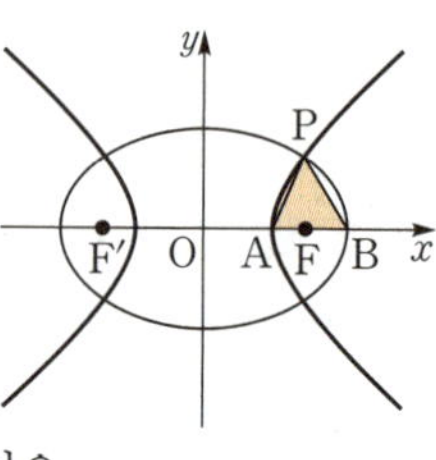

## 0150

방정식 $x^2-y^2+k(2x^2-y^2)+2x-y+2=0$이 나타내는 도형이 포물선이 되도록 하는 실수 $k$의 값이 $k=\alpha$ 또는 $k=\beta$일 때, $\beta-\alpha$의 값은? (단, $\alpha>\beta$)

① $-\dfrac{1}{4}$　　　　② $-\dfrac{1}{2}$　　　　③ $-\dfrac{3}{4}$

④ $-1$　　　　⑤ $-\dfrac{3}{2}$

## 0151

원 $(x-5)^2+y^2=1$에 외접하고 직선 $x=1$에 접하는 원의 중심을 점 P$(x,\ y)$라 할 때, 점 P가 나타내는 도형의 방정식을 구하시오.

## 0152

어떤 혜성이 태양을 초점으로 하는 포물선 궤도를 운행한다. 이 혜성이 오른쪽 그림과 같이 태양으로부터 $4\times10^{10}$ km 떨어져 있을 때, 태양과 혜성을 잇는 직선과 포물선의 축이 이루는 예각의 크기가 60°이었다면 혜성이 태양에 가장 가까워졌을 때의 혜성과 태양 사이의 거리는?

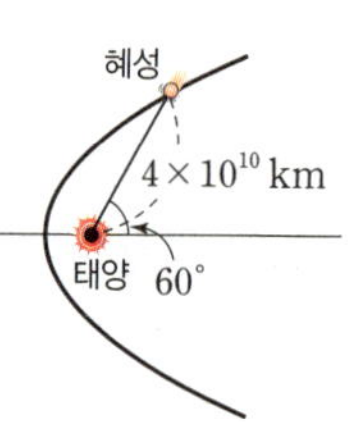


① $10^8$ km　　　　② $10^9$ km　　　　③ $10^{10}$ km

④ $10^{11}$ km　　　　⑤ $10^{12}$ km

 서술형 주관식

 실력 up

**0153**

포물선 $x^2=4ay$ 위의 점 $P(4\sqrt{3},\ b)$에서 이 포물선의 준선에 내린 수선의 발을 H라 할 때, $\overline{PH}=8$이다. 이때 $a^2+b^2$의 값을 구하시오. (단, $a>0$)

**0154**

오른쪽 그림과 같이 두 점 F, F'을 초점으로 하는

타원 $\dfrac{x^2}{100}+\dfrac{y^2}{36}=1$과

원 $(x+8)^2+y^2=9$의 한 교점 을 P라 할 때, $\overline{PF}\times\overline{PF'}$의 값 을 구하시오.

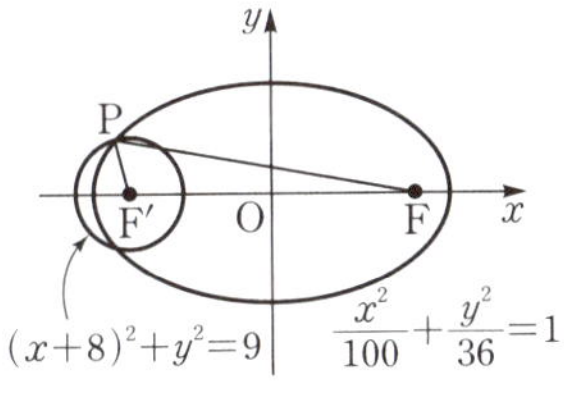

**0155**

쌍곡선 $2x^2-2y^2=1$의 두 점근선 및

쌍곡선 $2(x-3)^2-2(y-1)^2=1$의 두 점근선으로 둘러싸인 도형의 넓이를 $S$라 할 때, $S^2$의 값을 구하시오.

**0156**

점 $P(x,\ y)$에서 점 $F(3,\ 0)$과 직선 $x=\dfrac{4}{3}$에 이르는 거리의 비가 $3:2$일 때, 점 P가 나타내는 도형의 방정식은 $ax^2+by^2=20$이다. 이때 상수 $a$, $b$에 대하여 $a+b$의 값을 구 하시오.

**0157**

오른쪽 그림과 같이 포물선 $y^2=4px$는 $\overline{OA}=\overline{OB}$인 이등변삼각형 AOB의 세 꼭짓점을 지난다. 삼각형 AOB의 넓이 는 $6\sqrt{6}$이고, 점 A와 포물선의 초점 F를 지나는 직선이 삼각형 AOB의 넓이를 이등분할 때, 양수 $p$의 값은?

(단, O는 원점)

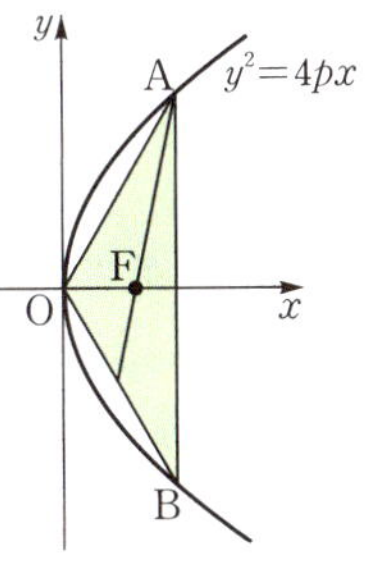


① 2　　　② 3　　　③ $2\sqrt{3}$

④ 4　　　⑤ $5\sqrt{3}$

**0158** 평가원 기출

좌표평면에서 두 점 $A(0,\ 3)$, $B(0,\ -3)$에 대하여 두 초점이 F, F'인 타원 $\dfrac{x^2}{16}+\dfrac{y^2}{7}=1$ 위의 점 P가 $\overline{AP}=\overline{PF}$를 만족시킨다. 사각형 $AF'BP$의 둘레의 길이가 $a+b\sqrt{2}$일 때, $a+b$의 값을 구하 시오. (단, $\overline{PF}<\overline{PF'}$이고 $a$, $b$는 자연수이다.)

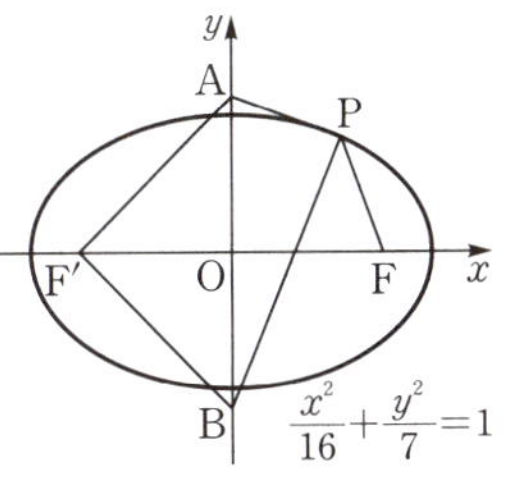


**0159** 창의·융합

두 초점이 $F(k,\ 0)$, $F'(-k,\ 0)$인 쌍곡선 $\dfrac{x^2}{a^2}-\dfrac{y^2}{b^2}=1$ 위의 점 P와 초점이 F'인 포물선 $y^2=8(x+c)$의 꼭짓점 A가 다 음 조건을 만족시킬 때, 상수 $a$, $b$, $c$에 대하여 $ab^2c$의 값을 구 하시오. (단, $a>0$, $b>0$, $c>k>0$)

(가) $|\overline{PF}-\overline{PF'}|=2$
(나) $\overline{AF'}:\overline{AF}=1:3$

# 02 이차곡선과 직선

## 02·1 이차곡선과 직선의 위치 관계

이차곡선의 방정식과 직선의 방정식을 연립하여 얻은 이차방정식의 판별식을 $D$라 할 때
(1) $D>0$이면 서로 다른 두 점에서 만난다. ⎤
(2) $D=0$이면 한 점에서 만난다. (접한다.) ⎦ 만난다.
(3) $D<0$이면 만나지 않는다.

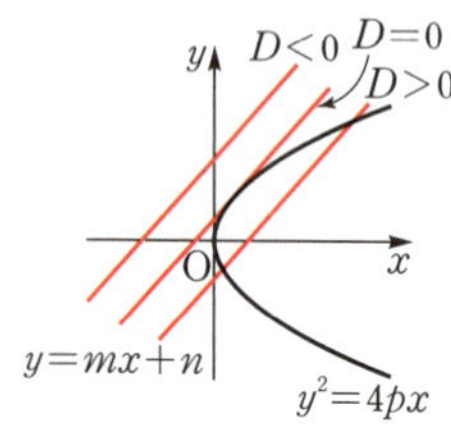
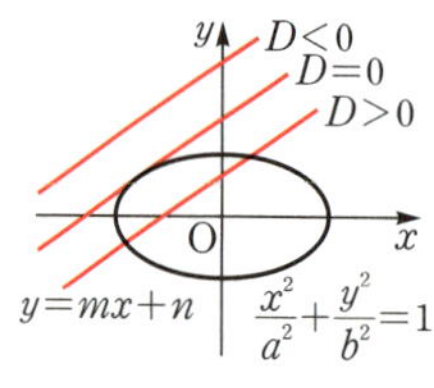
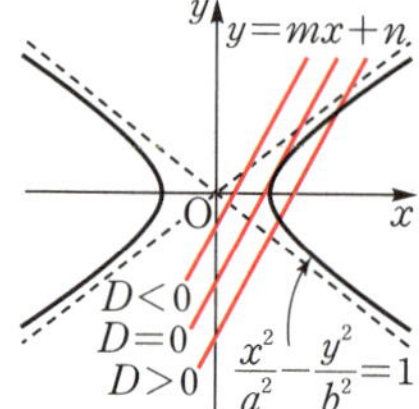

## 02·2 포물선의 접선의 방정식

**1 기울기가 주어진 포물선의 접선의 방정식**

포물선 $y^2=4px$에 접하고 기울기가 $m\,(m\neq0)$인 직선의 방정식은 $\boldsymbol{y=mx+\dfrac{p}{m}}$

**2 접점의 좌표가 주어진 포물선의 접선의 방정식**

포물선 $y^2=4px$ 위의 점 $(x_1,\,y_1)$에서의 접선의 방정식은 $\boldsymbol{y_1y=2p(x+x_1)}$

## 02·3 타원의 접선의 방정식

**1 기울기가 주어진 타원의 접선의 방정식**

타원 $\dfrac{x^2}{a^2}+\dfrac{y^2}{b^2}=1$에 접하고 기울기가 $m$인 직선의 방정식은 $\boldsymbol{y=mx\pm\sqrt{a^2m^2+b^2}}$

**2 접점의 좌표가 주어진 타원의 접선의 방정식**

타원 $\dfrac{x^2}{a^2}+\dfrac{y^2}{b^2}=1$ 위의 점 $(x_1,\,y_1)$에서의 접선의 방정식은 $\boldsymbol{\dfrac{x_1x}{a^2}+\dfrac{y_1y}{b^2}=1}$

## 02·4 쌍곡선의 접선의 방정식

**1 기울기가 주어진 쌍곡선의 접선의 방정식**

(1) 쌍곡선 $\dfrac{x^2}{a^2}-\dfrac{y^2}{b^2}=1$에 접하고 기울기가 $m$인 직선의 방정식은

$$\boldsymbol{y=mx\pm\sqrt{a^2m^2-b^2}}\ (단,\ a^2m^2-b^2>0)$$

(2) 쌍곡선 $\dfrac{x^2}{a^2}-\dfrac{y^2}{b^2}=-1$에 접하고 기울기가 $m$인 직선의 방정식은

$$y=mx\pm\sqrt{b^2-a^2m^2}\ (단,\ b^2-a^2m^2>0)$$

**2 접점의 좌표가 주어진 쌍곡선의 접선의 방정식**

쌍곡선 $\dfrac{x^2}{a^2}-\dfrac{y^2}{b^2}=\pm1$ 위의 점 $(x_1,\,y_1)$에서의 접선의 방정식은

$$\boldsymbol{\dfrac{x_1x}{a^2}-\dfrac{y_1y}{b^2}=\pm1}\ (복부호동순)$$

---


✚ 개념 플러스

■ 이차곡선과 직선의 교점의 개수는 이차곡선의 방정식과 직선의 방정식을 연립하여 얻은 이차방정식의 서로 다른 실근의 개수와 같다.

■ 포물선 $y^2=4px$에 접하고 기울기가 0인 직선은 존재하지 않는다.

■ 포물선 $x^2=4py$에 접하고
① 기울기가 $m$인 접선의 방정식
　$\Rightarrow y=mx-m^2p$
② 접점이 $(x_1,\,y_1)$인 접선의 방정식
　$\Rightarrow x_1x=2p(y+y_1)$

■ 한 타원에 대하여 기울기가 같은 접선은 2개 존재한다.

■ 접점이 $(x_1,\,y_1)$인 접선의 방정식은 $\dfrac{x^2}{a^2}+\dfrac{y^2}{b^2}=1$에 $x^2$ 대신 $x_1x$, $y^2$ 대신 $y_1y$를 대입하여 구한다.

■ 한 쌍곡선에 대하여 기울기가 같은 접선은 2개 존재한다.

■ $a^2m^2-b^2=0$, 즉 $m=\pm\dfrac{b}{a}$이면 직선은 쌍곡선의 점근선과 일치하므로 접선이 아니다.

■ 접점이 $(x_1,\,y_1)$인 접선의 방정식은 $\dfrac{x^2}{a^2}-\dfrac{y^2}{b^2}=\pm1$에 $x^2$ 대신 $x_1x$, $y^2$ 대신 $y_1y$를 대입하여 구한다.

### 02·1  이차곡선과 직선의 위치 관계

[0160 ~ 0162] 다음 이차곡선과 직선의 위치 관계를 말하시오.

**0160**  $y^2=4x$, $y=x-4$

**0161**  $2x^2+y^2=2$, $y=-x+2$

**0162**  $x^2-y^2=-1$, $x-2y+\sqrt{3}=0$

**0163**  포물선 $y^2=16x$와 직선 $y=x+a$의 위치 관계가 다음과 같을 때, 실수 $a$의 값 또는 범위를 구하시오.

(1) 서로 다른 두 점에서 만난다.
(2) 접한다.
(3) 만나지 않는다.

### 02·2  포물선의 접선의 방정식

[0164 ~ 0165] 다음 직선의 방정식을 구하시오.

**0164**  포물선 $y^2=3x$에 접하고 기울기가 $-1$인 직선

**0165**  포물선 $y^2=-16x$에 접하고 기울기가 3인 직선

[0166 ~ 0169] 다음 접선의 방정식을 구하시오.

**0166**  포물선 $y^2=6x$ 위의 점 $(2, 2\sqrt{3})$에서의 접선

**0167**  포물선 $y^2=-8x$ 위의 점 $\left(-\dfrac{1}{2}, 2\right)$에서의 접선

**0168**  포물선 $x^2=\dfrac{3}{2}y$ 위의 점 $(3, 6)$에서의 접선

**0169**  포물선 $x^2=-4y$ 위의 점 $(-4, -4)$에서의 접선

### 02·3  타원의 접선의 방정식

[0170 ~ 0171] 다음 직선의 방정식을 구하시오.

**0170**  타원 $\dfrac{x^2}{4}+y^2=1$에 접하고 기울기가 $-1$인 직선

**0171**  타원 $3x^2+2y^2=6$에 접하고 기울기가 2인 직선

[0172 ~ 0173] 다음 접선의 방정식을 구하시오.

**0172**  타원 $\dfrac{x^2}{10}+\dfrac{y^2}{15}=1$ 위의 점 $(2, -3)$에서의 접선

**0173**  타원 $x^2+3y^2=12$ 위의 점 $(3, 1)$에서의 접선

### 02·4  쌍곡선의 접선의 방정식

[0174 ~ 0175] 다음 직선의 방정식을 구하시오.

**0174**  쌍곡선 $\dfrac{x^2}{4}-\dfrac{y^2}{3}=1$에 접하고 기울기가 $\sqrt{3}$인 직선

**0175**  쌍곡선 $5x^2-y^2=-15$에 접하고 기울기가 $-2$인 직선

[0176 ~ 0179] 다음 접선의 방정식을 구하시오.

**0176**  쌍곡선 $\dfrac{x^2}{3}-\dfrac{y^2}{3}=1$ 위의 점 $(-2, 1)$에서의 접선

**0177**  쌍곡선 $\dfrac{x^2}{12}-\dfrac{y^2}{4}=-1$ 위의 점 $(6, 4)$에서의 접선

**0178**  쌍곡선 $3x^2-4y^2=12$ 위의 점 $(4, -3)$에서의 접선

**0179**  쌍곡선 $x^2-3y^2=-3$ 위의 점 $(-3, 2)$에서의 접선

| 개념원리 기하 53쪽, 54쪽 |

> **중요**

## 유형 **01** 이차곡선과 직선의 위치 관계

이차곡선의 방정식과 직선의 방정식을 연립하여 얻은 이차방정식
의 판별식을 $D$라 할 때

(1) $D>0 \iff$ 서로 다른 두 점에서 만난다.

(2) $D=0 \iff$ 한 점에서 만난다. (접한다.)

(3) $D<0 \iff$ 만나지 않는다.

### 0180 `대표문제`

포물선 $x^2-8x+2y+17=0$과 직선 $y=mx+4$가 접할 때,
모든 실수 $m$의 값의 합은?

① $-10$　　　② $-4$　　　③ $2$

④ $8$　　　⑤ $14$

### 0181 `중하`

직선 $y=x$를 $x$축의 방향으로 $k$만큼 평행이동하면 타원
$2x^2+3y^2=6$과 만난다. 이때 정수 $k$의 개수는?

① $3$　　　② $4$　　　③ $5$

④ $6$　　　⑤ $7$

### 0182 `중`

두 집합

$$A=\{(x, y) \mid y=kx, \ x, \ y는\ 실수\}$$

$$B=\{(x, y) \mid 9x^2-16y^2=144, \ x, \ y는\ 실수\}$$

에 대하여 $n(A \cap B)=0$을 만족시키는 실수 $k$의 값의 범위
를 구하시오.

### 0183 `상중`

쌍곡선 $2x^2-9y^2=18$과 직선 $y=mx+n$이 $n$의 값에 관계
없이 교점을 가질 때, $m$의 값의 범위를 구하시오.

（단, $m$, $n$은 실수）

| 개념원리 기하 60쪽 |

## 유형 **02** 포물선의 접선의 방정식 – 기울기가 주어진 경우

포물선 $y^2=4px$에 접하고 기울기가 $m$인 직선의 방정식

$$\Rightarrow y=mx+\frac{p}{m} \ （단, \ m \neq 0）$$

### 0184 `대표문제`

포물선 $y^2=-8x$에 접하고 직선 $2x-y+1=0$에 평행한 직
선이 점 $(-2, k)$를 지날 때, $k$의 값은?

① $-5$　　　② $-2$　　　③ $1$

④ $4$　　　⑤ $7$

### 0185 `중하`

초점의 좌표가 $\left(\dfrac{1}{2}p, \ 0\right)$, 준선이 $x=-\dfrac{1}{2}p$인 포물선이 직선
$y=-x+3$과 접할 때, $p$의 값을 구하시오.

### 0186 `중`

포물선 $y^2+x=0$에 접하고 직선 $y=-x+3$에 수직인 직선의
방정식이 $ax+by+1=0$일 때, 상수 $a$, $b$에 대하여 $a^2+b^2$의
값은?

① $8$　　　② $16$　　　③ $24$

④ $32$　　　⑤ $40$

### 0187 `상중`

기울기가 $-1$인 직선이 두 포물선 $y^2=2x$, $x^2=2y$에 동시에
접할 때, 두 접점을 각각 A, B라 하자. 이때 선분 AB의 길이
를 구하시오.

**유형 03** 포물선의 접선의 방정식
– 접점의 좌표가 주어진 경우

포물선 위의 점 $P(x_1, y_1)$에서의 접선의 방정식

(1) $y^2=4px \Rightarrow y_1y=2p(x+x_1)$

(2) $x^2=4py \Rightarrow x_1x=2p(y+y_1)$

**0188** 대표문제

포물선 $y^2=6x$ 위의 점 $P(2, a)$에서 포물선에 그은 접선의 기울기를 $b$, $y$절편을 $c$라 할 때, $abc$의 값은? (단, $a>0$)

① $\sqrt{3}$ ② $2\sqrt{3}$ ③ $3\sqrt{3}$

④ $4\sqrt{3}$ ⑤ $5\sqrt{3}$

**0189** 중하

포물선 $x^2=3y$ 위의 점 $(-\sqrt{3}, 1)$에서의 접선이 점 $(a, 4)$를 지날 때, $a^2$의 값을 구하시오.

**0190** 중 서술형

포물선 $y^2=-12x$ 위의 점 $(k, -2k)$에서의 접선과 평행하고 점 $(3, 1)$을 지나는 직선의 방정식이 $y=mx+n$일 때, 상수 $m$, $n$에 대하여 $m+n$의 값을 구하시오. (단, $k<0$)

**0191** 중

포물선 $y^2=16x$ 위의 두 점 $P(a, b)$, $Q\left(\dfrac{1}{4}, -2\right)$에서의 두 접선이 서로 수직일 때, $a+b$의 값을 구하시오.



**유형 04** 포물선의 접선의 방정식의 활용
– 접점의 좌표가 주어진 경우

포물선 $y^2=4px$ 위의 점 $(x_1, y_1)$에서의 접선 $y_1y=2p(x+x_1)$에 대하여

$\Rightarrow$ 기울기는 $\dfrac{2p}{y_1}$, $x$절편은 $-x_1$, $y$절편은 $\dfrac{2px_1}{y_1}$임을 이용한다.

**0192** 대표문제

포물선 $y^2=-12x$ 위의 점 $P(-3, 6)$에서의 접선이 $x$축과 만나는 점을 Q, 포물선의 초점을 F라 할 때, 삼각형 PFQ의 넓이는?

① 10 ② 12 ③ 14

④ 16 ⑤ 18

**0193** 중

오른쪽 그림과 같이 포물선 $y^2=4px$ 위의 점 $P(p, 2p)$에서의 접선이 $x$축, $y$축과 만나는 점을 각각 A, B라 할 때, $\dfrac{\overline{PB}}{\overline{AB}}$의 값을 구하시오. (단, $p>0$)

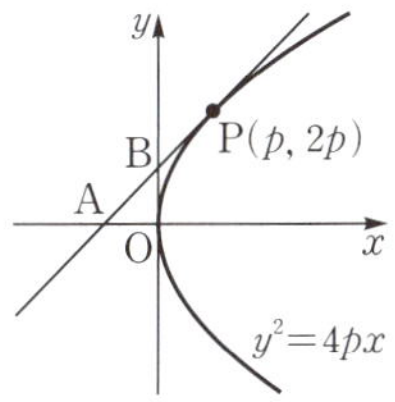

**0194** 중

포물선 $y^2=8x$ 위의 점 $P(a, b)$에서의 접선이 $x$축과 만나는 점을 Q라 하자. $\overline{PQ}=2\sqrt{3}$일 때, $a^2+b^2$의 값은? (단, $a>0$)

① 8 ② 9 ③ 10

④ 11 ⑤ 12

**0195** 중

포물선 $x^2=2y$와 직선 $y=-x+4$의 두 교점에서 포물선에 그은 접선의 기울기를 각각 $m_1$, $m_2$라 할 때, $m_1m_2$의 값을 구하시오.

---

### 유형 05    포물선 밖의 점에서 그은 접선의 방정식

포물선 위에 있지 않은 한 점 P에서 포물선에 그은 접선의 방정식
⇨ 접점의 좌표를 $(x_1, y_1)$이라 하고 접선의 방정식을 구한 후,
   점 P가 접선 위의 점임을 이용한다.

**0196** 대표문제

점 $(-2, 0)$에서 포물선 $y^2=8x$에 그은 접선의 방정식이 $y=mx+n$일 때, 상수 $m$, $n$에 대하여 $m^2+n^2$의 값은?

① 1        ② 3        ③ 5
④ 7        ⑤ 9

**0197** 중하

점 $\left(\dfrac{1}{2}, -\dfrac{1}{2}\right)$에서 포물선 $\dfrac{x^2}{4}=y$에 그은 두 접선의 기울기의 곱은?

① $-1$        ② $-\dfrac{1}{2}$        ③ $-\dfrac{1}{4}$
④ $\dfrac{1}{2}$        ⑤ 1

**0198** 중

점 $(-3, -1)$에서 포물선 $y^2=x$에 그은 두 접선의 접점을 각각 P, Q라 할 때, 선분 PQ의 길이를 구하시오.

**0199** 중

점 $P(-2, 0)$에서 포물선 $y^2=2x$에 그은 두 접선과 $y$축의 교점을 각각 A, B라 할 때, 삼각형 PAB의 넓이를 구하시오.

---

### 유형 06    포물선의 두 접선이 수직일 때

두 접선이 서로 수직이면
⇨ (두 접선의 기울기의 곱) $=-1$

**0200** 대표문제

점 $(a, 0)$에서 포물선 $y^2=4x$에 그은 두 접선이 서로 수직일 때, $a$의 값은?

① $-1$        ② $-2$        ③ $-3$
④ $-4$        ⑤ $-5$

**0201** 중

점 $(1, -\sqrt{3})$에서 포물선 $y^2=kx$에 그은 두 접선의 기울기의 곱이 $-1$일 때, 이 포물선의 초점의 좌표를 구하시오.
        (단, $k$는 상수)

**0202** 중

직선 $x+y=-5$ 위의 한 점 $(p, q)$에서 포물선 $y^2=12x$에 그은 두 접선이 서로 수직일 때, $p-q$의 값을 구하시오.

**0203** 상중

좌표평면 위의 점 $P(a, b)$에서 포물선 $x^2+4y-4=0$에 그은 두 접선이 서로 수직일 때, 점 P가 나타내는 도형의 방정식은? $\left(\text{단, } b > -\dfrac{1}{4}a^2+1\right)$

① $a+4b=0$        ② $b+2=0$        ③ $b-2=0$
④ $a^2-b=0$        ⑤ $a^2+b^2=1$

| 개념원리 기하 69쪽 |

## 유형 **07** 타원의 접선의 방정식
### – 기울기가 주어진 경우

타원 $\dfrac{x^2}{a^2}+\dfrac{y^2}{b^2}=1$에 접하고 기울기가 $m$인 직선의 방정식

$\Rightarrow y=mx\pm\sqrt{a^2m^2+b^2}$

### 0204 · 대표문제

타원 $\dfrac{x^2}{3}+\dfrac{y^2}{4}=1$에 접하고 직선 $y=\dfrac{1}{2}x+3$에 수직인 두 직선 사이의 거리를 구하시오.

### 0205 · 중하

타원 $2x^2+3y^2=1$에 접하고 $x$축의 양의 방향과 이루는 각의 크기가 $30°$인 직선의 $y$절편은?

① $\pm\dfrac{\sqrt{5}}{5}$    ② $\pm\dfrac{1}{2}$    ③ $\pm\dfrac{\sqrt{3}}{3}$

④ $\pm\dfrac{\sqrt{2}}{2}$    ⑤ $\pm1$

### 0206 · 중

타원 $\dfrac{x^2}{a^2}+\dfrac{y^2}{b^2}=1$이 직선 $x+3y-8=0$에 접하고 점 $(4,\,0)$을 지날 때, 양수 $a$, $b$에 대하여 $\dfrac{b}{a}$의 값을 구하시오.

### 0207 · 상중

타원 $x^2+25y^2=25$에 접하고 기울기가 $m$인 직선이 $x$축, $y$축과 만나는 점을 각각 P, Q라 할 때, 선분 PQ의 길이의 최솟값을 구하시오.

| 개념원리 기하 70쪽 |

## 유형 **08** 타원의 접선의 방정식
### – 접점의 좌표가 주어진 경우

타원 $\dfrac{x^2}{a^2}+\dfrac{y^2}{b^2}=1$ 위의 점 $(x_1,\,y_1)$에서의 접선의 방정식

$\Rightarrow \dfrac{x_1x}{a^2}+\dfrac{y_1y}{b^2}=1$

### 0208 · 대표문제

타원 $\dfrac{x^2}{12}+\dfrac{y^2}{6}=1$ 위의 점 $(2,\,-2)$에서의 접선이 점 $(a,\,4)$를 지날 때, $a$의 값은?

① 10    ② 11    ③ 12

④ 13    ⑤ 14

### 0209 · 중

타원 $\dfrac{x^2}{4}+\dfrac{y^2}{8}=1$ 위의 점 $(-\sqrt{2},\,2)$에서의 접선에 수직이고 점 $(1,\,2)$를 지나는 직선의 방정식을 구하시오.

### 0210 · 중 · 서술형

타원 $x^2+2y^2=16$ 위의 제1사분면에 있는 점 $\mathrm{P}(k,\,2k)$에서의 접선의 $x$절편을 구하시오.

### 0211 · 중

타원 $\dfrac{x^2}{a^2}+\dfrac{y^2}{6}=1$ 위의 점 $(b,\,-2)$에서의 접선의 기울기가 $1$일 때, $a^2-b$의 값을 구하시오.

02 이차곡선과 직선

### 유형 09 타원의 접선의 방정식의 활용 – 접점의 좌표가 주어진 경우

타원 $\dfrac{x^2}{a^2}+\dfrac{y^2}{b^2}=1$ 위의 점 $(x_1,\ y_1)$에서의 접선

$\dfrac{x_1 x}{a^2}+\dfrac{y_1 y}{b^2}=1$에 대하여

⇨ 기울기는 $-\dfrac{b^2 x_1}{a^2 y_1}$, $x$절편은 $\dfrac{a^2}{x_1}$, $y$절편은 $\dfrac{b^2}{y_1}$임을 이용한다.

**0212** 대표문제

타원 $\dfrac{x^2}{16}+\dfrac{y^2}{12}=1$ 위의 점 $(2,\ 3)$에서의 접선이 $x$축, $y$축과 만나는 점을 각각 P, Q라 할 때, 선분 PQ의 길이를 구하시오.

**0213** 중

오른쪽 그림과 같이 타원 $\dfrac{x^2}{3}+\dfrac{y^2}{2}=1$ 위의 제1사분면에 있는 점 P에서 $x$축에 내린 수선의 발을 H, 점 P에서의 접선이 $x$축과 만나는 점을 T라 할 때, $\overline{\text{OH}}\times\overline{\text{OT}}$의 값을 구하시오. (단, O는 원점)

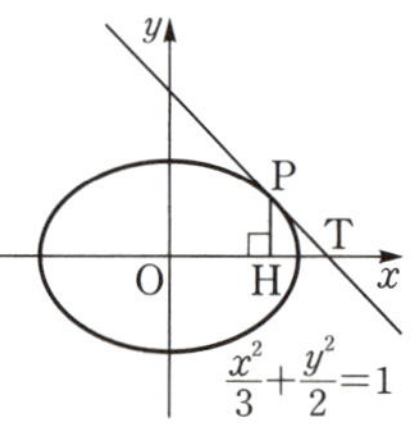


**0214** 상중

포물선 $x^2=2y$와 타원 $\dfrac{x^2}{10}+\dfrac{y^2}{a}=1$이 만나는 점에서 두 곡선에 각각 그은 접선이 서로 수직일 때, 양수 $a$의 값을 구하시오.

**0215** 상중

타원 $\dfrac{x^2}{16}+\dfrac{y^2}{9}=1$ 위의 제1사분면에 있는 점 $\text{P}(x_1,\ y_1)$에서의 접선이 $x$축, $y$축과 만나는 점을 각각 A, B라 할 때, 삼각형 OAB의 넓이의 최솟값을 구하시오. (단, O는 원점)



### 유형 10 타원 밖의 점에서 그은 접선의 방정식

타원 위에 있지 않은 한 점 P에서 타원에 그은 접선의 방정식

⇨ 접점의 좌표를 $(x_1,\ y_1)$이라 하고 접선의 방정식을 구한 후, 점 P가 접선 위의 점임을 이용한다.

**0216** 대표문제

점 $(-8,\ 5)$에서 타원 $\dfrac{x^2}{4}+\dfrac{y^2}{5}=1$에 그은 두 접선의 기울기를 각각 $m_1$, $m_2$라 할 때, $|m_1|+|m_2|$의 값을 구하시오.

**0217** 중

점 $(-2,\ 0)$에서 타원 $x^2+2y^2=2$에 그은 접선이 점 $(4,\ k)$를 지날 때, 양수 $k$의 값은?

① $\sqrt{2}$  ② $2\sqrt{2}$  ③ $3\sqrt{2}$
④ $4\sqrt{2}$  ⑤ $5\sqrt{2}$

**0218** 중

점 $(0,\ 4)$에서 타원 $4x^2+3y^2=12$에 그은 두 접선의 접점을 각각 P, Q라 하고, 타원의 한 초점을 $\text{F}(0,\ -c)$라 할 때, 삼각형 PFQ의 둘레의 길이를 구하시오. (단, $c>0$)

**유형 11** 쌍곡선의 접선의 방정식
– 기울기가 주어진 경우

쌍곡선에 접하고 기울기가 $m$인 직선의 방정식

(1) $\dfrac{x^2}{a^2}-\dfrac{y^2}{b^2}=1 \Rightarrow y=mx\pm\sqrt{a^2m^2-b^2}$ (단, $a^2m^2-b^2>0$)

(2) $\dfrac{x^2}{a^2}-\dfrac{y^2}{b^2}=-1 \Rightarrow y=mx\pm\sqrt{b^2-a^2m^2}$ (단, $b^2-a^2m^2>0$)

**0219**  `대표문제`

직선 $y=2x+3$이 쌍곡선 $\dfrac{x^2}{a}-\dfrac{y^2}{3}=1$에 접할 때, 쌍곡선의 두 초점 사이의 거리는? (단, $a$는 상수)

① $\sqrt{6}$  ② $3$  ③ $2\sqrt{3}$
④ $2\sqrt{6}$  ⑤ $6$

**0220**  `중 하`

쌍곡선 $\dfrac{x^2}{4}-y^2=1$에 접하고 직선 $y=x+1$에 수직인 직선의 방정식을 구하시오.

**0221**  `중`  `서술형`

쌍곡선 $11x^2-4y^2=44$에 접하고 기울기가 2인 두 직선 사이의 거리를 구하시오.

**0222**  `중`

쌍곡선 $5x^2-3y^2=-15$에 접하고 $x$축의 양의 방향과 이루는 각의 크기가 $45°$인 직선 중에서 $y$절편이 양수인 직선과 $x$축 및 $y$축으로 둘러싸인 삼각형의 넓이를 구하시오.

---

**유형 12** 쌍곡선의 접선의 방정식
– 접점의 좌표가 주어진 경우

쌍곡선 $\dfrac{x^2}{a^2}-\dfrac{y^2}{b^2}=\pm1$ 위의 점 $(x_1,\ y_1)$에서의 접선의 방정식

$\Rightarrow \dfrac{x_1 x}{a^2}-\dfrac{y_1 y}{b^2}=\pm1$ (복부호동순)

**0223**  `대표문제`

쌍곡선 $4x^2-y^2=3$ 위의 점 $(1,\ -1)$에서의 접선에 수직이고 점 $(1,\ -1)$을 지나는 직선이 점 $(2,\ a)$를 지날 때, $a$의 값은?

① $\dfrac{1}{2}$  ② $0$  ③ $-\dfrac{1}{2}$
④ $-\dfrac{3}{4}$  ⑤ $-1$

**0224**  `중 하`

쌍곡선 $\dfrac{x^2}{12}-\dfrac{y^2}{3}=-1$ 위의 점 $(k,\ k)$에서의 접선의 방정식을 구하시오. (단, $k<0$)

**0225**  `중`

쌍곡선 $ax^2-by^2=8$ 위의 점 $(3,\ 5)$에서의 접선의 기울기가 3일 때, $a-b$의 값을 구하시오. (단, $a>0,\ b>0$)

**0226**  `중`

쌍곡선 $2x^2-y^2=a$ 위의 제4사분면에 있는 점 $(b,\ -1)$에서의 접선이 쌍곡선의 한 점근선과 수직일 때, $\dfrac{b}{a}$의 값을 구하시오. (단, $a$는 상수)

## 유형 **익/히/기**

| **개념원리** 기하 80쪽 |

### 유형 **13** 쌍곡선의 접선의 방정식의 활용 – 접점의 좌표가 주어진 경우

쌍곡선 $\dfrac{x^2}{a^2}-\dfrac{y^2}{b^2}=1$ 위의 점 $(x_1,\ y_1)$에서의 접선

$\dfrac{x_1 x}{a^2}-\dfrac{y_1 y}{b^2}=1$에 대하여

⇨ 기울기는 $\dfrac{b^2 x_1}{a^2 y_1}$, $x$절편은 $\dfrac{a^2}{x_1}$, $y$절편은 $-\dfrac{b^2}{y_1}$임을 이용한다.

**0227** 대표문제

쌍곡선 $x^2-2y^2=-2$ 위의 점 $(4,\ 3)$에서의 접선과 $x$축 및 $y$축으로 둘러싸인 부분의 넓이를 구하시오.

**0228** 중

오른쪽 그림과 같이 쌍곡선 $x^2-y^2=8$ 위의 제1사분면에 있는 점 $\mathrm{P}(a,\ b)$에서 $y$축에 내린 수선의 발을 A, 점 P에서의 접선이 $y$축과 만나는 점을 B라 하자. $\dfrac{\overline{\mathrm{AB}}}{\overline{\mathrm{AP}}}=3$일 때, $a+b$의 값을 구하시오.

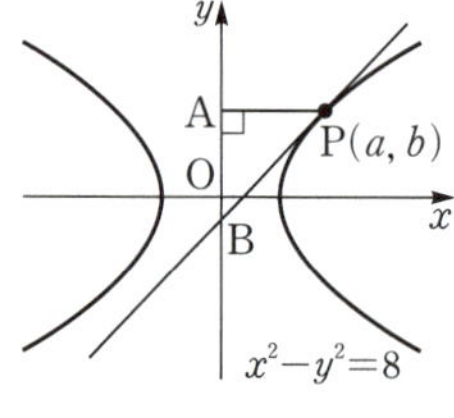


**0229** 중

쌍곡선 $\dfrac{x^2}{3}-\dfrac{y^2}{4}=-1$ 위의 점 $(3,\ 4)$에서의 접선을 $l$이라 할 때, 쌍곡선의 두 초점과 직선 $l$ 사이의 거리의 곱을 구하시오.

**0230** 상중

오른쪽 그림과 같이 쌍곡선 $x^2-y^2=8$ 위의 점 $(3,\ 1)$에서의 접선과 두 점근선으로 둘러싸인 삼각형의 넓이를 구하시오.

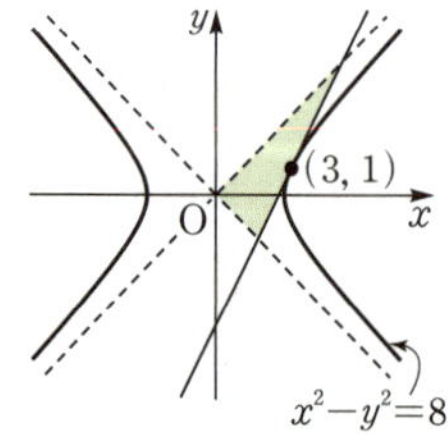


| **개념원리** 기하 81쪽 |

### 유형 **14** 쌍곡선 밖의 점에서 그은 접선의 방정식

쌍곡선 위에 있지 않은 한 점 P에서 쌍곡선에 그은 접선의 방정식 ⇨ 접점의 좌표를 $(x_1,\ y_1)$이라 하고 접선의 방정식을 구한 후, 점 P가 접선 위의 점임을 이용한다.

**0231** 대표문제

점 $(2,\ 1)$에서 쌍곡선 $x^2-y^2=4$에 그은 두 접선의 접점 사이의 거리를 구하시오.

**0232** 중하

점 $(0,\ \sqrt{3})$에서 쌍곡선 $4x^2-y^2=-4$에 그은 접선의 방정식을 $y=mx+n$이라 할 때, 상수 $m$, $n$에 대하여 $m^2+n^2$의 값은?

① 1 　　　② 2 　　　③ 3
④ 4 　　　⑤ 5

**0233** 중 서술형

오른쪽 그림과 같이 점 $\mathrm{P}(0,\ 1)$에서 쌍곡선 $\dfrac{x^2}{3}-y^2=1$에 그은 두 접선의 접점을 각각 A, B라 할 때, 삼각형 PAB의 넓이를 구하시오.

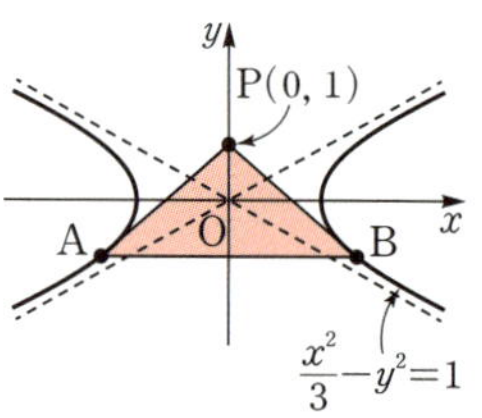

#  유형 up



---

| 유형 **15** | 이차곡선과 직선 사이의 거리의 최솟값 |

기울기가 $m$인 직선 $l$과 이차곡선 사이의 거리의 최솟값은 기울기가 $m$인 이차곡선의 접선과 직선 $l$ 사이의 거리와 같다.

**0234** 〈대표문제〉

포물선 $y^2=x$ 위의 점 $P(a, b)$와 직선 $y=x+3$ 사이의 거리가 최소일 때, $ab$의 값은?

① $\dfrac{9}{8}$　　② $\dfrac{7}{8}$　　③ $\dfrac{5}{8}$

④ $\dfrac{3}{8}$　　⑤ $\dfrac{1}{8}$

**0235** 〈중〉

포물선 $x^2=4y$ 위의 점 $P$와 점 $Q(8, 2)$에 대하여 선분 $PQ$의 길이의 최솟값을 구하시오.

**0236** 〈중〉

타원 $\dfrac{x^2}{3}+\dfrac{y^2}{4}=1$ 위의 점 $P$와 직선 $y=2x+5$ 사이의 거리의 최댓값을 $M$, 최솟값을 $m$이라 할 때, $M+m$의 값을 구하시오.

**0237** 〈상 중〉

두 점 $A\left(-\dfrac{1}{2}, -1\right)$, $B(1, 2)$와 쌍곡선 $\dfrac{x^2}{4}-y^2=1$ 위의 점 $P$에 대하여 삼각형 $PAB$의 넓이의 최솟값을 구하시오.

---

※[미적분]을 이수한 학생이 학습할 수 있습니다.　| **개념원리** 기하 77쪽 |

| 유형 **16** | 음함수의 미분법을 이용한 이차곡선의 접선의 방정식 |

(ⅰ) 음함수의 미분법을 이용하여 $\dfrac{dy}{dx}$를 구한다.

(ⅱ) 접점의 좌표를 $\dfrac{dy}{dx}$에 대입하여 접선의 기울기를 구한다.

(ⅲ) 접점의 좌표와 접선의 기울기를 이용하여 접선의 방정식을 구한다.

**0238** 〈대표문제〉

쌍곡선 $x^2-4y^2=12$ 위의 점 $(4, 1)$에서의 접선이 점 $(-2, k)$를 지날 때, 음함수의 미분법을 이용하여 $k$의 값을 구하면?

① $-5$　　② $-4$　　③ $-3$

④ $-2$　　⑤ $-1$

**0239** 〈중〉

포물선 $4x-y^2=0$에 접하고 직선 $y=-x+5$와 평행한 직선의 방정식을 음함수의 미분법을 이용하여 구하시오.

**0240** 〈중〉

타원 $x^2+2y^2-4=0$ 위의 제1사분면에 있는 점 $P(\sqrt{2}, a)$에서의 접선에 수직이고 점 $P$를 지나는 직선의 $x$절편을 음함수의 미분법을 이용하여 구하시오.

**0241** 중요

타원 $9x^2+8y^2=72$와 직선 $y=3x+k$가 서로 다른 두 점에서 만나도록 하는 정수 $k$의 개수는?

① 13 　　　② 15 　　　③ 17
④ 19 　　　⑤ 21

**0242**

포물선 $y^2-2x=0$과 직선 $y=x+k$가 만나지 않을 때, 정수 $k$의 최솟값을 구하시오.

**0243**

포물선 $y^2=kx$에 접하고 기울기가 1인 직선이 점 $(3, -1)$을 지날 때, 상수 $k$의 값을 구하시오.

**0244** 수능 기출

좌표평면에서 포물선 $y^2=8x$에 접하는 두 직선 $l_1$, $l_2$의 기울기가 각각 $m_1$, $m_2$이다. $m_1$, $m_2$가 방정식 $2x^2-3x+1=0$의 서로 다른 두 근일 때, $l_1$과 $l_2$의 교점의 $x$좌표는?

① 1 　　　② 2 　　　③ 3
④ 4 　　　⑤ 5

**0245** 중요

포물선 $x^2=-2y$ 위의 점 $(-4, -8)$에서의 접선에 수직이고 포물선의 초점을 지나는 직선을 $y=mx+n$이라 할 때, 상수 $m$, $n$에 대하여 $mn$의 값을 구하시오.

**0246**

점 $(4, 0)$에서 포물선 $y^2=-x$에 그은 두 접선의 기울기의 곱은?

① $-\dfrac{1}{32}$ 　　　② $-\dfrac{1}{16}$ 　　　③ $-\dfrac{1}{8}$
④ $-\dfrac{1}{4}$ 　　　⑤ $-\dfrac{1}{2}$

**0247**

타원 $\dfrac{x^2}{3}+\dfrac{y^2}{6}=1$에 접하고 직선 $2x-y-1=0$에 수직인 직선의 방정식이 $x+ay+b=0$일 때, 상수 $a$, $b$에 대하여 $a^2+b^2$의 값을 구하시오.

**0248**

포물선 $y^2=6x$와 타원 $\dfrac{x^2}{9}+\dfrac{y^2}{12}=1$이 제1사분면에서 만나는 점을 P라 할 때, 타원 위의 점 P에서의 접선의 방정식을 구하시오.

**0249**

타원 $\dfrac{x^2}{k}+\dfrac{y^2}{4}=1$ 위의 제1사분면에 있는 점 $(a,\,b)$에서의 접선과 평행한 직선 $y=-2x+1$이 타원의 한 초점을 지날 때, $ab$의 값을 구하시오. (단, $k<4$)

**0250** 중요

타원 $\dfrac{x^2}{16}+\dfrac{y^2}{12}=1$ 위의 점 $(a,\,3)$에서의 접선이 원 $(x+2)^2+(y-5)^2=1$의 넓이를 이등분할 때, $a$의 값을 구하시오.

**0251**

점 $\mathrm{P}(2,\,2)$에서 타원 $x^2+2y^2=4$에 그은 두 접선의 접점을 각각 $\mathrm{A}$, $\mathrm{B}$라 할 때, 삼각형 $\mathrm{PAB}$의 무게중심의 좌표는?

① $\left(-\dfrac{10}{9},\,\dfrac{10}{9}\right)$　② $\left(-\dfrac{2}{9},\,\dfrac{14}{9}\right)$　③ $\left(\dfrac{10}{9},\,-\dfrac{10}{9}\right)$

④ $\left(\dfrac{10}{9},\,\dfrac{10}{9}\right)$　⑤ $\left(\dfrac{14}{9},\,\dfrac{2}{9}\right)$

**0252**

점 $(3,\,0)$을 지나고 점근선의 방정식이 $y=\pm\dfrac{2}{3}x$인 쌍곡선에 접하는 직선 중 기울기가 $-\sqrt{2}$인 직선의 방정식을 구하시오.

**0253** 평가원 기출

쌍곡선 $\dfrac{x^2}{8}-y^2=1$ 위의 점 $\mathrm{A}(4,\,1)$에서의 접선이 $x$축과 만나는 점을 $\mathrm{B}$라 하자. 이 쌍곡선의 두 초점 중 $x$좌표가 양수인 점을 $\mathrm{F}$라 할 때, 삼각형 $\mathrm{FAB}$의 넓이는?

① $\dfrac{5}{12}$　　② $\dfrac{1}{2}$　　③ $\dfrac{7}{12}$

④ $\dfrac{2}{3}$　　⑤ $\dfrac{3}{4}$

**0254** 중요

점 $(-2,\,1)$에서 쌍곡선 $\dfrac{x^2}{4}-\dfrac{y^2}{2}=1$에 그은 두 접선에 대하여 다음 **보기**에서 옳은 것만을 있는 대로 고른 것은?

> ● 보기 ●
>
> ㄱ. 접점의 좌표는 $(2,\,0)$, $(-6,\,4)$이다.
> ㄴ. 두 접점 사이의 거리는 $4\sqrt{2}$이다.
> ㄷ. 접선의 방정식은 $x=-2$ 또는 $3x+4y=2$이다.

① ㄱ　　② ㄴ　　③ ㄷ

④ ㄱ, ㄴ　　⑤ ㄴ, ㄷ

**0255**

쌍곡선 $4x^2-y^2=-4$ 위에 있지 않은 점 $(a,\,1)$에서 이 쌍곡선에 그은 접선이 서로 수직일 때, 양수 $a$의 값을 구하시오.

**0256**

쌍곡선 $\dfrac{x^2}{3}-\dfrac{y^2}{2}=1$ 위의 점 $\mathrm{P}$와 직선 $y=\sqrt{2}x-1$ 사이의 거리의 최솟값이 $\dfrac{b\sqrt{3}}{a}$일 때, $a+b$의 값을 구하시오.

(단, $a$와 $b$는 서로소인 자연수)

 **서술형 주관식**

**0257**

직선 $y=-x+k$가 포물선 $y^2=2x$와 서로 다른 두 점에서 만나고, 타원 $\dfrac{x^2}{3}+\dfrac{y^2}{2}=1$과 만나지 않도록 하는 실수 $k$의 값의 범위를 구하시오.

**0258**

포물선 $x^2+8y=0$ 위의 점 $(4, -2)$에서의 접선과 평행하고 점 $(-2, 3)$을 지나는 직선의 $y$절편을 구하시오.

**0259**

타원 $\dfrac{x^2}{a^2}+\dfrac{y^2}{b^2}=1$과 쌍곡선 $\dfrac{x^2}{4}-\dfrac{y^2}{2}=1$은 점 $P(2\sqrt{2}, -\sqrt{2})$에서 만나고 점 P에서의 타원의 접선과 쌍곡선의 접선이 서로 수직일 때, 양수 $a$, $b$의 값을 구하시오.

**0260**

타원 $\dfrac{x^2}{4}+y^2=1$ 위의 제1사분면에 있는 점 P와 타원의 두 꼭짓점 $A(-2, 0)$, $B(0, -1)$에 대하여 삼각형 PAB의 넓이의 최댓값을 구하시오.

**실력 up**

**0261**

오른쪽 그림과 같이 타원 $x^2+4y^2=8$의 네 꼭짓점을 연결하여 만든 마름모에 내접하는 타원 $\dfrac{x^2}{a^2}+\dfrac{y^2}{b^2}=1$의 초점의 좌표가 $(b, 0)$, $(-b, 0)$이다. 이때 상수 $a$, $b$에 대하여 $a^2+b^2$의 값을 구하시오.

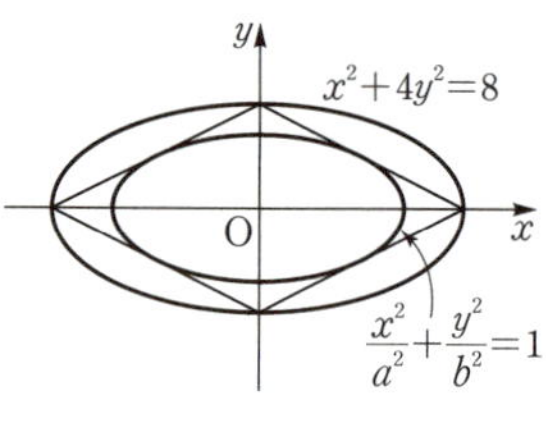


**0262**  평가원 기출

오른쪽 그림과 같이 두 초점이 $F(3, 0)$, $F'(-3, 0)$인 쌍곡선 $\dfrac{x^2}{a^2}-\dfrac{y^2}{b^2}=1$ 위의 점 $P(4, k)$에서의 접선과 $x$축과의 교점이 선분 $F'F$를 $2:1$로 내분할 때, $k^2$의 값을 구하시오. (단, $a$, $b$는 상수)

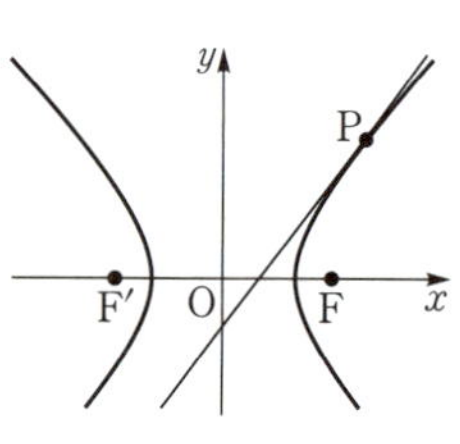


**0263** ···· 창의·융합

기울기가 $m$이고 점 $(1, 1)$을 지나는 직선이 포물선 $y^2+8x=0$과 만나는 점의 개수를 $a_m$이라 할 때, $a_1+2a_2+3a_3+\cdots+9a_9$의 값을 구하시오.

# II

## 평면벡터

# 03 벡터의 연산

## 03·1 벡터의 뜻

**1** 벡터 AB ($\overrightarrow{AB}$): 점 A에서 점 B로 향하는 방향과 크기가 주어진 선분 AB

**2** 벡터 $\overrightarrow{AB}$의 크기 ($|\overrightarrow{AB}|$): 선분 AB의 길이

**3** 단위벡터: 크기가 1인 벡터

**4** 영벡터 ($\vec{0}$): 시점과 종점이 일치하는 벡터 → $\overrightarrow{AA}=\vec{0}$

**5** 서로 같은 벡터: 두 벡터 $\vec{a}$, $\vec{b}$의 크기와 방향이 각각 같을 때, 두 벡터는 서로 같다고 하고, 기호 $\vec{a}=\vec{b}$로 나타낸다.

**6** 크기가 같고 방향이 반대인 벡터: 벡터 $\vec{a}$와 크기는 같지만 방향이 반대인 벡터를 기호 $-\vec{a}$로 나타낸다.

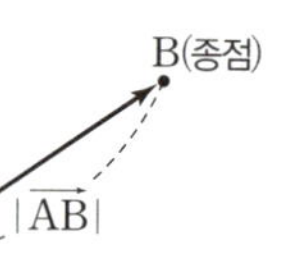


**＋ 개념 플러스**

■ 크기와 방향을 함께 가지는 양을 벡터라 한다.

■ 벡터를 한 문자로 나타낼 때는 $\vec{a}$, $\vec{b}$, $\vec{c}$와 같이 나타내고, 벡터 $\vec{a}$의 크기는 $|\vec{a}|$와 같이 나타낸다.

■ 영벡터의 크기는 0이고 그 방향은 생각하지 않는다.

■ 두 벡터가 시점과 종점이 다르더라도 크기와 방향이 같으면 두 벡터는 서로 같다.

## 03·2 벡터의 덧셈과 뺄셈

**1** 벡터의 덧셈

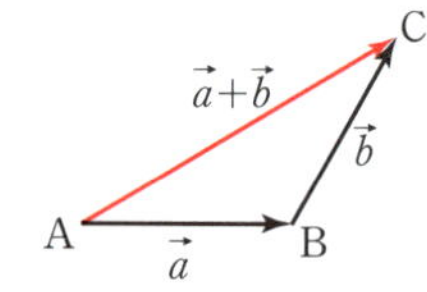

$$\vec{a}+\vec{b}=\overrightarrow{AB}+\overrightarrow{BC}=\overrightarrow{AC}$$

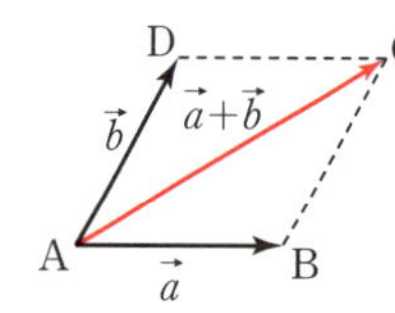

$$\vec{a}+\vec{b}=\overrightarrow{AB}+\overrightarrow{AD}=\overrightarrow{AC}$$

**2** 벡터의 뺄셈

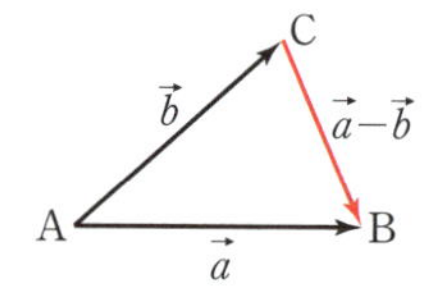

$$\vec{a}-\vec{b}=\overrightarrow{AB}-\overrightarrow{AC}=\overrightarrow{CB}$$

**3** 벡터의 덧셈에 대한 성질: 세 벡터 $\vec{a}$, $\vec{b}$, $\vec{c}$에 대하여

(1) 교환법칙: $\vec{a}+\vec{b}=\vec{b}+\vec{a}$

(2) 결합법칙: $(\vec{a}+\vec{b})+\vec{c}=\vec{a}+(\vec{b}+\vec{c})$

(3) $\vec{a}+\vec{0}=\vec{0}+\vec{a}=\vec{a}$

(4) $\vec{a}+(-\vec{a})=(-\vec{a})+\vec{a}=\vec{0}$

■ 평행사변형을 이용하여 두 벡터의 합을 구할 때에는 두 벡터의 시점을 일치시킨다.

■ 세 벡터의 덧셈에서 $(\vec{a}+\vec{b})+\vec{c}$와 $\vec{a}+(\vec{b}+\vec{c})$의 결과가 같으므로 이를 보통 괄호 없이 $\vec{a}+\vec{b}+\vec{c}$로 나타낸다.

## 03·3 벡터의 실수배

**1** 실수 $k$와 벡터 $\vec{a}$에 대하여

(1) $\vec{a}\neq\vec{0}$일 때,

   (ⅰ) $k>0$이면 $k\vec{a}$는 $\vec{a}$와 방향이 같고 크기는 $k|\vec{a}|$인 벡터이다.

   (ⅱ) $k<0$이면 $k\vec{a}$는 $\vec{a}$와 방향이 반대이고 크기는 $|k||\vec{a}|$인 벡터이다.

   (ⅲ) $k=0$이면 $k\vec{a}=\vec{0}$

(2) $\vec{a}=\vec{0}$일 때, $k\vec{a}=\vec{0}$

**2** 벡터의 실수배에 대한 연산 법칙: 실수 $k$, $l$과 두 벡터 $\vec{a}$, $\vec{b}$에 대하여

(1) 결합법칙: $k(l\vec{a})=(kl)\vec{a}$

(2) 분배법칙: $(k+l)\vec{a}=k\vec{a}+l\vec{a}$, $\quad k(\vec{a}+\vec{b})=k\vec{a}+k\vec{b}$

■ 실수 $k$와 벡터 $\vec{a}$의 곱 $k\vec{a}$를 벡터 $\vec{a}$의 실수배라 한다.

■ $\vec{a}\neq\vec{0}$일 때, 벡터 $\dfrac{\vec{a}}{|\vec{a}|}$는 벡터 $\vec{a}$와 방향이 같은 단위벡터이다.

■ ① $1\vec{a}=\vec{a}$
② $(-1)\vec{a}=-\vec{a}$
③ $0\vec{a}=\vec{0}$
④ $k\vec{0}=\vec{0}$
⑤ $|k\vec{a}|=|k||\vec{a}|$

## 03·4 벡터의 평행

**1** 영벡터가 아닌 두 벡터 $\vec{a}$, $\vec{b}$에 대하여 $\vec{a}/\!/\vec{b}\Longleftrightarrow\vec{b}=k\vec{a}$ (단, $k$는 0이 아닌 실수)

**2** 서로 다른 세 점 A, B, C가 한 직선 위에 있다. $\Longleftrightarrow\overrightarrow{AB}/\!/\overrightarrow{AC}$
$$\Longleftrightarrow\overrightarrow{AC}=k\overrightarrow{AB} \text{ (단, } k\text{는 0이 아닌 실수)}$$

■ 영벡터가 아닌 두 벡터 $\vec{a}$, $\vec{b}$의 방향이 같거나 반대일 때, $\vec{a}$와 $\vec{b}$는 서로 평행하다고 하고, 기호 $\vec{a}/\!/\vec{b}$로 나타낸다.

## 03·1 벡터의 뜻

**0264** 오른쪽 그림과 같이 $\overline{AB}=3$, $\overline{AD}=4$인 직사각형에서 다음 벡터의 크기를 구하시오.

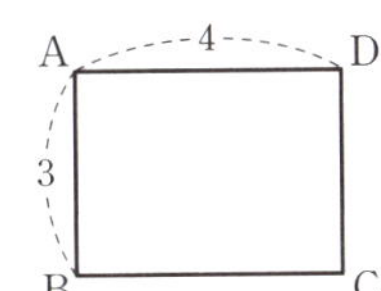

(1) $\overrightarrow{BC}$      (2) $\overrightarrow{AC}$

**0265** 오른쪽 그림의 벡터 중에서 다음을 구하시오.

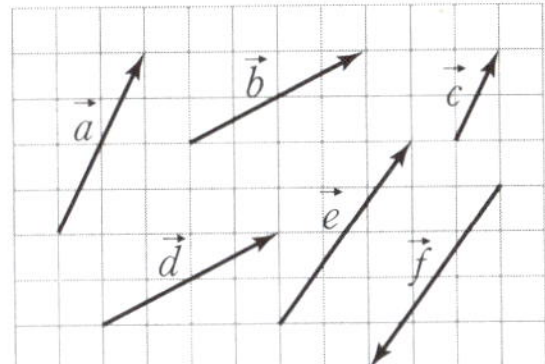

(1) 방향이 같은 벡터
(2) 크기가 같은 벡터
(3) 서로 같은 벡터
(4) 크기가 같고 방향이 반대인 벡터

## 03·2 벡터의 덧셈과 뺄셈

**0266** 두 벡터 $\vec{a}$, $\vec{b}$가 다음과 같이 주어질 때, $\vec{a}+\vec{b}$를 그림으로 나타내시오.

(1) 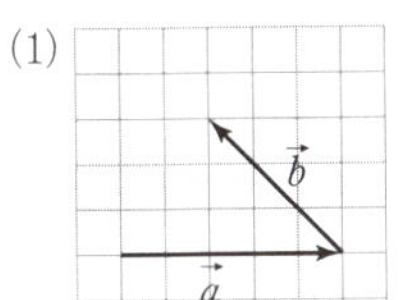   (2) 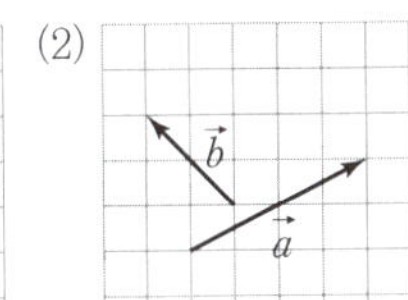   (3) 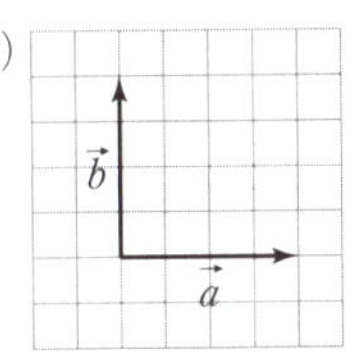

**0267** 두 벡터 $\vec{a}$, $\vec{b}$가 다음과 같이 주어질 때, $\vec{a}-\vec{b}$를 그림으로 나타내시오.

(1) 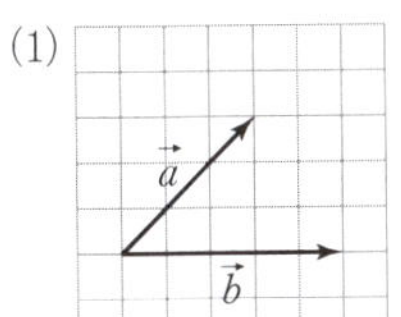   (2) 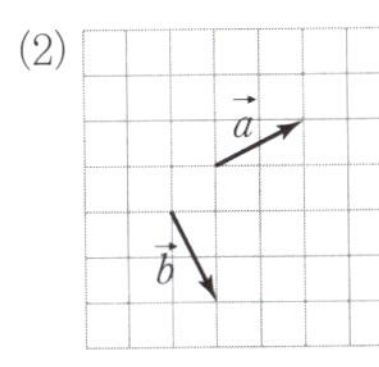   (3) 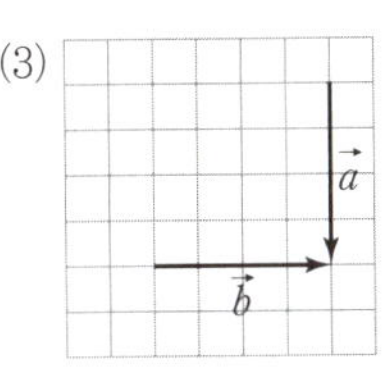

**[0268 ~ 0269]** 다음을 간단히 하시오.

**0268** $\overrightarrow{AB}+\overrightarrow{CD}+\overrightarrow{BC}$

**0269** $\overrightarrow{AB}+\overrightarrow{BC}+\overrightarrow{DA}+\overrightarrow{CD}$

**0270** 오른쪽 그림과 같이 평행사변형 ABCD의 두 대각선의 교점 O에 대하여 $\overrightarrow{OA}=\vec{a}$, $\overrightarrow{OB}=\vec{b}$라 할 때, 다음 벡터를 $\vec{a}$, $\vec{b}$로 나타내시오.

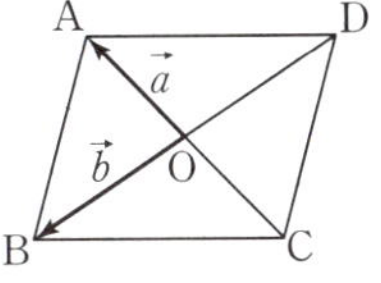

(1) $\overrightarrow{AB}$      (2) $\overrightarrow{BC}$

## 03·3 벡터의 실수배

**0271** 두 벡터 $\vec{a}$, $\vec{b}$가 오른쪽 그림과 같이 주어질 때, 다음 벡터를 점 P를 시점으로 하여 그림으로 나타내시오.

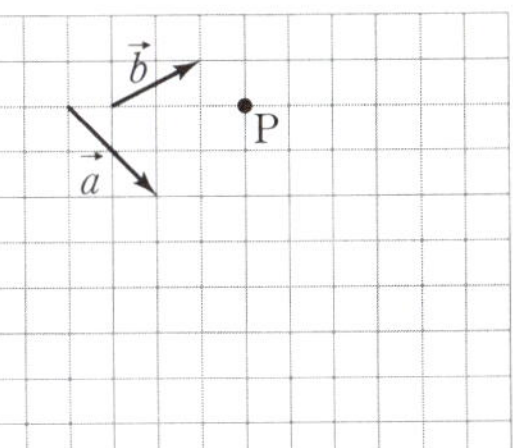

(1) $2\vec{a}$
(2) $2\vec{a}+(-3)\vec{b}$

**[0272 ~ 0273]** 다음을 간단히 하시오.

**0272** $3(\vec{a}+2\vec{b})+2(\vec{a}-4\vec{b})$

**0273** $4(-\vec{a}+3\vec{b})-3(2\vec{a}-\vec{b})$

**[0274 ~ 0275]** 다음 등식을 만족시키는 벡터 $\vec{x}$를 두 벡터 $\vec{a}$, $\vec{b}$로 나타내시오.

**0274** $\vec{a}-\vec{x}=2\vec{a}-5\vec{b}$

**0275** $3(\vec{x}+2\vec{a}-3\vec{b})=2\vec{a}-3\vec{b}+\vec{x}$

## 03·4 벡터의 평행

**0276** 영벡터가 아닌 두 벡터 $\vec{a}$, $\vec{b}$가 서로 평행하지 않을 때, 두 벡터 $\vec{a}-2\vec{b}$, $4\vec{a}+k\vec{b}$가 서로 평행하도록 하는 실수 $k$의 값을 구하시오.

**0277** 평면 위의 서로 다른 네 점 O, A, B, C에 대하여

$$\overrightarrow{OA}=-\vec{a}, \quad \overrightarrow{OB}=2\vec{b}, \quad \overrightarrow{OC}=\vec{a}+4\vec{b}$$

일 때, 세 점 A, B, C는 한 직선 위에 있음을 증명하시오.

| 개념원리 기하 89쪽 |

### 유형 **01**  벡터의 크기

벡터 $\overrightarrow{AB}$의 크기는 선분 AB의 길이와 같다.
⇨ $|\overrightarrow{AB}|=\overline{AB}$
▶ 크기가 1인 벡터를 단위벡터라 한다.

**0278**  대표문제

오른쪽 그림과 같이 한 변의 길이가 2인 정육각형 ABCDEF의 세 대각선 AD, BE, CF의 교점을 O라 할 때, 다음 **보기**에서 옳은 것만을 있는 대로 고른 것은?

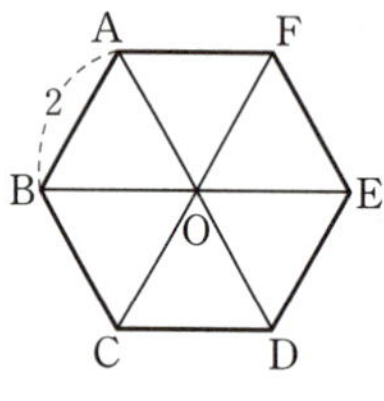

보기
ㄱ. $|\overrightarrow{AB}|=|\overrightarrow{OE}|$　　　　ㄴ. $|\overrightarrow{FC}|=4$
ㄷ. $\overrightarrow{BO}$는 단위벡터이다.

① ㄱ　　　　② ㄷ　　　　③ ㄱ, ㄴ
④ ㄴ, ㄷ　　　⑤ ㄱ, ㄴ, ㄷ

**0279**  중 하

오른쪽 그림과 같이 한 변의 길이가 4인 정삼각형 ABC에서 $\overline{BC}$ 위의 한 점을 P라 할 때, $|\overrightarrow{AP}|$의 최솟값을 구하시오.

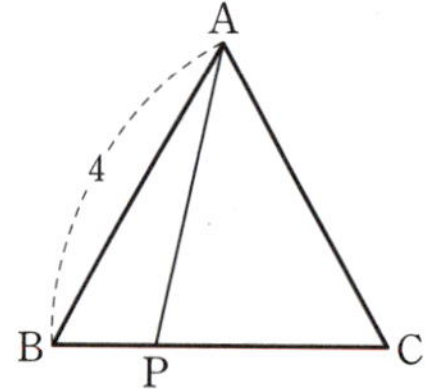

**0280**  중

오른쪽 그림과 같이 한 변의 길이가 2인 정육각형 ABCDEF에서 벡터 $\overrightarrow{FB}$의 크기는?

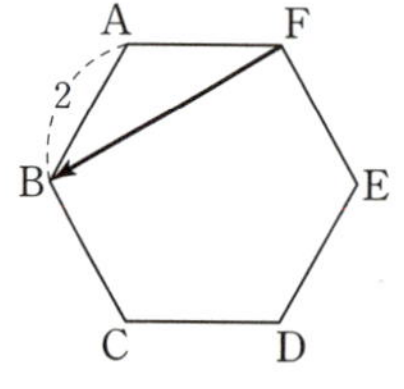

① $2\sqrt{2}$　　　　② $2\sqrt{3}$
③ $4$　　　　④ $2\sqrt{5}$
⑤ $2\sqrt{6}$

| 개념원리 기하 89쪽 |

### 유형 **02**  서로 같은 벡터

⑴ 시점의 위치에 관계없이 두 벡터 $\vec{a}$, $\vec{b}$의 크기와 방향이 각각 같을 때, 두 벡터는 서로 같다고 하고 기호 $\vec{a}=\vec{b}$로 나타낸다.
⑵ 벡터 $\vec{a}$와 크기는 같지만 방향이 반대인 벡터를 기호 $-\vec{a}$로 나타낸다.

**0281**  대표문제

오른쪽 그림과 같은 정육각형에서 세 대각선의 교점을 O라 할 때, 다음 중 서로 같은 벡터끼리 짝지은 것은?

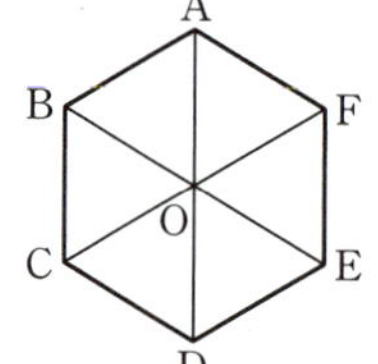

① $\overrightarrow{AO}$, $\overrightarrow{DO}$　　　② $\overrightarrow{DE}$, $\overrightarrow{OC}$
③ $\overrightarrow{CD}$, $\overrightarrow{OE}$　　　④ $\overrightarrow{AB}$, $\overrightarrow{DE}$
⑤ $\overrightarrow{BC}$, $\overrightarrow{AF}$

**0282**  중 하

오른쪽 그림과 같은 삼각형 ABC에서 세 변 AB, BC, CA의 중점을 각각 D, E, F라 할 때, 벡터 $\overrightarrow{AF}$와 서로 같은 벡터를 모두 고르면?

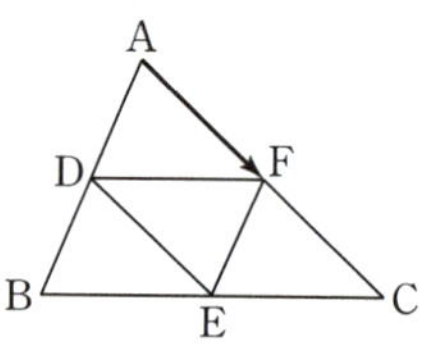

(정답 2개)

① $\overrightarrow{AD}$　　　② $\overrightarrow{DE}$　　　③ $\overrightarrow{EF}$
④ $\overrightarrow{FC}$　　　⑤ $\overrightarrow{FD}$

**0283**  중 하  서술형

오른쪽 그림과 같은 정육각형 ABCDEF에서 세 대각선 AD, BE, CF의 교점 O에 대하여 $\overrightarrow{OA}=\vec{a}$, $\overrightarrow{OB}=\vec{b}$라 하자. 벡터 $\vec{a}$와 서로 같은 벡터의 개수를 $m$, 벡터 $\vec{b}$와 크기는 같지만 방향이 반대인 벡터의 개수를 $n$이라 할 때, $m+n$의 값을 구하시오.

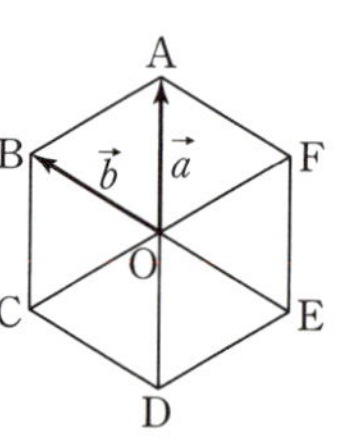

## 유형 03 벡터의 덧셈과 뺄셈

(1) 벡터의 덧셈

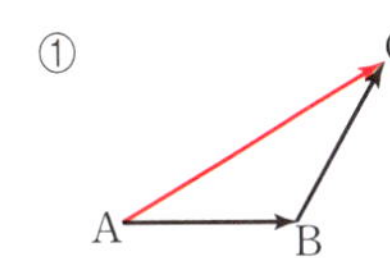

$$\overrightarrow{AB}+\overrightarrow{BC}=\overrightarrow{AC}$$

같다.

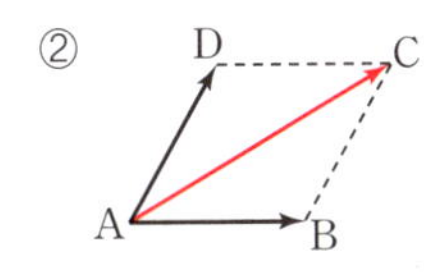

$$\overrightarrow{AB}+\overrightarrow{AD}=\overrightarrow{AC}$$

(2) 벡터의 뺄셈

$$\overrightarrow{AB}-\overrightarrow{AC}=\overrightarrow{CB}$$

같다.

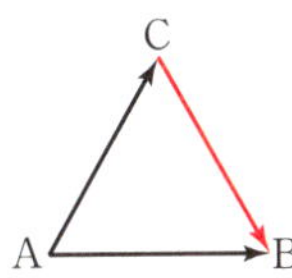

### 0284 대표문제

오른쪽 그림과 같은 평행사변형 ABCD의 두 대각선의 교점을 O라 하고, $\overrightarrow{OA}=\vec{a}$, $\overrightarrow{OB}=\vec{b}$라 할 때, 다음 보기에서 옳은 것만을 있는 대로 고른 것은?

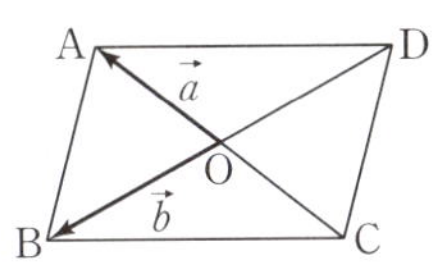

보기
ㄱ. $\overrightarrow{OD}=-\vec{b}$　　　ㄴ. $\overrightarrow{BA}=-\vec{a}+\vec{b}$
ㄷ. $\overrightarrow{CD}=\vec{a}-\vec{b}$　　　ㄹ. $\overrightarrow{BC}=-\vec{a}-\vec{b}$

① ㄱ, ㄷ　　　② ㄴ, ㄹ　　　③ ㄱ, ㄴ, ㄷ
④ ㄱ, ㄷ, ㄹ　　　⑤ ㄴ, ㄷ, ㄹ

### 0285 중하

오른쪽 그림과 같은 정육각형에서 세 대각선의 교점을 O라 할 때, 다음 중 나머지 넷과 다른 하나는?

① $\overrightarrow{AB}$　　　② $\overrightarrow{BC}-\overrightarrow{OE}$
③ $\overrightarrow{OD}-\overrightarrow{BO}$　　　④ $\overrightarrow{FE}+\overrightarrow{OB}$
⑤ $\overrightarrow{BO}+\overrightarrow{ED}$

### 0286 중하

오른쪽 그림과 같은 정육각형 ABCDEF에서 $\overrightarrow{AB}=\vec{a}$, $\overrightarrow{BC}=\vec{b}$, $\overrightarrow{CD}=\vec{c}$라 할 때, 다음 중 벡터 $\vec{a}+\vec{b}-\vec{c}$와 서로 같은 벡터는?

① $\overrightarrow{AB}$　　　② $\overrightarrow{FC}$
③ $\overrightarrow{AE}$　　　④ $\overrightarrow{ED}$
⑤ $\overrightarrow{BD}$

### 0287 중하

다음 보기에서 옳은 것만을 있는 대로 고른 것은?

보기
ㄱ. $\overrightarrow{AB}+\vec{0}=\overrightarrow{BA}$
ㄴ. $\overrightarrow{CB}-\overrightarrow{CA}+\overrightarrow{BA}=\vec{0}$
ㄷ. $\overrightarrow{AB}+\overrightarrow{BC}+\overrightarrow{CA}=\vec{0}$

① ㄱ　　　② ㄴ　　　③ ㄱ, ㄴ
④ ㄴ, ㄷ　　　⑤ ㄱ, ㄴ, ㄷ

### 0288 중

평면 위의 서로 다른 일곱 개의 점 A, B, C, D, E, P, Q에 대하여 $\overrightarrow{QA}-\overrightarrow{QB}+\overrightarrow{QC}-\overrightarrow{QD}+\overrightarrow{QE}=\vec{0}$가 성립할 때, 다음 중 $\overrightarrow{PA}+\overrightarrow{BP}+\overrightarrow{PC}+\overrightarrow{DP}+\overrightarrow{PE}$와 항상 같은 벡터는?

① $\overrightarrow{PQ}$　　　② $\overrightarrow{QP}$　　　③ $5\overrightarrow{PQ}$
④ $5\overrightarrow{QP}$　　　⑤ $\dfrac{1}{5}\overrightarrow{PQ}$

### 0289 중 서술형

평면 위의 서로 다른 네 점 O, A, B, C에 대하여 $\overrightarrow{OA}=\vec{a}$, $\overrightarrow{OB}=\vec{b}$, $\overrightarrow{OC}=\vec{c}$라 하자. $\vec{a}-\vec{b}=\vec{c}$일 때, 사각형 OBAC는 어떤 사각형인지 말하시오.

## 유형 04 벡터의 실수배에 대한 연산

실수를 계수, 벡터를 문자로 생각하여 다항식의 연산과 같은 방법
으로 간단히 한다.

⇨ 두 벡터 $\vec{a}$, $\vec{b}$와 실수 $k$, $l$에 대하여

$$k(\vec{a}+\vec{b})+l(\vec{a}-\vec{b})=k\vec{a}+k\vec{b}+l\vec{a}-l\vec{b}$$
$$=(k+l)\vec{a}+(k-l)\vec{b}$$

### 0290 대표문제

$2\vec{x}+\vec{y}=5\vec{a}$, $3\vec{x}-\vec{y}=\vec{b}$일 때, 벡터 $\vec{x}+\vec{y}$를 두 벡터 $\vec{a}$, $\vec{b}$로
나타내면?

① $3\vec{a}-\dfrac{3}{5}\vec{b}$  ② $3\vec{a}-\dfrac{1}{5}\vec{b}$  ③ $3\vec{a}+\dfrac{1}{5}\vec{b}$

④ $4\vec{a}-\dfrac{1}{5}\vec{b}$  ⑤ $4\vec{a}+\dfrac{1}{5}\vec{b}$

### 0291 중하

$\vec{p}=\vec{a}+2\vec{b}-3\vec{c}$, $\vec{q}=-\vec{a}+2\vec{b}+\vec{c}$일 때, 벡터
$2\vec{p}+3(-\vec{p}+\vec{q})$를 세 벡터 $\vec{a}$, $\vec{b}$, $\vec{c}$로 나타내면?

① $-5\vec{a}+4\vec{b}+2\vec{c}$  ② $-4\vec{a}+4\vec{b}+6\vec{c}$
③ $-3\vec{a}+3\vec{b}+\vec{c}$  ④ $4\vec{a}+5\vec{b}+7\vec{c}$
⑤ $5\vec{a}-4\vec{b}+6\vec{c}$

### 0292 중하

등식 $-(\vec{x}-2\vec{a}+\vec{b})=\vec{a}+\vec{b}$를 만족시키는 세 벡터 $\vec{a}$, $\vec{b}$, $\vec{x}$
에 대하여 $\vec{x}=m\vec{a}+n\vec{b}$가 성립할 때, $3m+n$의 값을 구하시
오. (단, $m$, $n$은 실수)

### 0293 중

평면 위의 서로 다른 네 점 O, A, B, C에 대하여 $\overrightarrow{OA}=\vec{a}$,
$\overrightarrow{OB}=\vec{b}$, $\overrightarrow{OC}=3\vec{a}-2\vec{b}$일 때, $\overrightarrow{AC}=k\overrightarrow{AB}$이다. 실수 $k$의 값
을 구하시오.

## 유형 05 벡터의 실수배에 대한 성질의 응용

평면 위의 한 벡터 $\overrightarrow{OP}$는 평행하지 않은 두 벡터
$\overrightarrow{OA}$, $\overrightarrow{OB}$의 실수배의 합으로 나타낼 수 있다.

⇨ $\overrightarrow{OP}=2\vec{a}+3\vec{b}$

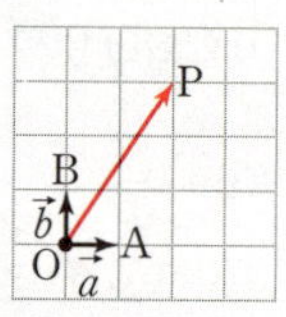

▶ 조건에서 주어진 벡터들을 벡터의 실수배의
합으로 표현한다.

### 0294 대표문제

오른쪽 그림과 같이 일정한 간격의 모눈종
이 위에 네 점 O, A, B, C가 있다.
$\overrightarrow{OC}=m\overrightarrow{OA}+n\overrightarrow{OB}$일 때, 실수 $m$, $n$에
대하여 $m-n$의 값은?

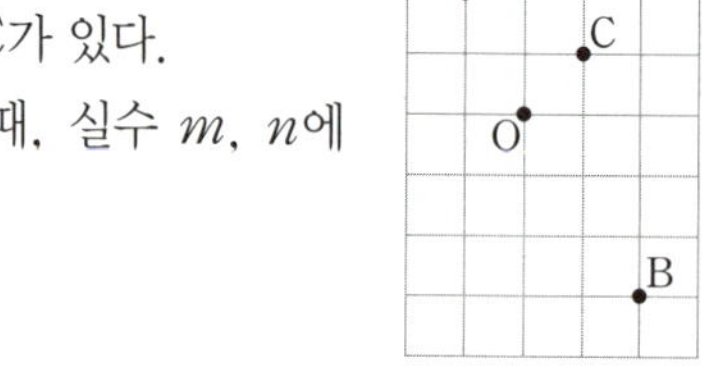

① 2  ② 3
③ 4  ④ 5
⑤ 6

### 0295 중

오른쪽 그림과 같이 일정한 간격의
평행선으로 이루어진 도형 위에 네
점 A, B, C, D가 있다.
$\overrightarrow{AD}=m\overrightarrow{AB}+n\overrightarrow{AC}$일 때, 실수
$m$, $n$에 대하여 $m+n$의 값은?

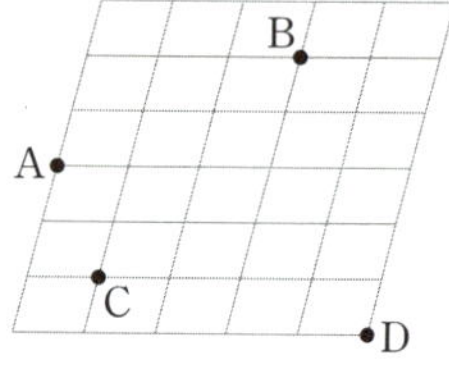

① 3  ② $\dfrac{13}{4}$  ③ $\dfrac{7}{2}$

④ $\dfrac{15}{4}$  ⑤ 4

### 0296 중

오른쪽 그림과 같이 일정한 간격의 평
행선으로 이루어진 도형 위에 네 점
O, P, Q, R가 있다.
$\overrightarrow{OQ}=m\overrightarrow{OP}+n\overrightarrow{OR}$일 때, 실수 $m$,
$n$에 대하여 $4mn$의 값을 구하시오.

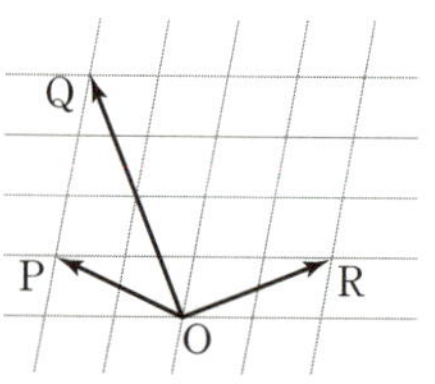

## 유형 06 평면도형에서의 벡터의 연산

(1) 한 벡터의 종점과 다른 한 벡터의 시점이 일치하면
   ⇨ 벡터의 덧셈: $\overrightarrow{AB}=\overrightarrow{AC}+\overrightarrow{CB}$ 이용
(2) 두 벡터의 시점이 일치하면
   ⇨ 벡터의 뺄셈: $\overrightarrow{AB}=\overrightarrow{OB}-\overrightarrow{OA}$ 이용
(3) 서로 같은 벡터를 찾는다.

### 0297 대표문제

오른쪽 그림과 같은 정육각형 ABCDEF 에서 $\overrightarrow{AB}=\vec{a}$, $\overrightarrow{AF}=\vec{b}$라 할 때, $\overrightarrow{AE}=m\vec{a}+n\vec{b}$를 만족시키는 실수 $m$, $n$ 에 대하여 $m+n$의 값을 구하시오.

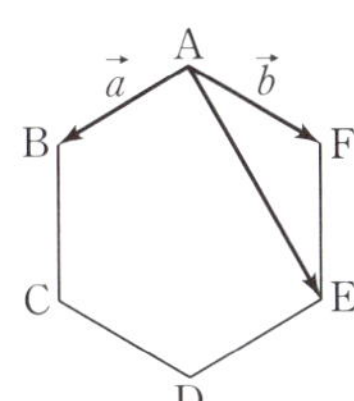

### 0298 중하

오른쪽 그림과 같은 삼각형 PQR에서 두 변 PQ, PR의 중점을 각각 M, N 이라 하자. $\overrightarrow{PQ}=\vec{a}$, $\overrightarrow{PR}=\vec{b}$라 할 때, 다음 중 옳지 <u>않은</u> 것은?

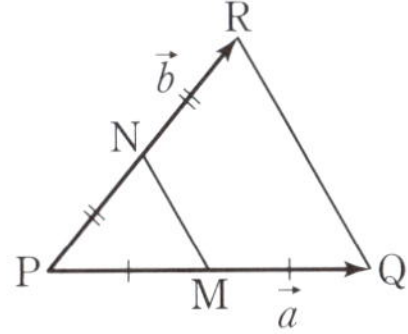

① $\overrightarrow{PM}=\dfrac{1}{2}\vec{a}$

② $\overrightarrow{QR}=\vec{b}-\vec{a}$

③ $\overrightarrow{RN}=-\dfrac{1}{2}\vec{b}$

④ $\overrightarrow{MR}=\dfrac{1}{2}\vec{b}-\vec{a}$

⑤ $\overrightarrow{MN}=\dfrac{1}{2}\vec{b}-\dfrac{1}{2}\vec{a}$

### 0299 중

오른쪽 그림과 같은 삼각형 ABC의 세 중선 AQ, BR, CP의 교점을 G라 하자. $\overrightarrow{AB}=\vec{a}$, $\overrightarrow{AC}=\vec{b}$라 할 때, 벡터 $\overrightarrow{GR}$를 $\vec{a}$, $\vec{b}$로 나타내시오.

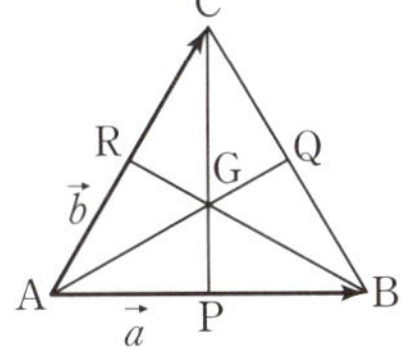

### 0300 중

오른쪽 그림과 같이 정육각형 ABCDEF 의 세 대각선 AD, BE, CF의 교점을 O 라 할 때, 다음 **보기**에서 옳은 것만을 있는 대로 고른 것은?

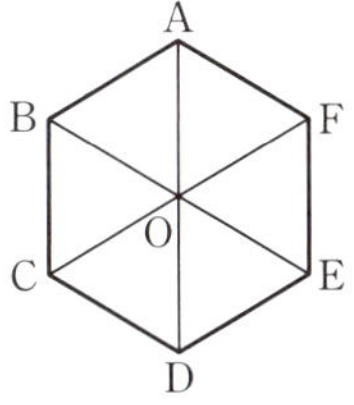

> **보기**
>
> ㄱ. $\overrightarrow{DE}+\overrightarrow{BD}=2\overrightarrow{OE}$　　ㄴ. $\overrightarrow{AB}+\overrightarrow{CD}+\overrightarrow{EF}=\vec{0}$
>
> ㄷ. $2\overrightarrow{AB}+\overrightarrow{BE}=\overrightarrow{AD}$

① ㄱ　　　　② ㄴ　　　　③ ㄱ, ㄴ

④ ㄴ, ㄷ　　　⑤ ㄱ, ㄴ, ㄷ

### 0301 상중

오른쪽 그림과 같이 합동인 정육 각형 2개가 한 변을 공유하고 있 다. $\overrightarrow{OA}=\vec{a}$, $\overrightarrow{OB}=\vec{b}$라 할 때, 벡터 $\overrightarrow{BQ}+\overrightarrow{PR}$를 $\vec{a}$, $\vec{b}$로 나타내 시오.

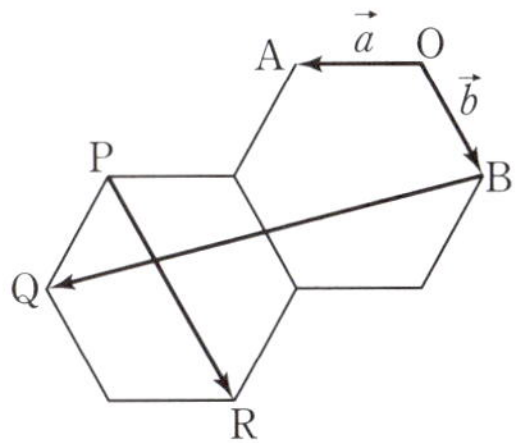

### 0302 상중

오른쪽 그림과 같은 직사각형 ABCD에 대하여 변 AB를 삼등분 한 점 중에서 점 B에 가까운 점을 M, 선분 DM의 중점을 N이라 하 자. $\overrightarrow{AB}=\vec{a}$, $\overrightarrow{AD}=\vec{b}$라 할 때, 벡터 $\overrightarrow{CN}$을 $\vec{a}$, $\vec{b}$로 나타내면?

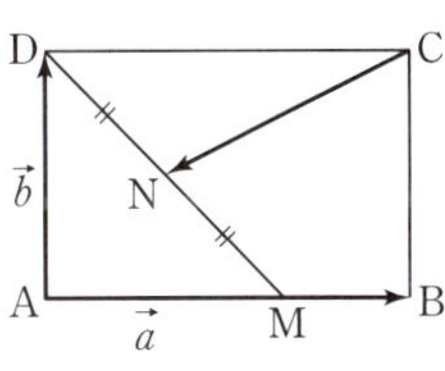

① $-\dfrac{2}{3}\vec{a}-\dfrac{1}{2}\vec{b}$　　② $-\dfrac{2}{3}\vec{a}+\dfrac{1}{2}\vec{b}$　　③ $-\dfrac{1}{3}\vec{a}-\vec{b}$

④ $\dfrac{1}{3}\vec{a}+\vec{b}$　　　　⑤ $\dfrac{3}{4}\vec{a}+\dfrac{2}{3}\vec{b}$

## 유형 **07** 벡터가 서로 같을 조건

영벡터가 아닌 두 벡터 $\vec{a}$, $\vec{b}$가 서로 평행하지 않을 때, 실수 $m$, $n$, $m'$, $n'$에 대하여

(1) $m\vec{a}+n\vec{b}=\vec{0} \Longleftrightarrow m=n=0$

(2) $m\vec{a}+n\vec{b}=m'\vec{a}+n'\vec{b} \Longleftrightarrow m=m',\ n=n'$

### 0303 ◀ 대표문제

영벡터가 아닌 두 벡터 $\vec{a}$, $\vec{b}$가 서로 평행하지 않을 때,
$$(2m-n)\vec{a}-(m+4n)\vec{b}=3(\vec{a}-2\vec{b})$$
를 만족시키는 실수 $m$, $n$에 대하여 $m^2+n^2$의 값을 구하시오.

### 0304 중하

영벡터가 아닌 두 벡터 $\vec{a}$, $\vec{b}$가 서로 평행하지 않을 때,
$$(m+n)\vec{a}+2(m-2n)\vec{b}=-2m\vec{a}+(m-3n+4)\vec{b}$$
를 만족시키는 실수 $m$, $n$에 대하여 $m+n$의 값은?

① $-1$ ② $-2$ ③ $-3$

④ $-4$ ⑤ $-5$

### 0305 중 서술형

영벡터가 아닌 두 벡터 $\vec{a}$, $\vec{b}$가 서로 평행하지 않을 때,
$$(x^2-x)\vec{a}+(x+2y)\vec{b}=(7-x+y^2)\vec{a}+(1+y)\vec{b}$$
를 만족시키는 실수 $x$, $y$에 대하여 $xy$의 값을 구하시오.

### 0306 중

서로 평행하지 않은 두 벡터 $\vec{a}$, $\vec{b}$에 대하여 $\overrightarrow{OA}=2\vec{a}-3\vec{b}$, $\overrightarrow{OB}=\vec{a}-2\vec{b}$, $\overrightarrow{OP}=k\vec{a}+\vec{b}$이다. $\overrightarrow{AP}=m\overrightarrow{AB}$일 때, 실수 $k$의 값은? (단, $m$은 실수, $\vec{a}\neq\vec{0}$, $\vec{b}\neq\vec{0}$)

① $-2$ ② $-1$ ③ $2$

④ $3$ ⑤ $4$



## 유형 **08** 벡터의 평행

영벡터가 아닌 두 벡터 $\vec{a}$, $\vec{b}$에 대하여
$$\vec{a}/\!/\vec{b} \Longleftrightarrow \vec{a}=k\vec{b}\ (\text{단, } k\text{는 0이 아닌 실수})$$

### 0307 ◀ 대표문제

영벡터가 아닌 두 벡터 $\vec{a}$, $\vec{b}$가 서로 평행하지 않을 때, 세 벡터
$$\vec{p}=\vec{a}+\vec{b},\ \vec{q}=\vec{a}+3\vec{b},\ \vec{r}=2\vec{a}+k\vec{b}$$
에 대하여 두 벡터 $\vec{p}+\vec{q}$, $\vec{r}-\vec{q}$가 서로 평행하도록 하는 실수 $k$의 값을 구하시오.

### 0308 중하

삼각형 ABC에서 $\overrightarrow{AB}=\vec{a}$, $\overrightarrow{AC}=\vec{b}$라 하자. 두 벡터 $2\vec{a}+m\vec{b}$, $m\vec{a}+8\vec{b}$가 서로 평행할 때, 양수 $m$의 값은?

① $2$ ② $3$ ③ $4$

④ $5$ ⑤ $6$

### 0309 중

서로 평행하지 않고 영벡터가 아닌 두 벡터 $\vec{a}$, $\vec{b}$에 대하여 $\overrightarrow{OA}=\vec{a}$, $\overrightarrow{OB}=\vec{b}$, $\overrightarrow{OC}=4\overrightarrow{OA}-\overrightarrow{OB}$일 때, 다음 **보기**에서 벡터 $\overrightarrow{AC}$와 평행한 벡터인 것만을 있는 대로 고르시오.

┌─ 보기 ────────────
ㄱ. $6\vec{a}-2\vec{b}$  ㄴ. $-3\vec{a}+\vec{b}$  ㄷ. $-5\vec{a}+\dfrac{5}{3}\vec{b}$

### 0310 중 서술형

서로 평행하지 않은 두 벡터 $\vec{a}$, $\vec{b}$에 대하여
$$\vec{x}+3\vec{a}=\vec{a}+\vec{b},\ \vec{x}+\vec{y}=m(\vec{a}-\vec{b})+\vec{b}$$
일 때, 두 벡터 $\vec{x}$, $\vec{y}$가 서로 평행하도록 하는 실수 $m$의 값을 구하시오. (단, $\vec{a}\neq\vec{0}$, $\vec{b}\neq\vec{0}$)

## 0311 중

서로 평행하지 않고 영벡터가 아닌 두 벡터 $\vec{a}$, $\vec{b}$에 대하여
$$\overrightarrow{OA}=\vec{a}-2\vec{b},\quad \overrightarrow{OB}=2\vec{a}-\vec{b},\quad \overrightarrow{OC}=5\vec{a}+k\vec{b}$$
이다. 두 벡터 $\overrightarrow{AB}$, $\overrightarrow{AC}$가 서로 평행할 때, 실수 $k$의 값은?

① 1 　　　② 2 　　　③ 3
④ 4 　　　⑤ 5

| 개념원리 기하 106쪽 |



세 점 A, B, C가 한 직선 위에 있다.
$\iff \overrightarrow{AB} /\!/ \overrightarrow{AC}$
$\iff \overrightarrow{AC}=k\overrightarrow{AB}$ (단, $k$는 0이 아닌 실수)
$\iff \overrightarrow{OC}=m\overrightarrow{OA}+n\overrightarrow{OB}$ (단, $m+n=1$)

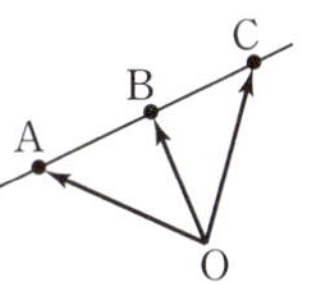

## 0312 대표문제

영벡터가 아닌 두 벡터 $\vec{a}$, $\vec{b}$가 서로 평행하지 않고
$$\overrightarrow{OA}=\vec{a}+\vec{b},\quad \overrightarrow{OB}=3\vec{a}+7\vec{b},\quad \overrightarrow{OC}=2\vec{a}-k\vec{b}$$
일 때, 세 점 A, B, C가 한 직선 위에 있도록 하는 실수 $k$의 값은?

① 4 　　　② 2 　　　③ 1
④ $-2$ 　　　⑤ $-4$

## 0313 중

서로 평행하지 않는 두 벡터 $\vec{a}$, $\vec{b}$에 대하여
$$\overrightarrow{OA}=\vec{a},\quad \overrightarrow{OB}=\vec{b},\quad \overrightarrow{OC}=3\vec{a}+m\vec{b}$$
일 때, 세 점 A, B, C가 한 직선 위에 있도록 하는 실수 $m$의 값은? (단, $\vec{a}\neq\vec{0}$, $\vec{b}\neq\vec{0}$)

① $-3$ 　　　② $-2$ 　　　③ $-1$
④ 1 　　　⑤ 2

## 0314 중

서로 평행하지 않은 두 벡터 $\overrightarrow{OA}=\vec{a}$, $\overrightarrow{OB}=\vec{b}$에 대하여 다음 조건을 만족시키는 세 점 C, D, E 중 항상 직선 AB 위의 점인 것만을 있는 대로 고른 것은? (단, $\vec{a}\neq\vec{0}$, $\vec{b}\neq\vec{0}$)

$$\overrightarrow{OC}=\frac{2\vec{a}+\vec{b}}{3},\quad \overrightarrow{OD}=\frac{\vec{a}-3\vec{b}}{4},\quad \overrightarrow{OE}=\frac{3\vec{a}-\vec{b}}{2}$$

① C 　　　② C, D 　　　③ C, E
④ D, E 　　　⑤ C, D, E

## 0315 중

오른쪽 그림과 같이 반지름의 길이가 2인 사분원에서 $\overrightarrow{OA}=\vec{a}$, $\overrightarrow{OB}=\vec{b}$라 하자. $\angle AOB$의 이등분선과 호 AB의 교점을 P라 할 때, $\overrightarrow{OP}=m(\vec{a}+\vec{b})$를 만족시키는 실수 $m$의 값을 구하시오.

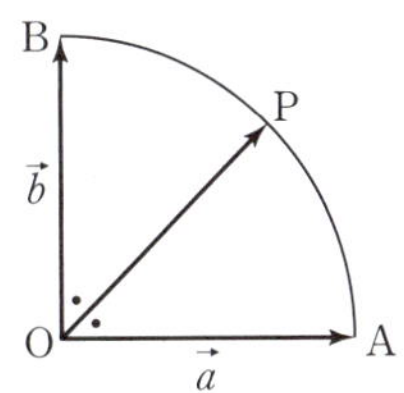

## 0316 상중

서로 평행하지 않은 두 벡터 $\overrightarrow{OA}$, $\overrightarrow{OB}$에 대하여 등식
$$\overrightarrow{OC}=(3-t)\overrightarrow{OA}+2t\overrightarrow{OB}$$
가 성립할 때, 세 점 A, B, C가 한 직선 위에 있도록 하는 실수 $t$의 값을 구하시오. (단, $\overrightarrow{OA}\neq\vec{0}$, $\overrightarrow{OB}\neq\vec{0}$)

## 0317 상중

오른쪽 그림과 같은 삼각형 OAB에서 변 OA를 $2:1$로 내분하는 점을 C, 변 OB의 중점을 D라 하자. 선분 AD와 선분 BC가 만나는 점을 P라 할 때, $\overrightarrow{OP}=m\overrightarrow{OA}+n\overrightarrow{OB}$가 성립한다. 실수 $m$, $n$에 대하여 $4(m+n)$의 값을 구하시오.

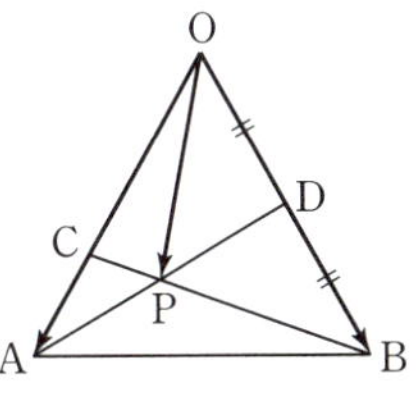

## 유형 **10**   평면도형에서의 벡터의 크기

벡터의 덧셈, 뺄셈을 이용하여 주어진 식을 하나의 벡터로 나타낸 후, 그 벡터의 크기를 구한다.

### 0318   대표문제

오른쪽 그림과 같이 한 변의 길이가 2인 정사각형 ABCD에서 $\overrightarrow{AB}=\vec{a}$, $\overrightarrow{AC}=\vec{b}$, $\overrightarrow{AD}=\vec{c}$라 할 때, 벡터 $\vec{a}+2\vec{b}+\vec{c}$의 크기는?

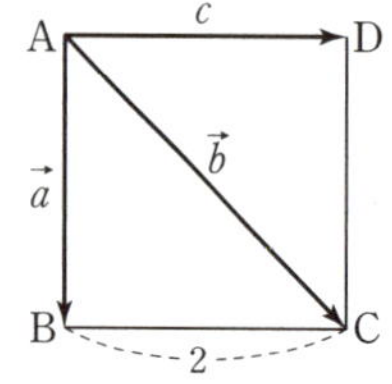

① $3\sqrt{2}$ ② $4\sqrt{2}$
③ $5\sqrt{2}$ ④ $6\sqrt{2}$
⑤ $7\sqrt{2}$

### 0319   중

오른쪽 그림과 같이 한 변의 길이가 1인 정삼각형 ABC에서 $|\overrightarrow{AB}-\overrightarrow{BC}+\overrightarrow{CA}|$를 구하시오.

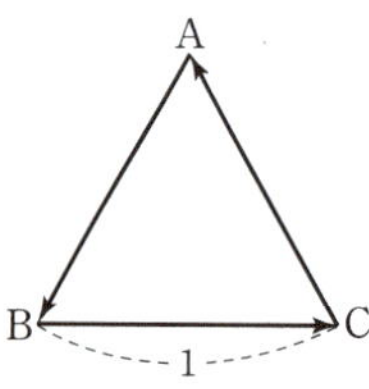

### 0320   상 중

오른쪽 그림과 같은 정오각형 ABCDE의 내부의 한 점 O에 대하여 $\overrightarrow{OA}+\overrightarrow{OB}+\overrightarrow{OC}+\overrightarrow{OD}+\overrightarrow{OE}=\vec{0}$이고 $|\overrightarrow{OA}|=2$이다. 벡터 $\overrightarrow{AB}+\overrightarrow{AC}+\overrightarrow{AD}+\overrightarrow{AE}$의 크기는?

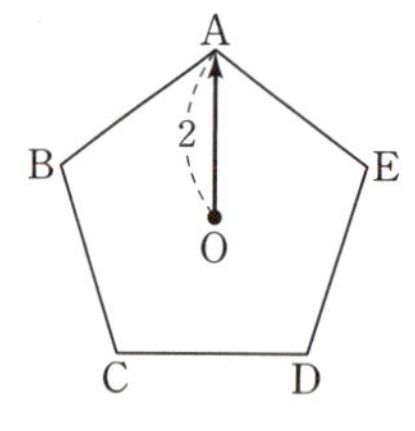

① 0 ② 2 ③ 5
④ 8 ⑤ 10

### 0321   상 중

타원 $\dfrac{x^2}{9}+y^2=1$의 두 초점을 F, F′이라 하자. 타원 위의 한 점 P가 $|\overrightarrow{OP}+\overrightarrow{OF}|=2$를 만족시킬 때, $|\overrightarrow{PF}|$를 구하시오.

(단, O는 원점)

## 유형 **11**   벡터의 실생활에서의 활용

벡터의 연산을 이용하여 식을 세운 후, 도형의 길이를 이용하여 벡터의 크기를 구한다.

### 0322   대표문제

오른쪽 그림과 같이 강물이 동쪽에서 서쪽으로 분속 30 m의 속력으로 흐르고, 폭이 200 m인 강이 있다. 배가 A 지점에서 출발하여 정북쪽에 있는 B 지점에 도착하려 한다. 잔잔한 물 위에서 배의 속력이 분속 50 m로 일정할 때, 배는 몇 분 후에 B 지점에 도착할 수 있는지 구하시오.

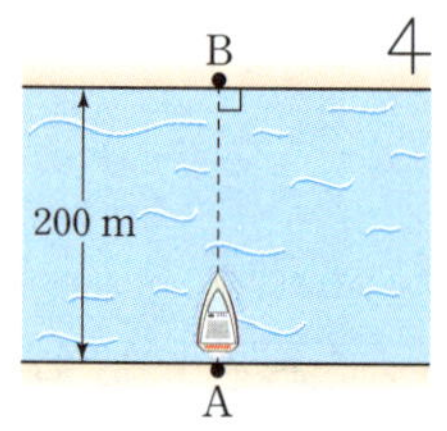

### 0323   상 중

오른쪽 그림과 같이 수평의 위치에 있는 두 점 A, B에 밧줄의 양 끝을 고정하고 그 중앙 C에 무게가 60 kg중인 물체 D를 달았다. ∠ACB=90°일 때, 밧줄 CA에 걸리는 힘의 크기를 구하시오. (단, 1 kg중은 질량이 1 kg인 물체에 작용하는 지구 중력의 크기이다.)

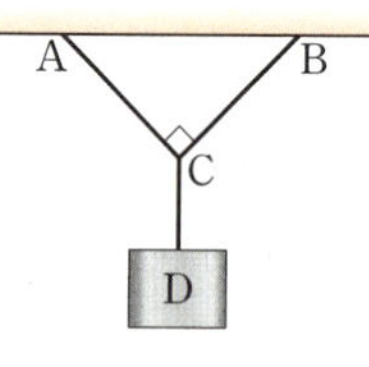

### 0324   상 중

오른쪽 그림과 같이 시속 6 km로 흐르는 강의 한 지점 A에서 배를 타고 강을 건너려고 한다. 강의 폭은 2 km이고 배의 속력은 흐르지 않는 물에서 시속 8 km로 일정하다. 배가 강 건너편을 향하여 강변에 수직인 방향으로 출발한다고 할 때, 다음 물음에 답하시오.

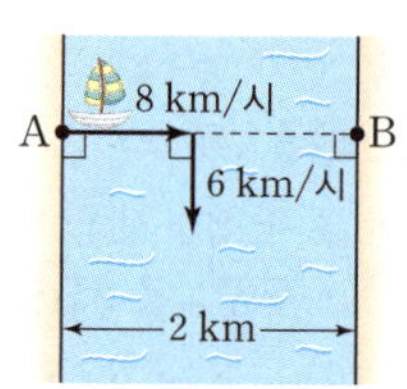

(1) 배가 도착하게 되는 지점은 B 지점에서 몇 km 떨어진 곳인지 구하시오.
(2) 배가 강을 건너는 데 걸리는 시간은 몇 분인지 구하시오.

## 0325

길이가 12인 선분 AB 위의 한 점 P에 대하여
$\overrightarrow{AP}=-2\overrightarrow{BP}$가 성립할 때, $|\overrightarrow{AP}|$를 구하시오.

## 0326

오른쪽 그림과 같이 한 변의 길이가 1인
정육각형에서 세 대각선의 교점을 O라 할
때, 다음 **보기**에서 옳은 것만을 있는 대로
고른 것은?

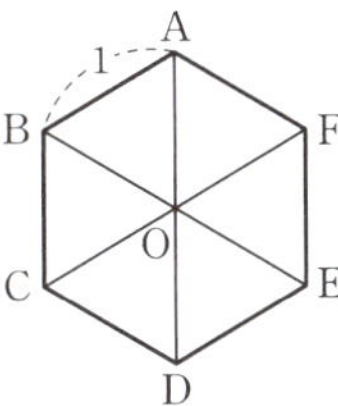

> • 보기 •
>
> ㄱ. $\overrightarrow{OA}=\overrightarrow{EF}$　　　　　　ㄴ. $\overrightarrow{OB}=-\overrightarrow{CD}$
> ㄷ. $|\overrightarrow{DF}|=\sqrt{2}$

① ㄱ　　　　　② ㄷ　　　　　③ ㄱ, ㄴ
④ ㄴ, ㄷ　　　　⑤ ㄱ, ㄴ, ㄷ

## 0327

평면 위의 서로 다른 네 점 A, B, C, D에 대하여 다음 중 옳
지 <u>않은</u> 것은?

① $\overrightarrow{BA}-\overrightarrow{BA}=\vec{0}$
② $\overrightarrow{AB}+\overrightarrow{BC}+\overrightarrow{CA}=\vec{0}$
③ $\overrightarrow{CD}=\overrightarrow{BA}+\overrightarrow{AD}-\overrightarrow{BC}$
④ $\overrightarrow{AB}+\overrightarrow{CD}=\overrightarrow{AD}+\overrightarrow{CB}$
⑤ $\overrightarrow{CD}+\overrightarrow{DA}+\overrightarrow{AB}+\overrightarrow{BD}+\overrightarrow{DB}=\overrightarrow{BC}$

## 0328

사각형 ABCD의 두 대각선 AC, BD의 교점을 O라 할 때,
$$2\overrightarrow{OA}-\overrightarrow{OB}=2\overrightarrow{OD}-\overrightarrow{OC}$$
가 성립한다. 사각형 ABCD는 어떤 사각형인가?

① 사다리꼴　　　② 평행사변형　　　③ 직사각형
④ 마름모　　　　⑤ 정사각형

## 0329

등식 $2(\vec{a}-2\vec{b}+\vec{x})=3(\vec{a}-2\vec{b}+2\vec{x})$를 만족시키는 세 벡터
$\vec{a}$, $\vec{b}$, $\vec{x}$에 대하여 $\vec{x}=m\vec{a}+n\vec{b}$가 성립할 때, $m+n$의 값은?
（단, $m$, $n$은 실수）

① $-\dfrac{1}{2}$　　　　② $-\dfrac{1}{4}$　　　　③ $\dfrac{1}{4}$
④ $\dfrac{1}{3}$　　　　⑤ $\dfrac{1}{2}$

## 0330

오른쪽 그림과 같이 일정한 간격의
평행선으로 이루어진 도형 위에 다
섯 개의 점 O, A, B, E, F가 있다.
$\overrightarrow{OA}=\vec{a}$, $\overrightarrow{OB}=\vec{b}$라 할 때, 벡터
$\overrightarrow{OE}+\overrightarrow{OF}$를 $\vec{a}$, $\vec{b}$로 나타내시오.

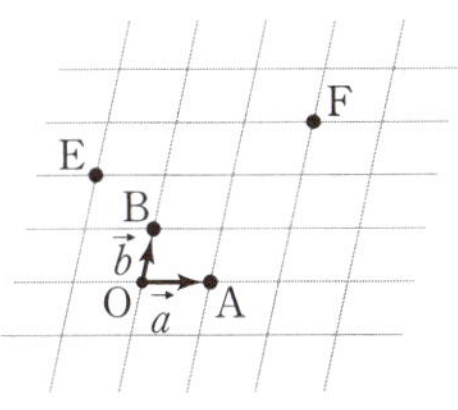

## 0331

오른쪽 그림과 같은 정육각형에서
$\overrightarrow{AB}=\vec{a}$, $\overrightarrow{AC}=\vec{b}$일 때, 벡터
$\overrightarrow{CF}+\overrightarrow{AD}$를 $\vec{a}$, $\vec{b}$로 나타내면?

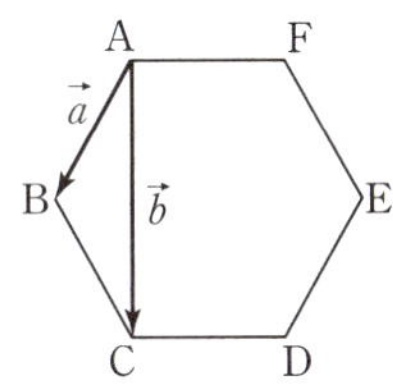

① $4\vec{a}-2\vec{b}$　　　　② $-4\vec{a}+2\vec{b}$
③ $4\vec{a}-6\vec{b}$　　　　④ $-4\vec{a}+6\vec{b}$
⑤ $-4\vec{a}-6\vec{b}$

## 0332

오른쪽 그림과 같은 정육각형에서 $\overline{BC}$의 중점을 G라 하고, $\overrightarrow{AB}=\vec{a}$, $\overrightarrow{AF}=\vec{b}$라 할 때, $\overrightarrow{FG}=m\vec{a}+n\vec{b}$이다. 실수 $m$, $n$에 대하여 $m-n$의 값을 구하시오.

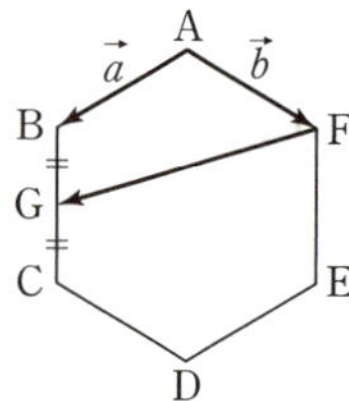

## 0333 교육청 기출

$\overline{AB}=8$, $\overline{BC}=6$인 직사각형 ABCD에 대하여 네 선분 AB, CD, DA, BD의 중점을 각각 E, F, G, H라 하자. 선분 CF를 지름으로 하는 원 위의 점 P에 대하여 $|\overrightarrow{EG}+\overrightarrow{HP}|$의 최댓값은?

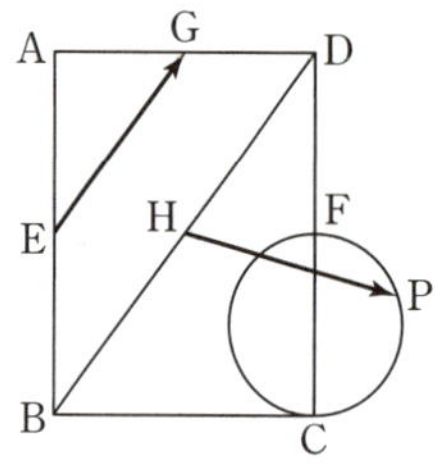

① 8
② $2+2\sqrt{10}$
③ $2+2\sqrt{11}$
④ $2+4\sqrt{3}$
⑤ $2+2\sqrt{13}$

## 0334

영벡터가 아닌 두 벡터 $\vec{a}$, $\vec{b}$가 서로 평행하지 않을 때,
$$m(\vec{a}-\vec{b})+n(3\vec{a}-2\vec{b})-\vec{b}=n\vec{a}+m(-\vec{a}+2\vec{b})$$
를 만족시키는 실수 $m$, $n$에 대하여 $m-n$의 값은?

① $-3$
② $-2$
③ $-1$
④ $1$
⑤ $2$

## 0335 중요

$\vec{a}\neq\vec{0}$, $\vec{b}\neq\vec{0}$이고 서로 평행하지 않은 두 벡터 $\vec{a}$, $\vec{b}$에 대하여 $\vec{p}=\vec{a}-\vec{b}$, $\vec{q}=m\vec{a}+3\vec{b}$, $\vec{r}=2\vec{a}-5\vec{b}$라 하자. 두 벡터 $\vec{p}+\vec{q}$, $\vec{q}-\vec{r}$가 서로 평행할 때, 실수 $m$의 값은?

① $-2$
② $-1$
③ $1$
④ $\dfrac{5}{3}$
⑤ $2$

## 0336 중요

서로 평행하지 않은 두 벡터 $\vec{a}$, $\vec{b}$에 대하여
$$\overrightarrow{OA}=-3\vec{a}-\vec{b}, \quad \overrightarrow{OB}=5\vec{a}-3\vec{b}, \quad \overrightarrow{OC}=\vec{a}+t\vec{b}$$
일 때, 세 점 A, B, C가 한 직선 위에 있도록 하는 실수 $t$의 값을 구하시오. (단, $\vec{a}\neq\vec{0}$, $\vec{b}\neq\vec{0}$)

## 0337

오른쪽 그림과 같은 정사각형 ABCD에서 $\overrightarrow{AB}=\vec{a}$, $\overrightarrow{AD}=\vec{b}$, $\overrightarrow{BD}=\vec{c}$라 할 때, $|\vec{a}-\vec{b}+2\vec{c}|=2$이다. 정사각형 ABCD의 한 변의 길이를 구하시오.

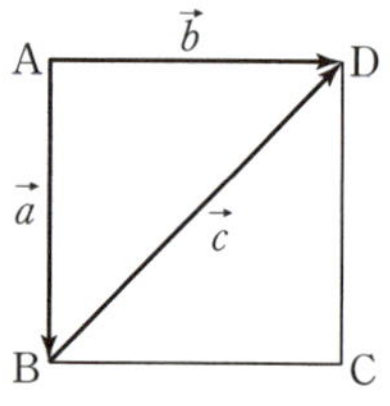

## 0338 중요

오른쪽 그림과 같이 한 변의 길이가 2인 정육각형 ABCDEF에서 $\overrightarrow{AB}=\vec{a}$, $\overrightarrow{CD}=\vec{b}$, $\overrightarrow{EF}=\vec{c}$라 할 때, $|\vec{a}+\vec{b}-3\vec{c}|$를 구하시오.

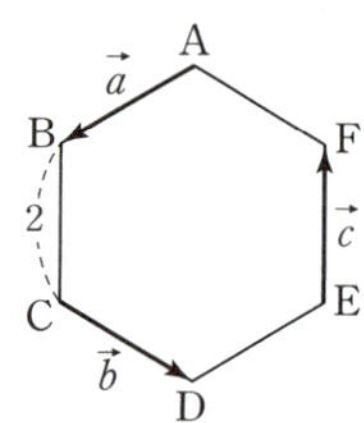

## 0339 평가원 기출

한 변의 길이가 3인 정삼각형 ABC에서 변 AB를 2 : 1로 내분하는 점을 D라 하고, 변 AC를 3 : 1과 1 : 3으로 내분하는 점을 각각 E, F라 할 때, $|\overrightarrow{BF}+\overrightarrow{DE}|^2$의 값은?

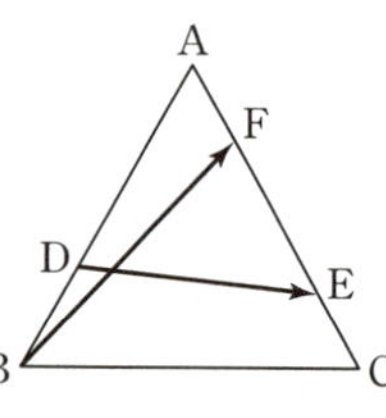

① 17
② 18
③ 19
④ 20
⑤ 21

 **서술형 주관식**

## 0340

삼각형 ABC와 점 P에 대하여 $\overrightarrow{PA}+\overrightarrow{PB}+\overrightarrow{PC}=\overrightarrow{AB}$가 성립한다. 삼각형 PAB의 넓이가 6일 때, 삼각형 PBC의 넓이를 구하시오.

## 0341

오른쪽 그림과 같이 두 개의 합동인 정육각형이 한 변을 공유하고 있다. $\overrightarrow{OP}=\vec{p}$, $\overrightarrow{OQ}=\vec{q}$라 할 때, $\overrightarrow{OR}=m\vec{p}+n\vec{q}$이다. 실수 $m$, $n$에 대하여 $mn$의 값을 구하시오.

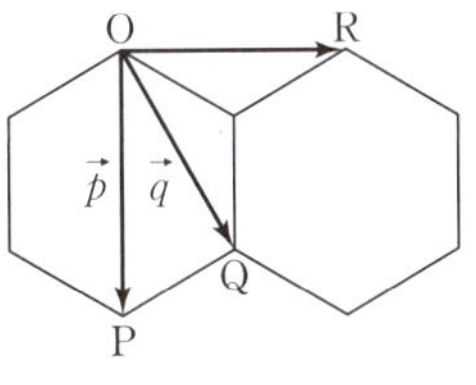

## 0342

서로 평행하지 않고 영벡터가 아닌 두 벡터 $\vec{a}$, $\vec{b}$에 대하여
$$\overrightarrow{OP}=3\vec{a}+\vec{b}, \quad \overrightarrow{OQ}=-2\vec{a}+3\vec{b},$$
$$\overrightarrow{OR}=-5\vec{a}+m\vec{b}, \quad \overrightarrow{OS}=(m+3)\vec{a}+\vec{b}$$
일 때, $\overrightarrow{PQ} /\!/ \overrightarrow{RS}$가 되도록 하는 실수 $m$의 값을 구하시오.

## 0343

오른쪽 그림과 같이 원 O에 내접하는 정육각형 ABCDEF에 대하여 $|\overrightarrow{AC}+\overrightarrow{AD}+\overrightarrow{AE}|=30$일 때, 이 정육각형의 넓이를 구하시오.

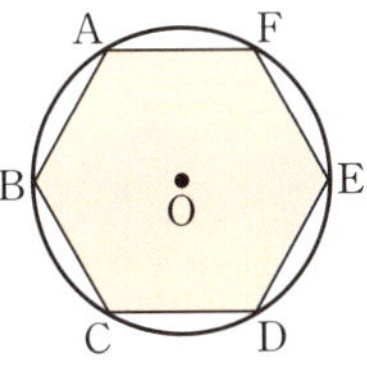

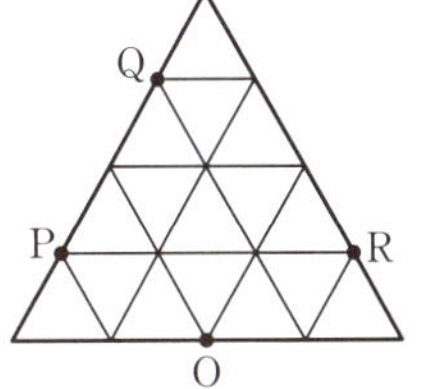 **실력 up**

## 0344

오른쪽 그림과 같이 16개의 합동인 정삼각형으로 이루어진 도형 위에 네 점 O, P, Q, R가 놓여 있다. $\overrightarrow{OR}=m\overrightarrow{OP}+n\overrightarrow{OQ}$일 때, $m+n$의 값은? (단, $m$, $n$은 실수)

① $-1$  ② $-\dfrac{1}{2}$  ③ $0$

④ $\dfrac{1}{2}$  ⑤ $1$

## 0345

오른쪽 그림과 같이 반지름의 길이가 각각 2, 4이고 중심이 각각 $C_1$, $C_2$인 두 원에 동시에 접하는 접선을 $l$이라 하고, 직선 $l$과 두 원의 교점을 각각 P, Q라 하자. 두 원의 중심 사이의 거리가 10일 때, 벡터 $\overrightarrow{C_1P}+\overrightarrow{C_1Q}+\overrightarrow{C_2Q}-\overrightarrow{C_2P}$의 크기는?

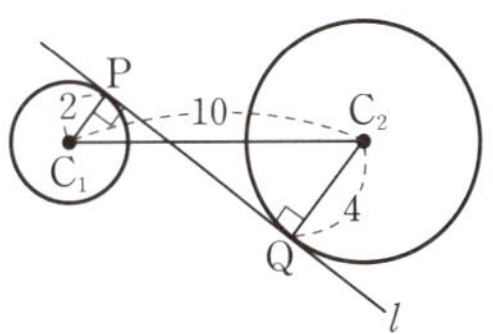

① $2\sqrt{10}$  ② $2\sqrt{17}$  ③ $4\sqrt{10}$

④ $4\sqrt{15}$  ⑤ $4\sqrt{17}$

## 0346 창의·융합

좌표평면 위의 점 A가 원 $(x-1)^2+(y-\sqrt{3})^2=1$ 위를 움직일 때, $\overrightarrow{OP}=\dfrac{\overrightarrow{OA}}{|\overrightarrow{OA}|}$를 만족시키는 점 P가 나타내는 도형의 길이를 구하시오. (단, O는 원점)

# 04 평면벡터의 성분과 내적





## 04 · 1  위치벡터

**1 위치벡터:** 한 점 O를 시점으로 하는 벡터 $\overrightarrow{OA}$를 점 O에 대한 점 A의 **위치벡터**라 한다.

**2** 점 O에 대한 두 점 A, B의 위치벡터를 각각 $\vec{a}, \vec{b}$라 하면
$$\overrightarrow{AB}=\overrightarrow{OB}-\overrightarrow{OA}=\vec{b}-\vec{a}$$

**3** 두 점 A, B의 위치벡터를 각각 $\vec{a}, \vec{b}$라 할 때, 선분 AB를 $m:n\ (m>0,\ n>0)$으로 내분하는 점 P와 외분하는 점 Q의 위치벡터를 각각 $\vec{p}, \vec{q}$라 하면
$$\vec{p}=\frac{m\vec{b}+n\vec{a}}{m+n},\ \vec{q}=\frac{m\vec{b}-n\vec{a}}{m-n}\ (\text{단},\ m\neq n)$$

- 원점 O의 위치벡터는 $\vec{0}$이다.
- 선분 AB의 중점 M의 위치벡터를 $\vec{m}$이라 하면
$$\vec{m}=\frac{\vec{a}+\vec{b}}{2}$$
- 삼각형 ABC의 무게중심을 G라 하고 네 점 A, B, C, G의 위치벡터를 각각 $\vec{a}, \vec{b}, \vec{c}, \vec{g}$라 하면
$$\vec{g}=\frac{\vec{a}+\vec{b}+\vec{c}}{3}$$

## 04 · 2  평면벡터의 성분

**1** 두 점 $E_1(1, 0)$, $E_2(0, 1)$의 위치벡터를 각각 $\vec{e_1}, \vec{e_2}$라 할 때, 점 $A(a_1, a_2)$의 위치벡터를 $\vec{a}$라 하면
$$\vec{a}=a_1\vec{e_1}+a_2\vec{e_2}$$
이때 $a_1, a_2$를 **벡터 $\vec{a}$의 성분**이라 하고, $a_1$을 $x$성분, $a_2$를 $y$성분이라 한다. 벡터 $\vec{a}$는 성분을 이용하여 $\vec{a}=(a_1, a_2)$와 같이 나타낼 수 있다.

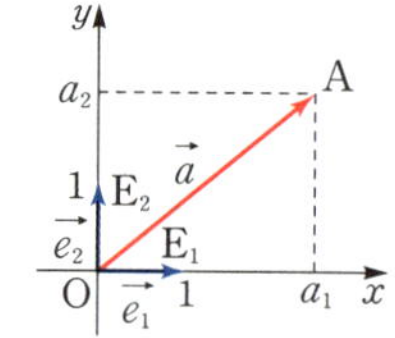

**2 평면벡터의 크기와 서로 같을 조건:** $\vec{a}=(a_1, a_2)$, $\vec{b}=(b_1, b_2)$일 때
(1) $|\vec{a}|=\sqrt{a_1^2+a_2^2}$
(2) $\vec{a}=\vec{b}\Longleftrightarrow a_1=b_1,\ a_2=b_2$

**3 평면벡터의 성분에 의한 연산:** $\vec{a}=(a_1, a_2)$, $\vec{b}=(b_1, b_2)$일 때
(1) $\vec{a}\pm\vec{b}=(a_1\pm b_1,\ a_2\pm b_2)$ (복부호동순)
(2) $k\vec{a}=(ka_1, ka_2)$ (단, $k$는 실수)

**4 두 점에 대한 평면벡터의 성분과 크기:** 두 점 $A(a_1, a_2)$, $B(b_1, b_2)$에 대하여
(1) $\overrightarrow{AB}=(b_1-a_1,\ b_2-a_2)$
(2) $|\overrightarrow{AB}|=\sqrt{(b_1-a_1)^2+(b_2-a_2)^2}$

- 평면에서의 벡터를 평면벡터라 한다.
- $\vec{a}=\vec{0}$이면 $\vec{a}=(0, 0)$이다.
- $|\vec{e_1}|=|\vec{e_2}|=1$이므로 두 벡터 $\vec{e_1}, \vec{e_2}$는 모두 단위벡터이다.
- 벡터 $\overrightarrow{AB}$의 크기는 선분 AB의 길이와 같다.

## 04 · 3  평면벡터의 내적

**1 평면벡터의 내적:** 두 평면벡터 $\vec{a}, \vec{b}$가 이루는 각의 크기를 $\theta\ (0°\leq\theta\leq180°)$라 할 때
(1) $0°\leq\theta\leq90°$이면 $\vec{a}\cdot\vec{b}=|\vec{a}||\vec{b}|\cos\theta$
(2) $90°<\theta\leq180°$이면 $\vec{a}\cdot\vec{b}=-|\vec{a}||\vec{b}|\cos(180°-\theta)$

**2 평면벡터의 내적과 성분:** $\vec{a}=(a_1, a_2)$, $\vec{b}=(b_1, b_2)$일 때
$$\vec{a}\cdot\vec{b}=a_1b_1+a_2b_2$$

**3 평면벡터의 내적의 성질:** 세 평면벡터 $\vec{a}, \vec{b}, \vec{c}$에 대하여
(1) $\vec{a}\cdot\vec{b}=\vec{b}\cdot\vec{a}$ ← 교환법칙
(2) $\vec{a}\cdot(\vec{b}+\vec{c})=\vec{a}\cdot\vec{b}+\vec{a}\cdot\vec{c},\ (\vec{a}+\vec{b})\cdot\vec{c}=\vec{a}\cdot\vec{c}+\vec{b}\cdot\vec{c}$ ← 분배법칙
(3) $(k\vec{a})\cdot\vec{b}=\vec{a}\cdot(k\vec{b})=k(\vec{a}\cdot\vec{b})$ (단, $k$는 실수)

- 두 평면벡터 $\vec{a}, \vec{b}$의 내적 $\vec{a}\cdot\vec{b}$는 실수이다.
- ① $\vec{a}=\vec{0}$ 또는 $\vec{b}=\vec{0}$이면
$$\vec{a}\cdot\vec{b}=0$$
② $\vec{a}\cdot\vec{a}=|\vec{a}||\vec{a}|\cos0°=|\vec{a}|^2$

## 04·1 　위치벡터

**0347** 세 점 A, B, C의 위치벡터를 각각 $\vec{a}$, $\vec{b}$, $2\vec{a}-3\vec{b}$라 할 때, 다음 벡터를 $\vec{a}$, $\vec{b}$로 나타내시오.

(1) $\overrightarrow{BC}$
(2) $\overrightarrow{CA}$

[0348 ~ 0350] 두 점 A, B의 위치벡터를 각각 $\vec{a}$, $\vec{b}$라 할 때, 다음 위치벡터를 $\vec{a}$, $\vec{b}$로 나타내시오.

**0348** $\overline{AB}$를 $3:2$로 내분하는 점 P의 위치벡터 $\vec{p}$

**0349** $\overline{AB}$를 $2:1$로 외분하는 점 Q의 위치벡터 $\vec{q}$

**0350** $\overline{AB}$의 중점 M의 위치벡터 $\vec{m}$

## 04·2 　평면벡터의 성분

[0351 ~ 0352] $\vec{e_1}=(1, 0)$, $\vec{e_2}=(0, 1)$일 때, 다음 평면벡터를 성분으로 나타내시오.

**0351** $\vec{a}=2\vec{e_1}-3\vec{e_2}$

**0352** $\vec{b}=-\vec{e_1}-5\vec{e_2}$

[0353 ~ 0354] $\vec{e_1}=(1, 0)$, $\vec{e_2}=(0, 1)$일 때, 다음 평면벡터를 $\vec{e_1}$, $\vec{e_2}$로 나타내시오.

**0353** $\vec{a}=(3, -2)$

**0354** $\vec{b}=(-4, 9)$

[0355 ~ 0356] 다음 평면벡터의 크기를 구하시오.

**0355** $\vec{a}=(-2, 3)$

**0356** $\vec{b}=(5, -12)$

[0357 ~ 0358] 다음과 같은 두 평면벡터 $\vec{a}$, $\vec{b}$에 대하여 $\vec{a}=\vec{b}$일 때, 실수 $m$, $n$의 값을 구하시오.

**0357** $\vec{a}=(3, m-1)$, $\vec{b}=(n-2, 4)$

**0358** $\vec{a}=(2m+1, 3)$, $\vec{b}=(5, n+1)$

**0359** $\vec{a}=(-2, 3)$, $\vec{b}=(4, 2)$일 때, 다음 벡터를 성분으로 나타내시오.

(1) $3\vec{a}+\vec{b}$
(2) $-2\vec{a}-\vec{b}$

[0360 ~ 0361] 다음과 같은 두 점 A, B에 대하여 벡터 $\overrightarrow{AB}$를 성분으로 나타내고, 그 크기를 구하시오.

**0360** $A(3, -1)$, $B(2, 1)$

**0361** $A(-3, 4)$, $B(-6, 8)$

## 04·3 　평면벡터의 내적

**0362** $|\vec{a}|=3$, $|\vec{b}|=4$인 두 벡터 $\vec{a}$, $\vec{b}$가 이루는 각의 크기가 다음과 같을 때, $\vec{a}\cdot\vec{b}$를 구하시오.

(1) $45°$
(2) $120°$

[0363 ~ 0364] 다음 두 벡터 $\vec{a}$, $\vec{b}$의 내적을 구하시오.

**0363** $\vec{a}=(1, -3)$, $\vec{b}=(3, 2)$

**0364** $\vec{a}=(2, -1)$, $\vec{b}=(-2, 4)$

**＋ 개념 플러스**

## 04·4 두 평면벡터가 이루는 각의 크기

**1 두 평면벡터가 이루는 각의 크기**: 영벡터가 아닌 두 평면벡터 $\vec{a}=(a_1, a_2)$, $\vec{b}=(b_1, b_2)$가 이루는 각의 크기를 $\theta$ $(0°\leq\theta\leq180°)$라 할 때

(1) $\vec{a}\cdot\vec{b}\geq0$이면 $\cos\theta=\dfrac{\vec{a}\cdot\vec{b}}{|\vec{a}||\vec{b}|}=\dfrac{a_1b_1+a_2b_2}{\sqrt{a_1{}^2+a_2{}^2}\sqrt{b_1{}^2+b_2{}^2}}$

(2) $\vec{a}\cdot\vec{b}<0$이면 $\cos(180°-\theta)=-\dfrac{\vec{a}\cdot\vec{b}}{|\vec{a}||\vec{b}|}=-\dfrac{a_1b_1+a_2b_2}{\sqrt{a_1{}^2+a_2{}^2}\sqrt{b_1{}^2+b_2{}^2}}$

**2 평면벡터의 내적과 수직, 평행**: 영벡터가 아닌 두 평면벡터 $\vec{a}$, $\vec{b}$에 대하여

(1) $\vec{a}\perp\vec{b}\Longleftrightarrow\vec{a}\cdot\vec{b}=0$

(2) $\vec{a}/\!/\vec{b}\Longleftrightarrow\vec{a}\cdot\vec{b}=\pm|\vec{a}||\vec{b}|$

▎$\vec{a}\cdot\vec{b}\geq0$이면 $0°\leq\theta\leq90°$
$\vec{a}\cdot\vec{b}<0$이면 $90°<\theta\leq180°$

▎$\vec{a}=(a_1, a_2)$, $\vec{b}=(b_1, b_2)$일 때
① $\vec{a}\perp\vec{b}\Longleftrightarrow a_1b_1+a_2b_2=0$
② $\vec{a}/\!/\vec{b}\Longleftrightarrow\vec{b}=k\vec{a}$
$\Longleftrightarrow b_1=ka_1, b_2=ka_2$
(단, $k$는 0이 아닌 실수)

## 04·5 평면벡터를 이용한 직선의 방정식

**1 방향벡터를 이용한 직선의 방정식**

점 $A(x_1, y_1)$을 지나고 방향벡터가 $\vec{u}=(u_1, u_2)$인 직선의 방정식은

$$\dfrac{x-x_1}{u_1}=\dfrac{y-y_1}{u_2} \ (단, u_1u_2\neq0)$$

← (ⅰ) $u_1=0$, $u_2\neq0$이면 직선의 방정식은 $x=x_1$
(ⅱ) $u_1\neq0$, $u_2=0$이면 직선의 방정식은 $y=y_1$

참고 두 점 $A(x_1, y_1)$, $B(x_2, y_2)$를 지나는 직선의 방정식은

$$\dfrac{x-x_1}{x_2-x_1}=\dfrac{y-y_1}{y_2-y_1} \ (단, x_1\neq x_2, y_1\neq y_2)$$

**2 법선벡터를 이용한 직선의 방정식**

점 $A(x_1, y_1)$을 지나고 법선벡터가 $\vec{n}=(a, b)$인 직선의 방정식은

$$a(x-x_1)+b(y-y_1)=0$$

▎점 A를 지나고 영벡터가 아닌 벡터 $\vec{u}$에 평행한 직선 $l$ 위의 임의의 점을 P라 하고 두 점 A, P의 위치벡터를 각각 $\vec{a}$, $\vec{p}$라 하면 직선 $l$의 방정식은
$\vec{p}=\vec{a}+t\vec{u}$ (단, $t$는 실수)
이때 벡터 $\vec{u}$를 직선 $l$의 방향벡터라 한다.

▎점 A를 지나고 영벡터가 아닌 벡터 $\vec{n}$에 수직인 직선 $l$ 위의 임의의 점을 P라 하고 두 점 A, P의 위치벡터를 각각 $\vec{a}$, $\vec{p}$라 하면 직선 $l$의 방정식은
$(\vec{p}-\vec{a})\cdot\vec{n}=0$
이때 벡터 $\vec{n}$을 직선 $l$의 법선벡터라 한다.

## 04·6 두 직선이 이루는 각의 크기

**1 두 직선이 이루는 각의 크기**: 방향벡터가 각각 $\vec{u}=(u_1, u_2)$, $\vec{v}=(v_1, v_2)$인 두 직선 $l$, $m$이 이루는 각의 크기를 $\theta$ $(0°\leq\theta\leq90°)$라 할 때

$$\cos\theta=\dfrac{|\vec{u}\cdot\vec{v}|}{|\vec{u}||\vec{v}|}=\dfrac{|u_1v_1+u_2v_2|}{\sqrt{u_1{}^2+u_2{}^2}\sqrt{v_1{}^2+v_2{}^2}}$$

**2 두 직선의 평행과 수직**: 두 직선 $l$, $m$의 방향벡터가 각각 $\vec{u}$, $\vec{v}$일 때

(1) $l/\!/m\Longleftrightarrow\vec{u}/\!/\vec{v}\Longleftrightarrow\vec{u}=k\vec{v}$ (단, $k$는 0이 아닌 실수)

(2) $l\perp m\Longleftrightarrow\vec{u}\perp\vec{v}\Longleftrightarrow\vec{u}\cdot\vec{v}=0$

## 04·7 평면벡터를 이용한 원의 방정식

점 C와 $\overline{PC}=r$를 만족시키는 점 P에 대하여 두 점 C, P의 위치벡터를 각각 $\vec{c}$, $\vec{p}$라 하면 점 C를 중심으로 하고 반지름의 길이가 $r$인 원의 방정식은

$$|\vec{p}-\vec{c}|=r \ 또는 \ (\vec{p}-\vec{c})\cdot(\vec{p}-\vec{c})=r^2$$

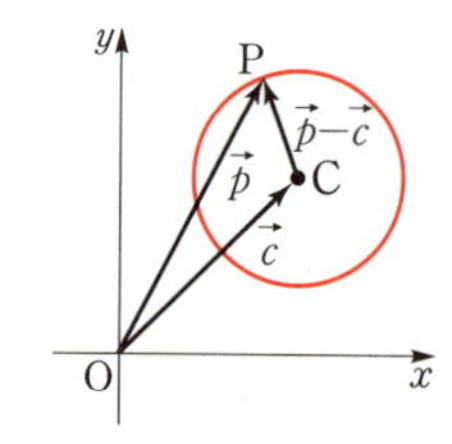


▎$\vec{p}=(x, y)$, $\vec{c}=(x_1, y_1)$이라 하면
$\vec{p}-\vec{c}=(x-x_1, y-y_1)$이므로
$(x-x_1)^2+(y-y_1)^2=r^2$

## 📖 교과서 문제 정복하기

---

### 04 · 4  두 평면벡터가 이루는 각의 크기

[0365 ~ 0366] 다음 두 벡터 $\vec{a}$, $\vec{b}$가 이루는 각의 크기를 $\theta$라 할 때, $\cos\theta$의 값을 구하시오.

**0365**  $\vec{a}=(1, \sqrt{3}\,)$, $\vec{b}=(5, 0)$

**0366**  $\vec{a}=(3, 4)$, $\vec{b}=(4, -3)$

**0367**  두 벡터 $\vec{a}=(-1, 3)$, $\vec{b}=(2, -1)$이 이루는 각의 크기를 구하시오.

[0368 ~ 0369] 다음 두 벡터 $\vec{a}$, $\vec{b}$가 서로 수직이 되도록 하는 $k$의 값을 구하시오.

**0368**  $\vec{a}=(3, 2)$, $\vec{b}=(k, 6)$

**0369**  $\vec{a}=(2k, -3)$, $\vec{b}=(-1, 2)$

[0370 ~ 0371] 다음 두 벡터 $\vec{a}$, $\vec{b}$가 서로 평행하도록 하는 $k$의 값을 구하시오.

**0370**  $\vec{a}=(4, 1)$, $\vec{b}=\left(k, \dfrac{1}{2}\right)$

**0371**  $\vec{a}=(1, -1)$, $\vec{b}=(-2, k)$

---

### 04 · 5  평면벡터를 이용한 직선의 방정식

[0372 ~ 0373] 다음 직선의 방정식을 구하시오.

**0372**  점 $(7, -2)$를 지나고 방향벡터가 $\vec{u}=(2, 3)$인 직선

**0373**  점 $(3, 5)$를 지나고 벡터 $\vec{u}=(0, -6)$에 평행한 직선

[0374 ~ 0375] 다음 두 점 A, B를 지나는 직선의 방정식을 구하시오.

**0374**  $A(5, -1)$, $B(6, 2)$

**0375**  $A(-2, 4)$, $B(3, 1)$

[0376 ~ 0377] 다음 직선의 방정식을 구하시오.

**0376**  점 $(-2, 3)$을 지나고 법선벡터가 $\vec{n}=(1, -5)$인 직선

**0377**  점 $(4, 2)$를 지나고 벡터 $\vec{n}=(3, 4)$에 수직인 직선

---

### 04 · 6  두 직선이 이루는 각의 크기

[0378 ~ 0379] 다음 두 직선이 이루는 각의 크기를 $\theta$라 할 때, $\cos\theta$의 값을 구하시오. (단, $0° \le \theta \le 90°$)

**0378**  $\dfrac{x+1}{3}=\dfrac{y}{2}$, $\dfrac{x+3}{-2}=\dfrac{y-2}{3}$

**0379**  $x-1=\dfrac{y-2}{2}$, $\dfrac{x-2}{2}=y$

**0380**  두 직선 $l: \dfrac{x-1}{a}=\dfrac{4-y}{2}$, $m: \dfrac{3-x}{5}=y$의 위치 관계가 다음과 같도록 하는 상수 $a$의 값을 구하시오.
(1) 수직
(2) 평행

---

### 04 · 7  평면벡터를 이용한 원의 방정식

**0381**  두 점 $C(2, 3)$, $P(x, y)$의 위치벡터를 각각 $\vec{c}$, $\vec{p}$라 할 때, 다음을 만족시키는 점 P가 나타내는 도형의 방정식을 구하시오.
(1) $|\vec{p}-\vec{c}|=1$
(2) $|\vec{p}|=3$

## 유형 **01**　위치벡터

두 점 A, B의 위치벡터를 각각 $\vec{a}$, $\vec{b}$라 하면
$$\overrightarrow{AB}=\overrightarrow{OB}-\overrightarrow{OA}=\vec{b}-\vec{a}$$

### 0382　대표문제

세 점 A, B, C의 위치벡터가 각각 $\vec{a}$, $\vec{b}$, $\vec{c}$일 때, 벡터 $2\overrightarrow{AB}-\overrightarrow{BC}$를 $\vec{a}$, $\vec{b}$, $\vec{c}$로 나타내면 $x\vec{a}+y\vec{b}+z\vec{c}$이다. 실수 $x$, $y$, $z$에 대하여 $xyz$의 값을 구하시오.

### 0383　중

한 직선 위에 있는 세 점 O, A, B는 $2\overrightarrow{OA}=\overrightarrow{OB}$를 만족시킨다. 점 A의 위치벡터가 $\vec{a}$일 때, $\overrightarrow{AB}=k\vec{a}$를 만족시키는 모든 실수 $k$의 값의 곱을 구하시오.

| 개념원리 기하 116쪽 |

## 유형 **02**　선분의 내분점과 외분점의 위치벡터

(1) 선분 AB를 $m:n\ (m>0,\ n>0)$으로 내분하는 점을 P라 하면
$$\overrightarrow{OP}=\frac{m\overrightarrow{OB}+n\overrightarrow{OA}}{m+n}$$

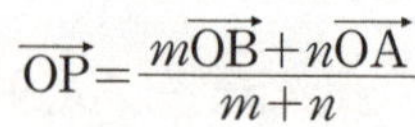

(2) 선분 AB를 $m:n\ (m>0,\ n>0,\ m\neq n)$으로 외분하는 점을 Q라 하면
$$\overrightarrow{OQ}=\frac{m\overrightarrow{OB}-n\overrightarrow{OA}}{m-n}$$

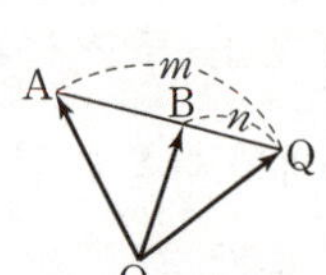

### 0384　대표문제

오른쪽 그림과 같은 삼각형 ABC에서 변 AB를 $2:3$으로 내분하는 점을 P, 선분 CP를 $1:2$로 내분하는 점을 Q라 하자. $\overrightarrow{CA}=\vec{a}$, $\overrightarrow{CB}=\vec{b}$일 때, $\overrightarrow{AQ}=x\vec{a}+y\vec{b}$이다. 실수 $x$, $y$에 대하여 $x+y$의 값을 구하시오.

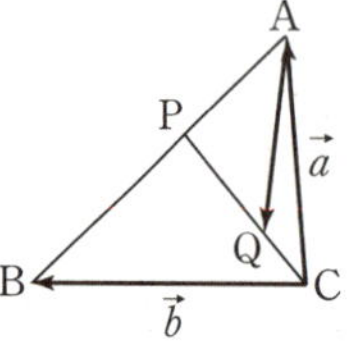

### 0385　중 하

오른쪽 그림과 같은 삼각형 OAB에서 변 OA를 $2:1$로 내분하는 점을 P, 변 OB를 $1:2$로 내분하는 점을 Q라 하자. $\overrightarrow{OA}=\vec{a}$, $\overrightarrow{OB}=\vec{b}$라 하고, 선분 PQ의 중점을 M이라 할 때, 벡터 $\overrightarrow{OM}$을 $\vec{a}$, $\vec{b}$로 나타내시오.

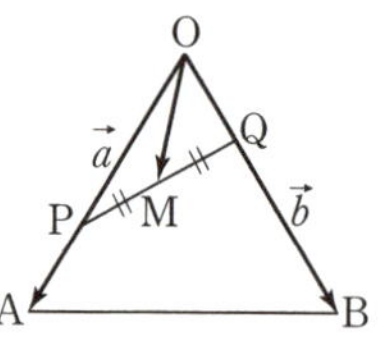

### 0386　중

평면 위의 네 점 A, B, C, D의 위치벡터를 각각 $\vec{a}$, $\vec{b}$, $\vec{c}$, $\vec{d}$라 하자. 네 점 A, B, C, D를 꼭짓점으로 하는 사각형 ABCD가 평행사변형일 때, 벡터 $\vec{b}$를 $\vec{a}$, $\vec{c}$, $\vec{d}$로 나타내시오.

### 0387　중

삼각형 ABC에서 $\overrightarrow{AB}=\vec{a}$, $\overrightarrow{AC}=\vec{b}$라 하자. 변 BC를 $2:3$으로 내분하는 점을 P, 선분 AP를 $2:1$로 외분하는 점을 Q라 할 때, 벡터 $\overrightarrow{AQ}$를 $\vec{a}$, $\vec{b}$로 나타내시오.

### 0388　상 중　서술형

오른쪽 그림과 같은 평행사변형 ABCD에서 변 BC의 중점을 M, 선분 MD를 $4:3$으로 내분하는 점을 P라 하자. $\overrightarrow{AB}=\vec{a}$, $\overrightarrow{AD}=\vec{b}$라 할 때, $\overrightarrow{AP}=m\vec{a}+n\vec{b}$를 만족시키는 실수 $m$, $n$에 대하여 $m+n$의 값을 구하시오.

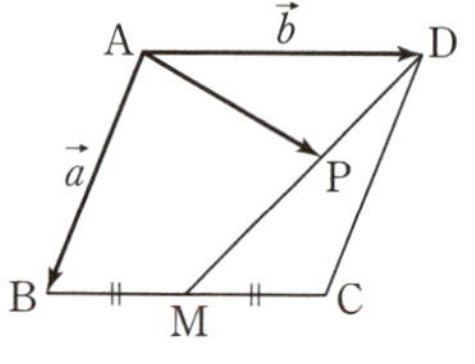

## 유형 03 · 삼각형의 무게중심의 위치벡터

삼각형 ABC의 세 꼭짓점 A, B, C의 위치벡터를 각각 $\vec{a}, \vec{b}, \vec{c}$라 하고, 무게중심을 G라 하면

(1) 무게중심 G의 위치벡터 $\vec{g}$ ⇨ $\vec{g}=\dfrac{\vec{a}+\vec{b}+\vec{c}}{3}$

(2) $\overrightarrow{GA}+\overrightarrow{GB}+\overrightarrow{GC}=\vec{0}$

### 0389 대표문제

오른쪽 그림과 같은 삼각형 OAB에서 두 변 OA, OB의 중점을 각각 M, N 이라 하고 $\overrightarrow{AN}$과 $\overrightarrow{BM}$의 교점을 G라 하자. $\overrightarrow{OA}=\vec{a}$, $\overrightarrow{OB}=\vec{b}$라 할 때, $\overrightarrow{GB}=x\vec{a}+y\vec{b}$를 만족시키는 실수 $x$, $y$ 에 대하여 $x-y$의 값을 구하시오.

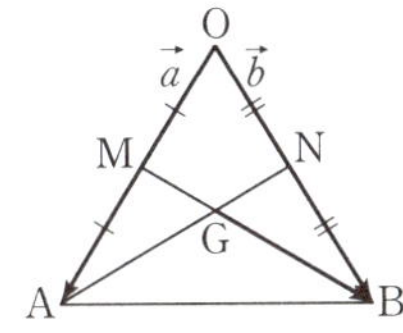

### 0390 중하

삼각형 ABC의 무게중심 G에 대하여 $\overrightarrow{GA}=\vec{a}$, $\overrightarrow{GB}=\vec{b}$라 할 때, $\overrightarrow{BC}=m\vec{a}+n\vec{b}$이다. 실수 $m$, $n$에 대하여 $mn$의 값을 구하시오.

### 0391 중

오른쪽 그림의 평행사변형 OABC 에서 $\overrightarrow{OA}=\vec{a}$, $\overrightarrow{OC}=\vec{b}$이고 두 점 G와 H는 각각 삼각형 OAB와 삼각형 OBC의 무게중심이다. 벡터 $\overrightarrow{GH}$를 $\vec{a}, \vec{b}$로 나타내시오.

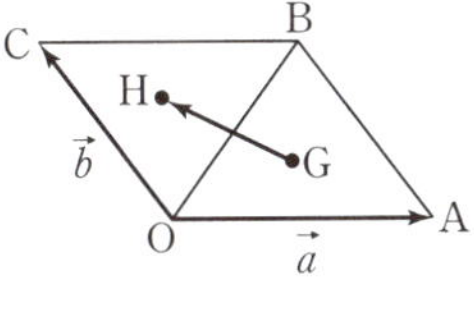

### 0392 상중

오른쪽 그림과 같은 삼각형 OAB에서 두 변 OA, OB를 1 : 2로 내분하는 점을 각각 C, D라 하고, 삼각형 OAB의 무게중심을 G라 할 때, $\overrightarrow{AD}+\overrightarrow{BC}=k\overrightarrow{OG}$를 만족시키는 실수 $k$의 값을 구하시오.

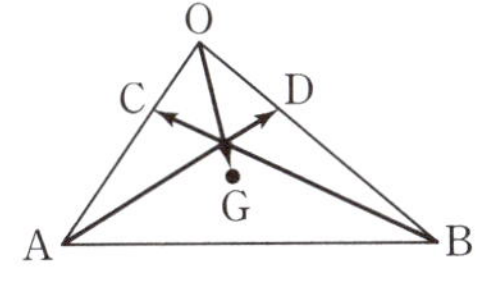



## 유형 04 · 삼각형에서 위치벡터와 내분점의 활용

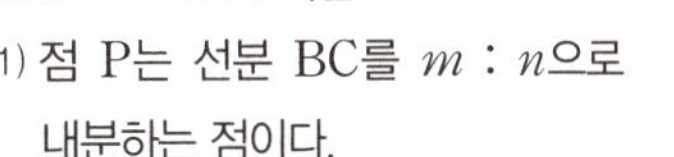

두 양수 $m$, $n$에 대하여 $n\overrightarrow{PB}=-m\overrightarrow{PC}$이면

(1) 점 P는 선분 BC를 $m : n$으로 내분하는 점이다.

(2) 두 벡터 $\overrightarrow{PB}$, $\overrightarrow{PC}$는 한 직선 위에 있고 방향이 서로 반대이다.

(3) $\triangle ABP : \triangle APC = m : n$

### 0393 대표문제

평면 위의 점 P와 삼각형 ABC에 대하여

$$2\overrightarrow{PA}+5\overrightarrow{PB}+\overrightarrow{PC}=\overrightarrow{BC}$$

일 때, 삼각형 CAP와 삼각형 CBP의 넓이의 비는?

① 2 : 1  ② 1 : 6  ③ 3 : 1
④ 6 : 1  ⑤ 5 : 2

### 0394 중하

삼각형 ABC에 대하여

$$\overrightarrow{AC}+3\overrightarrow{PC}+7\overrightarrow{PA}=\vec{0}$$

가 성립할 때, 점 P는 변 CA를 $m : n$으로 내분한다. 이때 $m+n$의 값을 구하시오. (단, $m$, $n$은 서로소인 자연수)

### 0395 중

평면 위의 점 P와 $\triangle ABC$에 대하여 $\overrightarrow{PA}+\overrightarrow{PB}+\overrightarrow{PC}=\overrightarrow{AB}$ 일 때, 다음 보기에서 옳은 것만을 있는 대로 고르시오.

> 보기
>
> ㄱ. $\overrightarrow{PC}=-2\overrightarrow{PA}$
>
> ㄴ. 점 P는 변 AC를 2 : 1로 내분하는 점이다.
>
> ㄷ. $\triangle PAB : \triangle PBC = 1 : 2$

### 0396 상중 서술형

삼각형 ABC의 내부의 한 점 P에 대하여 $4\overrightarrow{AP}+3\overrightarrow{BP}+2\overrightarrow{CP}=\vec{0}$가 성립하고, 삼각형 ABC의 넓이가 90일 때, 삼각형 BCP의 넓이를 구하시오.

# 유형 익/히/기

## 유형 05 성분으로 주어진 평면벡터의 연산

두 벡터 $\vec{a}=(a_1, a_2)$, $\vec{b}=(b_1, b_2)$에 대하여
(1) $\vec{a}+\vec{b}=(a_1+b_1,\ a_2+b_2)$
(2) $\vec{a}-\vec{b}=(a_1-b_1,\ a_2-b_2)$
(3) $m\vec{a}=(ma_1,\ ma_2)$ (단, $m$은 실수)

**0397** ◀ 대표문제

두 벡터 $\vec{a}=(3, 1)$, $\vec{b}=(3, -2)$에 대하여 벡터 $2(\vec{a}-3\vec{b})-(\vec{a}-2\vec{b})$를 성분으로 나타내면 $(m, n)$일 때, $m+n$의 값을 구하시오.

**0398** 중하

두 벡터 $\vec{a}=3\vec{e_1}+5\vec{e_2}$, $\vec{b}=\vec{e_1}+2\vec{e_2}$에 대하여 벡터 $2(\vec{a}+\vec{b})-3(\vec{a}-\vec{b})$를 성분으로 나타내시오. (단, $\vec{e_1}$, $\vec{e_2}$는 각각 두 점 $E_1(1, 0)$, $E_2(0, 1)$의 위치벡터이다.)

**0399** 중

두 벡터 $\vec{a}$, $\vec{b}$에 대하여
$$\vec{a}+3\vec{b}=(5, 3),\quad \vec{a}-\vec{b}=(-3, -1)$$
일 때, 벡터 $\vec{a}+\vec{b}$를 성분으로 나타내면?

① $(-3, -1)$ ② $(-1, -3)$ ③ $(1, 1)$
④ $(3, 1)$ ⑤ $(4, -1)$

**0400** 중

두 벡터 $\vec{a}=(-4, 5)$, $\vec{b}=(2, -1)$에 대하여 등식
$$3\vec{x}-\vec{a}=2(\vec{a}+3\vec{b})$$
를 만족시키는 벡터 $\vec{x}$를 성분으로 나타내면?

① $(-6, 9)$ ② $(-2, 4)$ ③ $(0, 3)$
④ $(1, -2)$ ⑤ $(4, -3)$



## 유형 06 평면벡터의 성분과 크기

두 점 $A(a_1, a_2)$, $B(b_1, b_2)$에 대하여
(1) $\overrightarrow{AB}=(b_1-a_1,\ b_2-a_2)$
(2) $|\overrightarrow{AB}|=\sqrt{(b_1-a_1)^2+(b_2-a_2)^2}$

**0401** ◀ 대표문제

두 벡터 $\vec{a}=(1, -1)$, $\vec{b}=(2, 3)$에 대하여 벡터 $\vec{p}=t\vec{a}+\vec{b}$일 때, $|\vec{p}|$의 최솟값은? (단, $t$는 실수)

① $2\sqrt{2}$ ② $\dfrac{5\sqrt{2}}{2}$ ③ $3\sqrt{2}$
④ $\dfrac{7\sqrt{2}}{2}$ ⑤ $4\sqrt{2}$

**0402** 중하

두 벡터 $\vec{a}=(-1, 2)$, $\vec{b}=(3, 1)$에 대하여 $|2\vec{a}+\vec{b}|$는?

① $2\sqrt{6}$ ② $5$ ③ $\sqrt{26}$
④ $3\sqrt{3}$ ⑤ $2\sqrt{7}$

**0403** 중

벡터 $\vec{x}=(2a-3, 1)$이 단위벡터일 때, $a$의 값은?

① $\dfrac{3}{2}$ ② $2$ ③ $\dfrac{5}{2}$
④ $3$ ⑤ $\dfrac{7}{2}$

**0404** 상중 서술형

두 점 $A(-1, 0)$, $B(1, 2)$와 직선 $y=x-1$ 위를 움직이는 점 P에 대하여 $|\overrightarrow{AP}+\overrightarrow{BP}|$의 최솟값을 구하시오.

## 유형 **07**  평면벡터가 서로 같을 조건

세 벡터 $\vec{a}=(a_1, a_2)$, $\vec{b}=(b_1, b_2)$, $\vec{c}=(c_1, c_2)$에 대하여
$$\vec{c}=m\vec{a}+n\vec{b} \Longleftrightarrow c_1=ma_1+nb_1,\ c_2=ma_2+nb_2$$
(단, $m$, $n$은 실수)

### 0405　대표문제

세 벡터 $\vec{a}=(-4, 6)$, $\vec{b}=(3, -2)$, $\vec{c}=(1, 6)$에 대하여 $\vec{c}=m\vec{a}+n\vec{b}$일 때, 실수 $m$, $n$의 값을 구하시오.

### 0406　중하

세 벡터 $\vec{a}=(3, -k)$, $\vec{b}=(k+l, 2)$, $\vec{c}=(-3l, 2)$에 대하여 $\vec{c}=2\vec{a}+3\vec{b}$일 때, $k-l$의 값은?

① $-4$　　　② $-3$　　　③ 2
④ 3　　　⑤ 4

### 0407　중하

세 벡터 $\vec{a}=(2, 3)$, $\vec{b}=(p, -1)$, $\vec{c}=(-4, q)$에 대하여 $2\vec{a}+\vec{b}=\vec{c}-\vec{b}$일 때, $|\vec{b}-\vec{c}|$는?

① 1　　　② 2　　　③ 3
④ 4　　　⑤ 5

### 0408　중

모눈종이 위의 세 벡터 $\vec{a}$, $\vec{b}$, $\vec{c}$ 가 오른쪽 그림과 같이 나타내어질 때, $\vec{c}=p\vec{a}+q\vec{b}$이다. 실수 $p$, $q$에 대하여 $p+q$의 값을 구하시오.

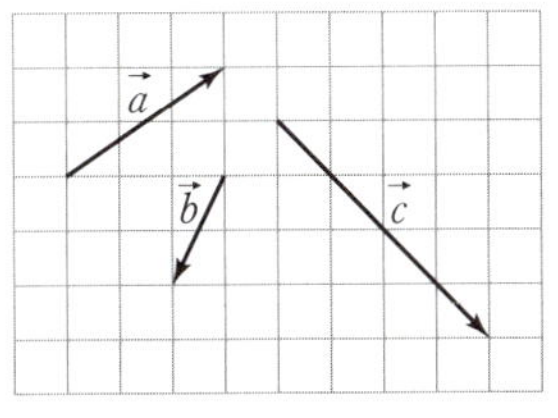

 중요

## 유형 **08**  평면벡터의 평행

두 벡터 $\vec{a}=(a_1, a_2)$, $\vec{b}=(b_1, b_2)$에 대하여
$$\vec{a}/\!/\vec{b} \Longleftrightarrow \vec{b}=k\vec{a} \Longleftrightarrow b_1=ka_1,\ b_2=ka_2\ (단,\ k\neq0)$$

### 0409　대표문제

세 벡터 $\vec{a}=(5, 4)$, $\vec{b}=(-2, 3)$, $\vec{c}=(3, 7)$에 대하여 두 벡터 $\vec{a}+t\vec{c}$, $\vec{b}-\vec{a}$가 서로 평행할 때, 실수 $t$의 값은?

① $-1$　　　② $-\dfrac{1}{2}$　　　③ 0
④ $\dfrac{1}{2}$　　　⑤ 1

### 0410　중하

두 벡터 $\vec{a}=(1, 2)$, $\vec{b}=(x, -1)$에 대하여 두 벡터 $2\vec{a}+\vec{b}$, $\vec{a}-\vec{b}$가 서로 평행할 때, $x$의 값을 구하시오.

### 0411　중

네 점 A$(2, 2)$, B$(1, 3)$, C$(4, -4)$, D$(1, a)$에 대하여 $\overrightarrow{AB}/\!/\overrightarrow{CD}$일 때, $a$의 값은?

① $-2$　　　② $-1$　　　③ 0
④ 1　　　⑤ 2

### 0412　중

세 점 A$(1, 2)$, B$(k, 1)$, C$(5, 6)$이 한 직선 위에 있도록 하는 $k$의 값을 구하시오.

---

| 개념원리 기하 135쪽 |

### 유형 09  평면도형에서의 벡터의 내적

두 평면벡터 $\vec{a}$, $\vec{b}$가 이루는 각의 크기 $\theta$ $(0°\leq\theta\leq180°)$를 구한 후, 다음을 이용한다.

(1) $0°\leq\theta\leq90°$이면 $\vec{a}\cdot\vec{b}=|\vec{a}||\vec{b}|\cos\theta$

(2) $90°<\theta\leq180°$이면 $\vec{a}\cdot\vec{b}=-|\vec{a}||\vec{b}|\cos(180°-\theta)$

**0413**  `대표문제`

오른쪽 그림과 같이 선분 AB를 지름으로 하는 원 O 위의 점 P에 대하여 $\overline{AB}=10$, $\overline{BP}=8$일 때, $\overrightarrow{AB}\cdot\overrightarrow{AP}$를 구하시오.

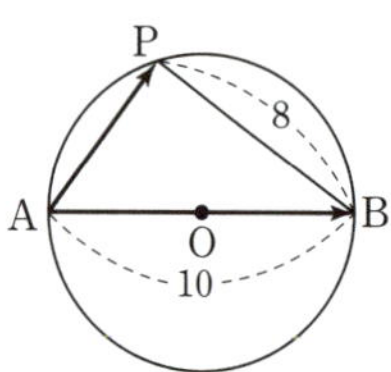

**0414**  `중하`

오른쪽 그림과 같이 한 변의 길이가 2인 정육각형 ABCDEF에서 $\overrightarrow{DE}\cdot\overrightarrow{BC}$를 구하시오.

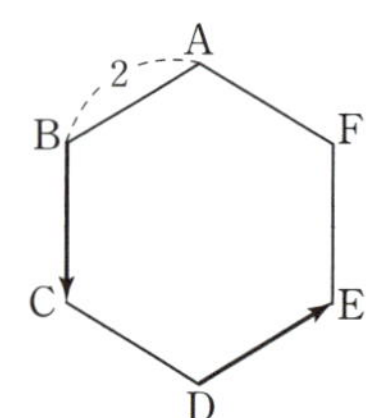

**0415**  `중`

오른쪽 그림과 같은 평행사변형 ABCD에서 $|\overrightarrow{AB}|=6$, $\angle B=120°$, $\overrightarrow{AB}\cdot\overrightarrow{AD}=12$일 때, 평행사변형 ABCD의 넓이를 구하시오.

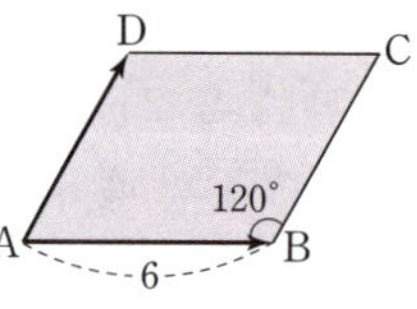

**0416**  `중`

오른쪽 그림과 같이 가로, 세로의 길이가 각각 2, 1인 직사각형 ABCD에 대하여 다음 **보기**에서 옳은 것만을 있는 대로 고르시오.

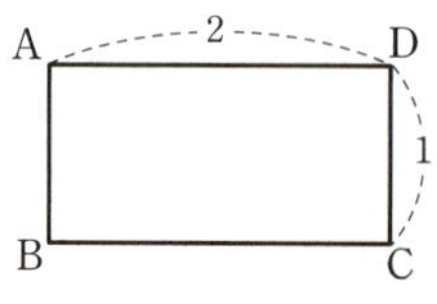

보기

ㄱ. $\overrightarrow{CB}\cdot\overrightarrow{CD}=0$  ㄴ. $\overrightarrow{CD}\cdot\overrightarrow{CA}=1$

ㄷ. $\overrightarrow{AB}\cdot\overrightarrow{BD}=1$

---

| 개념원리 기하 136쪽 |

### 유형 10  성분으로 주어진 평면벡터의 내적

두 벡터 $\vec{a}=(a_1, a_2)$, $\vec{b}=(b_1, b_2)$에 대하여
$$\vec{a}\cdot\vec{b}=a_1b_1+a_2b_2$$

**0417**  `대표문제`

두 벡터 $\vec{a}=(x, -3)$, $\vec{b}=(2, 3x-1)$에 대하여 $\vec{a}\cdot\vec{b}=17$을 만족시키는 $x$의 값은?

① $-3$  ② $-2$  ③ $-1$

④ $2$  ⑤ $3$

**0418**  `중하`

세 벡터 $\vec{a}=(x, 3)$, $\vec{b}=(0, 1)$, $\vec{c}=(x+2, 4)$에 대하여 $(\vec{a}-\vec{b})\cdot(\vec{a}-\vec{c})=6$일 때, $x$의 값은?

① $-1$  ② $-2$  ③ $-3$

④ $-4$  ⑤ $-5$

**0419**  `중`

두 벡터 $\vec{a}=(x, x+2)$, $\vec{b}=(x-3, x+3)$에 대하여 $|\vec{a}|=\sqrt{2}$일 때, $\vec{a}\cdot\vec{b}$는?

① $2$  ② $4$  ③ $6$

④ $8$  ⑤ $10$

**0420**  `중`

두 벡터 $\vec{a}=\left(x, \dfrac{3}{x}\right)$, $\vec{b}=\left(3y, \dfrac{1}{y}\right)$에 대하여 $\vec{a}\cdot\vec{b}$의 최솟값을 구하시오. (단, $x>0$, $y>0$)

---

### 유형 11   성분으로 주어진 평면벡터의 내적의 활용

점의 좌표를 이용하여 벡터를 성분으로 나타내고 벡터의 내적을
이용하여 식을 세운다.

**0421**  대표문제

포물선 $y=2x^2$ 위의 두 점 P, Q와 원점 O에 대하여
$\overrightarrow{\mathrm{OP}} \cdot \overrightarrow{\mathrm{OQ}}$의 최솟값은?

① $\dfrac{1}{4}$   ② $\dfrac{1}{8}$   ③ $-\dfrac{1}{16}$

④ $-\dfrac{1}{8}$   ⑤ $-\dfrac{1}{4}$

**0422**  중

두 점 A(2, 3), B(5, 1)에 대하여 $\overrightarrow{\mathrm{AB}} \cdot \overrightarrow{\mathrm{OP}}=13$을 만족시키는 점 P가 있다. 이때 선분 OP의 길이의 최솟값은?

(단, O는 원점)

① $2\sqrt{2}$   ② $2\sqrt{3}$   ③ $\sqrt{13}$

④ 4   ⑤ $3\sqrt{2}$

| 개념원리 기하 137쪽 |

### 유형 12   평면벡터의 내적의 성질

두 평면벡터 $\vec{a}$, $\vec{b}$에 대하여
(1) $|\vec{a}+\vec{b}|^2 = |\vec{a}|^2 + 2\vec{a} \cdot \vec{b} + |\vec{b}|^2$  ← $\vec{a} \cdot \vec{a} = |\vec{a}|^2$
(2) $|\vec{a}-\vec{b}|^2 = |\vec{a}|^2 - 2\vec{a} \cdot \vec{b} + |\vec{b}|^2$
(3) $(\vec{a}+\vec{b}) \cdot (\vec{a}-\vec{b}) = |\vec{a}|^2 - |\vec{b}|^2$
(4) $|\vec{a}+\vec{b}|=k$, $|\vec{a}-\vec{b}|=l$ ($k$, $l$은 실수) 꼴의 식이 주어지면
　각 식의 양변을 제곱한다.

**0423**  대표문제

두 벡터 $\vec{a}$, $\vec{b}$가 이루는 각의 크기가 45°이고 $|\vec{a}|=3$, $|\vec{b}|=4\sqrt{2}$일 때, $(\vec{a}+\vec{b}) \cdot (2\vec{a}-\vec{b})$는?

① $-2\sqrt{2}$   ② $-2$   ③ 1

④ $\sqrt{2}$   ⑤ $3\sqrt{2}$

**0424**  중하

두 벡터 $\vec{a}$, $\vec{b}$에 대하여 $|\vec{a}|=2$, $|\vec{b}|=1$, $|\vec{a}-\vec{b}|=\sqrt{3}$일 때, $(3\vec{a}+\vec{b}) \cdot (\vec{a}-4\vec{b})$를 구하시오.

**0425**  중  서술형

두 벡터 $\vec{a}$, $\vec{b}$에 대하여 $|\vec{a}+\vec{b}|=2$, $|\vec{a}-\vec{b}|=1$일 때, $|\vec{a}-2\vec{b}|^2 + |2\vec{a}-\vec{b}|^2$의 값을 구하시오.

**0426**  중

오른쪽 그림과 같이 한 변의 길이가 2인
정삼각형 ABC에서 $\overrightarrow{\mathrm{AB}}=\vec{a}$, $\overrightarrow{\mathrm{AC}}=\vec{b}$
일 때, $|\vec{a}+3\vec{b}|$는?

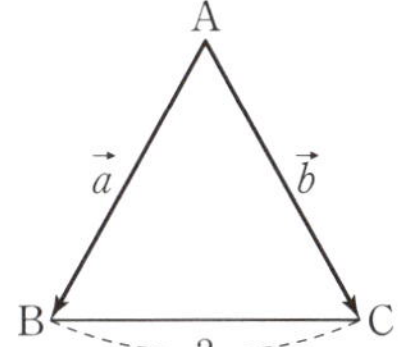

① $5\sqrt{2}$   ② $\sqrt{51}$

③ $2\sqrt{13}$   ④ $\sqrt{53}$

⑤ $3\sqrt{6}$

**0427**  상중

한 직선 위에 있지 않은 세 점 A, B, C에 대하여
$$\overrightarrow{\mathrm{BC}} \cdot (\overrightarrow{\mathrm{AB}}+\overrightarrow{\mathrm{AC}})=0$$
이 성립할 때, 삼각형 ABC는 어떤 삼각형인가?

① 정삼각형
② $\overline{\mathrm{AB}}=\overline{\mathrm{BC}}$인 이등변삼각형
③ $\overline{\mathrm{AB}}=\overline{\mathrm{AC}}$인 이등변삼각형
④ ∠B=90°인 직각삼각형
⑤ ∠C=90°인 직각삼각형

# 유형 익/히/기

## 유형 13 두 평면벡터가 이루는 각의 크기 – 성분이 주어진 경우

두 벡터 $\vec{a}=(a_1,\ a_2)$, $\vec{b}=(b_1,\ b_2)$가 이루는 각의 크기를 $\theta$라 하면

(1) $\vec{a}\cdot\vec{b}\geq0$일 때　← $0°\leq\theta\leq90°$

$$\cos\theta=\frac{\vec{a}\cdot\vec{b}}{|\vec{a}||\vec{b}|}=\frac{a_1b_1+a_2b_2}{\sqrt{a_1{}^2+a_2{}^2}\sqrt{b_1{}^2+b_2{}^2}}$$

(2) $\vec{a}\cdot\vec{b}<0$일 때　← $90°<\theta\leq180°$

$$\cos(180°-\theta)=-\frac{\vec{a}\cdot\vec{b}}{|\vec{a}||\vec{b}|}=-\frac{a_1b_1+a_2b_2}{\sqrt{a_1{}^2+a_2{}^2}\sqrt{b_1{}^2+b_2{}^2}}$$

### 0428 　대표문제

두 벡터 $\vec{a}=(1,\ -1)$, $\vec{b}=(-3,\ -2)$에 대하여 두 벡터 $\vec{a}+\vec{b}$, $2\vec{a}-\vec{b}$가 이루는 각의 크기를 $\theta$라 할 때, $\cos(180°-\theta)$의 값은?

① $-\dfrac{\sqrt{2}}{2}$　　　② $-\dfrac{2\sqrt{13}}{13}$　　　③ $-\dfrac{1}{2}$

④ $\dfrac{1}{2}$　　　⑤ $\dfrac{2\sqrt{13}}{13}$

### 0429 　중

두 벡터 $\vec{a}=(0,\ 2)$, $\vec{b}=(1,\ \sqrt{3})$이 이루는 각의 크기를 $\theta$라 할 때, $\sin\theta$의 값을 구하시오.

### 0430 　상 중

세 벡터 $\vec{a}=(0,\ -2)$, $\vec{b}=(-2,\ 5)$, $\vec{c}=(3,\ k)$에 대하여 두 벡터 $\vec{a}$, $\vec{b}+\vec{c}$가 이루는 각의 크기가 $135°$일 때, $k$의 값은?

① $-6$　　　② $-5$　　　③ $-4$

④ $-3$　　　⑤ $-2$

## 유형 14 두 평면벡터가 이루는 각의 크기 – 내적의 성질을 이용하는 경우

$|\vec{a}\pm\vec{b}|^2=|\vec{a}|^2\pm2\vec{a}\cdot\vec{b}+|\vec{b}|^2$ (복부호동순)임을 이용하여 $\vec{a}\cdot\vec{b}$를 구한다.

### 0431 　대표문제

두 벡터 $\vec{a}$, $\vec{b}$에 대하여 $|\vec{a}|=4$, $|\vec{b}|=1$, $|\vec{a}-3\vec{b}|=\sqrt{13}$이고 두 벡터 $\vec{a}$, $\vec{b}$가 이루는 각의 크기를 $\theta$라 할 때, $\sin\theta$의 값은?

① $\dfrac{1}{4}$　　　② $\dfrac{\sqrt{3}}{4}$　　　③ $\dfrac{1}{2}$

④ $\dfrac{\sqrt{2}}{2}$　　　⑤ $\dfrac{\sqrt{3}}{2}$

### 0432 　중 하

영벡터가 아닌 두 벡터 $\vec{a}$, $\vec{b}$에 대하여

$$|3\vec{a}+\vec{b}|=|3\vec{a}-\vec{b}|$$

가 성립할 때, 두 벡터 $\vec{a}$, $\vec{b}$가 이루는 각의 크기를 구하시오.

### 0433 　중

오른쪽 그림과 같은 삼각형 ABC에서 $|\overrightarrow{AB}|=3$, $|\overrightarrow{AC}|=4$, $\overrightarrow{AB}\cdot\overrightarrow{AC}=6$일 때, 삼각형 ABC의 넓이는?

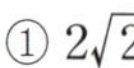

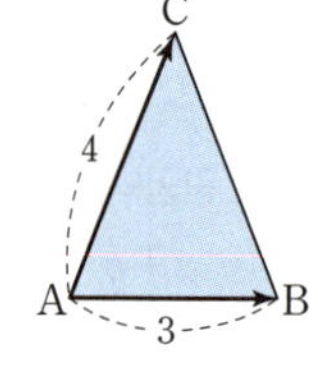

① $2\sqrt{2}$　　　② $3\sqrt{3}$

③ $6$　　　④ $7$

⑤ $8$

### 0434 　상 중 　서술형

두 벡터 $\vec{a}$, $\vec{b}$에 대하여

$$|\vec{a}+\vec{b}|=\sqrt{5},\ |\vec{a}-\vec{b}|=1,\ (\vec{a}+\vec{b})\cdot(\vec{a}-\vec{b})=1$$

일 때, 두 벡터 $\vec{a}$, $\vec{b}$가 이루는 각의 크기를 구하시오.

## 유형 15   평면벡터의 내적과 수직, 평행

영벡터가 아닌 두 벡터 $\vec{a}=(a_1, a_2)$, $\vec{b}=(b_1, b_2)$에 대하여
(1) $\vec{a} \perp \vec{b} \iff \vec{a} \cdot \vec{b}=0 \iff a_1 b_1 + a_2 b_2 = 0$
(2) $\vec{a} /\!/ \vec{b} \iff \vec{a} \cdot \vec{b} = \pm|\vec{a}||\vec{b}|$

### 0435   대표문제

두 벡터 $\vec{a}=(2, 1)$, $\vec{b}=(1, -1)$에 대하여 두 벡터 $\vec{a}+k\vec{b}$, $2\vec{a}+\vec{b}$가 서로 수직일 때, 실수 $k$의 값은?

① $-\dfrac{13}{4}$　　② $-\dfrac{11}{4}$　　③ $-\dfrac{9}{4}$

④ $-\dfrac{7}{4}$　　⑤ $-\dfrac{5}{4}$

### 0436   중

두 벡터 $\vec{a}=(3t-1, t)$, $\vec{b}=\left(1, -\dfrac{2}{t}\right)$가 서로 수직일 때, $|\vec{a}-3\vec{b}|$를 구하시오.

### 0437   중

세 벡터 $\vec{a}=(5, 0)$, $\vec{b}=(1, -2)$, $\vec{c}=(x, y)$에 대하여 두 벡터 $\vec{c}-\vec{a}$, $\vec{b}$가 서로 평행하고, 두 벡터 $\vec{a}$, $\vec{c}$가 서로 수직일 때, 벡터 $\vec{c}$의 크기를 구하시오.

### 0438   중

영벡터가 아닌 두 벡터 $\vec{a}$, $\vec{b}$에 대하여 $3|\vec{a}|=2|\vec{b}|$이고, 두 벡터 $3\vec{a}-\vec{b}$, $\vec{a}+2\vec{b}$가 서로 수직이다. 두 벡터 $\vec{a}$, $\vec{b}$가 이루는 각의 크기를 $\theta$라 할 때, $\cos\theta$의 값은?

① $-\dfrac{1}{3}$　　② $-\dfrac{1}{5}$　　③ $\dfrac{1}{5}$

④ $\dfrac{1}{3}$　　⑤ $\dfrac{1}{2}$

## 유형 16   벡터의 내적을 이용한 삼각형의 넓이

삼각형 AOB의 넓이는 다음과 같이 구한다. (단, O는 원점)
(1) $\overrightarrow{OA}=\vec{a}$, $\overrightarrow{OB}=\vec{b}$일 때

$$\triangle AOB = \frac{1}{2}\sqrt{|\vec{a}|^2|\vec{b}|^2 - (\vec{a}\cdot\vec{b})^2}$$

(2) $\overrightarrow{OA}=(a_1, a_2)$, $\overrightarrow{OB}=(b_1, b_2)$일 때

$$\triangle AOB = \frac{1}{2}|a_1 b_2 - a_2 b_1|$$

▶ 세 꼭짓점 중에서 어느 것도 원점이 아닌 삼각형의 넓이는 한 꼭짓점을 시점으로 하여 구한다.

### 0439   대표문제

세 점 A(1, 1), B(-1, 3), C(-3, -1)을 꼭짓점으로 하는 삼각형 ABC의 넓이를 구하시오.

### 0440   중

세 점 A(3, 6), B(0, 2), C(-1, 6)을 꼭짓점으로 하는 삼각형 ABC의 넓이를 구하시오.



## 유형 17   방향벡터가 주어진 직선의 방정식

(1) 점 $(x_1, y_1)$을 지나고 방향벡터가 $\vec{u}=(u_1, u_2)$인 직선의 방정식은 $\dfrac{x-x_1}{u_1}=\dfrac{y-y_1}{u_2}$ (단, $u_1 u_2 \neq 0$)
(2) 평행한 두 직선의 방향벡터는 같다.

### 0441   대표문제

점 $(3, -4)$를 지나고 직선 $3(x-3)=-2(y+1)$에 평행한 직선이 점 $(k, -1)$을 지날 때, $k$의 값을 구하시오.

### 0442   중

두 점 A(-3, 2), B(-4, 6)을 지나는 직선에 평행하고 점 $(3, 0)$을 지나는 직선의 방정식은 $y=m(x+n)$이다. 상수 $m$, $n$에 대하여 $m+n$의 값을 구하시오.

## 유형 18  법선벡터가 주어진 직선의 방정식

점 $(x_1, y_1)$을 지나고 법선벡터가 $\vec{n}=(a, b)$인 직선의 방정식은
$$a(x-x_1)+b(y-y_1)=0$$

### 0443  대표문제

점 $(-4, 3)$을 지나고 직선 $\dfrac{x+1}{2}=5-y$에 수직인 직선이 점 $(-1, k)$를 지날 때, $k$의 값은?

① $-13$　　　　② $-11$　　　　③ $2$
④ $9$　　　　⑤ $11$

### 0444  중하

점 $(5, -2)$를 지나고 직선 $\dfrac{x-3}{2}=\dfrac{y+2}{3}$에 수직인 직선의 방정식은?

① $2x-3y-4=0$　　　　② $2x+3y-4=0$
③ $2x+3y+4=0$　　　　④ $3x-2y-4=0$
⑤ $3x+2y-4=0$

### 0445  중  서술형

두 점 $A(0, 3)$, $B(3, 0)$을 지나는 직선에 수직인 직선이 점 $(-1, 2)$를 지날 때, 이 직선과 $x$축 및 $y$축으로 둘러싸인 부분의 넓이를 구하시오.

### 0446  중

두 직선 $l_1: x+1=\dfrac{y+13}{3}$, $l_2: \dfrac{x+4}{2}=\dfrac{5-y}{3}$의 교점을 지나고 벡터 $\vec{n}=(3, 1)$에 수직인 직선의 방정식을 구하시오.

## 유형 19  두 직선이 이루는 각의 크기

방향벡터가 각각 $\vec{u}=(u_1, u_2)$, $\vec{v}=(v_1, v_2)$인 두 직선 $l$, $m$이 이루는 각의 크기를 $\theta$ $(0°\leq\theta\leq90°)$라 하면
$$\cos\theta=\frac{|\vec{u}\cdot\vec{v}|}{|\vec{u}||\vec{v}|}=\frac{|u_1v_1+u_2v_2|}{\sqrt{u_1{}^2+u_2{}^2}\sqrt{v_1{}^2+v_2{}^2}}$$

### 0447  대표문제

두 직선 $l: \dfrac{x-1}{a}=y+3$, $m: x+1=\dfrac{y-2}{\sqrt{3}}$가 이루는 각의 크기가 $30°$일 때, 상수 $a$의 값은? (단, $a\neq0$)

① $\sqrt{3}$　　　　② $2$　　　　③ $\sqrt{5}$
④ $\sqrt{6}$　　　　⑤ $2\sqrt{2}$

### 0448  중하

두 직선 $l_1: \dfrac{x+1}{4}=\dfrac{y-1}{3}$, $l_2: 2-x=\dfrac{y+1}{3}$이 이루는 예각의 크기를 $\theta$라 할 때, $\sin\theta$의 값은?

① $\dfrac{\sqrt{10}}{10}$　　　　② $\dfrac{\sqrt{10}}{5}$　　　　③ $\dfrac{3\sqrt{10}}{10}$
④ $\dfrac{2\sqrt{10}}{5}$　　　　⑤ $\dfrac{\sqrt{10}}{2}$

### 0449  중

두 직선 $\dfrac{x+2}{a}=\dfrac{y-3}{b}$, $\dfrac{2-x}{3}=\dfrac{5-y}{4}$가 이루는 예각의 크기를 $\theta$라 할 때, $\cos\theta=\dfrac{4}{5}$이다. 자연수 $a$, $b$에 대하여 $\dfrac{b}{a}$의 값은?

① $\dfrac{1}{4}$　　　　② $\dfrac{7}{24}$　　　　③ $\dfrac{1}{3}$
④ $\dfrac{3}{8}$　　　　⑤ $\dfrac{5}{12}$

| 개념원리 기하 155쪽 |

## 유형 **20**　두 직선의 평행과 수직

두 직선 $l$, $m$의 방향벡터가 각각 $\vec{u}=(u_1,\ u_2)$, $\vec{v}=(v_1,\ v_2)$일 때

(1) 평행 조건

　$l /\!/ m \Longleftrightarrow \vec{u}=k\vec{v} \Longleftrightarrow u_1=kv_1,\ u_2=kv_2$ (단, $k\neq 0$)

(2) 수직 조건

　$l \perp m \Longleftrightarrow \vec{u} \cdot \vec{v}=0 \Longleftrightarrow u_1v_1+u_2v_2=0$

**0450**　대표문제

세 직선

$$l_1:\ \frac{x+3}{2}=\frac{y-1}{3},\ l_2:\ \frac{x-3}{a}=\frac{y-4}{6},\ l_3:\ x-2=\frac{y}{b}$$

에 대하여 $l_1 /\!/ l_2$이고 $l_1 \perp l_3$일 때, 상수 $a$, $b$에 대하여 $a+b$의 값을 구하시오.

**0451**　중

두 직선 $l:\ \dfrac{2-x}{k}=\dfrac{y-1}{3}$, $m:\ \dfrac{x}{-2}=y$가 서로 평행할 때, 상수 $k$의 값을 구하시오.

**0452**　중

두 점 $(4,\ 6)$, $(7,\ -3)$을 지나는 직선과 직선 $x+1=\dfrac{y}{2k-1}$가 서로 수직일 때, 상수 $k$의 값을 구하시오.

**0453**　상중

점 $A(-4,\ 3)$에서 직선 $l:\ \dfrac{x-1}{2}=3-y$에 내린 수선의 발을 $H$라 할 때, 두 점 $A$, $H$를 지나는 직선의 방정식을 구하시오.

| 개념원리 기하 157쪽 |

## 유형 **21**　평면벡터를 이용한 원의 방정식

두 점 $C$, $P$의 위치벡터를 각각 $\vec{c}$, $\vec{p}$라 할 때, 점 $C$를 중심으로 하고 반지름의 길이가 $r$인 원의 방정식은

$$|\vec{p}-\vec{c}|=r \ \text{또는}\ (\vec{p}-\vec{c}) \cdot (\vec{p}-\vec{c})=r^2$$

**0454**　대표문제

두 점 $A(-3,\ 3)$, $B(1,\ -3)$과 한 점 $P$에 대하여 $\overrightarrow{OA}=\vec{a}$, $\overrightarrow{OB}=\vec{b}$, $\overrightarrow{OP}=\vec{p}$라 할 때, $(\vec{p}-\vec{a}) \cdot (\vec{p}-\vec{b})=0$을 만족시키는 점 $P$가 나타내는 도형의 넓이를 구하시오. (단, $O$는 원점)

**0455**　중

두 점 $A(4,\ -1)$, $B(2,\ 3)$에 대하여 $\overrightarrow{AP} \cdot \overrightarrow{BP}=0$일 때, 점 $P$가 나타내는 도형은 중심의 좌표가 $(m,\ n)$이고, 반지름의 길이가 $r$인 원이다. 이때 $m^2+n^2+r^2$의 값을 구하시오.

**0456**　중

세 점 $A(1,\ 2)$, $B(3,\ -4)$, $P(x,\ y)$의 위치벡터를 각각 $\vec{a}$, $\vec{b}$, $\vec{p}$라 할 때, $(\vec{p}-\vec{a}-\vec{b}) \cdot (\vec{p}-2\vec{a}+\vec{b})=0$을 만족시키는 점 $P$가 나타내는 도형의 둘레의 길이는?

① $\sqrt{5}\pi$　　　　② $3\sqrt{5}\pi$　　　　③ $5\sqrt{5}\pi$

④ $7\sqrt{5}\pi$　　　　⑤ $9\sqrt{5}\pi$

**0457**　중

두 점 $C(3,\ 4)$, $P(x,\ y)$의 위치벡터를 각각 $\vec{c}$, $\vec{p}$라 할 때, $|\vec{p}-\vec{c}|=5$를 만족시키는 점 $P$가 나타내는 도형 위의 점 $A(0,\ 8)$에서의 접선의 방정식을 구하시오.

##  유형 up

| 개념원리 기하 128쪽 |

---

**유형 22** 점의 자취

$\overrightarrow{OP}=m\overrightarrow{OA}+n\overrightarrow{OB}$를 만족시키는 점 P의 자취는

(1) $m+n=1$일 때 ⇨ 직선 AB

(2) $m+n=1$, $m\geq0$, $n\geq0$일 때 ⇨ 선분 AB

(3) $m+n\leq1$, $m\geq0$, $n\geq0$일 때
  ⇨ 삼각형 OAB의 내부와 그 둘레

(4) $0\leq m\leq1$, $0\leq n\leq1$일 때
  ⇨ $\overrightarrow{OA}$, $\overrightarrow{OB}$를 이웃하는 두 변으로 하는 평행사변형의 내부와
  그 둘레

**0458** 대표문제

좌표평면 위의 세 점 O$(0, 0)$, A$(4, 0)$, B$(0, 2)$에 대하여
$$\overrightarrow{OP}=m\overrightarrow{OA}+n\overrightarrow{OB},\ m+n\leq1,\ m\geq0,\ n\geq0$$
을 만족시키는 점 P가 나타내는 도형의 넓이를 구하시오.

**0459** 중

좌표평면 위의 세 점 O$(0, 0)$, A$(4, 0)$, B$(0, 3)$에 대하여
$\overrightarrow{OP}=m\overrightarrow{OA}+n\overrightarrow{OB}$라 하자. $m+n=1$, $m\geq0$, $n\geq0$일 때,
점 P가 나타내는 도형의 길이는?

① 2  ② $2\sqrt{2}$  ③ $3\sqrt{2}$
④ 5  ⑤ $5\sqrt{2}$

**0460** 상중

한 직선 위에 있지 않은 세 점 O, A, B에 대하여
$$\overrightarrow{OP}=m\overrightarrow{OA}+n\overrightarrow{OB},\ 4m+6n=3,\ m\geq0,\ n\geq0$$
을 만족시키는 점 P의 자취는?

① 삼각형 OAB의 둘레
② 삼각형 OAB의 내부와 그 둘레
③ $\overline{OA}$의 중점과 $\overline{OB}$를 3 : 1로 내분하는 점을 이은 선분
④ $\overline{OA}$를 3 : 1로 내분하는 점과 $\overline{OB}$의 중점을 이은 선분
⑤ $\overline{OA}$를 1 : 3으로 내분하는 점과 $\overline{OB}$의 중점을 이은 선분

---

**유형 23** 자취의 방정식

구하는 점의 좌표를 $(x, y)$라 하고, 주어진 등식에 대입하여 $x, y$ 사이의 관계식을 세운다.

**0461** 대표문제

좌표평면 위의 두 점 A$(2, -5)$, B$(1, -3)$에 대하여
$|\overrightarrow{AP}|=2|\overrightarrow{BP}|$를 만족시키는 점 P가 나타내는 도형의 방정식은 $3x^2+3y^2+ax+by+c=0$이다. 상수 $a$, $b$, $c$에 대하여 $a+b+c$의 값을 구하시오.

**0462** 중 서술형

좌표평면 위의 세 점 A$(1, -2)$, B$(2, 3)$, C$(-3, -1)$에 대하여 $|\overrightarrow{PA}+\overrightarrow{PB}+\overrightarrow{PC}|=3$일 때, 점 P가 나타내는 도형의 넓이를 구하시오.

**0463** 중

좌표평면 위의 두 점 A$(2, 1)$, B$(1, -4)$에 대하여
$|\overrightarrow{PA}+\overrightarrow{PB}|=10$을 만족시키는 점 P가 나타내는 도형의 둘레의 길이는?

① $6\pi$  ② $8\pi$  ③ $10\pi$
④ $12\pi$  ⑤ $14\pi$

**0464** 상중

좌표평면 위의 두 점 A$(-4, 0)$, B$(4, 0)$에 대하여
$|\overrightarrow{AP}|+|\overrightarrow{BP}|=10$을 만족시키는 점 P가 나타내는 도형의 방정식을 구하시오.

---

## 0465

오른쪽 그림과 같은 삼각형 ABC에서 점 D는 ∠A의 이등분선이 변 BC와 만나는 점이고 $\overline{AB}=4$, $\overline{AC}=3$이다. $\overrightarrow{AD}=m\overrightarrow{AB}+n\overrightarrow{AC}$를 만족시키는 실수 $m$, $n$에 대하여 $m-n$의 값을 구하시오.

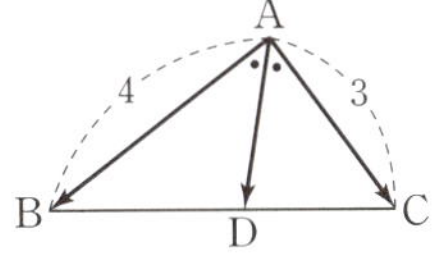

## 0466

오른쪽 그림과 같이 삼각형 ABC의 세 중선 $\overline{AQ}$, $\overline{BR}$, $\overline{CP}$의 교점을 G라 하고 $\overrightarrow{CA}=\vec{a}$, $\overrightarrow{CB}=\vec{b}$라 하자. $\overrightarrow{CG}=x\vec{a}+y\vec{b}$일 때, 실수 $x$, $y$에 대하여 $xy$의 값은?

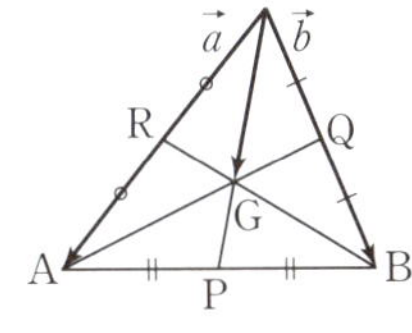

① $-\dfrac{2}{3}$　　② $-\dfrac{1}{3}$　　③ $0$

④ $\dfrac{1}{9}$　　⑤ $\dfrac{2}{3}$

## 0467 중요

평면 위의 점 P와 삼각형 ABC에 대하여 $\overrightarrow{PA}+\overrightarrow{PB}+3\overrightarrow{PC}=\overrightarrow{AB}$가 성립하고, 삼각형 ABC의 넓이가 30일 때, 삼각형 PBC의 넓이는?

① 20　　② 15　　③ 12

④ 10　　⑤ 6

## 0468 중요

두 벡터 $\vec{a}=(1, -2)$, $\vec{b}=(3, 1)$에 대하여 $|3(\vec{a}+\vec{b})-2\vec{b}|$를 구하시오.

## 0469

네 점 $A(2, -1)$, $B(1, 2)$, $C(-1, 3)$, $D(a, b)$에 대하여 $\overrightarrow{AB}=\overrightarrow{CD}$일 때, $a+b$의 값은?

① 2　　② 3　　③ 4

④ 5　　⑤ 6

## 0470 평가원 기출

두 벡터 $\vec{a}=(3, 1)$, $\vec{b}=(4, -2)$가 있다. 벡터 $\vec{v}$에 대하여 두 벡터 $\vec{a}$와 $\vec{v}+\vec{b}$가 서로 평행할 때, $|\vec{v}|^2$의 최솟값은?

① 6　　② 7　　③ 8

④ 9　　⑤ 10

## 0471

오른쪽 그림과 같이 지름의 길이가 12인 원 O에 삼각형 ABC가 내접하고 있다. $\overline{AC}=9$일 때, $\overrightarrow{BA}\cdot\overrightarrow{BC}$를 구하시오.

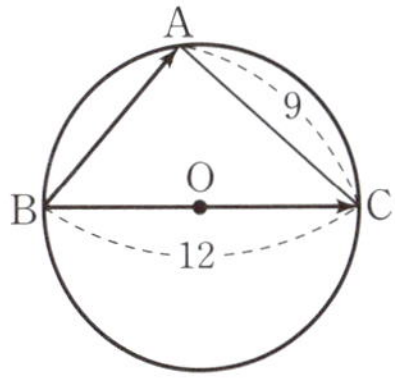

## 0472 교육청 기출

오른쪽 그림과 같이 $\overline{AB}=15$인 삼각형 ABC에 내접하는 원의 중심을 I라 하고, 점 I에서 변 BC에 내린 수선의 발을 D라 하자. $\overline{BD}=8$일 때, $\overrightarrow{BA}\cdot\overrightarrow{BI}$의 값을 구하시오.

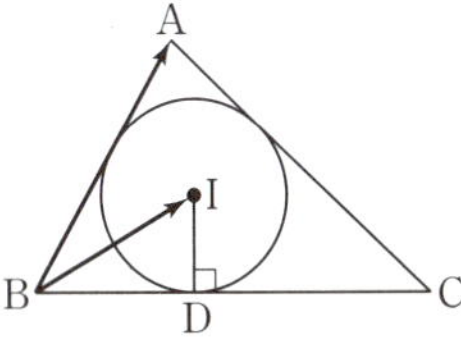

## 0473 💡중요

오른쪽 그림과 같은 정육각형
ABCDEF에서 $\overrightarrow{CB} \cdot \overrightarrow{AF} = -18$일 때,
이 정육각형의 넓이를 구하시오.

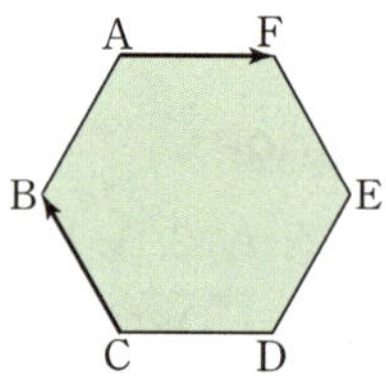


## 0474

두 벡터 $\vec{a}=(1, 0)$, $\vec{b}=(1, 2)$와 실수 $t$에 대하여 $t\vec{a}+\vec{b}$와
$\vec{a}+t\vec{b}$의 내적을 $f(t)$라 할 때, $f(t)$를 최소로 하는 $t$의 값을
구하시오.

## 0475 교육청 기출

두 벡터 $\vec{a}=(4t-2, -1)$, $\vec{b}=\left(2, 1+\dfrac{3}{t}\right)$에 대하여
$|\vec{a}+\vec{b}|^2$의 최솟값을 구하시오. (단, $t>0$)

## 0476

포물선 $y^2=4x$ 위의 두 점 P, Q와 원점 O에 대하여
$\overrightarrow{OP} \cdot \overrightarrow{OQ}$의 최솟값은?

① $-\dfrac{1}{16}$　　　② $-\dfrac{1}{8}$　　　③ $-\dfrac{1}{4}$

④ $-2$　　　⑤ $-4$

## 0477 💡중요

두 벡터 $\vec{a}$, $\vec{b}$에 대하여 $|\vec{a}|=2$, $|\vec{b}|=3$, $|\vec{a}+\vec{b}|=4$일 때,
$|\vec{a}-\vec{b}|$는?

① $\sqrt{5}$　　　② $\sqrt{6}$　　　③ $2\sqrt{2}$

④ 3　　　⑤ $\sqrt{10}$

## 0478

두 벡터 $\vec{a}=(-1, 3)$, $\vec{b}=(2, -1)$에 대하여 두 벡터 $\vec{a}+\vec{b}$,
$\vec{a}-\vec{b}$가 이루는 각의 크기를 $\theta$라 할 때, $\sin \theta$의 값은?

① $\dfrac{\sqrt{2}}{5}$　　　② $\dfrac{\sqrt{3}}{5}$　　　③ $\dfrac{2}{5}$

④ $\dfrac{\sqrt{5}}{5}$　　　⑤ $\dfrac{2\sqrt{5}}{5}$

## 0479

두 벡터 $\vec{a}$, $\vec{b}$에 대하여 $|\vec{a}|=1$, $|\vec{b}|=3$, $|2\vec{a}+\vec{b}|=4$이고
두 벡터 $\vec{a}$, $\vec{b}$가 이루는 각의 크기를 $\theta$라 할 때, $\cos \theta$의 값을
구하시오.

## 0480

오른쪽 그림과 같은 평행사변형
AOBC에서 $|\overrightarrow{OA}|=3$,
$|\overrightarrow{OB}|=4$, $\overrightarrow{OA} \cdot \overrightarrow{OB}=6\sqrt{3}$일
때, 평행사변형 AOBC의 넓이를
구하시오.

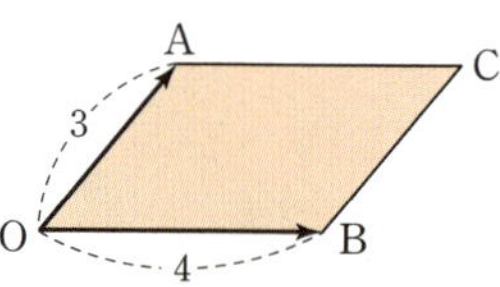

**0481** 평가원 기출

두 벡터 $\vec{a}$, $\vec{b}$에 대하여 $|\vec{a}|=1$, $|\vec{b}|=3$이고, 두 벡터 $6\vec{a}+\vec{b}$와 $\vec{a}-\vec{b}$가 서로 수직일 때, $\vec{a}\cdot\vec{b}$의 값은?

① $-\dfrac{3}{10}$    ② $-\dfrac{3}{5}$    ③ $-\dfrac{9}{10}$

④ $-\dfrac{6}{5}$    ⑤ $-\dfrac{3}{2}$

**0482** 중요

세 벡터 $\vec{a}=(2, 1)$, $\vec{b}=(-1, -3)$, $\vec{c}=(-5, -1)$에 대하여 두 벡터 $\vec{b}-\vec{c}$, $k\vec{a}+\vec{c}$가 서로 수직일 때, 실수 $k$의 값은?

① 1    ② 2    ③ 3

④ 4    ⑤ 5

**0483**

두 벡터 $\vec{a}=(3, 1)$, $\vec{b}=(5, 8)$에 대하여 벡터 $\vec{b}-\vec{a}$에 수직이고 점 $(3, -6)$을 지나는 직선의 방정식이 $mx+7y+n=0$이다. 상수 $m$, $n$에 대하여 $m+n$의 값은?

① 35    ② 38    ③ 40

④ 42    ⑤ 43

**0484**

두 직선 $l_1 : \dfrac{x+3}{k}=2-y$, $l_2 : -\dfrac{x}{3}=\dfrac{y-3}{4}$이 이루는 각의 크기가 $45°$일 때, 자연수 $k$의 값은?

① 7    ② 6    ③ 5

④ 4    ⑤ 3

**0485**

두 점 $A(2, 4)$, $B(k, 12)$를 지나는 직선과 직선 $l : \dfrac{x-1}{3}=\dfrac{3-y}{2}$가 서로 평행할 때, $k$의 값을 구하시오.

**0486**

두 직선 $-x+1=\dfrac{y}{2}$, $x+1=\dfrac{y-2}{a}$가 서로 수직이기 위한 상수 $a$의 값은?

① $\dfrac{1}{6}$    ② $\dfrac{1}{3}$    ③ $\dfrac{1}{2}$

④ $\dfrac{2}{3}$    ⑤ $\dfrac{5}{6}$

**0487**

두 점 $A(1, -2)$, $B(5, 2)$와 한 점 P의 위치벡터를 각각 $\vec{a}$, $\vec{b}$, $\vec{p}$라 할 때, $(\vec{p}-\vec{a})\cdot(\vec{p}-\vec{b})=0$을 만족시키는 점 P가 나타내는 도형의 넓이를 구하시오.

**0488** 중요

세 점 $A(2, 0)$, $B(4, 5)$, $C(-3, 1)$에 대하여 $|\overrightarrow{PA}+\overrightarrow{PB}+\overrightarrow{PC}|=4$를 만족시키는 점 P가 나타내는 도형의 둘레의 길이를 구하시오.

 시험에 **꼭** 나오는 문제

---

 서술형 주관식

**0489**

두 벡터 $\vec{a}=(1,\ 2)$, $\vec{b}=(-3,\ 4)$에 대하여 두 벡터 $\vec{a}+\vec{b}$, $k\vec{a}+(1-k)\vec{b}$가 서로 평행할 때, 실수 $k$의 값을 구하시오.

**0490**

오른쪽 그림과 같이 한 변의 길이가 2인 정삼각형 ABC에서 변 BC를 삼등분하는 점을 P, Q라 할 때, $\overrightarrow{AP}\cdot\overrightarrow{AQ}$를 구하시오.

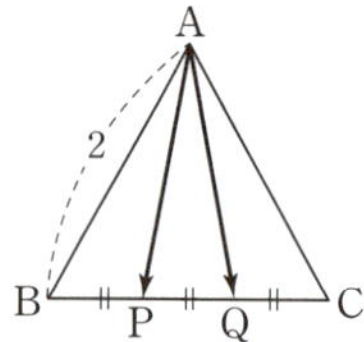

**0491**

점 $A(0,\ 1)$과 직선 $l:\dfrac{x-1}{2}=3-y$ 위의 서로 다른 두 점 B, C를 연결하여 정삼각형 ABC를 만들었을 때, $\overrightarrow{AB}\cdot\overrightarrow{AC}$를 구하시오.

**0492**

점 $A(-2,\ 1)$을 지나고 방향벡터가 $(3,\ -2)$인 직선 $l$과 두 점 $B(2,\ -1)$, $C(3,\ 1)$을 지나는 직선 $m$이 한 점에서 만난다. 두 직선 $l$, $m$의 교점의 좌표를 구하시오.

---

실력 up

**0493**

평행사변형 OABC에서
$$\overrightarrow{OA}\cdot\overrightarrow{OB}=\overrightarrow{OB}\cdot\overrightarrow{OC}=2,\ \overrightarrow{OA}\cdot\overrightarrow{OC}=-2$$
일 때, 평행사변형 OABC의 넓이를 구하시오.

**0494** 교육청 기출

오른쪽 그림과 같이 삼각형 ABC에 대하여 꼭짓점 C에서 선분 AB에 내린 수선의 발을 H라 하자. 삼각형 ABC가 다음 조건을 만족시킬 때, $\overrightarrow{CA}\cdot\overrightarrow{CH}$의 값은?

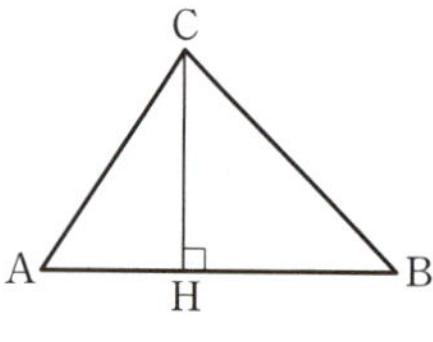

> (개) 점 H가 선분 AB를 2 : 3으로 내분한다.
> (내) $\overrightarrow{AB}\cdot\overrightarrow{AC}=40$
> (대) 삼각형 ABC의 넓이는 30이다.

① 36    ② 37    ③ 38
④ 39    ⑤ 40

**0495** 창의·융합

오른쪽 그림과 같이 $\overline{AB}=6$, $\overline{AD}=8$인 직사각형 ABCD와 이 직사각형의 한 변 CD를 지름으로 하는 원 위를 움직이는 점 P에 대하여 $\overrightarrow{AC}\cdot\overrightarrow{AP}$의 최솟값은? (단, 직사각형과 원은 같은 평면 위에 있다.)

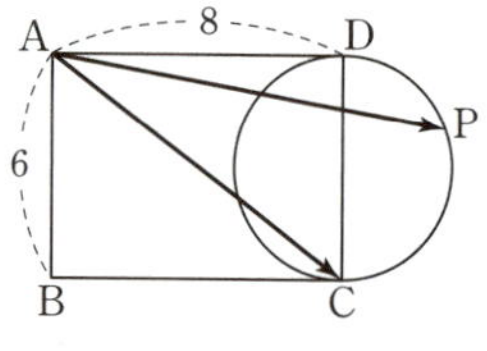

① 42    ② 52    ③ 62
④ 72    ⑤ 82

# III

# 공간도형과 공간좌표

# 05 공간도형



## 05·1 위치 관계



**1 평면의 결정 조건**

(1) 한 직선 위에 있지 않은 서로 다른 세 점  (2) 한 직선과 그 위에 있지 않은 한 점

(3) 한 점에서 만나는 두 직선  (4) 평행한 두 직선

**2 두 직선의 위치 관계**

(1) 한 점에서 만난다.  (2) 평행하다.  (3) 꼬인 위치에 있다.
└── 한 평면 위에 있다. ──┘  └→ 한 평면 위에 있지 않다.

**3 직선과 평면의 위치 관계**

(1) 포함된다.  (2) 한 점에서 만난다.  (3) 평행하다.
└── 만난다. ──┘  └→ 만나지 않는다.

**4 두 평면의 위치 관계**

(1) 만난다.  (2) 평행하다.

> **참고** 공간에서 서로 다른 두 평면이 만나는 경우 두 평면은 한 직선을 공유하는데 이 직선을 두 평면의 교선이라 한다.

■ 공간에서 한 점을 지나는 직선은 무수히 많지만 서로 다른 두 점을 지나는 직선은 오직 하나로 결정된다.

■ 공간에서 두 직선이 만나지도 않고 평행하지도 않을 때, 두 직선은 꼬인 위치에 있다고 한다.

■ 직선과 평면의 교점이 2개 이상이면 직선은 평면에 포함된다.

## 05·2 평행과 수직

**1 직선과 평면, 평면과 평면의 평행 관계**

(1) 평행한 두 평면 $\alpha$, $\beta$가 평면 $\gamma$와 만날 때 생기는 두 교선을 각각 $l$, $m$이라 할 때, 두 직선 $l$, $m$은 평행하다.

(2) 직선 $l$과 평면 $\alpha$가 평행할 때, 직선 $l$을 포함하는 평면 $\beta$와 평면 $\alpha$의 교선 $m$은 직선 $l$과 평행하다.

(3) 평행한 두 평면 $\alpha$, $\beta$에 대하여 직선 $l$이 평면 $\alpha$에 포함되면 직선 $l$과 평면 $\beta$는 평행하다.

(4) 평행한 두 직선 $l$, $m$에 대하여 직선 $l$을 포함하고 직선 $m$을 포함하지 않는 평면 $\alpha$는 직선 $m$과 평행하다.

(5) 평면 $\alpha$ 위에 있지 않은 한 점 P를 지나고 평면 $\alpha$에 평행한 서로 다른 두 직선 $l$, $m$에 의하여 결정되는 평면을 $\beta$라 할 때, 두 평면 $\alpha$, $\beta$는 평행하다.

(6) 서로 다른 세 평면 $\alpha$, $\beta$, $\gamma$에 대하여 두 평면 $\alpha$, $\beta$가 평행하고 두 평면 $\beta$, $\gamma$가 평행하면 두 평면 $\alpha$, $\gamma$는 평행하다.

**2 꼬인 위치에 있는 두 직선이 이루는 각**

두 직선 $l$, $m$이 꼬인 위치에 있을 때, 직선 $m$ 위의 한 점 O를 지나고 직선 $l$에 평행한 직선 $l'$과 직선 $m$이 이루는 각을 꼬인 위치에 있는 두 직선 $l$, $m$이 이루는 각이라 한다.

**3 직선과 평면의 수직 관계**

오른쪽 그림과 같이 직선 $l$이 평면 $\alpha$와 한 점 O에서 만나고 점 O를 지나는 평면 $\alpha$ 위의 모든 직선과 수직일 때, 직선 $l$과 평면 $\alpha$는 서로 수직이라 하고, 기호로 $l \perp \alpha$와 같이 나타낸다.

> **참고** 직선 $l$이 평면 $\alpha$와 한 점 O에서 만나고 점 O를 지나는 평면 $\alpha$ 위의 서로 다른 두 직선과 각각 수직이면 직선 $l$과 평면 $\alpha$는 서로 수직이다.

■ 평면 $\alpha$와 직선 $l$이 평행하다고 해서 직선 $l$이 평면 $\alpha$ 위의 모든 직선과 평행한 것은 아니다.
다음 그림의 두 직선 $l$, $n$과 같이 꼬인 위치에 있을 수도 있다.

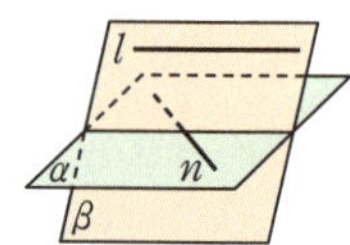

■ 두 직선 $l$, $m$이 이루는 각이 직각일 때, 두 직선 $l$, $m$은 서로 수직이라 하고, 기호로 $l \perp m$과 같이 나타낸다.

■ 직선 $l$이 평면 $\alpha$와 수직이면 직선 $l$은 평면 $\alpha$ 위의 모든 직선과 수직이다.

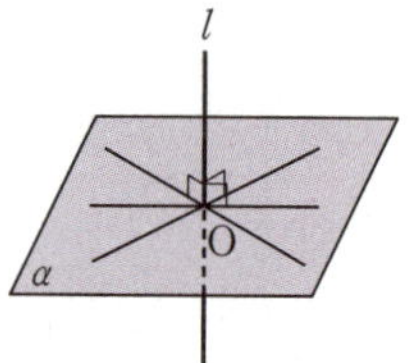

# 📖 교과서 문제 정/복/하기

정답과 풀이 66쪽

## 05·1  위치 관계

**0496**  오른쪽 그림과 같은 사각뿔 A−BCDE에서 5개의 꼭짓점으로 만들 수 있는 서로 다른 평면의 개수를 구하시오.

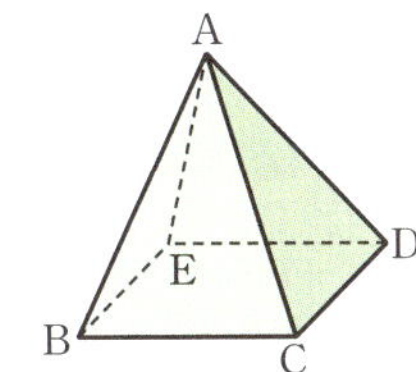

**[0497~0504]**  오른쪽 그림과 같은 직육면체에서 다음을 구하시오.

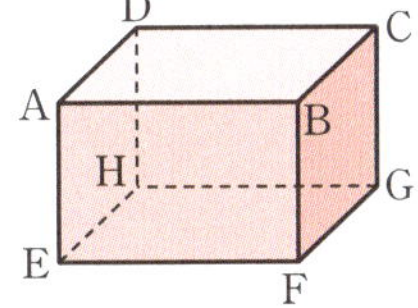

**0497**  모서리 AB와 만나는 모서리

**0498**  모서리 AB와 평행한 모서리

**0499**  모서리 AB와 꼬인 위치에 있는 모서리

**0500**  모서리 AB를 포함하는 면

**0501**  모서리 AB와 한 점에서 만나는 면

**0502**  모서리 AB와 평행한 면

**0503**  면 AEFB와 만나는 면

**0504**  면 AEFB와 평행한 면

**[0505~0506]**  오른쪽 그림과 같은 삼각기둥에서 다음을 구하시오.

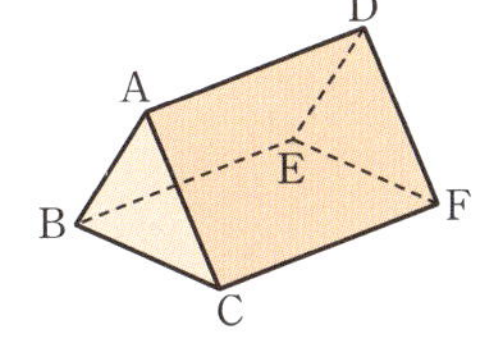

**0505**  면 ABC와 만나는 면

**0506**  면 ABC와 평행한 면

## 05·2  평행과 수직

**[0507~0508]**  오른쪽 그림과 같은 정육면체에서 다음 두 직선이 이루는 각의 크기를 구하시오.

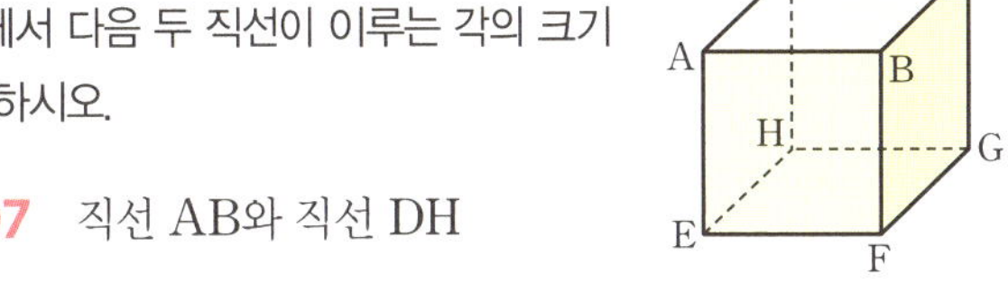

**0507**  직선 AB와 직선 DH

**0508**  직선 AC와 직선 FG

**[0509~0510]**  오른쪽 그림과 같이 밑면이 직각이등변삼각형인 삼각기둥에서 다음 두 직선이 이루는 각의 크기를 구하시오.

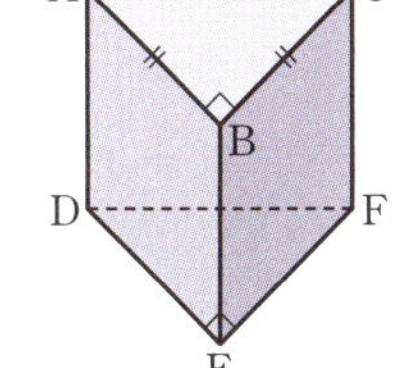

**0509**  직선 AC와 직선 BE

**0510**  직선 BC와 직선 DF

**0511**  오른쪽 그림과 같은 정육면체에서 모서리 AD와 면 AEFB가 이루는 각의 크기를 구하시오.

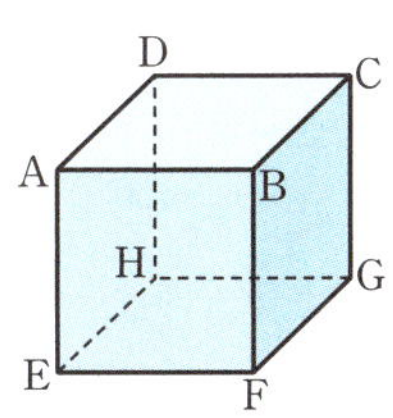

**[0512~0513]**  오른쪽 그림과 같은 정사면체 ABCD에서 모서리 BC의 중점을 M이라 할 때, 다음이 성립함을 보이시오.

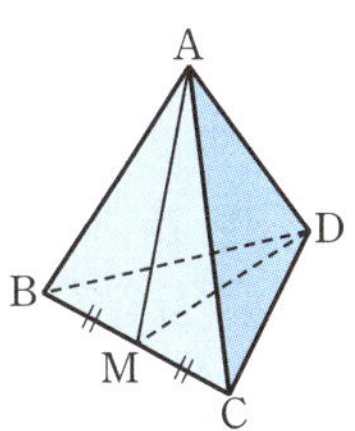

**0512**  $\overline{BC} \perp$ (평면 AMD)

**0513**  $\overline{BC} \perp \overline{AD}$

## 05·3 삼수선의 정리

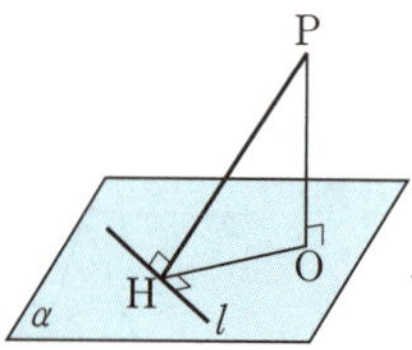

평면 $\alpha$ 위에 있지 않은 점 P, 평면 $\alpha$ 위의 점 O, 점 O를 지나지 않는 평면 $\alpha$ 위의 직선 $l$, 직선 $l$ 위의 점 H에 대하여

(1) $\overline{PO}\perp\alpha$, $\overline{OH}\perp l$이면 $\overline{PH}\perp l$
(2) $\overline{PO}\perp\alpha$, $\overline{PH}\perp l$이면 $\overline{OH}\perp l$
(3) $\overline{PH}\perp l$, $\overline{OH}\perp l$, $\overline{PO}\perp\overline{OH}$이면 $\overline{PO}\perp\alpha$

참고 세 직각 중 두 개가 직각이면 다른 하나는 자동적으로 직각이다. 즉, $\overline{PO}\perp\alpha$, $\overline{OH}\perp l$, $\overline{PH}\perp l$ 중에서 어느 두 개의 수직 관계가 성립하면 나머지 한 개의 수직 관계도 성립한다는 뜻이다.



■ $\overline{PO}\perp\alpha$이면 $\overline{PO}$는 평면 $\alpha$ 위의 모든 직선과 수직이다.

## 05·4 이면각

1 직선 $l$을 공유하는 두 반평면 $\alpha$, $\beta$로 이루어진 도형을 **이면각**이라 한다. 이때 직선 $l$을 **이면각의 변**, 두 반평면 $\alpha$, $\beta$를 각각 **이면각의 면**이라 한다.

2 이면각의 변 $l$ 위의 한 점 O를 지나고 $l$에 수직인 두 반직선 OA, OB를 각각 두 반평면 $\alpha$, $\beta$ 위에 그을 때, $\angle$AOB의 크기를 **이면각의 크기**라 한다.

3 서로 다른 두 평면이 만나면 네 개의 이면각이 생기는데, 이 중에서 크기가 크지 않은 한 이면각의 크기를 두 평면이 이루는 각의 크기라 한다.

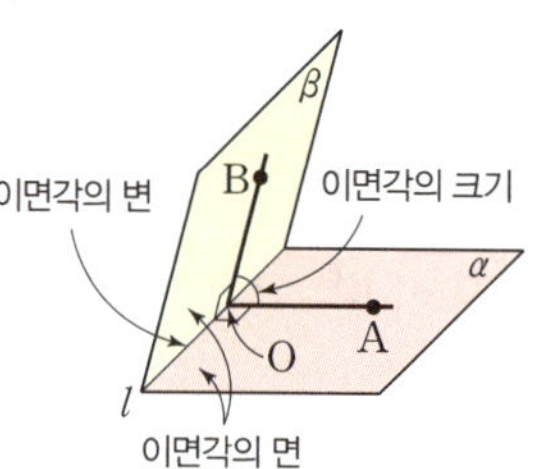


■ 평면 위의 한 직선은 그 평면을 두 부분으로 나누는데, 그 각각을 반평면이라 한다.

■ 두 평면 $\alpha$, $\beta$가 이루는 각이 직각일 때, 두 평면 $\alpha$, $\beta$는 서로 수직이라 하고, 기호로 $\alpha\perp\beta$와 같이 나타낸다.

## 05·5 정사영

1 **정사영**
한 점 P에서 평면 $\alpha$에 내린 수선의 발 P′을 점 P의 평면 $\alpha$ 위로의 **정사영**이라 한다. 또, 도형 $F$에 속하는 각 점의 평면 $\alpha$ 위로의 정사영으로 이루어진 도형 $F'$을 **도형 $F$의 평면 $\alpha$ 위로의 정사영**이라 한다.

참고 일반적으로 평면 위로의 정사영에서 점의 정사영은 점이고, 직선의 정사영은 한 점 또는 직선이다. 또, 다각형의 정사영은 선분 또는 다각형이고, 구의 정사영은 원이다.

2 **정사영의 길이**
선분 AB의 평면 $\alpha$ 위로의 정사영을 선분 A′B′, 직선 AB와 평면 $\alpha$가 이루는 각의 크기를 $\theta\ (0°\leq\theta\leq90°)$라 하면
$$\overline{A'B'}=\overline{AB}\cos\theta$$

3 **정사영의 넓이**
평면 $\beta$ 위에 있는 도형의 넓이를 $S$, 이 도형의 평면 $\alpha$ 위로의 정사영의 넓이를 $S'$이라 할 때, 두 평면 $\alpha$, $\beta$가 이루는 각의 크기를 $\theta\ (0°\leq\theta\leq90°)$라 하면
$$S'=S\cos\theta$$

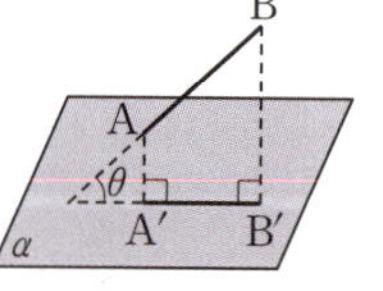

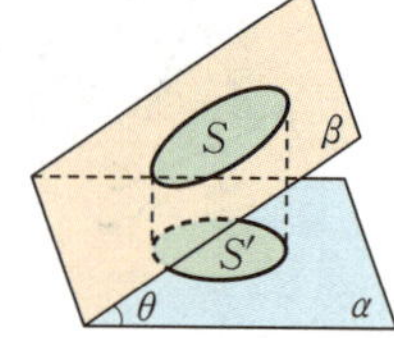

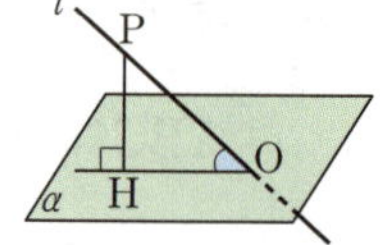

■ **직선과 평면이 이루는 각**
직선 $l$이 평면 $\alpha$와 만나는 점을 O, 직선 $l$ 위의 점 P에서 평면 $\alpha$에 내린 수선의 발을 H라 할 때, $\angle$POH를 직선 $l$과 평면 $\alpha$가 이루는 각이라 한다.

# 📖 교과서 문제 정복하기

05 공간도형

## 05·3  삼수선의 정리

**0514**  오른쪽 그림과 같이 평면 $\alpha$ 위에 있지 않은 점 P에서 평면 $\alpha$에 내린 수선의 발을 O라 하고, 점 O에서 점 O를 지나지 않는 평면 $\alpha$ 위의 직선 AB에 내린 수선의 발을 H라 하자. 다음은 $\overline{OP}=4$, $\overline{OH}=3$, $\overline{AH}=\sqrt{11}$일 때, $\overline{AP}$의 길이를 구하는 과정이다.

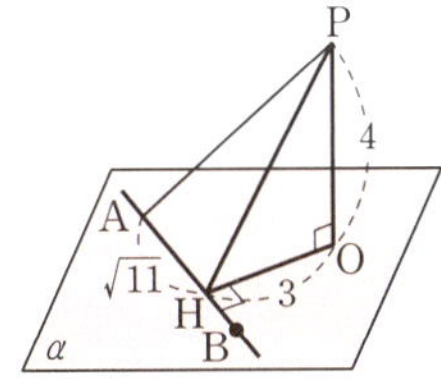

> 삼각형 PHO는 빗변이 $\overline{PH}$인 직각삼각형이므로
> $$\overline{PH}=\boxed{\text{(가)}}$$
> $\overline{PO}\perp\alpha$이고 $\overline{OH}\perp\overline{AB}$이므로 삼수선의 정리에 의하여
> $$\overline{PH}\perp\boxed{\text{(나)}}$$
> 따라서 삼각형 AHP는 빗변이 $\overline{AP}$인 직각삼각형이므로
> $$\overline{AP}=\boxed{\text{(다)}}$$

위의 과정에서 (가), (나), (다)에 알맞은 것을 써넣으시오.

## 05·4  이면각

**0515**  다음은 직선 $l$이 평면 $\alpha$에 수직일 때, 직선 $l$을 포함하는 평면 $\beta$가 평면 $\alpha$와 수직임을 증명하는 과정이다.

> 오른쪽 그림과 같이 두 평면 $\alpha$, $\beta$의 교선을 $m$이라 하고, 직선 $l$과 평면 $\alpha$의 교점을 O라 하자. 평면 $\alpha$ 위에 점 O를 지나고 직선 $m$에 수직인 직선 $n$을 그으면
>
> 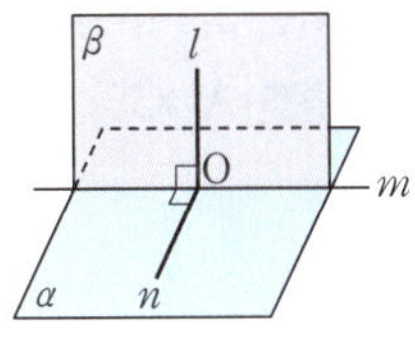
>
> $$\boxed{\text{(가)}}\perp m \text{이고 } m\perp n$$
> 이므로 두 평면 $\alpha$, $\beta$가 이루는 각의 크기는 두 직선 $l$, $n$이 이루는 각의 크기와 같다.
> 이때 $l\perp\alpha$이고 직선 $n$은 평면 $\alpha$에 포함되므로
> $$l\perp\boxed{\text{(나)}}$$
> $$\therefore \alpha\perp\beta$$

위의 과정에서 (가), (나)에 알맞은 것을 써넣으시오.

## 05·5  정사영

**[0516 ~ 0519]**  오른쪽 그림과 같은 직육면체에서 다음을 구하시오.

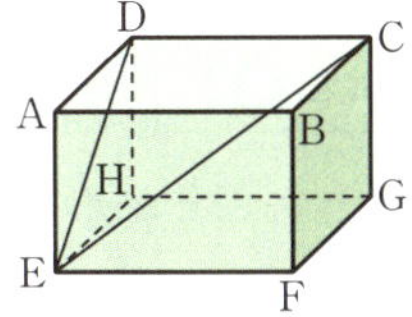

**0516**  점 B의 평면 AEHD 위로의 정사영

**0517**  선분 CE의 평면 DHGC 위로의 정사영

**0518**  삼각형 DEC의 평면 DHGC 위로의 정사영

**0519**  삼각형 DEC의 평면 BFGC 위로의 정사영

**[0520 ~ 0521]**  선분 AB의 평면 $\alpha$ 위로의 정사영을 선분 $A'B'$이라 하고, 직선 AB와 평면 $\alpha$가 이루는 예각의 크기를 $\theta$라 할 때, 다음을 구하시오.

**0520**  $\overline{AB}=4$, $\theta=60°$일 때, $\overline{A'B'}$의 길이

**0521**  $\overline{AB}=10$, $\overline{A'B'}=5\sqrt{3}$일 때, $\theta$의 크기

**0522**  두 평면 $\alpha$, $\beta$의 이면각의 크기가 30°이고, 평면 $\alpha$ 위에 한 변의 길이가 2인 정삼각형이 있다. 이 정삼각형의 평면 $\beta$ 위로의 정사영의 넓이를 구하시오.

**0523**  두 평면 $\alpha$, $\beta$가 이루는 각의 크기가 45°이고, 평면 $\alpha$ 위에 한 변의 길이가 4인 정사각형이 있다. 이 정사각형의 평면 $\beta$ 위로의 정사영의 넓이를 구하시오.

| 개념원리 기하 165쪽 |

### 유형 01  평면의 결정 조건

(1) 한 직선 위에 있지 않은 서로 다른 세 점

(2) 한 직선과 그 위에 있지 않은 한 점

(3) 한 점에서 만나는 두 직선

(4) 평행한 두 직선

**0524** 대표문제

오른쪽 그림의 정육면체에서 두 직선 BD, DF와 네 점 A, C, E, G로 만들 수 있는 서로 다른 평면의 개수를 구하시오.

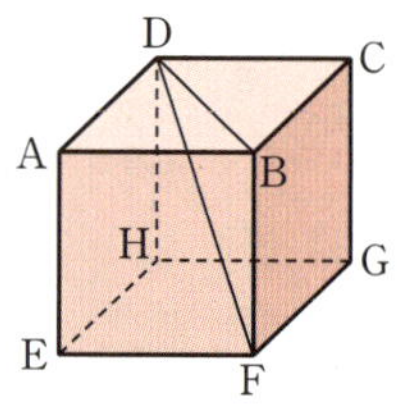

**0525** 하

오른쪽 그림과 같은 사각뿔에서 세 점 B, D, E와 직선 AC로 만들 수 있는 서로 다른 평면의 개수를 구하시오.

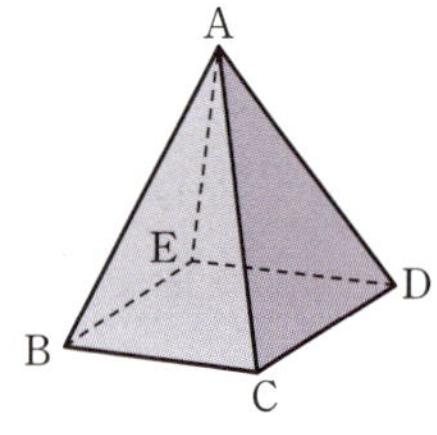

**0526** 중하

오른쪽 그림의 직육면체에 대하여 다음 중 한 평면을 결정하지 <u>않는</u> 것은?

① 세 점 H, F, C

② 점 A와 직선 CG

③ 직선 CF와 직선 DE

④ 직선 DH와 직선 HF

⑤ 직선 AE와 직선 BC

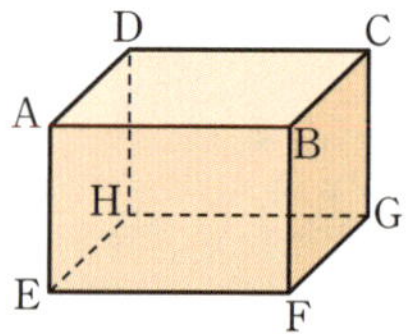

**0527** 중

공간에서 어느 네 점도 한 평면 위에 있지 않고, 어느 세 점도 한 직선 위에 있지 않은 서로 다른 여섯 개의 점으로 결정되는 평면의 개수를 구하시오.

| 개념원리 기하 166쪽 |

### 유형 02  공간에서의 위치 관계

(1) 공간에서 두 직선의 위치 관계

　① 만난다.　　② 평행하다.　　③ 꼬인 위치에 있다.

(2) 공간에서 직선과 평면의 위치 관계

　① 포함된다.　　② 한 점에서 만난다.　　③ 평행하다.

**0528** 대표문제

오른쪽 그림은 직육면체 위에 삼각기둥을 꼭 맞게 붙여 놓은 것이다. 다음 설명 중 옳지 <u>않은</u> 것은?

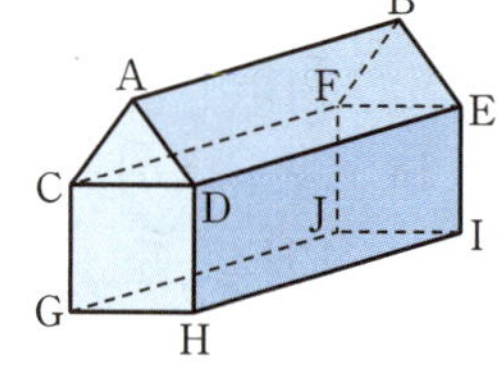

① 직선 HI는 평면 CGHD와 만난다.

② 두 직선 CF와 EI는 꼬인 위치에 있다.

③ 직선 FJ는 평면 CGHD와 평행하다.

④ 평면 DHIE와 평행한 모서리는 5개이다.

⑤ 직선 AD와 꼬인 위치에 있는 모서리는 7개이다.

**0529** 중하

오른쪽 그림의 삼각기둥에 대하여 **보기**에서 옳은 것만을 있는 대로 고르시오.

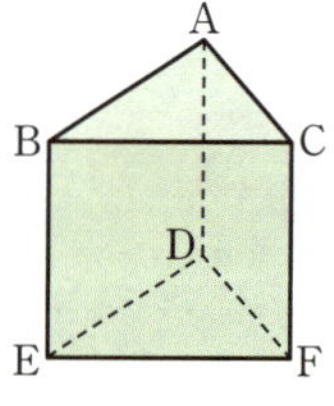

> **─● 보기 ●─**
>
> ㄱ. 직선 DF와 평행한 모서리는 1개이다.
>
> ㄴ. 직선 DE와 꼬인 위치에 있는 모서리는 3개이다.
>
> ㄷ. 평면 ABC와 평행한 면은 1개이다.

**0530** 중

오른쪽 그림과 같은 정팔면체에서 직선 AB와 꼬인 위치에 있는 모서리의 개수와 평면 CFD와 평행한 모서리의 개수의 합을 구하시오.

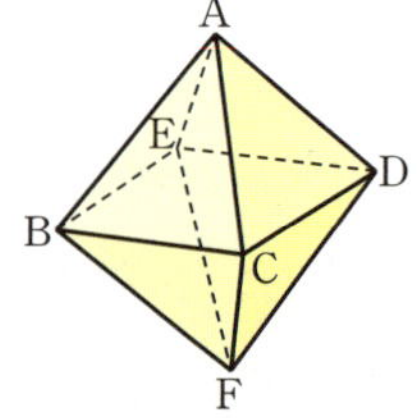

## 0531 중 서술형

오른쪽 그림과 같이 밑면이 정육각형인 육각기둥에서 직선 AH와 꼬인 위치에 있는 모서리의 개수를 $a$, 직선 AH와 평행한 면의 개수를 $b$라 할 때, $a+b$의 값을 구하시오.

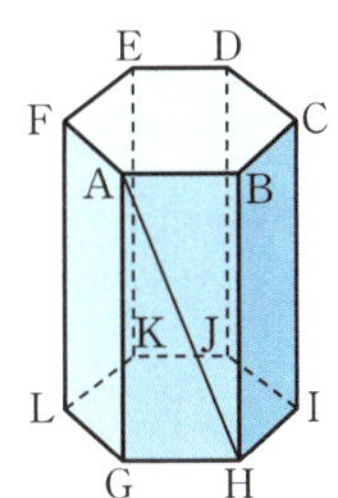

## 0532 중

오른쪽 그림과 같은 정사면체 ABCD에서 두 점 P, Q는 각각 두 삼각형 ACD, BCD의 무게중심일 때, **보기**에서 옳은 것만을 있는 대로 고르시오.

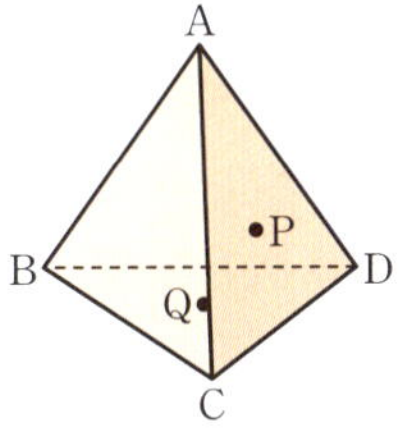

> **보기**
>
> ㄱ. 직선 AB와 직선 PQ는 꼬인 위치에 있다.
> ㄴ. 직선 BD와 직선 PQ는 꼬인 위치에 있다.
> ㄷ. 직선 PQ와 평면 ABD는 평행하다.

| 개념원리 기하 173쪽 |

### 유형 03 직선과 평면의 평행과 수직

직선과 평면의 위치 관계는 직육면체를 이용한다.

⇨ 모서리는 직선, 면은 평면으로 생각하여 주어진 평행 관계, 수직 관계를 확인해 본다.

## 0533 대표문제

공간에서 서로 다른 세 직선 $l$, $m$, $n$과 서로 다른 세 평면 $\alpha$, $\beta$, $\gamma$에 대하여 **보기**에서 옳은 것만을 있는 대로 고른 것은?

> **보기**
>
> ㄱ. $l /\!/ \alpha$이고 $m /\!/ \alpha$이면 $l /\!/ m$이다.
> ㄴ. $l /\!/ \alpha$이고 $l \perp \beta$이면 $\alpha \perp \beta$이다.
> ㄷ. $\alpha \perp \beta$이고 $\alpha \perp \gamma$이면 $\beta /\!/ \gamma$이다.
> ㄹ. $l \perp \alpha$이고 $l \perp \beta$이면 $\alpha /\!/ \beta$이다.

① ㄱ, ㄴ      ② ㄱ, ㄷ      ③ ㄴ, ㄷ
④ ㄴ, ㄹ      ⑤ ㄷ, ㄹ

## 0534 중

공간에서 다음 설명 중 항상 옳은 것을 모두 고르면?

( 정답 2개 )

① 한 직선에 평행한 서로 다른 두 평면은 서로 평행하다.
② 한 평면에 수직인 서로 다른 두 직선은 서로 평행하다.
③ 한 직선에 수직인 서로 다른 두 직선은 서로 평행하다.
④ 한 평면에 평행한 서로 다른 두 직선은 서로 평행하다.
⑤ 한 직선에 수직인 서로 다른 두 평면은 서로 평행하다.

## 0535 중

공간에서 서로 다른 두 직선 $l$, $m$과 서로 다른 세 평면 $\alpha$, $\beta$, $\gamma$에 대하여 $l /\!/ \alpha$이고 $\alpha \perp \beta$일 때, **보기**에서 옳은 것만을 있는 대로 고른 것은? ( 단, 직선 $l$은 평면 $\beta$에 포함되지 않는다. )

> **보기**
>
> ㄱ. $l /\!/ \beta$
> ㄴ. 평면 $\beta$와 수직인 직선 $m$은 직선 $l$과 수직이다.
> ㄷ. 직선 $l$과 수직인 평면 $\gamma$는 평면 $\alpha$와 수직이다.

① ㄱ      ② ㄷ      ③ ㄱ, ㄴ
④ ㄴ, ㄷ      ⑤ ㄱ, ㄴ, ㄷ

## 0536 상 중

서로 다른 세 평면 $\alpha$, $\beta$, $\gamma$에 대하여 두 평면 $\alpha$, $\beta$가 한 직선을 공유하고, 두 평면 $\beta$, $\gamma$가 수직일 때, 나누어지는 공간의 최소 개수는?

① 3      ② 4      ③ 5
④ 6      ⑤ 7

| 개념원리 기하 174쪽 |

**유형 04** 꼬인 위치에 있는 두 직선이 이루는 각

(1) 꼬인 위치에 있는 두 직선 중 한 직선을 다른 한 직선과 만나도록 평행이동하여 만나는 두 직선이 이루는 각의 크기를 구한다.
⇨ 일반적으로 두 직선이 이루는 각은 크기가 크지 않은 쪽을 의미한다.

(2) 꼬인 위치에 있는 두 직선이 수직임을 보일 때는 한 직선이 한 평면과 수직일 때 그 직선은 그 평면 위의 모든 직선과 수직임을 이용한다.

**0537** 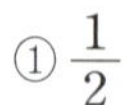 대표문제

오른쪽 그림과 같은 직육면체에서 직선 AG와 직선 BC가 이루는 각의 크기를 $\theta$라 할 때, $\cos\theta$의 값은?

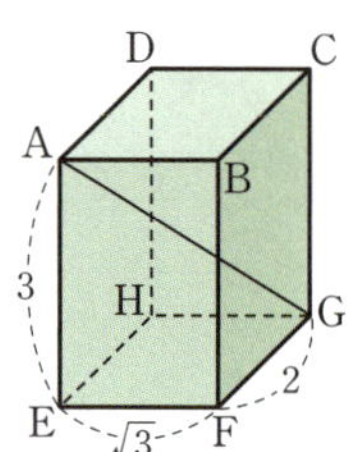

① $\dfrac{1}{2}$  ② $\dfrac{2}{3}$

③ $\dfrac{\sqrt{2}}{2}$  ④ $\dfrac{\sqrt{3}}{2}$

⑤ $\dfrac{2\sqrt{2}}{3}$

**0538** 중하

오른쪽 그림의 정육면체에서 직선 DE와 직선 HF가 이루는 각의 크기는?

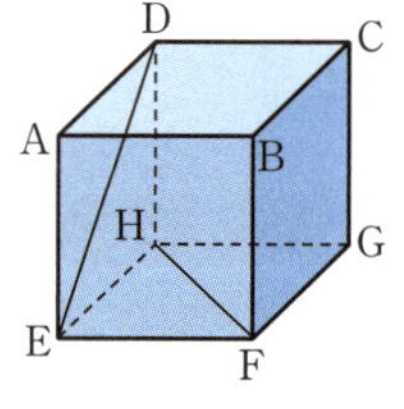

① 30°  ② 45°

③ 60°  ④ 75°

⑤ 90°

**0539** 중하

오른쪽 그림과 같이 밑면이 정사각형이고 옆면이 모두 정삼각형인 사각뿔에서 직선 AB와 직선 CD가 이루는 각의 크기는?

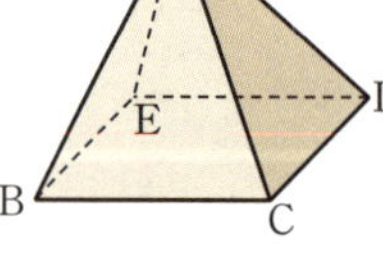

① 30°  ② 45°

③ 50°  ④ 60°  ⑤ 80°

**0540** 중하

오른쪽 그림의 정팔면체에서 직선 AD와 직선 BE가 이루는 각의 크기를 $\theta$라 할 때, $\sin\theta$의 값을 구하시오.

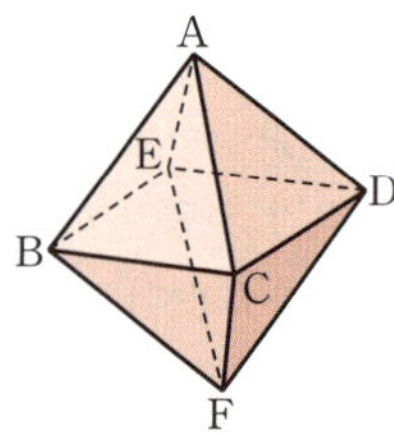

**0541** 중

오른쪽 그림과 같은 정육면체에서 다음 선분과 모서리 AB가 이루는 각의 크기를 $\theta$라 할 때, $\cos\theta$의 값이 가장 큰 것은?

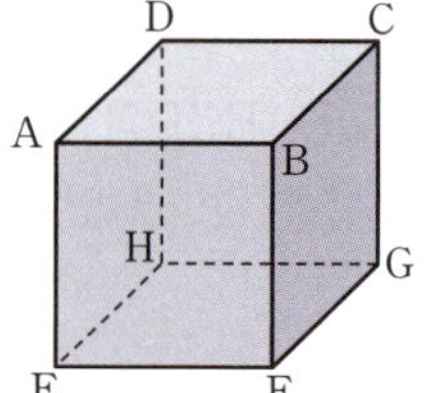

① $\overline{EH}$  ② $\overline{CG}$

③ $\overline{EG}$  ④ $\overline{BH}$

⑤ $\overline{DE}$

**0542** 상중

오른쪽 그림의 정육면체에서 직선 AG와 직선 CF가 이루는 각의 크기를 $\theta$라 할 때, $\cos\theta$의 값을 구하시오.

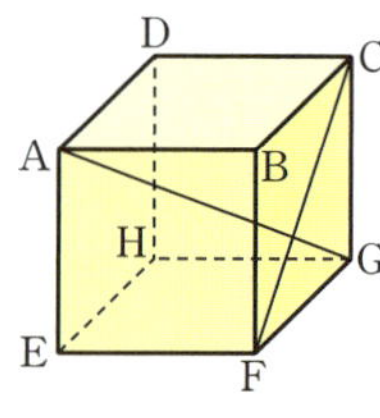

**0543** 상중

오른쪽 그림의 정사면체에서 두 모서리 AB, CD의 중점을 각각 M, N이라 할 때, 직선 MN과 직선 AC가 이루는 각의 크기를 구하시오.

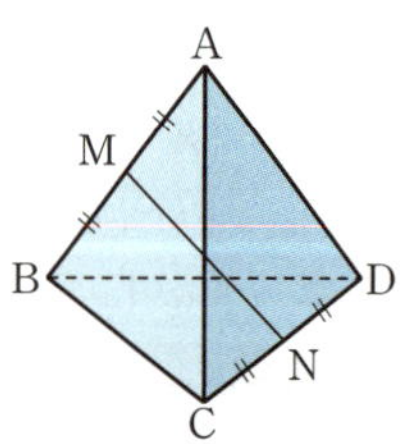

## 유형 **05**  삼수선의 정리

(1) $\overline{PO}\perp\alpha$, $\overline{OH}\perp l$이면 $\overline{PH}\perp l$
(2) $\overline{PO}\perp\alpha$, $\overline{PH}\perp l$이면 $\overline{OH}\perp l$
(3) $\overline{PH}\perp l$, $\overline{OH}\perp l$, $\overline{PO}\perp\overline{OH}$이면 $\overline{PO}\perp\alpha$

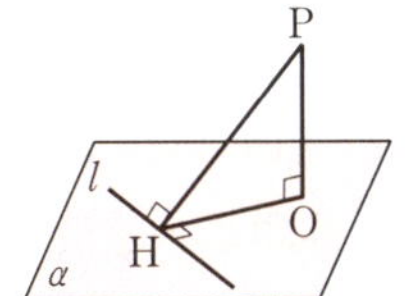

### 0544  대표문제

오른쪽 그림과 같이 $\overline{AD}=\overline{AE}=3$, $\overline{DC}=4$인 직육면체의 꼭짓점 D에서 밑면 EFGH의 대각선 EG에 내린 수선의 발을 I라 할 때, 선분 DI의 길이를 구하시오.

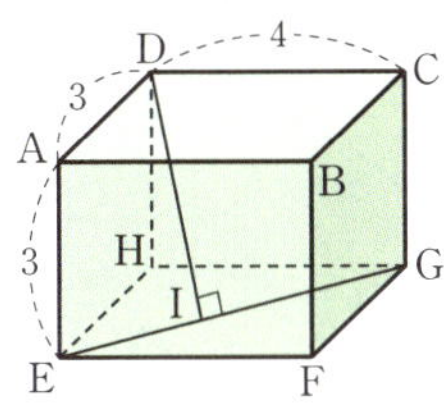

### 0545  중하

오른쪽 그림과 같이 평면 $\alpha$ 위에 있지 않은 한 점 P에서 평면 $\alpha$에 내린 수선의 발을 H, 점 H에서 $\alpha$ 위의 직선 AB에 내린 수선의 발을 Q라 하자. $\overline{AQ}=3\sqrt{2}$, $\overline{HQ}=\sqrt{6}$, $\overline{PH}=2\sqrt{3}$일 때, 선분 AP의 길이를 구하시오.

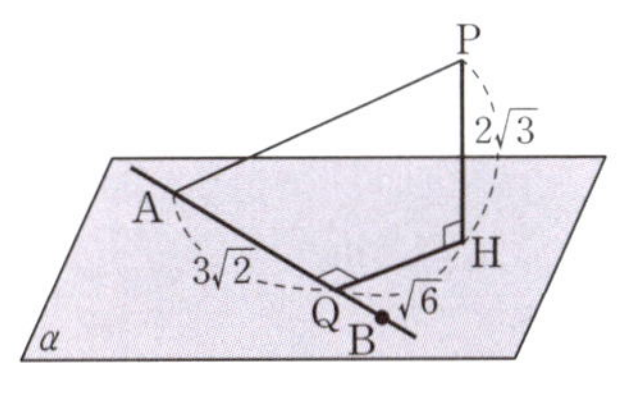

### 0546  중  서술형

오른쪽 그림과 같이 평면 $\alpha$ 밖의 한 점 A에서 평면 $\alpha$에 내린 수선의 발 B에 대하여 평면 $\alpha$ 위의 선분 CD와 선분 BC가 서로 수직이다. $\overline{AB}=4$, $\overline{BC}=3$, $\overline{BD}=5$일 때, 삼각형 ACD의 넓이를 구하시오.

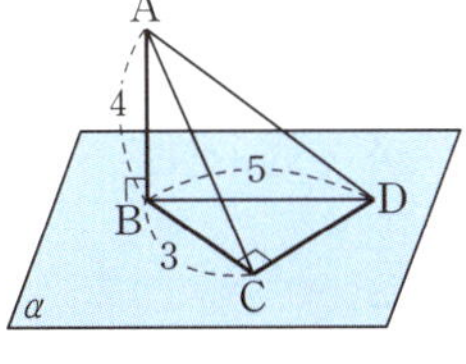

### 0547  중

오른쪽 그림과 같은 사면체 OABC에서 $\overline{OA}\perp\overline{OB}$, $\overline{OB}\perp\overline{OC}$, $\overline{OC}\perp\overline{OA}$이고 $\overline{OA}=4$, $\overline{OB}=3$, $\overline{OC}=1$이다. 점 C에서 선분 AB에 내린 수선의 발을 H라 할 때, 선분 CH의 길이는?

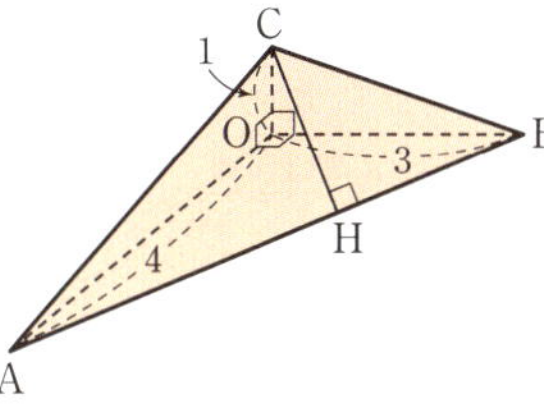

① $\dfrac{13}{5}$  ② $\dfrac{14}{5}$  ③ $3$

④ $\dfrac{16}{5}$  ⑤ $\dfrac{17}{5}$

### 0548  중

오른쪽 그림과 같이 $\overline{AB}=1$, $\overline{AC}=2$, $\angle BAC=90°$인 직각삼각형 ABC를 한 밑면으로 하는 삼각기둥이 있다. 점 A에서 선분 EF에 내린 수선의 발을 H라 할 때, $\overline{AH}=\dfrac{3\sqrt{5}}{5}$이다. 이때 선분 AD의 길이는?

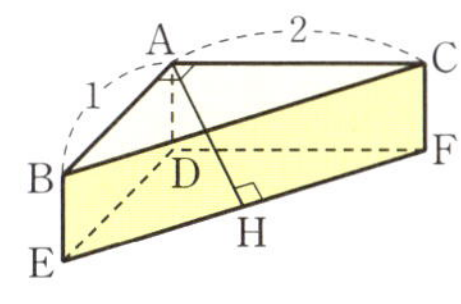

① $\dfrac{\sqrt{2}}{2}$  ② $1$  ③ $\sqrt{2}$

④ $\sqrt{3}$  ⑤ $2$

### 0549  상중

오른쪽 그림과 같이 평면 $\alpha$ 위에 있지 않은 한 점 A에 대하여 삼각형 APQ가 $\overline{AP}=4$, $\overline{PQ}=3$, $\angle APQ=90°$인 직각삼각형이 되도록 평면 $\alpha$ 위에 두 점 P, Q를 잡을 때, 선분 PQ가 그리는 도형의 넓이를 구하시오.

(단, 점 A에서 평면 $\alpha$까지의 거리는 4보다 작다.)

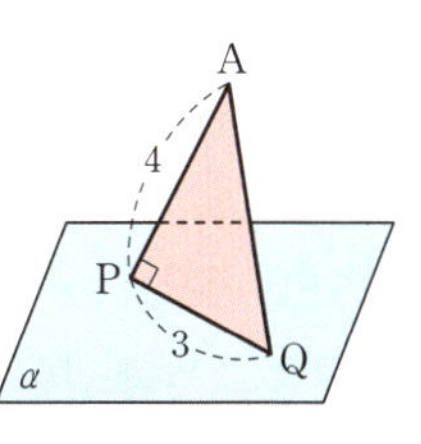

| 개념원리 기하 177쪽 |

## 유형 06  두 직선이 이루는 각

두 직선 $l$, $m$이 이루는 각의 크기를 구할 때는 삼수선의 정리를
이용하여 두 직선 $l$, $m$을 변으로 하는 직각삼각형을 찾는다.

### 0550  대표문제

오른쪽 그림과 같은 정육면체에서 선분
AC의 중점을 M이라 하자. 두 선분
MB와 BE가 이루는 각의 크기를 $\theta$라
할 때, $\cos\theta$의 값을 구하시오.

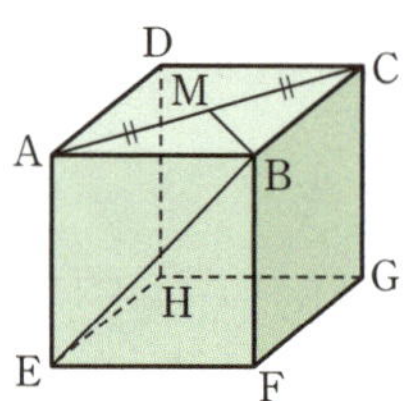

### 0551  중

오른쪽 그림에서 두 평면 $\alpha$, $\beta$는 서
로 수직이고, 두 직선 $l$, $m$은 각각 평
면 $\alpha$, $\beta$ 위에 있다. 두 직선 $l$, $m$이
교선 XY 위의 점 P에서 만나고, 교
선 XY와 각각 45°, 30°의 각을 이룬

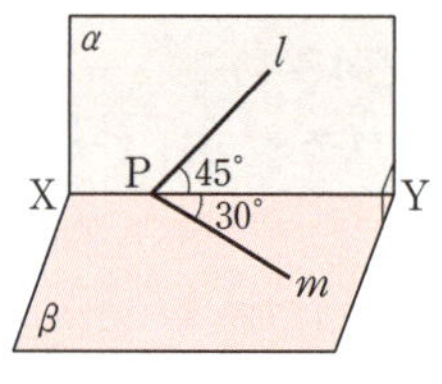

다. 두 직선 $l$, $m$이 이루는 각의 크기를 $\theta$라 할 때, $\cos\theta$의
값을 구하시오.

| 개념원리 기하 180쪽 |

## 유형 07  두 평면이 이루는 각

이면각의 크기 구하는 방법
(ⅰ) 두 평면의 교선을 찾는다.
(ⅱ) 교선 위의 한 점 H에서 교선과 수직이
되도록 각 평면에 두 직선 $\overrightarrow{HA}$, $\overrightarrow{HB}$를
긋는다.
(ⅲ) (ⅱ)의 두 직선이 이루는 각의 크기 $\angle AHB=\theta$를 구한다.

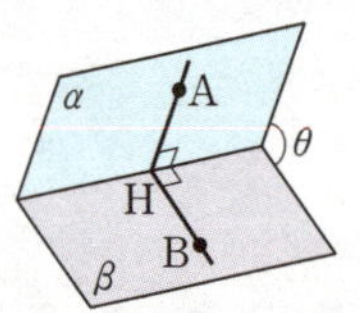

### 0552  대표문제

오른쪽 그림과 같은 정육면체에서 평면
EFGH와 평면 DEG가 이루는 각의
크기를 $\theta$라 할 때, $\cos\theta$의 값을 구하
시오.

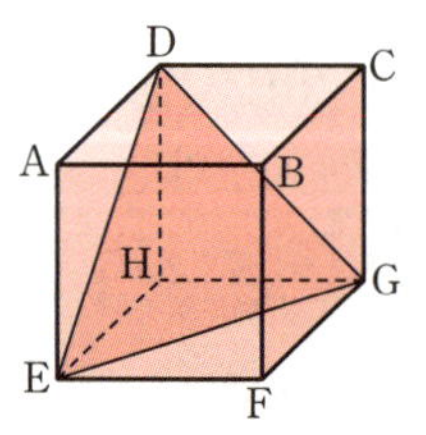

### 0553  중 하

오른쪽 그림과 같은 직육면체에서
$\overline{AD}=4$, $\overline{AE}=5$, $\overline{DC}=5\sqrt{3}$일 때,
평면 AFGD와 평면 EFGH가 이
루는 각의 크기를 구하시오.

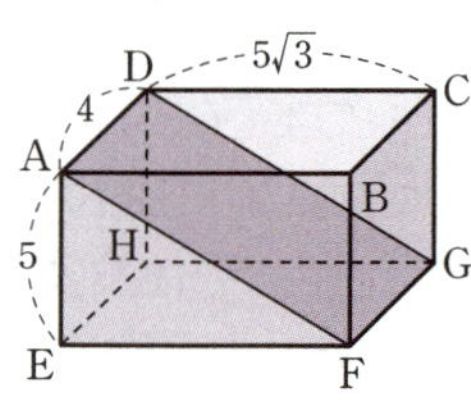

### 0554  중 하   서술형

평면 $\alpha$ 밖의 한 점 A에서 평면 $\alpha$에 그
은 수선의 길이가 $3\sqrt{3}$이고 점 A에서 평
면 $\alpha$ 위의 직선 $l$에 내린 수선의 길이가
6일 때, 점 A와 직선 $l$로 결정되는 평면
이 평면 $\alpha$와 이루는 각의 크기를 구하시
오.

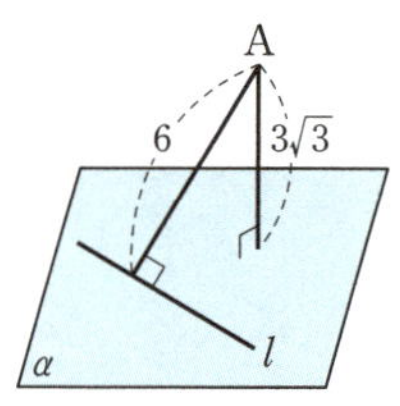

### 0555  중

오른쪽 그림과 같이 밑면이 정사각형
이고 옆면이 모두 정삼각형인 사각뿔
에서 평면 ABC와 평면 BCDE가 이
루는 각의 크기를 $\theta$라 할 때, $\cos\theta$의
값은?

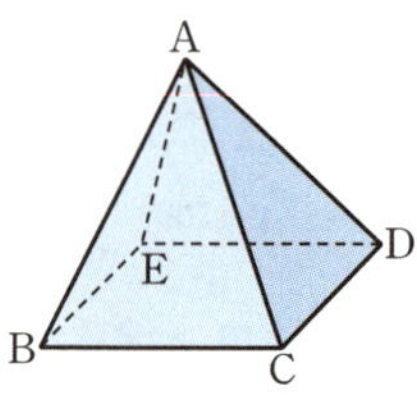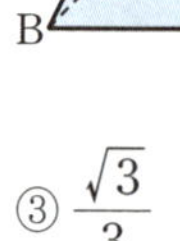

① $\dfrac{1}{3}$        ② $\dfrac{\sqrt{2}}{3}$        ③ $\dfrac{\sqrt{3}}{3}$

④ $\dfrac{2}{3}$        ⑤ $\dfrac{2\sqrt{2}}{3}$

## 유형 **08** 직선과 평면이 이루는 각

직선 AB와 평면 $\alpha$가 이루는 각의 크기를 $\theta$, 점 B에서 평면 $\alpha$에 내린 수선의 발을 H라 하면

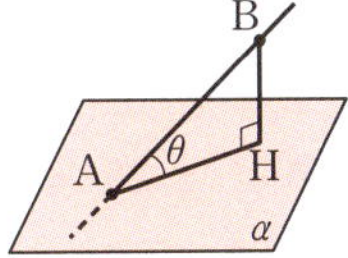

(1) $\theta = \angle \text{BAH}$

(2) $\sin \theta = \dfrac{\overline{\text{BH}}}{\overline{\text{AB}}}$, $\cos \theta = \dfrac{\overline{\text{AH}}}{\overline{\text{AB}}}$

### 0556 　대표문제

오른쪽 그림의 정육면체에서 직선 AF 와 평면 DHFB가 이루는 각의 크기를 $\theta$라 할 때, $\sin \theta$의 값은?

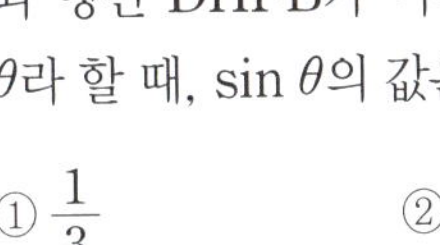

① $\dfrac{1}{3}$  　② $\dfrac{1}{2}$

③ $\dfrac{\sqrt{3}}{3}$  　④ $\dfrac{\sqrt{2}}{2}$  　⑤ $\dfrac{\sqrt{3}}{2}$

### 0557 　중

오른쪽 그림의 정사면체에서 직선 AB 와 평면 BCD가 이루는 각의 크기를 $\theta$ 라 할 때, $\cos \theta$의 값을 구하시오.

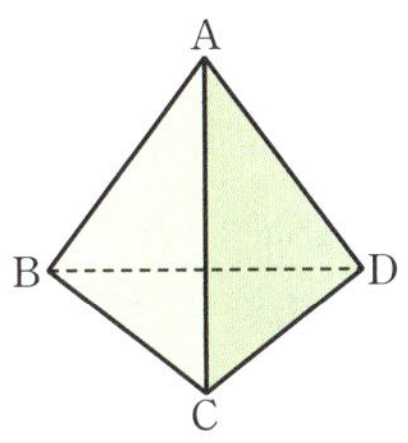

### 0558 　중

오른쪽 그림의 정팔면체에서 직선 AB 와 평면 BCDE가 이루는 각의 크기를 구하시오.

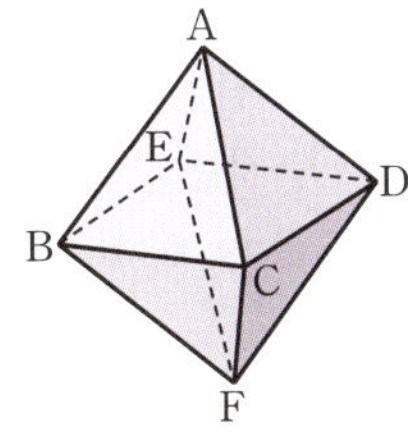

### 0559 　중

오른쪽 그림과 같이 한 변의 길이가 4인 정 삼각형을 밑면으로 하고 높이가 6인 삼각 기둥이 있다. 모서리 AB의 중점을 G라 하 고 직선 GF와 평면 DEF가 이루는 각의 크기를 $\theta$라 할 때, $\cos \theta$의 값을 구하시오.

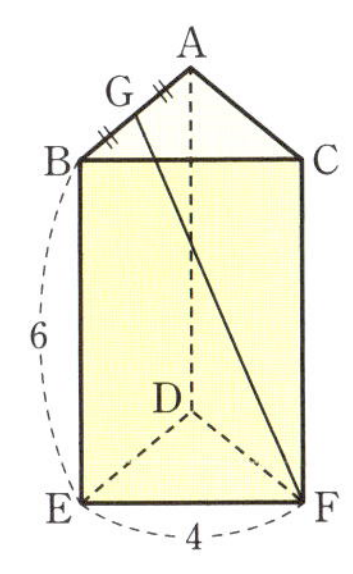

### 0560 　중

오른쪽 그림과 같이 한 모서리의 길이 가 10인 정육면체에서 모서리 EF의 중점을 M, 꼭짓점 D에서 선분 GM에 내린 수선의 발을 I라 하자. 직선 DI와 평면 EFGH가 이루는 각의 크기를 $\theta$ 할 때, $\cos \theta$의 값은?

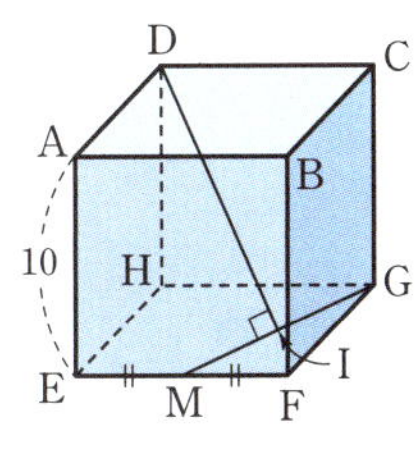

① $\dfrac{1}{2}$  　② $\dfrac{3}{5}$  　③ $\dfrac{2}{3}$

④ $\dfrac{\sqrt{2}}{2}$  　⑤ $\dfrac{\sqrt{3}}{2}$

### 0561 　상중 　서술형

오른쪽 그림의 정육면체에서 직선 AB 와 평면 AFC가 이루는 각의 크기를 $\theta$ 라 할 때, $\sin \theta$의 값을 구하시오.

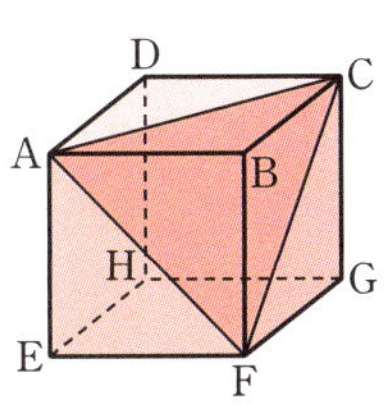

## 유형 익히기

### 유형 09 정사영의 길이

선분 AB의 평면 $\alpha$ 위로의 정사영을 선분 A′B′이라 하고 직선 AB와 평면 $\alpha$가 이루는 각의 크기를 $\theta\,(0°\leq\theta\leq90°)$라 하면
$$\overline{\text{A}'\text{B}'}=\overline{\text{AB}}\cos\theta$$

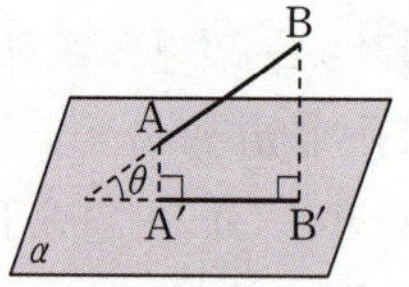

**0562** 대표문제

오른쪽 그림과 같이 직선 $l$ 위의 두 점 A, B의 평면 $\alpha$ 위로의 정사영을 각각 A′, B′이라 할 때, $\overline{\text{AB}}=2$, $\overline{\text{A}'\text{B}'}=\sqrt{3}$이다. 이때 직선 $l$과 평면 $\alpha$가 이루는 예각의 크기를 구하시오.

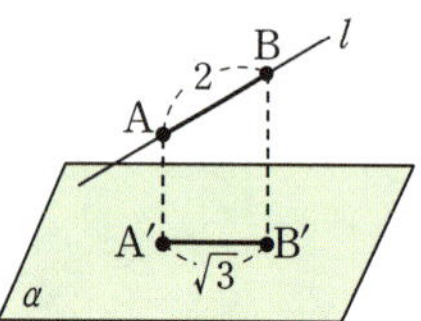

**0563** 중

오른쪽 그림과 같이 밑면의 반지름의 길이가 $\sqrt{3}$인 원기둥을 밑면과 30°의 각을 이루는 평면으로 자를 때 생기는 타원의 장축의 길이를 구하시오.

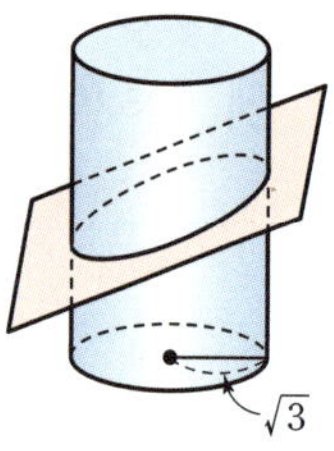

**0564** 중

오른쪽 그림과 같이 한 모서리의 길이가 2인 정사면체에서 두 점 M, N은 각각 $\overline{\text{AD}}$, $\overline{\text{BC}}$의 중점이다. 선분 MN의 평면 BCD 위로의 정사영의 길이는?

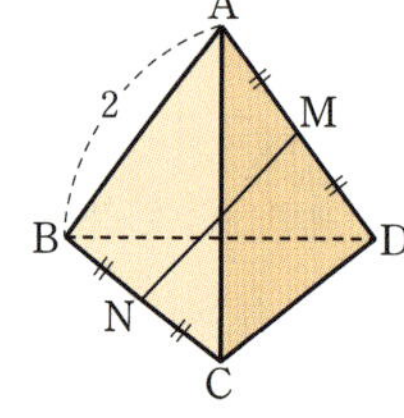

① $\dfrac{\sqrt{2}}{3}$  ② $\dfrac{\sqrt{3}}{3}$

③ $\dfrac{2}{3}$  ④ $\dfrac{\sqrt{6}}{3}$  ⑤ $\dfrac{2\sqrt{3}}{3}$



### 유형 10 정사영의 넓이 – 각의 크기가 주어진 경우

평면 $\beta$ 위에 있는 도형의 넓이를 $S$, 이 도형의 평면 $\alpha$ 위로의 정사영의 넓이를 $S'$이라 할 때, 두 평면 $\alpha$, $\beta$가 이루는 각의 크기를 $\theta\,(0°\leq\theta\leq90°)$라 하면
$$S'=S\cos\theta$$

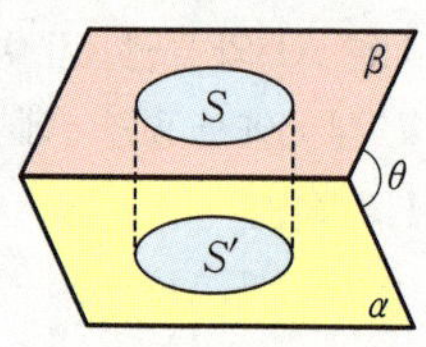

**0565** 대표문제

오른쪽 그림과 같이 한 변의 길이가 2인 정삼각형을 밑면으로 하는 삼각기둥을 밑면과 30°의 각을 이루는 평면으로 자를 때 생기는 단면인 삼각형 AB′C의 넓이를 구하시오.

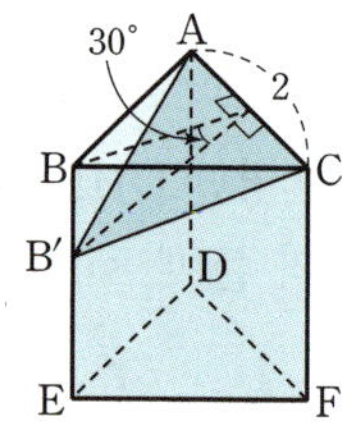

**0566** 중하

오른쪽 그림과 같이 밑면의 반지름의 길이가 $3\sqrt{2}$인 원기둥을 밑면과 60°의 각을 이루는 평면으로 자를 때 생기는 단면의 넓이는?

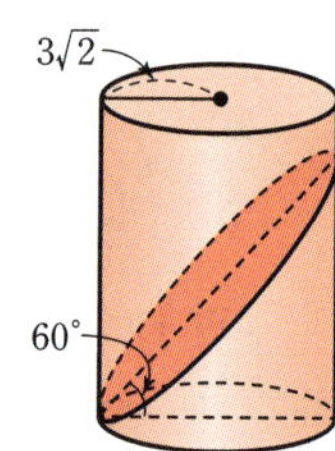

① $18\pi$  ② $18\sqrt{2}\pi$

③ $36\pi$  ④ $36\sqrt{2}\pi$

⑤ $36\sqrt{3}\pi$

**0567** 중

오른쪽 그림과 같이 반지름의 길이가 8인 반구에서 밑면인 원의 중심을 O, 지름의 양 끝 점을 각각 A, B라 하자. 이 반구를 점 A를 지나고, 밑면과 45°의 각을 이루는 평면으로 자를 때 생기는 단면의 밑면 위로의 정사영의 넓이를 구하시오.

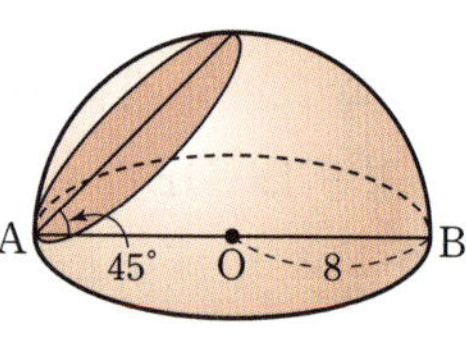

## 유형 11   정사영의 넓이를 이용하여 각의 크기 구하기

두 평면 $\alpha$, $\beta$가 이루는 각의 크기가 $\theta$이고, 평면 $\beta$ 위의 도형의 넓이가 $S$, 이 도형의 평면 $\alpha$ 위로의 정사영의 넓이를 $S'$이라 하면

$$\cos\theta = \frac{S'}{S} \ \ (\text{단, } 0° \le \theta \le 90°)$$

### 0568 대표문제

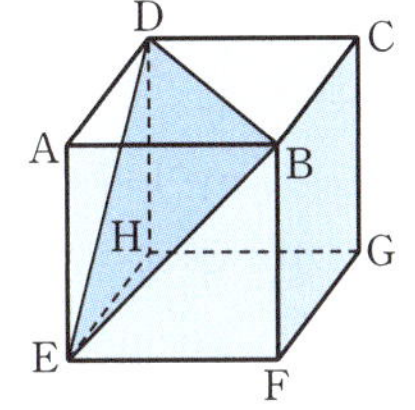

오른쪽 그림의 정육면체에서 평면 DEB와 평면 EFGH가 이루는 각의 크기를 $\theta$라 할 때, $\cos\theta$의 값은?

① $\dfrac{1}{3}$      ② $\dfrac{1}{2}$

③ $\dfrac{\sqrt{3}}{3}$      ④ $\dfrac{\sqrt{2}}{2}$      ⑤ $\dfrac{\sqrt{3}}{2}$

### 0569 중

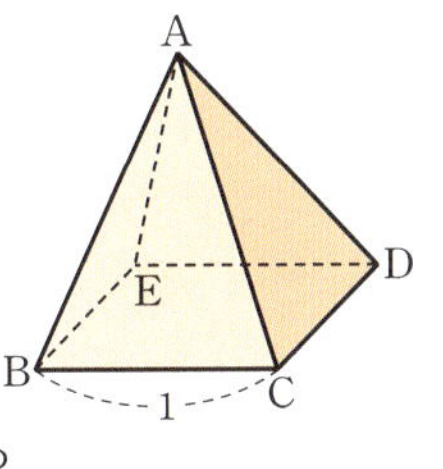

오른쪽 그림의 사각뿔에서 사각형 BCDE는 한 변의 길이가 1인 정사각형이고 $\overline{AB}=\overline{AC}=\overline{AD}=\overline{AE}$이다. 삼각형 ABC의 넓이가 2이고, 평면 ABC와 평면 BCDE가 이루는 각의 크기를 $\theta$라 할 때, $\cos\theta$의 값을 구하시오.

### 0570 상중

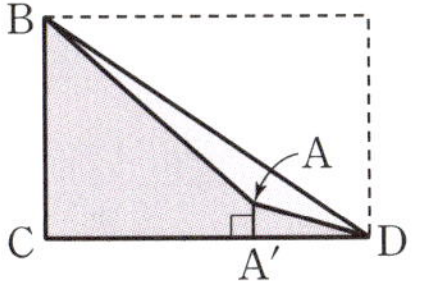

오른쪽 그림과 같이 직사각형 ABCD를 대각선 BD를 접는 선으로 하여 꼭짓점 A의 평면 BCD 위로의 정사영 A'이 변 CD 위에 오도록 접었더니 $\overline{CA'} : \overline{A'D} = 16 : 9$가 되었다. 평면 ABD와 평면 BCD가 이루는 각의 크기를 $\theta$라 할 때, $\cos\theta$의 값을 구하시오.



## 유형 12   정사영의 넓이 – 각의 크기가 주어지지 않은 경우

정사영을 이용하여 두 평면 $\alpha$, $\beta$ 사이의 각의 크기를 구하면 다음을 모두 구할 수 있다.

(1) 평면 $\alpha$ 위의 도형의 평면 $\beta$ 위로의 정사영의 넓이
(2) 평면 $\beta$ 위의 도형의 평면 $\alpha$ 위로의 정사영의 넓이

### 0571 대표문제

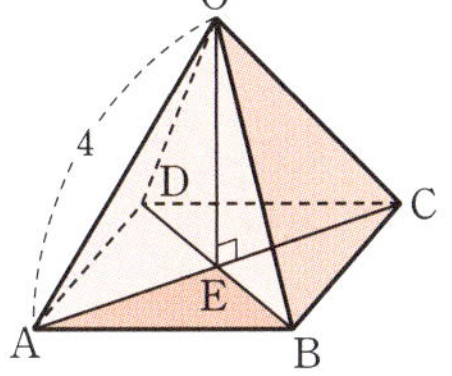

오른쪽 그림과 같이 모든 모서리의 길이가 4인 사각뿔의 꼭짓점 O에서 평면 ABCD 위에 내린 수선의 발을 E라 할 때, 삼각형 EAB의 평면 OAB 위로의 정사영의 넓이는?

① $\dfrac{\sqrt{3}}{3}$      ② $\dfrac{2\sqrt{3}}{3}$

③ $\sqrt{3}$      ④ $\dfrac{4\sqrt{3}}{3}$      ⑤ $2\sqrt{3}$

### 0572 중

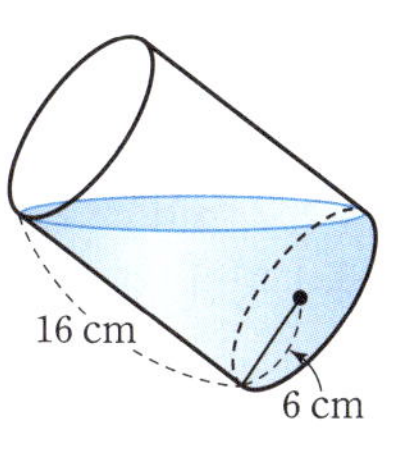

밑면인 원의 반지름의 길이가 6 cm이고 높이가 16 cm인 원기둥 모양의 물통에 물을 가득 채운 후 오른쪽 그림과 같이 기울여서 물의 양이 처음의 $\dfrac{1}{2}$만 남게 하였다. 이때 수면의 넓이를 구하시오.

(단, 물통의 두께는 고려하지 않는다.)

### 0573 중 서술형

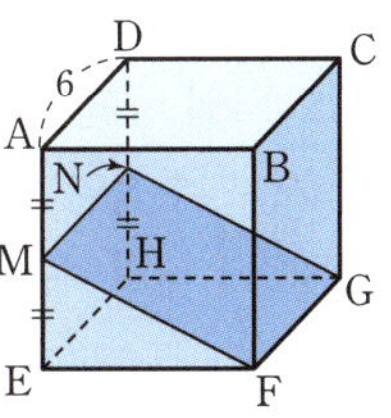

오른쪽 그림과 같이 한 모서리의 길이가 6인 정육면체에서 두 모서리 AE, DH의 중점을 각각 M, N이라 할 때, 사각형 BFGC의 평면 MFGN 위로의 정사영의 넓이를 구하시오.

# 유형 up

## 유형 13　수선의 길이

( i ) 주어진 공간도형에서 직각삼각형을 찾는다.

( ii ) 삼각비나 피타고라스 정리를 이용하여 선분의 길이를 구한다.

### 0574 대표문제

오른쪽 그림과 같이 한 모서리의 길이가 4인 정육면체에서 두 점 P, Q는 각각 $\overline{BD}$, $\overline{AG}$ 위에 있고, $\overline{PQ}$는 $\overline{BD}$, $\overline{AG}$에 각각 수직이다. 이때 선분 PQ의 길이는?

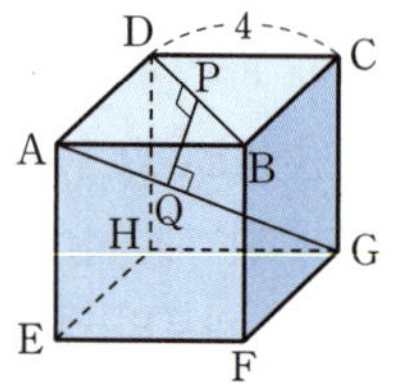

① $\dfrac{\sqrt{6}}{6}$　　② $\dfrac{\sqrt{6}}{3}$　　③ $\dfrac{\sqrt{6}}{2}$

④ $\dfrac{2\sqrt{6}}{3}$　　⑤ $\dfrac{5\sqrt{6}}{6}$

### 0575 중

오른쪽 그림과 같이 한 모서리의 길이가 1인 정사면체가 있다. $\overline{AB}$의 중점 E에서 평면 BCD에 내린 수선의 발을 F라 할 때, $\overline{EF}$의 길이를 구하시오.

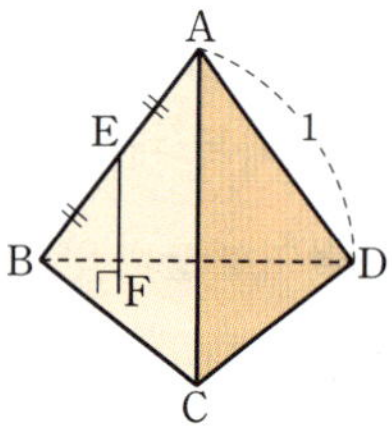

### 0576 상 중

오른쪽 그림과 같이 $\overline{OA}=\overline{OC}=2$, $\overline{OB}=4$인 사면체에서 $\overline{OA}$, $\overline{OB}$, $\overline{OC}$가 서로 수직일 때, 점 O에서 평면 ABC에 내린 수선의 길이를 구하시오.

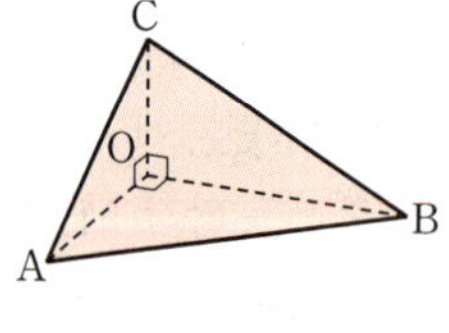

## 유형 14　정사영의 넓이의 실생활에서의 활용

빛의 방향에 따라 물체와 그림자 중 어느 쪽이 처음 도형이고 어느 쪽이 정사영인지를 파악한다.

### 0577 대표문제

오른쪽 그림과 같이 반지름의 길이가 5 m인 구 모양의 애드벌룬이 지면 위에 떠 있다. 태양 광선이 지면과 30°의 각을 이루면서 비출 때, 지면 위에 생긴 애드벌룬의 그림자의 넓이는?

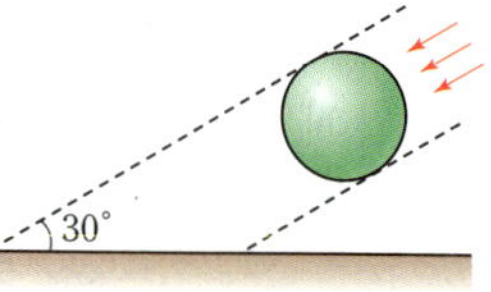

① $45\pi \text{ m}^2$　　② $50\pi \text{ m}^2$　　③ $40\sqrt{3}\pi \text{ m}^2$

④ $70\pi \text{ m}^2$　　⑤ $50\sqrt{3}\pi \text{ m}^2$

### 0578 상 중

오른쪽 그림과 같이 밑면인 원의 반지름의 길이가 3이고, 높이가 4인 원뿔이 평면 $\alpha$ 위에 놓여 있다. 태양 광선이 평면 $\alpha$에 수직인 방향으로 비출 때, 원뿔의 밑면에 의하여 평면 $\alpha$에 생기는 그림자의 넓이는?

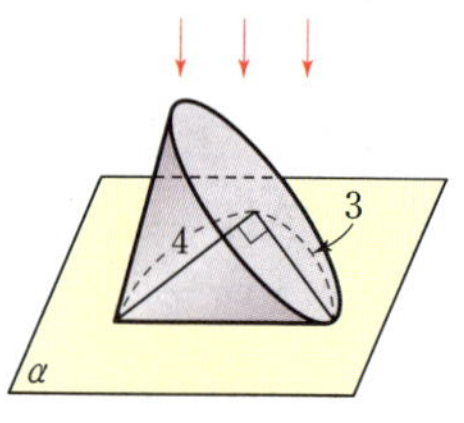

(단, 원뿔의 한 모선이 평면 $\alpha$에 포함된다.)

① $\dfrac{16}{5}\pi$　　② $4\pi$　　③ $\dfrac{21}{5}\pi$

④ $5\pi$　　⑤ $\dfrac{27}{5}\pi$

### 0579 상 중

오른쪽 그림과 같이 햇빛이 지면과 45°의 각을 이루면서 지면 위에 놓인 구 모양의 공을 비추고 있다. 이 공의 그림자의 넓이가 $81\sqrt{2}\pi \text{ cm}^2$일 때, 공의 반지름의 길이를 구하시오.

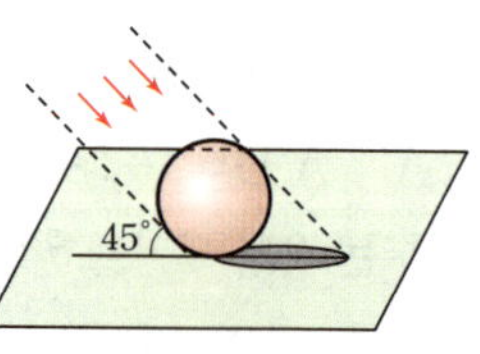

## 0580

오른쪽 그림과 같은 사각뿔에서 네 꼭짓점 B, C, D, E와 두 직선 AE, AC로 만들 수 있는 서로 다른 평면의 개수를 구하시오.

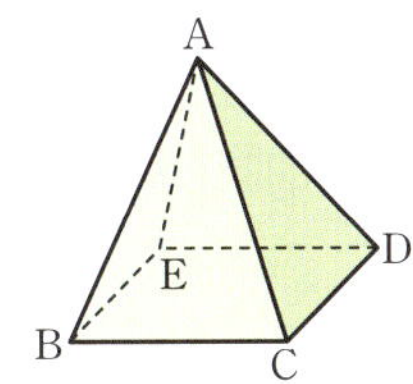

## 0581

오른쪽 그림과 같은 정육면체에서 대각선 AG와 꼬인 위치에 있는 모서리의 개수를 구하시오.

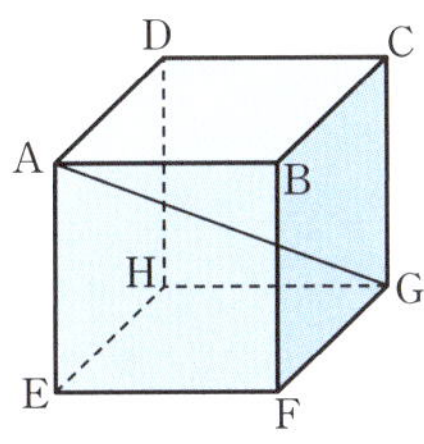

## 0582

오른쪽 그림과 같은 정육면체에 대하여 다음 중 옳지 <u>않은</u> 것은?

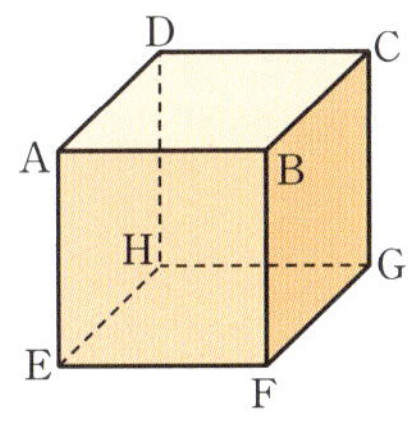

① $\overline{AD} \perp \overline{CG}$  ② $\overline{AF} \perp \overline{BG}$
③ $\overline{BE} \perp \overline{FG}$  ④ $\overline{BE} \perp \overline{AF}$
⑤ $\overline{BE} \perp \overline{AG}$

## 0583 중요

공간에서 서로 다른 세 직선 $l$, $m$, $n$과 서로 다른 두 평면 $\alpha$, $\beta$에 대하여 **보기**에서 옳은 것만을 있는 대로 고른 것은?

```
─● 보기 ●─
ㄱ. l⊥α, m⊥α이면 l // m이다.
ㄴ. l⊥α, l⊥β이면 α // β이다.
ㄷ. l⊥m, m⊥n이면 l // n이다.
ㄹ. l // α, l // β이면 α // β이다.
```

① ㄱ, ㄴ  ② ㄱ, ㄷ  ③ ㄱ, ㄹ
④ ㄴ, ㄹ  ⑤ ㄴ, ㄷ, ㄹ

## 0584 중요

오른쪽 그림과 같이 $\overline{EF} = \overline{FG} = 4$, $\overline{CG} = 6$인 직육면체에서 $\overline{BD}$의 중점을 M이라 하자. 직선 ME와 직선 DH가 이루는 각의 크기를 $\theta$라 할 때, $\cos \theta$의 값을 구하시오.

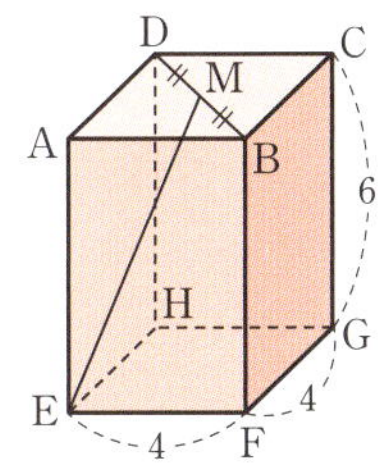

## 0585 평가원 기출

오른쪽 그림과 같이 평면 $\alpha$ 위에 넓이가 24인 삼각형 ABC가 있다. 평면 $\alpha$ 위에 있지 않은 점 P에서 평면 $\alpha$에 내린 수선의 발을 H, 직선 AB에 내린 수선의 발을 Q라 하자. 점 H가 삼각형 ABC의 무게중심이고, $\overline{PH} = 4$, $\overline{AB} = 8$일 때, 선분 PQ의 길이는?

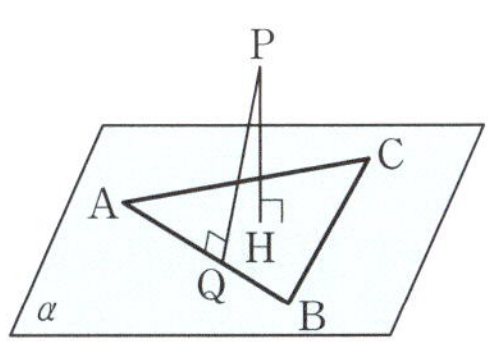

① $3\sqrt{2}$  ② $2\sqrt{5}$  ③ $\sqrt{22}$
④ $2\sqrt{6}$  ⑤ $\sqrt{26}$

## 0586

오른쪽 그림과 같이 평면 $\alpha$ 위의 선분 AB는 길이가 $4\sqrt{6}$이고 두 평면 $\alpha$, $\beta$의 교선 $l$과 $30°$의 각을 이룬다. 점 B에서 평면 $\beta$에 내린 수선의 발을 C라 하면 $\overline{BC} = 4$이다. 두 평면 $\alpha$, $\beta$가 이루는 각의 크기를 $\theta$라 할 때, $\cos \theta$의 값을 구하시오. (단, 점 A는 두 평면 $\alpha$, $\beta$의 교선 $l$ 위에 있다.)

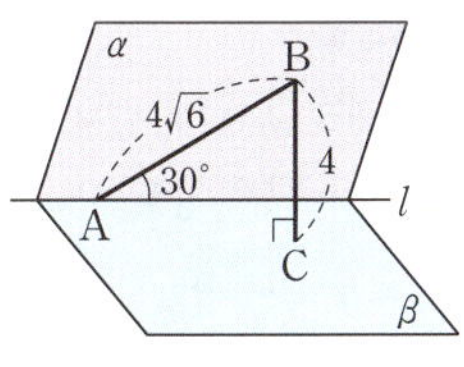

## 0587

오른쪽 그림과 같이 $\overline{AD}=\overline{AE}=1$, $\overline{DC}=2$인 직육면체에서 대각선 DF가 세 평면 ABCD, AEFB, AEHD와 이루는 각의 크기를 각각 $\alpha$, $\beta$, $\gamma$라 할 때, $\cos^2\alpha+\cos^2\beta+\cos^2\gamma$의 값은?

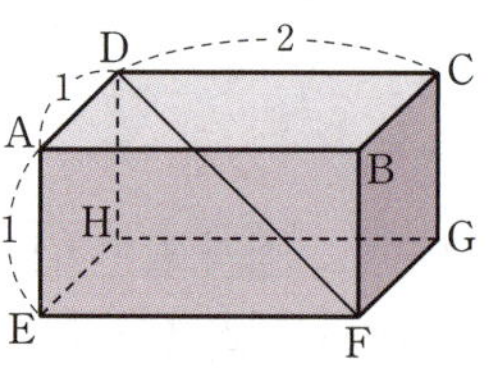

① $\dfrac{11}{6}$  　② $2$  　③ $\dfrac{13}{6}$

④ $\dfrac{7}{3}$  　⑤ $\dfrac{5}{2}$

## 0588

오른쪽 그림과 같이 밑면이 직각이등변삼각형인 삼각기둥에서 $\angle BDE=60°$이다. 직선 BD와 평면 BEFC가 이루는 각의 크기를 $\theta$라 할 때, $\sin\theta$의 값은?

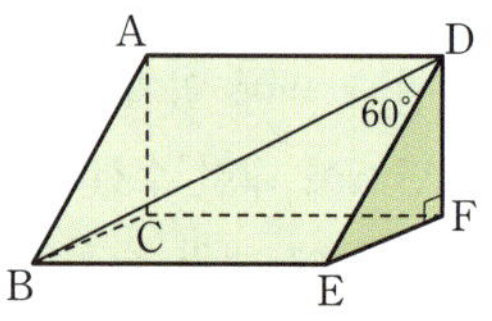

① $\dfrac{\sqrt{2}}{4}$  　② $\dfrac{\sqrt{2}}{2}$  　③ $1$

④ $\dfrac{3\sqrt{2}}{4}$  　⑤ $\sqrt{2}$

## 0589

오른쪽 그림과 같이 평행한 두 밑면은 합동인 타원이고 옆면이 밑면에 $60°$의 각도를 이루며 기울어져 있는 입체도형 안에 구가 접하고 있다. 밑면인 타원의 넓이가 $6\sqrt{3}\pi$일 때, 구의 반지름의 길이를 구하시오.

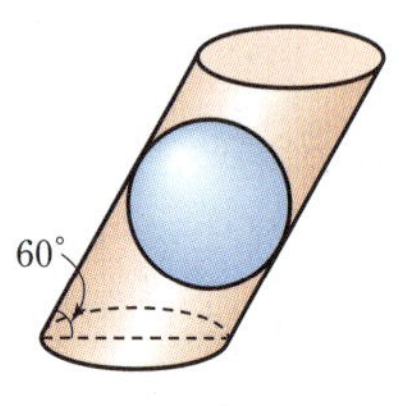

## 0590

오른쪽 그림과 같이 한 모서리의 길이가 4인 정육면체에서 6개의 모서리 AD, AE, EF, FG, CG, CD의 중점을 각각 I, J, K, L, M, N이라 하자. 평면 IJKLMN과 평면 EFGH가 이루는 각의 크기를 $\theta$라 할 때, $\cos\theta$의 값은?

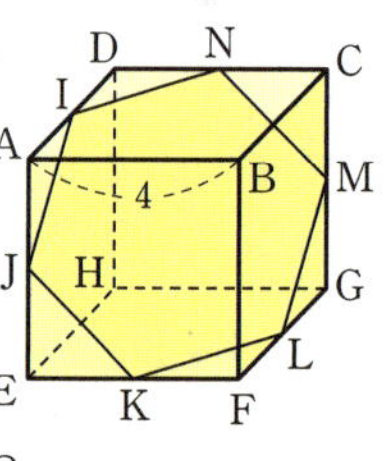

① $\dfrac{\sqrt{2}}{3}$  　② $\dfrac{1}{2}$  　③ $\dfrac{\sqrt{3}}{3}$

④ $\dfrac{\sqrt{2}}{2}$  　⑤ $\dfrac{\sqrt{3}}{2}$

## 0591

오른쪽 그림과 같이 한 모서리의 길이가 10인 정사면체에서 모서리 AC를 $2:3$으로 내분하는 점을 F라 하자. 이때 삼각형 FBD의 평면 BCD 위로의 정사영의 넓이를 구하시오.

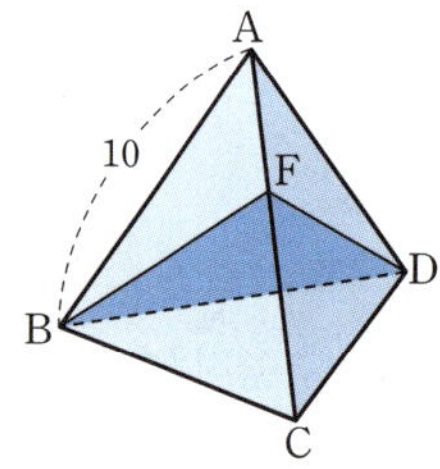

## 0592

오른쪽 그림과 같이 차광막이 지면과 $15°$의 각을 이루도록 설치되어 있고, 태양 광선이 지면과 $30°$의 각을 이루면서 비추고 있다. 차광막의 그림자의 넓이가 20일 때, 차광막의 넓이를 구하시오.

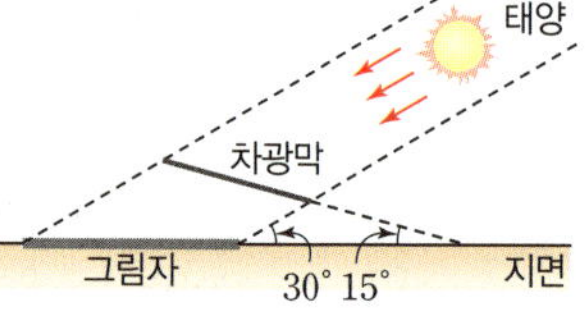

 ## 서술형 주관식

### 0593
오른쪽 그림과 같이 평면 $\alpha$ 밖의 한 점 P에서 평면 $\alpha$에 내린 수선의 발을 O라 하고, 점 O에서 평면 $\alpha$ 위의 직선 AB에 내린 수선의 발을 Q라 하자. $\overline{OP}=8$, $\overline{AQ}=4\sqrt{6}$, $\overline{AP}=14$일 때, 선분 OQ의 길이를 구하시오.

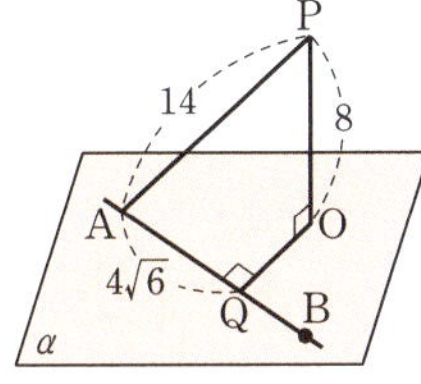

### 0594
오른쪽 그림과 같이 한 모서리의 길이가 1인 정사면체에서 꼬인 위치에 있는 두 모서리 AB와 CD 사이의 거리를 구하시오.

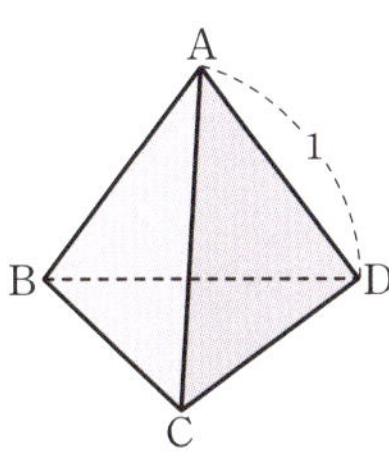

### 0595 
오른쪽 그림과 같은 직육면체에서 $\overline{AD}=15$, $\overline{AE}=16$, $\overline{DC}=20$일 때, 삼각형 DEG의 넓이를 구하시오.

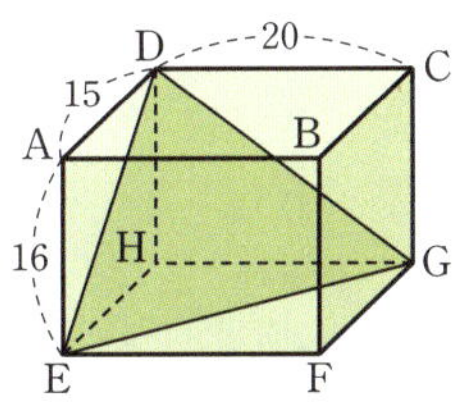

### 0596
오른쪽 그림에서 두 평면 $\alpha$, $\beta$의 교선은 직선 AB이고, 두 평면 $\alpha$, $\beta$가 이루는 각의 크기는 $30°$이다. 평면 $\alpha$ 위의 점 P와 교선 AB 위의 점 Q에 대하여 $\overline{PQ}=4$, $\angle PQB=60°$일 때, 선분 PQ의 평면 $\beta$ 위로의 정사영의 길이를 구하시오.

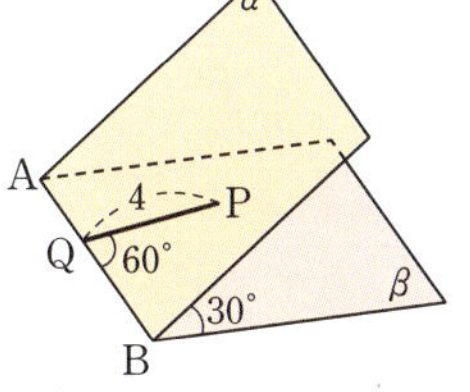

## 실력 up

### 0597 교육청 기출
사면체 OABC에서 $\overline{OC}=3$이고 삼각형 ABC는 한 변의 길이가 6인 정삼각형이다. 직선 OC와 평면 OAB가 수직일 때, 삼각형 OBC의 평면 ABC 위로의 정사영의 넓이는?

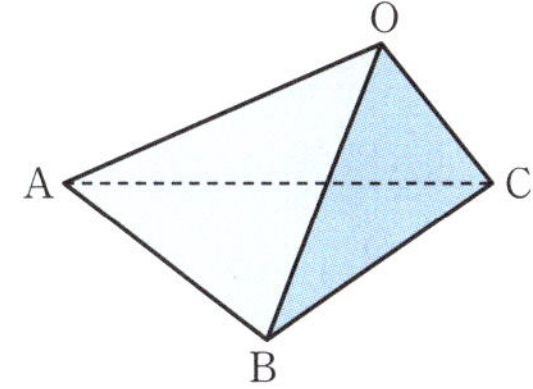

① $\dfrac{3\sqrt{3}}{4}$  ② $\sqrt{3}$  ③ $\dfrac{5\sqrt{3}}{4}$

④ $\dfrac{3\sqrt{3}}{2}$  ⑤ $\dfrac{7\sqrt{3}}{4}$

### 0598
오른쪽 그림과 같이 반지름의 길이가 4인 반구를 평면 $\alpha$ 위에 엎어 놓고 평면 $\alpha$와 반구의 밑면이 이루는 각의 크기가 $60°$가 되도록 반구의 한쪽 끝을 들어올렸을 때, 반구의 평면 $\alpha$ 위로의 정사영의 넓이를 구하시오.

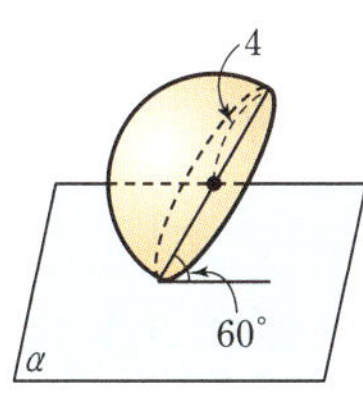

### 0599 창의·융합
오른쪽 그림과 같이 반지름의 길이가 6인 구의 중심 O를 지나는 평면 $\alpha$와 이루는 각의 크기가 $30°$인 평면 $\beta$가 있다. 평면 $\beta$와 구가 만나서 생기는 도형의 평면 $\alpha$ 위로의 정사영의 넓이가 $4\sqrt{3}\pi$일 때, 구의 중심 O와 평면 $\beta$ 사이의 거리를 구하시오.

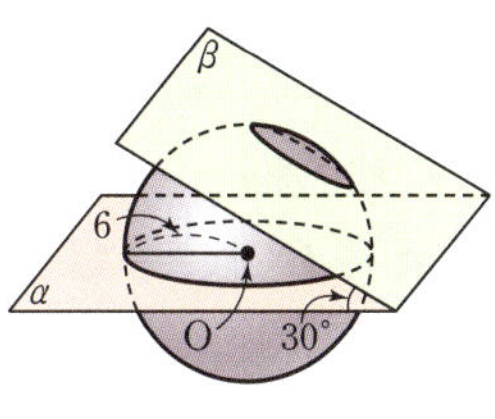

# 06 공간좌표



## 06·1    공간에서의 점의 좌표

**1** 각각의 원점에서 서로 직교하도록 그은 세 수직선을 각각 $x$축, $y$축, $z$축이라 하고, 이 세 축을 **좌표축**이라 한다. 이때 좌표축이 정해진 공간을 **좌표공간**이라 한다. 또, $x$축과 $y$축을 포함하는 평면을 $xy$**평면**, $y$축과 $z$축을 포함하는 평면을 $yz$**평면**, $z$축과 $x$축을 포함하는 평면을 $zx$**평면**이라 하고, 이 세 평면을 통틀어 **좌표평면**이라 한다.

**2** 좌표공간의 한 점 P에 대응하는 세 실수의 순서쌍 $(a, b, c)$를 점 P의 **공간좌표**라 하고, 이것을 기호로 $\mathrm{P}(a, b, c)$와 같이 나타낸다.

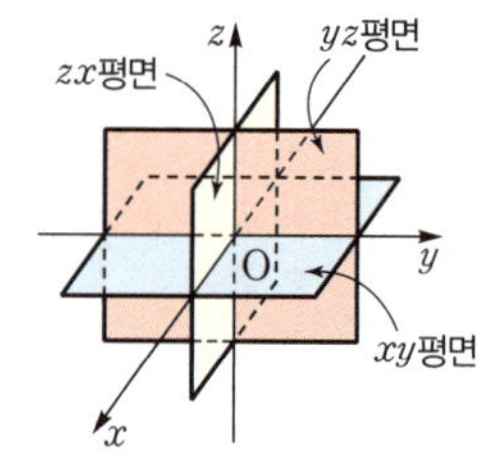


+ 개념 플러스

좌표축 또는 좌표평면 위의 점의 좌표는 다음과 같이 나타낸다.
① $x$축 위의 점 ⇨ $(a, 0, 0)$
② $y$축 위의 점 ⇨ $(0, b, 0)$
③ $z$축 위의 점 ⇨ $(0, 0, c)$
④ $xy$평면 위의 점 ⇨ $(a, b, 0)$
⑤ $yz$평면 위의 점 ⇨ $(0, b, c)$
⑥ $zx$평면 위의 점 ⇨ $(a, 0, c)$

점 $(a, b, c)$의 대칭이동
① $x$축 ⇨ $(a, -b, -c)$
② $y$축 ⇨ $(-a, b, -c)$
③ $z$축 ⇨ $(-a, -b, c)$
④ $xy$평면 ⇨ $(a, b, -c)$
⑤ $yz$평면 ⇨ $(-a, b, c)$
⑥ $zx$평면 ⇨ $(a, -b, c)$
⑦ 원점 ⇨ $(-a, -b, -c)$

## 06·2    좌표공간에서 두 점 사이의 거리

좌표공간에서 두 점 $\mathrm{A}(x_1, y_1, z_1)$, $\mathrm{B}(x_2, y_2, z_2)$ 사이의 거리는
$$\overline{\mathrm{AB}}=\sqrt{(x_2-x_1)^2+(y_2-y_1)^2+(z_2-z_1)^2}$$
특히, 원점 O와 점 $\mathrm{A}(x_1, y_1, z_1)$ 사이의 거리는 $\overline{\mathrm{OA}}=\sqrt{x_1^2+y_1^2+z_1^2}$

## 06·3    선분의 내분점과 외분점

좌표공간의 두 점 $\mathrm{A}(x_1, y_1, z_1)$, $\mathrm{B}(x_2, y_2, z_2)$에 대하여
(1) 선분 $\mathrm{AB}$를 $m : n \ (m>0, \ n>0)$으로 내분하는 점의 좌표는
$$\left(\frac{mx_2+nx_1}{m+n}, \ \frac{my_2+ny_1}{m+n}, \ \frac{mz_2+nz_1}{m+n}\right)$$
(2) 선분 $\mathrm{AB}$를 $m : n \ (m>0, \ n>0, \ m\neq n)$으로 외분하는 점의 좌표는
$$\left(\frac{mx_2-nx_1}{m-n}, \ \frac{my_2-ny_1}{m-n}, \ \frac{mz_2-nz_1}{m-n}\right)$$

좌표공간의 세 점
$\mathrm{A}(x_1, y_1, z_1)$, $\mathrm{B}(x_2, y_2, z_2)$, $\mathrm{C}(x_3, y_3, z_3)$에 대하여
① 선분 $\mathrm{AB}$의 중점의 좌표는
$$\left(\frac{x_1+x_2}{2}, \frac{y_1+y_2}{2}, \frac{z_1+z_2}{2}\right)$$
② 삼각형 $\mathrm{ABC}$의 무게중심의 좌표는
$$\left(\frac{x_1+x_2+x_3}{3}, \frac{y_1+y_2+y_3}{3}, \frac{z_1+z_2+z_3}{3}\right)$$

## 06·4    구의 방정식

**1 구의 방정식:** 중심이 점 $(a, b, c)$이고 반지름의 길이가 $r$인 구의 방정식은
$$(x-a)^2+(y-b)^2+(z-c)^2=r^2$$

**2 이차방정식** $x^2+y^2+z^2+Ax+By+Cz+D=0$**이 나타내는 도형**
$A^2+B^2+C^2-4D>0$일 때,
중심이 점 $\left(-\dfrac{A}{2}, -\dfrac{B}{2}, -\dfrac{C}{2}\right)$, 반지름의 길이가 $\dfrac{\sqrt{A^2+B^2+C^2-4D}}{2}$
인 구를 나타낸다.

**3 좌표평면에 접하는 구의 방정식**
중심이 점 $(a, b, c)$이고 좌표평면에 접하는 구의 방정식은 다음과 같다.
(1) $xy$평면 ⇨ $(x-a)^2+(y-b)^2+(z-c)^2=c^2$
(2) $yz$평면 ⇨ $(x-a)^2+(y-b)^2+(z-c)^2=a^2$
(3) $zx$평면 ⇨ $(x-a)^2+(y-b)^2+(z-c)^2=b^2$

중심이 원점이고 반지름의 길이가 $r$인 구의 방정식
⇨ $x^2+y^2+z^2=r^2$

구의 방정식의 일반형은 $x, y, z$에 대한 이차방정식이고 $x^2, y^2, z^2$의 계수가 같으며, $xy$항, $yz$항, $zx$항은 포함하지 않는다.

### 06·1 공간에서의 점의 좌표

**0600** 오른쪽 그림과 같이 좌표공간에 놓인 직육면체에서 다음 점의 좌표를 구하시오.

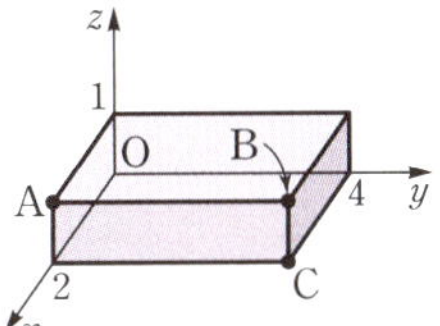

(1) 점 A
(2) 점 B
(3) 점 C

**0601** 점 $P(-2, 3, 1)$에 대하여 다음 점의 좌표를 구하시오.

(1) 점 P에서 $xy$평면에 내린 수선의 발
(2) 점 P에서 $yz$평면에 내린 수선의 발
(3) 점 P에서 $zx$평면에 내린 수선의 발

**0602** 점 $P(3, -2, 4)$를 다음에 대하여 대칭이동한 점의 좌표를 구하시오.

(1) $x$축
(2) $y$축
(3) $zx$평면
(4) 원점

### 06·2 좌표공간에서 두 점 사이의 거리

**[0603 ~ 0605]** 다음 두 점 사이의 거리를 구하시오.

**0603** $O(0, 0, 0)$, $A(2, -4, 4)$

**0604** $A(-2, 1, 3)$, $B(2, -3, 1)$

**0605** $A(1, -2, 3)$, $B(3, 2, 6)$

**0606** 점 $A(1, 2, 3)$과 $yz$평면에 대하여 대칭인 점을 B라 할 때, 다음을 구하시오.

(1) 점 B의 좌표
(2) 선분 AB의 길이

### 06·3 선분의 내분점과 외분점

**0607** 두 점 $A(-1, 1, 2)$, $B(5, 4, 5)$에 대하여 다음 점의 좌표를 구하시오.

(1) 선분 AB를 $2 : 1$로 내분하는 점
(2) 선분 AB를 $1 : 2$로 외분하는 점
(3) 선분 AB의 중점

**0608** 세 점 $A(1, 2, 3)$, $B(2, 1, -2)$, $C(6, 3, 2)$를 꼭짓점으로 하는 삼각형 ABC의 무게중심의 좌표를 구하시오.

### 06·4 구의 방정식

**[0609 ~ 0610]** 다음 방정식이 나타내는 구의 중심의 좌표와 반지름의 길이를 구하시오.

**0609** $(x-1)^2+(y+1)^2+(z-2)^2=9$

**0610** $(x+3)^2+(y-2)^2+(z+4)^2=16$

**[0611 ~ 0612]** 다음 구의 방정식을 구하시오.

**0611** 중심이 점 $(2, -3, 4)$이고 반지름의 길이가 5인 구

**0612** 중심이 원점이고 점 $(1, 2, 0)$을 지나는 구

**[0613 ~ 0614]** 다음 방정식이 나타내는 구의 중심의 좌표와 반지름의 길이를 구하시오.

**0613** $x^2+y^2+z^2-6y=0$

**0614** $x^2+y^2+z^2-4x+2y+6z=0$

**0615** 네 점 $(0, 0, 0)$, $(2, -1, 0)$, $(2, 1, 2)$, $(1, 0, 0)$을 지나는 구의 방정식을 구하시오.

| 개념원리 기하 198쪽 |

### 유형 **01** 공간에서의 점의 좌표

좌표공간의 점 $(a, b, c)$에 대하여

(1) 수선의 발
- $x$축 $\Rightarrow (a, 0, 0)$
- $y$축 $\Rightarrow (0, b, 0)$
- $z$축 $\Rightarrow (0, 0, c)$
- $xy$평면 $\Rightarrow (a, b, 0)$
- $yz$평면 $\Rightarrow (0, b, c)$
- $zx$평면 $\Rightarrow (a, 0, c)$

(2) 대칭인 점
- $x$축 $\Rightarrow (a, -b, -c)$
- $y$축 $\Rightarrow (-a, b, -c)$
- $z$축 $\Rightarrow (-a, -b, c)$
- $xy$평면 $\Rightarrow (a, b, -c)$
- $yz$평면 $\Rightarrow (-a, b, c)$
- $zx$평면 $\Rightarrow (a, -b, c)$
- 원점 $\Rightarrow (-a, -b, -c)$

**0616** `대표문제`

점 $A(2, -1, 3)$과 $x$축에 대하여 대칭인 점에서 $yz$평면에 내린 수선의 발의 좌표를 $(a, b, c)$라 할 때, $a+b+c$의 값을 구하시오.

**0617** 중하

점 $A(-2, 3, 1)$과 $zx$평면에 대하여 대칭인 점의 좌표를 $(a, b, c)$라 할 때, $abc$의 값을 구하시오.

**0618** 중하

오른쪽 그림의 직육면체에서 꼭짓점 $P$를 $x$축에 대하여 대칭이동한 점의 좌표를 $(a, b, c)$라 할 때, $a-3b+2c$의 값은?

① 5
② 6
③ 7
④ 8
⑤ 9

**0619** 중

점 $A(2, 3, 1)$을 $xy$평면에 대하여 대칭이동한 점을 B라 하고, 점 B를 $z$축에 대하여 대칭이동한 점을 $C(a, b, c)$라 할 때, $a-b+c$의 값을 구하시오.

---

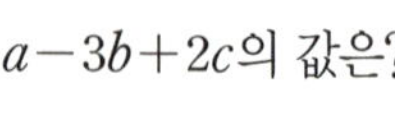 | 개념원리 기하 200쪽 |

### 유형 **02** 공간에서의 두 점 사이의 거리

좌표공간에서 두 점 $A(x_1, y_1, z_1)$, $B(x_2, y_2, z_2)$ 사이의 거리
$\Rightarrow \overline{AB}=\sqrt{(x_2-x_1)^2+(y_2-y_1)^2+(z_2-z_1)^2}$

**0620** `대표문제`

점 $A(3, 2, 1)$과 $zx$평면에 대하여 대칭인 점을 P, $y$축에 대하여 대칭인 점을 Q라 할 때, 선분 PQ의 길이는?

① $2\sqrt{10}$
② $4\sqrt{3}$
③ $2\sqrt{14}$
④ $2\sqrt{15}$
⑤ $3\sqrt{15}$

**0621** 중하

두 점 $A(2, -3, 1)$, $B(a, 2, -1)$에 대하여 $\overline{AB}=3\sqrt{5}$일 때, 양수 $a$의 값을 구하시오.

**0622** 중하

세 점 $A(a, 5, 0)$, $B(-4, a, 1)$, $C(-3, 2, a)$에 대하여 $\overline{AC}=\overline{BC}$일 때, $a$의 값은?

① $-2$
② $-1$
③ $0$
④ $1$
⑤ $2$

**0623** 중

점 $A(1, 2, 3)$과 $xy$평면에 대하여 대칭인 점을 P, $yz$평면에 대하여 대칭인 점을 Q라 하자. $\angle PQA=\theta$라 할 때, $\cos \theta$의 값은?

① $\dfrac{\sqrt{5}}{10}$
② $\dfrac{\sqrt{10}}{10}$
③ $\dfrac{\sqrt{5}}{5}$
④ $\dfrac{\sqrt{10}}{5}$
⑤ $\dfrac{3\sqrt{10}}{10}$

---

## 0624 중 서술형

세 점 $A(2, 1, -2)$, $B(a, -1, 0)$, $C(1, -2, -1)$을 꼭짓점으로 하는 삼각형 ABC가 $\angle A = 90°$인 직각삼각형일 때, $a$의 값을 구하시오.

## 0625 중

점 $A(2, 3, 1)$에서 $yz$평면 위의 직선 $y=z$에 내린 수선의 발을 P라 할 때, 선분 AP의 길이를 구하시오.

## 0626 상중

좌표공간에서 두 점 $A(a, b, 1)$, $B(-1, 2, a)$ 사이의 거리의 최솟값은?

① 1      ② $\sqrt{2}$      ③ $\sqrt{3}$
④ 2      ⑤ $\sqrt{5}$

## 0627 상중

원점 O와 두 점 $A(4, 3, 0)$, $B(2, 3, 6)$을 꼭짓점으로 하는 삼각형 OAB의 넓이는?

① $\dfrac{3\sqrt{26}}{7}$      ② $\dfrac{6\sqrt{26}}{7}$      ③ $\sqrt{26}$
④ $2\sqrt{26}$      ⑤ $3\sqrt{26}$

---

## 유형 03   같은 거리에 있는 점

(1) $x$축 위의 점 $\Rightarrow (a, 0, 0)$, $y$축 위의 점 $\Rightarrow (0, b, 0)$
     $z$축 위의 점 $\Rightarrow (0, 0, c)$

(2) $xy$평면 위의 점 $\Rightarrow (a, b, 0)$, $yz$평면 위의 점 $\Rightarrow (0, b, c)$
     $zx$평면 위의 점 $\Rightarrow (a, 0, c)$

## 0628 대표문제

두 점 $A(4, 2, 1)$, $B(-3, 3, 3)$에서 같은 거리에 있는 $y$축 위의 점의 $y$좌표는?

① 1      ② 3      ③ 5
④ 7      ⑤ 9

## 0629 중하

두 점 $A(-2, 2, 0)$, $B(1, -4, 3)$에서 같은 거리에 있는 $x$축 위의 점을 P라 할 때, 선분 AP의 길이는?

① 5      ② $2\sqrt{7}$      ③ $\sqrt{29}$
④ $\sqrt{30}$      ⑤ $4\sqrt{2}$

## 0630 중

세 점 $A(1, -1, 1)$, $B(1, 2, -2)$, $C(2, -1, 0)$에서 같은 거리에 있는 $xy$평면 위의 점 P의 좌표를 $(a, b, c)$라 할 때, $a^2+b^2+c^2$의 값을 구하시오.

## 0631 중

두 점 $A(0, 1, 2)$, $B(2, 0, 1)$이 있다. 삼각형 ABC가 정삼각형이 되도록 $xy$평면 위에 점 $C(a, b, 0)$을 잡을 때, 두 정수 $a$, $b$에 대하여 $a+b$의 값은?

① $-3$      ② $-1$      ③ 0
④ 1      ⑤ 3

| 개념원리 기하 202쪽 |

### 유형 **04**  좌표평면 위로의 정사영

(1) 점 $(a, b, c)$의
$$\begin{cases} xy\text{평면 위로의 정사영} \Rightarrow (a, b, 0) \\ yz\text{평면 위로의 정사영} \Rightarrow (0, b, c) \\ zx\text{평면 위로의 정사영} \Rightarrow (a, 0, c) \end{cases}$$

(2) 두 점 A, B의 $xy$평면 위로의 정사영을 각각 A′, B′이라 하고, 직선 AB와 $xy$평면이 이루는 각의 크기를 $\theta$라 할 때
$$\Rightarrow \overline{A'B'} = \overline{AB} \cos \theta$$

**0632** 대표문제

두 점 $A(-2, 7, 3)$, $B(1, 2, -1)$에 대하여 직선 AB와 $zx$평면이 이루는 예각의 크기를 $\theta$라 할 때, $\cos \theta$의 값은?

① $\dfrac{1}{3}$      ② $\dfrac{1}{2}$      ③ $\dfrac{\sqrt{3}}{3}$

④ $\dfrac{\sqrt{2}}{2}$      ⑤ $\dfrac{\sqrt{3}}{2}$

**0633** 중

두 점 $A(3, 3, \sqrt{11})$, $B(a, 7, 2\sqrt{11})$에 대하여 직선 AB가 $yz$평면과 이루는 각의 크기가 $60°$일 때, 양수 $a$의 값은?

① $3\sqrt{3}$      ② $6$      ③ $3\sqrt{6}$

④ $6\sqrt{2}$      ⑤ $12$

**0634** 상중

세 점 $A(1, 2, 3)$, $B(4, 4, 1)$, $C(4, 2, 3)$을 꼭짓점으로 하는 삼각형 ABC와 $xy$평면이 이루는 예각의 크기를 구하시오.

---

| 개념원리 기하 203쪽 |

### 유형 **05**  선분의 길이의 합의 최솟값

두 점 A, B로부터 좌표축 또는 좌표평면 위의 점에 이르는 거리의 합의 최솟값을 구할 때는 먼저 두 점 A, B가 주어진 좌표축 또는 좌표평면을 기준으로 같은 쪽에 있는지 반대쪽에 있는지 확인한다.

(1) 같은 쪽에 있는 경우 ⇨ 점 A를 좌표축 또는 좌표평면에 대하여 대칭이동시킨 점을 A′이라 하면 최솟값은 $\overline{A'B}$의 길이

(2) 서로 반대쪽에 있는 경우 ⇨ 최솟값은 $\overline{AB}$의 길이

**0635** 대표문제

두 점 $A(1, 4, 3)$, $B(2, 2, 3)$과 $xy$평면 위를 움직이는 점 P에 대하여 $\overline{AP} + \overline{PB}$의 최솟값을 구하시오.

**0636** 중

두 점 $A(-2, 0, 1)$, $B(2, 0, 3)$과 $x$축 위를 움직이는 점 P에 대하여 $\overline{AP} + \overline{PB}$의 최솟값은?

① $3$      ② $4$      ③ $3\sqrt{2}$

④ $4\sqrt{2}$      ⑤ $4\sqrt{3}$

**0637** 중 서술형

두 점 $A(2, 3, 1)$, $B(4, 1, a)$와 $yz$평면 위를 움직이는 점 P에 대하여 $\overline{AP} + \overline{PB}$의 최솟값이 $2\sqrt{14}$일 때, 양수 $a$의 값을 구하시오.

**0638** 중

두 점 $A(1, 2, 3)$, $B(2, 1, -2)$와 $zx$평면 위를 움직이는 점 P에 대하여 삼각형 ABP의 둘레의 길이의 최솟값을 구하시오.

## 유형 **06** 선분의 내분점과 외분점

두 점 $A(x_1, y_1, z_1)$, $B(x_2, y_2, z_2)$에 대하여 선분 AB를

(1) $m : n\ (m>0,\ n>0)$으로 내분하는 점의 좌표

$$\Rightarrow \left( \frac{mx_2+nx_1}{m+n},\ \frac{my_2+ny_1}{m+n},\ \frac{mz_2+nz_1}{m+n} \right)$$

(2) $m : n\ (m>0,\ n>0,\ m\neq n)$으로 외분하는 점의 좌표

$$\Rightarrow \left( \frac{mx_2-nx_1}{m-n},\ \frac{my_2-ny_1}{m-n},\ \frac{mz_2-nz_1}{m-n} \right)$$

**0639** `대표문제`

두 점 $A(-2,\ 5,\ 2)$, $B(4,\ 2,\ -1)$에 대하여 선분 AB를 $1 : 2$로 내분하는 점을 P, $3 : 2$로 외분하는 점을 Q라 할 때, 선분 PQ의 중점의 좌표를 구하시오.

**0640** `중`

세 점 $A(-1,\ -2,\ -3)$, $B(0,\ -1,\ 4)$, $C(2,\ 1,\ 3)$에 대하여 선분 AB를 $2 : 1$로 외분하는 점을 D라 하자. 선분 CD를 $2 : 1$로 내분하는 점을 $E(a,\ b,\ c)$라 할 때, $a+b+c$의 값을 구하시오.

**0641** `중`

두 점 $A(-7,\ 0,\ 5)$, $B(a,\ b,\ c)$에 대하여 선분 AB를 $3 : 1$로 내분하는 점을 P, 선분 AB를 $3 : 1$로 외분하는 점을 Q라 하자. $Q(5,\ 6,\ -7)$일 때, 선분 PQ의 길이를 구하시오.

**0642** `상 중`

세 점 $A(2,\ 5,\ 7)$, $B(2,\ 6,\ 3)$, $C(-3,\ 1,\ -2)$와 선분 BC 위의 한 점 D에 대하여 $2\triangle ABD=3\triangle ADC$를 만족시킬 때, 선분 AD의 길이를 구하시오.



## 유형 **07** 선분의 내분점, 외분점이 좌표평면 또는 좌표축 위에 있을 때

선분의 내분점 또는 외분점이

(1) $xy$평면 위에 있으면 $\Rightarrow$ $z$좌표는 0이다.

(2) $yz$평면 위에 있으면 $\Rightarrow$ $x$좌표는 0이다.

(3) $zx$평면 위에 있으면 $\Rightarrow$ $y$좌표는 0이다.

(4) $x$축 위에 있으면 $\Rightarrow$ $y$좌표, $z$좌표는 0이다.

(5) $y$축 위에 있으면 $\Rightarrow$ $x$좌표, $z$좌표는 0이다.

(6) $z$축 위에 있으면 $\Rightarrow$ $x$좌표, $y$좌표는 0이다.

**0643** `대표문제`

두 점 $A(-3,\ 2,\ 1)$, $B(3,\ -1,\ 4)$에 대하여 선분 AB가 $zx$평면과 만나는 점을 P라 할 때, 점 P의 좌표는?

① $(1,\ 0,\ 2)$  ② $(1,\ 0,\ 3)$  ③ $(2,\ 0,\ 1)$

④ $(3,\ 0,\ 1)$  ⑤ $(3,\ 0,\ 2)$

**0644** `중 하`

두 점 $A(1,\ 3,\ 2)$, $B(3,\ -2,\ -4)$를 이은 선분 AB가 $xy$평면에 의하여 $1 : m$으로 내분될 때, $m$의 값을 구하시오.

**0645** `중`

좌표공간에서 $xy$평면은 두 점 $A(4,\ 1,\ -2)$, $B(2,\ -2,\ 4)$를 이은 선분 AB를 어떻게 내분 또는 외분하는가?

① $1 : 2$로 내분  ② $2 : 1$로 내분

③ $1 : 3$으로 내분  ④ $1 : 2$로 외분

⑤ $2 : 3$으로 외분

**0646** `중` `서술형`

두 점 $A(-7,\ 4,\ 5)$, $B(a,\ b,\ c)$를 이은 선분 AB가 $yz$평면에 의하여 $7 : 4$로 내분되고, $x$축에 의하여 $2 : 1$로 외분될 때, $a+b+c$의 값을 구하시오.

| 개념원리 기하 209쪽 |

### 유형 08  선분의 내분점과 외분점의 활용

네 점 A, B, C, D를 꼭짓점으로 하는 사각형 ABCD가
(1) 평행사변형이면 ⇨ $\overline{AC}$의 중점과 $\overline{BD}$의 중점이 일치
(2) 마름모이면 ⇨ $\overline{AC}$의 중점과 $\overline{BD}$의 중점이 일치하고
　　　　　　　　$\overline{AD}=\overline{DC}$

**0647** 대표문제

네 점 A, B, C, D를 꼭짓점으로 하는 평행사변형 ABCD에
서 A$(4, -7, -2)$, B$(2, 1, 0)$, C$(0, 1, 0)$일 때, 선분
BD의 길이는?

① $2\sqrt{17}$ 　　　② $2\sqrt{19}$ 　　　③ $3\sqrt{21}$
④ $3\sqrt{26}$ 　　　⑤ $4\sqrt{30}$

**0648** 중하

점 P$(-4, 2, -3)$을 점 A$(a, b, c)$에 대하여 대칭이동한
점이 P$'(6, 8, 9)$일 때, $a+b+c$의 값을 구하시오.

**0649** 중

네 점 A, B, C, D를 꼭짓점으로 하는 평행사변형 ABCD에
서 A$(3, -1, 4)$, D$(-2, 4, 3)$이고 두 대각선의 교점이
M$(0, 1, 4)$일 때, 선분 AB의 길이는?

① $1$ 　　　② $\sqrt{2}$ 　　　③ $\sqrt{3}$
④ $2$ 　　　⑤ $\sqrt{5}$

**0650** 상중  서술형

네 점 A, B, C, D를 꼭짓점으로 하는 마름모 ABCD에서
A$(a, -5, -3)$, B$(b, -1, 2)$, C$(-1, 6, 2)$,
D$(2, 2, -3)$일 때, $a+b$의 값을 구하시오. (단, $a<2$)

---



| 개념원리 기하 210쪽 |

### 유형 09  삼각형의 무게중심

세 점 A$(x_1, y_1, z_1)$, B$(x_2, y_2, z_2)$, C$(x_3, y_3, z_3)$을 꼭짓점으
로 하는 삼각형 ABC의 무게중심의 좌표

⇨ $\left( \dfrac{x_1+x_2+x_3}{3}, \dfrac{y_1+y_2+y_3}{3}, \dfrac{z_1+z_2+z_3}{3} \right)$

**0651** 대표문제

세 점 A, B, C를 꼭짓점으로 하는 삼각형 ABC에서
A$(-1, 2, 3)$, B$(0, 4, 1)$이고, 삼각형 ABC의 무게중심의
좌표가 $(1, 3, 5)$일 때, 점 C의 좌표는?

① $(0, 5, 10)$ 　　② $(2, -3, 0)$ 　　③ $(2, 3, 6)$
④ $(3, 0, 5)$ 　　⑤ $(4, 3, 11)$

**0652** 중하

오른쪽 그림과 같이 세 모서리가 좌표축 위
에 있는 직육면체에서 $\overline{OA}=2$, $\overline{AB}=3$,
$\overline{OD}=6$일 때, 삼각형 OEG의 무게중심
의 좌표를 구하시오.

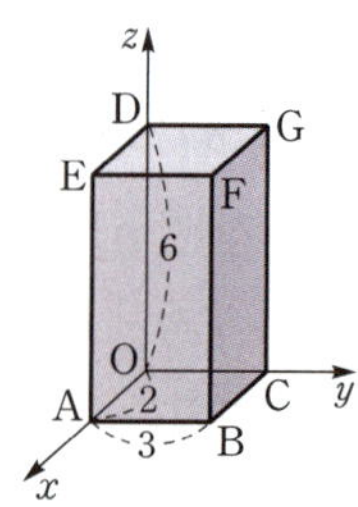

**0653** 중

좌표공간의 점 P$(3, 6, 9)$와 $xy$평면에 대하여 대칭인 점을
A, $yz$평면에 대하여 대칭인 점을 B, $zx$평면에 대하여 대칭
인 점을 C라 할 때, 삼각형 ABC의 무게중심의 좌표를 구하
시오.

**0654** 상중

세 점 A, B, C를 꼭짓점으로 하는 삼각형 ABC에서 선분
AB의 중점이 M$(4, 5, 6)$, 삼각형 ABC의 무게중심이
G$(3, 1, 2)$이다. 점 C의 좌표를 $(a, b, c)$라 할 때, $abc$의 값
을 구하시오.

---

## 유형 10　구의 방정식

(1) 중심 또는 반지름의 길이가 주어지면
　　$\Rightarrow (x-a)^2+(y-b)^2+(z-c)^2=r^2$에 대입
(2) 구 위의 네 점의 좌표가 주어지면
　　$\Rightarrow x^2+y^2+z^2+Ax+By+Cz+D=0$에 대입
(3) 두 점 A, B를 지름의 양 끝 점으로 하는 경우
　　$\Rightarrow$ 중심: $\overline{\text{AB}}$의 중점, 반지름의 길이: $\dfrac{1}{2}\overline{\text{AB}}$

**0655** 대표문제

두 점 $A(-2, 1, 3)$, $B(4, 1, -3)$을 지름의 양 끝 점으로 하는 구의 방정식은?

① $(x-1)^2+(y-1)^2+z^2=14$
② $(x-1)^2+(y-1)^2+z^2=16$
③ $(x-1)^2+(y-1)^2+z^2=18$
④ $(x+1)^2+(y+1)^2+z^2=14$
⑤ $(x+1)^2+(y+1)^2+z^2=18$

**0656** 중하

구 $x^2+y^2+z^2-4x+6y+2z=11$의 중심의 좌표가 $(a, b, c)$이고 반지름의 길이가 $r$일 때, $a+b+c-r$의 값은?

① $-8$　　　　② $-7$　　　　③ $-6$
④ $-5$　　　　⑤ $-4$

**0657** 중하

구 $(x+6)^2+(y-2)^2+(z-5)^2=16$과 중심이 같고 점 $(-4, 1, 3)$을 지나는 구의 반지름의 길이는?

① $2$　　　　② $3$　　　　③ $6$
④ $8$　　　　⑤ $9$

**0658** 중하

네 점 $(0, 0, 0)$, $(1, 0, 1)$, $(0, 1, 1)$, $(-1, 0, 1)$을 지나는 구의 방정식을 구하시오.

**0659** 중

점 $(1, a, 6)$이 네 점 $(0, 0, 0)$, $(-2, 0, 0)$, $(0, 4, 0)$, $(0, -1, 1)$을 지나는 구 위의 점일 때, 모든 $a$의 값의 합은?

① $1$　　　　　② $2$　　　　　③ $3$
④ $4$　　　　　⑤ $5$

**0660** 중

구 $x^2+y^2+z^2-2x-2y-2z=11$ 위의 점 $A(2, -1, 4)$와 구의 중심을 지나는 직선이 구와 만나는 다른 한 점을 $B(a, b, c)$라 할 때, $a+b+c$의 값을 구하시오.

**0661** 중

두 점 $A(2, -3, 5)$, $B(-1, 0, -1)$을 이은 선분 AB를 $2:1$로 내분하는 점을 P, $2:1$로 외분하는 점을 Q라 하자. 이때 두 점 P, Q를 지름의 양 끝 점으로 하는 구의 방정식을 구하시오.

# 유형 익/히/기

## 유형 11 자취의 방정식

(i) 구하는 점의 좌표를 $(x, y, z)$로 놓는다.

(ii) 주어진 조건을 이용하여 $x, y, z$ 사이의 관계식을 구한다.

### 0662 대표문제

좌표공간의 두 점 $A(-3, 0, 0)$, $B(3, 0, 0)$으로부터 거리의 비가 $2:1$인 점 $P$의 자취의 방정식이

$$x^2+y^2+z^2+ax+by+cz+d=0$$

일 때, 상수 $a, b, c, d$에 대하여 $a+b+c+d$의 값은?

① $-3$ ② $-2$ ③ $-1$
④ $0$ ⑤ $1$

### 0663 중

점 $A(0, 0, 6)$과 구 $x^2+y^2+z^2=4$ 위의 점 $B$에 대하여 선분 $AB$의 중점이 나타내는 도형의 방정식은?

① $x^2+y^2+(z-2)^2=2$
② $x^2+y^2+(z-3)^2=1$
③ $x^2+y^2+(z-3)^2=2$
④ $x^2+y^2+(z+2)^2=2$
⑤ $x^2+y^2+(z+3)^2=1$

### 0664 중

점 $A(-6, 3, 0)$과 구 $x^2+y^2+z^2-4x-2z+4=0$ 위의 점 $B$에 대하여 선분 $AB$를 $1:2$로 내분하는 점이 나타내는 도형은 구이다. 이 구의 부피는?

① $\dfrac{1}{81}\pi$ ② $\dfrac{4}{81}\pi$ ③ $\dfrac{4}{27}\pi$
④ $\dfrac{1}{6}\pi$ ⑤ $\dfrac{32}{81}\pi$

## 유형 12 좌표평면 또는 좌표축에 접하는 구의 방정식

구의 중심의 좌표가 $(a, b, c)$이고

(1) $xy$평면에 접할 때 $\Rightarrow (x-a)^2+(y-b)^2+(z-c)^2=c^2$
(2) $yz$평면에 접할 때 $\Rightarrow (x-a)^2+(y-b)^2+(z-c)^2=a^2$
(3) $zx$평면에 접할 때 $\Rightarrow (x-a)^2+(y-b)^2+(z-c)^2=b^2$
(4) $x$축에 접할 때 $\Rightarrow (x-a)^2+(y-b)^2+(z-c)^2=b^2+c^2$
(5) $y$축에 접할 때 $\Rightarrow (x-a)^2+(y-b)^2+(z-c)^2=a^2+c^2$
(6) $z$축에 접할 때 $\Rightarrow (x-a)^2+(y-b)^2+(z-c)^2=a^2+b^2$

### 0665 대표문제

구 $x^2+y^2+z^2-2ax+4y-4bz+20=0$이 $xy$평면과 $yz$평면에 동시에 접할 때, 양수 $a, b$에 대하여 $a+2b$의 값은?

① $4$ ② $6$ ③ $8$
④ $10$ ⑤ $12$

### 0666 중하

중심의 좌표가 $(3, -1, 5)$이고 $zx$평면에 접하는 구의 방정식을 구하시오.

### 0667 중하

중심의 좌표가 $(3, -2, 6)$이고 $x$축에 접하는 구의 반지름의 길이를 $r$라 할 때, $r^2$의 값은?

① $36$ ② $38$ ③ $40$
④ $42$ ⑤ $44$

**0668** 중

중심의 좌표가 $(2, 3, a)$이고 반지름의 길이가 $r$인 구가 $xy$평면과 $z$축에 동시에 접할 때, $a+r$의 값은? (단, $a>0$)

① $2\sqrt{10}$  ② $2\sqrt{11}$  ③ $4\sqrt{3}$
④ $2\sqrt{13}$  ⑤ $2\sqrt{14}$

**0669** 중 서술형

$xy$평면, $yz$평면, $zx$평면에 동시에 접하고 점 $(2, -3, 4)$를 지나는 구는 2개 존재한다. 이 두 구의 반지름의 길이의 합을 구하시오.

**0670** 상 중

반지름의 길이가 $6\sqrt{2}$이고 $x$축, $y$축, $z$축에 동시에 접하는 구의 방정식이 $x^2+y^2+z^2+Ax+By+Cz+D=0$이다. 상수 $A$, $B$, $C$, $D$에 대하여 $A+B+C+D$의 값은?

  (단, 구의 중심의 $x$좌표, $y$좌표, $z$좌표는 모두 양수이다.)

① $-36$  ② $-12$  ③ $0$
④ $12$  ⑤ $36$

---

유형 **13**  구와 좌표축의 교점

구 $(x-a)^2+(y-b)^2+(z-c)^2=r^2$과
(1) $x$축의 교점 ⇨ $y=0$, $z=0$을 대입
(2) $y$축의 교점 ⇨ $x=0$, $z=0$을 대입
(3) $z$축의 교점 ⇨ $x=0$, $y=0$을 대입

**0671** 대표문제

구 $x^2+y^2+z^2-8x-6y-2z-9=0$과 $x$축이 서로 다른 두 점 A, B에서 만날 때, 선분 AB의 길이는?

① $8$  ② $9$  ③ $10$
④ $11$  ⑤ $12$

**0672** 중

두 점 $A(2, -2, 1)$, $B(-4, 2, 3)$을 지름의 양 끝 점으로 하는 구와 $x$축이 만나는 두 점 사이의 거리를 구하시오.

**0673** 중

구 $(x-2)^2+(y-6)^2+(z-8)^2=r^2$과 $z$축이 만나는 두 점 사이의 거리가 14일 때, 양수 $r$의 값은?

① $\sqrt{89}$  ② $\sqrt{93}$  ③ $\sqrt{97}$
④ $10$  ⑤ $11$

**0674** 중

구 $x^2+y^2+z^2+2x-2y+4z-24=0$의 중심을 C, 이 구와 $y$축의 교점을 각각 A, B라 할 때, 삼각형 ABC의 둘레의 길이를 구하시오.

# 유형 익/히/기

| 개념원리 기하 220쪽 |

## 유형 **14**  구와 평면의 교선의 방정식

일반적으로 구와 평면의 교선은 원이다.
구 $(x-a)^2+(y-b)^2+(z-c)^2=r^2$
과 $xy$평면의 교선인 원의 방정식은
$$(x-a)^2+(y-b)^2=r^2-c^2$$
오른쪽 그림에서 교선인 원의 반지름의 길이는
$$\overline{AH}=\sqrt{r^2-c^2}$$

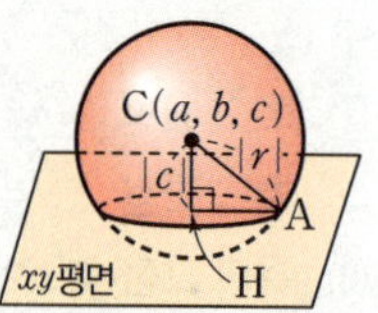

### O675  대표문제

구 $(x-3)^2+(y+4)^2+(z-2)^2=49$가 $xy$평면과 만나서 생기는 도형의 둘레의 길이는?

① $8\sqrt{2}\pi$  ② $12\pi$  ③ $4\sqrt{10}\pi$
④ $6\sqrt{5}\pi$  ⑤ $8\sqrt{3}\pi$

### O676  중

구 $x^2+y^2+z^2-8x-6y-4z+k=0$이 $yz$평면과 만나서 생기는 원의 반지름의 길이가 $\sqrt{5}$일 때, 상수 $k$의 값을 구하시오.

### O677  중

반지름의 길이가 5인 구를 $zx$평면으로 자른 단면이
원 $(x-2)^2+(z-3)^2=16$일 때, 이 구의 중심의 $y$좌표를 구하시오. (단, 구의 중심의 $y$좌표는 양수이다.)

### O678  상 중

구 $x^2+y^2+z^2+2x-4y-4z+4=0$에 내접하고, 한 밑면이 $xy$평면 위에 있는 원기둥의 부피는?

① $4\pi$  ② $6\pi$  ③ $8\pi$
④ $10\pi$  ⑤ $12\pi$

---

| 개념원리 기하 221쪽 |

## 유형 **15**  구에 그은 접선의 길이

구 밖의 한 점 P에서 중심이 점 C이고
반지름의 길이가 $r$인 구에 그은 접선의
접점을 T라 할 때 접선의 길이는
$$\Rightarrow \overline{PT}=\sqrt{\overline{PC}^2-\overline{CT}^2}=\sqrt{\overline{PC}^2-r^2}$$

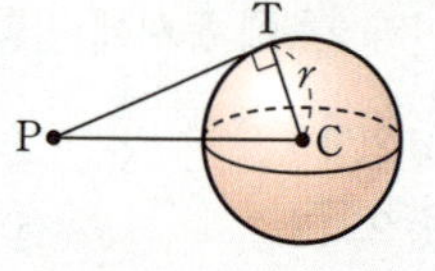

### O679  대표문제

점 $P(1, 2, 3)$에서 구 $(x+3)^2+(y+1)^2+(z+2)^2=10$에 그은 접선의 길이는?

① $\sqrt{10}$  ② $2\sqrt{5}$  ③ $2\sqrt{10}$
④ $3\sqrt{5}$  ⑤ $4\sqrt{5}$

### O680  중  서술형

점 $A(3, 2, 3)$에서 구 $x^2+y^2+z^2-2x+4y+k=0$에 그은 접선의 길이가 $\sqrt{13}$일 때, 상수 $k$의 값을 구하시오.

### O681  상 중

점 $P(-2, -1, 1)$에서
구 $(x+4)^2+(y-1)^2+(z+3)^2=6$에 접선을 그었을 때, 접점이 나타내는 도형의 넓이는?

① $3\pi$  ② $\dfrac{7}{2}\pi$  ③ $4\pi$
④ $\dfrac{9}{2}\pi$  ⑤ $5\pi$

## 유형 **16** 점과 구 사이의 거리의 최댓값과 최솟값

중심이 C이고 반지름의 길이가 $r$인 구 위의 점 P와 구 밖의 점 A에 대하여
$$\overline{AC}-r\leq\overline{AP}\leq\overline{AC}+r$$

### 0682 대표문제

구 $x^2+y^2+z^2=9$ 위를 움직이는 점 P와 구 $x^2-10x+y^2-8y+z^2-6z+49=0$ 위를 움직이는 점 Q에 대하여 두 점 P, Q 사이의 거리의 최솟값은?

① 4 　　　② $5\sqrt{2}-4$ 　　　③ $4\sqrt{3}-4$

④ $\sqrt{46}-4$ 　　　⑤ $3\sqrt{5}-4$

### 0683 중

중심이 점 $C(-1, 2\sqrt{2}, 4)$이고 $z$축에 접하는 구가 있다. 이 구 위를 움직이는 점 P와 원점 O 사이의 거리의 최댓값은?

① 2 　　　② 4 　　　③ 6

④ 8 　　　⑤ 10

### 0684 중

구 $x^2+y^2+z^2=1$ 위의 점 P와
구 $(x-2)^2+(y-1)^2+(z-2)^2=1$ 위의 점 Q에 대하여
선분 PQ의 길이의 최댓값을 $M$, 최솟값을 $m$이라 할 때, $Mm$ 의 값을 구하시오.

### 0685 상중

구 $x^2+y^2+z^2+4x-8y+8z+32=0$ 위의 임의의 점 $P(a, b, c)$에 대하여 $a^2+b^2+c^2$의 최댓값을 구하시오.

## 유형 **17** 두 구의 위치 관계

두 구의 반지름의 길이를 각각 $r$, $r'$이라 하고 두 구의 중심 사이 의 거리를 $d$라 할 때

(1) 한 구가 다른 구의 외부에 있다. $\Rightarrow d>r+r'$

(2) 두 구가 외접한다. $\Rightarrow d=r+r'$

(3) 두 구의 교선이 원이다. $\Rightarrow |r-r'|<d<r+r'$

(4) 한 구가 다른 구에 내접한다. $\Rightarrow d=|r-r'|$

(5) 한 구가 다른 구의 내부에 있다. $\Rightarrow 0\leq d<|r-r'|$

### 0686 대표문제

두 구 $x^2+y^2+z^2=8$, $x^2+y^2+z^2-8x+6y-10z+k=0$이 외접할 때, 상수 $k$의 값은?

① 16 　　　② 24 　　　③ 30

④ 32 　　　⑤ 40

### 0687 중

두 구 $x^2+y^2+z^2-4x+6y-2z-2=0$,
$x^2+y^2+z^2+2x-2y-2z+12-k=0$에 대하여 한 구가 다른 구에 내접할 때, 상수 $k$의 값을 구하시오. (단, $k>9$)

### 0688 상중

두 구 $S: (x-3)^2+(y-1)^2+z^2=16$,
$S': x^2+y^2+z^2-6x+4y-8z+20=0$이 만나서 생기는 원 의 둘레의 길이는?

① $\dfrac{8}{5}\pi$ 　　　② $2\pi$ 　　　③ $\dfrac{12}{5}\pi$

④ $\dfrac{16}{5}\pi$ 　　　⑤ $\dfrac{24}{5}\pi$

**0689**

오른쪽 그림과 같은 직육면체에서 A$(0, -4, 3)$, B$(5, 0, 3)$이고, 점 P와 $yz$평면에 대하여 대칭인 점의 좌표가 $(a, b, c)$일 때, $a+b+c$의 값은?

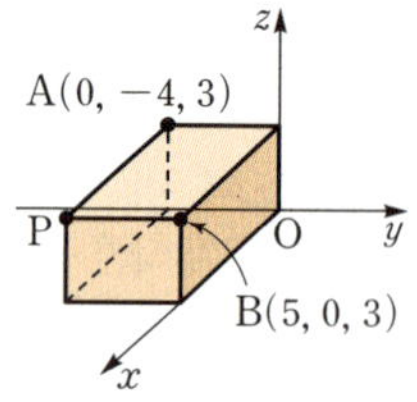


① $-7$ ② $-6$
③ $-2$ ④ $3$ ⑤ $7$

**0690**

직각삼각형 ABC에서 $\angle B=90°$이고 A$(1, 1, 1)$, B$(a, 1, -3)$, C$(4, 5, -3)$일 때, $a$의 값을 모두 구하시오.

**0691**

세 점 A$(2, -1, 1)$, B$(1, -2, 3)$, C$(3, 1, -2)$에서 같은 거리에 있는 $xy$평면 위의 점 P의 좌표를 $(a, b, 0)$이라 할 때, $b-a$의 값을 구하시오.

**0692**

두 점 A$(1, -1, 2)$, B$(4, 3, 7)$에 대하여 직선 AB와 $xy$평면이 이루는 예각의 크기를 $\theta$라 할 때, $\cos\theta$의 값은?

① $\dfrac{1}{3}$ ② $\dfrac{\sqrt{3}}{3}$ ③ $\dfrac{1}{2}$
④ $\dfrac{\sqrt{2}}{2}$ ⑤ $\dfrac{\sqrt{3}}{2}$

**0693**

두 점 A$(2, 3, 1)$, B$(4, 1, 5)$와 $zx$평면 위를 움직이는 점 P에 대하여 $\overline{AP}+\overline{PB}$의 최솟값을 구하시오.

**0694** 평가원 기출

좌표공간의 두 점 A$(3, 5, 0)$, B$(4, 3, -2)$에 대하여 선분 AB를 $3:2$로 외분하는 점의 좌표가 $(a, -1, -6)$일 때, $a$의 값은?

① $5$ ② $6$ ③ $7$
④ $8$ ⑤ $9$

**0695**

두 점 A$(4, -2, 5)$, B$(-1, 6, 5)$에 대하여 선분 AB가 $zx$평면과 만나는 점을 P라 하자. $\overline{AP} : \overline{BP} = m : n$일 때, $m-n$의 값을 구하시오. (단, $m$, $n$은 서로소인 자연수)

**0696**

두 점 A$(1, 2, 4)$, B$(-3, 0, 5)$에 대하여 다음 **보기** 중 옳은 것의 개수를 구하시오.

─● 보기 ●─

ㄱ. 점 A에서 $zx$평면에 내린 수선의 발을 H라 하면 H$(0, 2, 0)$이다.

ㄴ. 점 B와 $yz$평면에 대하여 대칭인 점을 B′이라 하면 B′$(3, 0, 5)$이다.

ㄷ. $\overline{AB}=3$

ㄹ. 선분 AB는 $yz$평면에 의하여 $1:3$으로 내분된다.

## 0697

점 $A(3, -2, 4)$를 $xy$평면에 대하여 대칭이동한 후 원점에 대하여 대칭이동한 점을 $P$라 하자. 점 $P$를 점 $(a, b, c)$에 대하여 대칭이동한 점이 $Q(5, -4, -2)$일 때, $a+b+c$의 값은?

① 1
② 2
③ 3
④ 4
⑤ 5

## 0698 수능 기출

좌표공간에서 세 점 $A(a, 0, 5)$, $B(1, b, -3)$, $C(1, 1, 1)$을 꼭짓점으로 하는 삼각형의 무게중심의 좌표가 $(2, 2, 1)$일 때, $a+b$의 값은?

① 6
② 7
③ 8
④ 9
⑤ 10

## 0699 중요

세 점 $A$, $B$, $C$를 꼭짓점으로 하는 삼각형 $ABC$에서 $\overline{AB}$, $\overline{BC}$, $\overline{CA}$의 중점이 각각 $P(-1, 1, -2)$, $Q(-6, 1, -1)$, $R(a, b, c)$이고, 삼각형 $ABC$의 무게중심이 $G(-1, 0, 0)$일 때, $a+b+c$의 값을 구하시오.

## 0700

네 점 $P(a, 3, -4)$, $A(-3, b, 5)$, $B(1, -1, -2)$, $C(4, 2, 3)$에 대하여 삼각형 $PBC$와 삼각형 $ABC$의 무게중심의 $xy$평면 위로의 정사영이 일치할 때, $a+b$의 값을 구하시오.

## 0701

서로 다른 세 평면이 공간에서 한 점을 공유하며 서로 수직으로 만나면 그 공간은 8개의 공간으로 나누어진다. 세 평면의 교점을 원점, 서로 다른 두 평면들의 교선을 각각 $x$축, $y$축, $z$축이라 할 때, 다음 **보기**의 점 중 같은 공간에 있는 두 점끼리 바르게 짝지은 것은?

• 보기 •

ㄱ. 두 점 $A(2, -3, 5)$, $B(1, 2, -3)$을 이은 선분 $AB$의 중점

ㄴ. 구 $x^2+y^2+z^2-2x-4y+6z+10=0$의 중심

ㄷ. 점 $(-3, 5, 2)$와 $yz$평면에 대하여 대칭인 점

ㄹ. 구 $x^2+y^2+z^2-26=0$ 위의 한 점 $(-1, 3, -4)$와 구의 중심에 대하여 대칭인 점

① ㄱ, ㄴ
② ㄱ, ㄷ
③ ㄱ, ㄹ
④ ㄴ, ㄹ
⑤ ㄷ, ㄹ

## 0702

구 $x^2+y^2+z^2+4x+ky-2z+1-k=0$의 부피가 최소일 때, 이 구의 부피를 구하시오. (단, $k$는 실수)

## 0703

점 $A(-2, 5, 1)$과 구 $(x-4)^2+(y+3)^2+(z+7)^2=16$ 위의 점 $B$에 대하여 선분 $AB$의 중점의 자취는 중심의 좌표가 $(a, b, c)$이고 반지름의 길이가 $r$인 구일 때, $a+b+c-r$의 값을 구하시오.

## 0704 중요

점 $(1, 1, 4)$를 지나고 $xy$평면, $yz$평면, $zx$평면에 동시에 접하는 구의 반지름의 길이는?

① 1
② $\sqrt{2}$
③ $\sqrt{3}$
④ 2
⑤ 3

**0705**

구 $x^2+y^2+z^2-2x-6y-2az+b=0$이 점 $(3, 4, 1)$을 지나고 $xy$평면에 접할 때, 상수 $a$, $b$에 대하여 $a+b$의 값을 구하시오.

**0706**

구 $(x-1)^2+(y+2)^2+z^2=9$가 $z$축과 서로 다른 두 점 A, B에서 만날 때, 선분 AB의 길이는?

① 2　　　　　② 3　　　　　③ 4
④ 5　　　　　⑤ 6

**0707** 💡중요

구 $x^2+y^2+z^2-10x+6y-8z+k=0$을 $yz$평면으로 자른 단면의 넓이가 $10\pi$일 때, 상수 $k$의 값을 구하시오.

**0708**

구 $x^2+y^2+z^2+8x-6y-2kz+9=0$이 $xy$평면, $yz$평면과 각각 만나서 생기는 원의 넓이의 비가 $4:1$일 때, 양수 $k$의 값을 구하시오.

**0709**

구 $(x-1)^2+(y-2)^2+(z+2)^2=5$와 $xy$평면이 만나서 생기는 원 위의 점 P와 점 A$(5, 2, 4)$ 사이의 거리의 최댓값을 구하시오.

**0710**

점 A$(1, 2, -1)$에서 구 $x^2+y^2+z^2+6x+4y+k=0$에 그은 접선의 길이가 5일 때, 상수 $k$의 값을 구하시오.

**0711**

점 A$(1, 0, 2)$와 구 $x^2+y^2+z^2+2x+2y+4z+5=0$ 위를 움직이는 점 P 사이의 거리의 최댓값을 $M$, 최솟값을 $m$이라 할 때, $Mm$의 값은?

① 17　　　　　② 18　　　　　③ 19
④ 20　　　　　⑤ 21

**0712**

구 $x^2+y^2+z^2-2x+4y-4z+5=0$에 외접하고 중심의 좌표가 $(4, 2, 2)$인 구의 반지름의 길이를 구하시오.

 **서술형 주관식**

## 0713

세 점 $A(-1, 1, 1)$, $B(1, -4, 2)$, $C(-1, 2, 0)$에서 같은 거리에 있는 $zx$평면 위의 점 P의 좌표를 구하시오.

## 0714

네 점 A, B, C, D를 꼭짓점으로 하는 평행사변형 ABCD에서 $A(-1, 4, -5)$, $D(3, -2, 4)$이고, 두 대각선의 교점의 좌표가 $(0, -4, 3)$일 때, 선분 AB의 길이를 구하시오.

## 0715 중요

두 점 $A(5, 3, -2)$, $B(-3, 3, 6)$을 이은 선분 AB를 $3:1$로 내분하는 점 C와 외분하는 점 D를 지름의 양 끝 점으로 하는 구의 방정식을 구하시오.

## 0716

점 $A(-3, 1, 7)$을 지나고 직선 OA에 수직인 평면이 구 $x^2+y^2+z^2=100$과 만나서 생기는 원의 넓이를 $S$라 할 때, $\dfrac{S}{\pi}$의 값을 구하시오. (단, O는 원점)

 **실력 up**

## 0717

오른쪽 그림과 같이 한 모서리의 길이가 6인 정사면체 OABC의 면 OBC가 $xy$평면 위에 있다. 점 A의 좌표가 $(a, b, c)$일 때, $a^2-b^2+c^2$의 값을 구하시오. (단, $a>0$, $b>0$, $c>0$)

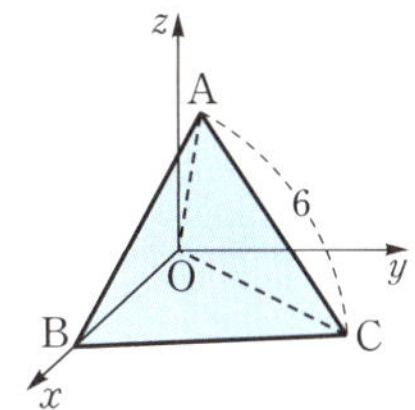

## 0718

네 점 $A(2, 0, a)$, $B(5, 0, a)$, $C(5, 5, b)$, $D(2, 5, b)$를 꼭짓점으로 하는 사각형 ABCD를 포함하는 평면과 $xy$평면이 이루는 예각의 크기가 $\theta$일 때, $\cos\theta=\dfrac{5}{8}$이다. 이때 $b-a$의 값을 구하시오. (단, $b>a$)

## 0719

구 $(x-1)^2+(y-2)^2+(z-2)^2=16$ 위를 움직이는 점 P가 있다. 점 P에서 이 구에 접하는 평면으로 구 $x^2+y^2+z^2=64$를 자른 단면의 넓이의 최댓값을 구하시오.

## 0720 창의·융합

오른쪽 그림과 같이 점 $P(0, 0, 16)$에서 나온 빛에 의하여 구 $x^2+y^2+(z-6)^2=25$의 그림자가 $xy$평면에 생길 때, 이 그림자의 넓이를 구하시오.

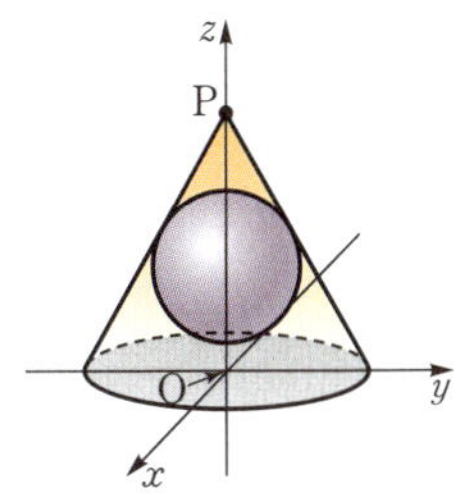

# 개념원리와 만나는 모든 방법

다양한 이벤트, 동기부여 콘텐츠 등
**공부 자극에 필요한 모든 콘텐츠**를 보고 싶다면?

 개념원리 공식 인스타그램
@wonri_with

교재 속 QR코드 문제 풀이 영상 공부법까지
**수학 공부에 필요한 모든 것**

 개념원리 공식 유튜브 채널
youtube.com/개념원리2022

개념원리에서 만들어지는 모든 콘텐츠를
**정기적으로** 받고 싶다면?

 개념원리 공식
카카오뷰 채널

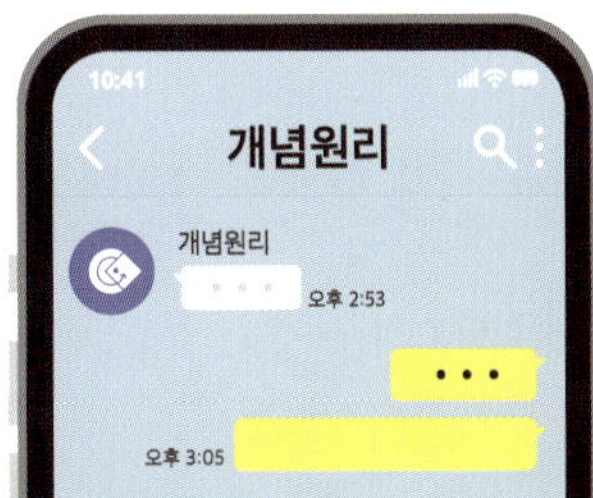

# 개념원리
## 교재 소개



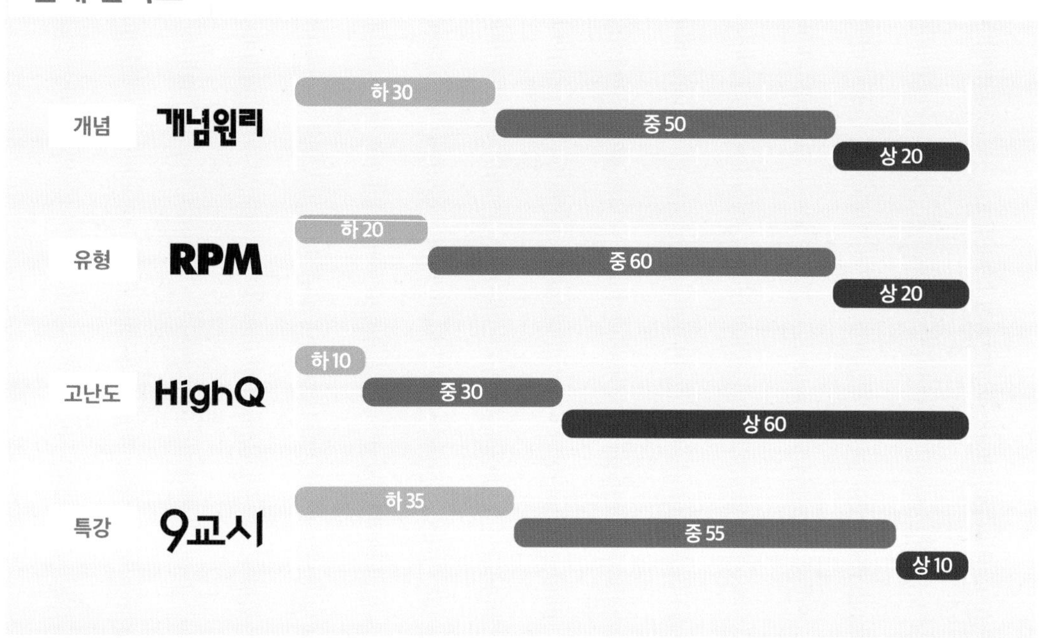

## 고등

### 개념원리 | 수학의 시작   개념

하나를 알면 10개, 20개를 풀 수 있는 개념원리 수학
수학(상), 수학(하), 수학 Ⅰ, 수학 Ⅱ, 확률과 통계, 미적분, 기하

### RPM | 유형의 완성   유형

다양한 유형의 문제를 통해 수학의 문제 해결력을 높일 수 있는 RPM
수학(상), 수학(하), 수학 Ⅰ, 수학 Ⅱ, 확률과 통계, 미적분, 기하

### High Q | 고난도 정복 (고1 내신 대비)   고난도

최고를 향한 핵심 고난도 문제서 High Q
수학(상), 수학(하)

### 9교시 | 학교 안 개념원리   특강

쉽고 빠르게 정리하는 9종 교과서 시크릿
수학(상), 수학(하), 수학 Ⅰ

## 중등

### 개념원리 | 수학의 시작   개념

하나를 알면 10개, 20개를 풀 수 있는 개념원리 수학
중학수학 1-1, 1-2, 2-1, 2-2, 3-1, 3-2

### RPM | 유형의 완성   유형

다양한 유형의 문제를 통해 수학의 문제 해결력을 높일 수 있는 RPM
중학수학 1-1, 1-2, 2-1, 2-2, 3-1, 3-2

# 개념원리 RPM 기하

# 정답과 풀이

**| 친절한 풀이**  정확하고 이해하기 쉬운 친절한 풀이

**| 다른 풀이**  수학적 사고력을 키우는 다양한 해결 방법 제시

**| 서술형 분석**  모범 답안과 단계별 배점 제시로 서술형 문제 완벽 대비

개념원리
공식 인강

교재 속 모르는 문제?
단 하나도 용납할 수 없다!

원리패스

무/제/한 인강에서 해결하세요

원/리/패/스 란?   교재를 추가할수록 저렴해지는 신개념 패스

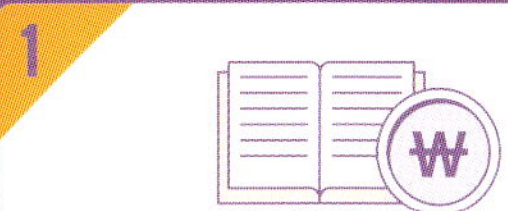
1
강의 하나
가격으로

2
ALL
개념원리
모든 강의를

3
학년 제한 없이
무제한으로 수강

이번에는 무슨 혜택을 받을 수 있을까?

개념원리의
모든 것

이벤트
모두 보러가기

imath.tv
바로가기

www.imath.tv

# 개념원리

# RPM

## 기하

# 정답과 풀이

# 01 이차곡선

## 📖 교과서 문제 정/복/하/기

본문 7쪽, 9쪽

**0001** $y^2=4\times5\times x=20x$ 　　　답 $y^2=20x$

**0002** $x^2=4\times(-4)\times y=-16y$ 　　　답 $x^2=-16y$

**0003** $y^2=-4x=4\times(-1)\times x$이므로
초점의 좌표는 $(-1,0)$, 준선의 방정식은 $x=1$
답 **초점의 좌표: $(-1,0)$, 준선의 방정식: $x=1$**

**0004** $y^2=\dfrac{1}{2}x=4\times\dfrac{1}{8}\times x$이므로
초점의 좌표는 $\left(\dfrac{1}{8},0\right)$, 준선의 방정식은 $x=-\dfrac{1}{8}$
답 **초점의 좌표: $\left(\dfrac{1}{8},0\right)$, 준선의 방정식: $x=-\dfrac{1}{8}$**

**0005** $x^2=8y=4\times2\times y$이므로
초점의 좌표는 $(0,2)$, 준선의 방정식은 $y=-2$
답 **초점의 좌표: $(0,2)$, 준선의 방정식: $y=-2$**

**0006** $x^2=-\dfrac{2}{3}y=4\times\left(-\dfrac{1}{6}\right)\times y$이므로
초점의 좌표는 $\left(0,-\dfrac{1}{6}\right)$, 준선의 방정식은 $y=\dfrac{1}{6}$
답 **초점의 좌표: $\left(0,-\dfrac{1}{6}\right)$, 준선의 방정식: $y=\dfrac{1}{6}$**

**0007** 주어진 포물선은 포물선 $y^2=4x$를 $x$축의 방향으로 $-1$만큼, $y$축의 방향으로 1만큼 평행이동한 것이다.
이때 포물선 $y^2=4x$의 초점의 좌표는 $(1,0)$, 준선의 방정식은 $x=-1$이므로 주어진 포물선의 초점의 좌표는 $(0,1)$, 준선의 방정식은 $x=-2$
답 **초점의 좌표: $(0,1)$, 준선의 방정식: $x=-2$**

**0008** 주어진 포물선은 포물선 $x^2=-16y$를 $x$축의 방향으로 2만큼, $y$축의 방향으로 3만큼 평행이동한 것이다.
이때 포물선 $x^2=-16y=4\times(-4)\times y$의 초점의 좌표는 $(0,-4)$, 준선의 방정식은 $y=4$이므로 주어진 포물선의 초점의 좌표는 $(2,-1)$, 준선의 방정식은 $y=7$
답 **초점의 좌표: $(2,-1)$, 준선의 방정식: $y=7$**

**0009** $y^2-8x-4y+28=0$에서
$(y-2)^2-8(x-3)=0$
$\therefore (y-2)^2=8(x-3)$
즉, 주어진 포물선은 포물선 $y^2=8x$를 $x$축의 방향으로 3만큼, $y$축의 방향으로 2만큼 평행이동한 것이다.
(1) 포물선 $y^2=8x$의 꼭짓점의 좌표는 $(0,0)$이므로
　주어진 포물선의 꼭짓점의 좌표는 $(3,2)$
(2) 포물선 $y^2=8x$의 초점의 좌표는 $(2,0)$이므로
　주어진 포물선의 초점의 좌표는 $(5,2)$
(3) 포물선 $y^2=8x$의 준선의 방정식은 $x=-2$이므로
　주어진 포물선의 준선의 방정식은 $x=1$
답 (1) $(3,2)$　(2) $(5,2)$　(3) $x=1$

**0010** 구하는 타원의 방정식을
$\dfrac{x^2}{a^2}+\dfrac{y^2}{b^2}=1\,(a>b>0)$이라 하면
$2a=8$에서 $a=4$
$b^2=4^2-2^2=12$
$\therefore \dfrac{x^2}{16}+\dfrac{y^2}{12}=1$ 　　　답 $\dfrac{x^2}{16}+\dfrac{y^2}{12}=1$

**0011** 구하는 타원의 방정식을
$\dfrac{x^2}{a^2}+\dfrac{y^2}{b^2}=1\,(b>a>0)$이라 하면
$2b=10$에서 $b=5$
$a^2=5^2-3^2=16$
$\therefore \dfrac{x^2}{16}+\dfrac{y^2}{25}=1$ 　　　답 $\dfrac{x^2}{16}+\dfrac{y^2}{25}=1$

**0012** 타원 $\dfrac{x^2}{25}+\dfrac{y^2}{16}=1$에서
$\sqrt{25-16}=3$이므로 초점의 좌표는
$(3,0),(-3,0)$
장축의 길이는 $2\times5=10$
단축의 길이는 $2\times4=8$
답 **초점의 좌표: $(3,0),(-3,0)$**
**장축의 길이: 10, 단축의 길이: 8**

**0013** 타원 $\dfrac{x^2}{24}+\dfrac{y^2}{49}=1$에서
$\sqrt{49-24}=5$이므로 초점의 좌표는
$(0,5),(0,-5)$
장축의 길이는 $2\times7=14$
단축의 길이는 $2\times2\sqrt{6}=4\sqrt{6}$
답 **초점의 좌표: $(0,5),(0,-5)$**
**장축의 길이: 14, 단축의 길이: $4\sqrt{6}$**

**0014** 타원 $x^2+4y^2=4$, 즉 $\dfrac{x^2}{4}+y^2=1$에서

$\sqrt{4-1}=\sqrt{3}$이므로 초점의 좌표는

$(\sqrt{3},\,0),\,(-\sqrt{3},\,0)$

장축의 길이는 $2\times2=4$

단축의 길이는 $2\times1=2$

답 초점의 좌표: $(\sqrt{3},\,0),\,(-\sqrt{3},\,0)$<br>장축의 길이: 4, 단축의 길이: 2

**0015** 타원 $4x^2+3y^2=48$, 즉 $\dfrac{x^2}{12}+\dfrac{y^2}{16}=1$에서

$\sqrt{16-12}=2$이므로 초점의 좌표는

$(0,\,2),\,(0,\,-2)$

장축의 길이는 $2\times4=8$

단축의 길이는 $2\times2\sqrt{3}=4\sqrt{3}$

답 초점의 좌표: $(0,\,2),\,(0,\,-2)$<br>장축의 길이: 8, 단축의 길이: $4\sqrt{3}$

**0016** 주어진 타원은 타원 $\dfrac{x^2}{8}+\dfrac{y^2}{2}=1$을 $y$축의 방향으로 1만큼 평행이동한 것이다.

이때 타원 $\dfrac{x^2}{8}+\dfrac{y^2}{2}=1$에서 $\sqrt{8-2}=\sqrt{6}$이므로 초점의 좌표는

$(\sqrt{6},\,0),\,(-\sqrt{6},\,0)$

따라서 주어진 타원의 초점의 좌표는 $(\sqrt{6},\,1),\,(-\sqrt{6},\,1)$

한편, 타원을 평행이동해도 장축의 길이, 단축의 길이는 변하지 않으므로 주어진 타원의

장축의 길이는 $2\times2\sqrt{2}=4\sqrt{2}$

단축의 길이는 $2\times\sqrt{2}=2\sqrt{2}$

답 초점의 좌표: $(\sqrt{6},\,1),\,(-\sqrt{6},\,1)$<br>장축의 길이: $4\sqrt{2}$, 단축의 길이: $2\sqrt{2}$

**0017** 주어진 타원은 타원 $\dfrac{x^2}{25}+\dfrac{y^2}{9}=1$을 $x$축의 방향으로 $-3$만큼, $y$축의 방향으로 5만큼 평행이동한 것이다.

이때 타원 $\dfrac{x^2}{25}+\dfrac{y^2}{9}=1$에서 $\sqrt{25-9}=4$이므로 초점의 좌표는

$(4,\,0),\,(-4,\,0)$

따라서 주어진 타원의 초점의 좌표는 $(1,\,5),\,(-7,\,5)$

한편, 타원을 평행이동해도 장축의 길이, 단축의 길이는 변하지 않으므로 주어진 타원의

장축의 길이는 $2\times5=10$

단축의 길이는 $2\times3=6$

답 초점의 좌표: $(1,\,5),\,(-7,\,5)$<br>장축의 길이: 10, 단축의 길이: 6

**0018** $x^2+4y^2-2x-16y+13=0$에서

$(x-1)^2+4(y-2)^2=4$

$\therefore \dfrac{(x-1)^2}{4}+(y-2)^2=1$

즉, 주어진 타원은 타원 $\dfrac{x^2}{4}+y^2=1$을 $x$축의 방향으로 1만큼, $y$축의 방향으로 2만큼 평행이동한 것이다.

(1) 타원 $\dfrac{x^2}{4}+y^2=1$의 중심의 좌표는 $(0,\,0)$이므로

　주어진 타원의 중심의 좌표는 $(1,\,2)$

(2) 타원 $\dfrac{x^2}{4}+y^2=1$에서 $\sqrt{4-1}=\sqrt{3}$이므로 초점의 좌표는

　$(\sqrt{3},\,0),\,(-\sqrt{3},\,0)$

　따라서 주어진 타원의 초점의 좌표는

　$(\sqrt{3}+1,\,2),\,(-\sqrt{3}+1,\,2)$

(3) 주어진 타원의 장축의 길이는 $2\times2=4$

(4) 주어진 타원의 단축의 길이는 $2\times1=2$

답 (1) $(1,\,2)$　(2) $(\sqrt{3}+1,\,2),\,(-\sqrt{3}+1,\,2)$　(3) 4　(4) 2

**0019** 구하는 쌍곡선의 방정식을

$\dfrac{x^2}{a^2}-\dfrac{y^2}{b^2}=1\ (a>0,\,b>0)$이라 하면

$2a=8$에서 $a=4$

$b^2=5^2-4^2=9$

$\therefore \dfrac{x^2}{16}-\dfrac{y^2}{9}=1$

답 $\dfrac{x^2}{16}-\dfrac{y^2}{9}=1$

**0020** 구하는 쌍곡선의 방정식을

$\dfrac{x^2}{a^2}-\dfrac{y^2}{b^2}=1\ (a>0,\,b>0)$이라 하면

$2a=10$에서 $a=5$

$b^2=13^2-5^2=144$

$\therefore \dfrac{x^2}{25}-\dfrac{y^2}{144}=1$

답 $\dfrac{x^2}{25}-\dfrac{y^2}{144}=1$

**0021** 구하는 쌍곡선의 방정식을

$\dfrac{x^2}{a^2}-\dfrac{y^2}{b^2}=-1\ (a>0,\,b>0)$이라 하면

$2b=2\sqrt{3}$에서 $b=\sqrt{3}$

$a^2=(\sqrt{5})^2-(\sqrt{3})^2=2$

$\therefore \dfrac{x^2}{2}-\dfrac{y^2}{3}=-1$

답 $\dfrac{x^2}{2}-\dfrac{y^2}{3}=-1$

**0022** 구하는 쌍곡선의 방정식을

$\dfrac{x^2}{a^2}-\dfrac{y^2}{b^2}=-1\ (a>0,\,b>0)$이라 하면

$2b=8$에서 $b=4$

$a^2=6^2-4^2=20$

$\therefore \dfrac{x^2}{20}-\dfrac{y^2}{16}=-1$

답 $\dfrac{x^2}{20}-\dfrac{y^2}{16}=-1$

**0023** 쌍곡선 $\dfrac{x^2}{12}-\dfrac{y^2}{4}=1$에서

$\sqrt{12+4}=4$이므로 초점의 좌표는

$(4,\,0),\,(-4,\,0)$

꼭짓점의 좌표는 $(2\sqrt{3},\,0),\,(-2\sqrt{3},\,0)$

주축의 길이는 $2\times2\sqrt{3}=4\sqrt{3}$

답 **초점의 좌표: $(4,\,0),\,(-4,\,0)$**

**꼭짓점의 좌표: $(2\sqrt{3},\,0),\,(-2\sqrt{3},\,0)$**

**주축의 길이: $4\sqrt{3}$**

**0024** 쌍곡선 $\dfrac{x^2}{10}-\dfrac{y^2}{16}=-1$에서

$\sqrt{10+16}=\sqrt{26}$이므로 초점의 좌표는

$(0,\,\sqrt{26}),\,(0,\,-\sqrt{26})$

꼭짓점의 좌표는 $(0,\,4),\,(0,\,-4)$

주축의 길이는 $2\times4=8$

답 **초점의 좌표: $(0,\,\sqrt{26}),\,(0,\,-\sqrt{26})$**

**꼭짓점의 좌표: $(0,\,4),\,(0,\,-4)$**

**주축의 길이: $8$**

**0025** 쌍곡선 $4x^2-y^2=4$, 즉 $x^2-\dfrac{y^2}{4}=1$에서

$\sqrt{1+4}=\sqrt{5}$이므로 초점의 좌표는

$(\sqrt{5},\,0),\,(-\sqrt{5},\,0)$

꼭짓점의 좌표는 $(1,\,0),\,(-1,\,0)$

주축의 길이는 $2\times1=2$

답 **초점의 좌표: $(\sqrt{5},\,0),\,(-\sqrt{5},\,0)$**

**꼭짓점의 좌표: $(1,\,0),\,(-1,\,0)$**

**주축의 길이: $2$**

**0026** 쌍곡선 $4x^2-9y^2=-36$, 즉 $\dfrac{x^2}{9}-\dfrac{y^2}{4}=-1$에서

$\sqrt{9+4}=\sqrt{13}$이므로 초점의 좌표는

$(0,\,\sqrt{13}),\,(0,\,-\sqrt{13})$

꼭짓점의 좌표는 $(0,\,2),\,(0,\,-2)$

주축의 길이는 $2\times2=4$

답 **초점의 좌표: $(0,\,\sqrt{13}),\,(0,\,-\sqrt{13})$**

**꼭짓점의 좌표: $(0,\,2),\,(0,\,-2)$**

**주축의 길이: $4$**

**0027** 쌍곡선 $\dfrac{x^2}{36}-\dfrac{y^2}{64}=1$의 점근선의 방정식은

$y=\pm\dfrac{8}{6}x$  $\therefore y=\pm\dfrac{4}{3}x$

답 $y=\pm\dfrac{4}{3}x$

**0028** 쌍곡선 $\dfrac{x^2}{18}-\dfrac{y^2}{8}=-1$의 점근선의 방정식은

$y=\pm\dfrac{\sqrt{8}}{\sqrt{18}}x$  $\therefore y=\pm\dfrac{2}{3}x$

답 $y=\pm\dfrac{2}{3}x$

**0029** 쌍곡선 $9x^2-4y^2=36$, 즉 $\dfrac{x^2}{4}-\dfrac{y^2}{9}=1$의 점근선의 방정식은

$y=\pm\dfrac{3}{2}x$

답 $y=\pm\dfrac{3}{2}x$

**0030** 쌍곡선 $5x^2-10y^2=-10$, 즉 $\dfrac{x^2}{2}-y^2=-1$의 점근선의 방정식은

$y=\pm\dfrac{1}{\sqrt{2}}x$  $\therefore y=\pm\dfrac{\sqrt{2}}{2}x$

답 $y=\pm\dfrac{\sqrt{2}}{2}x$

**0031** 주어진 쌍곡선은 쌍곡선 $\dfrac{x^2}{9}-\dfrac{y^2}{4}=1$을 $x$축의 방향으로 $1$만큼, $y$축의 방향으로 $-1$만큼 평행이동한 것이다.

이때 쌍곡선 $\dfrac{x^2}{9}-\dfrac{y^2}{4}=1$에서 $\sqrt{9+4}=\sqrt{13}$이므로 초점의 좌표는 $(\sqrt{13},\,0),\,(-\sqrt{13},\,0)$, 꼭짓점의 좌표는 $(3,\,0),\,(-3,\,0)$

따라서 주어진 쌍곡선의 초점의 좌표는

$(\sqrt{13}+1,\,-1),\,(-\sqrt{13}+1,\,-1)$,

꼭짓점의 좌표는 $(4,\,-1),\,(-2,\,-1)$

답 **초점의 좌표: $(\sqrt{13}+1,\,-1),\,(-\sqrt{13}+1,\,-1)$**

**꼭짓점의 좌표: $(4,\,-1),\,(-2,\,-1)$**

**0032** 주어진 쌍곡선은 쌍곡선 $\dfrac{x^2}{20}-\dfrac{y^2}{16}=-1$을 $x$축의 방향으로 $4$만큼, $y$축의 방향으로 $3$만큼 평행이동한 것이다.

이때 쌍곡선 $\dfrac{x^2}{20}-\dfrac{y^2}{16}=-1$에서 $\sqrt{20+16}=6$이므로 초점의 좌표는 $(0,\,6),\,(0,\,-6)$, 꼭짓점의 좌표는 $(0,\,4),\,(0,\,-4)$

따라서 주어진 쌍곡선의 초점의 좌표는 $(4,\,9),\,(4,\,-3)$,

꼭짓점의 좌표는 $(4,\,7),\,(4,\,-1)$

답 **초점의 좌표: $(4,\,9),\,(4,\,-3)$**

**꼭짓점의 좌표: $(4,\,7),\,(4,\,-1)$**

**0033** 주어진 쌍곡선은 쌍곡선 $\dfrac{x^2}{3}-\dfrac{y^2}{6}=1$을 $x$축의 방향으로 $-2$만큼 평행이동한 것이다.

이때 쌍곡선 $\dfrac{x^2}{3}-\dfrac{y^2}{6}=1$의 점근선의 방정식은

$y=\pm\dfrac{\sqrt{6}}{\sqrt{3}}x$  $\therefore y=\pm\sqrt{2}x$

따라서 주어진 쌍곡선의 점근선의 방정식은

$y=\pm\sqrt{2}(x+2)$

$\therefore y=\sqrt{2}x+2\sqrt{2},\,y=-\sqrt{2}x-2\sqrt{2}$

답 $y=\sqrt{2}x+2\sqrt{2},\,y=-\sqrt{2}x-2\sqrt{2}$

**0034** 주어진 쌍곡선은 쌍곡선 $\dfrac{x^2}{4}-\dfrac{y^2}{16}=-1$을 $x$축의 방향으로 $3$만큼, $y$축의 방향으로 $-7$만큼 평행이동한 것이다.

이때 쌍곡선 $\dfrac{x^2}{4}-\dfrac{y^2}{16}=-1$의 점근선의 방정식은

$y=\pm\dfrac{4}{2}x$ $\quad\therefore y=\pm 2x$

따라서 주어진 쌍곡선의 점근선의 방정식은

$y+7=\pm 2(x-3)$

$\therefore y=2x-13,\ y=-2x-1$

답 $y=2x-13,\ y=-2x-1$

**0035** $4x^2-y^2+8x=0$에서

$4(x+1)^2-y^2=4$

$\therefore (x+1)^2-\dfrac{y^2}{4}=1$

즉, 주어진 쌍곡선은 쌍곡선 $x^2-\dfrac{y^2}{4}=1$을 $x$축의 방향으로 $-1$

만큼 평행이동한 것이다.

(1) 쌍곡선 $x^2-\dfrac{y^2}{4}=1$의 중심의 좌표는 $(0,\ 0)$이므로 주어진 쌍

곡선의 중심의 좌표는 $(-1,\ 0)$

(2) 쌍곡선 $x^2-\dfrac{y^2}{4}=1$에서 $\sqrt{1+4}=\sqrt{5}$이므로 초점의 좌표는

$(\sqrt{5},\ 0),\ (-\sqrt{5},\ 0)$

따라서 주어진 쌍곡선의 초점의 좌표는

$(\sqrt{5}-1,\ 0),\ (-\sqrt{5}-1,\ 0)$

(3) 쌍곡선 $x^2-\dfrac{y^2}{4}=1$의 점근선의 방정식은 $y=\pm 2x$

따라서 주어진 쌍곡선의 점근선의 방정식은

$y=\pm 2(x+1)$

$\therefore y=2x+2,\ y=-2x-2$

답 (1) $(-1,\ 0)$ (2) $(\sqrt{5}-1,\ 0),\ (-\sqrt{5}-1,\ 0)$
(3) $y=2x+2,\ y=-2x-2$

**0036** $x^2-4x-4y+16=0$에서

$(x-2)^2=4(y-3)$

따라서 주어진 방정식은 포물선을 나타낸다. 답 **포물선**

**0037** $x^2+y^2-4x-5=0$에서

$(x-2)^2+y^2=9$

따라서 주어진 방정식은 원을 나타낸다. 답 **원**

**0038** $9x^2+16y^2-144=0$에서

$\dfrac{x^2}{16}+\dfrac{y^2}{9}=1$

따라서 주어진 방정식은 타원을 나타낸다. 답 **타원**

**0039** $5x^2-4y^2+24y-16=0$에서

$5x^2-4(y-3)^2=-20$

$\therefore \dfrac{x^2}{4}-\dfrac{(y-3)^2}{5}=-1$

따라서 주어진 방정식은 쌍곡선을 나타낸다. 답 **쌍곡선**



**0040** 원의 중심 $(4,\ 0)$을 초점으로 하고 원점을 꼭짓점으로

하는 포물선의 방정식은

$y^2=4\times 4\times x$ $\quad\therefore y^2=16x$

이 포물선이 점 $(4,\ a)$를 지나므로

$a^2=16\times 4=64$ $\quad\therefore a=\pm 8$

따라서 모든 $a$의 값의 곱은 $-64$이다. 답 $-64$

**0041** 꼭짓점의 좌표가 $(0,\ 0)$이므로 포물선의 방정식을

$y^2=4px$ 또는 $x^2=4py$ $(p\neq 0)$라 하자.

이 포물선이 점 $(-2,\ 2)$를 지나므로

(i) $y^2=4px$일 때

$\quad 4=-8p$ $\quad\therefore p=-\dfrac{1}{2}$

$\quad\therefore y^2=4\times\left(-\dfrac{1}{2}\right)\times x=-2x$

(ii) $x^2=4py$일 때

$\quad 4=8p$ $\quad\therefore p=\dfrac{1}{2}$

$\quad\therefore x^2=4\times\dfrac{1}{2}\times y=2y$

(i), (ii)에서 구하는 포물선의 방정식은

$y^2=-2x,\ x^2=2y$ 답 $y^2=-2x,\ x^2=2y$

**0042** 포물선 $y^2=kx=4\times\dfrac{k}{4}\times x$의 초점의 좌표는 $\left(\dfrac{k}{4},\ 0\right)$

포물선 $x^2=-16y=4\times(-4)\times y$의 초점의 좌표는 $(0,\ -4)$

두 초점 사이의 거리가 5이므로

$\sqrt{\left(\dfrac{k}{4}\right)^2+4^2}=5$

양변을 제곱하면

$\dfrac{k^2}{16}+16=25,\ k^2=144$

$\therefore k=12\ (\because k>0)$ 답 **12**

**0043** 주어진 포물선의 방정식은

$x^2=4\times(-2)\times y$ $\quad\therefore x^2=-8y$

$\therefore \mathrm{A}(0,\ 0)$

포물선의 초점 F를 지나고 $x$축과 평행한 직선의 방정식은

$y=-2$이므로 이 직선과 포물선이 만나는 점의 $x$좌표는

$x^2=-8\times(-2)$에서 $x^2=16$

$\therefore x=-4$ 또는 $x=4$

따라서 두 점 B, C의 좌표는 $(-4,\ -2),\ (4,\ -2)$이고

$\overline{BC}=8$이므로 삼각형 ABC의 넓이는

$\dfrac{1}{2}\times 8\times 2=8$ 답 ③

**0044** 주어진 포물선은 포물선 $y^2=8x$를 $x$축의 방향으로 $-2$만큼, $y$축의 방향으로 1만큼 평행이동한 것이다.

이때 포물선 $y^2=8x=4\times2\times x$의 초점의 좌표는 $(2,\ 0)$, 준선의 방정식은 $x=-2$

따라서 주어진 포물선의 초점은 $\mathrm{F}(0,\ 1)$

$\therefore a=0,\ b=1$

또, 준선의 방정식은 $x=-4$  $\therefore c=-4$

$\therefore a+b-c=0+1-(-4)=5$ 답 ④

**0045** 포물선 $y^2=4x$를 $x$축의 방향으로 $m$만큼, $y$축의 방향으로 $n$만큼 평행이동한 포물선의 방정식은

$(y-n)^2=4(x-m)$ ...... ㉠

이때 포물선 $y^2=4x$의 초점의 좌표는 $(1,\ 0)$이므로 포물선 ㉠의 초점의 좌표는 $(1+m,\ n)$

이 점이 점 $(3,\ -2)$와 일치하므로

$1+m=3,\ n=-2$  $\therefore m=2$

$\therefore mn=-4$ 답 **−4**

**0046** 포물선 $x^2=-6(y+a)$는 포물선 $x^2=-6y$를 $y$축의 방향으로 $-a$만큼 평행이동한 것이다.

이때 포물선 $x^2=-6y=4\times\left(-\dfrac{3}{2}\right)\times y$의 준선의 방정식은

$y=\dfrac{3}{2}$이므로 포물선 $x^2=-6(y+a)$의 준선의 방정식은

$y=\dfrac{3}{2}-a$ ...... ㉠

포물선 $x^2=20(y-b)$는 포물선 $x^2=20y$를 $y$축의 방향으로 $b$만큼 평행이동한 것이다.

이때 포물선 $x^2=20y=4\times5\times y$의 준선의 방정식은 $y=-5$이므로 포물선 $x^2=20(y-b)$의 준선의 방정식은

$y=-5+b$ ...... ㉡

㉠, ㉡이 서로 일치하므로 $\dfrac{3}{2}-a=-5+b$

$\therefore a+b=\dfrac{13}{2}$ 답 $\dfrac{\mathbf{13}}{\mathbf{2}}$

**0047** 주어진 포물선은 포물선 $x^2=2ky$를 $x$축의 방향으로 $k$만큼, $y$축의 방향으로 $-k+2$만큼 평행이동한 것이다.

이때 포물선 $x^2=2ky=4\times\dfrac{k}{2}\times y$의 초점의 좌표는 $\left(0,\ \dfrac{k}{2}\right)$,

준선의 방정식은 $y=-\dfrac{k}{2}$이므로 주어진 포물선의 초점의 좌표는

$\left(k,\ -\dfrac{k}{2}+2\right)$, 준선의 방정식은 $y=-\dfrac{3}{2}k+2$ ㉮

그런데 주어진 포물선의 초점이 $x$축 위에 있으므로

$-\dfrac{k}{2}+2=0$  $\therefore k=4$ ㉯

따라서 주어진 포물선의 준선의 방정식은

$y=-\dfrac{3}{2}\times4+2$  $\therefore y=-4$ ㉰

답 $\boldsymbol{y=-4}$

| 단계 | 채점요소 | 배점 |
|---|---|---|
| ㉮ | 초점의 좌표와 준선의 방정식을 $k$로 나타내기 | 50% |
| ㉯ | $k$의 값 구하기 | 30% |
| ㉰ | 준선의 방정식 구하기 | 20% |

**0048** 포물선 위의 한 점을 $\mathrm{P}(x,\ y)$라 하고 점 $\mathrm{P}$에서 준선에 내린 수선의 발을 $\mathrm{H}$라 하면 포물선의 정의에 의하여 $\overline{\mathrm{PF}}=\overline{\mathrm{PH}}$이므로

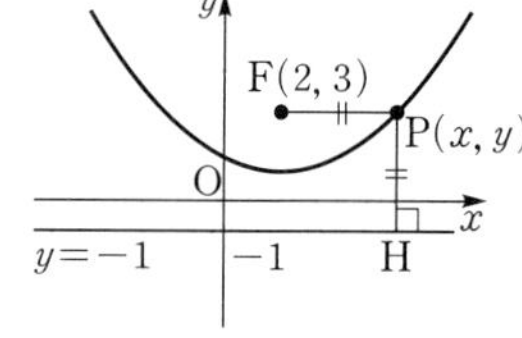

$\sqrt{(x-2)^2+(y-1)^2}=|x-6|$

양변을 제곱하면

$(x-2)^2+(y-1)^2=(x-6)^2$

$\therefore (y-1)^2=-8(x-4)$

이 포물선이 점 $(a,\ 3)$을 지나므로

$4=-8(a-4)$  $\therefore a=\dfrac{7}{2}$ 답 ③

**다른풀이** 준선이 $y$축에 평행하므로 포물선의 방정식을 $(y-n)^2=4p(x-m)$이라 하면

포물선의 초점의 좌표는 $(p+m,\ n)$,

준선의 방정식은 $x=-p+m$

즉, $p+m=2,\ n=1,\ -p+m=6$에서

$p=-2,\ m=4,\ n=1$

$\therefore (y-1)^2=-8(x-4)$

이 포물선이 점 $(a,\ 3)$을 지나므로

$4=-8(a-4)$  $\therefore a=\dfrac{7}{2}$

**0049** 점 $\mathrm{P}$의 좌표를 $(x,\ y)$라 하고 점 $\mathrm{P}$에서 직선 $y=-1$에 내린 수선의 발을 $\mathrm{H}$라 하면 포물선의 정의에 의하여 $\overline{\mathrm{PF}}=\overline{\mathrm{PH}}$이므로

$\sqrt{(x-2)^2+(y-3)^2}=|y+1|$

양변을 제곱하면 $(x-2)^2+(y-3)^2=(y+1)^2$

$\therefore (x-2)^2=8(y-1)$ 답 ②

**0050** 포물선 위의 한 점을 $\mathrm{P}(x,\ y)$라 하고 점 $\mathrm{P}$에서 준선에 내린 수선의 발을 $\mathrm{H}$, 준선의 방정식을 $x=a$라 하면 포물선의 정의에 의하여 $\overline{\mathrm{PF}}=\overline{\mathrm{PH}}$이므로

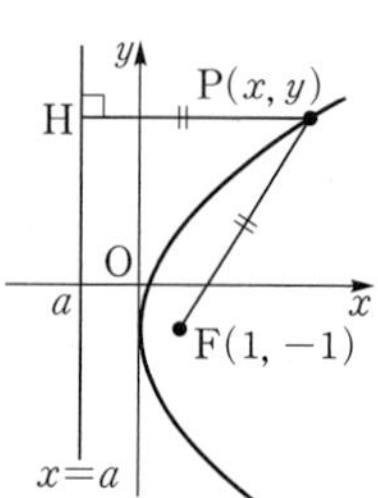

$\sqrt{(x-1)^2+(y+1)^2}=|x-a|$

양변을 제곱하면

$(x-1)^2+(y+1)^2=(x-a)^2$

$\therefore (y+1)^2=(2-2a)x+a^2-1$ $\qquad \cdots\cdots$ ㉠

포물선 ㉠이 점 $(4,\,3)$을 지나므로

$16=(2-2a)\times 4+a^2-1$

$a^2-8a-9=0,\ (a+1)(a-9)=0$

$\therefore a=-1$ 또는 $a=9$

(i) $a=-1$일 때, ㉠에서 $(y+1)^2=4x$

(ii) $a=9$일 때, ㉠에서 $(y+1)^2=-16(x-5)$

$$\text{답}\ (y+1)^2=4x,\ (y+1)^2=-16(x-5)$$

**0051** 포물선 위의 한 점을 $\mathrm{P}(x,\,y)$라 하고 점 P에서 준선에 내린 수선의 발을 H라 하면 포물선의 정의에 의하여 $\overline{\mathrm{PF}}=\overline{\mathrm{PH}}$이므로

$\sqrt{(x-3)^2+y^2}=|x-5|$

양변을 제곱하면

$(x-3)^2+y^2=(x-5)^2$

$\therefore y^2=-4(x-4)$ $\qquad \cdots\cdots$ ㉠

㉠에 $x=0$을 대입하면 $y^2=16$

$\therefore y=-4$ 또는 $y=4$

따라서 포물선 ㉠이 $y$축과 만나는 두 점 A, B의 좌표는 $(0,\,-4)$, $(0,\,4)$이므로 선분 AB의 길이는 8이다. 답 **8**

**0052** $y=x^2+2px+q$에서 $(x+p)^2=y+p^2-q$

즉, 주어진 포물선은 포물선 $x^2=y$를 $x$축의 방향으로 $-p$만큼, $y$축의 방향으로 $-p^2+q$만큼 평행이동한 것이다.

따라서 주어진 포물선의 초점의 좌표는 $\left(-p,\ \dfrac{1}{4}-p^2+q\right)$이므로

$-p=\dfrac{1}{2},\ \dfrac{1}{4}-p^2+q=4$

$\therefore p=-\dfrac{1}{2},\ q=4$ $\qquad \therefore pq=-2$ 답 **−2**

**0053** $y^2-8x+2y+17=0$에서

$(y+1)^2=8(x-2)$

즉, 주어진 포물선은 포물선 $y^2=8x$를 $x$축의 방향으로 2만큼, $y$축의 방향으로 $-1$만큼 평행이동한 것이다.

이때 포물선 $y^2=8x=4\times 2\times x$의 꼭짓점의 좌표는 $(0,\,0)$, 초점의 좌표는 $(2,\,0)$, 준선의 방정식은 $x=-2$이므로 주어진 포물선의 꼭짓점의 좌표는 $(2,\,-1)$, 초점의 좌표는 $(4,\,-1)$, 준선의 방정식은 $x=0$

따라서 옳은 것은 ㄱ, ㄷ이다. 답 ③

**0054** 축이 $y$축에 평행하므로 구하는 포물선의 방정식을 $x^2+Ax+By+C=0$으로 놓고 세 점 $(1,\,-3)$, $(-3,\,-3)$, $(-1,\,-2)$의 좌표를 각각 대입하면

$1+A-3B+C=0$ $\qquad \cdots\cdots$ ㉠

$9-3A-3B+C=0$ $\qquad \cdots\cdots$ ㉡

$1-A-2B+C=0$ $\qquad \cdots\cdots$ ㉢

㉠, ㉡, ㉢에서

$A=2$, $B=4$, $C=9$

따라서 구하는 포물선의 방정식은

$x^2+2x+4y+9=0$ 답 $x^2+2x+4y+9=0$

**0055** $y^2-4x-4y=0$에서

$(y-2)^2=4(x+1)$

즉, 주어진 포물선은 포물선 $y^2=4x$를 $x$축의 방향으로 $-1$만큼, $y$축의 방향으로 2만큼 평행이동한 것이다.

이때 포물선 $y^2=4x$의 초점의 좌표는 $(1,\,0)$, 준선의 방정식은 $x=-1$이므로 주어진 포물선의 초점의 좌표는 $(0,\,2)$, 준선의 방정식은 $x=-2$

오른쪽 그림과 같이 원의 반지름의 길이를 $r$라 하면

$r=\sqrt{(\sqrt 5)^2+2^2}=3$

따라서 구하는 원의 방정식은

$x^2+(y-2)^2=9$

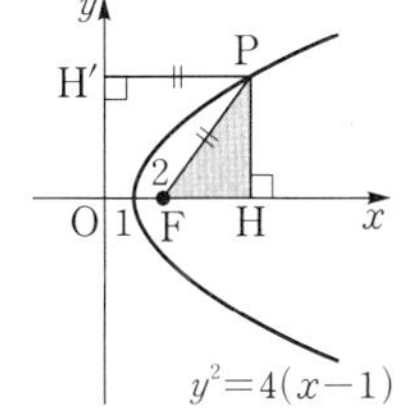

$$\text{답}\ x^2+(y-2)^2=9$$

**0056** 주어진 포물선은 포물선 $y^2=4x$를 $x$축의 방향으로 1만큼 평행이동한 것이다.

이때 포물선 $y^2=4x$의 초점의 좌표는 $(1,\,0)$, 준선의 방정식은 $x=-1$이므로 주어진 포물선의 초점은 $\mathrm{F}(2,\,0)$, 준선의 방정식은 $x=0$

오른쪽 그림과 같이 점 P에서 준선에 내린 수선의 발을 $\mathrm{H}'$이라 하면 포물선의 정의에 의하여

$\overline{\mathrm{PH}'}=\overline{\mathrm{PF}}=5$

즉, 점 P의 $x$좌표가 5이므로 $\mathrm{P}(5,\,b)$라 하면 $b^2=4\times 4=16$

$\therefore b=-4$ 또는 $b=4$

따라서 점 P의 좌표를 $(5,\,4)$라 하면 $\mathrm{H}(5,\,0)$이므로 삼각형 PFH의 넓이는

$\dfrac{1}{2}\times \overline{\mathrm{FH}}\times \overline{\mathrm{PH}}=\dfrac{1}{2}\times 3\times 4=6$ 답 ④

**0057** 포물선의 정의에 의하여 $\overline{\mathrm{PF}}=\overline{\mathrm{PH}}$이므로 삼각형 PHF는 이등변삼각형이다.

$\therefore \angle \mathrm{PFH}=\dfrac{1}{2}\times (180°-40°)=70°$ 답 ⑤

**0058** 주어진 포물선의 초점을 F라 하면 $F\left(0,\ \dfrac{1}{4}\right)$,

준선의 방정식은 $y=-\dfrac{1}{4}$



오른쪽 그림과 같이 포물선 위의 점
$P(a,\ b)$에서 준선에 내린 수선의
발을 H라 하면 포물선의 정의에 의
하여 $\overline{PH}=\overline{PF}=\dfrac{3}{4}$이므로

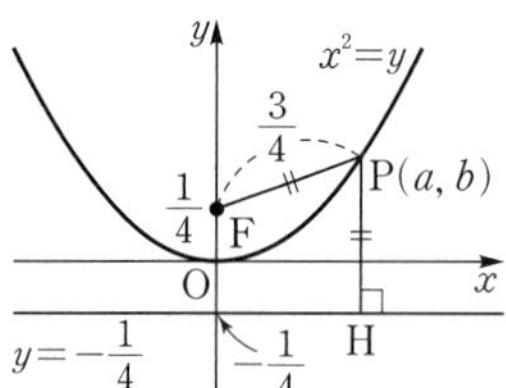


$b-\left(-\dfrac{1}{4}\right)=\dfrac{3}{4}\ (\because b\geq 0)$

$\therefore b=\dfrac{1}{2}$

또, 점 $P\left(a,\ \dfrac{1}{2}\right)$은 포물선 $x^2=y$ 위의 점이므로

$a^2=\dfrac{1}{2}$



$\therefore 4(a^2+b^2)=4\left\{\dfrac{1}{2}+\left(\dfrac{1}{2}\right)^2\right\}=3$



답 **3**

| 단계 | 채점요소 | 배점 |
|---|---|---|
| 가 | 포물선의 초점의 좌표와 준선의 방정식 구하기 | 30 % |
| 나 | $a^2,\ b$의 값 구하기 | 50 % |
| 다 | $4(a^2+b^2)$의 값 구하기 | 20 % |

**0059** 주어진 포물선의 초점은 $F(2,\ 0)$이므로 세 점 A, B, C
의 $x$좌표를 각각 $x_1,\ x_2,\ x_3$이라 하면

$\dfrac{x_1+x_2+x_3}{3}=2 \qquad \therefore x_1+x_2+x_3=6$

한편, 포물선의 준선의 방정식은
$x=-2$이므로 오른쪽 그림과 같이 세
점 A, B, C에서 준선에 내린 수선의 발
을 각각 A′, B′, C′이라 하면 포물선의
정의에 의하여

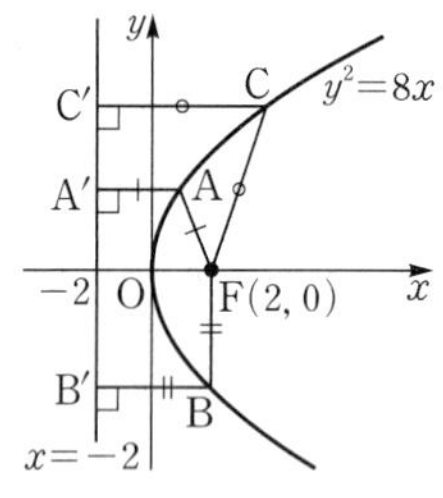


$\overline{AF}=\overline{AA'}=x_1+2$

$\overline{BF}=\overline{BB'}=x_2+2$

$\overline{CF}=\overline{CC'}=x_3+2$

$\therefore \overline{AF}+\overline{BF}+\overline{CF}=(x_1+2)+(x_2+2)+(x_3+2)$

$\qquad\qquad\qquad =(x_1+x_2+x_3)+6$

$\qquad\qquad\qquad =6+6=12$

답 **12**

**0060** 포물선 $y^2=4x$의 초점은 $F(1,\ 0)$이고 준선의 방정식은
$x=-1$이므로 두 점 A, B에서 준선에 내린 수선의 발을 각각
H, H′이라 하면 포물선의 정의에 의하여

$\overline{AF}=\overline{AH}=a+1,\ \overline{BF}=\overline{BH'}=a+1$

또, 원이 점 $F(1,\ 0)$을 지나므로 반지름의 길이는 1이다.

$\therefore \overline{OA}=\overline{OB}=1$

따라서 구하는 사각형 AOBF의 둘레의 길이는

$\overline{OA}+\overline{AF}+\overline{BF}+\overline{OB}=1+(a+1)+(a+1)+1$

$\qquad\qquad\qquad\qquad\qquad =2a+4$

답 **⑤**

참고 두 점 A, B는 $x$축에 대하여 대칭이므로 $x$좌표가 서로 같다.

**0061** 포물선의 정의에 의하여

$\overline{PH}=\overline{PF},\ \overline{QH'}=\overline{QF}$

$\therefore \overline{PH}+\overline{QH'}=\overline{PF}+\overline{QF}=\overline{PQ}=9$

따라서 구하는 사각형 HH′QP의 둘레의 길이는

$\overline{HH'}+\overline{QH'}+\overline{PQ}+\overline{PH}=\overline{HH'}+\overline{PQ}+\overline{PQ}$

$\qquad\qquad\qquad\qquad\qquad =8+9+9=26$

답 **26**

**0062** 포물선 $y^2=8x$의 초점은
$F(2,\ 0)$, 준선의 방정식은 $x=-2$
오른쪽 그림과 같이 두 점 P, Q에서
준선에 내린 수선의 발을 각각 P′, Q′
이라 하면 포물선의 정의에 의하여

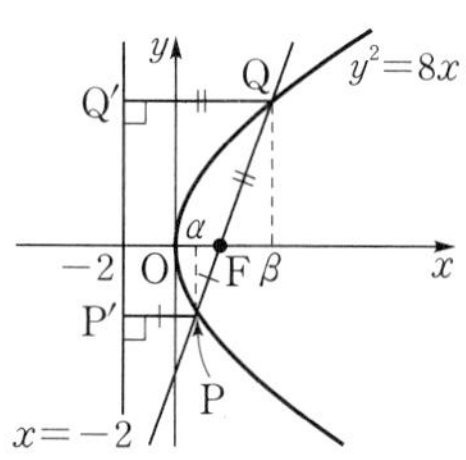


$\overline{PF}=\overline{PP'}=\alpha+2$

$\overline{QF}=\overline{QQ'}=\beta+2$

$\therefore \overline{PQ}=\overline{PF}+\overline{QF}=\overline{PP'}+\overline{QQ'}$

$\qquad =(\alpha+2)+(\beta+2)$

$\qquad =(\alpha+\beta)+4$

$\qquad =14+4=18$

답 **18**

**0063** 주어진 포물선의 초점은 $F(1,\ 0)$, 준선의 방정식은
$x=-1$이고, 직선 $y=m(x-1)$은 점 $F(1,\ 0)$을 지난다.

오른쪽 그림과 같이 두 점 P, Q에서
준선에 내린 수선의 발을 각각 $H_1$,
$H_2$라 하고, 두 점 P, Q의 $x$좌표를
각각 $x_1,\ x_2\ (x_1<x_2)$라 하면 포물
선의 정의에 의하여

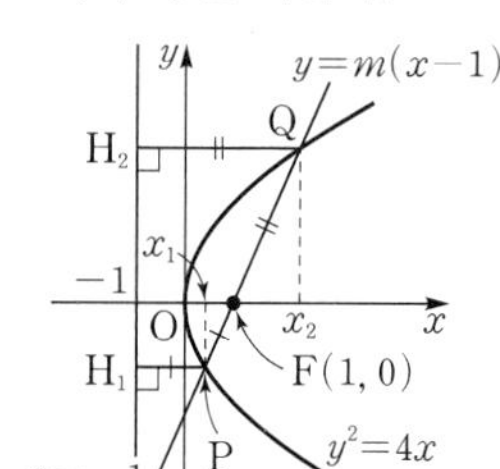


$\overline{PQ}=\overline{PF}+\overline{QF}=\overline{PH_1}+\overline{QH_2}$

$\qquad =(x_1+1)+(x_2+1)$

$\qquad =x_1+x_2+2=10$

$\therefore x_1+x_2=8$

따라서 선분 PQ의 중점의 $x$좌표는

$\dfrac{x_1+x_2}{2}=\dfrac{8}{2}=4$

답 **4**

**0064** 포물선 $y^2=4px$의 초점은 $F(p,\ 0)$, 준선의 방정식은
$x=-p$

즉, 직선 $m$의 방정식은 $x=p$이므로 두 점 A, B의 $x$좌표는 모
두 $p$이다.

이때 포물선의 정의에 의하여

$\overline{AF}=\overline{AA'}=2p,\ \overline{BF}=\overline{BB'}=2p$이므로

$$\overline{AB}=\overline{AF}+\overline{BF}=\overline{AA'}+\overline{BB'}=4p$$

직각삼각형 AOF에서

$$\overline{OA}=\sqrt{p^2+(2p)^2}=p\sqrt{5}$$

직각삼각형 OBF에서

$$\overline{OB}=\sqrt{p^2+(2p)^2}=p\sqrt{5}$$

한편, 사각형 A′B′BA의 넓이가 32이므로

$$\overline{AA'}\times\overline{AB}=2p\times4p=32$$

$$8p^2=32\qquad\therefore p=2\ (\because p>0)$$

따라서 구하는 삼각형 AOB의 둘레의 길이는

$$\overline{OA}+\overline{OB}+\overline{AB}=p\sqrt{5}+p\sqrt{5}+4p$$
$$=8+4\sqrt{5}$$

답 ②

**0065** 오른쪽 그림과 같이 두 점 A, B 
에서 준선에 내린 수선의 발을 각각 A′,
B′이라 하면 포물선의 정의에 의하여

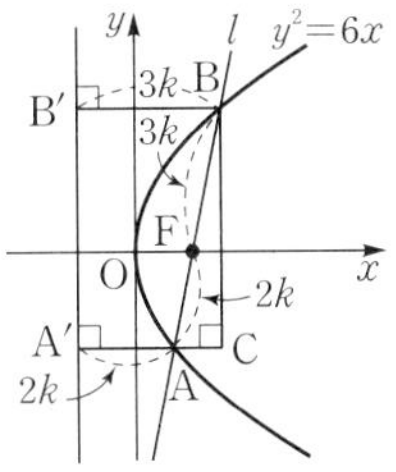

$$\overline{AF}=\overline{AA'},\ \overline{BF}=\overline{BB'}$$

점 B에서 $\overline{A'A}$의 연장선 위에 내린 수선
의 발을 C라 하고

$$\overline{AF}=2k,\ \overline{BF}=3k\ (k>0)$$

로 놓으면

$$\overline{AC}=\overline{A'C}-\overline{A'A}=\overline{B'B}-\overline{A'A}$$
$$=\overline{BF}-\overline{AF}=3k-2k=k$$

직각삼각형 ACB에서 피타고라스 정리에 의하여

$$\overline{BC}=\sqrt{(5k)^2-k^2}=2\sqrt{6}k$$

따라서 직선 $l$의 기울기 $m$은

$$m=\frac{\overline{BC}}{\overline{AC}}=\frac{2\sqrt{6}k}{k}=2\sqrt{6}$$

$$\therefore m^2=24$$

답 24

**0066** 주어진 포물선의 초점은 $F\left(\dfrac{5}{2},\,0\right)$, 준선의 방정식은

$$x=-\frac{5}{2}$$

두 점 A, B의 좌표를 각각 $(x_1,\,y_1)$, $(x_2,\,y_2)$라 하면 두 점 A,
B는 포물선 $y^2=10x$ 위의 점이므로

$$y_1{}^2=10x_1,\ y_2{}^2=10x_2\qquad\cdots\cdots\ \ominus$$

한편, 두 점 A, B에서 준선에 내린 수선의 발을 각각 $H_1$, $H_2$라
하면

$$\overline{AF}+\overline{BF}=\overline{AH_1}+\overline{BH_2}$$
$$=\left(x_1+\frac{5}{2}\right)+\left(x_2+\frac{5}{2}\right)$$
$$=x_1+x_2+5=8$$

$$\therefore x_1+x_2=3$$

$$\therefore S_1+S_2=\pi\times\overline{AC}^2+\pi\times\overline{BD}^2$$
$$=\pi y_1{}^2+\pi y_2{}^2$$
$$=10\pi(x_1+x_2)\ (\because \ominus)$$
$$=10\pi\times3=30\pi$$

답 $30\pi$

**0067** 주어진 포물선의 초점의 좌표는 $(2,\,0)$, 준선의 방정식은

$$x=-2$$

즉, 점 $A(2,\,0)$은 주어진 포물선의 초점이다.

오른쪽 그림과 같이 두 점 P, B에서 준선 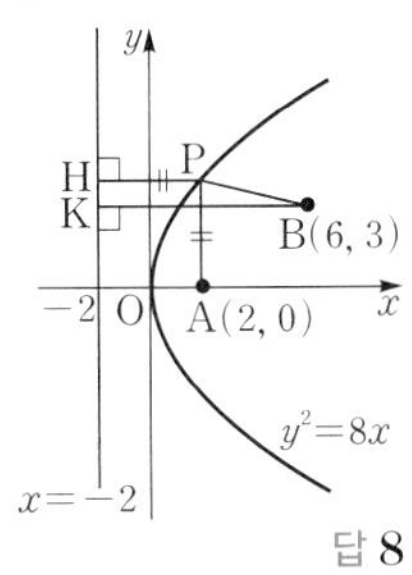
에 내린 수선의 발을 각각 H, K라 하면
포물선의 정의에 의하여 $\overline{PA}=\overline{PH}$이므로

$$\overline{PA}+\overline{PB}=\overline{PH}+\overline{PB}$$
$$\geq\overline{BK}$$
$$=6-(-2)=8$$

따라서 $\overline{PA}+\overline{PB}$의 최솟값은 8이다.

답 8

**0068** 주어진 포물선의 초점은 $F(0,\,1)$, 준선의 방정식은

$$y=-1$$

오른쪽 그림과 같이 두 점 P, A에서 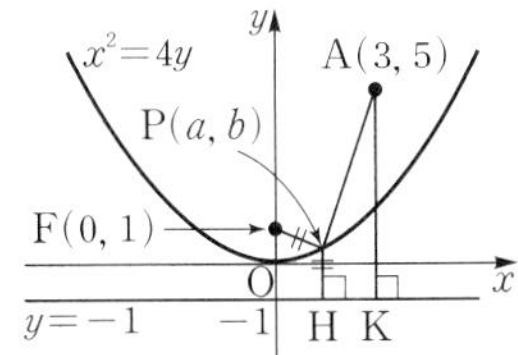
준선에 내린 수선의 발을 각각 H,
K라 하면 포물선의 정의에 의하여
$\overline{PF}=\overline{PH}$이므로

$$\overline{AP}+\overline{PF}=\overline{AP}+\overline{PH}\geq\overline{AK}$$

따라서 세 점 A, P, H가 한 직선 위에 있을 때, $\overline{AP}+\overline{PF}$의 값
이 최소이다.

이때 점 $P(a,\,b)$의 $x$좌표는 3이므로 $a=3$

또, 점 $P(3,\,b)$가 포물선 $x^2=4y$ 위의 점이므로

$$9=4b\qquad\therefore b=\frac{9}{4}$$

$$\therefore a+b=3+\frac{9}{4}=\frac{21}{4}$$

답 $\dfrac{21}{4}$

**0069** 삼각형 APB의 둘레의 길이는 $\overline{AP}+\overline{PB}+\overline{AB}$이므로
$\overline{AP}+\overline{PB}$의 값이 최소일 때, 삼각형 APB의 둘레의 길이도 최소
이다.

주어진 포물선의 초점의 좌표는 $\left(\dfrac{3}{4},\,0\right)$, 준선의 방정식은

$x=-\dfrac{3}{4}$, 즉 점 $B\left(\dfrac{3}{4},\,0\right)$은 주어진 포물선의 초점이다.

오른쪽 그림과 같이 두 점 P, A에서
준선에 내린 수선의 발을 각각 H, K
라 하면 포물선의 정의에 의하여

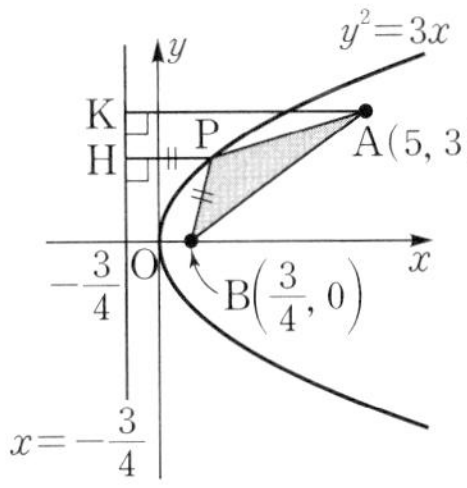

$$\overline{PB}=\overline{PH}$$이므로

$$\overline{AP}+\overline{PB}=\overline{AP}+\overline{PH}\geq\overline{AK}$$

즉, 세 점 A, P, H가 한 직선 위에
있을 때, $\overline{AP}+\overline{PB}$의 값이 최소이다.

이때 점 P의 좌표를 $(a,\,b)$라 하면

$$b=3$$

또, 점 $P(a,\,3)$이 포물선 $y^2=3x$ 위의 점이므로

$$9=3a\qquad\therefore a=3$$

따라서 구하는 삼각형 APB의 넓이는

$$\frac{1}{2}\times2\times3=3$$

답 ②

**0070** 타원 $\dfrac{x^2}{9}+y^2=1$에서 $\sqrt{9-1}=2\sqrt{2}$이므로 초점의 좌표는 $(2\sqrt{2},\,0),\,(-2\sqrt{2},\,0)$

구하는 타원의 방정식을 $\dfrac{x^2}{a^2}+\dfrac{y^2}{b^2}=1\,(a>b>0)$이라 하면

이 타원의 초점의 좌표가 $(2\sqrt{2},\,0),\,(-2\sqrt{2},\,0)$이므로

$(2\sqrt{2}\,)^2=a^2-b^2$    $\therefore a^2-b^2=8$       ······ ㉠

이때 장축의 길이가 10이므로

$2a=10$    $\therefore a=5$

$a=5$를 ㉠에 대입하면 $25-b^2=8$

$\therefore b=\sqrt{17}\,(\because b>0)$

따라서 구하는 타원의 방정식은

$\dfrac{x^2}{25}+\dfrac{y^2}{17}=1$       답 ④


**0071** 두 초점이 $F(4,\,0),\,F'(-4,\,0)$이므로 $a>b>0$이고

$4^2=a^2-b^2$    $\therefore (a+b)(a-b)=16$       ······ ㉠

장축의 길이가 $2a$, 단축의 길이가 $2b$이므로

$2a-2b=4$    $\therefore a-b=2$       ······ ㉡

㉠, ㉡에서 $a=5,\,b=3$

$\therefore a^2+b^2=5^2+3^2=34$       답 **34**


**0072** 구하는 타원의 방정식을 $\dfrac{x^2}{a^2}+\dfrac{y^2}{b^2}=1\,(b>a>0)$이라

하면 한 초점이 $F(0,\,2\sqrt{7}\,)$이므로

$(2\sqrt{7}\,)^2=b^2-a^2$    $\therefore b^2-a^2=28$       ······ ㉠

한편, 타원이 점 $P(-3,\,4\sqrt{3}\,)$을 지나므로

$\dfrac{9}{a^2}+\dfrac{48}{b^2}=1$    $\therefore 9b^2+48a^2=a^2b^2$       ······ ㉡

㉠, ㉡에서 $a^2=36,\,b^2=64$

$\therefore a=6,\,b=8\,(\because b>a>0)$

$\therefore \overline{PF}+\overline{PF'}=2b=2\times8=16$       답 **16**


**0073** 두 초점 $F,\,F'$의 $y$좌표가 같으므로 타원의 장축은 $x$축과 평행하다.

$\therefore a^2>5$

또, 타원의 중심은 선분 $FF'$의 중점이므로 중심의 좌표는

$\left(\dfrac{5+1}{2},\,\dfrac{1+1}{2}\right)$    $\therefore (3,\,1)$

즉, 주어진 타원은 타원 $\dfrac{x^2}{a^2}+\dfrac{y^2}{5}=1$을 $x$축의 방향으로 3만큼, $y$축의 방향으로 1만큼 평행이동한 것이므로

$p=3,\,q=1$

이때 타원 $\dfrac{x^2}{a^2}+\dfrac{y^2}{5}=1$의 초점의 좌표는

$(\sqrt{a^2-5},\,0),\,(-\sqrt{a^2-5},\,0)$

따라서 주어진 타원의 초점의 좌표는

$(\sqrt{a^2-5}+3,\,1),\,(-\sqrt{a^2-5}+3,\,1)$이므로

$\sqrt{a^2-5}+3=5,\,-\sqrt{a^2-5}+3=1$에서

$\sqrt{a^2-5}=2$

양변을 제곱하면

$a^2-5=4$    $\therefore a=3\,(\because a>0)$

$\therefore a+p+q=3+3+1=7$       답 **7**


**0074** 주어진 타원은 타원 $\dfrac{x^2}{20}+\dfrac{y^2}{11}=1$을 $x$축의 방향으로 $-2$만큼, $y$축의 방향으로 3만큼 평행이동한 것이다.

이때 타원 $\dfrac{x^2}{20}+\dfrac{y^2}{11}=1$에서 $\sqrt{20-11}=3$이므로 초점의 좌표는

$(3,\,0),\,(-3,\,0)$

즉, 주어진 타원의 두 초점 $F,\,F'$의 좌표는

$(1,\,3),\,(-5,\,3)$

따라서 구하는 삼각형 $OFF'$의 넓이는

$\dfrac{1}{2}\times6\times3=9$

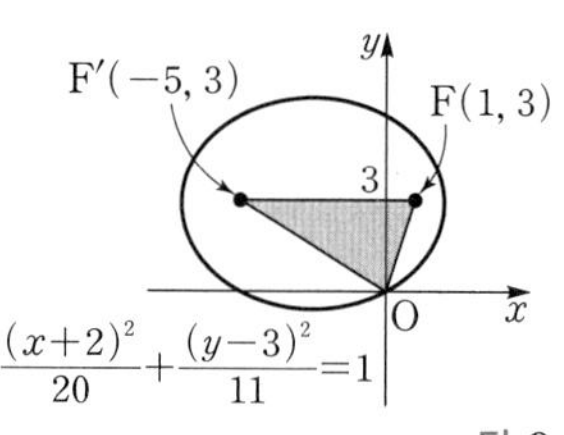


답 **9**


**0075** 타원 $\dfrac{x^2}{25}+\dfrac{y^2}{16}=1$을 $x$축의 방향으로 $\alpha$만큼, $y$축의 방향으로 $\beta$만큼 평행이동한 타원의 방정식은

$\dfrac{(x-\alpha)^2}{25}+\dfrac{(y-\beta)^2}{16}=1$

이 타원이 $x$축과 $y$축에 동시에 접하려면

$|$타원의 중심의 $x$좌표$|=\dfrac{(\text{장축의 길이})}{2}$

$|$타원의 중심의 $y$좌표$|=\dfrac{(\text{단축의 길이})}{2}$

이어야 한다.

이때 타원의 중심의 좌표는 $(\alpha,\,\beta)$이므로

$|\alpha|=\dfrac{2\times5}{2}=5,\,|\beta|=\dfrac{2\times4}{2}=4$

$\therefore |\alpha|+|\beta|=9$       답 **9**


**0076** 주어진 타원은 타원 $\dfrac{x^2}{4}+\dfrac{y^2}{9}=1$을 $x$축의 방향으로 $k$만큼, $y$축의 방향으로 $-2$만큼 평행이동한 것이다.

이때 타원 $\dfrac{x^2}{4}+\dfrac{y^2}{9}=1$에서 $\sqrt{9-4}=\sqrt{5}$이므로 초점의 좌표는

$(0,\,\sqrt{5}\,),\,(0,\,-\sqrt{5}\,)$

즉, 주어진 타원의 초점의 좌표는

$(k,\,\sqrt{5}-2),\,(k,\,-\sqrt{5}-2)$

이고 이 중 $y$좌표가 양수인 점은 $(k,\,\sqrt{5}-2)$이다.

따라서 점 $(k, \sqrt{5}-2)$와 직선 $2x-y+\sqrt{5}=0$ 사이의 거리가
$\sqrt{5}$이므로
$$\frac{|2\times k-(\sqrt{5}-2)+\sqrt{5}|}{\sqrt{2^2+(-1)^2}}=\sqrt{5}$$
$$\frac{|2k+2|}{\sqrt{5}}=\sqrt{5},\ |2k+2|=5$$
$2k+2=\pm5 \qquad \therefore k=\dfrac{3}{2}\ (\because k>0)$ $\qquad$ 답 $\dfrac{3}{2}$

참고 점 $(x_1, y_1)$과 직선 $ax+by+c=0$ 사이의 거리
$\Rightarrow \dfrac{|ax_1+by_1+c|}{\sqrt{a^2+b^2}}$

**0077** $\overline{PA}+\overline{PB}=8$에서
$$\sqrt{x^2+y^2}+\sqrt{(x-4)^2+y^2}=8$$
즉, $\sqrt{(x-4)^2+y^2}=8-\sqrt{x^2+y^2}$에서 양변을 제곱하여 정리하면
$$x+6=2\sqrt{x^2+y^2}$$
다시 양변을 제곱하여 정리하면
$$3(x-2)^2+4y^2=48$$
$$\therefore \frac{(x-2)^2}{16}+\frac{y^2}{12}=1$$
따라서 단축의 길이는 $2\times2\sqrt{3}=4\sqrt{3}$, 장축의 길이는 $2\times4=8$
이므로 그 곱은
$$4\sqrt{3}\times8=32\sqrt{3}$$
$\qquad$ 답 ③

다른풀이 두 점 $A(0, 0)$, $B(4, 0)$에 대하여 $\overline{PA}+\overline{PB}=8$을 만
족시키는 점 $P(x, y)$가 나타내는 도형은 두 점 $A$, $B$를 초점으
로 하고 장축의 길이가 8인 타원이다.
이 타원의 중심은 선분 $AB$의 중점이므로
$$\left(\frac{0+4}{2},\ \frac{0+0}{2}\right) \qquad \therefore (2, 0)$$
두 초점 $A$, $B$의 $y$좌표가 같으므로 타원의 장축은 $x$축과 평행하
다. 즉, 구하는 타원의 방정식을
$$\frac{(x-2)^2}{a^2}+\frac{y^2}{b^2}=1\ (a>b>0)$$이라 하면 장축의 길이가 8이므로
$2a=8 \qquad \therefore a=4$
타원의 중심에서 초점까지의 거리는 2이므로
$2^2=a^2-b^2$에서 $b^2=a^2-2^2=4^2-2^2=12$
$$\therefore b=2\sqrt{3}$$
따라서 단축의 길이는 $2\times2\sqrt{3}=4\sqrt{3}$, 장축의 길이는 $2\times4=8$
이므로 그 곱은
$$4\sqrt{3}\times8=32\sqrt{3}$$

**0078** 타원 위의 점 $P$의 좌표를 $(x, y)$라 하면
$\overline{PF}+\overline{PF'}=2\sqrt{13}$에서
$$\sqrt{(x+1)^2+(y-5)^2}+\sqrt{(x+1)^2+(y+1)^2}=2\sqrt{13}$$
즉, $\sqrt{(x+1)^2+(y-5)^2}=2\sqrt{13}-\sqrt{(x+1)^2+(y+1)^2}$에서 양
변을 제곱하여 정리하면
$$3y+7=\sqrt{13\{(x+1)^2+(y+1)^2\}}$$

다시 양변을 제곱하여 정리하면
$$13(x+1)^2+4(y-2)^2=52$$
$$\therefore \frac{(x+1)^2}{4}+\frac{(y-2)^2}{13}=1$$
따라서 구하는 단축의 길이는
$$2\times2=4$$
$\qquad$ 답 **4**

다른풀이 타원의 중심은 선분 $FF'$의 중점이므로
$$\left(\frac{-1-1}{2},\ \frac{5-1}{2}\right) \qquad \therefore (-1, 2)$$
두 초점 $F$, $F'$의 $x$좌표가 같으므로 타원의 장축은 $y$축과 평행하
다. 즉, 구하는 타원의 방정식을
$$\frac{(x+1)^2}{a^2}+\frac{(y-2)^2}{b^2}=1\ (b>a>0)$$이라 하면 장축의 길이가
$2\sqrt{13}$이므로
$2b=2\sqrt{13} \qquad \therefore b=\sqrt{13}$
타원의 중심에서 초점까지의 거리는 3이므로
$3^2=b^2-a^2$에서 $a^2=b^2-3^2=(\sqrt{13})^2-3^2=4$
$$\therefore a=2$$
따라서 구하는 단축의 길이는
$$2a=2\times2=4$$

**0079** 두 점 $A$, $C$의 $y$좌표가 같으므로 선분 $AC$는 타원의 장
축 또는 단축이다.
타원의 중심을 $M$이라 하면 점 $M$은 선분 $AC$의 중점이므로
$$M\left(\frac{-2+4}{2},\ \frac{2+2}{2}\right) \qquad \therefore M(1, 2)$$
이때 $\overline{AM}=3$, $\overline{BM}=2$이므로 선분 $AC$는 타원의 장축이다.
따라서 구하는 타원의 방정식은
$$\frac{(x-1)^2}{3^2}+\frac{(y-2)^2}{2^2}=1 \qquad \therefore \frac{(x-1)^2}{9}+\frac{(y-2)^2}{4}=1$$
$\qquad$ 답 $\dfrac{(x-1)^2}{9}+\dfrac{(y-2)^2}{4}=1$

**0080** ㄱ. 단축이 $y$축에 평행하고,
두 점 $A(2, 0)$, $B(-3, 3)$을 꼭
짓점으로 하는 타원은 오른쪽 그림
과 같이 2개 존재한다. (참)

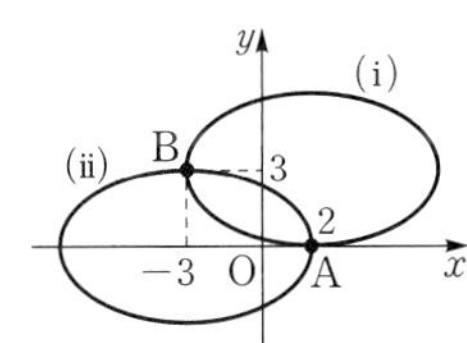

ㄴ. 장축의 길이는
$2\times\{2-(-3)\}=10$, 단축의 길이는 $2\times(3-0)=6$이므
로 그 합은 $10+6=16$ (거짓)

ㄷ. (i)의 경우 타원의 중심의 좌표는 $(2, 3)$이고 장축의 길이는
10, 단축의 길이는 6이므로 $\sqrt{5^2-3^2}=4$에서 타원의 초점의
좌표는 $(-2, 3)$, $(6, 3)$
(ii)의 경우 타원의 초점은 $x$축 위에 있다.
즉, 타원의 초점 중 제2사분면 위에 존재하는 것이 있다.
$\qquad$ (거짓)

따라서 옳은 것은 ㄱ뿐이다. $\qquad$ 답 ㄱ

**0081** $16x^2+7y^2-32x+42y=33$에서

$16(x-1)^2+7(y+3)^2=112$

$\therefore \dfrac{(x-1)^2}{7}+\dfrac{(y+3)^2}{16}=1$

즉, 주어진 타원은 타원 $\dfrac{x^2}{7}+\dfrac{y^2}{16}=1$을 $x$축의 방향으로 1만큼,

$y$축의 방향으로 $-3$만큼 평행이동한 것이다.

이때 타원 $\dfrac{x^2}{7}+\dfrac{y^2}{16}=1$에서 $\sqrt{16-7}=3$이므로 초점의 좌표는

$(0,\,3)$, $(0,\,-3)$, 중심의 좌표는 $(0,\,0)$, 꼭짓점의 좌표는

$(\sqrt{7},\,0)$, $(-\sqrt{7},\,0)$, $(0,\,4)$, $(0,\,-4)$

① 중심의 좌표는 $(1,\,-3)$

② 초점의 좌표는 $(1,\,0)$, $(1,\,-6)$

③ 장축의 길이는 $2\times4=8$

④ 단축의 길이는 $2\times\sqrt{7}=2\sqrt{7}$

⑤ 꼭짓점의 좌표는 $(\sqrt{7}+1,\,-3)$, $(-\sqrt{7}+1,\,-3)$, $(1,\,1)$,
$(1,\,-7)$

따라서 옳은 것은 ②, ⑤이다.　　　　　　　　　답 ②, ⑤

**0082** $5x^2-10x+4y^2+16y+1=0$에서

$5(x-1)^2+4(y+2)^2-20=0$　　　　　……　㉠

즉, 타원 ㉠을 $x$축의 방향으로 $-1$만큼, $y$축의 방향으로 2만큼
평행이동하면

$5x^2+4y^2-20=0$

이 방정식이 방정식 $5x^2+4y^2+k=0$과 일치하므로

$m=-1$, $n=2$, $k=-20$

$\therefore mnk=40$　　　　　　　　　　　　　답 **40**

**0083** $x^2+2y^2-4\sqrt{2}x+8y+8=0$에서

$(x-2\sqrt{2})^2+2(y+2)^2=8$

$\therefore \dfrac{(x-2\sqrt{2})^2}{8}+\dfrac{(y+2)^2}{4}=1$

즉, 주어진 타원은 타원 $\dfrac{x^2}{8}+\dfrac{y^2}{4}=1$을 $x$축의 방향으로 $2\sqrt{2}$만
큼, $y$축의 방향으로 $-2$만큼 평행이동한 것이다.

이때 타원 $\dfrac{x^2}{8}+\dfrac{y^2}{4}=1$에서 $\sqrt{8-4}=2$이므로 초점의 좌표는

$(2,\,0)$, $(-2,\,0)$

따라서 주어진 타원의 초점의 좌표는 $(2+2\sqrt{2},\,-2)$,
$(-2+2\sqrt{2},\,-2)$이므로 구하는 두 초점 사이의 거리는 4이다.

답 **4**

**다른풀이**　타원을 평행이동해도 두 초점 사이의 거리는 변하지 않는
다. 타원 $\dfrac{x^2}{8}+\dfrac{y^2}{4}=1$의 초점의 좌표는 $(2,\,0)$, $(-2,\,0)$이고
두 초점 사이의 거리는 4이므로 주어진 타원의 두 초점 사이의 거
리도 4이다.

**0084** $x^2+2y^2-4x-20y+44=0$　　　……　㉠

㉠에 $x=0$을 대입하면

$2y^2-20y+44=0$

$y^2-10y+22=0$

$\therefore y=5\pm\sqrt{3}$

즉, 두 점 A, B의 좌표는 $(0,\,5+\sqrt{3})$, $(0,\,5-\sqrt{3})$이므로

$\overline{AB}=2\sqrt{3}$

　　　　　　　　　　　　　　　　　　　　㉮

한편, ㉠에서 $(x-2)^2+2(y-5)^2=10$

$\therefore \dfrac{(x-2)^2}{10}+\dfrac{(y-5)^2}{5}=1$

즉, 타원의 중심 C의 좌표는 $(2,\,5)$

　　　　　　　　　　　　　　　　　　　　㉯

따라서 삼각형 ABC의 넓이는

$\dfrac{1}{2}\times2\sqrt{3}\times2=2\sqrt{3}$

　　　　　　　　　　　　　　　　　　　　㉰

답 $2\sqrt{3}$

| 단계 | 채점요소 | 배점 |
|---|---|---|
| ㉮ | $\overline{AB}$의 길이 구하기 | 40% |
| ㉯ | 타원의 중심 C의 좌표 구하기 | 40% |
| ㉰ | 삼각형 ABC의 넓이 구하기 | 20% |

**0085** 타원의 방정식을 $\dfrac{x^2}{a^2}+\dfrac{y^2}{b^2}=1\,(a>b>0)$이라 하자.

타원의 정의에 의하여

$\overline{AF}+\overline{AF'}=\overline{BF}+\overline{BF'}=2a$

삼각형 AF'B의 둘레의 길이는

$\overline{AF}+\overline{AF'}+\overline{BF}+\overline{BF'}=2a+2a=4a$

즉, $4a=20$에서 $a=5$

$3^2=a^2-b^2$에서 $b^2=a^2-3^2=5^2-3^2=16$

$\therefore b=4\,(\because b>0)$

따라서 구하는 단축의 길이는

$2b=2\times4=8$　　　　　　　　　　　　답 **8**

**0086** 타원 $\dfrac{x^2}{8}+\dfrac{y^2}{9}=1$에서

$\sqrt{9-8}=1$이므로 초점의 좌표는

$(0,\,1)$, $(0,\,-1)$

즉, 점 C는 타원의 한 초점이므로 오
른쪽 그림과 같이 다른 한 초점을 D
라 하면 타원의 정의에 의하여

$\overline{AC}+\overline{AD}=\overline{BC}+\overline{BD}=2\times3=6$

따라서 구하는 삼각형 ABC의 둘레의 길이는

$\overline{AD}+\overline{AC}+\overline{BD}+\overline{BC}=6+6=12$　　　　答 **12**

**0087** 타원 $\dfrac{x^2}{25}+\dfrac{y^2}{9}=1$에서 $\sqrt{25-9}=4$이므로

$F(4, 0)$, $F'(-4, 0)$

$\therefore \overline{FF'}=8$

$\overline{PF}=a$, $\overline{PF'}=b$라 하면 타원의 정의에 의하여

$a+b=2\times5=10$ $\qquad\cdots\cdots\ \unicode{x0}$ ㉠

직각삼각형 $PF'F$에서

$a^2+b^2=\overline{FF'}^2$ $\qquad\therefore a^2+b^2=64$ $\qquad\cdots\cdots$ ㉡

㉠, ㉡에서

$a^2+b^2=(a+b)^2-2ab$

$\qquad\quad=100-2ab=64$

$\therefore ab=18$

따라서 구하는 사각형 $PF'QF$의 넓이는

$ab=18$ $\qquad\qquad\qquad\qquad\qquad$ **답 18**


**0088** 타원 $\dfrac{x^2}{36}+\dfrac{y^2}{11}=1$에서 $\sqrt{36-11}=5$이므로 초점의 좌표는 $(5, 0)$, $(-5, 0)$

즉, 두 점 A, B는 타원의 초점이므로 타원의 정의에 의하여

$\overline{AP_k}+\overline{BP_k}=2\times6=12 \ (k=1, 2, \cdots, 6)$

$(\overline{AP_1}+\overline{AP_2}+\cdots+\overline{AP_6})+(\overline{BP_1}+\overline{BP_2}+\cdots+\overline{BP_6})$

$=(\overline{AP_1}+\overline{BP_1})+(\overline{AP_2}+\overline{BP_2})+\cdots+(\overline{AP_6}+\overline{BP_6})$

$=12\times6=72$

$\therefore \overline{BP_1}+\overline{BP_2}+\cdots+\overline{BP_6}$

$\quad=72-(\overline{AP_1}+\overline{AP_2}+\cdots+\overline{AP_6})$

$\quad=72-32=40$ $\qquad\qquad\qquad\qquad$ **답 40**


**0089** $\overline{PF}=a$, $\overline{PF'}=b$라 하면 타원의 정의에 의하여

$a+b=2\times4=8$

이때 $a>0$, $b>0$이므로 산술평균과 기하평균의 관계에 의하여

$a+b\geq2\sqrt{ab}$ (단, 등호는 $a=b$일 때 성립)

$8\geq2\sqrt{ab}$, $\sqrt{ab}\leq4$

$\therefore ab\leq16$

따라서 $\overline{PF}\times\overline{PF'}$의 최댓값은 16이다. $\qquad$ **답 ③**

**참고** 산술평균과 기하평균의 관계

$a>0$, $b>0$일 때, $\dfrac{a+b}{2}\geq\sqrt{ab}$ (단, 등호는 $a=b$일 때 성립)


**0090** 점 $P(a, b)$가 타원 $2x^2+y^2=10$ 위의 점이므로

$2a^2+b^2=10$

이때 $a^2>0$, $b^2>0$이므로 산술평균과 기하평균의 관계에 의하여

$2a^2+b^2\geq2\sqrt{2a^2\times b^2}=2\sqrt{2}ab$ (단, 등호는 $2a^2=b^2$일 때 성립)

$10\geq2\sqrt{2}ab$ $\qquad\therefore ab\leq\dfrac{5\sqrt{2}}{2}$

따라서 $ab$의 최댓값은 $\dfrac{5\sqrt{2}}{2}$이다. $\qquad$ **답 $\dfrac{5\sqrt{2}}{2}$**


**0091** 점 D의 좌표를 $(a, b)$ $(a>0, b>0)$라 하면 직사각형 ABCD의 넓이는

$2a\times2b=4ab$

점 $D(a, b)$는 타원 $\dfrac{x^2}{25}+\dfrac{y^2}{16}=1$ 위의 점이므로

$\dfrac{a^2}{25}+\dfrac{b^2}{16}=1$

이때 $a^2>0$, $b^2>0$이므로 산술평균과 기하평균의 관계에 의하여

$\dfrac{a^2}{25}+\dfrac{b^2}{16}\geq2\sqrt{\dfrac{a^2}{25}\times\dfrac{b^2}{16}}=\dfrac{ab}{10}$

$\left(\text{단, 등호는 } \dfrac{a^2}{25}=\dfrac{b^2}{16}\text{일 때 성립}\right)$

$1\geq\dfrac{ab}{10}$ $\qquad\therefore ab\leq10$

따라서 $4ab\leq40$이므로 직사각형 ABCD의 넓이의 최댓값은 40이다. $\qquad\qquad\qquad\qquad\qquad$ **답 ④**


**0092** $3x^2+2y^2=6$에서 $\dfrac{x^2}{2}+\dfrac{y^2}{3}=1$

$\overline{FP}=a$, $\overline{F'P}=b$라 하면 타원의 정의에 의하여

$a+b=2\sqrt{3}$

$\therefore \overline{FP}^2+\overline{F'P}^2=a^2+b^2=(a+b)^2-2ab$

$\qquad\qquad\qquad\qquad\quad=12-2ab$

이때 $a>0$, $b>0$이므로 산술평균과 기하평균의 관계에 의하여

$a+b\geq2\sqrt{ab}$ (단, 등호는 $a=b$일 때 성립)

$2\sqrt{3}\geq2\sqrt{ab}$ $\qquad\therefore ab\leq3$

따라서 $12-2ab\geq6$이므로 $\overline{FP}^2+\overline{F'P}^2$의 최솟값은 6이다.

$\qquad\qquad\qquad\qquad\qquad\qquad\qquad\qquad$ **답 6**


**0093** $|\overline{PA}-\overline{PB}|=8$, 즉 두 점 A, B에서 점 P에 이르는 거리의 차가 8이므로

$2|a|=8$ $\qquad\therefore |a|=4$

또, 두 초점이 $A(5, 0)$, $B(-5, 0)$이므로

$b^2=5^2-a^2=5^2-4^2=9$

$\therefore a^2-b^2=16-9=7$ $\qquad\qquad\qquad$ **답 7**


**0094** $\overline{AF}-\overline{AF'}=8$에서 $2a=8$ $\qquad\therefore a=4$

이때 $\sqrt{4^2+9}=5$이므로 두 초점은

$F(5, 0)$, $F'(-5, 0)$

$\therefore \overline{FF'}=10$ $\qquad\qquad\qquad\qquad\qquad$ **답 10**


**0095** 포물선 $y^2=8x$의 초점의 좌표는 $(2, 0)$

쌍곡선 $\dfrac{x^2}{a^2}-\dfrac{y^2}{b^2}=1$의 초점의 좌표는

$(\sqrt{a^2+b^2}, 0)$, $(-\sqrt{a^2+b^2}, 0)$

이때 포물선의 초점과 쌍곡선의 한 초점이 일치하므로

$\sqrt{a^2+b^2}=2$ $\qquad\therefore a^2+b^2=4$ $\qquad$ **답 4**

**0096** 두 초점이 $x$축 위에 있으므로 쌍곡선의 방정식을

$\dfrac{x^2}{a^2}-\dfrac{y^2}{b^2}=1$이라 하면

$4^2=a^2+b^2$에서 $b^2=16-a^2$ ...... ㉠

이때 $a^2>0$, $b^2>0$이므로

$16-a^2>0$ $\therefore 0<a^2<16$

또, 쌍곡선이 점 $(6,\ -2\sqrt{2}\,)$를 지나므로

$\dfrac{36}{a^2}-\dfrac{8}{b^2}=1$ ...... ㉡

㉠을 ㉡에 대입하면 $\dfrac{36}{a^2}-\dfrac{8}{16-a^2}=1$

$36(16-a^2)-8a^2=a^2(16-a^2)$

$a^4-60a^2+576=0$

$(a^2-12)(a^2-48)=0$

$\therefore a^2=12\ (\because 0<a^2<16)$

이것을 ㉠에 대입하면 $b^2=16-12=4$

$\therefore \dfrac{x^2}{12}-\dfrac{y^2}{4}=1$

따라서 구하는 주축의 길이는 $2\times 2\sqrt{3}=4\sqrt{3}$ 답 $\mathbf{4\sqrt{3}}$


**0097** 타원 $\dfrac{x^2}{36}+\dfrac{y^2}{16}=1$에서 $\sqrt{36-16}=2\sqrt{5}$이므로 두 초점

의 좌표는 $(2\sqrt{5},\ 0)$, $(-2\sqrt{5},\ 0)$

이때 쌍곡선의 방정식을 $\dfrac{x^2}{a^2}-\dfrac{y^2}{b^2}=1\ (a>0,\ b>0)$이라 하면

$(2\sqrt{5}\,)^2=a^2+b^2$ $\therefore a^2+b^2=20$ ...... ㉠

또, 점근선의 방정식이 $y=\pm 2x$이므로

$\dfrac{b}{a}=2$ $\therefore b=2a$ ...... ㉡

㉠, ㉡에서 $a^2=4$, $b^2=16$

$\therefore \dfrac{x^2}{4}-\dfrac{y^2}{16}=1$

$\therefore |\overline{\text{PF}}-\overline{\text{PF}'}|=2\times 2=4$ 답 $\mathbf{4}$


**0098** 쌍곡선 $\dfrac{x^2}{a^2}-\dfrac{y^2}{b^2}=1$의 점근선의 방정식은 $y=\pm\dfrac{b}{a}x$

두 점근선이 서로 수직이므로

$\dfrac{b}{a}\times\left(-\dfrac{b}{a}\right)=-1$ $\therefore a^2=b^2$ ...... ㉠

또, 쌍곡선이 점 $(6,\ 4)$를 지나므로

$\dfrac{36}{a^2}-\dfrac{16}{b^2}=1$ ...... ㉡

㉠, ㉡에서 $a^2=20$, $b^2=20$

$\therefore a^2+b^2=40$ 답 $\mathbf{40}$


**0099** 쌍곡선 $\dfrac{x^2}{6}-\dfrac{y^2}{2}=-1$의 점근선의 방정식은

$y=\pm\dfrac{\sqrt{2}}{\sqrt{6}}x$, 즉 $y=\pm\dfrac{1}{\sqrt{3}}x$

오른쪽 그림과 같이 직선 $y=\dfrac{1}{\sqrt{3}}x$가

$x$축의 양의 방향과 이루는 각의 크기를

$\theta$라 하면

$\tan\theta=\dfrac{1}{\sqrt{3}}$ $\therefore \theta=30°$

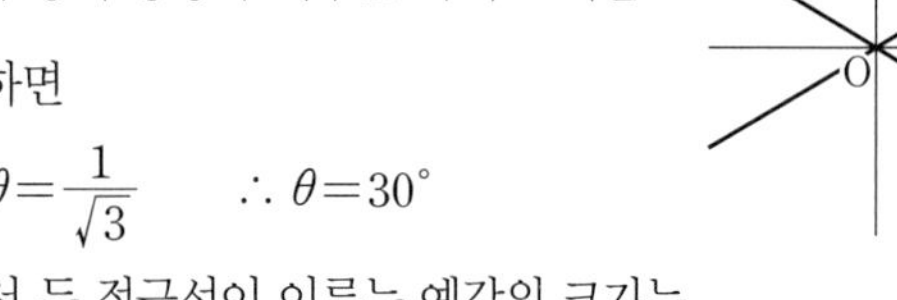
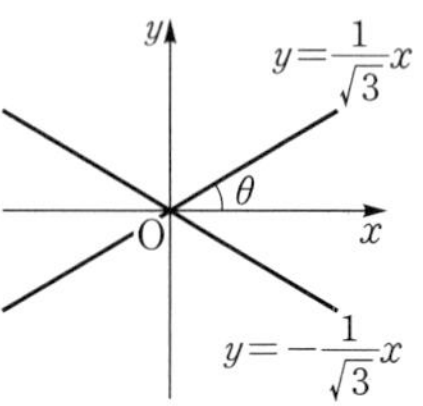


따라서 두 점근선이 이루는 예각의 크기는

$2\theta=2\times 30°=60°$ 답 ④


**0100** 쌍곡선 $\dfrac{x^2}{9}-\dfrac{y^2}{16}=1$에서 $\sqrt{9+16}=5$이므로 초점의 좌

표는 $(5,\ 0)$, $(-5,\ 0)$

또, 점근선의 방정식은 $y=\pm\dfrac{4}{3}x$

$\therefore 4x+3y=0,\ 4x-3y=0$ ㉮

이때 원의 중심의 좌표를 $(5,\ 0)$이라 하면 원의 중심과 점근선

$4x+3y=0$ 사이의 거리는 원의 반지름의 길이와 같다.

즉, 원의 반지름의 길이는

$\dfrac{|4\times 5+3\times 0|}{\sqrt{4^2+3^2}}=4$ ㉯

따라서 구하는 원의 둘레의 길이는

$2\pi\times 4=8\pi$ ㉰

답 $\mathbf{8\pi}$

| 단계 | 채점요소 | 배점 |
|---|---|---|
| ㉮ | 쌍곡선의 초점의 좌표와 점근선의 방정식 구하기 | 40% |
| ㉯ | 원의 반지름의 길이 구하기 | 40% |
| ㉰ | 원의 둘레의 길이 구하기 | 20% |


**0101** 주어진 쌍곡선은 쌍곡선 $\dfrac{x^2}{4}-\dfrac{y^2}{9}=-1$을 $x$축의 방향

으로 2만큼, $y$축의 방향으로 1만큼 평행이동한 것이다.

이때 쌍곡선 $\dfrac{x^2}{4}-\dfrac{y^2}{9}=-1$에서 $\sqrt{4+9}=\sqrt{13}$이므로

초점의 좌표는 $(0,\ \sqrt{13}\,)$, $(0,\ -\sqrt{13}\,)$, 중심의 좌표는 $(0,\ 0)$,

주축의 길이는 $2\times 3=6$, 점근선의 방정식은 $y=\pm\dfrac{3}{2}x$

ㄱ. 초점의 좌표는 $(2,\ \sqrt{13}+1)$, $(2,\ -\sqrt{13}+1)$

　　즉, 두 초점은 $y$축 위에 있지 않다. (거짓)

ㄴ. 중심의 좌표는 $(2,\ 1)$ (참)

ㄷ. 쌍곡선을 평행이동해도 주축의 길이는 변하지 않는다.

　　즉, 주축의 길이는 6이다. (거짓)

ㄹ. 점근선의 방정식은 $y-1=\pm\dfrac{3}{2}(x-2)$

　　$\therefore y=\dfrac{3}{2}x-2,\ y=-\dfrac{3}{2}x+4$ (참)

따라서 옳은 것은 ㄴ, ㄹ이다. 답 ④

**0102** 주어진 쌍곡선은 쌍곡선 $x^2-\dfrac{y^2}{7}=1$을 $x$축의 방향으로

$-3$만큼, $y$축의 방향으로 1만큼 평행이동한 것이다.

이때 쌍곡선 $x^2-\dfrac{y^2}{7}=1$에서 $\sqrt{1+7}=2\sqrt{2}$이므로 초점의 좌표는

$(2\sqrt{2},\,0)$, $(-2\sqrt{2},\,0)$

따라서 주어진 쌍곡선의 초점의 좌표는

$(2\sqrt{2}-3,\,1)$, $(-2\sqrt{2}-3,\,1)$

$\therefore p+q=(2\sqrt{2}-3)+(-2\sqrt{2}-3)=-6$　　　　답 $-6$


**0103** 주어진 쌍곡선은 쌍곡선 $\dfrac{x^2}{5}-\dfrac{y^2}{k^2}=-1$을 $x$축의 방향

으로 $-2$만큼 평행이동한 것이다.

이때 쌍곡선 $\dfrac{x^2}{5}-\dfrac{y^2}{k^2}=-1$의 초점의 좌표는

$(0,\,\sqrt{5+k^2})$, $(0,\,-\sqrt{5+k^2})$

이므로 두 초점 사이의 거리는 $2\sqrt{5+k^2}$이다.

쌍곡선을 평행이동해도 두 초점 사이의 거리는 변하지 않으므로

주어진 쌍곡선의 두 초점 사이의 거리도 $2\sqrt{5+k^2}$이다.

즉, $2\sqrt{5+k^2}=2\sqrt{14}$에서

$5+k^2=14$, $k^2=9$

$\therefore k=3$ 또는 $k=-3$

따라서 모든 실수 $k$의 값의 곱은

$3\times(-3)=-9$　　　　답 $-9$


**0104** 쌍곡선 $\dfrac{x^2}{4}-\dfrac{y^2}{16}=1$을 $x$축의 방향으로 $-1$만큼, $y$축

의 방향으로 2만큼 평행이동한 쌍곡선의 방정식은

$$\dfrac{(x+1)^2}{4}-\dfrac{(y-2)^2}{16}=1 \qquad \cdots\cdots \text{㉠}$$

이때 쌍곡선 $\dfrac{x^2}{4}-\dfrac{y^2}{16}=1$의 점근선의 방정식은

$y=\pm\dfrac{4}{2}x$　　$\therefore y=\pm2x$

즉, 쌍곡선 ㉠의 점근선의 방정식은

$y-2=\pm2(x+1)$

$\therefore y=2x+4,\ y=-2x$

한편, 두 직선 $y=2x+4$, $y=-2x$의

교점의 좌표는 $(-1,\,2)$

따라서 구하는 넓이는 오른쪽 그림에서

색칠한 부분의 넓이와 같으므로

$\dfrac{1}{2}\times4\times1=2$

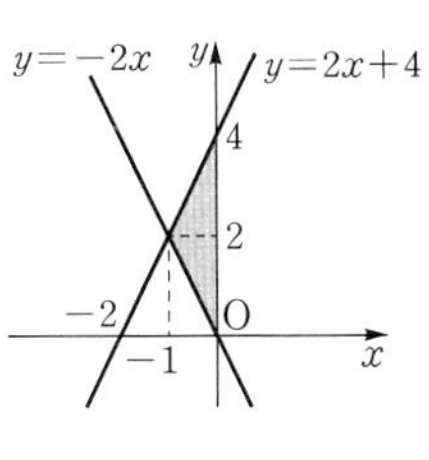


답 **2**


**0105** 점 P의 좌표를 $(x,\,y)$라 하면 $|\overline{PF}-\overline{PF'}|=8$이므로

$|\sqrt{(x-4)^2+(y-2)^2}-\sqrt{(x+6)^2+(y-2)^2}|=8$

즉, $\sqrt{(x-4)^2+(y-2)^2}=\sqrt{(x+6)^2+(y-2)^2}\pm8$에서 양변을

제곱하여 정리하면

$\pm4\sqrt{(x+6)^2+(y-2)^2}=-5x-21$

---

다시 양변을 제곱하여 정리하면

$9(x+1)^2-16(y-2)^2=144$

$\therefore \dfrac{(x+1)^2}{16}-\dfrac{(y-2)^2}{9}=1$

이 쌍곡선이 점 $(k,\,-1)$을 지나므로

$\dfrac{(k+1)^2}{16}-\dfrac{(-1-2)^2}{9}=1$

$\dfrac{(k+1)^2}{16}=2$, $k+1=\pm4\sqrt{2}$

$\therefore k=4\sqrt{2}-1$ 또는 $k=-4\sqrt{2}-1$

따라서 모든 $k$의 값의 합은 $-2$이다.　　　　답 $-2$

**다른풀이** 쌍곡선의 중심은 선분 $\overline{FF'}$의 중점과 같으므로 쌍곡선

의 중심의 좌표는

$\left(\dfrac{4-6}{2},\,\dfrac{2+2}{2}\right)$　　$\therefore (-1,\,2)$

이때 두 초점이 $x$축과 평행한 직선 위에 있으므로 구하는 쌍곡선의

방정식을 $\dfrac{(x+1)^2}{a^2}-\dfrac{(y-2)^2}{b^2}=1\,(a>0,\,b>0)$이라 하자.

$|\overline{PF}-\overline{PF'}|=8$, 즉 주축의 길이가 8이므로

$2a=8$　　$\therefore a=4$

또, 쌍곡선의 중심과 초점 사이의 거리는 5이므로

$5^2=a^2+b^2$　　$\therefore b^2=5^2-a^2=25-16=9$

$\therefore \dfrac{(x+1)^2}{16}-\dfrac{(y-2)^2}{9}=1$

이 쌍곡선이 점 $(k,\,-1)$을 지나므로

$\dfrac{(k+1)^2}{16}-\dfrac{(-1-2)^2}{9}=1$

$\dfrac{(k+1)^2}{16}=2$, $k+1=\pm4\sqrt{2}$

$\therefore k=4\sqrt{2}-1$ 또는 $k=-4\sqrt{2}-1$

따라서 모든 $k$의 값의 합은 $-2$이다.


**0106** $|\overline{PF}-\overline{PF'}|=10$이므로

$|\sqrt{(x+1)^2+(y-7)^2}-\sqrt{(x+1)^2+(y+5)^2}|=10$

즉, $\sqrt{(x+1)^2+(y-7)^2}=\sqrt{(x+1)^2+(y+5)^2}\pm10$에서 양변

을 제곱하여 정리하면

$\pm5\sqrt{(x+1)^2+(y+5)^2}=-6y-19$

다시 양변을 제곱하여 정리하면

$25(x+1)^2-11(y-1)^2=-275$

$\therefore \dfrac{(x+1)^2}{11}-\dfrac{(y-1)^2}{25}=-1$　　　　답 ④


**0107** 쌍곡선의 두 초점을 $F(2,\,0)$, $F'(10,\,0)$이라 하면 이

쌍곡선 위의 점 $P(x,\,y)$에 대하여 $|\overline{PF}-\overline{PF'}|=4$이므로

$|\sqrt{(x-2)^2+y^2}-\sqrt{(x-10)^2+y^2}|=4$

즉, $\sqrt{(x-2)^2+y^2}=\sqrt{(x-10)^2+y^2}\pm4$에서 양변을 제곱하여

정리하면

$2x-14=\pm\sqrt{(x-10)^2+y^2}$

다시 양변을 제곱하여 정리하면
$3(x-6)^2-y^2=12$
$$\therefore \frac{(x-6)^2}{4}-\frac{y^2}{12}=1$$
이 쌍곡선의 방정식에 $x=0$을 대입하면
$$9-\frac{y^2}{12}=1, \ y^2=96$$
$$\therefore y=4\sqrt{6} \ \text{또는} \ y=-4\sqrt{6}$$
따라서 두 점 A, B의 좌표는 $(0, 4\sqrt{6})$, $(0, -4\sqrt{6})$이므로 선분 AB의 길이는 $8\sqrt{6}$이다.　　　　　답 ⑤

**0108** $9x^2-4y^2+18x+48y-171=0$에서
$9(x+1)^2-4(y-6)^2=36$
$$\therefore \frac{(x+1)^2}{4}-\frac{(y-6)^2}{9}=1 \qquad \cdots\cdots \ \text{㉠}$$
즉, 주어진 쌍곡선은 쌍곡선 $\dfrac{x^2}{4}-\dfrac{y^2}{9}=1$을 $x$축의 방향으로 $-1$만큼, $y$축의 방향으로 $6$만큼 평행이동한 것이다.
이때 쌍곡선 $\dfrac{x^2}{4}-\dfrac{y^2}{9}=1$에서 $\sqrt{4+9}=\sqrt{13}$이므로 초점의 좌표는 $(\sqrt{13}, 0)$, $(-\sqrt{13}, 0)$
따라서 주어진 쌍곡선의 초점의 좌표는
$(\sqrt{13}-1, 6)$, $(-\sqrt{13}-1, 6)$
$$\therefore a+b+c+d=(\sqrt{13}-1)+6+(-\sqrt{13}-1)+6$$
$$=10$$
답 **10**

**0109** $2x^2-5y^2+12x+10y+3=0$에서
$2(x+3)^2-5(y-1)^2=10$
$$\therefore \frac{(x+3)^2}{5}-\frac{(y-1)^2}{2}=1 \qquad \cdots\cdots \ \text{㉠}$$
쌍곡선 ㉠은 쌍곡선 $\dfrac{x^2}{5}-\dfrac{y^2}{2}=1$을 $x$축의 방향으로 $-3$만큼, $y$축의 방향으로 $1$만큼 평행이동한 것이다.
따라서 $a^2=5$, $b^2=2$, $m=-3$, $n=1$이므로
$a^2+b^2+m+n=5$　　　　　답 **5**

**0110** $x^2-9y^2+2x-8=0$에서 $(x+1)^2-9y^2=9$
$$\therefore \frac{(x+1)^2}{9}-y^2=1 \qquad\qquad\qquad\qquad \text{㉮}$$

즉, 주어진 쌍곡선은 쌍곡선 $\dfrac{x^2}{9}-y^2=1$을 $x$축의 방향으로 $-1$만큼 평행이동한 것이다.
이때 쌍곡선 $\dfrac{x^2}{9}-y^2=1$에서 $\sqrt{9+1}=\sqrt{10}$이므로 초점의 좌표는 $(\sqrt{10}, 0)$, $(-\sqrt{10}, 0)$, 점근선의 방정식은 $y=\pm\dfrac{1}{3}x$
따라서 주어진 쌍곡선의 초점의 좌표는
$(\sqrt{10}-1, 0)$, $(-\sqrt{10}-1, 0)$

점근선의 방정식은 $y=\pm\dfrac{1}{3}(x+1)$
$$\therefore x-3y+1=0, \ x+3y+1=0$$
　　　　　　　　　　　　　　　　　　㉯
따라서 점 $(\sqrt{10}-1, 0)$과 직선 $x-3y+1=0$ 사이의 거리는
$$\frac{|(\sqrt{10}-1)+1|}{\sqrt{1^2+(-3)^2}}=1$$
　　　　　　　　　　　　　　　　　　㉰
답 **1**

| 단계 | 채점요소 | 배점 |
| --- | --- | --- |
| ㉮ | 쌍곡선의 방정식을 표준형으로 고치기 | 20% |
| ㉯ | 주어진 쌍곡선의 초점의 좌표와 점근선의 방정식 구하기 | 50% |
| ㉰ | 초점과 점근선 사이의 거리 구하기 | 30% |

**0111** $2x^2-y^2+4x+8y-8=0$에서
$2(x+1)^2-(y-4)^2=-6$
$$\therefore \frac{(x+1)^2}{3}-\frac{(y-4)^2}{6}=-1$$
즉, 주어진 쌍곡선은 쌍곡선 $\dfrac{x^2}{3}-\dfrac{y^2}{6}=-1$을 $x$축의 방향으로 $-1$만큼, $y$축의 방향으로 $4$만큼 평행이동한 것이다.
이때 쌍곡선 $\dfrac{x^2}{3}-\dfrac{y^2}{6}=-1$에서 $\sqrt{3+6}=3$이므로 초점의 좌표는 $(0, 3)$, $(0, -3)$
따라서 주어진 쌍곡선의 초점의 좌표는
$(-1, 7)$, $(-1, 1)$
이때 $F(-1, 7)$, $F'(-1, 1)$이라 하면
오른쪽 그림에서 삼각형 OFF'의 넓이는
$$\frac{1}{2}\times\overline{FF'}\times1=\frac{1}{2}\times6\times1=3$$

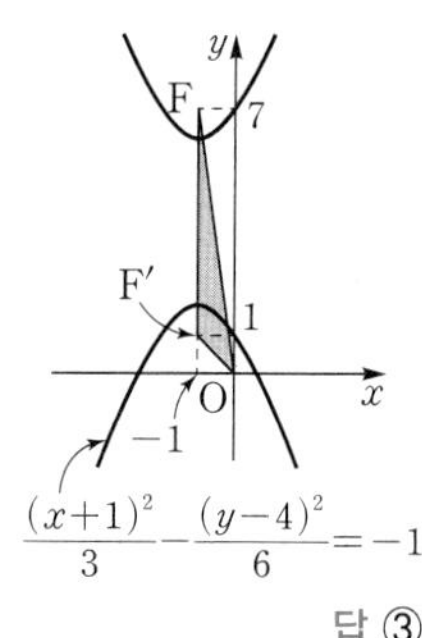

답 ③

**0112** 쌍곡선 $\dfrac{x^2}{9}-\dfrac{y^2}{7}=1$에서 $\sqrt{9+7}=4$이므로 초점의 좌표는 $(4, 0)$, $(-4, 0)$
즉, 두 점 C, F는 주어진 쌍곡선의 초점이다.
또, 주축의 길이가 $2\times3=6$이므로 쌍곡선의 정의에 의하여
$$\overline{AC}-\overline{AF}=6 \qquad\qquad\qquad \cdots\cdots \ \text{㉠}$$
$$\overline{BC}-\overline{BF}=6 \qquad\qquad\qquad \cdots\cdots \ \text{㉡}$$
㉠+㉡을 하면
$$\overline{AC}+\overline{BC}-(\overline{AF}+\overline{BF})=12$$
$$\therefore \overline{AC}+\overline{BC}-\overline{AB}=12 \qquad \cdots\cdots \ \text{㉢}$$
이때 삼각형 ABC의 둘레의 길이가 $30$이므로
$$\overline{AB}+\overline{BC}+\overline{CA}=30 \qquad\qquad \cdots\cdots \ \text{㉣}$$
㉣−㉢을 하면
$2\overline{AB}=18 \qquad \therefore \overline{AB}=9$　　　　　답 **9**

**0113** 쌍곡선 $\dfrac{x^2}{9}-\dfrac{y^2}{6}=1$에서 주축의 길이는 $2\times 3=6$이므로 쌍곡선의 정의에 의하여

$\overline{PF'}-\overline{PF}=6,\ \overline{QF'}-\overline{QF}=6$

이때 $\overline{PF}=1,\ \overline{QF}=4$이므로

$\overline{PF'}=6+1=7,\ \overline{QF'}=6+4=10$

$\therefore\ \overline{PF'}+\overline{QF'}=7+10=17$

답 **17**

**0114** 쌍곡선 $\dfrac{x^2}{4}-\dfrac{y^2}{12}=1$에서

$\sqrt{4+12}=4$이므로 두 초점을

$F(4,\,0),\ F'(-4,\,0)$이라 하면

$\overline{FF'}=8$

한편, $\overline{PF}:\overline{PF'}=3:2$이므로

$\overline{PF}=3k,\ \overline{PF'}=2k\,(k>0)$로 놓을 수 있다.

이때 주축의 길이가 $2\times 2=4$이므로 쌍곡선의 정의에 의하여

$\overline{PF}-\overline{PF'}=k=4$

$\therefore\ \overline{PF}=3k=12,\ \overline{PF'}=2k=8$

따라서 구하는 삼각형 $PF'F$의 둘레의 길이는

$\overline{PF}+\overline{PF'}+\overline{FF'}=12+8+8=28$

답 **28**

**0115** 쌍곡선 $\dfrac{x^2}{8}-\dfrac{y^2}{16}=1$에서 주축의 길이가

$2\times 2\sqrt{2}=4\sqrt{2}$이므로 쌍곡선의 정의에 의하여

$\overline{F'P_n}-\overline{FP_n}=4\sqrt{2}$

$\therefore\ \overline{F'P_n}=\overline{FP_n}+4\sqrt{2}\,(n=1,\,2,\,3,\,4,\,5)$

$\therefore\ \overline{F'P_1}+\overline{F'P_2}+\cdots+\overline{F'P_5}$

$\quad=(\overline{FP_1}+4\sqrt{2})+(\overline{FP_2}+4\sqrt{2})+\cdots+(\overline{FP_5}+4\sqrt{2})$

$\quad=(\overline{FP_1}+\overline{FP_2}+\cdots+\overline{FP_5})+4\sqrt{2}\times 5$

$\quad=10\sqrt{2}+20\sqrt{2}=30\sqrt{2}$

답 **$30\sqrt{2}$**

**0116** 타원 $\dfrac{x^2}{64}+\dfrac{y^2}{28}=1$의 장축의 길이는 $2\times 8=16$이므로 타원의 정의에 의하여

$\overline{PF'}+\overline{PF}=16$

또, 쌍곡선 $\dfrac{x^2}{16}-\dfrac{y^2}{20}=1$의 주축의 길이는 $2\times 4=8$이므로 쌍곡선의 정의에 의하여

$\overline{PF'}-\overline{PF}=8$

$\therefore\ \overline{PF'}^2-\overline{PF}^2=(\overline{PF'}+\overline{PF})(\overline{PF'}-\overline{PF})$

$\qquad\qquad\qquad\quad=16\times 8=128$

답 **128**

**0117** 쌍곡선 $\dfrac{x^2}{2}-\dfrac{y^2}{2}=1$에서 $\sqrt{2+2}=2$이므로 두 초점은

$F(2,\,0),\ F'(-2,\,0)$

$\therefore\ \overline{FF'}=4$

즉, 선분 $FF'$은 원 $x^2+y^2=4$의 지름이므로 삼각형 $PF'F$는

$\angle F'PF=90°$인 직각삼각형이다.

$\overline{PF'}=a,\ \overline{PF}=b$라 하면 직각삼각형 $PF'F$에서 피타고라스 정리에 의하여

$a^2+b^2=16$

또, 쌍곡선의 정의에 의하여

$a-b=2\sqrt{2}$

이때 $(a-b)^2=a^2+b^2-2ab$에서

$8=16-2ab$ $\quad\therefore\ ab=4$

따라서 삼각형 $PF'F$의 넓이는

$\dfrac{1}{2}ab=\dfrac{1}{2}\times 4=2$

답 **2**

**참고** 반원에 대한 원주각의 크기는 $90°$이다.

즉, $\overline{AB}$가 지름이면 $\angle APB=90°$이다.

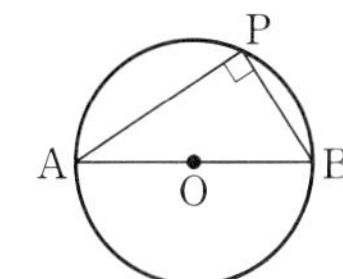

**0118** 오른쪽 그림과 같이 쌍곡선과 타원의 다른 한 꼭짓점을 각각 C, D라 하자. 이때

$\overline{F'P}=\sqrt{(2+2)^2+(1-0)^2}=\sqrt{17}$,

$\overline{FP}=\sqrt{(2-2)^2+(1-0)^2}=1$

이므로 타원의 정의에 의하여

$\overline{BD}=\overline{F'P}+\overline{FP}=\sqrt{17}+1$

쌍곡선의 정의에 의하여

$\overline{AC}=\overline{F'P}-\overline{FP}=\sqrt{17}-1$

$\therefore\ \overline{AB}=\dfrac{1}{2}(\overline{BD}-\overline{AC})$

$\qquad\quad=\dfrac{1}{2}\{(\sqrt{17}+1)-(\sqrt{17}-1)\}$

$\qquad\quad=1$

답 **1**

**0119** $2x^2+y^2-1+k(x^2+y^2-1)=0$에서

$(k+2)x^2+(k+1)y^2-(k+1)=0$

이 방정식이 나타내는 도형이 쌍곡선이 되려면

$(k+2)(k+1)<0$이어야 하므로

$-2<k<-1$

답 **$-2<k<-1$**

**0120** 주어진 방정식이 나타내는 도형이 타원이 되려면

$1\times k>0,\ k\neq 1$이어야 하므로

$0<k<1,\ k>1$

따라서 실수 $k$의 값이 될 수 있는 것은 ④ $\dfrac{1}{2}$이다.

답 ④

**0121** 주어진 방정식이 나타내는 도형이 포물선이 되려면

$k+2=0$ 또는 $-(3k-1)=0$이어야 하므로

$k=-2$ 또는 $k=\dfrac{1}{3}$

따라서 구하는 모든 실수 $k$의 값의 합은
$$-2+\frac{1}{3}=-\frac{5}{3}$$

                               **❹**

답 $-\dfrac{5}{3}$

| 단계 | 채점요소 | 배점 |
|---|---|---|
| ㉮ | 조건을 만족시키는 실수 $k$의 값 구하기 | 60% |
| ㉯ | 모든 실수 $k$의 값의 합 구하기 | 40% |

**0122** $7x^2-y^2-4-k(x^2-y^2)=0$에서
$(7-k)x^2-(1-k)y^2-4=0$
이 방정식이 나타내는 도형이 타원이 되려면
$(7-k)\{-(1-k)\}>0,\ 7-k\neq-(1-k)$이어야 하므로
$(k-7)(k-1)<0,\ 2k\neq8$
$1<k<7,\ k\neq4$
$\therefore\ 1<k<4,\ 4<k<7$
따라서 구하는 정수 $k$는 2, 3, 5, 6의 4개이다.    답 **4**

## 📑 유형 Up

본문 21쪽

**0123** 점 P의 좌표를 $(a,\,b)$라 하면 점 P가 쌍곡선
$2x^2-7y^2=14$ 위의 점이므로
$$2a^2-7b^2=14 \qquad\qquad \cdots\cdots ㉠$$
점 M의 좌표를 $(x,\,y)$라 하면
$$x=\frac{a+1}{2},\ y=\frac{b}{2}$$
$$\therefore\ a=2x-1,\ b=2y \qquad\qquad \cdots\cdots ㉡$$
㉡을 ㉠에 대입하면
$2(2x-1)^2-7(2y)^2=14$
$8x^2-8x+2-28y^2=14$
$\therefore\ 2x^2-7y^2-2x-3=0$    답 $2x^2-7y^2-2x-3=0$

**0124** $\mathrm{A}(a,\,0),\ \mathrm{B}(0,\,b)$라 하면 삼각형 OAB는 직각삼각형
이므로
$$a^2+b^2=3^2 \qquad\qquad \cdots\cdots ㉠$$
점 $\mathrm{P}(x,\,y)$가 선분 AB를 $1:2$로 내분하므로
$$x=\frac{2a}{3},\ y=\frac{b}{3}$$
$$\therefore\ a=\frac{3}{2}x,\ b=3y \qquad\qquad \cdots\cdots ㉡$$
㉡을 ㉠에 대입하면
$$\left(\frac{3}{2}x\right)^2+(3y)^2=3^2$$
$$\therefore\ \frac{x^2}{4}+y^2=1$$    답 $\dfrac{x^2}{4}+y^2=1$

**0125** 점 $\mathrm{P}(x,\,y)$에서 점 $\mathrm{A}(-2,\,0)$과 $y$축에 이르는 거리가
서로 같으므로
$$\sqrt{(x+2)^2+y^2}=|x|$$
양변을 제곱하여 정리하면
$4(x+1)+y^2=0$
$$\therefore\ y^2=-4(x+1) \qquad\qquad \cdots\cdots ㉠$$
따라서 점 P가 나타내는 도형은 포물선이다.
포물선 ㉠은 포물선 $y^2=-4x$를 $x$축의 방향으로 $-1$만큼 평행
이동한 것이다.
이때 포물선 $y^2=-4x$의 초점의 좌표는 $(-1,\,0)$이므로 포물선
㉠의 초점의 좌표는 $(-2,\,0)$    답 $(-2,\,0)$

**0126** 두 원 $C_1:(x+1)^2+y^2=1,\ C_2:(x-1)^2+y^2=25$의
중심을 각각 A, B라 하면
$\mathrm{A}(-1,\,0),\ \mathrm{B}(1,\,0)$
중심이 P인 원의 반지름의 길이를 $r$라 하면
$\overline{\mathrm{AP}}=r+1,\ \overline{\mathrm{BP}}=5-r$
$\therefore\ \overline{\mathrm{AP}}+\overline{\mathrm{BP}}=6$
즉, 점 P가 나타내는 도형은 두 점 A, B를 초점으로 하고 장축
의 길이가 6인 타원이다.
따라서 구하는 도형의 방정식을 $\dfrac{x^2}{a^2}+\dfrac{y^2}{b^2}=1\ (a>b>0)$이라
하면
$2a=6\qquad\therefore\ a=3$
$b^2=3^2-1^2=8$
$$\therefore\ \frac{x^2}{9}+\frac{y^2}{8}=1$$    답 $\dfrac{x^2}{9}+\dfrac{y^2}{8}=1$

**0127** 오른쪽 그림과 같이 최장
거리와 최단 거리는 타원 궤리의 두
초점을 잇는 직선이 타원 궤도와 만
나는 점에서 초점인 지구까지의 거
리와 같으므로 타원 궤도의 장축의 길이는
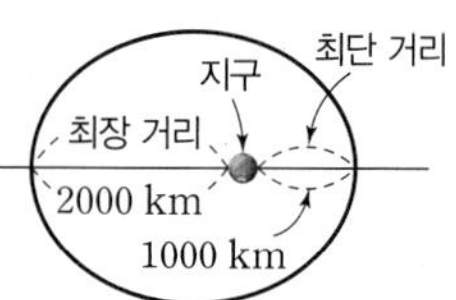

$1000+2000=3000\,(\mathrm{km})$
궤도의 중심에서 초점인 지구까지의 거리는
$$\frac{3000}{2}-1000=500\,(\mathrm{km})$$
따라서 구하는 단축의 길이는
$$2\sqrt{\left(\frac{3000}{2}\right)^2-500^2}=2000\sqrt{2}\,(\mathrm{km})$$    답 ④

**0128** 오른쪽 그림과 같이 포물선
의 준선을 $l$이라 할 때, 점 A, B, C,
D, E에서 준선 $l$에 내린 수선의 발을
각각 A′, B′, C′, D′, E′이라 하면
포물선의 정의에 의하여
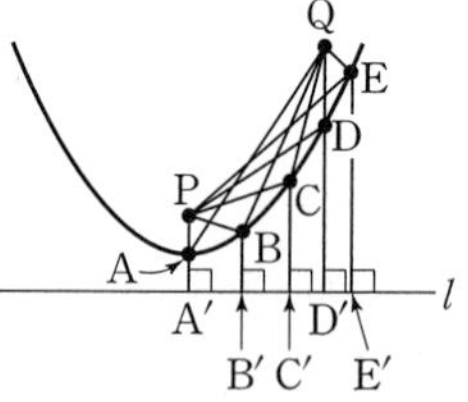

$\overline{PD}+\overline{QD}=\overline{DD'}+\overline{QD}=\overline{QD'}$

$\overline{PA}+\overline{QA}=\overline{AA'}+\overline{QA}>\overline{QD'}$

$\overline{PB}+\overline{QB}=\overline{BB'}+\overline{QB}>\overline{QD'}$

$\overline{PC}+\overline{QC}=\overline{CC'}+\overline{QC}>\overline{QD'}$

$\overline{PE}+\overline{QE}=\overline{EE'}+\overline{QE}>\overline{QD'}$

따라서 하수처리장의 위치로 가장 적합한 곳은 D이다.

답 ④



**0129** 포물선 $x^2=4y$의 초점은 $F_1(0,\,1)$

또, 포물선 $y^2=-8x$의 초점은 $F_2(-2,\,0)$

$\therefore \overline{F_1F_2}=\sqrt{(-2)^2+(-1)^2}=\sqrt{5}$

답 ③

**0130** $8x=y^2+4cy$에서

$(y+2c)^2=8\left(x+\dfrac{c^2}{2}\right)$

이 포물선은 포물선 $y^2=8x$를 $x$축의 방향으로 $-\dfrac{c^2}{2}$만큼, $y$축의 방향으로 $-2c$만큼 평행이동한 것이다.

이때 포물선 $y^2=8x$의 초점의 좌표가 $(2,\,0)$이므로 주어진 포물선의 초점의 좌표는 $\left(2-\dfrac{c^2}{2},\,-2c\right)$

이 점이 직선 $y=x-2$ 위에 있으므로

$-2c=\left(2-\dfrac{c^2}{2}\right)-2,\ c^2-4c=0,\ c(c-4)=0$

$\therefore c=4\ (\because c>0)$

답 ④

**0131** $y^2+4x-4y-4=0$에서

$(y-2)^2=-4(x-2)$ …… ㉠

이 포물선은 포물선 $y^2=-4x$를 $x$축의 방향으로 2만큼, $y$축의 방향으로 2만큼 평행이동한 것이다.

이때 포물선 $y^2=-4x$의 초점의 좌표는 $(-1,\,0)$이므로 포물선 ㉠의 초점의 좌표는 $(1,\,2)$

한편, $x^2-2x-4y+a=0$에서

$(x-1)^2=4\left(y-\dfrac{a-1}{4}\right)$ …… ㉡

이 포물선은 포물선 $x^2=4y$를 $x$축의 방향으로 1만큼, $y$축의 방향으로 $\dfrac{a-1}{4}$만큼 평행이동한 것이다.

이때 포물선 $x^2=4y$의 초점의 좌표는 $(0,\,1)$이므로 포물선 ㉡의 초점의 좌표는 $\left(1,\,\dfrac{a+3}{4}\right)$

이때 두 포물선 ㉠, ㉡의 초점이 일치하므로

$\dfrac{a+3}{4}=2\quad\therefore a=5$

답 **5**

**0132** 포물선 $y^2=4x$의 초점은 $F(1,\,0)$, 준선의 방정식은 $x=-1$

점 P의 좌표를 $(x_1,\,y_1)$이라 하면

$H(-1,\,y_1)$

삼각형 PHF가 정삼각형이므로 $\overline{PH}=\overline{HF}$에서

$x_1+1=\sqrt{(-1-1)^2+y_1{}^2}$

$\therefore x_1+1=\sqrt{4+y_1{}^2}$ …… ㉠

또, 점 $P(x_1,\,y_1)$은 포물선 $y^2=4x$ 위의 점이므로

$y_1{}^2=4x_1$

이것을 ㉠에 대입하면

$x_1+1=\sqrt{4+4x_1}$

양변을 제곱하여 정리하면

$x_1{}^2-2x_1-3=0,\ (x_1-3)(x_1+1)=0$

$\therefore x_1=3\ (\because x_1>0)$

$\therefore \overline{PH}=x_1+1=3+1=4$

따라서 구하는 삼각형 PHF의 한 변의 길이는 4이다.

답 ③

**0133** 포물선 $y^2=12x$의 초점은 $F(3,\,0)$, 준선 $l$의 방정식은 $x=-3$

오른쪽 그림과 같이 점 A에서 $x$축에 내린 수선의 발을 $A_1$, 직선 BD에 내린 수선의 발을 $A_2$라 하자.

$\overline{AC}=4$이므로 $\overline{FA_1}=2$

또, $\overline{BD}=x$라 하면 $\overline{BA_2}=x-4$

포물선의 정의에 의하여

$\overline{AF}=\overline{AC}=4,\ \overline{BF}=\overline{BD}=x$

이고, 두 삼각형 $AFA_1$, $ABA_2$는 서로 닮음이므로

$\overline{FA_1}:\overline{BA_2}=\overline{AF}:\overline{AB}$에서

$2:(x-4)=4:(x+4)$

$4x-16=2x+8$

$2x=24\quad\therefore x=12$

$\therefore \overline{BD}=12$

답 ①

다른풀이 포물선 $y^2=12x$의 초점은 $F(3,\,0)$, 준선 $l$의 방정식은 $x=-3$

$\overline{AC}=4$이므로 점 A의 $x$좌표는 1이다.

$\therefore A(1,\,2\sqrt{3})$

따라서 직선 AB의 방정식은

$y-0=\dfrac{0-2\sqrt{3}}{3-1}(x-3)$

$\therefore y=-\sqrt{3}(x-3)$ …… ㉠

㉠을 $y^2=12x$에 대입하면 포물선과 직선 ㉠의 교점의 $x$좌표는

$\{-\sqrt{3}(x-3)\}^2=12x$

$x^2-10x+9=0,\ (x-1)(x-9)=0$

$\therefore x=1$ 또는 $x=9$

즉, 점 B의 $x$좌표가 9이므로

$\overline{BD}=9+3=12$

**0134** 포물선 $y^2=8x$의 초점은 $F(2, 0)$,

준선 $l$의 방정식은 $x=-2$

오른쪽 그림과 같이 두 점 P, A에서 준선

$l$에 내린 수선의 발을 각각 H, K라 하면

포물선의 정의에 의하여

$$\overline{PF}=\overline{PH}$$

$$\therefore \overline{AP}+\overline{PF}=\overline{AP}+\overline{PH}$$

$$\geq \overline{AK}$$

$$=3-(-2)=5$$

따라서 구하는 최솟값은 5이다.     답 **5**

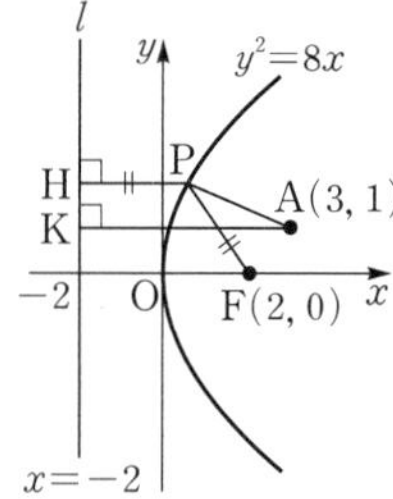

---

**0135** ㄱ. $k>1$이면 타원 $x^2+\dfrac{y^2}{k^2}=1$의 초점의 좌표는

$(0, \sqrt{k^2-1})$, $(0, -\sqrt{k^2-1})$

이므로 초점은 $y$축 위에 있다. (참)

ㄴ. $k>1$이면 타원 위의 한 점에서 두 초점까지의 거리의 합은

$2k$이고 $2k>2$이다. (거짓)

ㄷ. $0<k<1$이면 장축의 길이는 $2\times 1=2$ (참)

따라서 옳은 것은 ㄱ, ㄷ이다.     답 **ㄱ, ㄷ**

참고 타원 위의 한 점에서 두 초점까지의 거리의 합은 타원의 장축의
길이와 같다.

---

**0136** 타원의 방정식을

$\dfrac{x^2}{a^2}+\dfrac{y^2}{b^2}=1\ (a>b>0)$이라 하면 단축의 길

이가 6이므로

$2b=6$    $\therefore b=3$

또, 장축의 길이가 $2a$이므로

$2a\cos 30°=6$    $\therefore a=2\sqrt{3}$

이때 $\sqrt{a^2-b^2}=\sqrt{(2\sqrt{3})^2-3^2}=\sqrt{3}$이므로 타원의 초점의 좌표는

$(\sqrt{3}, 0)$, $(-\sqrt{3}, 0)$

따라서 두 초점 사이의 거리는 $2\sqrt{3}$이다.     답 $2\sqrt{3}$

---

**0137** 타원 $\dfrac{x^2}{9}+\dfrac{y^2}{4}=1$에서 $\sqrt{9-4}=\sqrt{5}$이므로

$P(\sqrt{5}, 0)$, $P'(-\sqrt{5}, 0)$

한편, 타원 $\dfrac{(x+5)^2}{9}+\dfrac{(y-2)^2}{4}=1$은 타원 $\dfrac{x^2}{9}+\dfrac{y^2}{4}=1$을

$x$축의 방향으로 $-5$만큼, $y$축의 방향으로 2만큼 평행이동한 것

이므로

$F(\sqrt{5}-5, 2)$, $F'(-\sqrt{5}-5, 2)$

따라서 구하는 사각형

$PFF'P'$의 넓이는

$2\sqrt{5}\times 2=4\sqrt{5}$

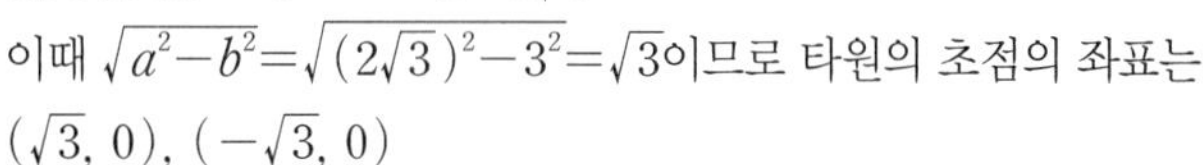

답 **⑤**

---

**0138** 두 점 $F(4, 0)$, $F'(-2, 0)$

이 타원의 초점이므로 타원의 정의

에 의하여

$$\overline{AF}+\overline{AF'}=\overline{BF}+\overline{BF'}$$에서

$$1+7$$

$$=\sqrt{(1-4)^2+k^2}+\sqrt{(1+2)^2+k^2}$$

$$8=2\sqrt{9+k^2}$$

양변을 제곱하여 정리하면

$k^2=7$    $\therefore k=\sqrt{7}\ (\because k>0)$     답 **②**

다른풀이 두 초점이 $x$축 위에 있고 타원의 중심의 좌표가

$\left(\dfrac{4-2}{2}, 0\right)$, 즉 $(1, 0)$이므로 타원의 방정식을

$\dfrac{(x-1)^2}{a^2}+\dfrac{y^2}{b^2}=1\ (a>b>0)$이라 할 수 있다.

타원의 중심에서 점 $A(5, 0)$까지의 거리가 4이므로

$a=4$

타원의 중심에서 초점까지의 거리는 $4-1=3$이므로

$b^2=4^2-3^2=7$

따라서 타원의 방정식은

$\dfrac{(x-1)^2}{16}+\dfrac{y^2}{7}=1$

이 타원이 점 $B(1, k)$를 지나므로

$\dfrac{k^2}{7}=1$, $k^2=7$    $\therefore k=\sqrt{7}\ (\because k>0)$

---

**0139** $9x^2+4y^2+54x-8y+49=0$에서

$9(x+3)^2+4(y-1)^2=36$

$\therefore \dfrac{(x+3)^2}{4}+\dfrac{(y-1)^2}{9}=1$

이 타원은 타원 $\dfrac{x^2}{4}+\dfrac{y^2}{9}=1$을 $x$축의

방향으로 $-3$만큼, $y$축의 방향으로 1만

큼 평행이동한 것이므로 오른쪽 그림과

같다.

이때 장축의 길이는

$\overline{AB}=2\times 3=6$

따라서 구하는 삼각형 ABO의 넓이는

$\dfrac{1}{2}\times\overline{AB}\times 3=\dfrac{1}{2}\times 6\times 3=9$     답 **9**

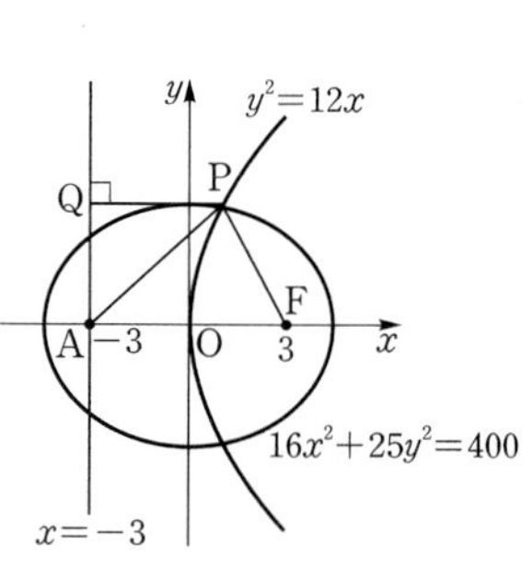

---

**0140** $16x^2+25y^2=400$에서

$\dfrac{x^2}{25}+\dfrac{y^2}{16}=1$

$\sqrt{25-16}=3$이므로 타원의 초점

의 좌표는

$(-3, 0)$, $(3, 0)$

이때 $F(3, 0)$이라 하면 포물선

$y^2=12x$의 초점의 좌표도 $(3, 0)$

이므로 타원의 초점 F와 일치한다.

따라서 타원과 포물선의 정의에 의하여
$$\overline{AP}+\overline{PQ}=\overline{AP}+\overline{PF}$$
$$=2\times5=10$$
답 **10**

**0141** 타원의 정의에 의하여
$$\overline{PF}+\overline{PF'}=2\times10=20$$
$\mathrm{F}(c,\,0)\,(c>0)$이라 하면
$$c=\sqrt{100-k}\,(\because\,0<k<100)$$
$$\therefore\,\overline{F'F}=2\sqrt{100-k}$$
한편, 삼각형 $\mathrm{PF'F}$의 둘레의 길이가 34이므로
$$\overline{PF}+\overline{PF'}+\overline{F'F}=20+2\sqrt{100-k}=34$$
$$\sqrt{100-k}=7,\ 100-k=49$$
$$\therefore\,k=51$$
답 ④

**0142** 타원 $\dfrac{x^2}{36}+\dfrac{y^2}{9}=1$에서 $\sqrt{36-9}=3\sqrt{3}$이므로 초점의 좌표는
$$(3\sqrt{3},\,0),\ (-3\sqrt{3},\,0)$$
쌍곡선 $\dfrac{x^2}{a^2}-\dfrac{y^2}{b^2}=1$의 주축의 길이가 6이므로
$$2|a|=6\qquad\therefore\,|a|=3$$
또, 쌍곡선의 초점의 좌표가 $(3\sqrt{3},\,0),\ (-3\sqrt{3},\,0)$이므로
$$(3\sqrt{3})^2=a^2+b^2$$
$$\therefore\,b^2=(3\sqrt{3})^2-a^2=(3\sqrt{3})^2-3^2=18$$
$$\therefore\,a^2-b^2=9-18=-9$$
답 **−9**

**0143** 쌍곡선 $x^2-y^2=\dfrac{1}{2}$, 즉 $\dfrac{x^2}{\frac{1}{2}}-\dfrac{y^2}{\frac{1}{2}}=1$의 점근선의 방정식은
$$y=\pm x$$
점 P의 좌표를 $(a,\,b)$라 하면 점 $\mathrm{P}(a,\,b)$와 직선 $y=x$, 즉 $x-y=0$ 사이의 거리는
$$\overline{PQ}=\frac{|a-b|}{\sqrt{1^2+(-1)^2}}=\frac{|a-b|}{\sqrt{2}}$$
또, 점 $\mathrm{P}(a,\,b)$와 직선 $y=-x$, 즉 $x+y=0$ 사이의 거리는
$$\overline{PR}=\frac{|a+b|}{\sqrt{1^2+1^2}}=\frac{|a+b|}{\sqrt{2}}$$
한편, 점 $\mathrm{P}(a,\,b)$는 쌍곡선 $x^2-y^2=\dfrac{1}{2}$ 위의 점이므로
$$a^2-b^2=\frac{1}{2}$$
따라서 사각형 $\mathrm{PQOR}$의 넓이는
$$\overline{PQ}\times\overline{PR}=\frac{|a-b|}{\sqrt{2}}\times\frac{|a+b|}{\sqrt{2}}$$
$$=\frac{|a^2-b^2|}{2}=\frac{\frac{1}{2}}{2}=\frac{1}{4}$$
답 $\dfrac{1}{4}$

**0144** $x^2-y^2+2y+a=0$에서
$$x^2-(y-1)^2=-a-1$$
이 쌍곡선의 주축이 $x$축에 평행하려면
$$-a-1>0\qquad\therefore\,a<-1$$
답 ①

**0145** 쌍곡선 $\dfrac{x^2}{9}-\dfrac{y^2}{9}=1$에서 $\sqrt{9+9}=3\sqrt{2}$이므로 초점의 좌표는 $(3\sqrt{2},\,0),\ (-3\sqrt{2},\,0)$
점 P의 좌표를 $(x,\,y)$라 하면 쌍곡선의 정의에 의하여
$$|\overline{PF}-\overline{PF'}|=2\times3=6$$
양변을 제곱하면
$$\overline{PF}^2-2\overline{PF}\times\overline{PF'}+\overline{PF'}^2=36$$
$$\therefore\,2\overline{PF}\times\overline{PF'}=\overline{PF}^2+\overline{PF'}^2-36$$
$$=\{(x-3\sqrt{2})^2+y^2\}+\{(x+3\sqrt{2})^2+y^2\}-36$$
$$=2(x^2+y^2)=2\overline{OP}^2$$
이때 $\overline{OP}=7$이므로
$$\overline{PF}\times\overline{PF'}=\overline{OP}^2=7^2=49$$
답 ③

**0146** 쌍곡선 $x^2-\dfrac{y^2}{3}=1$에서 $\sqrt{1+3}=2$이므로
$$\mathrm{F}(2,\,0),\ \mathrm{F'}(-2,\,0)\qquad\therefore\,\overline{FF'}=4$$
또, 쌍곡선의 정의에 의하여
$$\overline{PF'}-\overline{PF}=2\times1=2$$
(i) $\overline{PF'}=\overline{FF'}$일 때, $\overline{PF'}=4$이므로
$$\overline{PF}=\overline{PF'}-2=4-2=2$$

오른쪽 그림과 같이 점 $\mathrm{F'}$에서 선분 $\mathrm{PF}$에 내린 수선의 발을 M이라 하면
$$\overline{FM}=\frac{1}{2}\overline{PF}=1$$
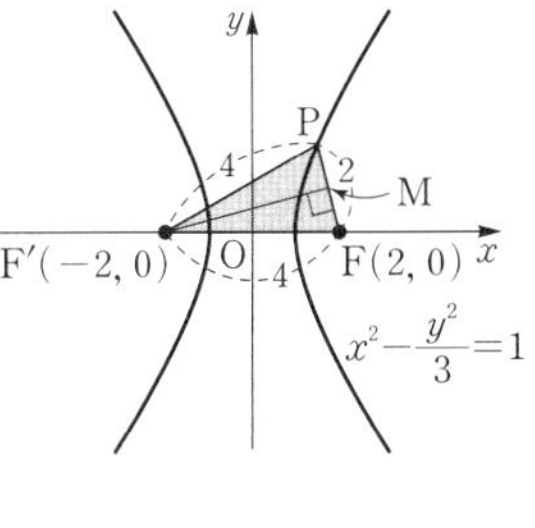
$$\therefore\,\overline{F'M}=\sqrt{\overline{FF'}^2-\overline{FM}^2}$$
$$=\sqrt{4^2-1^2}=\sqrt{15}$$
따라서 삼각형 $\mathrm{PF'F}$의 넓이는
$$\frac{1}{2}\times\overline{PF}\times\overline{F'M}=\frac{1}{2}\times2\times\sqrt{15}=\sqrt{15}$$
(ii) $\overline{PF}=\overline{FF'}$일 때, $\overline{PF}=4$이므로
$$\overline{PF'}=\overline{PF}+2=4+2=6$$
오른쪽 그림과 같이 점 F에서 선분 $\mathrm{PF'}$에 내린 수선의 발을 N이라 하면
$$\overline{F'N}=\frac{1}{2}\overline{PF'}=3$$
$$\therefore\,\overline{FN}=\sqrt{\overline{FF'}^2-\overline{F'N}^2}$$
$$=\sqrt{4^2-3^2}=\sqrt{7}$$
따라서 삼각형 $\mathrm{PF'F}$의 넓이는
$$\frac{1}{2}\times\overline{PF'}\times\overline{FN}=\frac{1}{2}\times6\times\sqrt{7}=3\sqrt{7}$$

(i), (ii)에서 구하는 모든 $a$의 값은 $\sqrt{15}$, $3\sqrt{7}$이므로 그 곱은
$\sqrt{15}\times3\sqrt{7}=3\sqrt{105}$

답 ⑤

**0147** 쌍곡선 $\dfrac{x^2}{4}-\dfrac{y^2}{5}=1$에서 $\sqrt{4+5}=3$이므로

$F(3,\,0)$, $F'(-3,\,0)$ $\quad\therefore\ \overline{FF'}=6$

한편, $\overline{PF'}=a$, $\overline{PF}=b\ (a>b)$라 하면 주축의 길이는 $2\times2=4$

이므로 $a-b=4$ $\qquad\qquad\cdots\cdots\ \bigcirc$

삼각형 $PF'F$에서 $\angle F'PA=\angle FPA$이고

$\overline{F'A}=4$, $\overline{AF}=2$이므로

$a:b=2:1$

$\therefore\ a=2b$ $\qquad\qquad\cdots\cdots\ \bigcirc$

$\bigcirc$, $\bigcirc$에서 $a=8$, $b=4$

따라서 구하는 삼각형 $PF'F$의 둘레의 길이는

$\overline{PF'}+\overline{PF}+\overline{FF'}=8+4+6=18$

답 **18**

참고 삼각형 $ABC$의 $\angle A$의 이등분선과
변 $BC$의 교점을 $D$라 하면
$\overline{AB}:\overline{AC}=\overline{BD}:\overline{CD}$

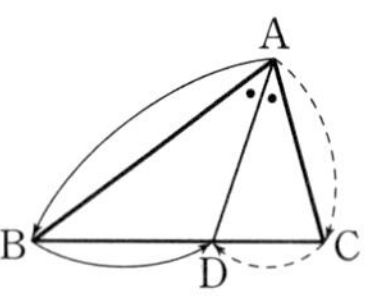

**0148** 쌍곡선 $\dfrac{x^2}{16}-\dfrac{y^2}{20}=1$에서

$\sqrt{16+20}=6$이므로 초점의 좌표는
$(6,\,0)$, $(-6,\,0)$

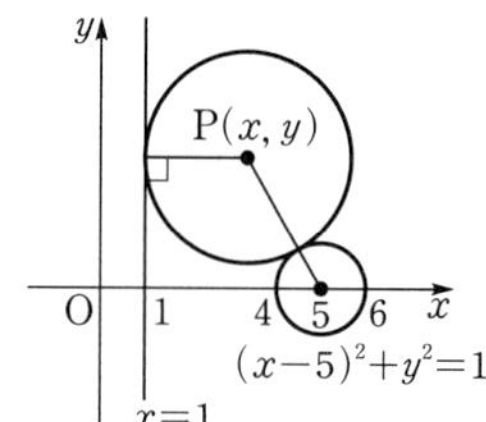

따라서 두 점 $(6,\,0)$, $(-6,\,0)$을 지름
의 양 끝 점으로 하는 원의 방정식은
$x^2+y^2=36$ $\qquad\cdots\cdots\ \bigcirc$

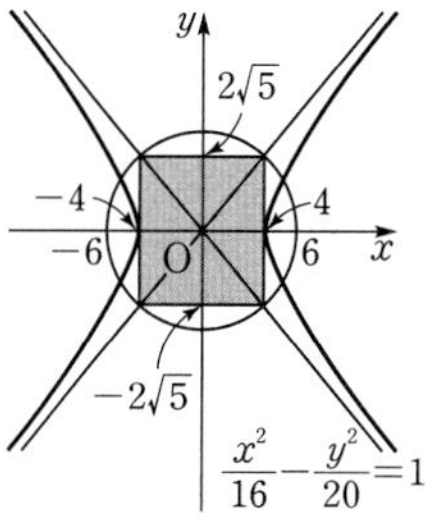

또, 쌍곡선의 점근선의 방정식은

$y=\pm\dfrac{2\sqrt{5}}{4}x$, 즉 $y=\pm\dfrac{\sqrt{5}}{2}x$

이것을 $\bigcirc$에 대입하면 원과 직선의 교점의 $x$좌표는

$x^2+\dfrac{5}{4}x^2=36$, $\dfrac{9}{4}x^2=36$

$x^2=16$ $\quad\therefore\ x=\pm4$

따라서 사각형의 네 꼭짓점의 좌표는
$(4,\,2\sqrt{5})$, $(4,\,-2\sqrt{5})$, $(-4,\,2\sqrt{5})$, $(-4,\,-2\sqrt{5})$

이므로 구하는 사각형의 넓이는

$8\times4\sqrt{5}=32\sqrt{5}$

답 **$32\sqrt{5}$**

**0149** $\overline{PF}=1$, $\overline{PF'}=\sqrt{(-\sqrt{2}-\sqrt{2})^2+(-1)^2}=3$이므로

$\overline{PF}+\overline{PF'}=1+3=4$

$\overline{PF'}-\overline{PF}=3-1=2$

이때 쌍곡선의 정의에 의하여

$\overline{OA}=\dfrac{\overline{PF'}-\overline{PF}}{2}=1$

또, 타원의 정의에 의하여

$\overline{OB}=\dfrac{\overline{PF'}+\overline{PF}}{2}=2$

$\therefore\ \overline{AB}=\overline{OB}-\overline{OA}=1$

따라서 구하는 삼각형 $PAB$의 넓이는

$\dfrac{1}{2}\times\overline{AB}\times\overline{PF}=\dfrac{1}{2}\times1\times1=\dfrac{1}{2}$

답 **$\dfrac{1}{2}$**

**0150** $x^2-y^2+k(2x^2-y^2)+2x-y+2=0$에서
$(2k+1)x^2-(k+1)y^2+2x-y+2=0$

이 방정식이 나타내는 도형이 포물선이 되려면
$2k+1=0$ 또는 $k+1=0$이어야 하므로

$k=-\dfrac{1}{2}$ 또는 $k=-1$

따라서 $\alpha=-\dfrac{1}{2}$, $\beta=-1\ (\because\ \alpha>\beta)$이므로

$\beta-\alpha=-\dfrac{1}{2}$

답 ②

**0151** 오른쪽 그림에서 구하는 원
의 반지름의 길이는 점 $P$에서 직선
$x=1$에 내린 수선의 길이와 같으므로

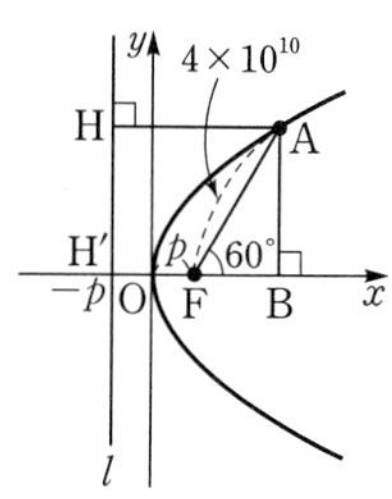

$|x-1|=x-1\ (\because\ x>1)$

이때 두 점 $P(x,\,y)$, $(5,\,0)$ 사이의

거리는

$\sqrt{(x-5)^2+y^2}=(x-1)+1$

$\therefore\ \sqrt{(x-5)^2+y^2}=x$

양변을 제곱하여 정리하면

$-10\left(x-\dfrac{5}{2}\right)+y^2=0$

$\therefore\ y^2=10\left(x-\dfrac{5}{2}\right)$

답 **$y^2=10\left(x-\dfrac{5}{2}\right)$**

**0152** 오른쪽 그림과 같이 혜성과 태양
의 위치를 각각 $A$, $F$라 하고 점 $A$에서 혜
성 궤도의 축에 내린 수선의 발을 $B$, 혜성
궤도의 준선을 직선 $l$이라 하자.

포물선 위의 점에서 초점과 준선에 이르는
거리가 같으므로 혜성이 포물선의 꼭짓점
과 일치할 때 태양으로부터의 거리가 가장
가깝다.

포물선의 방정식을 $y^2=4px\ (p>0)$라 하면

$\overline{OF}+\overline{FB}=p+(4\times10^{10})\cos60°$
$\qquad\qquad\quad=p+2\times10^{10}$

점 $A$에서 준선 $l$에 내린 수선의 발을 $H$라 하고 준선 $l$과 $x$축의
교점을 $H'$이라 하면 포물선의 정의에 의하여

$\overline{AH}=\overline{AF}=4\times10^{10}$

$\overline{BH'}=\overline{AH}$에서

$p+2\times10^{10}-(-p)=4\times10^{10}$

$\therefore\ p=10^{10}$

따라서 구하는 거리는 $10^{10}$ km이다.

답 ③

**0153** 점 $P(4\sqrt{3}, b)$는 포물선 $x^2=4ay$ 위의 점이므로
$$(4\sqrt{3})^2=4ab \qquad \therefore ab=12 \qquad \cdots\cdots \bigcirc$$

------ ㉮

포물선 $x^2=4ay$의 준선의 방정식은 $y=-a$이므로
$$H(4\sqrt{3}, -a)$$
즉, $\overline{PH}=|-a-b|=8$에서
$$|a+b|=8 \qquad \therefore (a+b)^2=64 \qquad \cdots\cdots \bigcirc$$

------ ㉯

$$\therefore a^2+b^2=(a+b)^2-2ab$$
$$=64-2\times12 \ (\because \bigcirc, \bigcirc)$$
$$=40$$

------ ㉰

답 **40**

| 단계 | 채점요소 | 배점 |
| --- | --- | --- |
| ㉮ | $ab$의 값 구하기 | 40% |
| ㉯ | $(a+b)^2$의 값 구하기 | 50% |
| ㉰ | $a^2+b^2$의 값 구하기 | 10% |

**0154** 타원 $\dfrac{x^2}{100}+\dfrac{y^2}{36}=1$에서 $\sqrt{100-36}=8$이므로
$$F(8, 0), \ F'(-8, 0)$$
또, 원 $(x+8)^2+y^2=9$의 중심의 좌표는 $(-8, 0)$이므로 점 $F'$은 이 원의 중심이다.
이때 점 $P$가 원 위의 점이므로 $\overline{PF'}=3$

------ ㉮

한편, 타원의 정의에 의하여 $\overline{PF}+\overline{PF'}=2\times10=20$이므로
$$\overline{PF}=20-\overline{PF'}=20-3=17$$

------ ㉯

$$\therefore \overline{PF}\times\overline{PF'}=17\times3=51$$

------ ㉰

답 **51**

| 단계 | 채점요소 | 배점 |
| --- | --- | --- |
| ㉮ | $\overline{PF'}$의 길이 구하기 | 40% |
| ㉯ | $\overline{PF}$의 길이 구하기 | 50% |
| ㉰ | $\overline{PF}\times\overline{PF'}$의 값 구하기 | 10% |

**0155** 쌍곡선 $2x^2-2y^2=1$의 점근선의 방정식은
$$y=\pm x$$

------ ㉮

쌍곡선 $2(x-3)^2-2(y-1)^2=1$은 쌍곡선 $2x^2-2y^2=1$을 $x$축의 방향으로 3만큼, $y$축의 방향으로 1만큼 평행이동한 것이므로 점근선의 방정식은
$$y-1=\pm(x-3)$$
$$\therefore y=x-2, \ y=-x+4$$

------ ㉯

오른쪽 그림과 같이 두 직선 $y=x$, $y=-x+4$의 교점을 A라 하면
$$A(2, 2)$$
두 직선 $y=x-2$, $y=-x+4$의 교점을 B라 하면
$$B(3, 1)$$
$$\therefore \overline{OA}=2\sqrt{2}, \ \overline{AB}=\sqrt{2}$$

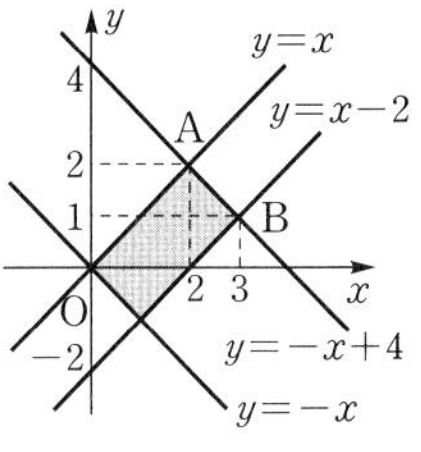

------ ㉰

따라서 네 점근선으로 둘러싸인 도형은 직사각형이므로 그 넓이 $S$는
$$S=2\sqrt{2}\times\sqrt{2}=4$$
$$\therefore S^2=4^2=16$$

------ ㉱

답 **16**

| 단계 | 채점요소 | 배점 |
| --- | --- | --- |
| ㉮ | 쌍곡선 $2x^2-2y^2=1$의 점근선의 방정식 구하기 | 20% |
| ㉯ | 쌍곡선 $2(x-3)^2-2(y-1)^2=1$의 점근선의 방정식 구하기 | 30% |
| ㉰ | 네 점근선으로 둘러싸인 직사각형의 가로, 세로의 길이 구하기 | 30% |
| ㉱ | $S^2$의 값 구하기 | 20% |

**0156** 점 $P(x, y)$에서 직선 $x=\dfrac{4}{3}$에 내린 수선의 발을 H라 하면 $\overline{PF}:\overline{PH}=3:2$이므로
$$2\overline{PF}=3\overline{PH}$$
$$2\sqrt{(x-3)^2+y^2}=3\left|x-\dfrac{4}{3}\right|$$
양변을 제곱하여 정리하면
$$5x^2-4y^2=20$$

------ ㉮

따라서 $a=5$, $b=-4$이므로
$$a+b=1$$

------ ㉯

답 **1**

| 단계 | 채점요소 | 배점 |
| --- | --- | --- |
| ㉮ | 점 P가 나타내는 도형의 방정식 구하기 | 80% |
| ㉯ | $a+b$의 값 구하기 | 20% |

**0157** 점 A의 좌표를 $(a, \sqrt{4pa})$라 하고, $\overline{AB}$와 $x$축이 만나는 점을 H라 하면 점 H의 좌표는 $(a, 0)$이다.
직선 AF가 삼각형 AOB의 넓이를 이등분할 때, 초점 $F(p, 0)$은 삼각형 AOB의 무게중심이므로
$$\overline{OF}:\overline{FH}=2:1$$
즉, $p=\dfrac{2}{3}a$이므로 $a=\dfrac{3}{2}p$

------ ㉠

또, 삼각형 AOB의 넓이는

$$\frac{1}{2}\times\overline{AB}\times\overline{OH}=\frac{1}{2}\times2\sqrt{4pa}\times a$$
$$=a\sqrt{4pa}$$

즉, $a\sqrt{4pa}=6\sqrt{6}$에서 양변을 제곱하여 정리하면

$$pa^3=54 \qquad\qquad \cdots\cdots ⓛ$$

㉠을 ⓛ에 대입하면

$$\frac{27}{8}p^4=54,\ p^4=16 \qquad \therefore p=2\ (\because p>0) \qquad\qquad 답 ①$$


**0158** 타원 $\dfrac{x^2}{16}+\dfrac{y^2}{7}=1$에서 $\sqrt{16-7}=3$이므로

$F(3,\ 0)$, $F'(-3,\ 0)$

한편, 두 삼각형 AOP, FOP에서

$\overline{PA}=\overline{PF}$, $\overline{OA}=\overline{OF}$, $\overline{PO}$는 공통이므로

$\triangle AOP\equiv\triangle FOP$

이때 점 P는 직선 $y=x$ 위의 점이므로

$\overline{PF'}=\overline{BP}$

타원의 정의에 의하여

$\overline{BP}+\overline{PA}=\overline{PF'}+\overline{PF}=2\times4=8$

또, $\overline{AF'}=\overline{BF'}=3\sqrt{2}$이므로 사각형 AF'BP의 둘레의 길이는

$$\overline{BP}+\overline{PA}+\overline{AF'}+\overline{BF'}=8+3\sqrt{2}+3\sqrt{2}$$
$$=8+6\sqrt{2}$$

따라서 $a=8$, $b=6$이므로

$$a+b=14 \qquad\qquad 답\ \mathbf{14}$$


**0159** 조건 ㈎에서 $|\overline{PF}-\overline{PF'}|=2$이므로

$2a=2 \qquad \therefore a=1$

한편, 포물선 $y^2=8(x+c)$에서 $\overline{AF'}=2$이고

조건 ㈏에서 $\overline{AF'}:\overline{AF}=1:3$이므로

$\overline{AF}=3\overline{AF'}=6$

이때 $A(-c,\ 0)$이고 $c>k>0$이므로

$\overline{FF'}=\overline{AF}-\overline{AF'}=6-2=4$

$\therefore F(2,\ 0)$, $F'(-2,\ 0)$, $A(-4,\ 0)$

즉, 쌍곡선 $\dfrac{x^2}{a^2}-\dfrac{y^2}{b^2}=1$에서 $a^2+b^2=2^2$이고 $a=1$이므로

$b^2=2^2-1^2=3$

또, 포물선 $y^2=8(x+c)$의 꼭짓점은 $A(-4,\ 0)$이므로

$c=4$

$$\therefore ab^2c=1\times3\times4=12 \qquad\qquad 답\ \mathbf{12}$$



# 02 | 이차곡선과 직선

📖 **교과서 문제** 정/복/하/기     본문 27쪽

**0160** $y=x-4$를 $y^2=4x$에 대입하면

$(x-4)^2=4x$

$\therefore x^2-12x+16=0$

이 이차방정식의 판별식을 $D$라 하면

$$\frac{D}{4}=(-6)^2-1\times16=20>0$$

따라서 포물선 $y^2=4x$와 직선 $y=x-4$는 서로 다른 두 점에서 만난다.

답 **서로 다른 두 점에서 만난다.**


**0161** $y=-x+2$를 $2x^2+y^2=2$에 대입하면

$2x^2+(-x+2)^2=2$

$\therefore 3x^2-4x+2=0$

이 이차방정식의 판별식을 $D$라 하면

$$\frac{D}{4}=(-2)^2-3\times2=-2<0$$

따라서 타원 $2x^2+y^2=2$와 직선 $y=-x+2$는 만나지 않는다.

답 **만나지 않는다.**


**0162** $x-2y+\sqrt{3}=0$, 즉 $y=\dfrac{1}{2}x+\dfrac{\sqrt{3}}{2}$을

$x^2-y^2=-1$에 대입하면

$$x^2-\left(\frac{1}{2}x+\frac{\sqrt{3}}{2}\right)^2=-1$$

$\therefore 3x^2-2\sqrt{3}x+1=0$

이 이차방정식의 판별식을 $D$라 하면

$$\frac{D}{4}=(-\sqrt{3})^2-3\times1=0$$

따라서 쌍곡선 $x^2-y^2=-1$과 직선 $x-2y+\sqrt{3}=0$은 한 점에서 만난다. ( 접한다. )

답 **한 점에서 만난다. ( 접한다. )**


**0163** $y=x+a$를 $y^2=16x$에 대입하면

$(x+a)^2=16x$

$\therefore x^2+2(a-8)x+a^2=0$

이 이차방정식의 판별식을 $D$라 하면

$$\frac{D}{4}=(a-8)^2-1\times a^2=-16a+64$$

(1) $\dfrac{D}{4}=-16a+64>0 \qquad \therefore a<4$

(2) $\dfrac{D}{4}=-16a+64=0 \qquad \therefore a=4$

(3) $\dfrac{D}{4}=-16a+64<0$  $\therefore a>4$

답 (1) $\boldsymbol{a<4}$  (2) $\boldsymbol{4}$  (3) $\boldsymbol{a>4}$

**0164** $y^2=3x=4\times\dfrac{3}{4}x$이므로

$y=-x+\dfrac{\dfrac{3}{4}}{-1}$  $\therefore y=-x-\dfrac{3}{4}$  답 $\boldsymbol{y=-x-\dfrac{3}{4}}$

**0165** $y^2=-16x=4\times(-4)\times x$이므로

$y=3x+\dfrac{-4}{3}$  $\therefore y=3x-\dfrac{4}{3}$  답 $\boldsymbol{y=3x-\dfrac{4}{3}}$

**0166** $y^2=6x=4\times\dfrac{3}{2}x$이므로

$2\sqrt{3}y=2\times\dfrac{3}{2}\times(x+2)$  $\therefore y=\dfrac{\sqrt{3}}{2}x+\sqrt{3}$

답 $\boldsymbol{y=\dfrac{\sqrt{3}}{2}x+\sqrt{3}}$

**0167** $y^2=-8x=4\times(-2)\times x$이므로

$2y=2\times(-2)\times\left(x-\dfrac{1}{2}\right)$  $\therefore y=-2x+1$

답 $\boldsymbol{y=-2x+1}$

**0168** $x^2=\dfrac{3}{2}y=4\times\dfrac{3}{8}y$이므로

$3x=2\times\dfrac{3}{8}\times(y+6)$  $\therefore y=4x-6$  답 $\boldsymbol{y=4x-6}$

**0169** $x^2=-4y=4\times(-1)\times y$이므로

$-4x=2\times(-1)\times(y-4)$  $\therefore y=2x+4$

답 $\boldsymbol{y=2x+4}$

**0170** $y=-x\pm\sqrt{4\times(-1)^2+1}$  $\therefore y=-x\pm\sqrt{5}$

답 $\boldsymbol{y=-x\pm\sqrt{5}}$

**0171** $3x^2+2y^2=6$에서 $\dfrac{x^2}{2}+\dfrac{y^2}{3}=1$이므로

$y=2x\pm\sqrt{2\times2^2+3}$

$\therefore y=2x\pm\sqrt{11}$  답 $\boldsymbol{y=2x\pm\sqrt{11}}$

**0172** $\dfrac{2x}{10}+\dfrac{-3y}{15}=1$  $\therefore y=x-5$

답 $\boldsymbol{y=x-5}$

**0173** $3x+3\times y=12$  $\therefore y=-x+4$

답 $\boldsymbol{y=-x+4}$

**0174** $y=\sqrt{3}x\pm\sqrt{4\times(\sqrt{3})^2-3}$  $\therefore y=\sqrt{3}x\pm3$

답 $\boldsymbol{y=\sqrt{3}x\pm3}$

**0175** $5x^2-y^2=-15$, 즉 $\dfrac{x^2}{3}-\dfrac{y^2}{15}=-1$이므로

$y=-2x\pm\sqrt{15-3\times(-2)^2}$

$\therefore y=-2x\pm\sqrt{3}$  답 $\boldsymbol{y=-2x\pm\sqrt{3}}$

**0176** $\dfrac{-2x}{3}-\dfrac{y}{3}=1$  $\therefore y=-2x-3$

답 $\boldsymbol{y=-2x-3}$

**0177** $\dfrac{6x}{12}-\dfrac{4y}{4}=-1$  $\therefore y=\dfrac{1}{2}x+1$

답 $\boldsymbol{y=\dfrac{1}{2}x+1}$

**0178** $3\times4x-4\times(-3y)=12$  $\therefore y=-x+1$

답 $\boldsymbol{y=-x+1}$

**0179** $-3x-3\times2y=-3$  $\therefore y=-\dfrac{1}{2}x+\dfrac{1}{2}$

답 $\boldsymbol{y=-\dfrac{1}{2}x+\dfrac{1}{2}}$

## 유형 익히기

본문 28~34쪽

**0180** $y=mx+4$를 $x^2-8x+2y+17=0$에 대입하면

$x^2-8x+2(mx+4)+17=0$

$\therefore x^2+2(m-4)x+25=0$

이 이차방정식의 판별식을 $D$라 하면

$\dfrac{D}{4}=(m-4)^2-25=0$

$m^2-8m-9=0$, $(m+1)(m-9)=0$

$\therefore m=-1$ 또는 $m=9$

따라서 모든 실수 $m$의 값의 합은

$-1+9=8$  답 ④

**0181** 직선 $y=x$를 $x$축의 방향으로 $k$만큼 평행이동한 직선의 방정식은

$y=x-k$

이것을 $2x^2+3y^2=6$에 대입하면

$2x^2+3(x-k)^2=6$

$\therefore 5x^2-6kx+3k^2-6=0$

이 이차방정식의 판별식을 $D$라 하면

$\dfrac{D}{4}=(-3k)^2-5\times(3k^2-6)\geq0$

$-6k^2+30\geq0$, $k^2\leq5$

$\therefore -\sqrt{5}\leq k\leq\sqrt{5}$

따라서 구하는 정수 $k$는 $-2$, $-1$, $0$, $1$, $2$의 5개이다.  답 ③

0182 $n(A \cap B)=0$이므로 직선 $y=kx$와 쌍곡선 $9x^2-16y^2=144$는 만나지 않는다.
$y=kx$를 $9x^2-16y^2=144$에 대입하면
$9x^2-16\times(kx)^2=144$
$\therefore (9-16k^2)x^2-144=0$
이 이차방정식의 판별식을 $D$라 하면
$D=-4\times(9-16k^2)\times(-144)<0$
$16k^2>9$ $\therefore k<-\dfrac{3}{4}$ 또는 $k>\dfrac{3}{4}$

답 $k<-\dfrac{3}{4}$ 또는 $k>\dfrac{3}{4}$

0183 $y=mx+n$을 $2x^2-9y^2=18$에 대입하면
$2x^2-9(mx+n)^2=18$
$\therefore (9m^2-2)x^2+18mnx+9n^2+18=0$ $\qquad \cdots\cdots$ ㉠
(i) $9m^2-2=0$일 때
$\quad m=\pm\dfrac{\sqrt{2}}{3}$이므로 ㉠에서
$\quad \pm6\sqrt{2}nx+9n^2+18=0$
$\quad$ 이때 $n=0$이면 $x$의 값이 존재하지 않는다.
(ii) $9m^2-2\neq0$일 때
$\quad$ 이차방정식 ㉠의 판별식을 $D$라 하면
$\quad \dfrac{D}{4}=(9mn)^2-(9m^2-2)\times(9n^2+18)\geq0$
$\quad 18n^2-162m^2+36\geq0$
$\quad \therefore n^2\geq9m^2-2$
$\quad n$의 값에 관계없이 위의 부등식이 항상 성립하려면
$\quad 9m^2-2\leq0 \quad \therefore -\dfrac{\sqrt{2}}{3}\leq m\leq\dfrac{\sqrt{2}}{3}$
$\quad$ 이때 $9m^2-2\neq0$, 즉 $m\neq\pm\dfrac{\sqrt{2}}{3}$이어야 하므로
$\quad -\dfrac{\sqrt{2}}{3}<m<\dfrac{\sqrt{2}}{3}$
(i), (ii)에서 구하는 실수 $m$의 값의 범위는
$-\dfrac{\sqrt{2}}{3}<m<\dfrac{\sqrt{2}}{3}$

답 $-\dfrac{\sqrt{2}}{3}<m<\dfrac{\sqrt{2}}{3}$

0184 직선 $2x-y+1=0$, 즉 $y=2x+1$에 평행한 직선의 기울기는 2이다.
따라서 포물선 $y^2=-8x=4\times(-2)\times x$에 접하고 기울기가 2인 직선의 방정식은
$y=2x+\dfrac{-2}{2} \quad \therefore y=2x-1$
이 직선이 점 $(-2, k)$를 지나므로
$k=2\times(-2)-1=-5$

답 ①

다른풀이 포물선 $y^2=-8x$에 접하고 직선 $2x-y+1=0$, 즉 $y=2x+1$에 평행한 직선의 방정식을 $y=2x+a$라 하자.
$y=2x+a$를 $y^2=-8x$에 대입하면

$(2x+a)^2=-8x$
$\therefore 4x^2+4(a+2)x+a^2=0$
이 이차방정식의 판별식을 $D$라 하면
$\dfrac{D}{4}=\{2(a+2)\}^2-4a^2=0$
$16a+16=0 \quad \therefore a=-1$
따라서 접선의 방정식은 $y=2x-1$이고, 이 직선이 점 $(-2, k)$를 지나므로
$k=2\times(-2)-1=-5$

0185 초점의 좌표가 $\left(\dfrac{1}{2}p, 0\right)$, 준선이 $x=-\dfrac{1}{2}p$인 포물선의 방정식은
$y^2=4\times\dfrac{1}{2}p\times x \quad \therefore y^2=2px$
따라서 포물선 $y^2=2px$에 접하고 기울기가 $-1$인 접선의 방정식은
$y=-x+\dfrac{\dfrac{1}{2}p}{-1} \quad \therefore y=-x-\dfrac{1}{2}p$
이 직선이 직선 $y=-x+3$과 일치하므로
$-\dfrac{1}{2}p=3 \quad \therefore p=-6$

답 $-6$

0186 직선 $y=-x+3$에 수직인 직선의 기울기는 1이다.
따라서 포물선 $y^2+x=0$, 즉 $y^2=-x=4\times\left(-\dfrac{1}{4}\right)\times x$에 접하고 기울기가 1인 직선의 방정식은
$y=x+\dfrac{-\dfrac{1}{4}}{1} \quad \therefore y=x-\dfrac{1}{4}$
즉, $-4x+4y+1=0$이 $ax+by+1=0$과 일치하므로
$a=-4, b=4$
$\therefore a^2+b^2=(-4)^2+4^2=32$

답 ④

참고 두 직선이 서로 수직이면 ⇨ (두 기울기의 곱)$=-1$

0187 포물선 $y^2=2x=4\times\dfrac{1}{2}x$에 접하고 기울기가 $-1$인 직선의 방정식은
$y=-x+\dfrac{\dfrac{1}{2}}{-1} \quad \therefore y=-x-\dfrac{1}{2}$ $\qquad \cdots\cdots$ ㉠
㉠을 $y^2=2x$에 대입하면 접점 A의 $x$좌표는
$\left(-x-\dfrac{1}{2}\right)^2=2x$
$x^2-x+\dfrac{1}{4}=0, \left(x-\dfrac{1}{2}\right)^2=0 \quad \therefore x=\dfrac{1}{2}$
$x=\dfrac{1}{2}$을 ㉠에 대입하면
$y=-\dfrac{1}{2}-\dfrac{1}{2}=-1 \quad \therefore A\left(\dfrac{1}{2}, -1\right)$

한편, ㉠은 포물선 $x^2=2y$의 접선이기도 하므로 ㉠을 $x^2=2y$에 대입하면 접점 B의 $x$좌표는

$$x^2=2\left(-x-\frac{1}{2}\right)$$

$$x^2+2x+1=0, \ (x+1)^2=0 \qquad \therefore \ x=-1$$

$x=-1$을 ㉠에 대입하면

$$y=-(-1)-\frac{1}{2}=\frac{1}{2} \qquad \therefore \ \mathrm{B}\left(-1, \frac{1}{2}\right)$$

따라서 구하는 선분 AB의 길이는

$$\sqrt{\left(-1-\frac{1}{2}\right)^2+\left(\frac{1}{2}+1\right)^2}=\frac{3\sqrt{2}}{2} \qquad \text{답} \ \frac{3\sqrt{2}}{2}$$


**0188** 포물선 $y^2=6x=4\times\frac{3}{2}x$ 위의 점 $\mathrm{P}(2, a)$에서의 접선의 방정식은

$$ay=2\times\frac{3}{2}\times(x+2) \qquad \therefore \ y=\frac{3}{a}x+\frac{6}{a}$$

또, 점 $\mathrm{P}(2, a)$가 포물선 $y^2=6x$ 위의 점이므로

$$a^2=6\times2 \qquad \therefore \ a=2\sqrt{3} \ (\because a>0)$$

따라서 접선의 방정식은 $y=\frac{\sqrt{3}}{2}x+\sqrt{3}$이므로

$$b=\frac{\sqrt{3}}{2}, \ c=\sqrt{3}$$

$$\therefore \ abc=2\sqrt{3}\times\frac{\sqrt{3}}{2}\times\sqrt{3}=3\sqrt{3} \qquad \text{답} \ ③$$


**0189** 포물선 $x^2=3y=4\times\frac{3}{4}y$ 위의 점 $(-\sqrt{3}, 1)$에서의 접선의 방정식은

$$-\sqrt{3}x=2\times\frac{3}{4}\times(y+1) \qquad \therefore \ y=-\frac{2\sqrt{3}}{3}x-1$$

이 직선이 점 $(a, 4)$를 지나므로

$$4=-\frac{2\sqrt{3}}{3}a-1 \qquad \therefore \ a=-\frac{5\sqrt{3}}{2}$$

$$\therefore \ a^2=\frac{75}{4} \qquad \text{답} \ \frac{75}{4}$$


**0190** 점 $(k, -2k)$가 포물선 $y^2=-12x$ 위의 점이므로

$$(-2k)^2=-12k$$

$$4k^2+12k=0, \ 4k(k+3)=0$$

$$\therefore \ k=-3 \ (\because k<0)$$

㉮

즉, 포물선 $y^2=-12x=4\times(-3)\times x$ 위의 점 $(-3, 6)$에서의 접선의 방정식은

$$6y=2\times(-3)\times(x-3) \qquad \therefore \ y=-x+3$$

㉯

한편, 직선 $y=-x+3$과 평행하고 점 $(3, 1)$을 지나는 직선의 방정식은

$$y-1=-(x-3) \qquad \therefore \ y=-x+4$$

㉰

따라서 $m=-1$, $n=4$이므로

$$m+n=3$$

㉱

답 3

| 단계 | 채점요소 | 배점 |
|---|---|---|
| ㉮ | $k$의 값 구하기 | 30% |
| ㉯ | 주어진 포물선의 접선의 방정식 구하기 | 30% |
| ㉰ | 직선의 방정식 구하기 | 30% |
| ㉱ | $m+n$의 값 구하기 | 10% |


**0191** 포물선 $y^2=16x=4\times4x$ 위의 점 $\mathrm{P}(a, b)$에서의 접선의 방정식은

$$by=2\times4\times(x+a) \qquad \therefore \ y=\frac{8}{b}x+\frac{8a}{b}$$

또, 점 $\mathrm{Q}\left(\frac{1}{4}, -2\right)$에서의 접선의 방정식은

$$-2y=2\times4\times\left(x+\frac{1}{4}\right) \qquad \therefore \ y=-4x-1$$

두 접선이 서로 수직이므로

$$\frac{8}{b}\times(-4)=-1 \qquad \therefore \ b=32$$

한편, 점 $\mathrm{P}(a, 32)$가 포물선 위의 점이므로

$$32^2=16a \qquad \therefore \ a=64$$

$$\therefore \ a+b=64+32=96 \qquad \text{답} \ \mathbf{96}$$


**0192** 포물선 $y^2=-12x=4\times(-3)\times x$의 초점은

$$\mathrm{F}(-3, 0)$$

또, 포물선 $y^2=-12x$ 위의 점 $\mathrm{P}(-3, 6)$에서의 접선의 방정식은

$$6y=2\times(-3)\times(x-3) \qquad \therefore \ y=-x+3$$

이 직선의 $x$절편은 3이므로

$$\mathrm{Q}(3, 0)$$

따라서 구하는 삼각형 PFQ의 넓이는

$$\frac{1}{2}\times\overline{\mathrm{FQ}}\times\overline{\mathrm{FP}}=\frac{1}{2}\times6\times6$$

$$=18$$

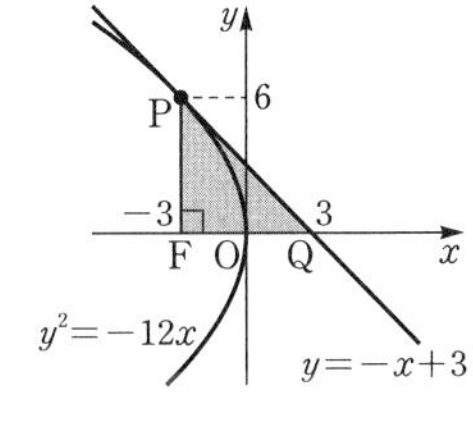

답 ⑤


**0193** 포물선 $y^2=4px$ 위의 점 $\mathrm{P}(p, 2p)$에서의 접선의 방정식은

$$2py=2p(x+p) \qquad \therefore \ y=x+p$$

이 직선의 $x$절편, $y$절편은 각각 $-p$, $p$이므로

$$\mathrm{A}(-p, 0), \ \mathrm{B}(0, p)$$

$$\overline{\mathrm{AB}}=\sqrt{p^2+p^2}=p\sqrt{2} \ (\because p>0)$$

$$\overline{\mathrm{PB}}=\sqrt{p^2+p^2}=p\sqrt{2} \ (\because p>0)$$

$$\therefore \ \frac{\overline{\mathrm{PB}}}{\overline{\mathrm{AB}}}=\frac{p\sqrt{2}}{p\sqrt{2}}=1 \qquad \text{답} \ \mathbf{1}$$

**0194** 포물선 $y^2=8x=4\times2x$ 위의 점 $\mathrm{P}(a,\,b)$에서의 접선의 방정식은

$$by=2\times2\times(x+a)\qquad\therefore y=\frac{4}{b}x+\frac{4a}{b}$$

이 직선의 $x$절편이 $-a$이므로 $\mathrm{Q}(-a,\,0)$

또, 점 $\mathrm{P}(a,\,b)$는 포물선 위의 점이므로

$$b^2=8a\qquad\qquad\qquad\qquad\cdots\cdots\ \boxdot$$

이때 $\overline{\mathrm{PQ}}=2\sqrt{3}$이므로 $\sqrt{(-a-a)^2+(-b)^2}=2\sqrt{3}$

$\sqrt{4a^2+8a}=2\sqrt{3}\ (\because\boxdot)$

양변을 제곱하면

$4a^2+8a=12,\ a^2+2a-3=0$

$(a+3)(a-1)=0\qquad\therefore a=1\ (\because a>0)$

$\boxdot$에서 $b^2=8$

$\therefore a^2+b^2=1^2+8=9$ \hfill 답 ②

<br>

**0195** $y=-x+4$를 $x^2=2y$에 대입하면 교점의 $x$좌표는

$x^2=2(-x+4)$

$x^2+2x-8=0,\ (x+4)(x-2)=0$

$\therefore x=-4$ 또는 $x=2$

즉, 포물선과 직선의 두 교점의 좌표는

$(-4,\,8),\ (2,\,2)$

두 점 $(-4,\,8),\ (2,\,2)$에서의 접선의 방정식은 각각

$-4x=2\times\dfrac{1}{2}\times(y+8),\ 2x=2\times\dfrac{1}{2}\times(y+2)$

$\therefore y=-4x-8,\ y=2x-2$

따라서 $m_1=-4,\ m_2=2$ 또는 $m_1=2,\ m_2=-4$이므로

$m_1m_2=(-4)\times2=-8$ \hfill 답 $-8$

**다른풀이** 포물선과 직선의 두 교점의 좌표는

$(-4,\,8),\ (2,\,2)$

포물선 위의 점 $(-4,\,8),\ (2,\,2)$에서의 접선의 기울기를 각각

$m_1,\ m_2$라 하면 각 직선의 방정식은

$y=m_1(x+4)+8,\ y=m_2(x-2)+2$

(i) $y=m_1(x+4)+8$을 $x^2=2y$에 대입하여 정리하면

$\qquad x^2-2m_1x-8m_1-16=0$

$\qquad$이 이차방정식의 판별식을 $D_1$이라 하면

$\qquad\dfrac{D_1}{4}=(-m_1)^2-(-8m_1-16)=0$

$\qquad m_1^2+8m_1+16=0,\ (m_1+4)^2=0$

$\qquad\therefore m_1=-4$

(ii) $y=m_2(x-2)+2$를 $x^2=2y$에 대입하여 정리하면

$\qquad x^2-2m_2x+4m_2-4=0$

$\qquad$이 이차방정식의 판별식을 $D_2$라 하면

$\qquad\dfrac{D_2}{4}=(-m_2)^2-(4m_2-4)=0$

$\qquad m_2^2-4m_2+4=0,\ (m_2-2)^2=0$

$\qquad\therefore m_2=2$

(i), (ii)에서 $m_1m_2=(-4)\times2=-8$

<br>

**0196** 접점의 좌표를 $(x_1,\,y_1)$이라 하면 접선의 방정식은

$$y_1y=2\times2\times(x+x_1)\qquad\therefore y=\frac{4}{y_1}x+\frac{4x_1}{y_1}$$

이 직선이 점 $(-2,\,0)$을 지나므로

$$0=-\frac{8}{y_1}+\frac{4x_1}{y_1}\qquad\therefore x_1=2\qquad\cdots\cdots\ \boxdot$$

또, 점 $(x_1,\,y_1)$이 포물선 위의 점이므로

$$y_1^2=8x_1\qquad\qquad\qquad\qquad\cdots\cdots\ \boxdot\!\boxdot$$

$\boxdot$을 $\boxdot\!\boxdot$에 대입하면

$y_1^2=16\qquad\therefore y_1=\pm4$

즉, 접선의 방정식은 $y=\pm x\pm2$ (복부호동순)

따라서 $m=\pm1,\ n=\pm2$ (복부호동순)이므로

$m^2+n^2=1+4=5$ \hfill 답 ③

<br>

**0197** $\dfrac{x^2}{4}=y$에서 $x^2=4y$이므로 접점의 좌표를 $(x_1,\,y_1)$이라

하면 접선의 방정식은

$$x_1x=2(y+y_1)\qquad\therefore y=\frac{x_1}{2}x-y_1$$

이 직선이 점 $\left(\dfrac{1}{2},\,-\dfrac{1}{2}\right)$을 지나므로

$$-\frac{1}{2}=\frac{x_1}{4}-y_1\qquad\therefore y_1=\frac{x_1}{4}+\frac{1}{2}\qquad\cdots\cdots\ \boxdot$$

또, 점 $(x_1,\,y_1)$이 포물선 위의 점이므로

$$x_1^2=4y_1\qquad\qquad\qquad\qquad\cdots\cdots\ \boxdot\!\boxdot$$

$\boxdot$, $\boxdot\!\boxdot$을 연립하여 풀면

$x_1=2,\ y_1=1$ 또는 $x_1=-1,\ y_1=\dfrac{1}{4}$

따라서 두 접선의 방정식은

$$y=x-1,\ y=-\frac{1}{2}x-\frac{1}{4}$$

즉, 두 접선의 기울기는 각각 $1,\ -\dfrac{1}{2}$이므로 그 곱은 $-\dfrac{1}{2}$이다.

\hfill 답 ②

**다른풀이** 점 $\left(\dfrac{1}{2},\,-\dfrac{1}{2}\right)$을 지나고 기울기가 $m$인 직선의 방정식은

$$y-\left(-\frac{1}{2}\right)=m\left(x-\frac{1}{2}\right)\qquad\therefore y=mx-\frac{1}{2}m-\frac{1}{2}$$

이것을 $\dfrac{x^2}{4}=y$, 즉 $x^2=4y$에 대입하면

$$x^2=4\left(mx-\frac{1}{2}m-\frac{1}{2}\right)$$

$$\therefore x^2-4mx+2m+2=0$$

이 이차방정식의 판별식을 $D$라 하면

$$\frac{D}{4}=(-2m)^2-(2m+2)=0$$

$4m^2-2m-2=0,\ 2m^2-m-1=0$

$(2m+1)(m-1)=0$

$\therefore m=-\dfrac{1}{2}$ 또는 $m=1$

따라서 두 접선의 기울기는 각각 $-\dfrac{1}{2},\ 1$이므로 그 곱은 $-\dfrac{1}{2}$이다.

**0198** 접점의 좌표를 $(x_1,\ y_1)$이라 하면 접선의 방정식은

$$y_1 y=2\times\frac{1}{4}\times(x+x_1)\qquad\therefore\ y=\frac{1}{2y_1}x+\frac{x_1}{2y_1}$$

이 직선이 점 $(-3,\ -1)$을 지나므로

$$-1=-\frac{3}{2y_1}+\frac{x_1}{2y_1}$$

$$\therefore\ y_1=-\frac{1}{2}x_1+\frac{3}{2}\qquad\qquad\cdots\cdots\ \text{㉠}$$

또, 점 $(x_1,\ y_1)$이 포물선 위의 점이므로

$$y_1{}^2=x_1\qquad\qquad\cdots\cdots\ \text{㉡}$$

㉠, ㉡을 연립하여 풀면

$$x_1=1,\ y_1=1\ 또는\ x_1=9,\ y_1=-3$$

따라서 두 점 P, Q의 좌표는 $(1,\ 1)$, $(9,\ -3)$이므로 구하는 선분 PQ의 길이는

$$\sqrt{(9-1)^2+(-3-1)^2}=4\sqrt{5}\qquad\qquad\text{답}\ \mathbf{4\sqrt{5}}$$

**0199** 접점의 좌표를 $(x_1,\ y_1)$이라 하면 접선의 방정식은

$$y_1 y=2\times\frac{1}{2}\times(x+x_1)\qquad\therefore\ y=\frac{1}{y_1}x+\frac{x_1}{y_1}$$

이 직선이 점 $\mathrm{P}(-2,\ 0)$을 지나므로

$$0=-\frac{2}{y_1}+\frac{x_1}{y_1}\qquad\therefore\ x_1=2\qquad\cdots\cdots\ \text{㉠}$$

또, 점 $(x_1,\ y_1)$이 포물선 위의 점이므로

$$y_1{}^2=2x_1\qquad\qquad\cdots\cdots\ \text{㉡}$$

㉠을 ㉡에 대입하면 $y_1{}^2=4\qquad\therefore\ y_1=\pm2$

즉, 접선의 방정식은 $y=\pm\dfrac{1}{2}x\pm1$ (복부호동순)

따라서 오른쪽 그림과 같이 $\mathrm{A}(0,\ -1)$, $\mathrm{B}(0,\ 1)$이라 하면 구하는 삼각형 PAB의 넓이는

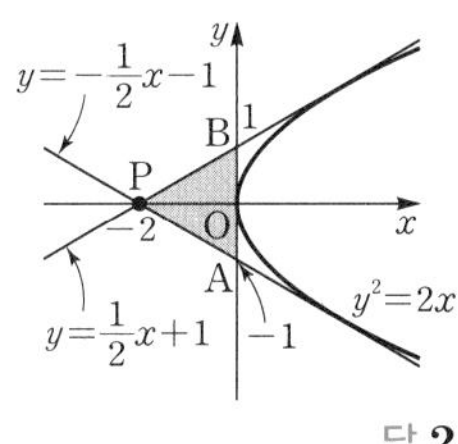


$$\frac{1}{2}\times2\times2=2\qquad\qquad\text{답}\ \mathbf{2}$$

**다른풀이** 점 $\mathrm{P}(-2,\ 0)$을 지나고 기울기가 $m$인 직선의 방정식은

$$y=m(x+2)\qquad\therefore\ y=mx+2m$$

이것을 $y^2=2x$에 대입하면

$$(mx+2m)^2=2x$$

$$m^2x^2+2(2m^2-1)x+4m^2=0$$

이 이차방정식의 판별식을 $D$라 하면

$$\frac{D}{4}=(2m^2-1)^2-m^2\times4m^2=0$$

$$-4m^2+1=0,\ m^2=\frac{1}{4}\qquad\therefore\ m=\pm\frac{1}{2}$$

따라서 접선의 방정식은

$$y=\pm\frac{1}{2}x\pm1\ \text{(복부호동순)}$$

이므로 $\mathrm{A}(0,\ -1)$, $\mathrm{B}(0,\ 1)$이라 하면 구하는 삼각형 PAB의 넓이는

$$\frac{1}{2}\times2\times2=2$$

**0200** 접선의 기울기를 $m\ (m\neq0)$이라 하면 접선의 방정식은

$$y=mx+\frac{1}{m}$$

이 직선이 점 $(a,\ 0)$을 지나므로

$$0=am+\frac{1}{m}\qquad\therefore\ am^2+1=0\qquad\cdots\cdots\ \text{㉠}$$

이때 두 접선이 서로 수직이므로 $m$에 대한 이차방정식 ㉠의 두 실근의 곱은 $-1$이다.

따라서 근과 계수의 관계에 의하여

$$\frac{1}{a}=-1\qquad\therefore\ a=-1\qquad\qquad\text{답}\ ①$$

**다른풀이** 점 $(a,\ 0)$을 지나고 기울기가 $m$인 직선의 방정식은

$$y=m(x-a)\qquad\therefore\ x=\frac{1}{m}y+a$$

이것을 $y^2=4x$에 대입하면

$$y^2=4\left(\frac{1}{m}y+a\right)$$

$$\therefore\ my^2-4y-4am=0$$

이 이차방정식의 판별식을 $D$라 하면

$$\frac{D}{4}=(-2)^2-m\times(-4am)=0$$

$$\therefore\ 4am^2+4=0\qquad\qquad\cdots\cdots\ \text{㉠}$$

이때 두 접선이 서로 수직이므로 $m$에 대한 이차방정식 ㉠의 두 실근의 곱은 $-1$이다.

따라서 이차방정식의 근과 계수의 관계에 의하여

$$\frac{4}{4a}=-1\qquad\therefore\ a=-1$$

**0201** 접선의 기울기를 $m\ (m\neq0)$이라 하면 접선의 방정식은

$$y=mx+\frac{\frac{k}{4}}{m}\qquad\therefore\ y=mx+\frac{k}{4m}$$

이 직선이 점 $(1,\ -\sqrt{3})$을 지나므로

$$-\sqrt{3}=m+\frac{k}{4m}$$

$$\therefore\ 4m^2+4\sqrt{3}\,m+k=0\qquad\cdots\cdots\ \text{㉠}$$

이때 두 접선의 기울기의 곱이 $-1$이므로 $m$에 대한 이차방정식 ㉠의 두 실근의 곱은 $-1$이다.

즉, 이차방정식의 근과 계수의 관계에 의하여

$$\frac{k}{4}=-1\qquad\therefore\ k=-4$$

따라서 포물선 $y^2=-4x$의 초점의 좌표는 $(-1,\ 0)$이다.

$$\text{답}\ \mathbf{(-1,\ 0)}$$

**0202** 접선의 기울기를 $m\ (m\neq0)$이라 하면 접선의 방정식은

$$y=mx+\frac{3}{m}$$

이 직선이 점 $(p,\ q)$를 지나므로

$$q=pm+\frac{3}{m}\qquad\therefore\ pm^2-qm+3=0\qquad\cdots\cdots\ \text{㉠}$$

이때 두 접선이 서로 수직이므로 $m$에 대한 이차방정식 ㉠의 두 실근의 곱은 $-1$이다.

즉, 이차방정식의 근과 계수의 관계에 의하여
$$\frac{3}{p}=-1 \qquad \therefore p=-3$$
이때 점 $(p,\ q)$가 직선 $x+y=-5$ 위의 점이므로
$$p+q=-5$$
$$\therefore q=-p-5=-(-3)-5=-2$$
$$\therefore p-q=-3-(-2)=-1$$
답 −1

**0203** 점 $P(a,\ b)$를 지나고 기울기가 $m$인 직선의 방정식은
$$y-b=m(x-a) \qquad \therefore y=mx-am+b$$
이것을 $x^2+4y-4=0$에 대입하면
$$x^2+4(mx-am+b)-4=0$$
$$\therefore x^2+4mx-4am+4b-4=0$$
이 이차방정식의 판별식을 $D$라 하면
$$\frac{D}{4}=(2m)^2-(-4am+4b-4)=0$$
$$\therefore m^2+am-b+1=0 \qquad \cdots\cdots\ \bigcirc$$
이때 두 접선이 서로 수직이므로 $m$에 대한 이차방정식 $\bigcirc$의 두 실근의 곱은 $-1$이다.
즉, 이차방정식의 근과 계수의 관계에 의하여
$$-b+1=-1 \qquad \therefore b=2$$
따라서 점 P가 나타내는 도형의 방정식은 $b=2$, 즉 $b-2=0$
답 ③

**0204** 직선 $y=\dfrac{1}{2}x+3$에 수직인 직선의 기울기는 $-2$이다.
즉, 타원 $\dfrac{x^2}{3}+\dfrac{y^2}{4}=1$에 접하고 기울기가 $-2$인 직선의 방정식은
$$y=-2x\pm\sqrt{3\times(-2)^2+4}$$
$$\therefore y=-2x\pm4$$
따라서 두 직선 사이의 거리는 직선 $y=-2x+4$ 위의 점 $(0,\ 4)$와 직선 $y=-2x-4$, 즉 $2x+y+4=0$ 사이의 거리와 같으므로
$$\frac{|2\times0+4+4|}{\sqrt{2^2+1^2}}=\frac{8\sqrt{5}}{5}$$
답 $\dfrac{8\sqrt{5}}{5}$

**0205** $x$축의 양의 방향과 이루는 각의 크기가 $30°$인 직선의 기울기는
$$\tan 30°=\frac{\sqrt{3}}{3}$$
타원 $2x^2+3y^2=1$, 즉 $\dfrac{x^2}{\frac{1}{2}}+\dfrac{y^2}{\frac{1}{3}}=1$에 접하고 기울기가 $\dfrac{\sqrt{3}}{3}$인 직선의 방정식은
$$y=\frac{\sqrt{3}}{3}x\pm\sqrt{\frac{1}{2}\times\left(\frac{\sqrt{3}}{3}\right)^2+\frac{1}{3}}$$
$$\therefore y=\frac{\sqrt{3}}{3}x\pm\frac{\sqrt{2}}{2}$$
따라서 구하는 직선의 $y$절편은 $\pm\dfrac{\sqrt{2}}{2}$이다.
답 ④

**0206** 타원 $\dfrac{x^2}{a^2}+\dfrac{y^2}{b^2}=1$이 점 $(4,\ 0)$을 지나므로
$$\frac{16}{a^2}=1 \qquad \therefore a=4\ (\because a>0)$$
기울기가 $-\dfrac{1}{3}$이고 타원 $\dfrac{x^2}{16}+\dfrac{y^2}{b^2}=1$에 접하는 직선의 방정식은
$$y=-\frac{1}{3}x\pm\sqrt{16\times\left(-\frac{1}{3}\right)^2+b^2}$$
$$\therefore y=-\frac{1}{3}x\pm\sqrt{\frac{16}{9}+b^2}$$
이 직선과 직선 $x+3y-8=0$, 즉 $y=-\dfrac{1}{3}x+\dfrac{8}{3}$이 일치하므로
$$\sqrt{\frac{16}{9}+b^2}=\frac{8}{3}$$
양변을 제곱하면 $b^2=\dfrac{16}{3} \qquad \therefore b=\dfrac{4\sqrt{3}}{3}\ (\because b>0)$
$$\therefore \frac{b}{a}=\frac{\frac{4\sqrt{3}}{3}}{4}=\frac{\sqrt{3}}{3}$$
답 $\dfrac{\sqrt{3}}{3}$

**0207** 타원 $x^2+25y^2=25$, 즉 $\dfrac{x^2}{25}+y^2=1$에 접하고 기울기가 $m$인 직선의 방정식은
$$y=mx\pm\sqrt{25m^2+1}$$
이 직선의 $x$절편, $y$절편은 각각
$$\mp\frac{\sqrt{25m^2+1}}{m},\ \pm\sqrt{25m^2+1}$$이므로
$$P\left(\mp\frac{\sqrt{25m^2+1}}{m},\ 0\right),\ Q(0,\ \pm\sqrt{25m^2+1})\ (복부호동순)$$
$$\therefore \overline{PQ}=\sqrt{\left(\pm\frac{\sqrt{25m^2+1}}{m}\right)^2+(\pm\sqrt{25m^2+1})^2}$$
$$=\sqrt{25m^2+\frac{1}{m^2}+26}$$
이때 $25m^2>0$, $\dfrac{1}{m^2}>0$이므로 산술평균과 기하평균의 관계에 의하여
$$25m^2+\frac{1}{m^2}+26\geq2\sqrt{25m^2\times\frac{1}{m^2}}+26$$
$$=2\times5+26=36$$
$$\left(단,\ 등호는\ 25m^2=\frac{1}{m^2}일\ 때\ 성립\right)$$
따라서 구하는 선분 PQ의 길이의 최솟값은 $\sqrt{36}=6$
답 6

참고 산술평균과 기하평균의 관계

$a>0,\ b>0$일 때, $\dfrac{a+b}{2}\geq\sqrt{ab}$ (단, 등호는 $a=b$일 때 성립)

**0208** 타원 $\dfrac{x^2}{12}+\dfrac{y^2}{6}=1$ 위의 점 $(2,\ -2)$에서의 접선의 방정식은
$$\frac{2x}{12}+\frac{-2y}{6}=1 \qquad \therefore y=\frac{1}{2}x-3$$
이 직선이 점 $(a,\ 4)$를 지나므로
$$4=\frac{1}{2}a-3 \qquad \therefore a=14$$
답 ⑤

**0209** 타원 $\dfrac{x^2}{4}+\dfrac{y^2}{8}=1$ 위의 점 $(-\sqrt{2},\ 2)$에서의 접선의 방정식은

$$\dfrac{-\sqrt{2}x}{4}+\dfrac{2y}{8}=1 \qquad \therefore y=\sqrt{2}x+4$$

이 직선에 수직인 직선의 기울기는

$$-\dfrac{1}{\sqrt{2}}=-\dfrac{\sqrt{2}}{2}$$

따라서 기울기가 $-\dfrac{\sqrt{2}}{2}$이고 점 $(1,\ 2)$를 지나는 직선의 방정식은

$$y-2=-\dfrac{\sqrt{2}}{2}(x-1)$$

$$\therefore y=-\dfrac{\sqrt{2}}{2}x+\dfrac{\sqrt{2}}{2}+2 \qquad\qquad \text{답}\ \boldsymbol{y=-\dfrac{\sqrt{2}}{2}x+\dfrac{\sqrt{2}}{2}+2}$$


**0210** 점 $P(k,\ 2k)$가 타원 $x^2+2y^2=16$ 위의 점이므로

$$k^2+2\times(2k)^2=16$$

$$9k^2=16,\ k^2=\dfrac{16}{9}$$

$$\therefore k=\dfrac{4}{3}\ (\because k>0)$$

━━━━━━━━━━━━━━━━━━━━━━━━━━━ **㉮**

즉, 타원 위의 점 $P\left(\dfrac{4}{3},\ \dfrac{8}{3}\right)$에서의 접선의 방정식은

$$\dfrac{4}{3}x+\dfrac{16}{3}y=16 \qquad \therefore y=-\dfrac{1}{4}x+3$$

━━━━━━━━━━━━━━━━━━━━━━━━━━━ **㉯**

따라서 점 $P$에서의 접선의 $x$절편은 12이다.

━━━━━━━━━━━━━━━━━━━━━━━━━━━ **㉰**

답 12

| 단계 | 채점요소 | 배점 |
| --- | --- | --- |
| ㉮ | $k$의 값 구하기 | 40% |
| ㉯ | 접선의 방정식 구하기 | 40% |
| ㉰ | 접선의 $x$절편 구하기 | 20% |


**0211** 타원 $\dfrac{x^2}{a^2}+\dfrac{y^2}{6}=1$ 위의 점 $(b,\ -2)$에서의 접선의 방정식은

$$\dfrac{bx}{a^2}+\dfrac{-2y}{6}=1 \qquad \therefore y=\dfrac{3b}{a^2}x-3$$

이 직선의 기울기가 1이므로

$$\dfrac{3b}{a^2}=1 \qquad \therefore a^2=3b \qquad\qquad \cdots\cdots\ \text{㉠}$$

또, 점 $(b,\ -2)$가 타원 위의 점이므로

$$\dfrac{b^2}{a^2}+\dfrac{4}{6}=1,\ \dfrac{b^2}{a^2}=\dfrac{1}{3} \qquad \therefore a^2=3b^2 \qquad \cdots\cdots\ \text{㉡}$$

㉠, ㉡을 연립하여 풀면

$$a^2=3,\ b=1\ (\because a^2\neq0)$$

$$\therefore a^2-b=2 \qquad\qquad\qquad\qquad\qquad \text{답}\ \boldsymbol{2}$$


**0212** 타원 $\dfrac{x^2}{16}+\dfrac{y^2}{12}=1$ 위의 점 $(2,\ 3)$에서의 접선의 방정식은

$$\dfrac{2x}{16}+\dfrac{3y}{12}=1 \qquad \therefore y=-\dfrac{1}{2}x+4$$

이 직선의 $x$절편, $y$절편은 각각 8, 4이므로

$$P(8,\ 0),\ Q(0,\ 4)$$

따라서 구하는 선분 $PQ$의 길이는

$$\sqrt{8^2+(-4)^2}=4\sqrt{5} \qquad\qquad\qquad \text{답}\ \boldsymbol{4\sqrt{5}}$$


**0213** 점 $P$의 좌표를 $(x_1,\ y_1)$이라 하면 점 $P$에서의 접선의 방정식은

$$\dfrac{x_1 x}{3}+\dfrac{y_1 y}{2}=1 \qquad \therefore y=-\dfrac{2x_1}{3y_1}x+\dfrac{2}{y_1}$$

이 직선의 $x$절편은 $\dfrac{3}{x_1}$이므로 $T\left(\dfrac{3}{x_1},\ 0\right)$

또, 점 $H$의 $x$좌표는 점 $P$의 $x$좌표와 같으므로

$$H(x_1,\ 0)$$

따라서 $\overline{OH}=x_1,\ \overline{OT}=\dfrac{3}{x_1}$이므로

$$\overline{OH}\times\overline{OT}=x_1\times\dfrac{3}{x_1}=3 \qquad\qquad \text{답}\ \boldsymbol{3}$$


**0214** 주어진 포물선과 타원이 만나는 점의 좌표를 $(x_1,\ y_1)$이라 하면 이 점에서의 포물선의 접선의 방정식은

$$x_1 x=2\times\dfrac{1}{2}\times(y+y_1) \qquad \therefore y=x_1 x-y_1$$

타원의 접선의 방정식은

$$\dfrac{x_1 x}{10}+\dfrac{y_1 y}{a}=1 \qquad \therefore y=-\dfrac{ax_1}{10y_1}x+\dfrac{a}{y_1}$$

두 접선이 서로 수직이므로

$$x_1\times\left(-\dfrac{ax_1}{10y_1}\right)=-1$$

$$\therefore ax_1{}^2=10y_1 \qquad\qquad\qquad\qquad \cdots\cdots\ \text{㉠}$$

또, 점 $(x_1,\ y_1)$이 포물선 $x^2=2y$ 위의 점이므로

$$x_1{}^2=2y_1 \qquad\qquad\qquad\qquad\qquad \cdots\cdots\ \text{㉡}$$

㉡을 ㉠에 대입하면 $2ay_1=10y_1 \qquad \therefore a=5 \qquad$ 답 $\boldsymbol{5}$


**0215** 타원 $\dfrac{x^2}{16}+\dfrac{y^2}{9}=1$ 위의 점 $P(x_1,\ y_1)$에서의 접선의 방정식은

$$\dfrac{x_1 x}{16}+\dfrac{y_1 y}{9}=1 \qquad \therefore y=-\dfrac{9x_1}{16y_1}x+\dfrac{9}{y_1}$$

이 직선의 $x$절편, $y$절편은 각각 $\dfrac{16}{x_1},\ \dfrac{9}{y_1}$이므로

$$A\left(\dfrac{16}{x_1},\ 0\right),\ B\left(0,\ \dfrac{9}{y_1}\right)$$

따라서 삼각형 $OAB$의 넓이는

$$\dfrac{1}{2}\times\overline{OA}\times\overline{OB}=\dfrac{1}{2}\times\dfrac{16}{x_1}\times\dfrac{9}{y_1}=\dfrac{72}{x_1 y_1}$$

또, 점 $P(x_1, y_1)$이 타원 위의 점이므로
$$\frac{x_1^2}{16}+\frac{y_1^2}{9}=1$$
이때 $\frac{x_1^2}{16}>0$, $\frac{y_1^2}{9}>0$이므로 산술평균과 기하평균의 관계에 의하여
$$\frac{x_1^2}{16}+\frac{y_1^2}{9}\geq 2\sqrt{\frac{x_1^2}{16}\times\frac{y_1^2}{9}}=\frac{x_1 y_1}{6}$$
$$\left(\text{단, 등호는 } \frac{x_1^2}{16}=\frac{y_1^2}{9}\text{일 때 성립}\right)$$
$$\frac{x_1 y_1}{6}\leq 1 \qquad \therefore \frac{1}{x_1 y_1}\geq \frac{1}{6}$$
따라서 $\frac{72}{x_1 y_1}\geq 12$이므로 삼각형 OAB의 넓이의 최솟값은 12이다.

답 **12**

**0216** 접점의 좌표를 $(x_1, y_1)$이라 하면 접선의 방정식은
$$\frac{x_1 x}{4}+\frac{y_1 y}{5}=1 \qquad \therefore y=-\frac{5x_1}{4y_1}x+\frac{5}{y_1}$$
이 직선이 점 $(-8, 5)$를 지나므로
$$5=\frac{10x_1}{y_1}+\frac{5}{y_1} \qquad \therefore y_1=2x_1+1 \qquad \cdots\cdots ㉠$$
또, 점 $(x_1, y_1)$은 타원 위의 점이므로
$$\frac{x_1^2}{4}+\frac{y_1^2}{5}=1 \qquad \cdots\cdots ㉡$$
㉠, ㉡을 연립하여 풀면
$$x_1=-\frac{4}{3},\ y_1=-\frac{5}{3} \text{ 또는 } x_1=\frac{4}{7},\ y_1=\frac{15}{7}$$
따라서 두 접선의 기울기는 각각 $-1$, $-\frac{1}{3}$이므로
$$|m_1|+|m_2|=|-1|+\left|-\frac{1}{3}\right|=\frac{4}{3}$$

답 $\dfrac{4}{3}$

**0217** 접점의 좌표를 $(x_1, y_1)$이라 하면 접선의 방정식은
$$x_1 x+2y_1 y=2 \qquad \therefore y=-\frac{x_1}{2y_1}x+\frac{1}{y_1}$$
이 직선이 점 $(-2, 0)$을 지나므로
$$0=\frac{x_1}{y_1}+\frac{1}{y_1} \qquad \therefore x_1=-1 \qquad \cdots\cdots ㉠$$
한편, 점 $(x_1, y_1)$이 타원 위의 점이므로
$$x_1^2+2y_1^2=2 \qquad \cdots\cdots ㉡$$
㉠을 ㉡에 대입하면
$$1+2y_1^2=2,\ y_1^2=\frac{1}{2} \qquad \therefore y_1=\pm\frac{\sqrt{2}}{2}$$
따라서 접선의 방정식은
$$y=\pm\frac{\sqrt{2}}{2}x\pm\sqrt{2}\ (\text{복부호동순})$$
이 직선이 점 $(4, k)$를 지나므로
$$k=\frac{\sqrt{2}}{2}\times 4+\sqrt{2}=3\sqrt{2}\ (\because k>0)$$

답 **③**

**0218** 접점의 좌표를 $(x_1, y_1)$이라 하면 접선의 방정식은
$$4x_1 x+3y_1 y=12 \qquad \therefore y=-\frac{4x_1}{3y_1}x+\frac{4}{y_1}$$
이 직선이 점 $(0, 4)$를 지나므로
$$4=\frac{4}{y_1} \qquad \therefore y_1=1 \qquad \cdots\cdots ㉠$$
또, 점 $(x_1, y_1)$이 타원 위의 점이므로
$$4x_1^2+3y_1^2=12 \qquad \cdots\cdots ㉡$$
㉠을 ㉡에 대입하면
$$4x_1^2+3=12,\ x_1^2=\frac{9}{4} \qquad \therefore x_1=\pm\frac{3}{2}$$
즉, 두 접점 P, Q의 좌표는
$$\left(-\frac{3}{2},\ 1\right),\ \left(\frac{3}{2},\ 1\right)$$
한편, 타원 $4x^2+3y^2=12$, 즉 $\frac{x^2}{3}+\frac{y^2}{4}=1$에서
$c=\sqrt{4-3}=1$이므로 $F(0, -1)$
다른 한 초점을 $F'$이라 하면 $F'(0, 1)$
즉, 타원의 정의에 의하여
$$\overline{PF}+\overline{PF'}=\overline{QF}+\overline{QF'}=2\times 2=4$$
따라서 구하는 삼각형 PFQ의 둘레의 길이는
$$\overline{PQ}+\overline{PF}+\overline{FQ}$$
$$=\overline{PF}+\overline{PF'}+\overline{QF}+\overline{QF'}$$
$$=4+4=8$$

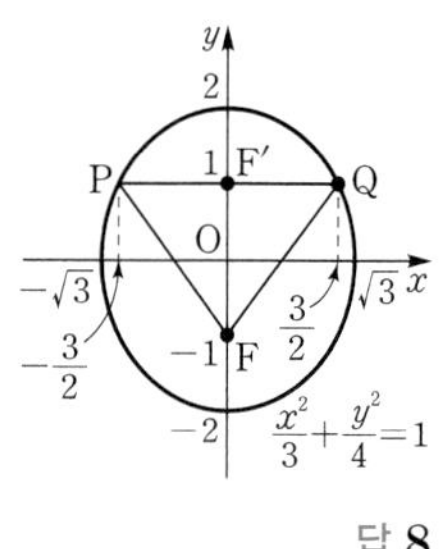

답 **8**

**0219** 쌍곡선 $\frac{x^2}{a}-\frac{y^2}{3}=1$에 접하고 기울기가 2인 직선의 방정식은
$$y=2x\pm\sqrt{a\times 2^2-3} \qquad \therefore y=2x\pm\sqrt{4a-3}$$
이 직선이 직선 $y=2x+3$과 일치하므로 $\sqrt{4a-3}=3$에서
$$4a-3=9 \qquad \therefore a=3$$
즉, $\sqrt{a+3}=\sqrt{3+3}=\sqrt{6}$이므로 쌍곡선의 두 초점의 좌표는
$$(\sqrt{6}, 0),\ (-\sqrt{6}, 0)$$
따라서 구하는 두 초점 사이의 거리는 $2\sqrt{6}$이다.

답 **④**

**0220** 직선 $y=x+1$에 수직인 직선의 기울기는 $-1$이다.
따라서 쌍곡선 $\frac{x^2}{4}-y^2=1$에 접하고 기울기가 $-1$인 직선의 방정식은
$$y=-x\pm\sqrt{4\times(-1)^2-1}$$
$$\therefore y=-x\pm\sqrt{3}$$

답 $y=-x\pm\sqrt{3}$

**0221** 쌍곡선 $11x^2-4y^2=44$, 즉 $\frac{x^2}{4}-\frac{y^2}{11}=1$에 접하고 기울기가 2인 직선의 방정식은
$$y=2x\pm\sqrt{4\times 2^2-11} \qquad \therefore y=2x\pm\sqrt{5}$$

따라서 두 직선 사이의 거리는 직선 $y=2x+\sqrt{5}$ 위의 점 $(0, \sqrt{5})$와 직선 $y=2x-\sqrt{5}$, 즉 $2x-y-\sqrt{5}=0$ 사이의 거리와 같으므로

$$\frac{|-\sqrt{5}-\sqrt{5}|}{\sqrt{2^2+(-1)^2}}=\frac{2\sqrt{5}}{\sqrt{5}}=2$$

━━━━━━━━━━━━━━━━━━━━━━━━━━━━━━ ❹

답 **2**

| 단계 | 채점요소 | 배점 |
|---|---|---|
| ㉮ | 접선의 방정식 구하기 | 50 % |
| ㉯ | 두 직선 사이의 거리 구하기 | 50 % |

**0222** $x$축의 양의 방향과 이루는 각의 크기가 $45°$인 직선의 기울기는

$\tan 45°=1$

쌍곡선 $5x^2-3y^2=-15$, 즉 $\dfrac{x^2}{3}-\dfrac{y^2}{5}=-1$에 접하고 기울기가 1인 직선의 방정식은

$$y=x\pm\sqrt{5-3\times1^2}\qquad\therefore y=x\pm\sqrt{2}$$

이때 $y$절편이 양수인 직선은 $y=x+\sqrt{2}$이고, 이 직선의 $x$절편, $y$절편은 각각 $-\sqrt{2}$, $\sqrt{2}$이므로 구하는 삼각형의 넓이는

$$\frac{1}{2}\times|-\sqrt{2}|\times\sqrt{2}=1$$

답 **1**

**0223** 쌍곡선 $4x^2-y^2=3$ 위의 점 $(1, -1)$에서의 접선의 방정식은

$$4x+y=3\qquad\therefore y=-4x+3$$

이 직선에 수직인 직선의 기울기는 $\dfrac{1}{4}$이다.

따라서 기울기가 $\dfrac{1}{4}$이고 점 $(1, -1)$을 지나는 직선의 방정식은

$$y+1=\frac{1}{4}(x-1)\qquad\therefore y=\frac{1}{4}x-\frac{5}{4}$$

이 직선이 점 $(2, a)$를 지나므로

$$a=\frac{2}{4}-\frac{5}{4}=-\frac{3}{4}$$

답 ④

**0224** 점 $(k, k)$가 쌍곡선 $\dfrac{x^2}{12}-\dfrac{y^2}{3}=-1$ 위의 점이므로

$$\frac{k^2}{12}-\frac{k^2}{3}=-1,\ -\frac{1}{4}k^2=-1,\ k^2=4$$

$$\therefore k=-2\ (\because k<0)$$

따라서 쌍곡선 $\dfrac{x^2}{12}-\dfrac{y^2}{3}=-1$ 위의 점 $(-2, -2)$에서의 접선의 방정식은

$$\frac{-2x}{12}-\frac{-2y}{3}=-1$$

$$\therefore y=\frac{1}{4}x-\frac{3}{2}$$

답 $y=\dfrac{1}{4}x-\dfrac{3}{2}$

**0225** 쌍곡선 $ax^2-by^2=8$ 위의 점 $(3, 5)$에서의 접선의 방정식은

$$3ax-5by=8\qquad\therefore y=\frac{3a}{5b}x-\frac{8}{5b}$$

이 직선의 기울기가 3이므로

$$\frac{3a}{5b}=3\qquad\therefore a=5b\qquad\cdots\cdots㉠$$

또, 점 $(3, 5)$는 쌍곡선 위의 점이므로

$$9a-25b=8\qquad\cdots\cdots㉡$$

㉠, ㉡을 연립하여 풀면

$$a=2,\ b=\frac{2}{5}$$

$$\therefore a-b=\frac{8}{5}$$

답 $\dfrac{8}{5}$

**0226** 쌍곡선 $2x^2-y^2=a$ 위의 점 $(b, -1)$에서의 접선의 방정식은

$$2bx+y=a\qquad\therefore y=-2bx+a$$

또, 점 $(b, -1)$이 쌍곡선 위의 점이므로

$$2b^2-1=a\qquad\cdots\cdots㉠$$

한편, 쌍곡선 $2x^2-y^2=a$, 즉 $\dfrac{x^2}{\frac{a}{2}}-\dfrac{y^2}{a}=1$의 점근선의 방정식은

$$y=\pm\frac{\sqrt{a}}{\sqrt{\frac{a}{2}}}x\qquad\therefore y=\pm\sqrt{2}x$$

이때 $b>0$이고 접선과 한 점근선이 수직이므로

$$(-2b)\times\sqrt{2}=-1\qquad\therefore b=\frac{\sqrt{2}}{4}$$

이것을 ㉠에 대입하면

$$2\times\left(\frac{\sqrt{2}}{4}\right)^2-1=a\qquad\therefore a=-\frac{3}{4}$$

$$\therefore \frac{b}{a}=\frac{\frac{\sqrt{2}}{4}}{-\frac{3}{4}}=-\frac{\sqrt{2}}{3}$$

답 $-\dfrac{\sqrt{2}}{3}$

**0227** 쌍곡선 $x^2-2y^2=-2$ 위의 점 $(4, 3)$에서의 접선의 방정식은

$$4x-6y=-2\qquad\therefore y=\frac{2}{3}x+\frac{1}{3}$$

이 직선의 $x$절편, $y$절편은 각각 $-\dfrac{1}{2}$, $\dfrac{1}{3}$이므로 구하는 삼각형의 넓이는

$$\frac{1}{2}\times\left|-\frac{1}{2}\right|\times\frac{1}{3}=\frac{1}{12}$$

답 $\dfrac{1}{12}$

**0228** 점 P$(a, b)$가 쌍곡선 위의 점이므로

$$a^2-b^2=8\qquad\cdots\cdots㉠$$

쌍곡선 $x^2-y^2=8$ 위의 점 $P(a, b)$에서의 접선의 방정식은

$ax-by=8$  $\therefore y=\dfrac{a}{b}x-\dfrac{8}{b}$

이때 $\dfrac{\overline{AB}}{\overline{AP}}$는 접선의 기울기와 같고 $\dfrac{\overline{AB}}{\overline{AP}}=3$이므로

$\dfrac{a}{b}=3$  $\therefore a=3b$  ...... ㉡

㉠, ㉡을 연립하여 풀면

$a=3,\ b=1\ (\because b>0)$

$\therefore a+b=4$  답 **4**


**0229** 쌍곡선 $\dfrac{x^2}{3}-\dfrac{y^2}{4}=-1$ 위의 점 $(3, 4)$에서의 접선 $l$의

방정식은

$\dfrac{3x}{3}-\dfrac{4y}{4}=-1$  $\therefore x-y+1=0$

오른쪽 그림과 같이 쌍곡선

$\dfrac{x^2}{3}-\dfrac{y^2}{4}=-1$의 두 초점을 각각 F, F′

이라 하면 $\sqrt{3+4}=\sqrt{7}$이므로

$F(0, \sqrt{7}),\ F'(0, -\sqrt{7})$

이때 두 초점 F, F′에서 직선 $l$에 내린

수선의 발을 각각 H, H′이라 하면

$$\overline{FH}\times\overline{F'H'}=\dfrac{|-\sqrt{7}+1|}{\sqrt{1^2+(-1)^2}}\times\dfrac{|\sqrt{7}+1|}{\sqrt{1^2+(-1)^2}}$$

$$=\dfrac{6}{2}=3$$

따라서 구하는 곱은 3이다.  답 **3**

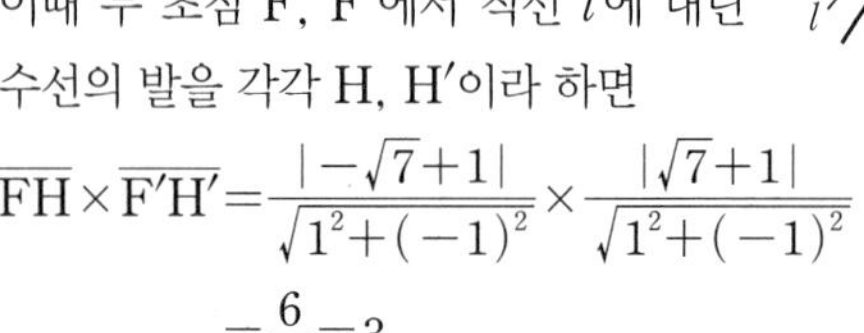


**0230** 쌍곡선 $x^2-y^2=8$ 위의 점 $(3, 1)$에서의 접선의 방정

식은

$3x-y=8$  $\therefore y=3x-8$  ...... ㉠

한편, 쌍곡선 $x^2-y^2=8$, 즉 $\dfrac{x^2}{8}-\dfrac{y^2}{8}=1$의 점근선의 방정식은

$y=\pm\dfrac{2\sqrt{2}}{2\sqrt{2}}x$  $\therefore y=\pm x$  ...... ㉡

㉠에 $y=x$를 대입하면

$x=3x-8$  $\therefore x=4$

즉, 직선 ㉠과 점근선 $y=x$의 교점을 A라 하면

$A(4, 4)$

$\therefore \overline{OA}=\sqrt{4^2+4^2}=4\sqrt{2}$

㉠에 $y=-x$를 대입하면

$-x=3x-8$  $\therefore x=2$

즉, 직선 ㉠과 점근선 $y=-x$의 교점을 B라 하면

$B(2, -2)$

$\therefore \overline{OB}=\sqrt{2^2+(-2)^2}=2\sqrt{2}$

따라서 두 점근선은 서로 수직이므로 구하는 삼각형의 넓이는

$\dfrac{1}{2}\times\overline{OA}\times\overline{OB}=\dfrac{1}{2}\times4\sqrt{2}\times2\sqrt{2}=8$  답 **8**


**0231** 접점의 좌표를 $(x_1, y_1)$이라 하면 접선의 방정식은

$x_1x-y_1y=4$

이 직선이 점 $(2, 1)$을 지나므로

$2x_1-y_1=4$  ...... ㉠

또, 점 $(x_1, y_1)$이 쌍곡선 위의 점이므로

$x_1{}^2-y_1{}^2=4$  ...... ㉡

㉠, ㉡을 연립하여 풀면

$x_1=\dfrac{10}{3},\ y_1=\dfrac{8}{3}$ 또는 $x_1=2,\ y_1=0$

따라서 두 접점의 좌표는 $\left(\dfrac{10}{3}, \dfrac{8}{3}\right)$, $(2, 0)$이므로 두 접점 사이

의 거리는

$\sqrt{\left(2-\dfrac{10}{3}\right)^2+\left(0-\dfrac{8}{3}\right)^2}=\dfrac{4\sqrt{5}}{3}$  답 $\dfrac{4\sqrt{5}}{3}$


**0232** 접점의 좌표를 $(x_1, y_1)$이라 하면 접선의 방정식은

$4x_1x-y_1y=-4$  $\therefore y=\dfrac{4x_1}{y_1}x+\dfrac{4}{y_1}$

이 직선이 점 $(0, \sqrt{3})$을 지나므로

$\sqrt{3}=\dfrac{4}{y_1}$  $\therefore y_1=\dfrac{4\sqrt{3}}{3}$  ...... ㉠

또, 점 $(x_1, y_1)$이 쌍곡선 위의 점이므로

$4x_1{}^2-y_1{}^2=-4$  ...... ㉡

㉠을 ㉡에 대입하면

$4x_1{}^2-\dfrac{16}{3}=-4,\ x_1{}^2=\dfrac{1}{3}$  $\therefore x_1=\pm\dfrac{\sqrt{3}}{3}$

즉, 접선의 방정식은 $y=\pm x+\sqrt{3}$

따라서 $m=\pm1,\ n=\sqrt{3}$이므로

$m^2+n^2=1+3=4$  답 ④


**0233** 접점의 좌표를 $(x_1, y_1)$이라 하면 접선의 방정식은

$\dfrac{x_1x}{3}-y_1y=1$

㉮

이 직선이 점 $P(0, 1)$을 지나므로

$y_1=-1$  ...... ㉠

또, 점 $(x_1, y_1)$이 쌍곡선 위의 점이므로

$\dfrac{x_1{}^2}{3}-y_1{}^2=1$  ...... ㉡

㉠을 ㉡에 대입하면

$\dfrac{x_1{}^2}{3}-1=1,\ x_1{}^2=6$  $\therefore x_1=\pm\sqrt{6}$

$\therefore A(-\sqrt{6}, -1),\ B(\sqrt{6}, -1)$

㉯

따라서 구하는 삼각형 PAB의 넓이는

$\dfrac{1}{2}\times2\sqrt{6}\times2=2\sqrt{6}$

㉰

답 $2\sqrt{6}$

| 단계 | 채점요소 | 배점 |
|---|---|---|
| ㉮ | 접선의 방정식 구하기 | 30% |
| ㉯ | 접점의 좌표 구하기 | 40% |
| ㉰ | 삼각형 PAB의 넓이 구하기 | 30% |

## 유형 4p

본문 35쪽

**0234** 포물선 $y^2=x$ 위의 점 P와 직선 $y=x+3$ 사이의 거리가 최소이려면 점 P는 기울기가 1인 접선의 접점이어야 한다.

포물선 $y^2=x=4\times\dfrac{1}{4}x$에 접하고 기울기가 1인 직선의 방정식은

$$y=x+\dfrac{1}{4}$$

이 직선이 점 $P(a, b)$를 지나므로

$$b=a+\dfrac{1}{4} \qquad\qquad \cdots\cdots ㉠$$

또, 점 $P(a, b)$가 포물선 위의 점이므로

$$b^2=a \qquad\qquad \cdots\cdots ㉡$$

㉠, ㉡을 연립하여 풀면

$$a=\dfrac{1}{4},\ b=\dfrac{1}{2} \qquad \therefore ab=\dfrac{1}{8} \qquad\qquad 답 ⑤$$

 포물선 $y^2=x=4\times\dfrac{1}{4}x$ 위의 점 $P(a, b)$에서의 접선의 방정식은

$$by=2\times\dfrac{1}{4}\times(x+a) \qquad \therefore y=\dfrac{1}{2b}(x+a)$$

이 직선의 기울기가 1이므로

$$\dfrac{1}{2b}=1 \qquad \therefore b=\dfrac{1}{2}$$

또, 점 $P\left(a, \dfrac{1}{2}\right)$은 포물선 위의 점이므로

$$\left(\dfrac{1}{2}\right)^2=a \qquad \therefore a=\dfrac{1}{4}$$

$$\therefore ab=\dfrac{1}{4}\times\dfrac{1}{2}=\dfrac{1}{8}$$

**0235** 점 P의 좌표를 $(x_1,\ y_1)$이라 하면 점 P는 포물선 위의 점이므로

$$x_1^2=4y_1 \qquad \therefore y_1=\dfrac{1}{4}x_1^2 \qquad\qquad \cdots\cdots ㉠$$

또, 점 P에서의 접선의 방정식은

$$x_1x=2(y+y_1) \qquad \therefore y=\dfrac{1}{2}x_1x-y_1$$

한편, 이 직선과 직선 PQ가 서로 수직으로 만날 때, $\overline{PQ}$의 길이가 최소이므로

$$\dfrac{1}{2}x_1\times\dfrac{y_1-2}{x_1-8}=-1,\ x_1y_1-2x_1=-2x_1+16$$

$$x_1y_1=16,\ \dfrac{1}{4}x_1^3=16\ (\because ㉠)$$

$$x_1^3=64 \qquad \therefore x_1=4$$

$$\therefore P(4, 4)$$

따라서 선분 PQ의 길이의 최솟값은

$$\sqrt{(8-4)^2+(2-4)^2}=2\sqrt{5} \qquad\qquad 답\ 2\sqrt{5}$$

**0236** 타원 $\dfrac{x^2}{3}+\dfrac{y^2}{4}=1$ 위의 점 P와 직선 $y=2x+5$ 사이의 거리가 최대 또는 최소가 되려면 점 P는 기울기가 2인 접선의 접점이어야 한다.

타원 $\dfrac{x^2}{3}+\dfrac{y^2}{4}=1$에 접하고 기울기가 2인 직선의 방정식은

$$y=2x\pm\sqrt{3\times2^2+4} \qquad \therefore y=2x\pm4$$

이때 오른쪽 그림과 같이 점 P와 직선 $y=2x+5$ 사이의 거리의 최솟값은 직선 $y=2x+4$ 위의 점 $(0, 4)$와 직선 $y=2x+5$, 즉 $2x-y+5=0$ 사이의 거리와 같으므로

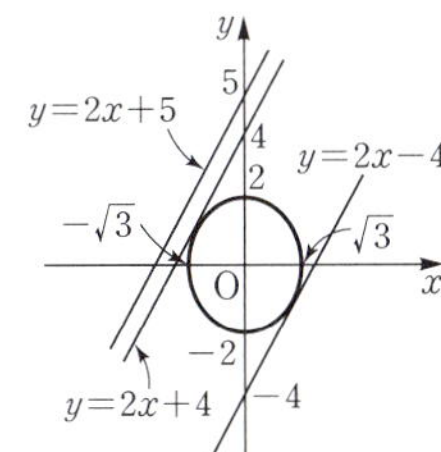

$$m=\dfrac{|-4+5|}{\sqrt{2^2+(-1)^2}}=\dfrac{\sqrt{5}}{5}$$

또, 최댓값은 직선 $y=2x-4$ 위의 점 $(0, -4)$와 직선 $y=2x+5$, 즉 $2x-y+5=0$ 사이의 거리와 같으므로

$$M=\dfrac{|4+5|}{\sqrt{2^2+(-1)^2}}=\dfrac{9\sqrt{5}}{5}$$

$$\therefore M+m=\dfrac{9\sqrt{5}}{5}+\dfrac{\sqrt{5}}{5}=2\sqrt{5} \qquad\qquad 답\ 2\sqrt{5}$$

**0237** 쌍곡선 $\dfrac{x^2}{4}-y^2=1$ 위의 점 P에서의 접선이 직선 AB와 평행할 때, 점 P와 직선 AB 사이의 거리가 최소이므로 삼각형 PAB의 넓이도 최소이다.

직선 AB의 방정식은

$$y-2=\dfrac{2-(-1)}{1-\left(-\dfrac{1}{2}\right)}(x-1) \qquad \therefore y=2x$$

즉, 쌍곡선 $\dfrac{x^2}{4}-y^2=1$에 접하고 기울기가 2인 직선의 방정식은

$$y=2x\pm\sqrt{4\times2^2-1} \qquad \therefore y=2x\pm\sqrt{15}$$

이때 점 P와 직선 AB 사이의 거리의 최솟값은 직선 $y=2x$ 위의 점 $(0, 0)$과 직선 $y=2x+\sqrt{15}$, 즉 $2x-y+\sqrt{15}=0$ 사이의 거리와 같으므로

$$\dfrac{|\sqrt{15}|}{\sqrt{2^2+(-1)^2}}=\sqrt{3}$$

따라서 $\overline{AB}=\sqrt{\left\{1-\left(-\dfrac{1}{2}\right)\right\}^2+\{2-(-1)\}^2}=\dfrac{3\sqrt{5}}{2}$이므로

삼각형 PAB의 넓이의 최솟값은

$$\dfrac{1}{2}\times\dfrac{3\sqrt{5}}{2}\times\sqrt{3}=\dfrac{3\sqrt{15}}{4} \qquad\qquad 답\ \dfrac{3\sqrt{15}}{4}$$

**0238** $x^2-4y^2=12$의 양변을 $x$에 대하여 미분하면

$2x-8y\dfrac{dy}{dx}=0$

$\therefore \dfrac{dy}{dx}=\dfrac{x}{4y}$ (단, $y\neq0$)

점 $(4,\ 1)$에서의 접선의 기울기는

$\dfrac{4}{4\times1}=1$

따라서 접선의 방정식은

$y-1=x-4$

$\therefore y=x-3$

이 직선이 점 $(-2,\ k)$를 지나므로

$k=-2-3=-5$        답 ①


**0239** $4x-y^2=0$의 양변을 $x$에 대하여 미분하면

$4-2y\dfrac{dy}{dx}=0$

$\therefore \dfrac{dy}{dx}=\dfrac{2}{y}$ (단, $y\neq0$)

이때 직선 $y=-x+5$와 평행한 직선의 기울기는 $-1$이다.

즉, 접점을 $P(x_1,\ y_1)$이라 하면 이 점에서의 접선의 기울기가 $-1$이므로

$\dfrac{2}{y_1}=-1$    $\therefore y_1=-2$      $\cdots\cdots$ ㉠

또, 점 $P$가 포물선 위의 점이므로

$4x_1-y_1{}^2=0$        $\cdots\cdots$ ㉡

㉠을 ㉡에 대입하면

$4x_1-4=0$    $\therefore x_1=1$

따라서 기울기가 $-1$이고 점 $P(1,\ -2)$를 지나는 직선의 방정식은

$y+2=-(x-1)$

$\therefore y=-x-1$        답 $y=-x-1$


**0240** $x^2+2y^2-4=0$의 양변을 $x$에 대하여 미분하면

$2x+4y\dfrac{dy}{dx}=0$

$\therefore \dfrac{dy}{dx}=-\dfrac{x}{2y}$ (단, $y\neq0$)

이때 점 $P(\sqrt{2},\ a)$가 타원 위의 점이므로

$2+2a^2-4=0,\ 2a^2=2$

$\therefore a=1\ (\because a>0)$

즉, 점 $P(\sqrt{2},\ 1)$에서의 접선의 기울기는 $-\dfrac{\sqrt{2}}{2}$이므로 이 접선에 수직이고 점 $P$를 지나는 직선의 방정식은

$y-1=\sqrt{2}(x-\sqrt{2})$

$\therefore y=\sqrt{2}x-1$

따라서 이 직선의 $x$절편은 $\dfrac{\sqrt{2}}{2}$이다.    답 $\dfrac{\sqrt{2}}{2}$




**0241** $y=3x+k$를 $9x^2+8y^2=72$에 대입하면

$9x^2+8(3x+k)^2=72$

$\therefore 81x^2+48kx+8k^2-72=0$

이 이차방정식의 판별식을 $D$라 하면

$\dfrac{D}{4}=(24k)^2-81(8k^2-72)>0$

$k^2<81$    $\therefore -9<k<9$

따라서 구하는 정수 $k$는 $-8,\ -7,\ \cdots,\ 7,\ 8$의 17개이다.

답 ③


**0242** $y=x+k$를 $y^2-2x=0$에 대입하면

$(x+k)^2-2x=0$

$\therefore x^2+2(k-1)x+k^2=0$

이 이차방정식의 판별식을 $D$라 하면

$\dfrac{D}{4}=(k-1)^2-k^2<0$

$-2k+1<0$    $\therefore k>\dfrac{1}{2}$

따라서 정수 $k$의 최솟값은 1이다.      답 **1**


**0243** 포물선 $y^2=kx=4\times\dfrac{k}{4}\times x$에 접하고 기울기가 1인 직선의 방정식은

$y=x+\dfrac{k}{4}$

이 직선이 점 $(3,\ -1)$을 지나므로

$-1=3+\dfrac{k}{4}$    $\therefore k=-16$     답 $-16$


**0244** 이차방정식 $2x^2-3x+1=0$에서

$(2x-1)(x-1)=0$

$\therefore x=\dfrac{1}{2}$ 또는 $x=1$

이때 $m_1=\dfrac{1}{2},\ m_2=1$이라 하자.

포물선 $y^2=8x=4\times2\times x$에 접하고 기울기가 $m_1=\dfrac{1}{2}$인 직선 $l_1$의 방정식은

$y=\dfrac{1}{2}x+\dfrac{2}{\dfrac{1}{2}}$    $\therefore y=\dfrac{1}{2}x+4$     $\cdots\cdots$ ㉠

또, 기울기가 $m_2=1$인 직선 $l_2$의 방정식은

$y=x+\dfrac{2}{1}$    $\therefore y=x+2$     $\cdots\cdots$ ㉡

㉠, ㉡을 연립하여 풀면

$x=4,\ y=6$

따라서 두 직선 $l_1,\ l_2$의 교점의 $x$좌표는 4이다.    답 ④

**0245** 포물선 $x^2=-2y=4\times\left(-\dfrac{1}{2}\right)\times y$ 위의 점 $(-4,\,-8)$

에서의 접선의 방정식은

$$-4x=2\times\left(-\dfrac{1}{2}\right)\times(y-8)$$

$$\therefore y=4x+8 \qquad\qquad \cdots\cdots ㉠$$

이때 직선 ㉠에 수직인 직선의 기울기는 $-\dfrac{1}{4}$이고, 포물선

$x^2=-2y$의 초점의 좌표는 $\left(0,\,-\dfrac{1}{2}\right)$이므로 구하는 직선의 방

정식은

$$y=-\dfrac{1}{4}x-\dfrac{1}{2}$$

따라서 $m=-\dfrac{1}{4}$, $n=-\dfrac{1}{2}$이므로

$$mn=\dfrac{1}{8} \qquad\qquad\qquad\qquad\qquad \text{답 }\dfrac{1}{8}$$

**0246** 접점의 좌표를 $(x_1,\,y_1)$이라 하면 접선의 방정식은

$$y_1y=2\times\left(-\dfrac{1}{4}\right)\times(x+x_1)$$

$$\therefore y=-\dfrac{1}{2y_1}x-\dfrac{x_1}{2y_1}$$

이 직선이 점 $(4,\,0)$을 지나므로

$$0=-\dfrac{2}{y_1}-\dfrac{x_1}{2y_1} \qquad \therefore x_1=-4 \qquad \cdots\cdots ㉠$$

또, 점 $(x_1,\,y_1)$이 포물선 위의 점이므로

$$y_1{}^2=-x_1 \qquad\qquad\qquad\qquad \cdots\cdots ㉡$$

㉠을 ㉡에 대입하면

$$y_1{}^2=4 \qquad \therefore y_1=-2 \text{ 또는 } y_1=2$$

즉, 접점의 좌표는 $(-4,\,-2)$, $(-4,\,2)$이므로 접선의 방정식은

$$y=\dfrac{1}{4}x-1, \quad y=-\dfrac{1}{4}x+1$$

따라서 두 접선의 기울기의 곱은

$$\dfrac{1}{4}\times\left(-\dfrac{1}{4}\right)=-\dfrac{1}{16} \qquad\qquad\qquad \text{답 }②$$

**0247** 직선 $2x-y-1=0$, 즉 $y=2x-1$에 수직인 직선의 기

울기는 $-\dfrac{1}{2}$이다.

타원 $\dfrac{x^2}{3}+\dfrac{y^2}{6}=1$에 접하고 기울기가 $-\dfrac{1}{2}$인 직선의 방정식은

$$y=-\dfrac{1}{2}x\pm\sqrt{3\times\left(-\dfrac{1}{2}\right)^2+6}$$

$$=-\dfrac{1}{2}x\pm\dfrac{3\sqrt{3}}{2}$$

$$\therefore x+2y\pm3\sqrt{3}=0$$

따라서 $a=2$, $b=\pm3\sqrt{3}$이므로

$$a^2+b^2=4+27=31 \qquad\qquad\qquad \text{답 }31$$

**0248** 점 P의 좌표를 $(a,\,b)$ $(a>0,\,b>0)$라 하면 점 P는 주

어진 포물선과 타원의 교점이므로

$$b^2=6a, \quad \dfrac{a^2}{9}+\dfrac{b^2}{12}=1$$

두 식을 연립하여 풀면

$$a=\dfrac{3}{2}, \quad b=3 \ (\because a>0,\,b>0)$$

따라서 타원 $\dfrac{x^2}{9}+\dfrac{y^2}{12}=1$ 위의 점 $\mathrm{P}\left(\dfrac{3}{2},\,3\right)$에서의 접선의 방정

식은

$$\dfrac{\frac{3}{2}x}{9}+\dfrac{3y}{12}=1$$

$$\therefore y=-\dfrac{2}{3}x+4 \qquad\qquad \text{답 }y=-\dfrac{2}{3}x+4$$

**0249** 타원 $\dfrac{x^2}{k}+\dfrac{y^2}{4}=1$에서 $k<4$이므로 초점의 좌표는

$$(0,\,\sqrt{4-k}),\ (0,\,-\sqrt{4-k})$$

이때 직선 $y=-2x+1$은 점 $(0,\,\sqrt{4-k})$를 지나므로

$$\sqrt{4-k}=1, \quad 4-k=1$$

$$\therefore k=3$$

한편, 타원 $\dfrac{x^2}{3}+\dfrac{y^2}{4}=1$ 위의 점 $(a,\,b)$에서의 접선의 방정식은

$$\dfrac{ax}{3}+\dfrac{by}{4}=1 \qquad \therefore y=-\dfrac{4a}{3b}x+\dfrac{4}{b}$$

이 직선이 직선 $y=-2x+1$과 평행하므로

$$-\dfrac{4a}{3b}=-2 \qquad \therefore 2a=3b \qquad\qquad \cdots\cdots ㉠$$

또, 점 $(a,\,b)$가 타원 위의 점이므로

$$\dfrac{a^2}{3}+\dfrac{b^2}{4}=1 \qquad\qquad\qquad\qquad \cdots\cdots ㉡$$

㉠, ㉡을 연립하여 풀면

$$a=\dfrac{3}{2}, \quad b=1 \ (\because a>0,\,b>0)$$

$$\therefore ab=\dfrac{3}{2} \qquad\qquad\qquad\qquad\qquad \text{답 }\dfrac{3}{2}$$

**0250** 타원 $\dfrac{x^2}{16}+\dfrac{y^2}{12}=1$ 위의 점 $(a,\,3)$에서의 접선의 방정

식은

$$\dfrac{ax}{16}+\dfrac{3y}{12}=1 \qquad \therefore y=-\dfrac{a}{4}x+4$$

이 직선이 원 $(x+2)^2+(y-5)^2=1$의 넓이를 이등분하려면 직

선이 원의 중심을 지나야 한다.

즉, 원의 중심의 좌표는 $(-2,\,5)$이므로

$$5=-\dfrac{a}{4}\times(-2)+4$$

$$\therefore a=2 \qquad\qquad\qquad\qquad\qquad\qquad \text{답 }2$$

**0251** 접점의 좌표를 $(x_1,\,y_1)$이라 하면 접선의 방정식은

$$x_1x+2y_1y=4$$

이 직선이 점 $P(2, 2)$를 지나므로
$$2x_1 + 4y_1 = 4$$
$$\therefore y_1 = -\frac{1}{2}x_1 + 1 \qquad \cdots\cdots \ \ominus$$
또, 점 $(x_1, y_1)$이 타원 위의 점이므로
$$x_1^2 + 2y_1^2 = 4 \qquad \cdots\cdots \ \bigcirc$$
$\ominus$, $\bigcirc$을 연립하여 풀면
$$x_1 = -\frac{2}{3},\ y_1 = \frac{4}{3} \ \text{또는}\ x_1 = 2,\ y_1 = 0$$
따라서 $A\left(-\dfrac{2}{3},\ \dfrac{4}{3}\right)$, $B(2, 0)$이라 하면 삼각형 $PAB$의 무게중심의 좌표는
$$\left(\frac{2 + \left(-\dfrac{2}{3}\right) + 2}{3},\ \frac{2 + \dfrac{4}{3} + 0}{3}\right)$$
$$\therefore \left(\frac{10}{9},\ \frac{10}{9}\right) \hfill \text{답 ④}$$

**0252** 쌍곡선의 방정식을 $\dfrac{x^2}{a^2} - \dfrac{y^2}{b^2} = 1\ (a>0,\ b>0)$이라 하면 이 쌍곡선이 점 $(3, 0)$을 지나므로
$$\frac{9}{a^2} = 1 \qquad \therefore a^2 = 9$$
또, 쌍곡선 $\dfrac{x^2}{9} - \dfrac{y^2}{b^2} = 1$의 점근선의 방정식이 $y = \pm\dfrac{2}{3}x$이므로
$$\frac{|b|}{3} = \frac{2}{3},\ |b| = 2 \qquad \therefore b^2 = 4$$
따라서 쌍곡선 $\dfrac{x^2}{9} - \dfrac{y^2}{4} = 1$에 접하고 기울기가 $-\sqrt{2}$인 직선의 방정식은
$$y = -\sqrt{2}x \pm \sqrt{9 \times (-\sqrt{2})^2 - 4}$$
$$\therefore y = -\sqrt{2}x \pm \sqrt{14} \hfill \text{답 } y = -\sqrt{2}x \pm \sqrt{14}$$

**0253** 쌍곡선 위의 점 $A(4, 1)$에서의 접선의 방정식은
$$\frac{4x}{8} - y = 1 \qquad \therefore y = \frac{1}{2}x - 1$$
이 직선의 $x$절편은 $2$이므로 $B(2, 0)$
쌍곡선 $\dfrac{x^2}{8} - y^2 = 1$에서 $\sqrt{8+1} = 3$이므로 초점의 좌표는
$$(3, 0),\ (-3, 0) \qquad \therefore F(3, 0)$$
따라서 구하는 삼각형 $FAB$의 넓이는
$$\frac{1}{2} \times 1 \times 1 = \frac{1}{2}$$

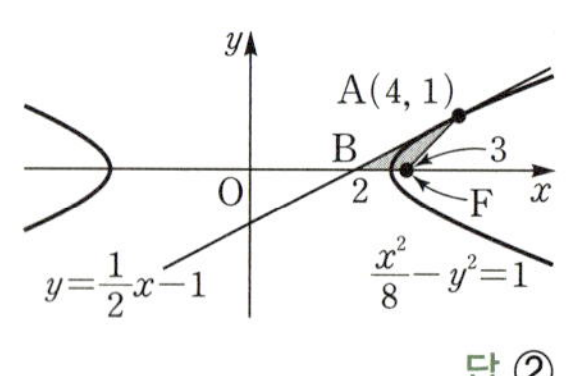


$$\hfill \text{답 ②}$$

**0254** 접점을 $P(x_1, y_1)$이라 하면 접선의 방정식은
$$\frac{x_1 x}{4} - \frac{y_1 y}{2} = 1 \qquad \therefore x_1 x - 2y_1 y = 4$$
이 직선이 점 $(-2, 1)$을 지나므로
$$-2x_1 - 2y_1 = 4 \qquad \therefore x_1 + y_1 = -2 \qquad \cdots\cdots \ \ominus$$

또, 점 $P(x_1, y_1)$은 쌍곡선 위의 점이므로
$$\frac{x_1^2}{4} - \frac{y_1^2}{2} = 1 \qquad \therefore x_1^2 - 2y_1^2 = 4 \qquad \cdots\cdots \ \bigcirc$$
$\ominus$, $\bigcirc$을 연립하여 풀면
$$x_1 = -2,\ y_1 = 0 \ \text{또는}\ x_1 = -6,\ y_1 = 4$$
ㄱ. 접점의 좌표는 $(-2, 0)$, $(-6, 4)$ (거짓)
ㄴ. 두 접점 $(-2, 0)$, $(-6, 4)$ 사이의 거리는
$$\sqrt{(-6+2)^2 + 4^2} = 4\sqrt{2} \ (\text{참})$$
ㄷ. 점 $(-2, 0)$에서의 접선의 방정식은
$$-2x = 4 \qquad \therefore x = -2$$
점 $(-6, 4)$에서의 접선의 방정식은
$$-6x - 8y = 4 \qquad \therefore 3x + 4y = -2$$
즉, 접선의 방정식은
$$x = -2 \ \text{또는}\ 3x + 4y = -2 \ (\text{거짓})$$
따라서 옳은 것은 ㄴ뿐이다. $\hfill \text{답 ②}$

**0255** 쌍곡선 $4x^2 - y^2 = -4$, 즉 $x^2 - \dfrac{y^2}{4} = -1$에 접하고 기울기가 $m$인 직선의 방정식은
$$y = mx \pm \sqrt{4 - m^2}$$
이 직선이 점 $(a, 1)$을 지나므로
$$1 = am \pm \sqrt{4 - m^2}$$
즉, $1 - am = \pm\sqrt{4 - m^2}$에서 양변을 제곱하여 정리하면
$$(a^2 + 1)m^2 - 2am - 3 = 0 \qquad \cdots\cdots \ \ominus$$
이때 두 접선이 서로 수직이므로 $m$에 대한 이차방정식 $\ominus$의 두 실근의 곱은 $-1$이다.
따라서 이차방정식의 근과 계수의 관계에 의하여
$$\frac{-3}{a^2 + 1} = -1,\ a^2 = 2$$
$$\therefore a = \sqrt{2}\ (\because a > 0) \hfill \text{답 } \sqrt{2}$$

**0256** 쌍곡선 $\dfrac{x^2}{3} - \dfrac{y^2}{2} = 1$ 위의 점 $P$와 직선 $y = \sqrt{2}x - 1$ 사이의 거리가 최소가 되려면 점 $P$는 기울기가 $\sqrt{2}$인 접선의 접점이어야 한다.
쌍곡선 $\dfrac{x^2}{3} - \dfrac{y^2}{2} = 1$에 접하고 기울기가 $\sqrt{2}$인 직선의 방정식은
$$y = \sqrt{2}x \pm \sqrt{3 \times (\sqrt{2})^2 - 2}$$
$$\therefore y = \sqrt{2}x \pm 2$$
따라서 구하는 최솟값은 직선 $y = \sqrt{2}x - 2$ 위의 점 $(0, -2)$와 직선 $y = \sqrt{2}x - 1$, 즉 $\sqrt{2}x - y - 1 = 0$ 사이의 거리와 같으므로

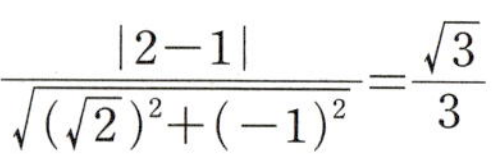


$$\frac{|2 - 1|}{\sqrt{(\sqrt{2})^2 + (-1)^2}} = \frac{\sqrt{3}}{3}$$
즉, $a = 3$, $b = 1$이므로
$$a + b = 4 \hfill \text{답 4}$$

**0257** (i) $y=-x+k$를 $y^2=2x$에 대입하면

$(-x+k)^2=2x$

$\therefore x^2-2(k+1)x+k^2=0$

이 이차방정식의 판별식을 $D_1$이라 하면

$\dfrac{D_1}{4}=\{-(k+1)\}^2-k^2>0$

$2k+1>0 \quad \therefore k>-\dfrac{1}{2}$

────────────────────────────── ㉮

(ii) $y=-x+k$를 $\dfrac{x^2}{3}+\dfrac{y^2}{2}=1$에 대입하면

$\dfrac{x^2}{3}+\dfrac{(-x+k)^2}{2}=1$

$\therefore 5x^2-6kx+3k^2-6=0$

이 이차방정식의 판별식을 $D_2$라 하면

$\dfrac{D_2}{4}=(-3k)^2-5(3k^2-6)<0$

$-6k^2+30<0,\ k^2>5$

$\therefore k>\sqrt{5}$ 또는 $k<-\sqrt{5}$

────────────────────────────── ㉯

(i), (ii)에서 $k>\sqrt{5}$

────────────────────────────── ㉰

답 $k>\sqrt{5}$

| 단계 | 채점요소 | 배점 |
|---|---|---|
| ㉮ | 주어진 직선과 포물선의 위치 관계를 이용하여 $k$의 값의 범위 구하기 | 40% |
| ㉯ | 주어진 직선과 타원의 위치 관계를 이용하여 $k$의 값의 범위 구하기 | 40% |
| ㉰ | $k$의 값의 범위 구하기 | 20% |

**0258** 포물선 $x^2+8y=0$, 즉 $x^2=-8y=4\times(-2)\times y$ 위의 점 $(4,\ -2)$에서의 접선의 방정식은

$4x=2\times(-2)\times(y-2)$

$\therefore y=-x+2$

────────────────────────────── ㉮

이 직선과 평행한 직선의 기울기는 $-1$이므로 기울기가 $-1$이고 점 $(-2,\ 3)$을 지나는 직선의 방정식은

$y-3=-(x+2)$

$\therefore y=-x+1$

────────────────────────────── ㉯

따라서 구하는 $y$절편은 1이다.

────────────────────────────── ㉰

답 1

| 단계 | 채점요소 | 배점 |
|---|---|---|
| ㉮ | 점 $(4,\ -2)$에서의 접선의 방정식 구하기 | 40% |
| ㉯ | 접선과 평행하고 점 $(-2,\ 3)$을 지나는 직선의 방정식 구하기 | 40% |
| ㉰ | $y$절편 구하기 | 20% |

**0259** 타원 $\dfrac{x^2}{a^2}+\dfrac{y^2}{b^2}=1$ 위의 점 $\mathrm{P}(2\sqrt{2},\ -\sqrt{2})$에서의 접선의 방정식은

$\dfrac{2\sqrt{2}x}{a^2}+\dfrac{-\sqrt{2}y}{b^2}=1 \quad \therefore y=\dfrac{2b^2}{a^2}x-\dfrac{\sqrt{2}b^2}{2}$

쌍곡선 $\dfrac{x^2}{4}-\dfrac{y^2}{2}=1$ 위의 점 $\mathrm{P}(2\sqrt{2},\ -\sqrt{2})$에서의 접선의 방정식은

$\dfrac{2\sqrt{2}x}{4}-\dfrac{-\sqrt{2}y}{2}=1 \quad \therefore y=-x+\sqrt{2}$

────────────────────────────── ㉮

두 직선이 서로 수직이므로

$\dfrac{2b^2}{a^2}\times(-1)=-1 \quad \therefore a^2=2b^2$ ⋯⋯ ㉠

────────────────────────────── ㉯

한편, 점 $\mathrm{P}$가 타원 위의 점이므로

$\dfrac{8}{a^2}+\dfrac{2}{b^2}=1$ ⋯⋯ ㉡

────────────────────────────── ㉰

㉠, ㉡을 연립하여 풀면 $a^2=12,\ b^2=6$

$\therefore a=2\sqrt{3},\ b=\sqrt{6}\ (\because a>0,\ b>0)$

────────────────────────────── ㉱

답 $a=2\sqrt{3},\ b=\sqrt{6}$

| 단계 | 채점요소 | 배점 |
|---|---|---|
| ㉮ | 타원과 쌍곡선 위의 점 $\mathrm{P}$에서의 접선의 방정식 각각 구하기 | 40% |
| ㉯ | 두 접선이 수직임을 이용하여 $a,\ b$에 대한 식 세우기 | 30% |
| ㉰ | 점 $\mathrm{P}$가 타원 위의 점임을 이용하여 $a,\ b$에 대한 식 세우기 | 10% |
| ㉱ | $a,\ b$의 값 구하기 | 20% |

**0260** 타원 $\dfrac{x^2}{4}+y^2=1$ 위의 점 $\mathrm{P}$에서의 접선이 직선 $\mathrm{AB}$와 평행할 때, 점 $\mathrm{P}$와 직선 $\mathrm{AB}$ 사이의 거리가 최대이므로 삼각형 $\mathrm{PAB}$의 넓이도 최대이다.

직선 $\mathrm{AB}$의 방정식은

$y+1=-\dfrac{1}{2}x \quad \therefore y=-\dfrac{1}{2}x-1$

────────────────────────────── ㉮

즉, 타원 $\dfrac{x^2}{4}+y^2=1$에 접하고 기울기가 $-\dfrac{1}{2}$인 직선의 방정식은

$y=-\dfrac{1}{2}x\pm\sqrt{4\times\left(-\dfrac{1}{2}\right)^2+1}$

$\therefore y=-\dfrac{1}{2}x\pm\sqrt{2}$

────────────────────────────── ㉯

이때 점 $\mathrm{P}$와 직선 $\mathrm{AB}$ 사이의 거리의 최댓값은 직선 $y=-\dfrac{1}{2}x+\sqrt{2}$ 위의 점 $(0,\ \sqrt{2})$와 직선 $y=-\dfrac{1}{2}x-1$, 즉 $x+2y+2=0$ 사이의 거리와 같으므로

$\dfrac{|2\sqrt{2}+2|}{\sqrt{1^2+2^2}}=\dfrac{2\sqrt{10}+2\sqrt{5}}{5}$

────────────────────────────── ㉰

따라서 $\overline{AB}=\sqrt{2^2+(-1)^2}=\sqrt{5}$이므로 삼각형 PAB의 넓이의 최댓값은

$$\frac{1}{2}\times\sqrt{5}\times\frac{2\sqrt{10}+2\sqrt{5}}{5}=\sqrt{2}+1$$

..................................... 라

답 $\sqrt{2}+1$

| 단계 | 채점요소 | 배점 |
| --- | --- | --- |
| 가 | 직선 AB의 방정식 구하기 | 20% |
| 나 | 접선의 방정식 구하기 | 30% |
| 다 | 점 P와 직선 AB 사이의 거리의 최댓값 구하기 | 30% |
| 라 | 삼각형 PAB의 넓이의 최댓값 구하기 | 20% |

**0261** 타원 $x^2+4y^2=8$, 즉 $\dfrac{x^2}{8}+\dfrac{y^2}{2}=1$의 두 꼭짓점

$(-2\sqrt{2},\,0)$, $(0,\,\sqrt{2})$를 지나는 직선의 방정식은

$$y-\sqrt{2}=\frac{\sqrt{2}}{2\sqrt{2}}x \qquad \therefore y=\frac{1}{2}x+\sqrt{2}$$

이때 이 직선과 타원 $\dfrac{x^2}{a^2}+\dfrac{y^2}{b^2}=1$은 접한다.

타원 $\dfrac{x^2}{a^2}+\dfrac{y^2}{b^2}=1$에 접하고 기울기가 $\dfrac{1}{2}$인 직선의 방정식은

$$y=\frac{1}{2}x\pm\sqrt{\frac{1}{4}a^2+b^2}$$

즉, $\sqrt{\dfrac{1}{4}a^2+b^2}=\sqrt{2}$이므로

$$\frac{1}{4}a^2+b^2=2 \qquad\cdots\cdots\ \bigcirc$$

한편, 타원 $\dfrac{x^2}{a^2}+\dfrac{y^2}{b^2}=1$의 초점의 좌표가 $(b,\,0)$, $(-b,\,0)$이므로

$$b^2=a^2-b^2 \qquad \therefore a^2=2b^2 \qquad\cdots\cdots\ \bigcirc\bigcirc$$

$\bigcirc$, $\bigcirc\bigcirc$을 연립하여 풀면 $a^2=\dfrac{8}{3}$, $b^2=\dfrac{4}{3}$

$$\therefore a^2+b^2=\frac{8}{3}+\frac{4}{3}=4$$

답 **4**

**0262** 쌍곡선 위의 점 $P(4,\,k)$에서의 접선의 방정식은

$$\frac{4x}{a^2}-\frac{ky}{b^2}=1 \qquad \therefore y=\frac{4b^2}{a^2k}x-\frac{b^2}{k}$$

이 직선과 $x$축의 교점의 좌표는 $\left(\dfrac{a^2}{4},\,0\right)$

또, 선분 $F'F$를 $2:1$로 내분하는 점의 좌표는

$$\left(\frac{2\times3+1\times(-3)}{2+1},\ \frac{2\times0+1\times0}{2+1}\right) \qquad \therefore (1,\,0)$$

두 점 $\left(\dfrac{a^2}{4},\,0\right)$, $(1,\,0)$이 일치하므로

$$\frac{a^2}{4}=1 \qquad \therefore a^2=4$$

이때 쌍곡선 $\dfrac{x^2}{4}-\dfrac{y^2}{b^2}=1$의 두 초점이 $F(3,\,0)$, $F'(-3,\,0)$이므로

$$9=4+b^2 \qquad \therefore b^2=5$$

따라서 점 $P(4,\,k)$가 쌍곡선 $\dfrac{x^2}{4}-\dfrac{y^2}{5}=1$ 위의 점이므로

$$\frac{16}{4}-\frac{k^2}{5}=1 \qquad \therefore k^2=15$$

답 **15**

**0263** 기울기가 $m$이고 점 $(1,\,1)$을 지나는 직선의 방정식은

$$y-1=m(x-1) \qquad \therefore y=mx-m+1 \qquad\cdots\cdots\ \bigcirc$$

이것을 $y^2+8x=0$에 대입하면

$$(mx-m+1)^2+8x=0$$

$$\therefore m^2x^2-2(m^2-m-4)x+m^2-2m+1=0$$

이 이차방정식의 판별식을 $D$라 하면

$$\frac{D}{4}=(m^2-m-4)^2-m^2(m^2-2m+1)$$

$$=-8m^2+8m+16$$

$$=-8(m+1)(m-2)$$

(i) $\dfrac{D}{4}>0$인 경우

$$-8(m+1)(m-2)>0,\ (m+1)(m-2)<0$$

$$\therefore -1<m<2$$

즉, $-1<m<2$일 때, 직선 $\bigcirc$과 포물선은 서로 다른 두 점에서 만나므로

$$a_m=2$$

(ii) $\dfrac{D}{4}=0$인 경우

$$-8(m+1)(m-2)=0$$

$$\therefore m=-1 \text{ 또는 } m=2$$

즉, $m=-1$ 또는 $m=2$일 때, 직선 $\bigcirc$과 포물선은 한 점에서 만나므로

$$a_m=1$$

(iii) $\dfrac{D}{4}<0$인 경우

$$-8(m+1)(m-2)<0,\ (m+1)(m-2)>0$$

$$\therefore m>2 \text{ 또는 } m<-1$$

즉, $m>2$ 또는 $m<-1$일 때, 직선 $\bigcirc$과 포물선은 만나지 않으므로

$$a_m=0$$

(i), (ii), (iii)에서

$$a_m=\begin{cases} 2 & (-1<m<2) \\ 1 & (m=-1 \text{ 또는 } m=2) \\ 0 & (m>2 \text{ 또는 } m<-1) \end{cases}$$

$$\therefore a_1+2a_2+3a_3+\cdots+9a_9$$

$$=2+2\times1+3\times0+\cdots+9\times0=4$$

답 **4**

# 03 벡터의 연산



## 📖 교과서 문제 정/복/하/기

**0264** (1) $\overrightarrow{BC}=\overrightarrow{AD}=4$이므로
$$|\overrightarrow{BC}|=4$$
(2) $\overrightarrow{AC}=\sqrt{\overrightarrow{AB}^2+\overrightarrow{BC}^2}=\sqrt{3^2+4^2}=5$이므로
$$|\overrightarrow{AC}|=5$$

답 (1) **4**　(2) **5**

**0265** 답 (1) $\vec{a}$와 $\vec{c}$, $\vec{b}$와 $\vec{d}$　(2) $\vec{a}$와 $\vec{b}$와 $\vec{d}$, $\vec{e}$와 $\vec{f}$
(3) $\vec{b}$와 $\vec{d}$　(4) $\vec{e}$와 $\vec{f}$

**0266**
답 (1) 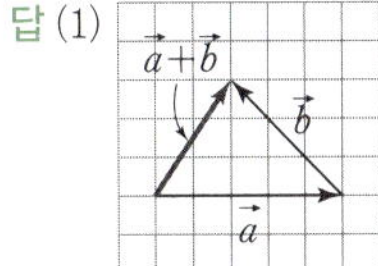　(2) 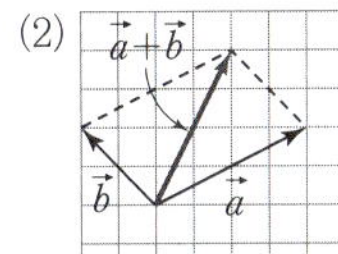　(3) 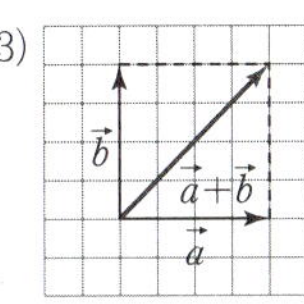

**0267**
답 (1) 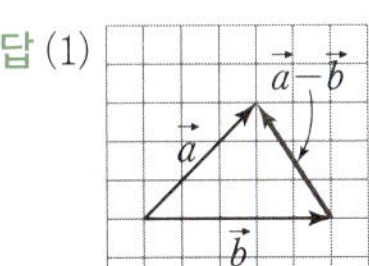　(2) 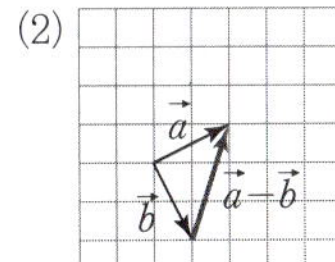　(3) 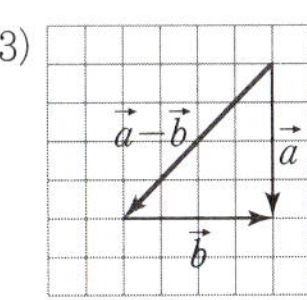

**0268** $\overrightarrow{AB}+\overrightarrow{CD}+\overrightarrow{BC}=\overrightarrow{AB}+\overrightarrow{BC}+\overrightarrow{CD}$
$$=\overrightarrow{AC}+\overrightarrow{CD}$$
$$=\overrightarrow{AD}$$

답 $\overrightarrow{AD}$

**0269** $\overrightarrow{AB}+\overrightarrow{BC}+\overrightarrow{DA}+\overrightarrow{CD}=\overrightarrow{AB}+\overrightarrow{BC}+\overrightarrow{CD}+\overrightarrow{DA}$
$$=\overrightarrow{AC}+\overrightarrow{CA}$$
$$=\overrightarrow{AA}$$
$$=\vec{0}$$

답 $\vec{0}$

**0270** (1) $\overrightarrow{AB}=\overrightarrow{AO}+\overrightarrow{OB}=-\overrightarrow{OA}+\overrightarrow{OB}$
$$=-\vec{a}+\vec{b}$$
(2) $\overrightarrow{BC}=\overrightarrow{BO}+\overrightarrow{OC}=\overrightarrow{BO}+\overrightarrow{AO}$
$$=-\overrightarrow{OB}-\overrightarrow{OA}$$
$$=-\vec{b}-\vec{a}=-\vec{a}-\vec{b}$$

답 (1) $-\vec{a}+\vec{b}$　(2) $-\vec{a}-\vec{b}$

**0271** 답
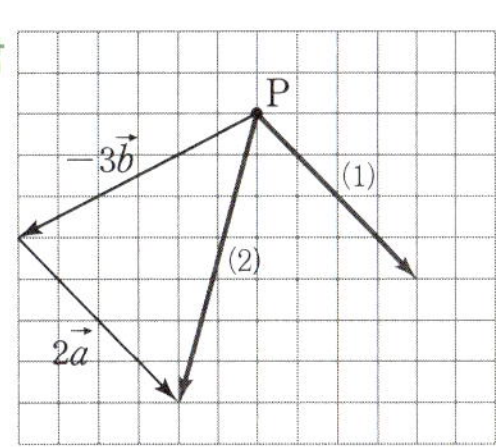


**0272** $3(\vec{a}+2\vec{b})+2(\vec{a}-4\vec{b})$
$$=3\vec{a}+6\vec{b}+2\vec{a}-8\vec{b}$$
$$=5\vec{a}-2\vec{b}$$

답 $5\vec{a}-2\vec{b}$

**0273** $4(-\vec{a}+3\vec{b})-3(2\vec{a}-\vec{b})$
$$=-4\vec{a}+12\vec{b}-6\vec{a}+3\vec{b}$$
$$=-10\vec{a}+15\vec{b}$$

답 $-10\vec{a}+15\vec{b}$

**0274** $\vec{a}-\vec{x}=2\vec{a}-5\vec{b}$에서
$$-\vec{x}=2\vec{a}-5\vec{b}-\vec{a}, \quad -\vec{x}=\vec{a}-5\vec{b}$$
$$\therefore \vec{x}=-\vec{a}+5\vec{b}$$

답 $\vec{x}=-\vec{a}+5\vec{b}$

**0275** $3(\vec{x}+2\vec{a}-3\vec{b})=2\vec{a}-3\vec{b}+\vec{x}$에서
$$3\vec{x}+6\vec{a}-9\vec{b}=2\vec{a}-3\vec{b}+\vec{x}, \quad 2\vec{x}=-4\vec{a}+6\vec{b}$$
$$\therefore \vec{x}=-2\vec{a}+3\vec{b}$$

답 $\vec{x}=-2\vec{a}+3\vec{b}$

**0276** 두 벡터 $\vec{a}-2\vec{b}$, $4\vec{a}+k\vec{b}$가 서로 평행하므로 0이 아닌 실수 $t$에 대하여
$$4\vec{a}+k\vec{b}=t(\vec{a}-2\vec{b})$$
$$4\vec{a}+k\vec{b}=t\vec{a}-2t\vec{b}$$
따라서 $4=t$, $k=-2t$이므로
$$k=-8$$

답 $-8$

**0277** $\overrightarrow{AB}=\overrightarrow{OB}-\overrightarrow{OA}=2\vec{b}-(-\vec{a})=\vec{a}+2\vec{b}$
$$\overrightarrow{AC}=\overrightarrow{OC}-\overrightarrow{OA}=\vec{a}+4\vec{b}-(-\vec{a})=2\vec{a}+4\vec{b}$$
따라서 $\overrightarrow{AC}=2\overrightarrow{AB}$이므로 세 점 A, B, C는 한 직선 위에 있다.

답 **풀이 참조**

## ✍ 유형 익/히/기



**0278** 정육각형 ABCDEF는 한 변의 길이가 2인 정삼각형 6개로 이루어져 있다.
ㄱ. $|\overrightarrow{AB}|=|\overrightarrow{OE}|=2$ (참)
ㄴ. $|\overrightarrow{FC}|=\overrightarrow{FC}=2\times2=4$ (참)
ㄷ. $|\overrightarrow{BO}|=2$이므로 $\overrightarrow{BO}$는 단위벡터가 아니다. (거짓)
따라서 옳은 것은 ㄱ, ㄴ이다.

답 ③

**0279** 점 A에서 변 BC에 내린 수선의 발을 H라 할 때, $|\overrightarrow{AP}|$의 최솟값은 $\overline{AH}$의 길이와 같으므로

$$\frac{\sqrt{3}}{2}\times4=2\sqrt{3}$$

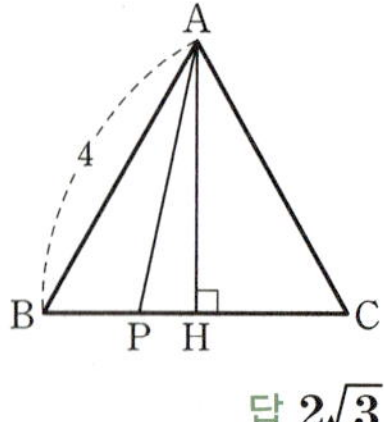

답 $2\sqrt{3}$

**0280** 오른쪽 그림과 같이 정육각형의 세 대각선 AD, BE, CF의 교점을 O, 두 선분 AD, FB가 만나는 점을 M이라 하면 $\overrightarrow{FM}$은 정삼각형 AOF의 높이이므로

$$\overrightarrow{FM}=\frac{\sqrt{3}}{2}\times2=\sqrt{3}$$

$$\therefore |\overrightarrow{FB}|=2|\overrightarrow{FM}|=2\times\sqrt{3}=2\sqrt{3}$$

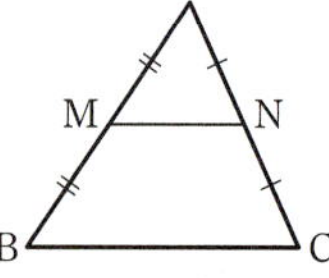

답 ②

**0281** 크기와 방향이 각각 같은 두 벡터는 서로 같다고 하므로 서로 같은 벡터는 ③ $\overrightarrow{CD}$, $\overrightarrow{OE}$이다.

답 ③

**0282** 점 F는 변 AC의 중점이므로 $\overline{AF}=\overline{FC}$

$$\therefore \overrightarrow{AF}=\overrightarrow{FC}$$

한편, 두 점 D, E는 각각 두 선분 AB, BC의 중점이므로

$$\overline{DE}=\frac{1}{2}\overline{AC}=\overline{AF}, \quad \overline{DE}\,/\!/\,\overline{AF}$$

$$\therefore \overrightarrow{DE}=\overrightarrow{AF}$$

따라서 벡터 $\overrightarrow{AF}$와 서로 같은 벡터는 $\overrightarrow{FC}$, $\overrightarrow{DE}$이다.

답 ②, ④

> **참고** 삼각형의 중점연결정리
> 삼각형 ABC에서 $\overline{AB}$, $\overline{AC}$의 중점을 각각 M, N이라 하면
> $$\overline{MN}\,/\!/\,\overline{BC}, \quad \overline{MN}=\frac{1}{2}\overline{BC}$$
> $$\therefore \overrightarrow{MN}=\frac{1}{2}\overrightarrow{BC}$$

**0283** 벡터 $\vec{a}$와 크기와 방향이 각각 같은 벡터는 $\overrightarrow{CB}$, $\overrightarrow{DO}$, $\overrightarrow{EF}$이므로 $m=3$

······························ ㉮

벡터 $\vec{b}$와 크기는 같지만 방향이 반대인 벡터는 $\overrightarrow{BO}$, $\overrightarrow{OE}$, $\overrightarrow{CD}$, $\overrightarrow{AF}$이므로 $n=4$

······························ ㉯

$$\therefore m+n=7$$

······························ ㉰

답 **7**

| 단계 | 채점요소 | 배점 |
|---|---|---|
| ㉮ | $m$의 값 구하기 | 45 % |
| ㉯ | $n$의 값 구하기 | 45 % |
| ㉰ | $m+n$의 값 구하기 | 10 % |

**0284** ㄱ. $\overrightarrow{OD}=\overrightarrow{BO}=-\overrightarrow{OB}=-\vec{b}$ (참)

ㄴ. $\overrightarrow{BA}=\overrightarrow{OA}-\overrightarrow{OB}=\vec{a}-\vec{b}$ (거짓)

ㄷ. $\overrightarrow{CD}=\overrightarrow{BA}=\vec{a}-\vec{b}$ (참)

ㄹ. $\overrightarrow{BC}=\overrightarrow{OC}-\overrightarrow{OB}=\overrightarrow{AO}-\overrightarrow{OB}=-\overrightarrow{OA}-\overrightarrow{OB}=-\vec{a}-\vec{b}$ (참)

따라서 옳은 것은 ㄱ, ㄷ, ㄹ이다.

답 ④

**0285** ② $\overrightarrow{BC}-\overrightarrow{OE}=\overrightarrow{BC}+\overrightarrow{EO}=\overrightarrow{BC}+\overrightarrow{OB}=\overrightarrow{OB}+\overrightarrow{BC}$
$$=\overrightarrow{OC}=\overrightarrow{AB}$$

③ $\overrightarrow{OD}-\overrightarrow{BO}=\overrightarrow{OD}-\overrightarrow{OE}=\overrightarrow{OD}+\overrightarrow{EO}=\overrightarrow{EO}+\overrightarrow{OD}$
$$=\overrightarrow{ED}=\overrightarrow{AB}$$

④ $\overrightarrow{FE}+\overrightarrow{OB}=\overrightarrow{AO}+\overrightarrow{OB}=\overrightarrow{AB}$

⑤ $\overrightarrow{BO}+\overrightarrow{ED}=\overrightarrow{BO}+\overrightarrow{OC}=\overrightarrow{BC}$

따라서 나머지 넷과 다른 하나는 ⑤이다.

답 ⑤

**0286** $\vec{a}+\vec{b}-\vec{c}=\overrightarrow{AB}+\overrightarrow{BC}-\overrightarrow{CD}$
$$=(\overrightarrow{AB}+\overrightarrow{BC})-\overrightarrow{AF}$$
$$=\overrightarrow{AC}+\overrightarrow{FA}=\overrightarrow{FA}+\overrightarrow{AC}$$
$$=\overrightarrow{FC}$$

답 ②

**0287** ㄱ. $\overrightarrow{AB}+\vec{0}=\overrightarrow{AB}=-\overrightarrow{BA}$ (거짓)

ㄴ. $\overrightarrow{CB}-\overrightarrow{CA}+\overrightarrow{BA}=(\overrightarrow{CB}-\overrightarrow{CA})+\overrightarrow{BA}$
$$=\overrightarrow{AB}+\overrightarrow{BA}=\overrightarrow{AA}=\vec{0}$$ (참)

ㄷ. $\overrightarrow{AB}+\overrightarrow{BC}+\overrightarrow{CA}=(\overrightarrow{AB}+\overrightarrow{BC})+\overrightarrow{CA}$
$$=\overrightarrow{AC}+\overrightarrow{CA}=\overrightarrow{AA}=\vec{0}$$ (참)

따라서 옳은 것은 ㄴ, ㄷ이다.

답 ④

**0288** $\overrightarrow{PA}+\overrightarrow{BP}+\overrightarrow{PC}+\overrightarrow{DP}+\overrightarrow{PE}$
$$=(\overrightarrow{PQ}+\overrightarrow{QA})+(\overrightarrow{QP}-\overrightarrow{QB})+(\overrightarrow{PQ}+\overrightarrow{QC})$$
$$+(\overrightarrow{QP}-\overrightarrow{QD})+(\overrightarrow{PQ}+\overrightarrow{QE})$$
$$=2(\overrightarrow{PQ}+\overrightarrow{QP})+\overrightarrow{PQ}+(\overrightarrow{QA}-\overrightarrow{QB}+\overrightarrow{QC}-\overrightarrow{QD}+\overrightarrow{QE})$$
$$=2\times\overrightarrow{PP}+\overrightarrow{PQ}+\vec{0}$$
$$=\vec{0}+\overrightarrow{PQ}=\overrightarrow{PQ}$$

답 ①

**0289** $\vec{a}-\vec{b}=\vec{c}$에서

$$\overrightarrow{OA}-\overrightarrow{OB}=\overrightarrow{OC}$$

$$\therefore \overrightarrow{BA}=\overrightarrow{OC}$$

······························ ㉮

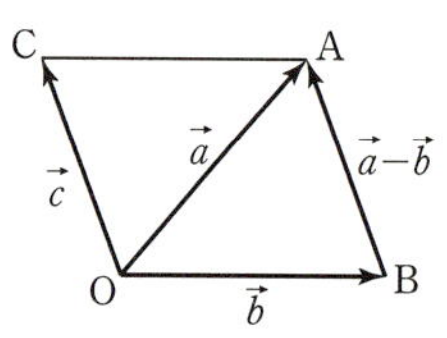

즉, 두 벡터 $\overrightarrow{BA}$, $\overrightarrow{OC}$의 크기와 방향이 각각 같으므로

$$\overrightarrow{BA}=\overrightarrow{OC}, \quad \overline{BA}\,/\!/\,\overline{OC}$$

······························ ㉯

따라서 사각형 OBAC는 평행사변형이다.

······························ ㉰

답 **평행사변형**

| 단계 | 채점요소 | 배점 |
| --- | --- | --- |
| ㉮ | $\overrightarrow{BA}=\overrightarrow{OC}$임을 알기 | 30 % |
| ㉯ | $\overrightarrow{BA}=\overrightarrow{OC}$, $\overrightarrow{BA}/\!/\overrightarrow{OC}$임을 알기 | 40 % |
| ㉰ | 사각형 OBAC가 어떤 사각형인지 구하기 | 30 % |

**0290** $2\vec{x}+\vec{y}=5\vec{a}$ ······ ㉠

$3\vec{x}-\vec{y}=\vec{b}$ ······ ㉡

㉠+㉡을 하면 $5\vec{x}=5\vec{a}+\vec{b}$

$\therefore \vec{x}=\vec{a}+\dfrac{1}{5}\vec{b}$ ······ ㉢

㉢을 ㉠에 대입하면

$2\left(\vec{a}+\dfrac{1}{5}\vec{b}\right)+\vec{y}=5\vec{a}$  $\therefore \vec{y}=3\vec{a}-\dfrac{2}{5}\vec{b}$

$\therefore \vec{x}+\vec{y}=\left(\vec{a}+\dfrac{1}{5}\vec{b}\right)+\left(3\vec{a}-\dfrac{2}{5}\vec{b}\right)$

$\qquad =4\vec{a}-\dfrac{1}{5}\vec{b}$ 답 ④

**0291** $2\vec{p}+3(-\vec{p}+\vec{q})$

$=2\vec{p}-3\vec{p}+3\vec{q}$

$=-\vec{p}+3\vec{q}$

$=-(\vec{a}+2\vec{b}-3\vec{c})+3(-\vec{a}+2\vec{b}+\vec{c})$

$=-\vec{a}-2\vec{b}+3\vec{c}-3\vec{a}+6\vec{b}+3\vec{c}$

$=-4\vec{a}+4\vec{b}+6\vec{c}$ 답 ②

**0292** $-(\vec{x}-2\vec{a}+\vec{b})=\vec{a}+\vec{b}$에서

$-\vec{x}+2\vec{a}-\vec{b}=\vec{a}+\vec{b}$  $\therefore \vec{x}=\vec{a}-2\vec{b}$

따라서 $m=1$, $n=-2$이므로

$3m+n=3-2=1$ 답 **1**

**0293** $\overrightarrow{AC}=\overrightarrow{OC}-\overrightarrow{OA}=(3\vec{a}-2\vec{b})-\vec{a}$

$\qquad =2\vec{a}-2\vec{b}$

$\overrightarrow{AB}=\overrightarrow{OB}-\overrightarrow{OA}=\vec{b}-\vec{a}$

따라서 $\overrightarrow{AC}=-2(\vec{b}-\vec{a})=-2\overrightarrow{AB}$이므로

$k=-2$ 답 $-2$

**0294** 오른쪽 그림과 같이 점 O를 시점으로 하고 오른쪽으로 한 칸을 진행하는 벡터를 $\vec{a}$, 위로 한 칸을 진행하는 벡터를 $\vec{b}$라 하자.

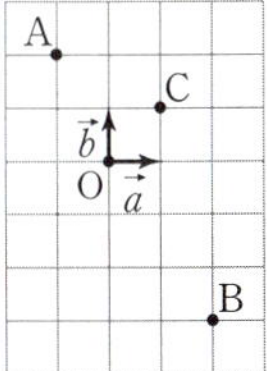

세 벡터 $\overrightarrow{OA}$, $\overrightarrow{OB}$, $\overrightarrow{OC}$를 각각 두 벡터 $\vec{a}$, $\vec{b}$로 나타내면

$\overrightarrow{OA}=-\vec{a}+2\vec{b}$

$\overrightarrow{OB}=2\vec{a}-3\vec{b}$

$\overrightarrow{OC}=\vec{a}+\vec{b}$

$\overrightarrow{OC}=m\overrightarrow{OA}+n\overrightarrow{OB}$에 위의 식을 대입하면

$\vec{a}+\vec{b}=m(-\vec{a}+2\vec{b})+n(2\vec{a}-3\vec{b})$

$\qquad =(-m+2n)\vec{a}+(2m-3n)\vec{b}$

이때 두 벡터 $\vec{a}$, $\vec{b}$는 서로 평행하지 않으므로

$1=-m+2n$, $1=2m-3n$

위의 두 식을 연립하여 풀면

$m=5$, $n=3$  $\therefore m-n=2$ 답 ①

**0295** 오른쪽 그림과 같이 오른쪽으로 한 칸을 진행하는 벡터를 $\vec{a}$, 위로 한 칸을 진행하는 벡터를 $\vec{b}$라 하자.

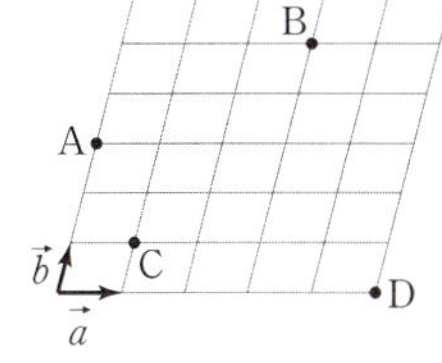

세 벡터 $\overrightarrow{AB}$, $\overrightarrow{AC}$, $\overrightarrow{AD}$를 각각 두 벡터 $\vec{a}$, $\vec{b}$로 나타내면

$\overrightarrow{AB}=3\vec{a}+2\vec{b}$

$\overrightarrow{AC}=\vec{a}-2\vec{b}$

$\overrightarrow{AD}=5\vec{a}-3\vec{b}$

$\overrightarrow{AD}=m\overrightarrow{AB}+n\overrightarrow{AC}$에 위의 식을 대입하면

$5\vec{a}-3\vec{b}=m(3\vec{a}+2\vec{b})+n(\vec{a}-2\vec{b})$

$\qquad =(3m+n)\vec{a}+(2m-2n)\vec{b}$

이때 두 벡터 $\vec{a}$, $\vec{b}$는 서로 평행하지 않으므로

$3m+n=5$, $2m-2n=-3$

위의 두 식을 연립하여 풀면

$m=\dfrac{7}{8}$, $n=\dfrac{19}{8}$  $\therefore m+n=\dfrac{13}{4}$ 답 ②

**0296** 오른쪽 그림과 같이 점 O를 시점으로 하고 왼쪽으로 한 칸을 진행하는 벡터를 $\vec{a}$, 위로 한 칸을 진행하는 벡터를 $\vec{b}$라 하자.

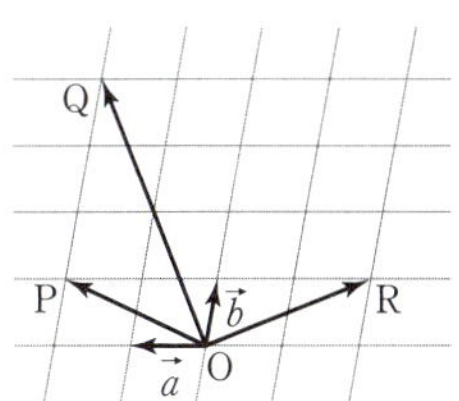

$\overrightarrow{OP}=2\vec{a}+\vec{b}$

$\overrightarrow{OQ}=2\vec{a}+4\vec{b}$

$\overrightarrow{OR}=-2\vec{a}+\vec{b}$

$\overrightarrow{OQ}=m\overrightarrow{OP}+n\overrightarrow{OR}$에 위의 식을 대입하면

$2\vec{a}+4\vec{b}=m(2\vec{a}+\vec{b})+n(-2\vec{a}+\vec{b})$

$\qquad =(2m-2n)\vec{a}+(m+n)\vec{b}$

이때 두 벡터 $\vec{a}$, $\vec{b}$가 서로 평행하지 않으므로

$2m-2n=2$, $m+n=4$

위의 두 식을 연립하여 풀면

$m=\dfrac{5}{2}$, $n=\dfrac{3}{2}$  $\therefore 4mn=15$ 답 **15**

**0297** 오른쪽 그림과 같이 정육각형의 대각선 AD, BE, CF의 교점을 O라 하면

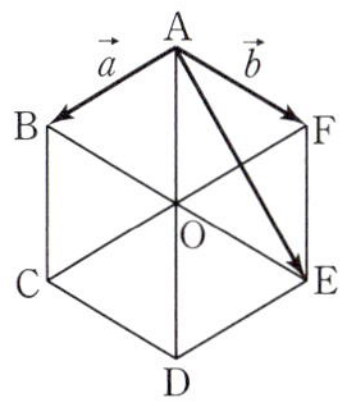

$\overrightarrow{AO}=\vec{a}+\vec{b}$

$\therefore \overrightarrow{AE}=\overrightarrow{AO}+\overrightarrow{AF}$

$\qquad =(\vec{a}+\vec{b})+\vec{b}$

$\qquad =\vec{a}+2\vec{b}$

따라서 $m=1$, $n=2$이므로

$m+n=3$ 답 **3**

**0298** ① $\overrightarrow{PM}=\dfrac{1}{2}\overrightarrow{PQ}=\dfrac{1}{2}\vec{a}$

② $\overrightarrow{QR}=\overrightarrow{PR}-\overrightarrow{PQ}=\vec{b}-\vec{a}$

③ $\overrightarrow{RN}=\dfrac{1}{2}\overrightarrow{RP}=-\dfrac{1}{2}\overrightarrow{PR}=-\dfrac{1}{2}\vec{b}$

④ $\overrightarrow{MR}=\overrightarrow{PR}-\overrightarrow{PM}=\vec{b}-\dfrac{1}{2}\vec{a}\ (\because ①)$

⑤ $\overrightarrow{MN}=\overrightarrow{PN}-\overrightarrow{PM}=\dfrac{1}{2}\overrightarrow{PR}-\dfrac{1}{2}\overrightarrow{PQ}=\dfrac{1}{2}\vec{b}-\dfrac{1}{2}\vec{a}$

따라서 옳지 않은 것은 ④이다.     답 ④

**0299** 점 G는 삼각형 ABC의 무게중심이므로 세 중선을 각 꼭짓점으로부터 2 : 1로 내분한다.

$$\therefore \overrightarrow{GR}=\dfrac{1}{3}\overrightarrow{BR}=\dfrac{1}{3}(\overrightarrow{AR}-\overrightarrow{AB})$$
$$=\dfrac{1}{3}\left(\dfrac{1}{2}\overrightarrow{AC}-\overrightarrow{AB}\right)$$
$$=\dfrac{1}{3}\left(\dfrac{1}{2}\vec{b}-\vec{a}\right)$$
$$=-\dfrac{1}{3}\vec{a}+\dfrac{1}{6}\vec{b}$$

답 $-\dfrac{1}{3}\vec{a}+\dfrac{1}{6}\vec{b}$

**0300** ㄱ. $\overrightarrow{DE}+\overrightarrow{BD}=\overrightarrow{BD}+\overrightarrow{DE}$
$$=\overrightarrow{BE}=2\overrightarrow{OE}\ (참)$$

ㄴ. $\overrightarrow{AB}+\overrightarrow{CD}+\overrightarrow{EF}=\overrightarrow{AB}+\overrightarrow{BO}+\overrightarrow{OA}$
$$=\overrightarrow{AO}+\overrightarrow{OA}=\overrightarrow{AA}=\vec{0}\ (참)$$

ㄷ. $2\overrightarrow{AB}+\overrightarrow{BE}=2\overrightarrow{AB}+2\overrightarrow{BO}=2(\overrightarrow{AB}+\overrightarrow{BO})$
$$=2\overrightarrow{AO}=\overrightarrow{AD}\ (참)$$

따라서 옳은 것은 ㄱ, ㄴ, ㄷ이다.     답 ⑤

**0301** 오른쪽 그림과 같이 한 정육각형의 대각선의 교점을 E라 하면

$$\overrightarrow{BQ}=\overrightarrow{BP}+\overrightarrow{PQ}$$
$$=3\overrightarrow{OA}+\overrightarrow{OE}$$
$$=3\vec{a}+(\vec{a}+\vec{b})$$
$$=4\vec{a}+\vec{b}$$

또, $\overrightarrow{PR}=2\overrightarrow{OB}=2\vec{b}$이므로

$$\overrightarrow{BQ}+\overrightarrow{PR}=(4\vec{a}+\vec{b})+2\vec{b}=4\vec{a}+3\vec{b}$$

답 $4\vec{a}+3\vec{b}$

**0302** $\overrightarrow{AM}=\dfrac{2}{3}\overrightarrow{AB}=\dfrac{2}{3}\vec{a}$이므로

$$\overrightarrow{DM}=\overrightarrow{AM}-\overrightarrow{AD}=\dfrac{2}{3}\vec{a}-\vec{b}$$

$$\therefore \overrightarrow{DN}=\dfrac{1}{2}\overrightarrow{DM}=\dfrac{1}{2}\left(\dfrac{2}{3}\vec{a}-\vec{b}\right)$$
$$=\dfrac{1}{3}\vec{a}-\dfrac{1}{2}\vec{b}$$

또, $\overrightarrow{DC}=\overrightarrow{AB}=\vec{a}$이므로

$$\overrightarrow{CN}=\overrightarrow{DN}-\overrightarrow{DC}=\left(\dfrac{1}{3}\vec{a}-\dfrac{1}{2}\vec{b}\right)-\vec{a}$$
$$=-\dfrac{2}{3}\vec{a}-\dfrac{1}{2}\vec{b}$$

답 ①

**0303** $(2m-n)\vec{a}-(m+4n)\vec{b}=3(\vec{a}-2\vec{b})$에서

$$(2m-n)\vec{a}-(m+4n)\vec{b}=3\vec{a}-6\vec{b}$$

이때 두 벡터 $\vec{a}$, $\vec{b}$가 서로 평행하지 않으므로

$$2m-n=3,\ m+4n=6$$

위의 두 식을 연립하여 풀면

$$m=2,\ n=1 \qquad \therefore m^2+n^2=5$$

답 5

**0304** $(m+n)\vec{a}+2(m-2n)\vec{b}=-2m\vec{a}+(m-3n+4)\vec{b}$

에서

$$(m+n)\vec{a}+(2m-4n)\vec{b}=-2m\vec{a}+(m-3n+4)\vec{b}$$

이때 두 벡터 $\vec{a}$, $\vec{b}$가 서로 평행하지 않으므로

$$m+n=-2m,\ 2m-4n=m-3n+4$$

$$\therefore 3m+n=0,\ m-n=4$$

위의 두 식을 연립하여 풀면

$$m=1,\ n=-3 \qquad \therefore m+n=-2$$

답 ②

**0305** $(x^2-x)\vec{a}+(x+2y)\vec{b}=(7-x+y^2)\vec{a}+(1+y)\vec{b}$

에서 두 벡터 $\vec{a}$, $\vec{b}$가 서로 평행하지 않으므로

$$x^2-x=7-x+y^2,\ 즉\ x^2=7+y^2 \qquad \cdots\cdots ㉠$$
$$x+2y=1+y,\ 즉\ y=1-x \qquad \cdots\cdots ㉡$$

    ㉮

㉡을 ㉠에 대입하면

$$x^2=7+(1-x)^2,\ 2x=8 \qquad \therefore x=4$$

$x=4$를 ㉡에 대입하면 $y=-3$

    ㉯

$$\therefore xy=-12$$

    ㉰

답 $-12$

| 단계 | 채점요소 | 배점 |
|---|---|---|
| ㉮ | $x$, $y$에 대한 방정식 세우기 | 50% |
| ㉯ | $x$, $y$의 값 구하기 | 40% |
| ㉰ | $xy$의 값 구하기 | 10% |

**0306** $\overrightarrow{AB}=\overrightarrow{OB}-\overrightarrow{OA}$
$$=(\vec{a}-2\vec{b})-(2\vec{a}-3\vec{b})$$
$$=-\vec{a}+\vec{b}$$

$\overrightarrow{AP}=\overrightarrow{OP}-\overrightarrow{OA}$
$$=(k\vec{a}+\vec{b})-(2\vec{a}-3\vec{b})$$
$$=(k-2)\vec{a}+4\vec{b}$$

$\overrightarrow{AP}=m\overrightarrow{AB}$에서 $(k-2)\vec{a}+4\vec{b}=-m\vec{a}+m\vec{b}$

이때 두 벡터 $\vec{a}$, $\vec{b}$가 서로 평행하지 않으므로

$$k-2=-m,\ 4=m \qquad \therefore m=4,\ k=-2$$

답 ①

**0307** $\vec{p}+\vec{q}=(\vec{a}+\vec{b})+(\vec{a}+3\vec{b})=2\vec{a}+4\vec{b}$

$\vec{r}-\vec{q}=(2\vec{a}+k\vec{b})-(\vec{a}+3\vec{b})=\vec{a}+(k-3)\vec{b}$

두 벡터 $\vec{p}+\vec{q}$, $\vec{r}-\vec{q}$가 서로 평행하므로
$\vec{r}-\vec{q}=t(\vec{p}+\vec{q})\,(t\neq0)$라 하면
$\vec{a}+(k-3)\vec{b}=2t\vec{a}+4t\vec{b}$
이때 두 벡터 $\vec{a}$, $\vec{b}$가 서로 평행하지 않으므로
$1=2t,\ k-3=4t$
$\therefore\ t=\dfrac{1}{2},\ k=5$ 　　　　　　　　　　　　　　답 **5**

**0308** 두 벡터 $2\vec{a}+m\vec{b}$, $m\vec{a}+8\vec{b}$가 서로 평행하므로
$2\vec{a}+m\vec{b}=k(m\vec{a}+8\vec{b})\,(k\neq0)$라 하면
두 벡터 $\vec{a}$, $\vec{b}$가 서로 평행하지 않으므로
$2=km,\ m=8k$
$k=\dfrac{m}{8}$ 을 $2=km$에 대입하여 정리하면
$m^2=16$ 　　$\therefore\ m=4\,(\because m>0)$ 　　　　답 **③**

**0309** $\overrightarrow{OC}=4\overrightarrow{OA}-\overrightarrow{OB}=4\vec{a}-\vec{b}$이므로
$\overrightarrow{AC}=\overrightarrow{OC}-\overrightarrow{OA}=(4\vec{a}-\vec{b})-\vec{a}$
$\qquad=3\vec{a}-\vec{b}$
ㄱ. $6\vec{a}-2\vec{b}=2(3\vec{a}-\vec{b})=2\overrightarrow{AC}$
ㄴ. $-3\vec{a}+\vec{b}=-(3\vec{a}-\vec{b})=-\overrightarrow{AC}$
ㄷ. $-5\vec{a}+\dfrac{5}{3}\vec{b}=-\dfrac{5}{3}(3\vec{a}-\vec{b})=-\dfrac{5}{3}\overrightarrow{AC}$
따라서 벡터 $\overrightarrow{AC}$와 평행한 벡터는 ㄱ, ㄴ, ㄷ이다.
　　　　　　　　　　　　　　　　답 ㄱ, ㄴ, ㄷ

**0310** $\vec{x}+3\vec{a}=\vec{a}+\vec{b}$에서 $\vec{x}=-2\vec{a}+\vec{b}$
$\vec{x}+\vec{y}=m(\vec{a}-\vec{b})+\vec{b}$에서
$\vec{y}=m(\vec{a}-\vec{b})+\vec{b}-\vec{x}$
$\quad=m(\vec{a}-\vec{b})+\vec{b}-(-2\vec{a}+\vec{b})$
$\quad=(m+2)\vec{a}-m\vec{b}$

────────────────────────── ㉮

두 벡터 $\vec{x}$, $\vec{y}$가 서로 평행하므로
$\vec{y}=k\vec{x}\,(k\neq0)$라 하면
$(m+2)\vec{a}-m\vec{b}=k(-2\vec{a}+\vec{b})$

────────────────────────── ㉯

이때 두 벡터 $\vec{a}$, $\vec{b}$가 서로 평행하지 않으므로
$m+2=-2k,\ -m=k$
$\therefore\ m=2,\ k=-2$

────────────────────────── ㉰
　　　　　　　　　　　　　　　　답 **2**

| 단계 | 채점요소 | 배점 |
| --- | --- | --- |
| ㉮ | $\vec{x}$, $\vec{y}$를 $\vec{a}$, $\vec{b}$로 나타내기 | 30% |
| ㉯ | $\vec{x}$, $\vec{y}$가 서로 평행함을 이용하여 식 세우기 | 40% |
| ㉰ | 실수 $m$의 값 구하기 | 30% |

**0311** $\overrightarrow{AB}=\overrightarrow{OB}-\overrightarrow{OA}=(2\vec{a}-\vec{b})-(\vec{a}-2\vec{b})$
$\qquad=\vec{a}+\vec{b}$
$\overrightarrow{AC}=\overrightarrow{OC}-\overrightarrow{OA}=(5\vec{a}+k\vec{b})-(\vec{a}-2\vec{b})$
$\qquad=4\vec{a}+(k+2)\vec{b}$
두 벡터 $\overrightarrow{AB}$, $\overrightarrow{AC}$가 서로 평행하므로
$\overrightarrow{AC}=t\overrightarrow{AB}\,(t\neq0)$라 하면
$4\vec{a}+(k+2)\vec{b}=t\vec{a}+t\vec{b}$
이때 두 벡터 $\vec{a}$, $\vec{b}$가 서로 평행하지 않으므로
$4=t,\ k+2=t$ 　　$\therefore\ t=4,\ k=2$ 　　　답 **②**

**0312** 세 점 A, B, C가 한 직선 위에 있으려면
$\overrightarrow{AC}=t\overrightarrow{AB}\,(t\neq0)$이어야 하므로
$\overrightarrow{AC}=\overrightarrow{OC}-\overrightarrow{OA}=(2\vec{a}-k\vec{b})-(\vec{a}+\vec{b})$
$\qquad=\vec{a}-(k+1)\vec{b}$
$\overrightarrow{AB}=\overrightarrow{OB}-\overrightarrow{OA}=(3\vec{a}+7\vec{b})-(\vec{a}+\vec{b})$
$\qquad=2\vec{a}+6\vec{b}$
에서 $\vec{a}-(k+1)\vec{b}=2t\vec{a}+6t\vec{b}$
이때 두 벡터 $\vec{a}$, $\vec{b}$가 서로 평행하지 않으므로
$1=2t,\ -k-1=6t$
$\therefore\ t=\dfrac{1}{2},\ k=-4$ 　　　　　　　답 **⑤**

**0313** 세 점 A, B, C가 한 직선 위에 있으려면
$\overrightarrow{AC}=k\overrightarrow{AB}\,(k\neq0)$이어야 하므로
$\overrightarrow{AC}=\overrightarrow{OC}-\overrightarrow{OA}=(3\vec{a}+m\vec{b})-\vec{a}$
$\qquad=2\vec{a}+m\vec{b}$
$\overrightarrow{AB}=\overrightarrow{OB}-\overrightarrow{OA}=\vec{b}-\vec{a}$
에서 $2\vec{a}+m\vec{b}=-k\vec{a}+k\vec{b}$
이때 두 벡터 $\vec{a}$, $\vec{b}$가 서로 평행하지 않으므로
$2=-k,\ m=k$
$\therefore\ k=-2,\ m=-2$ 　　　　　　　　답 **②**

**0314** 세 점 A, B, X가 한 직선 위에 있으려면
$\overrightarrow{AX}=k\overrightarrow{AB}\,(k\neq0)$인 실수 $k$가 존재해야 한다.
$\overrightarrow{AB}=\overrightarrow{OB}-\overrightarrow{OA}=\vec{b}-\vec{a}$
$\overrightarrow{AC}=\overrightarrow{OC}-\overrightarrow{OA}=\dfrac{2\vec{a}+\vec{b}}{3}-\vec{a}$
$\qquad=\dfrac{1}{3}(\vec{b}-\vec{a})=\dfrac{1}{3}\overrightarrow{AB}$
$\overrightarrow{AD}=\overrightarrow{OD}-\overrightarrow{OA}=\dfrac{\vec{a}-3\vec{b}}{4}-\vec{a}$
$\qquad=-\dfrac{3}{4}(\vec{a}+\vec{b})$
$\overrightarrow{AE}=\overrightarrow{OE}-\overrightarrow{OA}=\dfrac{3\vec{a}-\vec{b}}{2}-\vec{a}$
$\qquad=-\dfrac{1}{2}(\vec{b}-\vec{a})=-\dfrac{1}{2}\overrightarrow{AB}$
따라서 직선 AB 위의 점은 C, E이다. 　　　답 **③**

**0315** 오른쪽 그림과 같이 정사각형
OACB를 그리면
$$\overrightarrow{OC}=\overrightarrow{OA}+\overrightarrow{OB}=\vec{a}+\vec{b}$$
또, 세 점 O, P, C는 한 직선 위에 있고
$\overrightarrow{OP}=2$, $\overrightarrow{OC}=\sqrt{2^2+2^2}=2\sqrt{2}$이므로

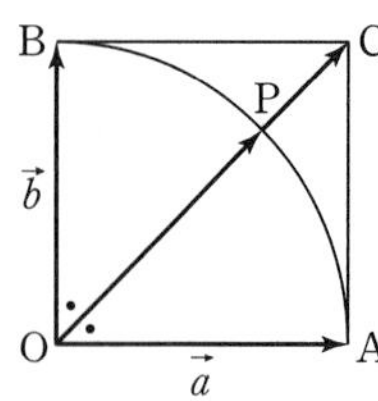

$$\overrightarrow{OP}=\frac{2}{2\sqrt{2}}\overrightarrow{OC}=\frac{\sqrt{2}}{2}(\vec{a}+\vec{b})$$
$$\therefore m=\frac{\sqrt{2}}{2}$$
답 $\dfrac{\sqrt{2}}{2}$

**0316** 세 점 A, B, C가 한 직선 위에 있으려면
$\overrightarrow{AC}=k\overrightarrow{AB}$ $(k\neq0)$이어야 하므로
$$\overrightarrow{OC}-\overrightarrow{OA}=k(\overrightarrow{OB}-\overrightarrow{OA})$$
$$\{(3-t)\overrightarrow{OA}+2t\overrightarrow{OB}\}-\overrightarrow{OA}=k(\overrightarrow{OB}-\overrightarrow{OA})$$
$$(2-t)\overrightarrow{OA}+2t\overrightarrow{OB}=-k\overrightarrow{OA}+k\overrightarrow{OB}$$
이때 두 벡터 $\overrightarrow{OA}$, $\overrightarrow{OB}$가 서로 평행하지 않으므로
$$2-t=-k,\ 2t=k$$
위의 두 식을 연립하여 풀면
$$t=-2,\ k=-4$$
답 $-2$

[다른풀이] 세 점 A, B, C가 한 직선 위에 있으려면
$\overrightarrow{OC}=m\overrightarrow{OA}+n\overrightarrow{OB}$ $(m+n=1)$이어야 한다.
$\overrightarrow{OC}=(3-t)\overrightarrow{OA}+2t\overrightarrow{OB}$에서
$$3-t+2t=1\qquad\therefore t=-2$$

**0317** $\overrightarrow{OA}=\vec{a}$, $\overrightarrow{OB}=\vec{b}$라 하자.
세 점 A, P, D가 한 직선 위에 있으므로
$\overrightarrow{AP}=k\overrightarrow{AD}$ $(k\neq0)$라 하면
$$\overrightarrow{OP}-\overrightarrow{OA}=k(\overrightarrow{OD}-\overrightarrow{OA})$$
$$\overrightarrow{OP}-\vec{a}=k\left(\frac{1}{2}\vec{b}-\vec{a}\right)$$
$$\therefore \overrightarrow{OP}=(1-k)\vec{a}+\frac{k}{2}\vec{b}\qquad\cdots\cdots\ \bigcirc$$
또, 세 점 B, P, C가 한 직선 위에 있으므로
$\overrightarrow{BP}=l\overrightarrow{BC}$ $(l\neq0)$라 하면
$$\overrightarrow{OP}-\overrightarrow{OB}=l(\overrightarrow{OC}-\overrightarrow{OB})$$
$$\overrightarrow{OP}-\vec{b}=l\left(\frac{2}{3}\vec{a}-\vec{b}\right)$$
$$\therefore \overrightarrow{OP}=\frac{2l}{3}\vec{a}+(1-l)\vec{b}\qquad\cdots\cdots\ \bigcirc$$
$\bigcirc$, $\bigcirc$에서 $1-k=\dfrac{2l}{3}$, $\dfrac{k}{2}=1-l$
위의 두 식을 연립하여 풀면
$$k=\frac{1}{2},\ l=\frac{3}{4}$$
따라서 $\overrightarrow{OP}=\dfrac{1}{2}\vec{a}+\dfrac{1}{4}\vec{b}=\dfrac{1}{2}\overrightarrow{OA}+\dfrac{1}{4}\overrightarrow{OB}$이므로
$$m=\frac{1}{2},\ n=\frac{1}{4}$$
$$\therefore 4(m+n)=4\left(\frac{1}{2}+\frac{1}{4}\right)=3$$
답 $3$



**0318**
$$\vec{a}+2\vec{b}+\vec{c}=\overrightarrow{AB}+2\overrightarrow{AC}+\overrightarrow{AD}$$
$$=\overrightarrow{AB}+\overrightarrow{AD}+2\overrightarrow{AC}$$
$$=\overrightarrow{AC}+2\overrightarrow{AC}$$
$$=3\overrightarrow{AC}$$
이때 $|\overrightarrow{AC}|=\overrightarrow{AC}=\sqrt{2^2+2^2}=2\sqrt{2}$이므로
$$|\vec{a}+2\vec{b}+\vec{c}|=3|\overrightarrow{AC}|=3\times2\sqrt{2}=6\sqrt{2}$$
답 ④

**0319**
$$\overrightarrow{AB}-\overrightarrow{BC}+\overrightarrow{CA}=(\overrightarrow{CA}+\overrightarrow{AB})-\overrightarrow{BC}$$
$$=\overrightarrow{CB}+\overrightarrow{CB}$$
$$=2\overrightarrow{CB}$$
$$\therefore |\overrightarrow{AB}-\overrightarrow{BC}+\overrightarrow{CA}|=2|\overrightarrow{CB}|=2$$
답 $2$

**0320**
$$\overrightarrow{AB}+\overrightarrow{AC}+\overrightarrow{AD}+\overrightarrow{AE}$$
$$=(\overrightarrow{OB}-\overrightarrow{OA})+(\overrightarrow{OC}-\overrightarrow{OA})+(\overrightarrow{OD}-\overrightarrow{OA})+(\overrightarrow{OE}-\overrightarrow{OA})$$
$$=(\overrightarrow{OB}+\overrightarrow{OC}+\overrightarrow{OD}+\overrightarrow{OE})-4\overrightarrow{OA}$$
이때 $\overrightarrow{OA}+\overrightarrow{OB}+\overrightarrow{OC}+\overrightarrow{OD}+\overrightarrow{OE}=\vec{0}$에서
$\overrightarrow{OB}+\overrightarrow{OC}+\overrightarrow{OD}+\overrightarrow{OE}=-\overrightarrow{OA}$이므로
$$(\overrightarrow{OB}+\overrightarrow{OC}+\overrightarrow{OD}+\overrightarrow{OE})-4\overrightarrow{OA}=-\overrightarrow{OA}-4\overrightarrow{OA}$$
$$=-5\overrightarrow{OA}$$
$$\therefore |\overrightarrow{AB}+\overrightarrow{AC}+\overrightarrow{AD}+\overrightarrow{AE}|=|-5\overrightarrow{OA}|=5|\overrightarrow{OA}|$$
$$=5\times2=10$$
답 ⑤

**0321** $\overrightarrow{OF}=\overrightarrow{F'O}$이므로
$$|\overrightarrow{OP}+\overrightarrow{OF}|=|\overrightarrow{OP}+\overrightarrow{F'O}|$$
$$=|\overrightarrow{F'O}+\overrightarrow{OP}|$$
$$=|\overrightarrow{F'P}|$$

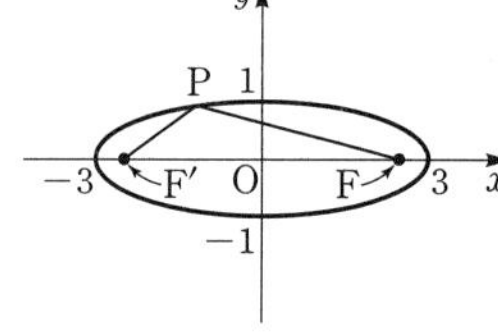

$$\therefore |\overrightarrow{F'P}|=|\overrightarrow{PF'}|=2$$
한편, 타원의 정의에 의하여 $\overline{PF'}+\overline{PF}=2\times3=6$이므로
$$|\overrightarrow{PF'}|+|\overrightarrow{PF}|=6$$
$$2+|\overrightarrow{PF}|=6\qquad\therefore |\overrightarrow{PF}|=4$$
답 $4$

**0322** 강물이 동쪽에서 서쪽으로 분속 30 m
의 속력으로 흐르고 있으므로 A 지점에서 정북
쪽에 있는 B 지점에 도착하기 위해서는
$\overrightarrow{AC}+\overrightarrow{CB}=\overrightarrow{AB}$를 만족시키는 C 지점을 향
해 배가 이동해야 한다.
흐르는 강물에서의 배의 속력은
$$|\overrightarrow{AC}+\overrightarrow{CB}|=|\overrightarrow{AB}|=\sqrt{50^2-30^2}=40\ (m/분)$$
이므로 배가 B 지점에 도착하는 데 걸리는 시간은
$$\frac{200}{40}=5\ (분)$$
따라서 배는 5분 후에 B 지점에 도착한다.
답 **5분**

**0323** 오른쪽 그림과 같이 정사각형 $\text{ACBD}'$
을 그리면
$$\overrightarrow{\text{CA}}+\overrightarrow{\text{CB}}=\overrightarrow{\text{CD}'} \qquad \cdots\cdots\ \bigcirc$$
그런데 점 C를 중심으로 세 점 A, B, D의 방향
으로 작용하는 힘의 합이 0이므로
$$\overrightarrow{\text{CA}}+\overrightarrow{\text{CB}}+\overrightarrow{\text{CD}}=\vec{0}$$
$$\therefore \overrightarrow{\text{CA}}+\overrightarrow{\text{CB}}=-\overrightarrow{\text{CD}} \qquad \cdots\cdots\ \bigcirc$$
$\bigcirc$, $\bigcirc$에서 $\overrightarrow{\text{CD}'}=-\overrightarrow{\text{CD}}$
$$\therefore |\overrightarrow{\text{CD}'}|=|-\overrightarrow{\text{CD}}|=60$$
두 대각선 AB, $\text{CD}'$의 교점을 M이라 하면 점 M은 $\overrightarrow{\text{CD}'}$의 중점
이므로
$$|\overrightarrow{\text{CM}}|=30$$
이때 삼각형 ACM은 직각이등변삼각형이므로
$$|\overrightarrow{\text{CA}}|=\sqrt{2}|\overrightarrow{\text{CM}}|=30\sqrt{2}$$
따라서 밧줄 CA에 걸리는 힘의 크기는 $30\sqrt{2}\ \text{kg}$중이다.

답 $30\sqrt{2}$ kg중

**0324** (1) 오른쪽 그림에서 흐르는 강물에
서의 배의 속력은
$$\sqrt{8^2+6^2}=10\ (\text{km}/\text{시})$$
$\overrightarrow{\text{AB}}$와 배가 실제로 움직이는 방향이 이
루는 각의 크기를 $\theta$라 하면
$$\tan\theta=\frac{6}{8}=\frac{3}{4}$$
실제로 배가 도착한 지점을 C라 하면
$$\overrightarrow{\text{BC}}=2\tan\theta=2\times\frac{3}{4}=\frac{3}{2}\ (\text{km})$$
따라서 B 지점으로부터 $\frac{3}{2}$ km 떨어진 곳
에 도착한다.

(2) 배가 실제로 움직인 거리는
$$\overrightarrow{\text{AC}}=\sqrt{2^2+\left(\frac{3}{2}\right)^2}=\frac{5}{2}\ (\text{km})$$
따라서 배가 강을 건너는 데 걸리는 시간은
$$\frac{\frac{5}{2}}{10}=\frac{1}{4}\ (\text{시간}),\ \ \text{즉}\ \frac{1}{4}\times60=15\ (\text{분})$$

답 (1) $\dfrac{3}{2}$ km  (2) 15분



<table><tr><td>📖 시험에 꼭 나오는 문제</td><td style="text-align:right">본문 49~51쪽</td></tr></table>

**0325** $\overrightarrow{\text{AP}}=-2\overrightarrow{\text{BP}}$이므로 두 벡터 $\overrightarrow{\text{AP}}$, $\overrightarrow{\text{BP}}$는 서로 방향이
반대이고 $\overline{\text{AP}}=2\overline{\text{BP}}$이다.
이때 $\overrightarrow{\text{AB}}=\overrightarrow{\text{AP}}+\overrightarrow{\text{PB}}=3\overrightarrow{\text{BP}}=12$이므로
$$\overline{\text{BP}}=4$$
$$\therefore |\overrightarrow{\text{AP}}|=\overline{\text{AP}}=2\overline{\text{BP}}=2\times4=8$$

답 8

**0326** ㄱ. 두 벡터 $\overrightarrow{\text{OA}}$, $\overrightarrow{\text{EF}}$는 크기와 방향이 각각 같으므로
$$\overrightarrow{\text{OA}}=\overrightarrow{\text{EF}}\ (\text{참})$$
ㄴ. 두 벡터 $\overrightarrow{\text{OB}}$, $\overrightarrow{\text{CD}}$는 크기는 같지만 방향이 서로 반대이므로
$$\overrightarrow{\text{OB}}=-\overrightarrow{\text{CD}}\ (\text{참})$$
ㄷ. 두 선분 OE와 DF가 만나는 점을 M이
라 하면 $\overline{\text{DM}}$은 정삼각형 ODE의 높이
이므로
$$\overline{\text{DM}}=\frac{\sqrt{3}}{2}\times1=\frac{\sqrt{3}}{2}$$
$$\therefore |\overrightarrow{\text{DF}}|=2|\overrightarrow{\text{DM}}|=2\times\frac{\sqrt{3}}{2}$$
$$=\sqrt{3}\ (\text{거짓})$$
따라서 옳은 것은 ㄱ, ㄴ이다.

답 ③

**0327** ② $\overrightarrow{\text{AB}}+\overrightarrow{\text{BC}}+\overrightarrow{\text{CA}}=\overrightarrow{\text{AC}}+\overrightarrow{\text{CA}}=\overrightarrow{\text{AA}}=\vec{0}$
③ $\overrightarrow{\text{BA}}+\overrightarrow{\text{AD}}-\overrightarrow{\text{BC}}=\overrightarrow{\text{BD}}-\overrightarrow{\text{BC}}=\overrightarrow{\text{CD}}$
④ $\overrightarrow{\text{AB}}-\overrightarrow{\text{AD}}=\overrightarrow{\text{CB}}-\overrightarrow{\text{CD}}=\overrightarrow{\text{DB}}$이므로
$$\overrightarrow{\text{AB}}+\overrightarrow{\text{CD}}=\overrightarrow{\text{AD}}+\overrightarrow{\text{CB}}$$
⑤ $\overrightarrow{\text{CD}}+\overrightarrow{\text{DA}}+\overrightarrow{\text{AB}}+\overrightarrow{\text{BD}}+\overrightarrow{\text{DB}}=\overrightarrow{\text{CA}}+\overrightarrow{\text{AD}}+\overrightarrow{\text{DB}}$
$$=\overrightarrow{\text{CD}}+\overrightarrow{\text{DB}}=\overrightarrow{\text{CB}}$$
따라서 옳지 않은 것은 ⑤이다.

답 ⑤

**0328** $2\overrightarrow{\text{OA}}-\overrightarrow{\text{OB}}=2\overrightarrow{\text{OD}}-\overrightarrow{\text{OC}}$에서
$$2(\overrightarrow{\text{OA}}-\overrightarrow{\text{OD}})=\overrightarrow{\text{OB}}-\overrightarrow{\text{OC}}\qquad \therefore 2\overrightarrow{\text{DA}}=\overrightarrow{\text{CB}}$$
즉, $2\overrightarrow{\text{AD}}=\overrightarrow{\text{BC}}$이므로 벡터 $\overrightarrow{\text{AD}}$와 벡터 $\overrightarrow{\text{BC}}$는 서로 평행하고,
$$|\overrightarrow{\text{AD}}|=\frac{1}{2}|\overrightarrow{\text{BC}}|\ \text{이다.}$$
따라서 사각형 ABCD는 오른쪽 그림과
같은 사다리꼴이다.

답 ①

**0329** $2(\vec{a}-2\vec{b}+\vec{x})=3(\vec{a}-2\vec{b}+2\vec{x})$에서
$$2\vec{a}-4\vec{b}+2\vec{x}=3\vec{a}-6\vec{b}+6\vec{x}$$
$$4\vec{x}=-\vec{a}+2\vec{b}\qquad \therefore \vec{x}=-\frac{1}{4}\vec{a}+\frac{1}{2}\vec{b}$$
따라서 $m=-\dfrac{1}{4}$, $n=\dfrac{1}{2}$이므로
$$m+n=\frac{1}{4}$$

답 ③

**0330** $\overrightarrow{\text{OE}}=-\vec{a}+2\vec{b}$, $\overrightarrow{\text{OF}}=2\vec{a}+3\vec{b}$이므로
$$\overrightarrow{\text{OE}}+\overrightarrow{\text{OF}}=(-\vec{a}+2\vec{b})+(2\vec{a}+3\vec{b})$$
$$=\vec{a}+5\vec{b}$$

답 $\vec{a}+5\vec{b}$

**0331** $\overrightarrow{\text{FC}}=2\overrightarrow{\text{AB}}=2\vec{a}$이므로 $\overrightarrow{\text{CF}}=-2\vec{a}$
$$\overrightarrow{\text{AD}}=2\overrightarrow{\text{BC}}=2(\overrightarrow{\text{AC}}-\overrightarrow{\text{AB}})=2(\vec{b}-\vec{a})$$
$$\therefore \overrightarrow{\text{CF}}+\overrightarrow{\text{AD}}=-2\vec{a}+2(\vec{b}-\vec{a})=-4\vec{a}+2\vec{b}$$

답 ②

**0332** 오른쪽 그림과 같이 정육각형의 세 대각선 AD, BE, CF의 교점을 O라 하면
$$\overrightarrow{BG}=\frac{1}{2}\overrightarrow{BC}=\frac{1}{2}\overrightarrow{AO}=\frac{1}{2}(\vec{a}+\vec{b})$$
이므로

$$\overrightarrow{FG}=\overrightarrow{FA}+\overrightarrow{AB}+\overrightarrow{BG}$$
$$=-\vec{b}+\vec{a}+\frac{1}{2}(\vec{a}+\vec{b})$$
$$=\frac{3}{2}\vec{a}-\frac{1}{2}\vec{b}$$

따라서 $m=\frac{3}{2}$, $n=-\frac{1}{2}$ 이므로

$$m-n=2 \qquad\qquad\qquad\text{답 } \mathbf{2}$$

---

**0333** 오른쪽 그림의 삼각형 ABD에서 세 점 E, G, H는 각각 선분 AB, AD, BD의 중점이므로 삼각형의 중점연결정리에 의하여

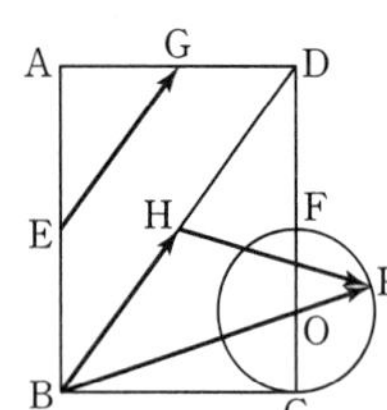

$$\overrightarrow{EG}=\frac{1}{2}\overrightarrow{BD}=\overrightarrow{BH}$$

$$\therefore |\overrightarrow{EG}+\overrightarrow{HP}|=|\overrightarrow{BH}+\overrightarrow{HP}|=|\overrightarrow{BP}|$$

이때 $|\overrightarrow{EG}+\overrightarrow{HP}|$ 의 최댓값은 $|\overrightarrow{BP}|$ 의 최댓값과 같으므로 점 B에서 원 위의 점 P에 이르는 거리의 최댓값과 같다.

따라서 원의 중심을 O라 하면 구하는 최댓값은

$$\overrightarrow{BO}+\overrightarrow{OP}=\sqrt{6^2+2^2}+2 \quad \leftarrow \overline{FC}=4\text{이므로 } \overline{OC}=2$$
$$=2+2\sqrt{10} \qquad\qquad\text{답 } ②$$

---

**0334** $m(\vec{a}-\vec{b})+n(3\vec{a}-2\vec{b})-\vec{b}=n\vec{a}+m(-\vec{a}+2\vec{b})$ 에서
$$(m+3n)\vec{a}-(m+2n+1)\vec{b}=(-m+n)\vec{a}+2m\vec{b}$$
이때 두 벡터 $\vec{a}$, $\vec{b}$가 서로 평행하지 않으므로
$$m+3n=-m+n,\ -(m+2n+1)=2m$$
$$\therefore m+n=0,\ 3m+2n+1=0$$
위의 두 식을 연립하여 풀면
$$m=-1,\ n=1$$
$$\therefore m-n=-2 \qquad\qquad\qquad\text{답 } ②$$

---

**0335** $\vec{p}+\vec{q}=(\vec{a}-\vec{b})+(m\vec{a}+3\vec{b})$
$$=(m+1)\vec{a}+2\vec{b}$$
$$\vec{q}-\vec{r}=(m\vec{a}+3\vec{b})-(2\vec{a}-5\vec{b})$$
$$=(m-2)\vec{a}+8\vec{b}$$
두 벡터 $\vec{p}+\vec{q}$, $\vec{q}-\vec{r}$가 서로 평행하므로
$\vec{q}-\vec{r}=k(\vec{p}+\vec{q})\ (k\neq0)$ 라 하면
$$(m-2)\vec{a}+8\vec{b}=k(m+1)\vec{a}+2k\vec{b}$$
이때 두 벡터 $\vec{a}$, $\vec{b}$가 서로 평행하지 않으므로
$$m-2=k(m+1),\ 8=2k$$
$$\therefore k=4,\ m=-2 \qquad\qquad\text{답 } ①$$

---

**0336** 세 점 A, B, C가 한 직선 위에 있으려면 $\overrightarrow{AC}=k\overrightarrow{AB}\ (k\neq0)$ 이어야 하므로
$$\overrightarrow{AC}=\overrightarrow{OC}-\overrightarrow{OA}=(\vec{a}+t\vec{b})-(-3\vec{a}-\vec{b})$$
$$=4\vec{a}+(t+1)\vec{b}$$
$$\overrightarrow{AB}=\overrightarrow{OB}-\overrightarrow{OA}=(5\vec{a}-3\vec{b})-(-3\vec{a}-\vec{b})$$
$$=8\vec{a}-2\vec{b}$$
에서 $4\vec{a}+(t+1)\vec{b}=8k\vec{a}-2k\vec{b}$
이때 두 벡터 $\vec{a}$, $\vec{b}$가 서로 평행하지 않으므로
$$4=8k,\ t+1=-2k$$
$$\therefore k=\frac{1}{2},\ t=-2 \qquad\qquad\text{답 } -\mathbf{2}$$

---

**0337** $\vec{a}-\vec{b}+2\vec{c}=\overrightarrow{AB}-\overrightarrow{AD}+2\overrightarrow{BD}$
$$=(\overrightarrow{AB}+\overrightarrow{DA})+2\overrightarrow{BD}$$
$$=\overrightarrow{DB}+2\overrightarrow{BD}$$
$$=-\overrightarrow{BD}+2\overrightarrow{BD}$$
$$=\overrightarrow{BD}$$
이때 $|\vec{a}-\vec{b}+2\vec{c}|=2$ 이므로 $|\overrightarrow{BD}|=2$
따라서 정사각형 ABCD의 한 변의 길이를 $k$라 하면 대각선의 길이가 2이므로
$$\sqrt{2}k=2 \qquad \therefore k=\sqrt{2} \qquad\text{답 } \sqrt{2}$$

---

**0338** 오른쪽 그림과 같이 정육각형의 세 대각선 AD, BE, CF의 교점을 O라 하면
$$\overrightarrow{BO}=\overrightarrow{CD}=\vec{b},\ \overrightarrow{OA}=\overrightarrow{EF}=\vec{c}$$

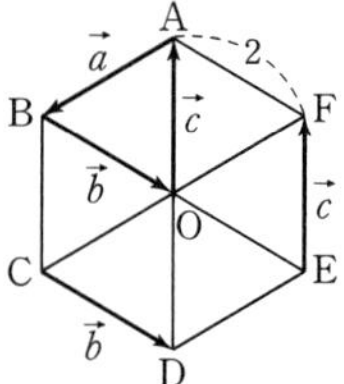

$$\therefore \vec{a}+\vec{b}+\vec{c}=\vec{0}$$
즉, $\vec{a}+\vec{b}=-\vec{c}$ 이므로
$$|\vec{a}+\vec{b}-3\vec{c}|=|-\vec{c}-3\vec{c}|=|-4\vec{c}|$$
$$=4|\vec{c}|=4\times2=8 \qquad\text{답 } \mathbf{8}$$

---

**0339** 선분 BD의 중점을 M, 선분 EF의 중점을 N이라 하면
$$\overrightarrow{BF}=\overrightarrow{BM}+\overrightarrow{MN}+\overrightarrow{NF}$$
$$\overrightarrow{DE}=\overrightarrow{DM}+\overrightarrow{MN}+\overrightarrow{NE}$$
이때 $\overrightarrow{BM}+\overrightarrow{DM}=\vec{0}$, $\overrightarrow{NF}+\overrightarrow{NE}=\vec{0}$ 이므로
$$\overrightarrow{BF}+\overrightarrow{DE}=(\overrightarrow{BM}+\overrightarrow{MN}+\overrightarrow{NF})+(\overrightarrow{DM}+\overrightarrow{MN}+\overrightarrow{NE})$$
$$=(\overrightarrow{BM}+\overrightarrow{DM})+(\overrightarrow{NF}+\overrightarrow{NE})+2\overrightarrow{MN}$$
$$=2\overrightarrow{MN}$$
$$\therefore |\overrightarrow{BF}+\overrightarrow{DE}|^2=|2\overrightarrow{MN}|^2=4\overline{MN}^2$$

한편, $\overline{AM}=\frac{5}{2}$, $\overline{AN}=\frac{3}{2}$ 이고

$\angle MAN=60°$ 이므로 오른쪽 그림과 같이 점 N에서 $\overline{AM}$에 내린 수선의 발을 H라 하면

$$\overline{AH}=\frac{3}{4},\ \overline{HN}=\frac{3\sqrt{3}}{4}$$

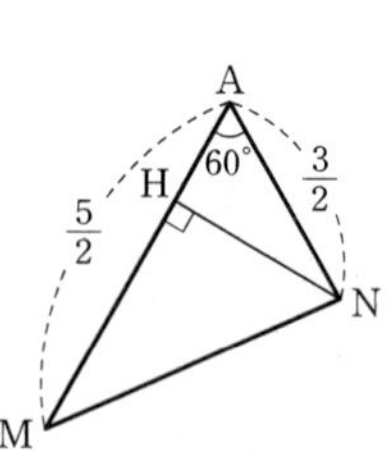

따라서 $\overline{\text{HM}}=\dfrac{5}{2}-\dfrac{3}{4}=\dfrac{7}{4}$이므로 직각삼각형 MNH에서

$$\overline{\text{MN}}^2=\left(\dfrac{7}{4}\right)^2+\left(\dfrac{3\sqrt{3}}{4}\right)^2=\dfrac{19}{4}$$

$$\therefore |\overrightarrow{\text{BF}}+\overrightarrow{\text{DE}}|^2=4\overline{\text{MN}}^2=4\times\dfrac{19}{4}=19$$

답 ③

**0340** $\overrightarrow{\text{PA}}+\overrightarrow{\text{PB}}+\overrightarrow{\text{PC}}=\overrightarrow{\text{AB}}$에서

$\overrightarrow{\text{PA}}+\overrightarrow{\text{PB}}+\overrightarrow{\text{PC}}=\overrightarrow{\text{PB}}-\overrightarrow{\text{PA}}$

$2\overrightarrow{\text{PA}}+\overrightarrow{\text{PC}}=\vec{0},\ 2\overrightarrow{\text{AP}}=\overrightarrow{\text{PC}}$

$\therefore |\overrightarrow{\text{AP}}| : |\overrightarrow{\text{PC}}|=1 : 2$

⑦

따라서 오른쪽 그림에서

$\triangle\text{PAB} : \triangle\text{PBC}=1 : 2$

이므로

$\triangle\text{PBC}=2\triangle\text{PAB}=2\times6=12$

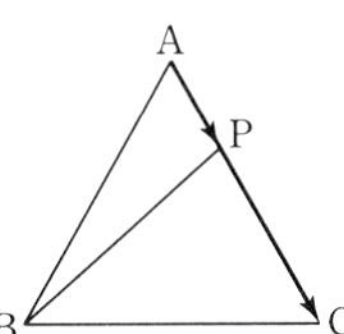

⑭

답 **12**

| 단계 | 채점요소 | 배점 |
| --- | --- | --- |
| ⑦ | $\lvert\overrightarrow{\text{AP}}\rvert : \lvert\overrightarrow{\text{PC}}\rvert$ 구하기 | 60% |
| ⑭ | 삼각형 PBC의 넓이 구하기 | 40% |

**0341** 오른쪽 그림에서

$\overrightarrow{\text{OA}}+\overrightarrow{\text{AQ}}=\overrightarrow{\text{OQ}}$이므로

$\overrightarrow{\text{OA}}=\overrightarrow{\text{OQ}}-\overrightarrow{\text{AQ}}=\overrightarrow{\text{OQ}}-\dfrac{1}{2}\overrightarrow{\text{OP}}$

$\quad=\vec{q}-\dfrac{1}{2}\vec{p}$

$\overrightarrow{\text{AR}}=\overrightarrow{\text{PQ}}=\overrightarrow{\text{OQ}}-\overrightarrow{\text{OP}}=\vec{q}-\vec{p}$

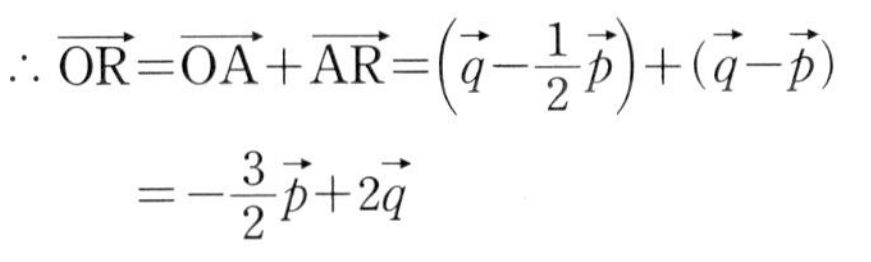

⑦

$\therefore \overrightarrow{\text{OR}}=\overrightarrow{\text{OA}}+\overrightarrow{\text{AR}}=\left(\vec{q}-\dfrac{1}{2}\vec{p}\right)+(\vec{q}-\vec{p})$

$\quad=-\dfrac{3}{2}\vec{p}+2\vec{q}$

⑭

따라서 $m=-\dfrac{3}{2},\ n=2$이므로

$mn=-3$

⑭

답 **$-3$**

| 단계 | 채점요소 | 배점 |
| --- | --- | --- |
| ⑦ | $\overrightarrow{\text{OA}},\ \overrightarrow{\text{AR}}$를 $\vec{p},\ \vec{q}$로 나타내기 | 60% |
| ⑭ | $\overrightarrow{\text{OR}}$를 $\vec{p},\ \vec{q}$로 나타내기 | 30% |
| ⑭ | $mn$의 값 구하기 | 10% |

**0342** $\overrightarrow{\text{PQ}}=\overrightarrow{\text{OQ}}-\overrightarrow{\text{OP}}=(-2\vec{a}+3\vec{b})-(3\vec{a}+\vec{b})$

$\quad=-5\vec{a}+2\vec{b}$

$\overrightarrow{\text{RS}}=\overrightarrow{\text{OS}}-\overrightarrow{\text{OR}}=\{(m+3)\vec{a}+\vec{b}\}-(-5\vec{a}+m\vec{b})$

$\quad=(m+8)\vec{a}+(1-m)\vec{b}$

⑦

두 벡터 $\overrightarrow{\text{PQ}},\ \overrightarrow{\text{RS}}$가 서로 평행하므로

$\overrightarrow{\text{RS}}=k\overrightarrow{\text{PQ}}\ (k\neq0)$라 하면

$(m+8)\vec{a}+(1-m)\vec{b}=-5k\vec{a}+2k\vec{b}$

이때 두 벡터 $\vec{a},\ \vec{b}$가 서로 평행하지 않으므로

$m+8=-5k,\ 1-m=2k$

⑭

위의 두 식을 연립하여 풀면

$k=-3,\ m=7$

⑭

답 **7**

| 단계 | 채점요소 | 배점 |
| --- | --- | --- |
| ⑦ | $\overrightarrow{\text{PQ}},\ \overrightarrow{\text{RS}}$를 $\vec{a},\ \vec{b}$로 나타내기 | 30% |
| ⑭ | $\overrightarrow{\text{RS}}=k\overrightarrow{\text{PQ}}$로 놓고 $k,\ m$ 사이의 관계식 구하기 | 50% |
| ⑭ | 실수 $m$의 값 구하기 | 20% |

**0343** $\overrightarrow{\text{AC}}+\overrightarrow{\text{AD}}+\overrightarrow{\text{AE}}$

$=(\overrightarrow{\text{OC}}-\overrightarrow{\text{OA}})+(\overrightarrow{\text{OD}}-\overrightarrow{\text{OA}})$

$\qquad\qquad\qquad+(\overrightarrow{\text{OE}}-\overrightarrow{\text{OA}})$

$=(\overrightarrow{\text{OC}}+\overrightarrow{\text{OD}}+\overrightarrow{\text{OE}})-3\overrightarrow{\text{OA}}$

$=\{(\overrightarrow{\text{OC}}+\overrightarrow{\text{OE}})+\overrightarrow{\text{OD}}\}-3\overrightarrow{\text{OA}}$

$=2\overrightarrow{\text{OD}}-3\overrightarrow{\text{OA}}$

$=-2\overrightarrow{\text{OA}}-3\overrightarrow{\text{OA}}$

$=-5\overrightarrow{\text{OA}}$

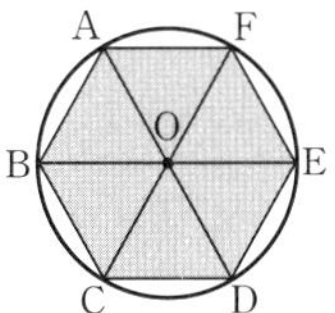

⑦

$\therefore |\overrightarrow{\text{AC}}+\overrightarrow{\text{AD}}+\overrightarrow{\text{AE}}|=|-5\overrightarrow{\text{OA}}|$

$\qquad\qquad\qquad\quad=5|\overrightarrow{\text{OA}}|=30$

$\therefore |\overrightarrow{\text{OA}}|=6$

⑭

이때 삼각형 OAB는 한 변의 길이가 6인 정삼각형이므로

$\triangle\text{OAB}=\dfrac{\sqrt{3}}{4}\times6^2=9\sqrt{3}$

따라서 구하는 정육각형의 넓이는

$6\times9\sqrt{3}=54\sqrt{3}$

⑭

답 **$54\sqrt{3}$**

| 단계 | 채점요소 | 배점 |
| --- | --- | --- |
| ⑦ | $\overrightarrow{\text{AC}}+\overrightarrow{\text{AD}}+\overrightarrow{\text{AE}}$를 $\overrightarrow{\text{OA}}$로 나타내기 | 50% |
| ⑭ | $|\overrightarrow{\text{OA}}|$ 구하기 | 30% |
| ⑭ | 정육각형의 넓이 구하기 | 20% |

**0344** 오른쪽 그림과 같이 두 점 S, T
를 정하면
$$\overrightarrow{OR}=\overrightarrow{OT}+\overrightarrow{TR}$$
$$=\overrightarrow{PQ}+\frac{1}{2}\overrightarrow{SO}$$
$$=(\overrightarrow{OQ}-\overrightarrow{OP})-\frac{1}{2}\overrightarrow{OS}$$
$$=(\overrightarrow{OQ}-\overrightarrow{OP})-\frac{1}{2}\times\frac{1}{2}(\overrightarrow{OP}+\overrightarrow{OQ})$$
$$=-\frac{5}{4}\overrightarrow{OP}+\frac{3}{4}\overrightarrow{OQ}$$

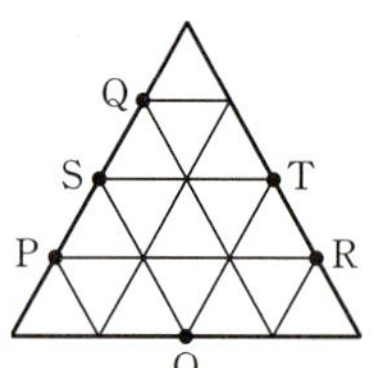

따라서 $m=-\dfrac{5}{4}$, $n=\dfrac{3}{4}$이므로
$$m+n=-\frac{1}{2}$$
답 ②

**0345** $|\overrightarrow{C_1P}+\overrightarrow{C_1Q}+\overrightarrow{C_2Q}-\overrightarrow{C_2P}|$
$$=|\overrightarrow{C_1P}+\overrightarrow{C_1Q}+\overrightarrow{PQ}|$$
$$=|(\overrightarrow{C_1P}+\overrightarrow{PQ})+\overrightarrow{C_1Q}|$$
$$=|\overrightarrow{C_1Q}+\overrightarrow{C_1Q}|$$
$$=|2\overrightarrow{C_1Q}|=2|\overrightarrow{C_1Q}|$$
오른쪽 그림과 같이 점 $C_1$에서 $\overline{C_2Q}$
의 연장선에 내린 수선의 발을 R라
하면 직각삼각형 $C_1RC_2$에서

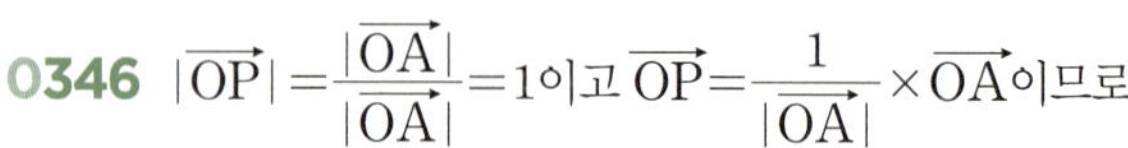

$$\overline{C_1R}=\sqrt{10^2-6^2}=8$$
이므로 직각삼각형 $C_1RQ$에서
$$\overline{C_1Q}=\sqrt{8^2+2^2}=2\sqrt{17}$$
따라서 $|\overrightarrow{C_1Q}|=2\sqrt{17}$이므로
$$|\overrightarrow{C_1P}+\overrightarrow{C_1Q}+\overrightarrow{C_2Q}-\overrightarrow{C_2P}|=2|\overrightarrow{C_1Q}|=4\sqrt{17}$$
답 ⑤

**0346** $|\overrightarrow{OP}|=\dfrac{|\overrightarrow{OA}|}{|\overrightarrow{OA}|}=1$이고 $\overrightarrow{OP}=\dfrac{1}{|\overrightarrow{OA}|}\times\overrightarrow{OA}$이므로
$\overrightarrow{OP}$는 벡터 $\overrightarrow{OA}$와 방향이 같고 크기가 1인 벡터이다.
오른쪽 그림과 같이
원 $(x-1)^2+(y-\sqrt{3})^2=1$의 중심을
Q, 원점 O에서 원에 그은 접선의 접점을
R라 하면
$$\angle ORQ=90°,\ \overline{QR}=1,\ \overline{OR}=\sqrt{3}$$
이므로 직각삼각형 ORQ에서
$$\overline{OQ}=\sqrt{1^2+(\sqrt{3})^2}=2$$
$$\therefore\ \angle QOR=30°$$
따라서 점 P가 나타내는 도형의 길이는 반지름의 길이가 1, 중심
각의 크기가 60°인 부채꼴의 호의 길이와 같으므로
$$2\pi\times1\times\frac{60°}{360°}=\frac{\pi}{3}$$
답 $\dfrac{\pi}{3}$



# 04 평면벡터의 성분과 내적

## 📖 교과서 문제 정/복/하/기
본문 53쪽, 55쪽

**0347** (1) $\overrightarrow{BC}=(2\vec{a}-3\vec{b})-\vec{b}=2\vec{a}-4\vec{b}$
(2) $\overrightarrow{CA}=\vec{a}-(2\vec{a}-3\vec{b})=-\vec{a}+3\vec{b}$
답 (1) $2\vec{a}-4\vec{b}$　(2) $-\vec{a}+3\vec{b}$

**0348** $\vec{p}=\dfrac{3\vec{b}+2\vec{a}}{3+2}=\dfrac{2\vec{a}+3\vec{b}}{5}$
답 $\dfrac{2\vec{a}+3\vec{b}}{5}$

**0349** $\vec{q}=\dfrac{2\vec{b}-\vec{a}}{2-1}=-\vec{a}+2\vec{b}$
답 $-\vec{a}+2\vec{b}$

**0350** $\vec{m}=\dfrac{\vec{a}+\vec{b}}{2}$
답 $\dfrac{\vec{a}+\vec{b}}{2}$

**0351** 답 $(2,\ -3)$

**0352** 답 $(-1,\ -5)$

**0353** 답 $3\vec{e_1}-2\vec{e_2}$

**0354** 답 $-4\vec{e_1}+9\vec{e_2}$

**0355** $|\vec{a}|=\sqrt{(-2)^2+3^2}=\sqrt{13}$
답 $\sqrt{13}$

**0356** $|\vec{b}|=\sqrt{5^2+(-12)^2}=13$
답 13

**0357** $3=n-2$, $m-1=4$이므로
$n=5$, $m=5$
답 $m=5,\ n=5$

**0358** $2m+1=5$, $3=n+1$이므로
$m=2$, $n=2$
답 $m=2,\ n=2$

**0359** (1) $3\vec{a}+\vec{b}=3(-2,\ 3)+(4,\ 2)=(-2,\ 11)$
(2) $-2\vec{a}-\vec{b}=-2(-2,\ 3)-(4,\ 2)=(0,\ -8)$
답 (1) $(-2,\ 11)$　(2) $(0,\ -8)$

**0360** $\overrightarrow{AB}=(2,\ 1)-(3,\ -1)=(-1,\ 2)$

$|\overrightarrow{AB}|=\sqrt{(-1)^2+2^2}=\sqrt{5}$

답 $\overrightarrow{AB}=(-1,\ 2),\ |\overrightarrow{AB}|=\sqrt{5}$

**0361** $\overrightarrow{AB}=(-6,\ 8)-(-3,\ 4)=(-3,\ 4)$

$|\overrightarrow{AB}|=\sqrt{(-3)^2+4^2}=5$

답 $\overrightarrow{AB}=(-3,\ 4),\ |\overrightarrow{AB}|=5$

**0362** (1) $\vec{a}\cdot\vec{b}=|\vec{a}||\vec{b}|\cos 45°$

$$=3\times 4\times\frac{\sqrt{2}}{2}=6\sqrt{2}$$

(2) $\vec{a}\cdot\vec{b}=-|\vec{a}||\vec{b}|\cos(180°-120°)$

$$=-3\times 4\times\frac{1}{2}=-6$$

답 (1) $6\sqrt{2}$  (2) $-6$

**0363** $\vec{a}\cdot\vec{b}=1\times 3+(-3)\times 2=-3$ 답 $-3$

**0364** $\vec{a}\cdot\vec{b}=2\times(-2)+(-1)\times 4=-8$ 답 $-8$

**0365** $\vec{a}\cdot\vec{b}=1\times 5+\sqrt{3}\times 0=5\geq 0$ 이므로

$\cos\theta=\dfrac{\vec{a}\cdot\vec{b}}{|\vec{a}||\vec{b}|}=\dfrac{5}{\sqrt{1^2+(\sqrt{3})^2}\sqrt{5^2+0^2}}=\dfrac{1}{2}$ 답 $\dfrac{1}{2}$

**0366** $\vec{a}\cdot\vec{b}=3\times 4+4\times(-3)=0\geq 0$ 이므로

$\cos\theta=\dfrac{\vec{a}\cdot\vec{b}}{|\vec{a}||\vec{b}|}=\dfrac{0}{\sqrt{3^2+4^2}\sqrt{4^2+(-3)^2}}=0$ 답 $0$

**0367** $\vec{a}\cdot\vec{b}=(-1)\times 2+3\times(-1)=-5<0$ 이므로 두 벡터 $\vec{a},\ \vec{b}$ 가 이루는 각의 크기를 $\theta\ (90°<\theta\leq 180°)$ 라 하면

$\cos(180°-\theta)=-\dfrac{\vec{a}\cdot\vec{b}}{|\vec{a}||\vec{b}|}=-\dfrac{-5}{\sqrt{(-1)^2+3^2}\sqrt{2^2+(-1)^2}}$

$$=\dfrac{5}{\sqrt{10}\sqrt{5}}=\dfrac{\sqrt{2}}{2}$$

따라서 $180°-\theta=45°$ 이므로 $\theta=135°$ 답 $135°$

**0368** $\vec{a}\cdot\vec{b}=0$ 에서 $(3,\ 2)\cdot(k,\ 6)=0$

$3\times k+2\times 6=0,\ 3k=-12$  $\therefore k=-4$ 답 $-4$

**0369** $\vec{a}\cdot\vec{b}=0$ 에서 $(2k,\ -3)\cdot(-1,\ 2)=0$

$2k\times(-1)+(-3)\times 2=0,\ 2k=-6$

$\therefore k=-3$ 답 $-3$

**0370** $\vec{b}=t\vec{a}\ (t\neq 0)$ 라 하면 $\left(k,\ \dfrac{1}{2}\right)=t(4,\ 1)$

$k=4t,\ \dfrac{1}{2}=t$  $\therefore t=\dfrac{1}{2},\ k=2$ 답 $2$

**0371** $\vec{b}=t\vec{a}\ (t\neq 0)$ 라 하면 $(-2,\ k)=t(1,\ -1)$

$-2=t,\ k=-t$  $\therefore t=-2,\ k=2$ 답 $2$

**0372** 답 $\dfrac{x-7}{2}=\dfrac{y+2}{3}$

**0373** 답 $x=3$

**0374** $\dfrac{x-5}{6-5}=\dfrac{y-(-1)}{2-(-1)}$ 에서 $x-5=\dfrac{y+1}{3}$

답 $x-5=\dfrac{y+1}{3}$

**0375** $\dfrac{x-(-2)}{3-(-2)}=\dfrac{y-4}{1-4}$ 에서 $\dfrac{x+2}{5}=\dfrac{4-y}{3}$

답 $\dfrac{x+2}{5}=\dfrac{4-y}{3}$

**0376** $(x+2)-5(y-3)=0$ 에서 $x-5y+17=0$

답 $x-5y+17=0$

**0377** $3(x-4)+4(y-2)=0$ 에서 $3x+4y-20=0$

답 $3x+4y-20=0$

**0378** 두 직선 $\dfrac{x+1}{3}=\dfrac{y}{2}$, $\dfrac{x+3}{-2}=\dfrac{y-2}{3}$ 의 방향벡터를 각각 $\vec{u},\ \vec{v}$ 라 하면

$\vec{u}=(3,\ 2),\ \vec{v}=(-2,\ 3)$

$\therefore \cos\theta=\dfrac{|\vec{u}\cdot\vec{v}|}{|\vec{u}||\vec{v}|}=\dfrac{|3\times(-2)+2\times 3|}{\sqrt{3^2+2^2}\sqrt{(-2)^2+3^2}}=0$ 답 $0$

**0379** 두 직선 $x-1=\dfrac{y-2}{2}$, $\dfrac{x-2}{2}=y$ 의 방향벡터를 각각 $\vec{u},\ \vec{v}$ 라 하면

$\vec{u}=(1,\ 2),\ \vec{v}=(2,\ 1)$

$\therefore \cos\theta=\dfrac{|\vec{u}\cdot\vec{v}|}{|\vec{u}||\vec{v}|}=\dfrac{|1\times 2+2\times 1|}{\sqrt{1^2+2^2}\sqrt{2^2+1^2}}=\dfrac{4}{5}$ 답 $\dfrac{4}{5}$

**0380** 두 직선 $l,\ m$ 의 방향벡터를 각각 $\vec{u},\ \vec{v}$ 라 하면

$\vec{u}=(a,\ -2),\ \vec{v}=(-5,\ 1)$

(1) 두 직선이 서로 수직이면 두 벡터 $\vec{u},\ \vec{v}$ 도 서로 수직이므로

$\vec{u}\cdot\vec{v}=0$ 에서 $(a,\ -2)\cdot(-5,\ 1)=0$

$a\times(-5)+(-2)\times 1=0,\ 5a=-2$  $\therefore a=-\dfrac{2}{5}$

(2) 두 직선이 서로 평행하면 두 벡터 $\vec{u}$, $\vec{v}$도 서로 평행하므로
$\vec{u}=k\vec{v}\ (k\neq0)$라 하면
$(a,\ -2)=k(-5,\ 1)$
$a=-5k,\ -2=k$ $\quad\therefore k=-2,\ a=10$

답 (1) $-\dfrac{2}{5}$ (2) 10

**0381** (1) $\vec{p}-\vec{c}=(x,\ y)-(2,\ 3)=(x-2,\ y-3)$이므로
$|\vec{p}-\vec{c}|=\sqrt{(x-2)^2+(y-3)^2}=1$
$\therefore (x-2)^2+(y-3)^2=1$
(2) $|\vec{p}|=\sqrt{x^2+y^2}=3$이므로 $x^2+y^2=9$

답 (1) $(x-2)^2+(y-3)^2=1$ (2) $x^2+y^2=9$



**0382** $2\overrightarrow{AB}-\overrightarrow{BC}=2(\overrightarrow{OB}-\overrightarrow{OA})-(\overrightarrow{OC}-\overrightarrow{OB})$
$=2(\vec{b}-\vec{a})-(\vec{c}-\vec{b})$
$=-2\vec{a}+3\vec{b}-\vec{c}$

따라서 $x=-2,\ y=3,\ z=-1$이므로
$xyz=6$

답 6

**0383** $2\overrightarrow{OA}=\overrightarrow{OB}$인 경우는 다음의 두 가지 경우가 있다.
(i) 오른쪽 그림과 같이
$\overrightarrow{OB}=2\overrightarrow{OA}=2\vec{a}$일 때
$\overrightarrow{AB}=\overrightarrow{OB}-\overrightarrow{OA}=2\vec{a}-\vec{a}=\vec{a}$
$\therefore k=1$

(ii) 오른쪽 그림과 같이
$\overrightarrow{OB}=-2\overrightarrow{OA}=-2\vec{a}$일 때
$\overrightarrow{AB}=\overrightarrow{OB}-\overrightarrow{OA}=-2\vec{a}-\vec{a}=-3\vec{a}$
$\therefore k=-3$

(i), (ii)에서 모든 실수 $k$의 값의 곱은
$1\times(-3)=-3$

답 $-3$

**0384** △APC에서 $\overline{CQ}:\overline{QP}=1:2$이므로
$\overrightarrow{AQ}=\dfrac{1\times\overrightarrow{AP}+2\times\overrightarrow{AC}}{1+2}=\dfrac{1}{3}\overrightarrow{AP}+\dfrac{2}{3}\overrightarrow{AC}$

이때
$\overrightarrow{AP}=\dfrac{2}{5}\overrightarrow{AB}=\dfrac{2}{5}(\overrightarrow{CB}-\overrightarrow{CA})=\dfrac{2}{5}(\vec{b}-\vec{a})$
$\overrightarrow{AC}=-\overrightarrow{CA}=-\vec{a}$

이므로

$\overrightarrow{AQ}=\dfrac{1}{3}\times\dfrac{2}{5}(\vec{b}-\vec{a})+\dfrac{2}{3}\times(-\vec{a})$
$=-\dfrac{4}{5}\vec{a}+\dfrac{2}{15}\vec{b}$

따라서 $x=-\dfrac{4}{5},\ y=\dfrac{2}{15}$이므로
$x+y=-\dfrac{2}{3}$

답 $-\dfrac{2}{3}$

**0385** $\overrightarrow{OP}=\dfrac{2}{3}\vec{a}$, $\overrightarrow{OQ}=\dfrac{1}{3}\vec{b}$이므로
$\overrightarrow{OM}=\dfrac{\overrightarrow{OP}+\overrightarrow{OQ}}{2}=\dfrac{1}{3}\vec{a}+\dfrac{1}{6}\vec{b}$

답 $\dfrac{1}{3}\vec{a}+\dfrac{1}{6}\vec{b}$

**0386** □ABCD가 평행사변형이면 두 대각선 AC, BD의 중점이 일치한다.
$\overline{AC}$의 중점의 위치벡터는 $\dfrac{\vec{a}+\vec{c}}{2}$

$\overline{BD}$의 중점의 위치벡터는 $\dfrac{\vec{b}+\vec{d}}{2}$

따라서 $\dfrac{\vec{a}+\vec{c}}{2}=\dfrac{\vec{b}+\vec{d}}{2}$이므로
$\vec{b}=\vec{a}+\vec{c}-\vec{d}$

답 $\vec{a}+\vec{c}-\vec{d}$

**0387** 점 Q는 $\overline{AP}$를 $2:1$로 외분하는 점이므로
$\overrightarrow{AQ}=2\overrightarrow{AP}$

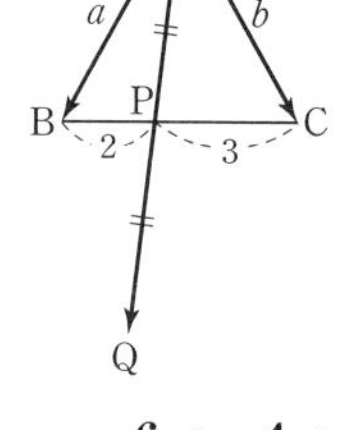


한편, 점 P는 $\overline{BC}$를 $2:3$으로 내분하는 점이므로
$\overrightarrow{AP}=\dfrac{2\vec{b}+3\vec{a}}{2+3}=\dfrac{3\vec{a}+2\vec{b}}{5}$
$\therefore \overrightarrow{AQ}=2\overrightarrow{AP}=\dfrac{6\vec{a}+4\vec{b}}{5}=\dfrac{6}{5}\vec{a}+\dfrac{4}{5}\vec{b}$

답 $\dfrac{6}{5}\vec{a}+\dfrac{4}{5}\vec{b}$

**0388** $\overrightarrow{AC}=\overrightarrow{AB}+\overrightarrow{AD}=\vec{a}+\vec{b}$이므로
$\overrightarrow{AM}=\dfrac{\overrightarrow{AB}+\overrightarrow{AC}}{2}=\dfrac{1}{2}\vec{a}+\dfrac{1}{2}(\vec{a}+\vec{b})$
$=\vec{a}+\dfrac{1}{2}\vec{b}$

㉮

점 P는 $\overline{MD}$를 $4:3$으로 내분하는 점이므로
$\overrightarrow{AP}=\dfrac{4\overrightarrow{AD}+3\overrightarrow{AM}}{4+3}=\dfrac{4}{7}\overrightarrow{AD}+\dfrac{3}{7}\overrightarrow{AM}$
$=\dfrac{4}{7}\vec{b}+\dfrac{3}{7}\Big(\vec{a}+\dfrac{1}{2}\vec{b}\Big)=\dfrac{3}{7}\vec{a}+\dfrac{11}{14}\vec{b}$

㉯

따라서 $m=\dfrac{3}{7},\ n=\dfrac{11}{14}$이므로
$m+n=\dfrac{17}{14}$

㉰

답 $\dfrac{17}{14}$

| 단계 | 채점요소 | 배점 |
| --- | --- | --- |
| ㉮ | $\overrightarrow{AM}$을 $\vec{a}$, $\vec{b}$로 나타내기 | 40% |
| ㉯ | $\overrightarrow{AP}$를 $\vec{a}$, $\vec{b}$로 나타내기 | 40% |
| ㉰ | $m+n$의 값 구하기 | 20% |

**0389** 점 G는 $\triangle OAB$의 무게중심이므로

$$\overrightarrow{OG}=\frac{\vec{a}+\vec{b}}{3}$$

$$\therefore \overrightarrow{GB}=\overrightarrow{OB}-\overrightarrow{OG}=\vec{b}-\frac{\vec{a}+\vec{b}}{3}$$

$$=-\frac{1}{3}\vec{a}+\frac{2}{3}\vec{b}$$

따라서 $x=-\dfrac{1}{3}$, $y=\dfrac{2}{3}$이므로

$$x-y=-1 \qquad\qquad 답\ -1$$

**0390** $\overrightarrow{GA}+\overrightarrow{GB}+\overrightarrow{GC}=\vec{0}$에서

$$\overrightarrow{GC}=-\overrightarrow{GA}-\overrightarrow{GB}=-\vec{a}-\vec{b}$$

$$\therefore \overrightarrow{BC}=\overrightarrow{GC}-\overrightarrow{GB}=(-\vec{a}-\vec{b})-\vec{b}=-\vec{a}-2\vec{b}$$

따라서 $m=-1$, $n=-2$이므로

$$mn=2 \qquad\qquad 답\ 2$$

**0391** $\overrightarrow{OB}=\overrightarrow{OA}+\overrightarrow{OC}=\vec{a}+\vec{b}$이므로

$\triangle OAB$에서

$$\overrightarrow{OG}=\frac{\overrightarrow{OA}+\overrightarrow{OB}}{3}=\frac{\vec{a}+(\vec{a}+\vec{b})}{3}=\frac{2\vec{a}+\vec{b}}{3}$$

$\triangle OBC$에서

$$\overrightarrow{OH}=\frac{\overrightarrow{OB}+\overrightarrow{OC}}{3}=\frac{(\vec{a}+\vec{b})+\vec{b}}{3}=\frac{\vec{a}+2\vec{b}}{3}$$

$$\therefore \overrightarrow{GH}=\overrightarrow{OH}-\overrightarrow{OG}$$

$$=\frac{\vec{a}+2\vec{b}}{3}-\frac{2\vec{a}+\vec{b}}{3}$$

$$=-\frac{1}{3}\vec{a}+\frac{1}{3}\vec{b} \qquad 답\ -\frac{1}{3}\vec{a}+\frac{1}{3}\vec{b}$$

**0392** $\overrightarrow{AD}+\overrightarrow{BC}=(\overrightarrow{AC}+\overrightarrow{CD})+(\overrightarrow{BD}+\overrightarrow{DC})$

$$=\overrightarrow{AC}+\overrightarrow{BD}$$

$$=\frac{2}{3}\overrightarrow{AO}+\frac{2}{3}\overrightarrow{BO}$$

$$=\frac{2}{3}(\overrightarrow{AO}+\overrightarrow{BO})$$

$$=-\frac{2}{3}(\overrightarrow{OA}+\overrightarrow{OB})$$

이때 점 G가 $\triangle OAB$의 무게중심이므로

$$\overrightarrow{OG}=\frac{\overrightarrow{OA}+\overrightarrow{OB}}{3} \qquad \therefore \overrightarrow{OA}+\overrightarrow{OB}=3\overrightarrow{OG}$$

$$\therefore \overrightarrow{AD}+\overrightarrow{BC}=-\frac{2}{3}\times 3\overrightarrow{OG}=-2\overrightarrow{OG}$$

$$\therefore k=-2 \qquad\qquad 답\ -2$$

**0393** $\overrightarrow{BC}=\overrightarrow{PC}-\overrightarrow{PB}$이므로

$$2\overrightarrow{PA}+5\overrightarrow{PB}+\overrightarrow{PC}=\overrightarrow{PC}-\overrightarrow{PB}$$

$$2\overrightarrow{PA}=-6\overrightarrow{PB} \qquad \therefore \overrightarrow{PA}=-3\overrightarrow{PB}$$

따라서 두 벡터 $\overrightarrow{PA}$, $\overrightarrow{PB}$는 한 직선 위에 있고 방향이 서로 반대
이므로 점 P는 $\overline{AB}$를 $3:1$로 내분하는 점이다.

$$\therefore \triangle CAP : \triangle CBP=\overline{AP} : \overline{BP}=3:1 \qquad 답\ ③$$

**0394** $\overrightarrow{AC}=\overrightarrow{PC}-\overrightarrow{PA}$이므로

$$(\overrightarrow{PC}-\overrightarrow{PA})+3\overrightarrow{PC}+7\overrightarrow{PA}=\vec{0}$$

$$4\overrightarrow{PC}+6\overrightarrow{PA}=\vec{0} \qquad \therefore 2\overrightarrow{PC}=-3\overrightarrow{PA}$$

따라서 두 벡터 $\overrightarrow{PC}$, $\overrightarrow{PA}$는 한 직선 위에 있고 방향이 서로 반대
이므로 점 P는 $\overline{CA}$를 $3:2$로 내분하는 점이다.

즉, $m=3$, $n=2$이므로 $m+n=5$ $\qquad 답\ 5$

**0395** ㄱ. $\overrightarrow{AB}=\overrightarrow{PB}-\overrightarrow{PA}$이므로

$$\overrightarrow{PA}+\overrightarrow{PB}+\overrightarrow{PC}=\overrightarrow{PB}-\overrightarrow{PA}$$

$$\therefore \overrightarrow{PC}=-2\overrightarrow{PA}\ (참)$$

ㄴ. ㄱ에서 $\overrightarrow{PC}=-2\overrightarrow{PA}$이므로 두 벡터 $\overrightarrow{PC}$, $\overrightarrow{PA}$는 한 직선 위
에 있고 방향이 서로 반대이다.

즉, 점 P는 $\overline{AC}$를 $1:2$로 내분하는 점이다. (거짓)

ㄷ. ㄴ에서 $\overline{PA} : \overline{PC}=1:2$이므로

$$\triangle PAB : \triangle PBC=\overline{PA} : \overline{PC}=1:2\ (참)$$

따라서 옳은 것은 ㄱ, ㄷ이다. $\qquad 답\ ㄱ, ㄷ$

**0396** $4\overrightarrow{AP}+3\overrightarrow{BP}+2\overrightarrow{CP}=\vec{0}$에서

$$4\overrightarrow{AP}=-3\overrightarrow{BP}-2\overrightarrow{CP}=3\overrightarrow{PB}+2\overrightarrow{PC}$$

$$\therefore \overrightarrow{AP}=\frac{3\overrightarrow{PB}+2\overrightarrow{PC}}{5}\times\frac{5}{4} \qquad \cdots\cdots ㉠$$

㉮

이때 $\overline{BC}$를 $2:3$으로 내분하는 점을 D라
하면

$$\overrightarrow{PD}=\frac{3\overrightarrow{PB}+2\overrightarrow{PC}}{5}$$

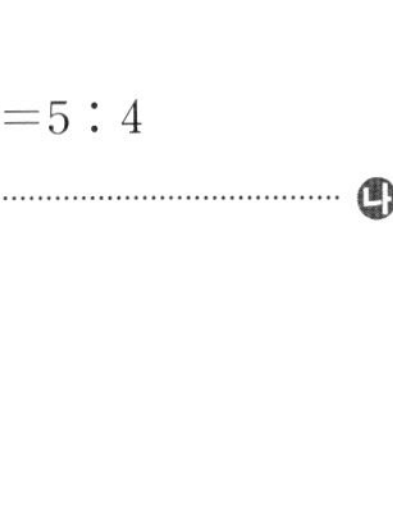

㉠에서 $\overrightarrow{AP}=\dfrac{5}{4}\overrightarrow{PD}$이므로 점 P는 $\overline{AD}$

를 $5:4$로 내분하는 점이다.

$$\therefore \triangle ABP : \triangle BDP=\triangle ACP : \triangle CDP=5:4$$

㉯

$$\therefore \triangle BCP=\triangle BDP+\triangle CDP$$

$$=\frac{4}{9}\triangle ABD+\frac{4}{9}\triangle ACD$$

$$=\frac{4}{9}(\triangle ABD+\triangle ACD)$$

$$=\frac{4}{9}\triangle ABC=\frac{4}{9}\times 90=40$$

㉰

$$답\ 40$$

| 단계 | 채점요소 | 배점 |
|---|---|---|
| ㉮ | $\overrightarrow{AP}$를 $\overrightarrow{PB}$, $\overrightarrow{PC}$로 나타내기 | 30% |
| ㉯ | 삼각형의 넓이의 비 구하기 | 40% |
| ㉰ | 삼각형 BCP의 넓이 구하기 | 30% |

**0397** $2(\vec{a}-3\vec{b})-(\vec{a}-2\vec{b})=2\vec{a}-6\vec{b}-\vec{a}+2\vec{b}$
$$=\vec{a}-4\vec{b}$$
$$=(3,\,1)-4(3,\,-2)$$
$$=(-9,\,9)$$

따라서 $m=-9$, $n=9$이므로
$m+n=0$ 답 **0**

**0398** $\vec{a}=3\vec{e_1}+5\vec{e_2}=3(1,\,0)+5(0,\,1)=(3,\,5)$
$\vec{b}=\vec{e_1}+2\vec{e_2}=(1,\,0)+2(0,\,1)=(1,\,2)$
$\therefore 2(\vec{a}+\vec{b})-3(\vec{a}-\vec{b})=2\vec{a}+2\vec{b}-3\vec{a}+3\vec{b}$
$$=-\vec{a}+5\vec{b}$$
$$=-(3,\,5)+5(1,\,2)$$
$$=(2,\,5)$$ 답 **(2, 5)**

**0399** $\vec{a}+3\vec{b}=(5,\,3)$ ······ ㉠
$\vec{a}-\vec{b}=(-3,\,-1)$ ······ ㉡
㉠$-$㉡을 하면
$4\vec{b}=(8,\,4)$   $\therefore \vec{b}=(2,\,1)$
이것을 ㉠에 대입하면
$\vec{a}+3(2,\,1)=(5,\,3)$
$\therefore \vec{a}=(5,\,3)-3(2,\,1)=(-1,\,0)$
$\therefore \vec{a}+\vec{b}=(-1,\,0)+(2,\,1)=(1,\,1)$ 답 ③

**0400** $3\vec{x}-\vec{a}=2(\vec{a}+3\vec{b})$에서
$3\vec{x}-\vec{a}=2\vec{a}+6\vec{b}$, $3\vec{x}=3\vec{a}+6\vec{b}$
$\therefore \vec{x}=\vec{a}+2\vec{b}=(-4,\,5)+2(2,\,-1)=(0,\,3)$ 답 ③

**0401** $\vec{p}=t\vec{a}+\vec{b}=t(1,\,-1)+(2,\,3)$
$$=(t+2,\,-t+3)$$
$\therefore |\vec{p}|=\sqrt{(t+2)^2+(-t+3)^2}$
$$=\sqrt{2t^2-2t+13}$$
$$=\sqrt{2\left(t-\dfrac{1}{2}\right)^2+\dfrac{25}{2}}$$

따라서 $|\vec{p}|$의 최솟값은 $t=\dfrac{1}{2}$일 때 $\sqrt{\dfrac{25}{2}}=\dfrac{5\sqrt{2}}{2}$이다.
답 ②

**0402** $2\vec{a}+\vec{b}=2(-1,\,2)+(3,\,1)$
$$=(1,\,5)$$
$\therefore |2\vec{a}+\vec{b}|=\sqrt{1^2+5^2}=\sqrt{26}$ 답 ③

**0403** $|\vec{x}|=1$이므로 $\sqrt{(2a-3)^2+1^2}=1$
양변을 제곱하면 $(2a-3)^2+1=1$
$(2a-3)^2=0$   $\therefore a=\dfrac{3}{2}$ 답 ①

**0404** 직선 $y=x-1$ 위의 점 P의 좌표를 $(a,\,a-1)$이라 하면
$\overrightarrow{AP}+\overrightarrow{BP}=(a+1,\,a-1)+(a-1,\,a-3)$
$$=(2a,\,2a-4)$$
㉮

$\therefore |\overrightarrow{AP}+\overrightarrow{BP}|=\sqrt{(2a)^2+(2a-4)^2}$
$$=\sqrt{8a^2-16a+16}$$
$$=\sqrt{8(a-1)^2+8}$$
㉯

따라서 $|\overrightarrow{AP}+\overrightarrow{BP}|$의 최솟값은 $a=1$일 때 $\sqrt{8}=2\sqrt{2}$이다.
㉰
답 $2\sqrt{2}$

| 단계 | 채점요소 | 배점 |
|---|---|---|
| ㉮ | 점 P의 좌표를 $(a,\,a-1)$이라 하고 $\overrightarrow{AP}+\overrightarrow{BP}$의 성분을 $a$로 나타내기 | 40% |
| ㉯ | $|\overrightarrow{AP}+\overrightarrow{BP}|$를 $a$에 대한 식으로 나타내기 | 40% |
| ㉰ | $|\overrightarrow{AP}+\overrightarrow{BP}|$의 최솟값 구하기 | 20% |

**0405** $\vec{c}=m\vec{a}+n\vec{b}$에서
$(1,\,6)=m(-4,\,6)+n(3,\,-2)$
$$=(-4m,\,6m)+(3n,\,-2n)$$
$$=(-4m+3n,\,6m-2n)$$
$\therefore 1=-4m+3n$, $6=6m-2n$
두 식을 연립하여 풀면 $m=2$, $n=3$ 답 $m=2$, $n=3$

**0406** $\vec{c}=2\vec{a}+3\vec{b}$에서
$(-3l,\,2)=2(3,\,-k)+3(k+l,\,2)$
$$=(6,\,-2k)+(3k+3l,\,6)$$
$$=(6+3k+3l,\,-2k+6)$$
$\therefore -3l=6+3k+3l$, $2=-2k+6$
두 식을 연립하여 풀면 $k=2$, $l=-2$
$\therefore k-l=4$ 답 ⑤

**0407** $2\vec{a}+\vec{b}=\vec{c}-\vec{b}$에서 $\vec{c}=2\vec{a}+2\vec{b}$이므로
$(-4,\,q)=2(2,\,3)+2(p,\,-1)$
$$=(4,\,6)+(2p,\,-2)$$
$$=(4+2p,\,4)$$
$\therefore -4=4+2p$, $q=4$
따라서 $p=-4$, $q=4$이므로
$\vec{b}-\vec{c}=(-4,\,-1)-(-4,\,4)=(0,\,-5)$
$\therefore |\vec{b}-\vec{c}|=\sqrt{0^2+(-5)^2}=5$ 답 ⑤

**0408** 세 벡터 $\vec{a}$, $\vec{b}$, $\vec{c}$의 시점을 좌표평면에서의 원점으로 놓고 각 벡터를 성분으로 나타내면

$\vec{a}=(3, 2)$, $\vec{b}=(-1, -2)$, $\vec{c}=(4, -4)$

이므로 $\vec{c}=p\vec{a}+q\vec{b}$에서

$$(4, -4)=p(3, 2)+q(-1, -2)$$
$$=(3p, 2p)+(-q, -2q)$$
$$=(3p-q, 2p-2q)$$

$\therefore 4=3p-q$, $-4=2p-2q$

두 식을 연립하여 풀면 $p=3$, $q=5$

$\therefore p+q=8$ 답 **8**

**0409** $\vec{a}+t\vec{c}=(5, 4)+t(3, 7)=(5+3t, 4+7t)$

$\vec{b}-\vec{a}=(-2, 3)-(5, 4)=(-7, -1)$

두 벡터 $\vec{a}+t\vec{c}$, $\vec{b}-\vec{a}$가 서로 평행하므로

$\vec{a}+t\vec{c}=k(\vec{b}-\vec{a})\ (k\neq 0)$라 하면

$(5+3t, 4+7t)=k(-7, -1)$

$\therefore 5+3t=-7k$, $4+7t=-k$

두 식을 연립하여 풀면 $t=-\dfrac{1}{2}$, $k=-\dfrac{1}{2}$ 답 ②

**0410** $2\vec{a}+\vec{b}=2(1, 2)+(x, -1)=(2+x, 3)$

$\vec{a}-\vec{b}=(1, 2)-(x, -1)=(1-x, 3)$

두 벡터 $2\vec{a}+\vec{b}$, $\vec{a}-\vec{b}$가 서로 평행하므로

$2\vec{a}+\vec{b}=k(\vec{a}-\vec{b})\ (k\neq 0)$라 하면

$(2+x, 3)=k(1-x, 3)$

$\therefore 2+x=k-kx$, $3=3k$

두 식을 연립하여 풀면 $k=1$, $x=-\dfrac{1}{2}$ 답 $-\dfrac{1}{2}$

**0411** $\overrightarrow{AB}=(1, 3)-(2, 2)=(-1, 1)$

$\overrightarrow{CD}=(1, a)-(4, -4)=(-3, a+4)$

$\overrightarrow{AB}\,/\!/\,\overrightarrow{CD}$이므로

$(-3, a+4)=k(-1, 1)\ (k\neq 0)$이라 하면

$-3=-k$, $a+4=k$

두 식을 연립하여 풀면 $k=3$, $a=-1$ 답 ②

**0412** 세 점 A, B, C가 한 직선 위에 있으려면

$\overrightarrow{AB}=t\overrightarrow{AC}\ (t\neq 0)$

$\overrightarrow{AB}=(k, 1)-(1, 2)=(k-1, -1)$

$\overrightarrow{AC}=(5, 6)-(1, 2)=(4, 4)$

이므로

$(k-1, -1)=t(4, 4)$

$\therefore k-1=4t$, $-1=4t$

두 식을 연립하여 풀면 $t=-\dfrac{1}{4}$, $k=0$ 답 **0**

**0413** $\overline{AB}$가 원 O의 지름이므로 $\angle APB=90°$

$\triangle ABP$에서 $\overline{AP}=\sqrt{10^2-8^2}=6$

두 벡터 $\overrightarrow{AB}$, $\overrightarrow{AP}$가 이루는 각의 크기를 $\theta\ (0°<\theta<90°)$라 하면

$\cos\theta=\dfrac{6}{10}=\dfrac{3}{5}$

$\therefore \overrightarrow{AB}\cdot\overrightarrow{AP}=10\times 6\times\cos\theta=10\times 6\times\dfrac{3}{5}=36$ 답 **36**

**0414** $\overrightarrow{DE}=\overrightarrow{BA}$이고, $\angle ABC=120°$이므로

$\overrightarrow{DE}\cdot\overrightarrow{BC}=\overrightarrow{BA}\cdot\overrightarrow{BC}=-|\overrightarrow{BA}||\overrightarrow{BC}|\cos(180°-120°)$
$$=-2\times 2\times\cos 60°$$
$$=-2\times 2\times\dfrac{1}{2}=-2$$ 답 $-2$

**0415** 두 벡터 $\overrightarrow{AB}$, $\overrightarrow{AD}$가 이루는 각의 크기를 $\theta$라 하면

$\theta=180°-120°=60°$이므로

$\overrightarrow{AB}\cdot\overrightarrow{AD}=|\overrightarrow{AB}||\overrightarrow{AD}|\cos 60°$

$12=6\times|\overrightarrow{AD}|\times\dfrac{1}{2}$ $\quad\therefore |\overrightarrow{AD}|=4$

따라서 평행사변형 ABCD의 넓이는

$\overrightarrow{AD}\times\overrightarrow{AB}\times\sin 60°=4\times 6\times\dfrac{\sqrt{3}}{2}=12\sqrt{3}$ 답 $12\sqrt{3}$

**참고** 평행사변형의 넓이

이웃하는 두 변의 길이가 각각 $a$, $b$이고 그 끼인각의 크기가 $\theta$인 평행사변형의 넓이는

$\Rightarrow ab\sin\theta$

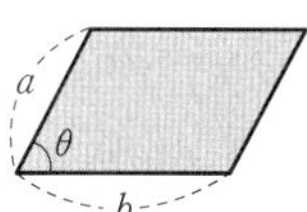

**0416** ㄱ. $\overrightarrow{CB}\cdot\overrightarrow{CD}=|\overrightarrow{CB}||\overrightarrow{CD}|\cos 90°=0$ (참)

ㄴ. $|\overrightarrow{CA}|=\sqrt{2^2+1^2}=\sqrt{5}$이므로 $\angle ACD=\theta$라 하면

$\cos\theta=\dfrac{1}{\sqrt{5}}=\dfrac{\sqrt{5}}{5}$

$\therefore \overrightarrow{CD}\cdot\overrightarrow{CA}=|\overrightarrow{CD}||\overrightarrow{CA}|\cos\theta$
$$=1\times\sqrt{5}\times\dfrac{\sqrt{5}}{5}=1\ (참)$$

ㄷ. $\angle ABD=\theta\ (0°<\theta<90°)$라 하면

$\cos\theta=\dfrac{1}{\sqrt{5}}=\dfrac{\sqrt{5}}{5}$

오른쪽 그림에서

$\overrightarrow{BD}=\overrightarrow{AD'}$, $\angle D'AB=180°-\theta$

이므로

$\overrightarrow{AB}\cdot\overrightarrow{BD}=\overrightarrow{AB}\cdot\overrightarrow{AD'}$
$$=-|\overrightarrow{AB}||\overrightarrow{AD'}|\cos\{180°-(180°-\theta)\}$$
$$=-|\overrightarrow{AB}||\overrightarrow{AD'}|\cos\theta$$
$$=-1\times\sqrt{5}\times\dfrac{\sqrt{5}}{5}=-1\ (거짓)$$

따라서 옳은 것은 ㄱ, ㄴ이다. 답 ㄱ, ㄴ

**0417** $\vec{a}\cdot\vec{b}=(x, -3)\cdot(2, 3x-1)$
$$=2x-3(3x-1)=-7x+3$$

따라서 $-7x+3=17$이므로 $x=-2$ 답 ②

**0418** $\vec{a}-\vec{b}=(x,\,3)-(0,\,1)=(x,\,2)$

$\vec{a}-\vec{c}=(x,\,3)-(x+2,\,4)=(-2,\,-1)$

$\therefore (\vec{a}-\vec{b})\cdot(\vec{a}-\vec{c})=(x,\,2)\cdot(-2,\,-1)$

$\qquad\qquad\qquad\quad =-2x-2$

따라서 $-2x-2=6$이므로 $x=-4$     답 ④

**0419** $|\vec{a}|=\sqrt{2}$에서 $|\vec{a}|^2=2$이므로

$x^2+(x+2)^2=2,\ x^2+2x+1=0$

$(x+1)^2=0$    $\therefore x=-1$

따라서 $\vec{a}=(-1,\,1),\ \vec{b}=(-4,\,2)$이므로

$\vec{a}\cdot\vec{b}=(-1,\,1)\cdot(-4,\,2)=4+2=6$     답 ③

**0420** $\vec{a}\cdot\vec{b}=\left(x,\,\dfrac{3}{x}\right)\cdot\left(3y,\,\dfrac{1}{y}\right)=3xy+\dfrac{3}{xy}$

이때 $xy>0$이므로 산술평균과 기하평균의 관계에 의하여

$3xy+\dfrac{3}{xy}\geq 2\sqrt{3xy\times\dfrac{3}{xy}}=6$

$\qquad\qquad\left(\text{단, 등호는 }3xy=\dfrac{3}{xy}\text{일 때 성립}\right)$

따라서 $\vec{a}\cdot\vec{b}$의 최솟값은 6이다.     답 **6**

참고 산술평균과 기하평균의 관계

$a>0,\ b>0$일 때, $a+b\geq 2\sqrt{ab}$ (단, 등호는 $a=b$일 때 성립)

**0421** 두 점 P, Q의 좌표를 각각 $(a,\,2a^2),\ (b,\,2b^2)$이라 하면

$\overrightarrow{OP}=(a,\,2a^2),\ \overrightarrow{OQ}=(b,\,2b^2)$

$\therefore \overrightarrow{OP}\cdot\overrightarrow{OQ}=(a,\,2a^2)\cdot(b,\,2b^2)=ab+4a^2b^2$

$\qquad\qquad\qquad =4\left(ab+\dfrac{1}{8}\right)^2-\dfrac{1}{16}$

따라서 $\overrightarrow{OP}\cdot\overrightarrow{OQ}$의 최솟값은 $ab=-\dfrac{1}{8}$일 때 $-\dfrac{1}{16}$이다.

    답 ③

**0422** 점 P의 좌표를 $(x,\,y)$라 하면

$\overrightarrow{AB}=(5,\,1)-(2,\,3)=(3,\,-2)$

$\overrightarrow{OP}=(x,\,y)$

이므로

$\overrightarrow{AB}\cdot\overrightarrow{OP}=(3,\,-2)\cdot(x,\,y)=3x-2y$

즉, $3x-2y=13$이므로 점 P가 나타내는 도형은 직선

$3x-2y-13=0$이다.

따라서 $\overrightarrow{OP}$의 길이의 최솟값은 원점 O와 직선 $3x-2y-13=0$

사이의 거리와 같으므로

$\dfrac{|-13|}{\sqrt{3^2+(-2)^2}}=\dfrac{13}{\sqrt{13}}=\sqrt{13}$     답 ③

**0423** $\vec{a}\cdot\vec{b}=|\vec{a}|\,|\vec{b}|\cos 45°$

$\qquad\quad =3\times 4\sqrt{2}\times\dfrac{\sqrt{2}}{2}=12$

---

$\therefore (\vec{a}+\vec{b})\cdot(2\vec{a}-\vec{b})=2|\vec{a}|^2+\vec{a}\cdot\vec{b}-|\vec{b}|^2$

$\qquad\qquad\qquad\qquad =2\times 3^2+12-(4\sqrt{2})^2$

$\qquad\qquad\qquad\qquad =-2$     답 ②

**0424** $|\vec{a}-\vec{b}|=\sqrt{3}$의 양변을 제곱하면

$|\vec{a}|^2-2\vec{a}\cdot\vec{b}+|\vec{b}|^2=3$

$2^2-2\vec{a}\cdot\vec{b}+1^2=3$    $\therefore \vec{a}\cdot\vec{b}=1$

$\therefore (3\vec{a}+\vec{b})\cdot(\vec{a}-4\vec{b})=3|\vec{a}|^2-11\vec{a}\cdot\vec{b}-4|\vec{b}|^2$

$\qquad\qquad\qquad\qquad =3\times 2^2-11\times 1-4\times 1^2$

$\qquad\qquad\qquad\qquad =-3$     답 **−3**

**0425** $|\vec{a}+\vec{b}|=2$의 양변을 제곱하면

$|\vec{a}|^2+2\vec{a}\cdot\vec{b}+|\vec{b}|^2=4$      …… ㉠

$|\vec{a}-\vec{b}|=1$의 양변을 제곱하면

$|\vec{a}|^2-2\vec{a}\cdot\vec{b}+|\vec{b}|^2=1$      …… ㉡

㉠+㉡을 하면 $2(|\vec{a}|^2+|\vec{b}|^2)=5$

$\therefore |\vec{a}|^2+|\vec{b}|^2=\dfrac{5}{2}$

    ㉮

---

㉠−㉡을 하면 $4\vec{a}\cdot\vec{b}=3$    $\therefore \vec{a}\cdot\vec{b}=\dfrac{3}{4}$

    ㉯

---

$\therefore |\vec{a}-2\vec{b}|^2+|2\vec{a}-\vec{b}|^2$

$=|\vec{a}|^2-4\vec{a}\cdot\vec{b}+4|\vec{b}|^2+4|\vec{a}|^2-4\vec{a}\cdot\vec{b}+|\vec{b}|^2$

$=5(|\vec{a}|^2+|\vec{b}|^2)-8\vec{a}\cdot\vec{b}$

$=5\times\dfrac{5}{2}-8\times\dfrac{3}{4}=\dfrac{13}{2}$

    ㉰

---

    답 $\dfrac{13}{2}$

| 단계 | 채점요소 | 배점 |
|---|---|---|
| ㉮ | $|\vec{a}|^2+|\vec{b}|^2$의 값 구하기 | 30% |
| ㉯ | $\vec{a}\cdot\vec{b}$ 구하기 | 30% |
| ㉰ | $|\vec{a}-2\vec{b}|^2+|2\vec{a}-\vec{b}|^2$의 값 구하기 | 40% |

**0426** $|\vec{a}|=|\vec{b}|=2,\ \angle A=60°$이므로

$\vec{a}\cdot\vec{b}=|\vec{a}|\,|\vec{b}|\cos 60°$

$\qquad\quad =2\times 2\times\dfrac{1}{2}=2$

$\therefore |\vec{a}+3\vec{b}|^2=|\vec{a}|^2+6\vec{a}\cdot\vec{b}+9|\vec{b}|^2$

$\qquad\qquad\quad =2^2+6\times 2+9\times 2^2=52$

$\therefore |\vec{a}+3\vec{b}|=2\sqrt{13}$     답 ③

**0427** $\overrightarrow{BC}=\overrightarrow{AC}-\overrightarrow{AB}$이므로

$\overrightarrow{BC}\cdot(\overrightarrow{AB}+\overrightarrow{AC})=(\overrightarrow{AC}-\overrightarrow{AB})\cdot(\overrightarrow{AC}+\overrightarrow{AB})$

$\qquad\qquad\qquad\quad =|\overrightarrow{AC}|^2-|\overrightarrow{AB}|^2=0$

즉, $|\overrightarrow{AC}|^2=|\overrightarrow{AB}|^2$이므로 $|\overrightarrow{AC}|=|\overrightarrow{AB}|$

따라서 $\triangle ABC$는 $\overline{AB}=\overline{AC}$인 이등변삼각형이다.     답 ③

**0428** $\vec{a}+\vec{b}=(1,\ -1)+(-3,\ -2)=(-2,\ -3)$
$2\vec{a}-\vec{b}=2(1,\ -1)-(-3,\ -2)=(5,\ 0)$
$\therefore (\vec{a}+\vec{b})\cdot(2\vec{a}-\vec{b})=(-2,\ -3)\cdot(5,\ 0)=-10$
이때 $(\vec{a}+\vec{b})\cdot(2\vec{a}-\vec{b})<0$이므로 $90°<\theta\leq180°$

$\therefore \cos(180°-\theta)=-\dfrac{(\vec{a}+\vec{b})\cdot(2\vec{a}-\vec{b})}{|\vec{a}+\vec{b}||2\vec{a}-\vec{b}|}$

$\qquad\qquad\quad =-\dfrac{-10}{\sqrt{(-2)^2+(-3)^2}\sqrt{5^2+0^2}}$

$\qquad\qquad\quad =\dfrac{10}{\sqrt{13}\times5}=\dfrac{2\sqrt{13}}{13}$     답 ⑤

**0429** $\vec{a}\cdot\vec{b}=(0,\ 2)\cdot(1,\ \sqrt{3})=2\sqrt{3}$
이때 $\vec{a}\cdot\vec{b}\geq0$이므로 $0°\leq\theta\leq90°$

$\therefore \cos\theta=\dfrac{\vec{a}\cdot\vec{b}}{|\vec{a}||\vec{b}|}=\dfrac{2\sqrt{3}}{\sqrt{0^2+2^2}\sqrt{1^2+(\sqrt{3})^2}}$

$\qquad\quad =\dfrac{2\sqrt{3}}{2\times2}=\dfrac{\sqrt{3}}{2}$

따라서 $\theta=30°$이므로 $\sin\theta=\dfrac{1}{2}$     답 $\dfrac{1}{2}$

**0430** $\vec{b}+\vec{c}=(-2,\ 5)+(3,\ k)=(1,\ 5+k)$이므로
$\vec{a}\cdot(\vec{b}+\vec{c})=(0,\ -2)\cdot(1,\ 5+k)=-10-2k$
두 벡터 $\vec{a},\ \vec{b}+\vec{c}$가 이루는 각의 크기가 $135°$이므로
$-10-2k<0$    $\therefore k>-5$     $\cdots\cdots$ ㉠

$\cos(180°-135°)=-\dfrac{\vec{a}\cdot(\vec{b}+\vec{c})}{|\vec{a}||\vec{b}+\vec{c}|}$에서

$\dfrac{\sqrt{2}}{2}=-\dfrac{-10-2k}{\sqrt{0^2+(-2)^2}\sqrt{1^2+(5+k)^2}}$

$\dfrac{\sqrt{2}}{2}=\dfrac{k+5}{\sqrt{k^2+10k+26}}$

$\sqrt{2}\sqrt{k^2+10k+26}=2(k+5)$
양변을 제곱하여 정리하면
$k^2+10k+24=0,\ (k+6)(k+4)=0$
$\therefore k=-6$ 또는 $k=-4$
그런데 ㉠에서 $k>-5$이므로 $k=-4$     답 ③

**0431** $|\vec{a}-3\vec{b}|=\sqrt{13}$의 양변을 제곱하면
$|\vec{a}|^2-6\vec{a}\cdot\vec{b}+9|\vec{b}|^2=13$
$4^2-6\vec{a}\cdot\vec{b}+9\times1^2=13$    $\therefore \vec{a}\cdot\vec{b}=2$
이때 $\vec{a}\cdot\vec{b}\geq0$이므로 $0°\leq\theta\leq90°$

$\therefore \cos\theta=\dfrac{\vec{a}\cdot\vec{b}}{|\vec{a}||\vec{b}|}=\dfrac{2}{4\times1}=\dfrac{1}{2}$

따라서 $\theta=60°$이므로 $\sin\theta=\dfrac{\sqrt{3}}{2}$     답 ⑤

**0432** $|3\vec{a}+\vec{b}|=|3\vec{a}-\vec{b}|$의 양변을 제곱하면
$9|\vec{a}|^2+6\vec{a}\cdot\vec{b}+|\vec{b}|^2=9|\vec{a}|^2-6\vec{a}\cdot\vec{b}+|\vec{b}|^2$
$12\vec{a}\cdot\vec{b}=0$    $\therefore \vec{a}\cdot\vec{b}=0$
따라서 두 벡터 $\vec{a},\ \vec{b}$가 이루는 각의 크기는 $90°$이다.     답 $90°$

**0433** $\overrightarrow{AB}\cdot\overrightarrow{AC}\geq0$이므로 두 벡터 $\overrightarrow{AB},\ \overrightarrow{AC}$가 이루는 각의
크기를 $\theta\ (0°\leq\theta\leq90°)$라 하면

$\cos\theta=\dfrac{\overrightarrow{AB}\cdot\overrightarrow{AC}}{|\overrightarrow{AB}||\overrightarrow{AC}|}=\dfrac{6}{3\times4}=\dfrac{1}{2}$

$\therefore \theta=60°$
따라서 $\triangle ABC$의 넓이는

$\dfrac{1}{2}|\overrightarrow{AB}||\overrightarrow{AC}|\sin60°=\dfrac{1}{2}\times3\times4\times\dfrac{\sqrt{3}}{2}=3\sqrt{3}$     답 ②

**참고** 삼각형의 넓이
이웃하는 두 변의 길이가 각각 $a,\ b$이고 그 끼인각의
크기가 $\theta$인 삼각형의 넓이는
$\Rightarrow \dfrac{1}{2}ab\sin\theta$

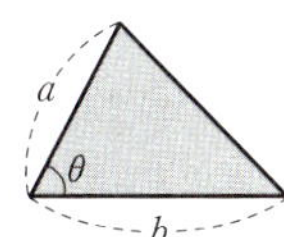

**0434** $|\vec{a}+\vec{b}|=\sqrt{5}$의 양변을 제곱하면
$|\vec{a}|^2+2\vec{a}\cdot\vec{b}+|\vec{b}|^2=5$     $\cdots\cdots$ ㉠
$|\vec{a}-\vec{b}|=1$의 양변을 제곱하면
$|\vec{a}|^2-2\vec{a}\cdot\vec{b}+|\vec{b}|^2=1$     $\cdots\cdots$ ㉡
㉠$-$㉡을 하면 $4\vec{a}\cdot\vec{b}=4$    $\therefore \vec{a}\cdot\vec{b}=1$
                                    ㉮

㉠$+$㉡을 하면 $2(|\vec{a}|^2+|\vec{b}|^2)=6$
$\therefore |\vec{a}|^2+|\vec{b}|^2=3$     $\cdots\cdots$ ㉢
한편, $(\vec{a}+\vec{b})\cdot(\vec{a}-\vec{b})=1$이므로
$|\vec{a}|^2-|\vec{b}|^2=1$     $\cdots\cdots$ ㉣
㉢, ㉣에서 $|\vec{a}|^2=2,\ |\vec{b}|^2=1$
$\therefore |\vec{a}|=\sqrt{2},\ |\vec{b}|=1$
                                    ㉯

$\vec{a}\cdot\vec{b}\geq0$이므로 두 벡터 $\vec{a},\ \vec{b}$가 이루는 각의 크기를
$\theta\ (0°\leq\theta\leq90°)$라 하면

$\cos\theta=\dfrac{\vec{a}\cdot\vec{b}}{|\vec{a}||\vec{b}|}=\dfrac{1}{\sqrt{2}\times1}=\dfrac{\sqrt{2}}{2}$

$\therefore \theta=45°$
                                    ㉰
                             답 $45°$

| 단계 | 채점요소 | 배점 |
|---|---|---|
| ㉮ | $\vec{a}\cdot\vec{b}$ 구하기 | 40% |
| ㉯ | $|\vec{a}|,\ |\vec{b}|$ 구하기 | 40% |
| ㉰ | $\vec{a},\ \vec{b}$가 이루는 각의 크기 구하기 | 20% |

**0435** $\vec{a}+k\vec{b}=(2,\ 1)+k(1,\ -1)=(2+k,\ 1-k)$
$2\vec{a}+\vec{b}=2(2,\ 1)+(1,\ -1)=(5,\ 1)$
두 벡터 $\vec{a}+k\vec{b},\ 2\vec{a}+\vec{b}$가 서로 수직이므로
$(\vec{a}+k\vec{b})\cdot(2\vec{a}+\vec{b})=0$에서
$(2+k,\ 1-k)\cdot(5,\ 1)=0$
$5(2+k)+(1-k)=0,\ 4k=-11$
$\therefore k=-\dfrac{11}{4}$     답 ②

**0436** 두 벡터 $\vec{a}$, $\vec{b}$가 서로 수직이므로 $\vec{a}\cdot\vec{b}=0$에서

$(3t-1,\ t)\cdot\left(1,\ -\dfrac{2}{t}\right)=0$

$3t-1+t\times\left(-\dfrac{2}{t}\right)=0$ $\quad\therefore t=1$

따라서 $\vec{a}=(2,\ 1)$, $\vec{b}=(1,\ -2)$이므로

$\vec{a}-3\vec{b}=(2,\ 1)-3(1,\ -2)=(-1,\ 7)$

$\therefore |\vec{a}-3\vec{b}|=\sqrt{(-1)^2+7^2}=5\sqrt{2}$ $\qquad$ 답 $5\sqrt{2}$

**0437** $\vec{c}-\vec{a}=(x,\ y)-(5,\ 0)=(x-5,\ y)$

두 벡터 $\vec{c}-\vec{a}$, $\vec{b}$가 서로 평행하므로

$\vec{c}-\vec{a}=k\vec{b}\ (k\neq0)$라 하면

$(x-5,\ y)=k(1,\ -2)$

$\therefore x-5=k,\ y=-2k$ $\qquad\cdots\cdots$ ㉠

또, 두 벡터 $\vec{a}$, $\vec{c}$가 서로 수직이므로 $\vec{a}\cdot\vec{c}=0$에서

$(5,\ 0)\cdot(x,\ y)=0$

$5x=0$ $\quad\therefore x=0$

이것을 ㉠에 대입하면

$k=-5,\ y=10$

따라서 $\vec{c}=(0,\ 10)$이므로 $|\vec{c}|=\sqrt{0^2+10^2}=10$ $\qquad$ 답 $10$

**0438** 두 벡터 $3\vec{a}-\vec{b}$, $\vec{a}+2\vec{b}$가 서로 수직이므로

$(3\vec{a}-\vec{b})\cdot(\vec{a}+2\vec{b})=0$에서

$3|\vec{a}|^2+5\vec{a}\cdot\vec{b}-2|\vec{b}|^2=0$ $\qquad\cdots\cdots$ ㉠

이때 $3|\vec{a}|=2|\vec{b}|$이므로 $|\vec{b}|=\dfrac{3}{2}|\vec{a}|$ $\qquad\cdots\cdots$ ㉡

㉡을 ㉠에 대입하면

$3|\vec{a}|^2+5\vec{a}\cdot\vec{b}-\dfrac{9}{2}|\vec{a}|^2=0$ $\quad\therefore \vec{a}\cdot\vec{b}=\dfrac{3}{10}|\vec{a}|^2$

따라서 $\vec{a}\cdot\vec{b}\geq0$이므로 $0°\leq\theta\leq90°$

$\therefore \cos\theta=\dfrac{\vec{a}\cdot\vec{b}}{|\vec{a}||\vec{b}|}=\dfrac{\dfrac{3}{10}|\vec{a}|^2}{|\vec{a}|\times\dfrac{3}{2}|\vec{a}|}=\dfrac{1}{5}$ $\qquad$ 답 ③

**0439** $\overrightarrow{AB}=(-1,\ 3)-(1,\ 1)=(-2,\ 2)$

$\overrightarrow{AC}=(-3,\ -1)-(1,\ 1)=(-4,\ -2)$

$\therefore \overrightarrow{AB}\cdot\overrightarrow{AC}=(-2,\ 2)\cdot(-4,\ -2)=8-4=4$

$|\overrightarrow{AB}|^2=(-2)^2+2^2=8$,

$|\overrightarrow{AC}|^2=(-4)^2+(-2)^2=20$

이므로 $\triangle ABC$의 넓이는

$\dfrac{1}{2}\sqrt{|\overrightarrow{AB}|^2|\overrightarrow{AC}|^2-(\overrightarrow{AB}\cdot\overrightarrow{AC})^2}=\dfrac{1}{2}\sqrt{8\times20-4^2}=6$

$\qquad$ 답 $6$

**0440** $\overrightarrow{AB}=(0,\ 2)-(3,\ 6)=(-3,\ -4)$

$\overrightarrow{AC}=(-1,\ 6)-(3,\ 6)=(-4,\ 0)$

$\therefore \overrightarrow{AB}\cdot\overrightarrow{AC}=(-3,\ -4)\cdot(-4,\ 0)=12+0=12$

$|\overrightarrow{AB}|^2=(-3)^2+(-4)^2=25$,

$|\overrightarrow{AC}|^2=(-4)^2+0^2=16$

이므로 $\triangle ABC$의 넓이는

$\dfrac{1}{2}\sqrt{|\overrightarrow{AB}|^2|\overrightarrow{AC}|^2-(\overrightarrow{AB}\cdot\overrightarrow{AC})^2}=\dfrac{1}{2}\sqrt{25\times16-12^2}=8$

$\qquad$ 답 $8$

**0441** $3(x-3)=-2(y+1)$에서 $\dfrac{x-3}{2}=\dfrac{y+1}{-3}$이므로 이 직선의 방향벡터는 $(2,\ -3)$이다.

따라서 점 $(3,\ -4)$를 지나고 방향벡터가 $(2,\ -3)$인 직선의 방정식은

$\dfrac{x-3}{2}=\dfrac{y+4}{-3}$

이때 이 직선이 점 $(k,\ -1)$을 지나므로

$\dfrac{k-3}{2}=\dfrac{-1+4}{-3}$ $\quad\therefore k=1$ $\qquad$ 답 $1$

**0442** 두 점 $A(-3,\ 2)$, $B(-4,\ 6)$을 지나는 직선의 방향벡터는

$\overrightarrow{AB}=(-4,\ 6)-(-3,\ 2)=(-1,\ 4)$

이므로 점 $(3,\ 0)$을 지나고 방향벡터가 $(-1,\ 4)$인 직선의 방정식은

$\dfrac{x-3}{-1}=\dfrac{y}{4}$ $\quad\therefore y=-4(x-3)$

따라서 $m=-4$, $n=-3$이므로 $m+n=-7$ $\qquad$ 답 $-7$

**0443** $\dfrac{x+1}{2}=5-y$에서 $\dfrac{x+1}{2}=\dfrac{y-5}{-1}$이므로 이 직선의 방향벡터는 $(2,\ -1)$이다.

구하는 직선은 이 직선에 수직이므로 구하는 직선의 법선벡터는 $(2,\ -1)$이다.

따라서 점 $(-4,\ 3)$을 지나고 법선벡터가 $(2,\ -1)$인 직선의 방정식은

$2(x+4)-(y-3)=0$ $\quad\therefore 2x-y+11=0$

이때 이 직선이 점 $(-1,\ k)$를 지나므로

$-2-k+11=0$ $\quad\therefore k=9$ $\qquad$ 답 ④

**0444** 구하는 직선은 직선 $\dfrac{x-3}{2}=\dfrac{y+2}{3}$에 수직이므로 구하는 직선의 법선벡터는 $(2,\ 3)$이다.

따라서 점 $(5,\ -2)$를 지나고 법선벡터가 $(2,\ 3)$인 직선의 방정식은

$2(x-5)+3(y+2)=0$

$\therefore 2x+3y-4=0$ $\qquad$ 답 ②

**0445** 두 점 $A(0,\ 3)$, $B(3,\ 0)$을 지나는 직선의 방향벡터는

$\overrightarrow{AB}=(3,\ 0)-(0,\ 3)=(3,\ -3)$

구하는 직선은 이 직선에 수직이므로 구하는 직선의 법선벡터는
$(3, -3)$이다.

─────────────────────────────────────── ㉮

따라서 점 $(-1, 2)$를 지나고 법선벡터가 $(3, -3)$인 직선의 방
정식은
$3(x+1)-3(y-2)=0$
$\therefore y=x+3$

─────────────────────────────────────── ㉯

이때 직선 $y=x+3$과 $x$축 및 $y$축으로 둘러싸인 부분의 넓이는
$\dfrac{1}{2}\times 3\times 3=\dfrac{9}{2}$

─────────────────────────────────────── ㉰

답 $\dfrac{9}{2}$

| 단계 | 채점요소 | 배점 |
|---|---|---|
| ㉮ | 구하는 직선의 법선벡터 구하기 | 40 % |
| ㉯ | 직선의 방정식 구하기 | 40 % |
| ㉰ | 직선과 $x$축 및 $y$축으로 둘러싸인 부분의 넓이 구하기 | 20 % |

**0446** $x+1=\dfrac{y+13}{3}$, $\dfrac{x+4}{2}=\dfrac{5-y}{3}$ 에서
$3x-y=10,\ 3x+2y=-2$
위의 두 식을 연립하여 풀면
$x=2,\ y=-4$
즉, 두 직선 $l_1,\ l_2$의 교점의 좌표는 $(2, -4)$이므로 점 $(2, -4)$
를 지나고 벡터 $\vec{n}=(3, 1)$에 수직인 직선의 방정식은
$3(x-2)+(y+4)=0$
$\therefore 3x+y-2=0$

답 $\boldsymbol{3x+y-2=0}$

**0447** 두 직선 $l,\ m$의 방향벡터를 각각 $\vec{u},\ \vec{v}$라 하면
$\vec{u}=(a, 1),\ \vec{v}=(1, \sqrt{3})$
두 직선이 이루는 각의 크기가 $30°$이므로
$\cos 30°=\dfrac{|\vec{u}\cdot\vec{v}|}{|\vec{u}||\vec{v}|}$
$\dfrac{\sqrt{3}}{2}=\dfrac{|a+\sqrt{3}|}{\sqrt{a^2+1^2}\sqrt{1^2+(\sqrt{3})^2}}$
$\sqrt{3}\sqrt{a^2+1}=|a+\sqrt{3}|$
양변을 제곱하여 정리하면
$a^2-\sqrt{3}a=0,\ a(a-\sqrt{3})=0$
$\therefore a=\sqrt{3}\ (\because a\neq 0)$

답 ①

**0448** 두 직선 $l_1,\ l_2$의 방향벡터를 각각 $\vec{u},\ \vec{v}$라 하면
$\vec{u}=(4, 3),\ \vec{v}=(-1, 3)$
$\therefore \cos\theta=\dfrac{|\vec{u}\cdot\vec{v}|}{|\vec{u}||\vec{v}|}=\dfrac{|-4+9|}{\sqrt{4^2+3^2}\sqrt{(-1)^2+3^2}}$
$=\dfrac{5}{5\sqrt{10}}=\dfrac{\sqrt{10}}{10}$

오른쪽 그림과 같은 직각삼각형을 생각하면
$\sin\theta=\dfrac{3\sqrt{10}}{10}$

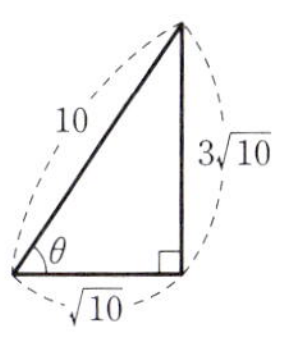


답 ③

**0449** 주어진 두 직선의 방향벡터를 각각 $\vec{u},\ \vec{v}$라 하면
$\vec{u}=(a, b),\ \vec{v}=(3, 4)$
$\therefore \cos\theta=\dfrac{|\vec{u}\cdot\vec{v}|}{|\vec{u}||\vec{v}|}=\dfrac{|3a+4b|}{\sqrt{a^2+b^2}\sqrt{3^2+4^2}}$
$=\dfrac{3a+4b}{5\sqrt{a^2+b^2}}\ (\because 3a+4b>0)$
이때 $\cos\theta=\dfrac{4}{5}$이므로
$\dfrac{3a+4b}{5\sqrt{a^2+b^2}}=\dfrac{4}{5}$
$3a+4b=4\sqrt{a^2+b^2}$
양변을 제곱하여 정리하면
$7a^2-24ab=0,\ a(7a-24b)=0$
그런데 $a$는 자연수이므로
$7a-24b=0$ $\therefore \dfrac{b}{a}=\dfrac{7}{24}$

답 ②

**0450** 세 직선 $l_1,\ l_2,\ l_3$의 방향벡터를 각각 $\vec{u},\ \vec{v},\ \vec{w}$라 하면
$\vec{u}=(2, 3),\ \vec{v}=(a, 6),\ \vec{w}=(1, b)$
$l_1 /\!/ l_2$일 때, $\vec{u}/\!/\vec{v}$이므로 $\vec{u}=t\vec{v}\ (t\neq 0)$라 하면
$(2, 3)=t(a, 6)$
$2=at,\ 3=6t$ $\therefore t=\dfrac{1}{2},\ a=4$
또, $l_1\perp l_3$일 때, $\vec{u}\cdot\vec{w}=0$이므로
$(2, 3)\cdot(1, b)=0$
$2+3b=0$ $\therefore b=-\dfrac{2}{3}$
$\therefore a+b=4+\left(-\dfrac{2}{3}\right)=\dfrac{10}{3}$

답 $\dfrac{10}{3}$

**0451** 두 직선 $l,\ m$의 방향벡터를 각각 $\vec{u},\ \vec{v}$라 하면
$\vec{u}=(-k, 3),\ \vec{v}=(-2, 1)$
두 벡터 $\vec{u},\ \vec{v}$가 서로 평행하므로 $\vec{u}=t\vec{v}\ (t\neq 0)$라 하면
$(-k, 3)=t(-2, 1)$
$-k=-2t,\ 3=t$ $\therefore t=3,\ k=6$

답 **6**

**0452** 두 점 $(4, 6),\ (7, -3)$을 지나는 직선의 방향벡터를 $\vec{u}$
라 하면
$\vec{u}=(7, -3)-(4, 6)=(3, -9)$
직선 $x+1=\dfrac{y}{2k-1}$의 방향벡터를 $\vec{v}$라 하면
$\vec{v}=(1, 2k-1)$

이때 두 직선이 서로 수직이므로 $\vec{u} \cdot \vec{v} = 0$에서
$(3, -9) \cdot (1, 2k-1) = 0$
$3 - 9(2k-1) = 0$ $\quad \therefore k = \dfrac{2}{3}$ 답 $\dfrac{2}{3}$

**0453** 점 H의 좌표를 $(a, b)$라 하면 점 H는 직선 $l$ 위의 점이므로
$\dfrac{a-1}{2} = 3 - b$ $\quad \therefore a + 2b = 7$ $\quad \cdots\cdots$ ㉠
한편, 직선 $l$의 방향벡터를 $\vec{u}$라 하면
$\vec{u} = (2, -1)$
$\overrightarrow{AH} = (a, b) - (-4, 3) = (a+4, b-3)$
이때 벡터 $\overrightarrow{AH}$가 직선 $l$에 수직이므로
$\overrightarrow{AH} \cdot \vec{u} = 0$에서
$(a+4, b-3) \cdot (2, -1) = 0$
$2(a+4) - (b-3) = 0$
$\therefore 2a - b = -11$ $\quad \cdots\cdots$ ㉡
㉠, ㉡을 연립하여 풀면 $a = -3$, $b = 5$
따라서 두 점 A$(-4, 3)$, H$(-3, 5)$를 지나는 직선의 방정식은
$\dfrac{x-(-4)}{-3-(-4)} = \dfrac{y-3}{5-3}$
$\therefore x + 4 = \dfrac{y-3}{2}$ 답 $x+4 = \dfrac{y-3}{2}$

**0454** $(\vec{p}-\vec{a}) \cdot (\vec{p}-\vec{b}) = 0$에서
$(\overrightarrow{OP} - \overrightarrow{OA}) \cdot (\overrightarrow{OP} - \overrightarrow{OB}) = 0$
$\therefore \overrightarrow{AP} \cdot \overrightarrow{BP} = 0$
즉, $\overrightarrow{AP} \perp \overrightarrow{BP}$에서 $\angle APB = 90°$이므로 점 P는 두 점 A, B를 지름의 양 끝 점으로 하는 원 위의 점이다.
이때 $\overline{AB} = \sqrt{(1+3)^2 + (-3-3)^2} = 2\sqrt{13}$이므로 원의 반지름의 길이는 $\sqrt{13}$이다.
따라서 구하는 넓이는 $\pi \times (\sqrt{13})^2 = 13\pi$ 답 $13\pi$

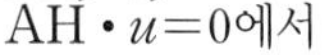**다른풀이** 두 점 A, B의 위치벡터는 각각
$\vec{a} = (-3, 3)$, $\vec{b} = (1, -3)$
점 P의 위치벡터를 $\vec{p} = (x, y)$라 하면
$\vec{p} - \vec{a} = (x+3, y-3)$, $\vec{p} - \vec{b} = (x-1, y+3)$
이때 $(\vec{p}-\vec{a}) \cdot (\vec{p}-\vec{b}) = 0$에서
$(x+3, y-3) \cdot (x-1, y+3) = 0$
$(x+3)(x-1) + (y-3)(y+3) = 0$
$x^2 + 2x + y^2 - 12 = 0$
$\therefore (x+1)^2 + y^2 = 13$
따라서 구하는 도형은 중심의 좌표가 $(-1, 0)$이고 반지름의 길이가 $\sqrt{13}$인 원이므로 그 넓이는
$\pi \times (\sqrt{13})^2 = 13\pi$
**참고** 세 점 A, B, P의 위치벡터를 각각 $\vec{a}$, $\vec{b}$, $\vec{p}$라 할 때, $\overline{AB}$를 지름으로 하는 원의 방정식은
$\Rightarrow (\vec{p}-\vec{a}) \cdot (\vec{p}-\vec{b}) = 0$

**0455** $\overrightarrow{AP} \cdot \overrightarrow{BP} = 0$에서 $\overrightarrow{AP} \perp \overrightarrow{BP}$이므로 $\angle APB = 90°$
즉, 점 P는 두 점 A, B를 지름의 양 끝 점으로 하는 원 위의 점이다.
이때 원의 중심은 $\overline{AB}$의 중점이므로
$\left(\dfrac{4+2}{2}, \dfrac{-1+3}{2}\right)$, 즉 $(3, 1)$
반지름의 길이는
$\dfrac{1}{2}\overline{AB} = \dfrac{1}{2}\sqrt{(2-4)^2 + (3+1)^2} = \sqrt{5}$
따라서 $m = 3$, $n = 1$, $r = \sqrt{5}$이므로
$m^2 + n^2 + r^2 = 15$ 답 **15**

**다른풀이** 점 P의 좌표를 $(x, y)$라 하면
$\overrightarrow{AP} = (x-4, y+1)$, $\overrightarrow{BP} = (x-2, y-3)$
이때 $\overrightarrow{AP} \cdot \overrightarrow{BP} = 0$에서
$(x-4, y+1) \cdot (x-2, y-3) = 0$
$(x-4)(x-2) + (y+1)(y-3) = 0$
$x^2 - 6x + y^2 - 2y + 5 = 0$
$\therefore (x-3)^2 + (y-1)^2 = 5$
따라서 점 P가 나타내는 도형은 중심의 좌표가 $(3, 1)$이고 반지름의 길이가 $\sqrt{5}$인 원이므로
$m = 3$, $n = 1$, $r = \sqrt{5}$ $\quad \therefore m^2 + n^2 + r^2 = 15$

**0456** $\vec{p} - \vec{a} - \vec{b} = (x, y) - (1, 2) - (3, -4)$
$= (x-4, y+2)$
$\vec{p} - 2\vec{a} + \vec{b} = (x, y) - 2(1, 2) + (3, -4)$
$= (x+1, y-8)$
이때 $(\vec{p}-\vec{a}-\vec{b}) \cdot (\vec{p}-2\vec{a}+\vec{b}) = 0$에서
$(x-4, y+2) \cdot (x+1, y-8) = 0$
$(x-4)(x+1) + (y+2)(y-8) = 0$
$x^2 - 3x + y^2 - 6y - 20 = 0$
$\therefore \left(x - \dfrac{3}{2}\right)^2 + (y-3)^2 = \dfrac{125}{4}$
따라서 점 P가 나타내는 도형은 중심의 좌표가 $\left(\dfrac{3}{2}, 3\right)$이고 반지름의 길이가 $\dfrac{5\sqrt{5}}{2}$인 원이므로 그 둘레의 길이는
$2\pi \times \dfrac{5\sqrt{5}}{2} = 5\sqrt{5}\pi$ 답 ③

**0457** $\vec{p} - \vec{c} = (x, y) - (3, 4) = (x-3, y-4)$이므로
$|\vec{p} - \vec{c}| = 5$에서
$\sqrt{(x-3)^2 + (y-4)^2} = 5$
$\therefore (x-3)^2 + (y-4)^2 = 25$
즉, 점 P가 나타내는 도형은 오른쪽 그림과 같이 중심이 점 C$(3, 4)$이고 반지름의 길이가 5인 원이다.
이 원 위의 점 A$(0, 8)$에서의 접선의 법선벡터는 $\overrightarrow{CA}$이므로

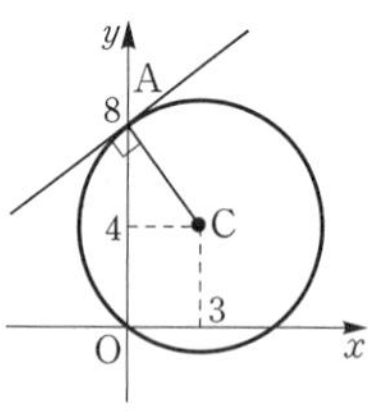

$$\overrightarrow{CA}=(0,\ 8)-(3,\ 4)=(-3,\ 4)$$

따라서 구하는 접선은 점 $A(0,\ 8)$을 지나고 법선벡터가

$\overrightarrow{CA}=(-3,\ 4)$인 직선이므로

$$-3(x-0)+4(y-8)=0$$

$$\therefore\ 3x-4y+32=0$$

답 $3x-4y+32=0$


본문 66쪽

**0458** $\overrightarrow{OP}=m\overrightarrow{OA}+n\overrightarrow{OB}$에서

$m+n\leq1,\ m\geq0,\ n\geq0$

일 때, 점 P가 나타내는 도형은 $\triangle OAB$의

내부와 그 둘레이다.

따라서 구하는 도형의 넓이는

$$\triangle OAB=\frac{1}{2}\times4\times2=4$$

답 **4**

**0459** $m+n=1,\ m\geq0,\ n\geq0$이므로

$$\overrightarrow{OP}=m\overrightarrow{OA}+n\overrightarrow{OB}=\frac{n\overrightarrow{OB}+m\overrightarrow{OA}}{n+m}$$

즉, 점 P는 $\overline{AB}$를 $n:m$으로 내분하는 점이므로 점 P가 나타내는 도형은 선분 AB이다.

따라서 구하는 도형의 길이는

$$\overline{AB}=\sqrt{(-4)^2+3^2}=5$$

답 ④

**0460** $4m+6n=3$에서

$n=0$일 때, $m=\dfrac{3}{4}$이므로 $\overrightarrow{OP}=\dfrac{3}{4}\overrightarrow{OA}$

$m=0$일 때, $n=\dfrac{1}{2}$이므로 $\overrightarrow{OP}=\dfrac{1}{2}\overrightarrow{OB}$

따라서 오른쪽 그림과 같이 점 P의 자취는

$\overline{OA}$를 $3:1$로 내분하는 점과 $\overline{OB}$의 중점

을 이은 선분이다.

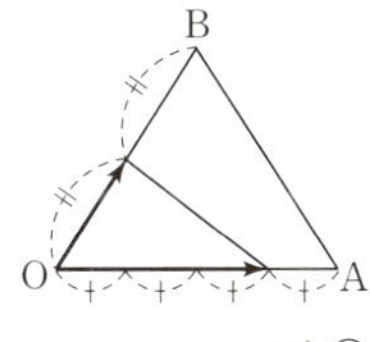

답 ④

**0461** 점 P의 좌표를 $(x,\ y)$라 하면

$\overrightarrow{AP}=(x-2,\ y+5),\ \overrightarrow{BP}=(x-1,\ y+3)$

$|\overrightarrow{AP}|=2|\overrightarrow{BP}|$에서

$$\sqrt{(x-2)^2+(y+5)^2}=2\sqrt{(x-1)^2+(y+3)^2}$$

양변을 제곱하면

$$(x-2)^2+(y+5)^2=4\{(x-1)^2+(y+3)^2\}$$

$$\therefore\ 3x^2+3y^2-4x+14y+11=0$$

따라서 $a=-4,\ b=14,\ c=11$이므로

$a+b+c=21$

답 **21**

**0462** 점 P의 좌표를 $(x,\ y)$라 하면

$\overrightarrow{PA}=(1-x,\ -2-y),\ \overrightarrow{PB}=(2-x,\ 3-y),$

$\overrightarrow{PC}=(-3-x,\ -1-y)$

$$\therefore\ \overrightarrow{PA}+\overrightarrow{PB}+\overrightarrow{PC}$$
$$=(1-x,\ -2-y)+(2-x,\ 3-y)+(-3-x,\ -1-y)$$
$$=(-3x,\ -3y)$$

㉮

$|\overrightarrow{PA}+\overrightarrow{PB}+\overrightarrow{PC}|=3$에서

$$\sqrt{(-3x)^2+(-3y)^2}=3$$

양변을 제곱하면

$$9x^2+9y^2=9\qquad\therefore\ x^2+y^2=1$$

㉯

따라서 점 P가 나타내는 도형은 중심이 원점이고 반지름의 길이가 1인 원이므로 그 넓이는 $\pi\times1^2=\pi$

㉰

답 $\pi$

| 단계 | 채점요소 | 배점 |
|:---:|:---|:---:|
| ㉮ | $P(x,\ y)$로 놓고, $\overrightarrow{PA}+\overrightarrow{PB}+\overrightarrow{PC}$를 성분으로 나타내기 | 40% |
| ㉯ | 점 P가 나타내는 도형의 방정식 구하기 | 40% |
| ㉰ | 점 P가 나타내는 도형의 넓이 구하기 | 20% |

**0463** 점 P의 좌표를 $(x,\ y)$라 하면

$\overrightarrow{PA}=(2-x,\ 1-y),\ \overrightarrow{PB}=(1-x,\ -4-y)$

$$\therefore\ \overrightarrow{PA}+\overrightarrow{PB}=(2-x,\ 1-y)+(1-x,\ -4-y)$$
$$=(3-2x,\ -3-2y)$$

$|\overrightarrow{PA}+\overrightarrow{PB}|=10$에서 $\sqrt{(3-2x)^2+(-3-2y)^2}=10$

양변을 제곱하면

$$(3-2x)^2+(-3-2y)^2=100$$

$$\therefore\ \left(x-\frac{3}{2}\right)^2+\left(y+\frac{3}{2}\right)^2=25$$

따라서 점 P가 나타내는 도형은 중심의 좌표가 $\left(\dfrac{3}{2},\ -\dfrac{3}{2}\right)$이고

반지름의 길이가 5인 원이므로 그 둘레의 길이는

$$2\pi\times5=10\pi$$

답 ③

**0464** 점 P의 좌표를 $(x,\ y)$라 하면

$\overrightarrow{AP}=(x+4,\ y),\ \overrightarrow{BP}=(x-4,\ y)$

$|\overrightarrow{AP}|+|\overrightarrow{BP}|=10$에서

$$\sqrt{(x+4)^2+y^2}+\sqrt{(x-4)^2+y^2}=10$$

$$\sqrt{(x+4)^2+y^2}=-\sqrt{(x-4)^2+y^2}+10$$

양변을 제곱하면

$$(x+4)^2+y^2=(x-4)^2+y^2-20\sqrt{(x-4)^2+y^2}+100$$

$$4x-25=-5\sqrt{(x-4)^2+y^2}$$

다시 양변을 제곱하면

$$(4x-25)^2=25\{(x-4)^2+y^2\}$$

$$\therefore\ \frac{x^2}{25}+\frac{y^2}{9}=1$$

답 $\dfrac{x^2}{25}+\dfrac{y^2}{9}=1$

**0465** $\triangle ABC$에서 $\overline{AD}$가 $\angle A$의 이등분선이므로

$$\overline{BD} : \overline{CD} = \overline{AB} : \overline{AC} = 4 : 3$$

즉, 점 D는 $\overline{BC}$를 $4 : 3$으로 내분하는 점이므로

$$\overrightarrow{AD} = \frac{4\overrightarrow{AC} + 3\overrightarrow{AB}}{4+3} = \frac{3}{7}\overrightarrow{AB} + \frac{4}{7}\overrightarrow{AC}$$

따라서 $m = \dfrac{3}{7}$, $n = \dfrac{4}{7}$ 이므로

$$m - n = -\frac{1}{7}$$

답 $-\dfrac{1}{7}$

**참고** 삼각형의 내각의 이등분선의 성질

삼각형 ABC에서 $\angle A$의 이등분선이 $\overline{BC}$와 만나는 점을 D라 하면

$\Rightarrow \overline{AB} : \overline{AC} = \overline{BD} : \overline{CD}$

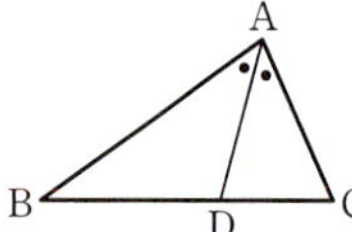

**0466** 점 P는 $\overline{AB}$의 중점이므로

$$\overrightarrow{CP} = \frac{\overrightarrow{CA} + \overrightarrow{CB}}{2} = \frac{\vec{a} + \vec{b}}{2}$$

또, $|\overrightarrow{CG}| : |\overrightarrow{GP}| = 2 : 1$에서 $\overrightarrow{CG} = \dfrac{2}{3}\overrightarrow{CP}$이므로

$$\overrightarrow{CG} = \frac{2}{3} \times \frac{\vec{a} + \vec{b}}{2} = \frac{1}{3}\vec{a} + \frac{1}{3}\vec{b}$$

따라서 $x = \dfrac{1}{3}$, $y = \dfrac{1}{3}$이므로

$$xy = \frac{1}{9}$$

답 ④

**0467** $\overrightarrow{AB} = \overrightarrow{PB} - \overrightarrow{PA}$이므로

$$\overrightarrow{PA} + \overrightarrow{PB} + 3\overrightarrow{PC} = \overrightarrow{PB} - \overrightarrow{PA}$$
$$2\overrightarrow{PA} + 3\overrightarrow{PC} = \vec{0} \qquad \therefore 2\overrightarrow{PA} = -3\overrightarrow{PC}$$

따라서 점 P는 $\overline{AC}$를 $3 : 2$로 내분하는 점이다.

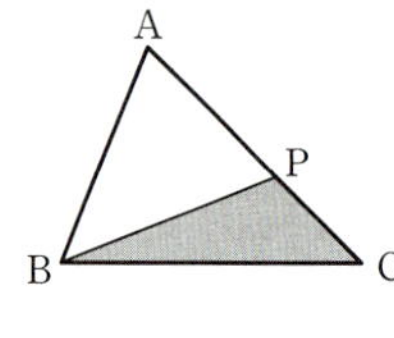

$$\therefore \triangle PBC = \frac{2}{5} \times \triangle ABC$$
$$= \frac{2}{5} \times 30 = 12$$

답 ③

**0468** $3(\vec{a} + \vec{b}) - 2\vec{b} = 3\vec{a} + 3\vec{b} - 2\vec{b} = 3\vec{a} + \vec{b}$
$$= 3(1, -2) + (3, 1)$$
$$= (6, -5)$$
$$\therefore |3(\vec{a} + \vec{b}) - 2\vec{b}| = \sqrt{6^2 + (-5)^2} = \sqrt{61}$$

답 $\sqrt{61}$

**0469** $\overrightarrow{AB} = (1, 2) - (2, -1) = (-1, 3)$

$\overrightarrow{CD} = (a, b) - (-1, 3) = (a+1, b-3)$

$\overrightarrow{AB} = \overrightarrow{CD}$에서 $-1 = a+1$, $3 = b-3$이므로

$a = -2$, $b = 6$

$\therefore a + b = 4$

답 ③

**0470** $\vec{v} = (x, y)$라 하면

$$\vec{v} + \vec{b} = (x, y) + (4, -2) = (x+4, y-2)$$

두 벡터 $\vec{a}$, $\vec{v} + \vec{b}$가 서로 평행하므로

$\vec{v} + \vec{b} = k\vec{a}\,(k \neq 0)$라 하면

$$(x+4, y-2) = k(3, 1)$$

$\therefore x + 4 = 3k$, $y - 2 = k$

즉, $x + 4 = 3(y-2)$이므로 $x = 3y - 10$

$\therefore |\vec{v}|^2 = x^2 + y^2 = (3y-10)^2 + y^2$
$$= 10y^2 - 60y + 100$$
$$= 10(y-3)^2 + 10$$

따라서 $|\vec{v}|^2$의 최솟값은 $y = 3$일 때 10이다.

답 ⑤

**0471** $\overline{BC}$가 원 O의 지름이므로 $\angle BAC = 90°$

$\triangle ABC$에서 $|\overrightarrow{BA}| = \sqrt{12^2 - 9^2} = 3\sqrt{7}$

두 벡터 $\overrightarrow{BA}$, $\overrightarrow{BC}$가 이루는 각의 크기를 $\theta\,(0° < \theta < 90°)$라 하면

$$\cos\theta = \frac{3\sqrt{7}}{12} = \frac{\sqrt{7}}{4}$$

$\therefore \overrightarrow{BA} \cdot \overrightarrow{BC} = |\overrightarrow{BA}||\overrightarrow{BC}|\cos\theta$
$$= 3\sqrt{7} \times 12 \times \frac{\sqrt{7}}{4}$$
$$= 63$$

답 63

**0472** 오른쪽 그림과 같이 점 I에서 변 AB에 내린 수선의 발을 E라 하면

$$\overline{BE} = \overline{BD} = 8$$

$\therefore \overrightarrow{BA} \cdot \overrightarrow{BI}$
$$= |\overrightarrow{BA}||\overrightarrow{BI}|\cos(\angle EBI)$$
$$= |\overrightarrow{BA}||\overrightarrow{BE}| \quad \leftarrow |\overrightarrow{BI}|\cos(\angle EBI) = |\overrightarrow{BE}|$$
$$= 15 \times 8 = 120$$

답 120

**0473** $\overrightarrow{AF} = \overrightarrow{CD}$이고 $\angle BCD = 120°$이므로 정육각형의 한 변의 길이를 $a$라 하면

$\overrightarrow{CB} \cdot \overrightarrow{AF} = \overrightarrow{CB} \cdot \overrightarrow{CD}$
$$= -|\overrightarrow{CB}||\overrightarrow{CD}|\cos(180° - 120°)$$
$$= -a \times a \times \cos 60°$$
$$= -a \times a \times \frac{1}{2} = -\frac{1}{2}a^2$$

즉, $-\dfrac{1}{2}a^2 = -18$이므로 $a^2 = 36$ $\therefore a = 6\,(\because a > 0)$

따라서 구하는 정육각형의 넓이는 한 변의 길이가 6인 정삼각형의 넓이의 6배이므로

$$\left(\frac{\sqrt{3}}{4} \times 6^2\right) \times 6 = 54\sqrt{3}$$

답 $54\sqrt{3}$

**0474** 두 벡터 $\vec{a} = (1, 0)$, $\vec{b} = (1, 2)$에 대하여

$$t\vec{a} + \vec{b} = t(1, 0) + (1, 2) = (t+1, 2)$$
$$\vec{a} + t\vec{b} = (1, 0) + t(1, 2) = (t+1, 2t)$$

$$\therefore\ f(t)=(t\vec{a}+\vec{b})\cdot(\vec{a}+t\vec{b})$$
$$=(t+1,\ 2)\cdot(t+1,\ 2t)$$
$$=(t+1)^2+2\times 2t$$
$$=t^2+6t+1$$
$$=(t+3)^2-8$$

따라서 $f(t)$는 $t=-3$일 때 최솟값 $-8$을 갖는다.

답 −3

**0475** $\vec{a}+\vec{b}=(4t-2,\ -1)+\left(2,\ 1+\dfrac{3}{t}\right)=\left(4t,\ \dfrac{3}{t}\right)$

$\therefore\ |\vec{a}+\vec{b}|^2=(4t)^2+\left(\dfrac{3}{t}\right)^2=16t^2+\dfrac{9}{t^2}$

이때 $t^2>0$이므로 산술평균과 기하평균의 관계에 의하여

$16t^2+\dfrac{9}{t^2}\geq 2\sqrt{16t^2\times\dfrac{9}{t^2}}=24$ $\left(\text{단, 등호는 }t=\dfrac{\sqrt{3}}{2}\text{일 때 성립}\right)$

따라서 $|\vec{a}+\vec{b}|^2$의 최솟값은 24이다.

답 24

**0476** 두 점 P, Q의 좌표를 각각 $\left(\dfrac{a^2}{4},\ a\right)$, $\left(\dfrac{b^2}{4},\ b\right)$라 하면

$\overrightarrow{OP}=\left(\dfrac{a^2}{4},\ a\right)$, $\overrightarrow{OQ}=\left(\dfrac{b^2}{4},\ b\right)$

$\therefore\ \overrightarrow{OP}\cdot\overrightarrow{OQ}=\left(\dfrac{a^2}{4},\ a\right)\cdot\left(\dfrac{b^2}{4},\ b\right)$

$$=\dfrac{a^2b^2}{16}+ab=\dfrac{1}{16}(ab+8)^2-4$$

따라서 $\overrightarrow{OP}\cdot\overrightarrow{OQ}$의 최솟값은 $ab=-8$일 때 $-4$이다.

답 ⑤

**0477** $|\vec{a}+\vec{b}|=4$의 양변을 제곱하면

$|\vec{a}|^2+2\vec{a}\cdot\vec{b}+|\vec{b}|^2=16$

$2^2+2\vec{a}\cdot\vec{b}+3^2=16$ $\quad\therefore\ \vec{a}\cdot\vec{b}=\dfrac{3}{2}$

$|\vec{a}-\vec{b}|^2=|\vec{a}|^2-2\vec{a}\cdot\vec{b}+|\vec{b}|^2$

$$=2^2-2\times\dfrac{3}{2}+3^2=10$$

$\therefore\ |\vec{a}-\vec{b}|=\sqrt{10}$

답 ⑤

**0478** $\vec{a}+\vec{b}=(-1,\ 3)+(2,\ -1)=(1,\ 2)$

$\vec{a}-\vec{b}=(-1,\ 3)-(2,\ -1)=(-3,\ 4)$

$\therefore\ (\vec{a}+\vec{b})\cdot(\vec{a}-\vec{b})=(1,\ 2)\cdot(-3,\ 4)$

$$=-3+8=5$$

이때 $(\vec{a}+\vec{b})\cdot(\vec{a}-\vec{b})\geq 0$이므로 $0°\leq\theta\leq 90°$

$\therefore\ \cos\theta=\dfrac{(\vec{a}+\vec{b})\cdot(\vec{a}-\vec{b})}{|\vec{a}+\vec{b}|\,|\vec{a}-\vec{b}|}$

$$=\dfrac{5}{\sqrt{1^2+2^2}\,\sqrt{(-3)^2+4^2}}$$

$$=\dfrac{5}{5\sqrt{5}}=\dfrac{\sqrt{5}}{5}$$

오른쪽 그림과 같은 직각삼각형을 생각하면

$\sin\theta=\dfrac{2\sqrt{5}}{5}$

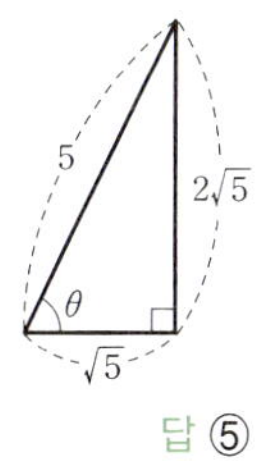


답 ⑤

**0479** $|2\vec{a}+\vec{b}|=4$의 양변을 제곱하면

$4|\vec{a}|^2+4\vec{a}\cdot\vec{b}+|\vec{b}|^2=16$

$4\times 1^2+4\vec{a}\cdot\vec{b}+3^2=16$ $\quad\therefore\ \vec{a}\cdot\vec{b}=\dfrac{3}{4}$

이때 $\vec{a}\cdot\vec{b}\geq 0$이므로 $0°\leq\theta\leq 90°$

$\therefore\ \cos\theta=\dfrac{\vec{a}\cdot\vec{b}}{|\vec{a}|\,|\vec{b}|}=\dfrac{\dfrac{3}{4}}{1\times 3}=\dfrac{1}{4}$

답 $\dfrac{1}{4}$

**0480** $\overrightarrow{OA}\cdot\overrightarrow{OB}\geq 0$이므로 두 벡터 $\overrightarrow{OA}$, $\overrightarrow{OB}$가 이루는 각의 크기를 $\theta\ (0°\leq\theta\leq 90°)$라 하면

$\cos\theta=\dfrac{\overrightarrow{OA}\cdot\overrightarrow{OB}}{|\overrightarrow{OA}|\,|\overrightarrow{OB}|}=\dfrac{6\sqrt{3}}{3\times 4}=\dfrac{\sqrt{3}}{2}$

$\therefore\ \theta=30°$

따라서 평행사변형 AOBC의 넓이는

$|\overrightarrow{OA}|\,|\overrightarrow{OB}|\sin 30°=3\times 4\times\dfrac{1}{2}=6$

답 6

**0481** 두 벡터 $6\vec{a}+\vec{b}$, $\vec{a}-\vec{b}$가 서로 수직이므로

$(6\vec{a}+\vec{b})\cdot(\vec{a}-\vec{b})=0$에서

$6|\vec{a}|^2-5\vec{a}\cdot\vec{b}-|\vec{b}|^2=0$

$6\times 1^2-5\vec{a}\cdot\vec{b}-3^2=0$

$\therefore\ \vec{a}\cdot\vec{b}=-\dfrac{3}{5}$

답 ②

**0482** $\vec{b}-\vec{c}=(-1,\ -3)-(-5,\ -1)=(4,\ -2)$

$k\vec{a}+\vec{c}=k(2,\ 1)+(-5,\ -1)=(2k-5,\ k-1)$

두 벡터 $\vec{b}-\vec{c}$, $k\vec{a}+\vec{c}$가 서로 수직이므로

$(\vec{b}-\vec{c})\cdot(k\vec{a}+\vec{c})=0$에서

$(4,\ -2)\cdot(2k-5,\ k-1)=0$

$4(2k-5)-2(k-1)=0,\ 6k=18$ $\quad\therefore\ k=3$

답 ③

**0483** $\vec{b}-\vec{a}=(5,\ 8)-(3,\ 1)=(2,\ 7)$이므로 구하는 직선의 법선벡터는 $(2,\ 7)$이다.

점 $(3,\ -6)$을 지나고 법선벡터가 $(2,\ 7)$인 직선의 방정식은

$2(x-3)+7(y+6)=0$

$\therefore\ 2x+7y+36=0$

따라서 $m=2,\ n=36$이므로

$m+n=38$

답 ②

**0484** 두 직선 $l_1$, $l_2$의 방향벡터를 각각 $\vec{u}$, $\vec{v}$라 하면
$\vec{u}=(k, -1)$, $\vec{v}=(-3, 4)$
두 직선이 이루는 각의 크기가 $45°$이므로
$$\cos 45° = \frac{|\vec{u} \cdot \vec{v}|}{|\vec{u}||\vec{v}|}$$
$$\frac{\sqrt{2}}{2} = \frac{|-3k-4|}{\sqrt{k^2+(-1)^2}\sqrt{(-3)^2+4^2}}$$
$$5\sqrt{2k^2+2} = |-6k-8|$$
양변을 제곱하여 정리하면
$7k^2-48k-7=0$, $(7k+1)(k-7)=0$
$\therefore k=7$ ($\because k$는 자연수)  답 ①

**0485** 두 점 $A(2, 4)$, $B(k, 12)$를 지나는 직선을 $m$이라 하면 직선 $m$의 방향벡터는
$\overrightarrow{AB}=(k, 12)-(2, 4)=(k-2, 8)$
직선 $l : \dfrac{x-1}{3}=\dfrac{3-y}{2}$의 방향벡터를 $\vec{u}$라 하면
$\vec{u}=(3, -2)$
두 벡터 $\overrightarrow{AB}$, $\vec{u}$가 서로 평행하므로 $\overrightarrow{AB}=t\vec{u}$ $(t\neq0)$라 하면
$(k-2, 8)=t(3, -2)$
따라서 $k-2=3t$, $8=-2t$이므로
$t=-4$, $k=-10$  답 $-10$

**0486** 주어진 두 직선의 방향벡터를 각각 $\vec{u}$, $\vec{v}$라 하면
$\vec{u}=(-1, 2)$, $\vec{v}=(1, a)$
두 직선이 서로 수직이므로 $\vec{u} \cdot \vec{v}=0$에서
$(-1, 2) \cdot (1, a)=0$
$-1+2a=0$  $\therefore a=\dfrac{1}{2}$  답 ③

**0487** $(\vec{p}-\vec{a}) \cdot (\vec{p}-\vec{b})=0$에서
$(\overrightarrow{OP}-\overrightarrow{OA}) \cdot (\overrightarrow{OP}-\overrightarrow{OB})=0$
$\therefore \overrightarrow{AP} \cdot \overrightarrow{BP}=0$
즉, $\overrightarrow{AP} \perp \overrightarrow{BP}$이므로 점 P는 두 점 A, B를 지름의 양 끝 점으로 하는 원 위의 점이다.
이때 $\overline{AB}=\sqrt{(5-1)^2+(2+2)^2}=4\sqrt{2}$이므로 원의 반지름의 길이는 $2\sqrt{2}$이다.
따라서 구하는 넓이는 $\pi \times (2\sqrt{2})^2=8\pi$  답 $8\pi$

**다른풀이** 점 P의 좌표를 $(x, y)$라 하면
$\vec{p}-\vec{a}=(x-1, y+2)$, $\vec{p}-\vec{b}=(x-5, y-2)$
$(\vec{p}-\vec{a}) \cdot (\vec{p}-\vec{b})=0$에서
$(x-1, y+2) \cdot (x-5, y-2)=0$
$(x-1)(x-5)+(y+2)(y-2)=0$
$x^2-6x+y^2+1=0$
$\therefore (x-3)^2+y^2=8$

따라서 점 P가 나타내는 도형은 중심의 좌표가 $(3, 0)$이고 반지름의 길이가 $2\sqrt{2}$인 원이므로 그 넓이는
$\pi \times (2\sqrt{2})^2=8\pi$

**0488** 점 P의 좌표를 $(x, y)$라 하면
$\overrightarrow{PA}=(2-x, -y)$, $\overrightarrow{PB}=(4-x, 5-y)$,
$\overrightarrow{PC}=(-3-x, 1-y)$
$\therefore \overrightarrow{PA}+\overrightarrow{PB}+\overrightarrow{PC}$
$=(2-x, -y)+(4-x, 5-y)+(-3-x, 1-y)$
$=(3-3x, 6-3y)$
$|\overrightarrow{PA}+\overrightarrow{PB}+\overrightarrow{PC}|=4$에서
$\sqrt{(3-3x)^2+(6-3y)^2}=4$
양변을 제곱하면
$(3-3x)^2+(6-3y)^2=16$
$\therefore (x-1)^2+(y-2)^2=\dfrac{16}{9}$
따라서 점 P가 나타내는 도형은 중심의 좌표가 $(1, 2)$이고 반지름의 길이가 $\dfrac{4}{3}$인 원이므로 그 둘레의 길이는
$2\pi \times \dfrac{4}{3}=\dfrac{8}{3}\pi$  답 $\dfrac{8}{3}\pi$

**0489** $\vec{a}+\vec{b}=(1, 2)+(-3, 4)=(-2, 6)$
$k\vec{a}+(1-k)\vec{b}=k(1, 2)+(1-k)(-3, 4)$
$=(4k-3, -2k+4)$  ㉮

이때 두 벡터 $\vec{a}+\vec{b}$, $k\vec{a}+(1-k)\vec{b}$가 서로 평행하므로
$k\vec{a}+(1-k)\vec{b}=t(\vec{a}+\vec{b})$ $(t\neq0)$라 하면
$(4k-3, -2k+4)=t(-2, 6)$  ㉯

따라서 $4k-3=-2t$, $-2k+4=6t$이므로
$t=\dfrac{1}{2}$, $k=\dfrac{1}{2}$  ㉰

답 $\dfrac{1}{2}$

| 단계 | 채점요소 | 배점 |
|---|---|---|
| ㉮ | $\vec{a}+\vec{b}$, $k\vec{a}+(1-k)\vec{b}$를 성분으로 나타내기 | 30% |
| ㉯ | 평행 조건을 이용하여 식 세우기 | 40% |
| ㉰ | $k$의 값 구하기 | 30% |

**0490** $\overrightarrow{AB}=\vec{a}$, $\overrightarrow{AC}=\vec{b}$라 하면
점 P는 $\overline{BC}$를 $1 : 2$로 내분하는 점이므로
$\overrightarrow{AP}=\dfrac{\vec{b}+2\vec{a}}{1+2}=\dfrac{1}{3}(2\vec{a}+\vec{b})$
점 Q는 $\overline{BC}$를 $2 : 1$로 내분하는 점이므로

$$\overrightarrow{AQ}=\frac{2\vec{b}+\vec{a}}{2+1}=\frac{1}{3}(\vec{a}+2\vec{b})$$

⑦

또, $|\vec{a}|=|\vec{b}|=2$, $\angle BAC=60°$이므로

$$\vec{a}\cdot\vec{b}=|\vec{a}||\vec{b}|\cos 60°=2\times 2\times\frac{1}{2}=2$$

④

$$\therefore \overrightarrow{AP}\cdot\overrightarrow{AQ}=\frac{1}{9}(2\vec{a}+\vec{b})\cdot(\vec{a}+2\vec{b})$$

$$=\frac{1}{9}(2|\vec{a}|^2+5\vec{a}\cdot\vec{b}+2|\vec{b}|^2)$$

$$=\frac{1}{9}(2\times 2^2+5\times 2+2\times 2^2)$$

$$=\frac{26}{9}$$

⑤

답 $\dfrac{26}{9}$

| 단계 | 채점요소 | 배점 |
|---|---|---|
| ⑦ | $\overrightarrow{AP}$, $\overrightarrow{AQ}$를 $\overrightarrow{AB}$, $\overrightarrow{AC}$로 나타내기 | 40% |
| ④ | $\overrightarrow{AB}\cdot\overrightarrow{AC}$ 구하기 | 30% |
| ⑤ | $\overrightarrow{AP}\cdot\overrightarrow{AQ}$ 구하기 | 30% |

**0491** 점 A에서 직선 $l$에 내린 수선의 발을 H라 하면 $\overrightarrow{AH}$는 점 A$(0, 1)$과 직선 $\dfrac{x-1}{2}=3-y$, 즉 $x+2y-7=0$ 사이의 거리 이므로

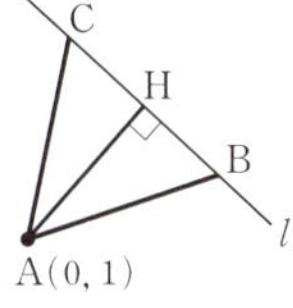

$$\overrightarrow{AH}=\frac{|2-7|}{\sqrt{1^2+2^2}}=\frac{5}{\sqrt{5}}=\sqrt{5}$$

⑦

이때 $\overrightarrow{AH}$는 정삼각형 ABC의 높이이므로 정삼각형 ABC의 한 변의 길이를 $a$라 하면

$$\frac{\sqrt{3}}{2}a=\sqrt{5} \qquad \therefore a=\frac{2\sqrt{15}}{3}$$

$$\therefore |\overrightarrow{AB}|=|\overrightarrow{AC}|=\frac{2\sqrt{15}}{3}$$

④

또, $\angle BAC=60°$이므로

$$\overrightarrow{AB}\cdot\overrightarrow{AC}=|\overrightarrow{AB}||\overrightarrow{AC}|\cos 60°$$

$$=\frac{2\sqrt{15}}{3}\times\frac{2\sqrt{15}}{3}\times\frac{1}{2}$$

$$=\frac{10}{3}$$

⑤

답 $\dfrac{10}{3}$

| 단계 | 채점요소 | 배점 |
|---|---|---|
| ⑦ | 점 A와 직선 $l$ 사이의 거리 구하기 | 30% |
| ④ | $|\overrightarrow{AB}|$, $|\overrightarrow{AC}|$ 구하기 | 40% |
| ⑤ | $\overrightarrow{AB}\cdot\overrightarrow{AC}$ 구하기 | 30% |

**0492** 점 A$(-2, 1)$을 지나고 방향벡터가 $(3, -2)$인 직선 $l$의 방정식은

$$\frac{x+2}{3}=\frac{y-1}{-2} \qquad \therefore 2x+3y=-1 \qquad \cdots\cdots ㉠$$

⑦

또, 두 점 B$(2, -1)$, C$(3, 1)$을 지나는 직선 $m$의 방정식은

$$\frac{x-2}{3-2}=\frac{y+1}{1-(-1)} \qquad \therefore 2x-y=5 \qquad \cdots\cdots ㉡$$

④

㉠, ㉡을 연립하여 풀면

$$x=\frac{7}{4}, y=-\frac{3}{2}$$

따라서 두 직선 $l$, $m$의 교점의 좌표는 $\left(\dfrac{7}{4}, -\dfrac{3}{2}\right)$이다.

⑤

답 $\left(\dfrac{7}{4}, -\dfrac{3}{2}\right)$

| 단계 | 채점요소 | 배점 |
|---|---|---|
| ⑦ | 직선 $l$의 방정식 구하기 | 40% |
| ④ | 직선 $m$의 방정식 구하기 | 40% |
| ⑤ | 두 직선 $l$, $m$의 교점의 좌표 구하기 | 20% |

**0493** $\overrightarrow{OA}\cdot\overrightarrow{OC}<0$에서 두 벡터 $\overrightarrow{OA}$, $\overrightarrow{OC}$가 이루는 각은 둔각이므로 오른쪽 그림과 같이 나타낼 수 있다.

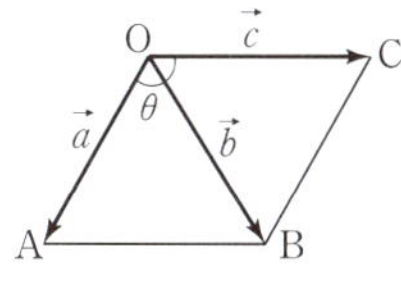

$\overrightarrow{OA}=\vec{a}$, $\overrightarrow{OB}=\vec{b}$, $\overrightarrow{OC}=\vec{c}$라 하면 $\vec{b}=\vec{a}+\vec{c}$이므로

$\overrightarrow{OA}\cdot\overrightarrow{OB}=\vec{a}\cdot\vec{b}=2$에서

$$\vec{a}\cdot(\vec{a}+\vec{c})=2 \qquad \therefore |\vec{a}|^2+\vec{a}\cdot\vec{c}=2 \qquad \cdots\cdots ㉠$$

$\overrightarrow{OB}\cdot\overrightarrow{OC}=\vec{b}\cdot\vec{c}=2$에서

$$(\vec{a}+\vec{c})\cdot\vec{c}=2 \qquad \therefore \vec{a}\cdot\vec{c}+|\vec{c}|^2=2 \qquad \cdots\cdots ㉡$$

$\overrightarrow{OA}\cdot\overrightarrow{OC}=-2$에서 $\vec{a}\cdot\vec{c}=-2$

이것을 ㉠, ㉡에 각각 대입하여 정리하면

$$|\vec{a}|^2=4, |\vec{c}|^2=4$$

$$\therefore |\vec{a}|=2, |\vec{c}|=2$$

한편, 두 벡터 $\vec{a}$, $\vec{c}$가 이루는 각의 크기를 $\theta$ $(90°<\theta<180°)$라 하면

$$\vec{a}\cdot\vec{c}=-|\vec{a}||\vec{c}|\cos(180°-\theta)$$

$$-2=-2\times 2\times\cos(180°-\theta)$$

$$\therefore \cos(180°-\theta)=\frac{1}{2}$$

즉, $180°-\theta=60°$이므로 $\theta=120°$

따라서 평행사변형 OABC의 넓이는

$$|\vec{a}||\vec{c}|\sin(180°-120°)=2\times 2\times\sin 60°$$

$$=2\times 2\times\frac{\sqrt{3}}{2}$$

$$=2\sqrt{3}$$

답 $2\sqrt{3}$

**0494** 조건 ㈎에서 $|\overrightarrow{\mathrm{AH}}|=2k$, $|\overrightarrow{\mathrm{HB}}|=3k\ (k>0)$라 하면
$|\overrightarrow{\mathrm{AB}}|=5k$

두 벡터 $\overrightarrow{\mathrm{AB}}$, $\overrightarrow{\mathrm{AC}}$가 이루는 각의 크기를 $\theta\ (0°<\theta<90°)$라 하면 조건 ㈏에서

$$\begin{aligned}
\overrightarrow{\mathrm{AB}}\cdot\overrightarrow{\mathrm{AC}}&=|\overrightarrow{\mathrm{AB}}|\,|\overrightarrow{\mathrm{AC}}|\cos\theta\\
&=|\overrightarrow{\mathrm{AB}}|\,|\overrightarrow{\mathrm{AH}}|\quad\leftarrow\ |\overrightarrow{\mathrm{AC}}|\cos\theta=|\overrightarrow{\mathrm{AH}}|\\
&=5k\times2k=10k^2
\end{aligned}$$

즉, $10k^2=40$이므로 $k^2=4$  $\therefore k=2\ (\because k>0)$

조건 ㈐에서

$$\begin{aligned}
\triangle\mathrm{ABC}&=\frac{1}{2}|\overrightarrow{\mathrm{AB}}|\,|\overrightarrow{\mathrm{CH}}|\\
&=\frac{1}{2}\times10\times|\overrightarrow{\mathrm{CH}}|\quad\leftarrow\ |\overrightarrow{\mathrm{AB}}|=5k=5\times2=10\\
&=5|\overrightarrow{\mathrm{CH}}|
\end{aligned}$$

즉, $5|\overrightarrow{\mathrm{CH}}|=30$이므로 $|\overrightarrow{\mathrm{CH}}|=6$

두 벡터 $\overrightarrow{\mathrm{CA}}$, $\overrightarrow{\mathrm{CH}}$가 이루는 각의 크기는 $90°-\theta$이므로

$$\begin{aligned}
\overrightarrow{\mathrm{CA}}\cdot\overrightarrow{\mathrm{CH}}&=|\overrightarrow{\mathrm{CA}}|\,|\overrightarrow{\mathrm{CH}}|\cos(90°-\theta)\\
&=|\overrightarrow{\mathrm{CH}}|^2\quad\leftarrow\ |\overrightarrow{\mathrm{CA}}|\cos(90°-\theta)=|\overrightarrow{\mathrm{CH}}|\\
&=6^2=36
\end{aligned}$$

답 ①

**0495** 다음 그림과 같이 주어진 도형을 직선 BC를 $x$축으로 하고 직선 CD를 $y$축으로 하는 좌표평면 위에 놓으면
$\mathrm{A}(-8,\,6)$, $\mathrm{B}(-8,\,0)$, $\mathrm{C}(0,\,0)$, $\mathrm{D}(0,\,6)$

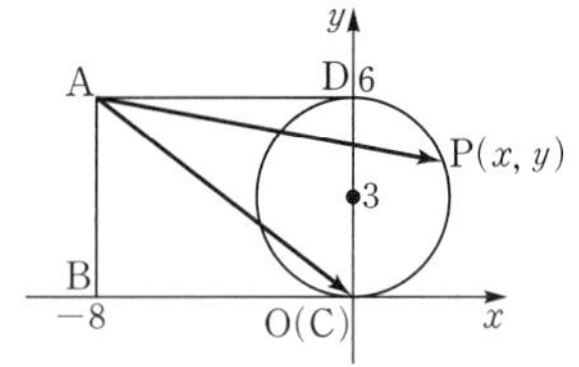

이때 $\overline{\mathrm{CD}}$를 지름으로 하는 원의 중심의 좌표는 $(0,\,3)$이고 반지름의 길이는 3이므로 이 원의 방정식은
$$x^2+(y-3)^2=9 \qquad \cdots\cdots\ \bigcirc$$

점 P의 좌표를 $(x,\,y)$라 하면
$\overrightarrow{\mathrm{AC}}=(8,\,-6)$, $\overrightarrow{\mathrm{AP}}=(x+8,\,y-6)$

$$\begin{aligned}
\therefore\ \overrightarrow{\mathrm{AC}}\cdot\overrightarrow{\mathrm{AP}}&=(8,\,-6)\cdot(x+8,\,y-6)\\
&=8(x+8)-6(y-6)\\
&=8x-6y+100
\end{aligned}$$

이때 점 P가 원 $\bigcirc$ 위에 있으므로 $8x-6y+100=k\ (k$는 상수$)$라 하면 원 $\bigcirc$과 이 직선이 만나야 한다.

즉, 원의 중심 $(0,\,3)$과 직선 $8x-6y+100-k=0$ 사이의 거리가 원의 반지름의 길이인 3 이하이어야 하므로

$$\frac{|-18+100-k|}{\sqrt{8^2+(-6)^2}}\le3$$

$|82-k|\le30$, $-30\le82-k\le30$

$\therefore 52\le k\le112$

따라서 $\overrightarrow{\mathrm{AC}}\cdot\overrightarrow{\mathrm{AP}}$의 최솟값은 52이다.

답 ②



# 05 | 공간도형

## 📖 교과서 문제 정/복/하/기



**0496** 사각뿔 A$-$BCDE에서 5개의 꼭짓점으로 만들 수 있는 서로 다른 평면은
평면 BCDE, 평면 ABC, 평면 ACD, 평면 ADE, 평면 ABE, 평면 ABD, 평면 ACE
따라서 구하는 평면의 개수는 7이다. 　　　답 **7**

**0497** 답 **모서리 AD, 모서리 AE, 모서리 BC, 모서리 BF**

**0498** 답 **모서리 DC, 모서리 EF, 모서리 HG**

**0499** 답 **모서리 DH, 모서리 CG, 모서리 EH, 모서리 FG**

**0500** 답 **면 ABCD, 면 AEFB**

**0501** 답 **면 AEHD, 면 BFGC**

**0502** 답 **면 DHGC, 면 EFGH**

**0503** 답 **면 ABCD, 면 BFGC, 면 EFGH, 면 AEHD**

**0504** 답 **면 DHGC**

**0505** 답 **면 ACFD, 면 ABED, 면 BCFE**

**0506** 답 **면 DEF**

**0507** $\overline{\mathrm{DH}}\,/\!/\,\overline{\mathrm{AE}}$이므로 직선 AB와 직선 DH가 이루는 각의 크기는 직선 AB와 직선 AE가 이루는 각의 크기와 같다.
이때 $\overline{\mathrm{AB}}\perp\overline{\mathrm{AE}}$이므로 $\angle\mathrm{BAE}=90°$
따라서 직선 AB와 직선 DH가 이루는 각의 크기는 90°이다.

답 **90°**

**0508** $\overline{\mathrm{FG}}\,/\!/\,\overline{\mathrm{BC}}$이므로 직선 AC와 직선 FG가 이루는 각의 크기는 직선 AC와 직선 BC가 이루는 각의 크기와 같다.
이때 삼각형 ABC는 직각이등변삼각형이므로
$\angle\mathrm{ACB}=45°$
따라서 직선 AC와 직선 FG가 이루는 각의 크기는 45°이다.

답 **45°**

**0509** $\overleftrightarrow{BE}$∥$\overleftrightarrow{CF}$이므로 직선 AC와 직선 BE가 이루는 각의 크기는 직선 AC와 직선 CF가 이루는 각의 크기와 같다.

이때 $\overleftrightarrow{AC}$⊥$\overleftrightarrow{CF}$이므로 $\angle ACF=90°$

따라서 직선 AC와 직선 BE가 이루는 각의 크기는 $90°$이다.

답 **90°**

**0510** $\overleftrightarrow{DF}$∥$\overleftrightarrow{AC}$이므로 직선 BC와 직선 DF가 이루는 각의 크기는 직선 BC와 직선 AC가 이루는 각의 크기와 같다.

이때 삼각형 ABC는 직각이등변삼각형이므로

$\angle ACB=45°$

따라서 직선 BC와 직선 DF가 이루는 각의 크기는 $45°$이다.

답 **45°**

**0511** 직선 AD는 평면 AEFB 위의 평행하지 않은 두 직선 AB, AE와 각각 수직이므로

$\overleftrightarrow{AD}$⊥(평면 AEFB)

따라서 모서리 AD와 면 AEFB가 이루는 각의 크기는 $90°$이다.

답 **90°**

**0512** 두 삼각형 ABC, DBC는 모두 정삼각형이고,

$\overline{BM}=\overline{CM}$이므로

$\overline{BC}\perp\overline{AM}$, $\overline{BC}\perp\overline{DM}$

즉, $\overline{BC}$는 평면 AMD 위의 평행하지 않은 두 직선 AM, DM과 각각 수직이므로

$\overline{BC}\perp$(평면 AMD)

답 **풀이 참조**

**0513** $\overline{BC}\perp$(평면 AMD)이므로 $\overline{BC}$는 평면 AMD 위의 임의의 직선과 수직이다.

$\therefore\ \overline{BC}\perp\overline{AD}$

답 **풀이 참조**

**0514** 삼각형 PHO는 빗변이 $\overline{PH}$인 직각삼각형이므로

$\overline{PH}=\sqrt{\overline{OH}^2+\overline{OP}^2}=\sqrt{3^2+4^2}=\boxed{5}$

$\overline{PO}\perp\alpha$이고 $\overline{OH}\perp\overline{AB}$이므로 삼수선의 정리에 의하여

$\overline{PH}\perp\boxed{\overline{AB}}$

따라서 삼각형 AHP는 빗변이 $\overline{AP}$인 직각삼각형이므로

$\overline{AP}=\sqrt{\overline{AH}^2+\overline{PH}^2}=\sqrt{(\sqrt{11})^2+5^2}=\boxed{6}$

답 (가) **5** (나) $\overline{\mathbf{AB}}$ (다) **6**

**0515** 답 (가) $l$ (나) $n$

**0516** 답 **점 A**

**0517** 답 **선분 CH**

**0518** 답 **삼각형 DHC**

**0519** 답 **선분 CF**

**0520** $\overline{A'B'}=4\cos60°=2$

답 **2**

**0521** $5\sqrt{3}=10\cos\theta$에서 $\cos\theta=\dfrac{\sqrt{3}}{2}$

$0°<\theta<90°$이므로 $\theta=30°$

답 **30°**

**0522** 구하는 정사영의 넓이를 $S'$이라 하면

$S'=\dfrac{\sqrt{3}}{4}\times2^2\times\cos30°=\dfrac{3}{2}$

답 $\dfrac{3}{2}$

**0523** 구하는 정사영의 넓이를 $S'$이라 하면

$S'=4^2\times\cos45°=8\sqrt{2}$

답 $8\sqrt{2}$

## 유형 익히기

본문 76~83쪽

**0524** (i) 두 직선 BD, DF로 만들 수 있는 평면은 평면 BDF의 1개이다.

(ii) 네 꼭짓점 A, C, E, G로 만들 수 있는 평면은 평면 AEGC의 1개이다.

(iii) 직선 BD와 네 꼭짓점 A, C, E, G로 만들 수 있는 평면은 평면 ABCD, 평면 BDE, 평면 BDG의 3개이다.

(iv) 직선 DF와 네 꼭짓점 A, C, E, G로 만들 수 있는 평면은 평면 AFGD, 평면 DEFC의 2개이다.

(i)~(iv)에서 구하는 서로 다른 평면의 개수는

$1+1+3+2=7$

답 **7**

**0525** (i) 세 점 B, D, E로 만들 수 있는 평면은 평면 BCDE의 1개이다.

(ii) 직선 AC와 세 점 B, D, E로 만들 수 있는 평면은 평면 ABC, 평면 ACD, 평면 AEC의 3개이다.

(i), (ii)에서 구하는 서로 다른 평면의 개수는

$1+3=4$

답 **4**

**0526** ① 세 점 H, F, C는 한 직선 위에 있지 않다.

즉, 세 점 H, F, C는 평면 HFC를 결정한다.

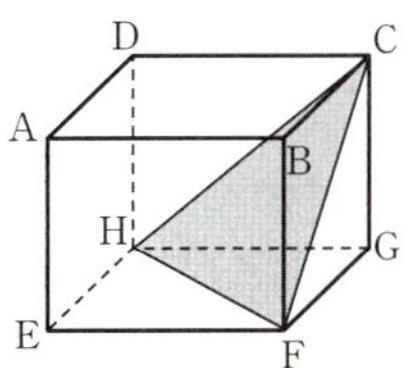

② 점 A는 직선 CG 위에 있지 않다.
즉, 점 A와 직선 CG는 평면 AEGC를 결정한다.

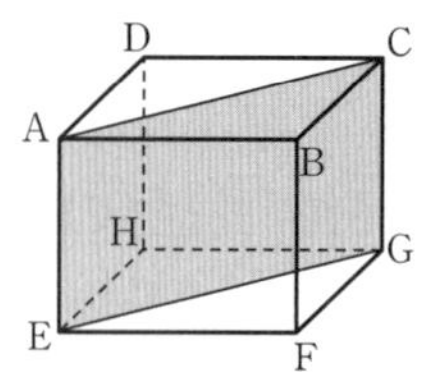

③ 직선 CF와 직선 DE는 평행하다.
즉, 직선 CF와 직선 DE는 평면 CDEF를 결정한다.

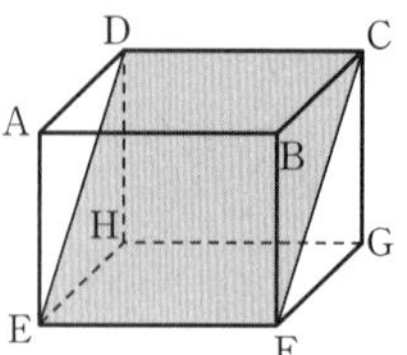

④ 직선 DH와 직선 HF는 한 점 H에서 만난다.
즉, 직선 DH와 직선 HF는 평면 DHFB를 결정한다.

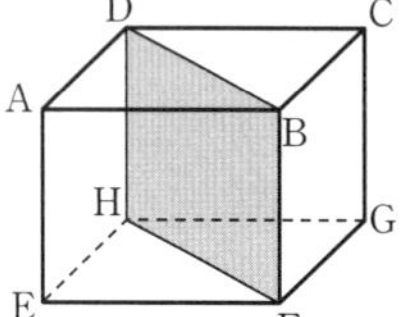

⑤ 직선 AE와 직선 BC는 평행하지도 않고 한 점에서 만나지도 않는다.
즉, 두 직선 AE, BC는 꼬인 위치에 있으므로 한 평면을 결정하지 않는다.

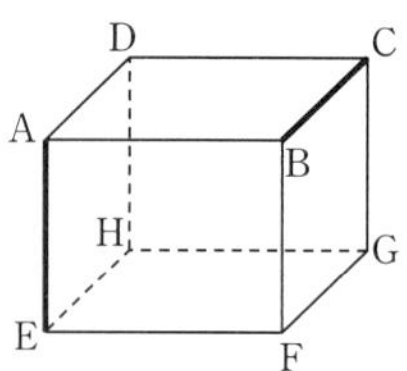

따라서 한 평면을 결정하지 않는 것은 ⑤이다.     답 ⑤

**0527** 한 직선 위에 있지 않은 서로 다른 세 점은 한 평면을 결정하므로 구하는 평면의 개수는 6개의 점에서 3개를 선택하는 조합의 수와 같다.

$$\therefore {}_6C_3 = \frac{6 \times 5 \times 4}{3 \times 2 \times 1} = 20$$

답 **20**

**0528** ④ 평면 DHIE와 평행한 모서리는 $\overline{AB}$, $\overline{CF}$, $\overline{GJ}$, $\overline{CG}$, $\overline{FJ}$의 5개이다.
⑤ 직선 AD와 꼬인 위치에 있는 모서리는 $\overline{CF}$, $\overline{EF}$, $\overline{BF}$, $\overline{GJ}$, $\overline{HI}$, $\overline{EI}$, $\overline{FJ}$, $\overline{JI}$의 8개이다.     답 ⑤

**0529** ㄱ. 직선 DF와 평행한 모서리는 $\overline{AC}$의 1개이다. (참)
ㄴ. 직선 DE와 꼬인 위치에 있는 모서리는 $\overline{AC}$, $\overline{BC}$, $\overline{CF}$의 3개이다. (참)
ㄷ. 평면 ABC와 평행한 면은 면 DEF의 1개이다. (참)
따라서 옳은 것은 ㄱ, ㄴ, ㄷ이다.     답 ㄱ, ㄴ, ㄷ

**0530** 직선 AB와 꼬인 위치에 있는 모서리는 $\overline{ED}$, $\overline{CD}$, $\overline{EF}$, $\overline{CF}$의 4개이고, 평면 CFD와 평행한 모서리는 $\overline{BE}$, $\overline{AB}$, $\overline{AE}$의 3개이다.
따라서 구하는 합은 $4+3=7$     답 **7**

**0531** 직선 AH와 꼬인 위치에 있는 모서리는 $\overline{BC}$, $\overline{CD}$, $\overline{DE}$, $\overline{EF}$, $\overline{IJ}$, $\overline{JK}$, $\overline{KL}$, $\overline{LG}$, $\overline{CI}$, $\overline{DJ}$, $\overline{EK}$, $\overline{FL}$의 12개이므로 $a=12$

                               ㉮

---

직선 AH와 평행한 면은 면 EKJD의 1개이므로 $b=1$

                               ㉯

$$\therefore a+b = 12+1 = 13$$

                               ㉰

답 **13**

| 단계 | 채점요소 | 배점 |
|---|---|---|
| ㉮ | $a$의 값 구하기 | 50% |
| ㉯ | $b$의 값 구하기 | 40% |
| ㉰ | $a+b$의 값 구하기 | 10% |

**0532** ㄱ. 두 점 P, Q는 각각 두 삼각형 ACD, BCD의 무게중심이므로 오른쪽 그림과 같이 $\overline{CD}$의 중점을 M이라 하면

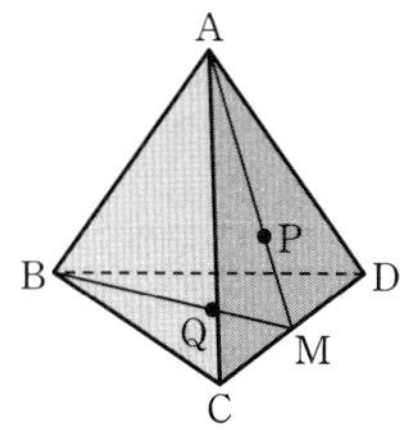

$\overline{AP} : \overline{PM} = 2:1$
$\overline{BQ} : \overline{QM} = 2:1$
즉, 삼각형 ABM에서 $\overline{AP} : \overline{PM} = \overline{BQ} : \overline{QM}$이므로
$\overline{AB} /\!/ \overline{PQ}$ (거짓)
ㄴ. 직선 BD와 직선 PQ는 만나지도 않고 평행하지도 않으므로 꼬인 위치에 있다. (참)
ㄷ. 직선 PQ는 평면 ABD에 포함되지도 않고 만나지도 않으므로 평행하다. (참)
따라서 옳은 것은 ㄴ, ㄷ이다.     답 ㄴ, ㄷ

**0533** ㄱ. 오른쪽 그림과 같이 $l /\!/ \alpha$이고 $m /\!/ \alpha$이지만 직선 $l$과 직선 $m$이 한 점에서 만날 수도 있다. (거짓)

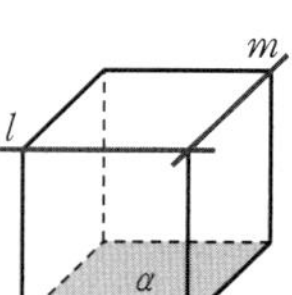

ㄴ. 오른쪽 그림과 같이 $l /\!/ \alpha$이고 $l \perp \beta$이면 $\alpha \perp \beta$이다. (참)

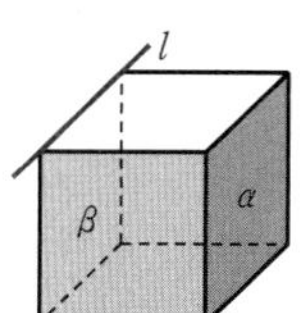

ㄷ. 오른쪽 그림과 같이 $\alpha \perp \beta$이고 $\alpha \perp \gamma$이지만 $\beta \perp \gamma$일 수도 있다. (거짓)

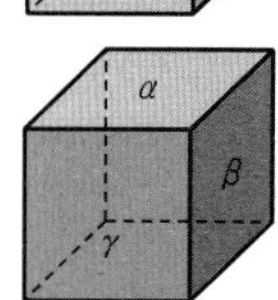

ㄹ. 오른쪽 그림과 같이 $l \perp \alpha$이고 $l \perp \beta$이면 $\alpha /\!/ \beta$이다. (참)

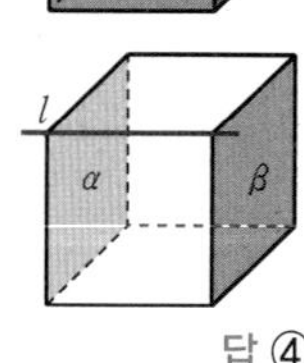

따라서 옳은 것은 ㄴ, ㄹ이다.     답 ④

**0534** ① 오른쪽 그림과 같이 한 직선에 평행한 서로 다른 두 평면은 만날 수도 있다.
(거짓)

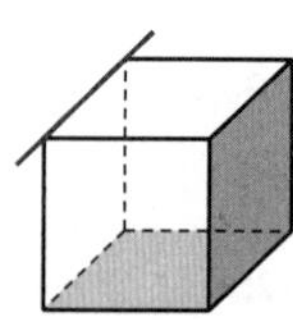

② 오른쪽 그림과 같이 한 평면에 수직인 서로
   다른 두 직선은 항상 평행하다. (참)

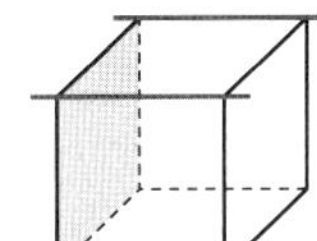

③ 다음 그림과 같이 한 직선에 수직인 서로 다른 두 직선은 평행
   하거나 만나거나 꼬인 위치에 있다. (거짓)

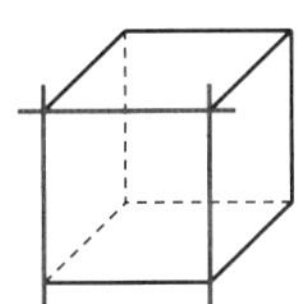 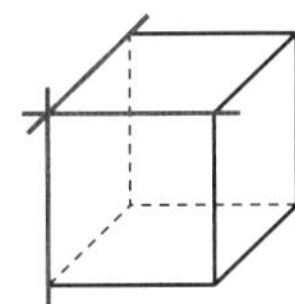 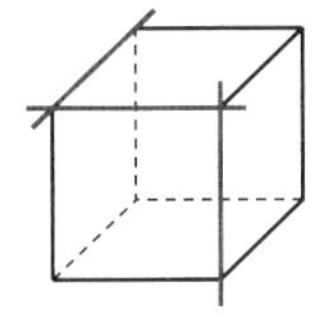

④ 다음 그림과 같이 한 평면에 평행한 서로 다른 두 직선은 평행
   하거나 만나거나 꼬인 위치에 있다. (거짓)

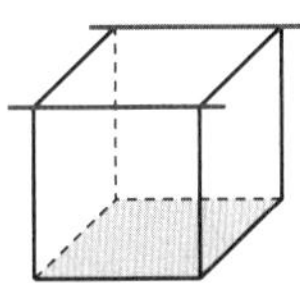 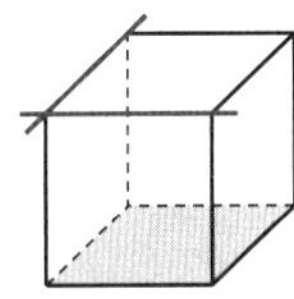 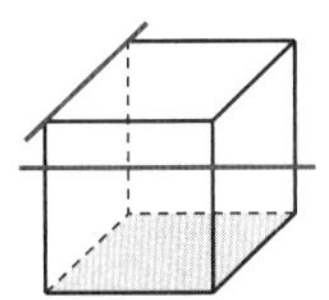

⑤ 오른쪽 그림과 같이 한 직선에 수직인 서로
   다른 두 평면은 항상 평행하다. (참)

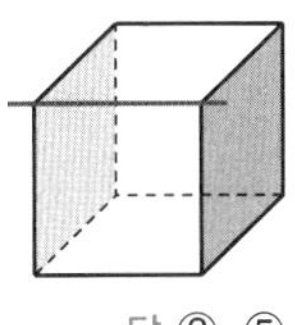

따라서 옳은 것은 ②, ⑤이다.　　　　　　　　답 ②, ⑤

**0535** ㄱ. 오른쪽 그림과 같이 직선 $l$과 평면
   $\beta$가 만날 수도 있다. (거짓)

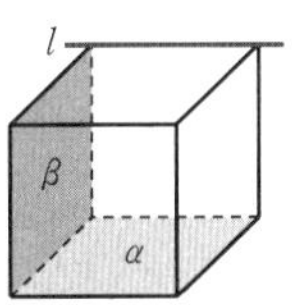

ㄴ. 오른쪽 그림과 같이 직선 $m$이 직선 $l$과
   평행한 경우도 있다. (거짓)

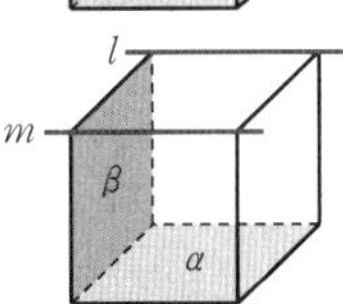

ㄷ. 오른쪽 그림과 같이 직선 $l$과 수직인 평면
   $\gamma$는 평면 $\alpha$와 항상 수직이다. (참)

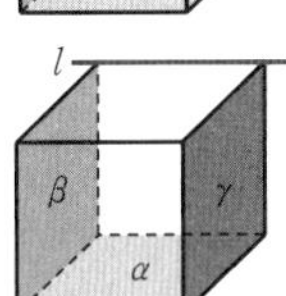

따라서 옳은 것은 ㄷ뿐이다.　　　　　　　　답 ②

**0536** 주어진 조건에서 나누어지는 공간의 개수는 다음 두 가
지 경우로 나누어 생각할 수 있다.

(ⅰ) 두 평면 $\alpha$, $\beta$가 수직이 아닌 경우
   세 평면 $\alpha$, $\beta$, $\gamma$의 위치 관계가 오른쪽
   그림과 같을 때 나누어지는 공간의 개수
   가 최소이므로 그 개수는 6이다.

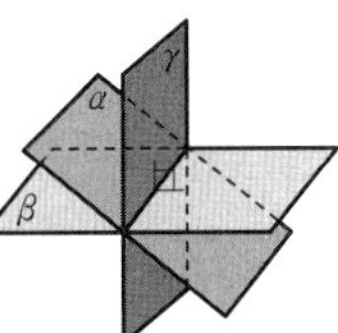

(ⅱ) 두 평면 $\alpha$, $\beta$가 수직인 경우
   세 평면 $\alpha$, $\beta$, $\gamma$의 위치 관계가 오
   른쪽 그림과 같을 때 나누어지는 공
   간의 개수가 최소이므로 그 개수는
   6이다.

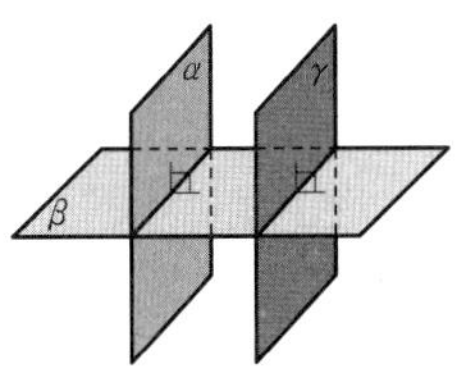

(ⅰ), (ⅱ)에서 구하는 공간의 최소 개수는 6이다.　　답 ④

**0537** $\overline{BC}\,/\!/\,\overline{AD}$이므로 직선 AG와 직선
BC가 이루는 각의 크기는 직선 AG와 직선
AD가 이루는 각의 크기와 같다.

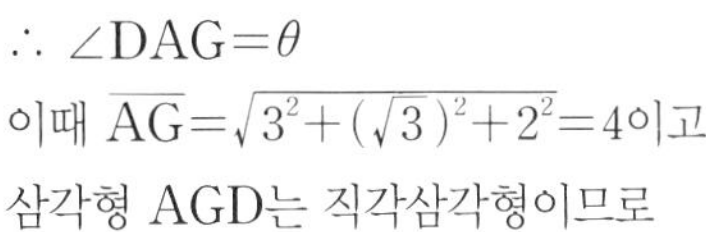
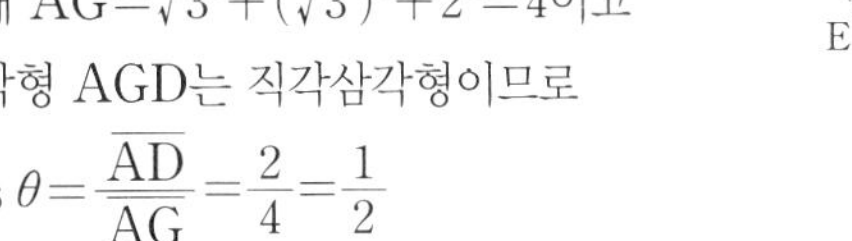
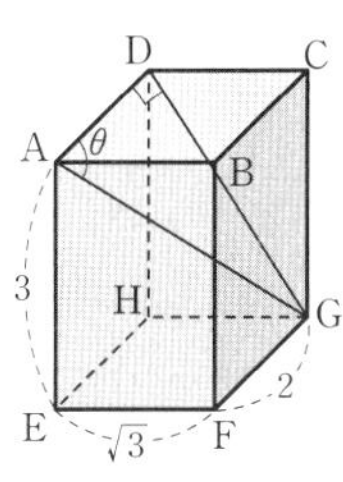

$\therefore$ $\angle DAG=\theta$
이때 $\overline{AG}=\sqrt{3^2+(\sqrt{3}\,)^2+2^2}=4$이고
삼각형 AGD는 직각삼각형이므로

$\cos \theta=\dfrac{\overline{AD}}{\overline{AG}}=\dfrac{2}{4}=\dfrac{1}{2}$ 　　　　　답 ①

**0538** $\overline{DE}\,/\!/\,\overline{CF}$이므로 직선 DE와 직선 HF가 이루는 각의
크기는 직선 CF와 직선 HF가 이루는 각의 크기와 같다.
이때 삼각형 CHF는 정삼각형이므로 $\angle CFH=60°$이다.
따라서 직선 DE와 직선 HF가 이루는 각의 크기는 60°이다.

답 ③

**0539** $\overline{CD}\,/\!/\,\overline{BE}$이므로 직선 AB와 직선 CD가 이루는 각의
크기는 직선 AB와 직선 BE가 이루는 각의 크기와 같다.
이때 삼각형 ABE는 정삼각형이므로 $\angle ABE=60°$이다.
따라서 직선 AB와 직선 CD가 이루는 각의 크기는 60°이다.

답 ④

**0540** $\overline{BE}\,/\!/\,\overline{CD}$이므로 직선 AD와 직선 BE가 이루는
크기는 직선 AD와 직선 CD가 이루는 각의 크기와 같다.
$\therefore$ $\angle ADC=\theta$
이때 삼각형 ACD는 정삼각형이므로 $\angle ADC=60°$이다.

$\therefore$ $\sin \theta=\sin 60°=\dfrac{\sqrt{3}}{2}$ 　　　　답 $\dfrac{\sqrt{3}}{2}$

**0541** ① $\overline{EH}\,/\!/\,\overline{AD}$이고 $\overline{AB}\perp\overline{AD}$이므로
   $\overline{AB}\perp\overline{EH}$
   즉, $\theta=90°$이므로 $\cos \theta=0$

② $\overline{CG}\,/\!/\,\overline{BF}$이고 $\overline{AB}\perp\overline{BF}$이므로
   $\overline{AB}\perp\overline{CG}$
   즉, $\theta=90°$이므로 $\cos \theta=0$

③ $\overline{EG}\,/\!/\,\overline{AC}$이므로 $\overline{AB}$와 $\overline{EG}$가 이루는 각의 크기는 $\overline{AB}$와
   $\overline{AC}$가 이루는 각의 크기와 같다.　　$\therefore$ $\angle CAB=\theta$
   이때 삼각형 ABC는 $\overline{AB}=\overline{BC}$인 직각이등변삼각형이므로
   $\angle CAB=45°$이다.

   $\therefore$ $\cos \theta=\cos 45°=\dfrac{\sqrt{2}}{2}$

④ $\overline{AB}=a$라 하면 $\overline{AH}=\sqrt{2}a$, $\overline{BH}=\sqrt{3}a$
   이므로 삼각형 AHB는 $\angle BAH=90°$인
   직각삼각형이다.
   이때 $\theta=\angle ABH$이므로

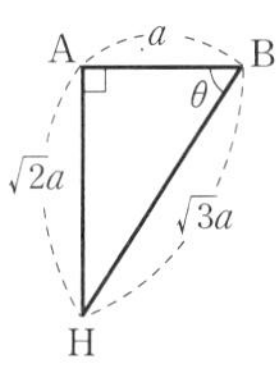

   $\cos \theta=\dfrac{\overline{AB}}{\overline{BH}}=\dfrac{a}{\sqrt{3}a}=\dfrac{\sqrt{3}}{3}$

⑤ $\overline{AB}\,/\!/\,\overline{EF}$이고 $\overline{EF}\perp\overline{DE}$ ($\because\overline{EF}\perp$(평면 AEHD))이므로
$\overline{AB}\perp\overline{DE}$

즉, $\theta=90°$이므로 $\cos\theta=0$
따라서 $\cos\theta$의 값이 가장 큰 것은 ③이다.　　　　　답 ③

**0542** 오른쪽 그림과 같이 합동인 두 정육면체를 이어 붙여 직육면체를 만들면 $\overline{CF}\,/\!/\,\overline{GI}$이므로 직선 AG와 직선 CF가 이루는 각의 크기는 직선 AG와 직선 GI가 이루는 각의 크기와 같다.　　∴ $\angle AGI=\theta$

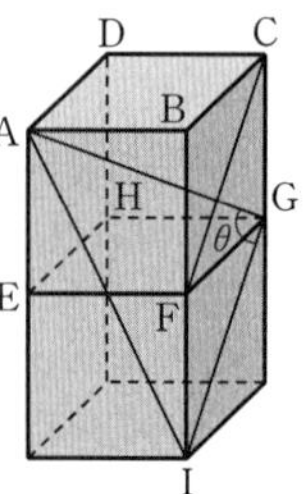

이때 정육면체의 한 모서리의 길이를 $a$라 하면
$\overline{GI}=\sqrt{2}a$, $\overline{AG}=\sqrt{3}a$,
$\overline{AI}=\sqrt{a^2+(2a)^2}=\sqrt{5}a$
이므로 삼각형 AIG는 $\angle AGI=90°$인 직각삼각형이다.
∴ $\cos\theta=\cos90°=0$　　　　　답 **0**

**0543** 오른쪽 그림과 같이 $\overline{AD}$의 중점을 L이라 하면 삼각형의 변의 중점을 연결한 선분의 성질에 의하여
$\overline{ML}\,/\!/\,\overline{BD}$, $\overline{ML}=\dfrac{1}{2}\overline{BD}$
$\overline{LN}\,/\!/\,\overline{AC}$, $\overline{LN}=\dfrac{1}{2}\overline{AC}$

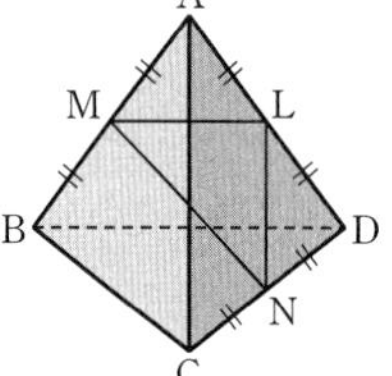

그런데 $\overline{AC}\perp\overline{BD}$, $\overline{AC}=\overline{BD}$이므로
$\overline{ML}=\overline{LN}$, $\overline{ML}\perp\overline{LN}$
즉, 삼각형 LMN은 직각이등변삼각형이다.
따라서 직선 MN과 직선 AC가 이루는 각의 크기는 직선 MN과 직선 LN이 이루는 각의 크기와 같고, 그 크기는 45°이다.
답 **45°**

**0544** $\overline{DH}\perp$(평면 EFGH), $\overline{DI}\perp\overline{EG}$이므로 삼수선의 정리에 의하여 $\overline{HI}\perp\overline{EG}$
직각삼각형 HEG에서 $\overline{EG}=\sqrt{3^2+4^2}=5$
$\triangle HEG=\dfrac{1}{2}\times\overline{EH}\times\overline{HG}=\dfrac{1}{2}\times\overline{EG}\times\overline{HI}$에서
$\dfrac{1}{2}\times3\times4=\dfrac{1}{2}\times5\times\overline{HI}$　　∴ $\overline{HI}=\dfrac{12}{5}$
따라서 직각삼각형 DHI에서
$\overline{DI}=\sqrt{\overline{DH}^2+\overline{HI}^2}=\sqrt{3^2+\left(\dfrac{12}{5}\right)^2}=\dfrac{3\sqrt{41}}{5}$
답 $\dfrac{3\sqrt{41}}{5}$

**0545** $\overline{PH}\perp\alpha$, $\overline{HQ}\perp\overrightarrow{AB}$이므로 삼수선의 정리에 의하여 $\overline{PQ}\perp\overrightarrow{AB}$
직각삼각형 PQH에서 $\overline{PQ}=\sqrt{(2\sqrt{3})^2+(\sqrt{6})^2}=3\sqrt{2}$
따라서 직각삼각형 PAQ에서
$\overline{AP}=\sqrt{\overline{AQ}^2+\overline{PQ}^2}=\sqrt{(3\sqrt{2})^2+(3\sqrt{2})^2}=6$
답 **6**

---

**0546** $\overline{AB}\perp\alpha$, $\overline{BC}\perp\overline{CD}$이므로 삼수선의 정리에 의하여
$\overline{AC}\perp\overline{CD}$　　　　　　⑦

직각삼각형 ABC에서 $\overline{AC}=\sqrt{4^2+3^2}=5$
또, 직각삼각형 BCD에서 $\overline{CD}=\sqrt{5^2-3^2}=4$　　　　　　⑭

∴ $\triangle ACD=\dfrac{1}{2}\times\overline{CD}\times\overline{AC}=\dfrac{1}{2}\times4\times5=10$　　　　　⑮

답 **10**

| 단계 | 채점요소 | 배점 |
|---|---|---|
| ⑦ | $\overline{AC}\perp\overline{CD}$임을 보이기 | 40% |
| ⑭ | $\overline{AC}$, $\overline{CD}$의 길이 구하기 | 40% |
| ⑮ | 삼각형 ACD의 넓이 구하기 | 20% |

**0547** $\overline{CO}\perp\overline{OA}$, $\overline{CO}\perp\overline{OB}$이므로 $\overline{CO}\perp$(평면 OAB)
$\overline{CO}\perp$(평면 OAB), $\overline{CH}\perp\overline{AB}$이므로 삼수선의 정리에 의하여 $\overline{OH}\perp\overline{AB}$
직각삼각형 OAB에서 $\overline{AB}=\sqrt{4^2+3^2}=5$
$\triangle OAB=\dfrac{1}{2}\times\overline{OA}\times\overline{OB}=\dfrac{1}{2}\times\overline{AB}\times\overline{OH}$에서
$\dfrac{1}{2}\times4\times3=\dfrac{1}{2}\times5\times\overline{OH}$　　∴ $\overline{OH}=\dfrac{12}{5}$
따라서 직각삼각형 COH에서
$\overline{CH}=\sqrt{\overline{CO}^2+\overline{OH}^2}=\sqrt{1^2+\left(\dfrac{12}{5}\right)^2}=\dfrac{13}{5}$　　답 ①

**0548** $\overline{AD}\perp$(평면 DEF), $\overline{AH}\perp\overline{EF}$이므로 삼수선의 정리에 의하여 $\overline{DH}\perp\overline{EF}$
직각삼각형 DEF에서 $\overline{EF}=\sqrt{1^2+2^2}=\sqrt{5}$
$\triangle DEF=\dfrac{1}{2}\times\overline{DE}\times\overline{DF}=\dfrac{1}{2}\times\overline{EF}\times\overline{DH}$에서
$\dfrac{1}{2}\times1\times2=\dfrac{1}{2}\times\sqrt{5}\times\overline{DH}$　　∴ $\overline{DH}=\dfrac{2\sqrt{5}}{5}$
따라서 직각삼각형 ADH에서
$\overline{AD}=\sqrt{\overline{AH}^2-\overline{DH}^2}=\sqrt{\left(\dfrac{3\sqrt{5}}{5}\right)^2-\left(\dfrac{2\sqrt{5}}{5}\right)^2}=1$　　답 ②

**0549** 점 A에서 평면 $\alpha$에 내린 수선의 발을 H라 하면
$\overline{AH}\perp\alpha$, $\overline{AP}\perp\overline{PQ}$이므로 삼수선의 정리에 의하여 $\overline{HP}\perp\overline{PQ}$
$\overline{HP}=a$라 하면 삼각형 HPQ에서 $\angle HPQ=90°$이므로
$\overline{HQ}=\sqrt{a^2+9}$
선분 PQ가 그리는 도형의 넓이는 오른쪽 그림의 색칠한 부분의 넓이와 같으므로

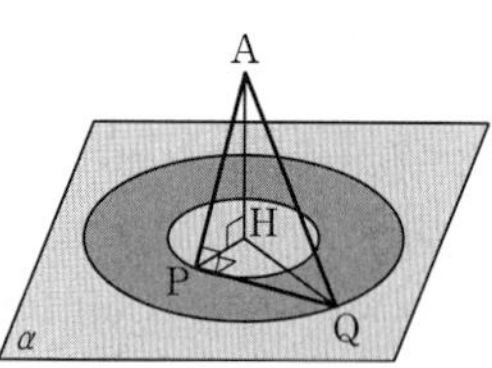

$\pi\times\overline{HQ}^2-\pi\times\overline{HP}^2$
$=\pi\times(\sqrt{a^2+9})^2-\pi\times a^2$
$=\pi\{(a^2+9)-a^2\}=9\pi$　　답 **9π**

**0550** $\overline{\text{AE}}\perp$(평면 ABCD),

$\overline{\text{AM}}\perp\overline{\text{BM}}$이므로 삼수선의 정리에 의하여 $\overline{\text{EM}}\perp\overline{\text{BM}}$

이때 주어진 정육면체의 한 모서리의 길이를 $a$라 하면

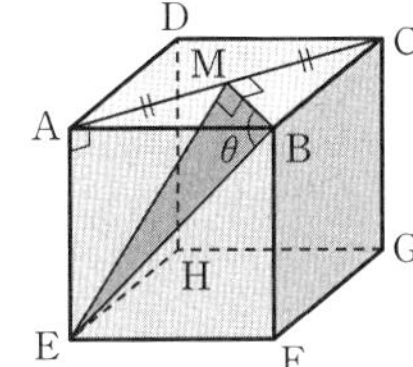

$$\overline{\text{BE}}=\sqrt{2}a,\ \overline{\text{BM}}=\frac{\sqrt{2}}{2}a$$

따라서 직각삼각형 MEB에서

$$\cos\theta=\frac{\overline{\text{BM}}}{\overline{\text{BE}}}=\frac{\frac{\sqrt{2}}{2}a}{\sqrt{2}a}=\frac{1}{2}\qquad\qquad\text{답 }\boldsymbol{\frac{1}{2}}$$

**0551** 오른쪽 그림과 같이 직선 $l$ 위의 점 A에서 교선 XY에 내린 수선의 발을 B라 하고, 점 B에서 직선 $m$에 내린 수선의 발을 C라 하면 삼수선의 정리에 의하여 $\overline{\text{AC}}\perp\overline{\text{PC}}$이다.

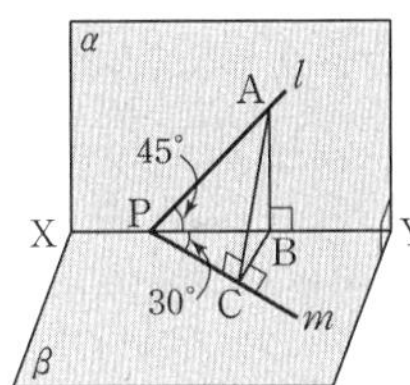

이때 $\overline{\text{PA}}=1$이라 하면

$$\overline{\text{PB}}=\overline{\text{PA}}\cos45\degree=1\times\frac{\sqrt{2}}{2}=\frac{\sqrt{2}}{2}$$

$$\overline{\text{PC}}=\overline{\text{PB}}\cos30\degree=\frac{\sqrt{2}}{2}\times\frac{\sqrt{3}}{2}=\frac{\sqrt{6}}{4}$$

이때 $\theta=\angle\text{APC}$이므로 직각삼각형 APC에서

$$\cos\theta=\frac{\overline{\text{PC}}}{\overline{\text{PA}}}=\frac{\frac{\sqrt{6}}{4}}{1}=\frac{\sqrt{6}}{4}\qquad\qquad\text{답 }\boldsymbol{\frac{\sqrt{6}}{4}}$$

**0552** 오른쪽 그림과 같이 점 D에서 선분 EG에 내린 수선의 발을 M이라 하면 $\overline{\text{DM}}\perp\overline{\text{EG}}$

이때 $\overline{\text{DH}}\perp$(평면 EFGH), $\overline{\text{DM}}\perp\overline{\text{EG}}$이므로 삼수선의 정리에 의하여 $\overline{\text{HM}}\perp\overline{\text{EG}}$

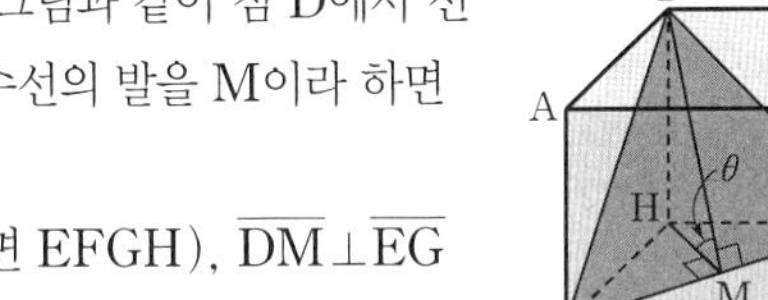

즉, 평면 EFGH와 평면 DEG가 이루는 각의 크기는 직선 DM과 직선 HM이 이루는 각의 크기와 같다.

$\therefore\ \theta=\angle\text{DMH}$

정육면체의 한 모서리의 길이를 $a$라 하면

$$\overline{\text{HM}}=\frac{1}{2}\overline{\text{HF}}=\frac{1}{2}\times\sqrt{2}a=\frac{\sqrt{2}}{2}a$$

$$\overline{\text{DM}}=\sqrt{\overline{\text{DH}}^2+\overline{\text{HM}}^2}=\sqrt{a^2+\left(\frac{\sqrt{2}}{2}a\right)^2}=\frac{\sqrt{6}}{2}a$$

$$\therefore\ \cos\theta=\frac{\overline{\text{HM}}}{\overline{\text{DM}}}=\frac{\frac{\sqrt{2}}{2}a}{\frac{\sqrt{6}}{2}a}=\frac{\sqrt{3}}{3}\qquad\text{답 }\boldsymbol{\frac{\sqrt{3}}{3}}$$

**0553** $\overline{\text{FG}}\perp\overline{\text{AF}}$, $\overline{\text{FG}}\perp\overline{\text{EF}}$이므로 평면 AFGD와 평면 EFGH가 이루는 각의 크기는 $\overline{\text{AF}}$와 $\overline{\text{EF}}$가 이루는 각의 크기와 같다.

즉, 평면 AFGD와 평면 EFGH가 이루는 각의 크기를 $\theta$라 하면 $\theta=\angle\text{AFE}$

직각삼각형 AEF에서 $\overline{\text{AF}}=\sqrt{5^2+(5\sqrt{3})^2}=10$이므로

$$\cos\theta=\frac{\overline{\text{EF}}}{\overline{\text{AF}}}=\frac{5\sqrt{3}}{10}=\frac{\sqrt{3}}{2}\qquad\therefore\ \theta=30\degree\qquad\text{답 }\boldsymbol{30\degree}$$

**0554** 점 A에서 직선 $l$과 평면 $\alpha$에 내린 수선의 발을 각각 H, O라 하면 $\overline{\text{AO}}\perp\alpha$, $\overline{\text{AH}}\perp l$이므로 삼수선의 정리에 의하여 $\overline{\text{OH}}\perp l$

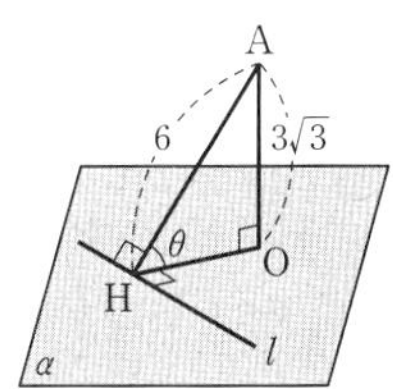

㉮

점 A와 직선 $l$로 결정되는 평면이 평면 $\alpha$와 이루는 각은 $\angle\text{AHO}$이다.

$\angle\text{AHO}=\theta$라 하면 직각삼각형 AHO에서

$$\sin\theta=\frac{\overline{\text{AO}}}{\overline{\text{AH}}}=\frac{3\sqrt{3}}{6}=\frac{\sqrt{3}}{2}$$

㉯

$\therefore\ \theta=60\degree$

㉰

답 60°

| 단계 | 채점요소 | 배점 |
|---|---|---|
| ㉮ | 삼수선의 정리를 이용하여 $\overline{\text{OH}}\perp l$임을 보이기 | 40% |
| ㉯ | 구하는 각의 크기를 $\theta$라 할 때, $\sin\theta$의 값 구하기 | 40% |
| ㉰ | $\theta$의 크기 구하기 | 20% |

**0555** 오른쪽 그림과 같이 점 A에서 평면 BCDE에 내린 수선의 발을 H라 하면 점 H는 밑면인 정사각형의 두 대각선의 교점이므로 $\overline{\text{BH}}=\overline{\text{CH}}$

$\overline{\text{BC}}$의 중점을 M이라 하면

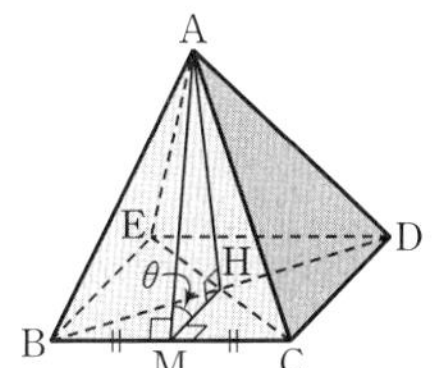

$\overline{\text{AM}}\perp\overline{\text{BC}}$, $\overline{\text{HM}}\perp\overline{\text{BC}}$

$\therefore\ \theta=\angle\text{AMH}$

이때 사각뿔의 한 모서리의 길이를 $2a$라 하면

$$\overline{\text{MH}}=\frac{1}{2}\times2a=a,\ \overline{\text{AM}}=\frac{\sqrt{3}}{2}\times2a=\sqrt{3}a$$

이므로 직각삼각형 AMH에서

$$\cos\theta=\frac{\overline{\text{MH}}}{\overline{\text{AM}}}=\frac{a}{\sqrt{3}a}=\frac{\sqrt{3}}{3}\qquad\text{답 ③}$$

**0556** 오른쪽 그림과 같이 점 A에서 평면 DHFB에 내린 수선의 발을 M이라 하면 점 M은 $\overline{\text{BD}}$의 중점이고 $\theta=\angle\text{AFM}$이다.

정육면체의 한 모서리의 길이를 $a$라 하면

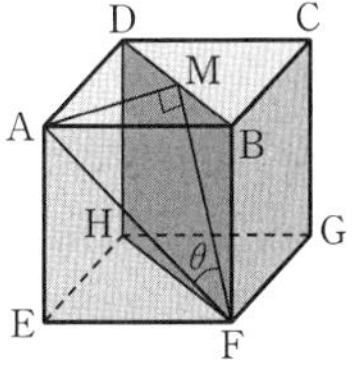

$$\overline{\text{AF}}=\sqrt{2}a,$$

$$\overline{\text{AM}}=\frac{1}{2}\overline{\text{AC}}=\frac{1}{2}\times\sqrt{2}a=\frac{\sqrt{2}}{2}a$$

따라서 직각삼각형 AFM에서

$$\sin\theta=\frac{\overline{AM}}{\overline{AF}}=\frac{\frac{\sqrt{2}}{2}a}{\sqrt{2}a}=\frac{1}{2}$$

답 ②

**0557** 오른쪽 그림과 같이 점 A에서 밑면
BCD에 내린 수선의 발을 H, $\overline{BH}$의 연장
선과 $\overline{CD}$의 교점을 M이라 하면
$\theta=\angle ABH$

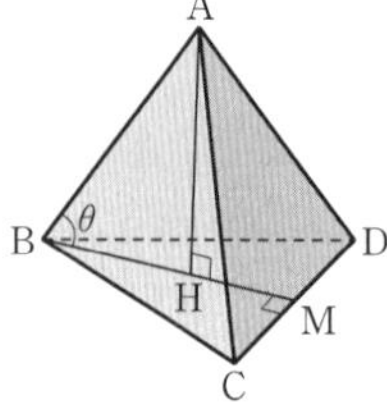

점 H는 정삼각형 BCD의 무게중심이므로
$\overline{BM}\perp\overline{CD}$이다.
정사면체의 한 모서리의 길이를 $a$라 하면
$$\overline{AB}=a,\ \overline{BH}=\frac{2}{3}\overline{BM}=\frac{2}{3}\times\frac{\sqrt{3}}{2}a=\frac{\sqrt{3}}{3}a$$
따라서 직각삼각형 ABH에서
$$\cos\theta=\frac{\overline{BH}}{\overline{AB}}=\frac{\frac{\sqrt{3}}{3}a}{a}=\frac{\sqrt{3}}{3}$$

답 $\dfrac{\sqrt{3}}{3}$

**0558** 오른쪽 그림과 같이 점 A에서
평면 BCDE에 내린 수선의 발을 H, 직
선 AB와 평면 BCDE가 이루는 각의 크
기를 $\theta$라 하면
$\theta=\angle ABH$

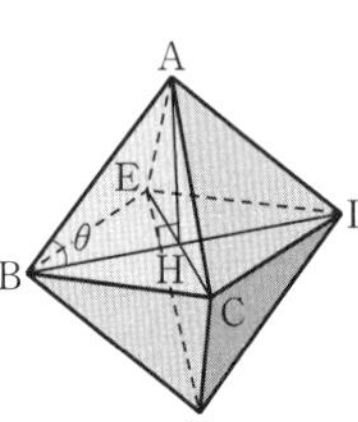

점 H는 정사각형 BCDE의 두 대각선의
교점이므로 정사면체의 한 모서리의 길이를 $a$라 하면
$$\overline{AB}=a,\ \overline{BH}=\frac{1}{2}\overline{BD}=\frac{1}{2}\times\sqrt{2}a=\frac{\sqrt{2}}{2}a$$
따라서 직각삼각형 ABH에서
$$\cos\theta=\frac{\overline{BH}}{\overline{AB}}=\frac{\frac{\sqrt{2}}{2}a}{a}=\frac{\sqrt{2}}{2}$$
$$\therefore\ \theta=45°$$

답 **45°**

**0559** 오른쪽 그림과 같이 점 G에서 평면
DEF에 내린 수선의 발을 H라 하면
$\theta=\angle GFH$
점 H는 $\overline{DE}$의 중점이므로
$$\overline{FH}=\frac{\sqrt{3}}{2}\times4=2\sqrt{3}$$

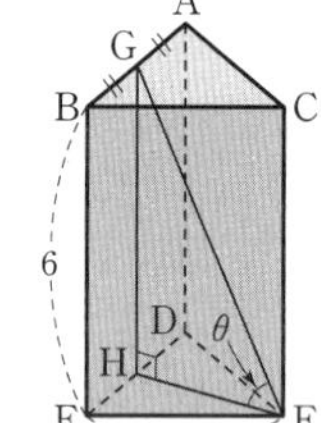

따라서 직각삼각형 GHF에서
$$\overline{GF}=\sqrt{6^2+(2\sqrt{3})^2}=4\sqrt{3}$$
$$\therefore\ \cos\theta=\frac{\overline{FH}}{\overline{GF}}=\frac{2\sqrt{3}}{4\sqrt{3}}=\frac{1}{2}$$

답 $\dfrac{1}{2}$

**0560** $\overline{DH}\perp$(평면 EFGH),
$\overline{DI}\perp\overline{MG}$이므로 삼수선의 정리에 의하여
$\overline{HI}\perp\overline{MG}$이고 $\theta=\angle DIH$
직각삼각형 MFG에서
$$\overline{MG}=\sqrt{5^2+10^2}=5\sqrt{5}$$

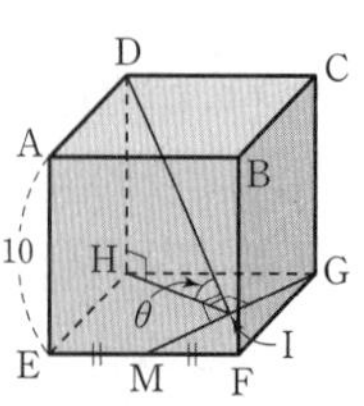

이때
$$\triangle HMG=\frac{1}{2}\times\overline{MG}\times\overline{HI}=\frac{1}{2}\times\square EFGH에서$$
$$\frac{1}{2}\times5\sqrt{5}\times\overline{HI}=\frac{1}{2}\times10\times10\quad\therefore\ \overline{HI}=4\sqrt{5}$$
또, 직각삼각형 DHI에서
$$\overline{DI}=\sqrt{10^2+(4\sqrt{5})^2}=6\sqrt{5}$$
따라서 직각삼각형 DHI에서
$$\cos\theta=\frac{\overline{HI}}{\overline{DI}}=\frac{4\sqrt{5}}{6\sqrt{5}}=\frac{2}{3}$$

답 ③

**0561** 오른쪽 그림과 같이 점 B에서 평면
AFC에 내린 수선의 발을 P라 하면
$\theta=\angle BAP$

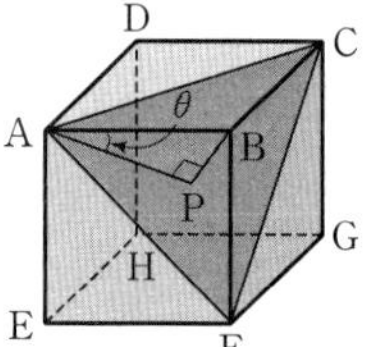

㉮

사면체 B-AFC의 부피를 $V$라 하면
$$V=\frac{1}{3}\times\triangle BFC\times\overline{AB}$$
$$=\frac{1}{3}\times\triangle AFC\times\overline{BP}\qquad\cdots\cdots\ ㉠$$
이때 정육면체의 한 모서리의 길이를 $a$라 하면 삼각형 AFC는
한 변의 길이가 $\sqrt{2}a$인 정삼각형이므로 ㉠에서
$$\frac{1}{3}\times\frac{1}{2}a^2\times a=\frac{1}{3}\times\frac{\sqrt{3}}{4}\times(\sqrt{2}a)^2\times\overline{BP}\quad\therefore\ \overline{BP}=\frac{\sqrt{3}}{3}a$$

㉯

따라서 직각삼각형 ABP에서
$$\sin\theta=\frac{\overline{BP}}{\overline{AB}}=\frac{\frac{\sqrt{3}}{3}a}{a}=\frac{\sqrt{3}}{3}$$

㉰

답 $\dfrac{\sqrt{3}}{3}$

| 단계 | 채점요소 | 배점 |
|---|---|---|
| ㉮ | $\theta=\angle BAP$임을 알기 | 30% |
| ㉯ | $\overline{BP}$의 길이 구하기 | 40% |
| ㉰ | $\sin\theta$의 값 구하기 | 30% |

**0562** 선분 AB의 평면 $\alpha$ 위로의 정사영이 선분 A′B′이므로
직선 $l$과 평면 $\alpha$가 이루는 예각의 크기를 $\theta$라 하면
$\overline{A'B'}=\overline{AB}\cos\theta$에서 $\sqrt{3}=2\cos\theta$
따라서 $\cos\theta=\dfrac{\sqrt{3}}{2}$이므로
$$\theta=30°$$

답 **30°**

**0563** 타원의 장축의 밑면 위로의 정사영은 밑면인 원의 지름이
므로
(타원의 장축의 길이)$\times\cos30°=2\sqrt{3}$
$\therefore$ (타원의 장축의 길이)$=4$

답 **4**

**0564** 오른쪽 그림에서 삼각형 AND는
$\overline{AN}=\overline{ND}$인 이등변삼각형이므로
$\overline{NM}\perp\overline{AD}$
$\overline{ND}=\dfrac{\sqrt{3}}{2}\times2=\sqrt{3}$, $\overline{MD}=\dfrac{1}{2}\overline{AD}=1$

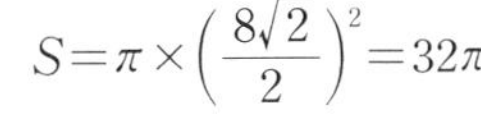

이므로 직각삼각형 MND에서
$\overline{MN}=\sqrt{(\sqrt{3})^2-1^2}=\sqrt{2}$
선분 MN과 평면 BCD가 이루는 각의 크기를 $\theta$라 하면
$\theta=\angle\mathrm{MND}$이므로
$\cos\theta=\dfrac{\overline{MN}}{\overline{ND}}=\dfrac{\sqrt{2}}{\sqrt{3}}=\dfrac{\sqrt{6}}{3}$
따라서 선분 MN의 평면 BCD 위로의 정사영의 길이는
$\overline{MN}\cos\theta=\sqrt{2}\times\dfrac{\sqrt{6}}{3}=\dfrac{2\sqrt{3}}{3}$
답 ⑤

**다른풀이** 오른쪽 그림과 같이 두 점 A, M
에서 평면 BCD에 내린 수선의 발을 각각
H, I라 하면 점 H는 정삼각형 BCD의 무
게중심이다.

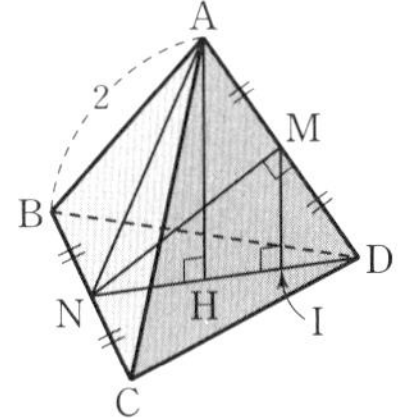

이때 삼각형 AHD에서 $\overline{AM}=\overline{MD}$,
$\overline{AH}/\!/\overline{MI}$이므로
$\overline{HI}=\overline{ID}$
$\overline{MN}$의 평면 BCD 위로의 정사영은 $\overline{NI}$이므로 구하는 길이는
$\overline{NI}=\dfrac{2}{3}\overline{ND}=\dfrac{2}{3}\times\dfrac{\sqrt{3}}{2}\times2=\dfrac{2\sqrt{3}}{3}$

**0565** 삼각형 AB′C의 밑면 DEF 위로의 정사영이
삼각형 DEF이므로
$\triangle\mathrm{DEF}=\triangle\mathrm{AB'C}\times\cos30°$
$\dfrac{\sqrt{3}}{4}\times2^2=\triangle\mathrm{AB'C}\times\dfrac{\sqrt{3}}{2}$
$\therefore \triangle\mathrm{AB'C}=2$
답 **2**

**0566** 단면인 타원인 원기둥의 밑면 위로의 정사영은 원기둥의
밑면인 원이다.
구하는 단면의 넓이를 $S$라 하면 원기둥의 밑면인 원의 넓이는
$\pi\times(3\sqrt{2})^2=18\pi$
이므로
$18\pi=S\cos60°$, $18\pi=S\times\dfrac{1}{2}$
$\therefore S=36\pi$
답 ③

**0567** 오른쪽 그림과 같이 밑면과
$45°$의 각을 이루는 평면으로 자른 단면
은 원이다.
이때 단면인 원의 지름을 $\overline{AC}$라 하면
삼각형 AOC는 $\overline{OA}=\overline{OC}=8$인 직각이등변삼각형이므로
$\overline{AC}=8\sqrt{2}$
즉, 단면인 원의 넓이를 $S$라 하면

$S=\pi\times\left(\dfrac{8\sqrt{2}}{2}\right)^2=32\pi$
따라서 구하는 정사영의 넓이를 $S'$이라 하면
$S'=S\cos45°=32\pi\times\dfrac{\sqrt{2}}{2}=16\sqrt{2}\pi$
답 $\mathbf{16\sqrt{2}\pi}$

**0568** 삼각형 DEB의 평면 EFGH 위로의 정사영은 삼각형
HEF이므로
$\triangle\mathrm{HEF}=\triangle\mathrm{DEB}\times\cos\theta$
이때 주어진 정육면체의 한 모서리의 길이를 $a$라 하면
$\triangle\mathrm{HEF}=\dfrac{1}{2}\times a\times a=\dfrac{1}{2}a^2$
$\triangle\mathrm{DEB}=\dfrac{\sqrt{3}}{4}\times(\sqrt{2}a)^2=\dfrac{\sqrt{3}}{2}a^2$
$\therefore \cos\theta=\dfrac{\triangle\mathrm{HEF}}{\triangle\mathrm{DEB}}=\dfrac{\dfrac{1}{2}a^2}{\dfrac{\sqrt{3}}{2}a^2}=\dfrac{\sqrt{3}}{3}$
답 ③

**0569** 오른쪽 그림과 같이 점 A의 밑
면 BCDE 위로의 정사영을 A′이라 하
면 삼각형 ABC의 평면 BCDE 위로의
정사영은 삼각형 A′BC이다.

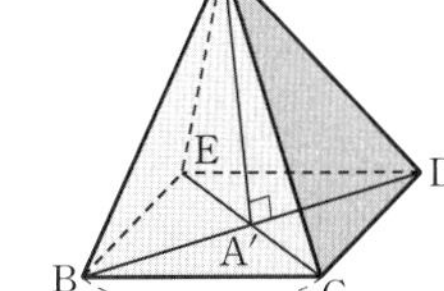

$\therefore \triangle\mathrm{A'BC}=\triangle\mathrm{ABC}\times\cos\theta$
이때 점 A′은 정사각형 BCDE의 두 대
각선의 교점이므로
$\triangle\mathrm{A'BC}=\dfrac{1}{4}\times1\times1=\dfrac{1}{4}$
삼각형 ABC의 넓이가 2이므로
$2\cos\theta=\dfrac{1}{4}$ $\therefore \cos\theta=\dfrac{1}{8}$
답 $\dfrac{1}{8}$

**0570** 삼각형 ABD의 평면 BCD 위로의 정사영은 삼각형
A′BD이므로
$\triangle\mathrm{A'BD}=\triangle\mathrm{ABD}\times\cos\theta$
그런데 $\overline{CA'}:\overline{A'D}=16:9$이므로
$\triangle\mathrm{BCA'}:\triangle\mathrm{BA'D}=16:9$
이때 삼각형 BCD의 넓이를 $S$라 하면
$\triangle\mathrm{A'BD}=\dfrac{9}{25}S$
$\triangle\mathrm{ABD}=\triangle\mathrm{BCD}=S$이므로
$\cos\theta=\dfrac{\triangle\mathrm{A'BD}}{\triangle\mathrm{ABD}}=\dfrac{\dfrac{9}{25}S}{S}=\dfrac{9}{25}$
답 $\dfrac{9}{25}$

**0571** 평면 OAB와 평면 ABCD가 이루는 각의 크기를 $\theta$라 하
면 삼각형 OAB의 평면 ABCD 위로의 정사영이 삼각형 EAB
이므로
$\triangle\mathrm{EAB}=\triangle\mathrm{OAB}\times\cos\theta$
$\triangle\mathrm{OAB}=\dfrac{\sqrt{3}}{4}\times4^2=4\sqrt{3}$, $\triangle\mathrm{EAB}=\dfrac{1}{4}\times4\times4=4$이므로

$$\cos\theta=\frac{\triangle\text{EAB}}{\triangle\text{OAB}}=\frac{4}{4\sqrt{3}}=\frac{\sqrt{3}}{3}$$

따라서 삼각형 EAB의 평면 OAB 위로의 정사영의 넓이는

$$\triangle\text{EAB}\times\cos\theta=4\times\frac{\sqrt{3}}{3}=\frac{4\sqrt{3}}{3}$$

답 ④

**0572** 오른쪽 그림과 같이 수면과 밑면이 이루는 각의 크기를 $\theta$라 하면

$$\cos\theta=\frac{12}{20}=\frac{3}{5}$$

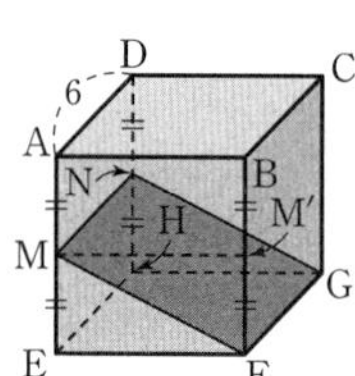

이때 수면의 원기둥의 밑면 위로의 정사영은 원기둥의 밑면인 원이므로 수면의 넓이를 $S$라 하면

$$S\times\cos\theta=\pi\times6^2$$

$$S\times\frac{3}{5}=36\pi \qquad \therefore S=60\pi\ (\text{cm}^2)$$

답 **$60\pi$ cm²**

**0573** 평면 BFGC와 평면 MFGN이 이루는 각의 크기를 $\theta$라 하고 $\overline{\text{BF}}$의 중점을 M′이라 하자.

이때 $\overline{\text{MF}}$의 평면 BFGC 위로의 정사영은 $\overline{\text{M'F}}$이고

$$\overline{\text{M'F}}=\frac{1}{2}\overline{\text{BF}}=3,\quad \overline{\text{MF}}=\overline{\text{NG}}=\sqrt{6^2+3^2}=3\sqrt{5}$$

$\overline{\text{M'F}}=\overline{\text{MF}}\cos\theta$에서 $3=3\sqrt{5}\cos\theta$

$$\therefore \cos\theta=\frac{\sqrt{5}}{5}$$

⸺⸺⸺⸺⸺⸺⸺⸺⸺⸺⸺ ㉮

따라서 사각형 BFGC의 평면 MFGN 위로의 정사영의 넓이는

$$\square\text{BFGC}\times\cos\theta=36\times\frac{\sqrt{5}}{5}=\frac{36\sqrt{5}}{5}$$

⸺⸺⸺⸺⸺⸺⸺⸺⸺⸺⸺ ㉯

답 $\dfrac{36\sqrt{5}}{5}$

| 단계 | 채점요소 | 배점 |
|---|---|---|
| ㉮ | 두 평면 BFGC, MFGN이 이루는 각의 크기 $\theta$에 대하여 $\cos\theta$의 값 구하기 | 60% |
| ㉯ | 정사영의 넓이 구하기 | 40% |

## 유형 Up

본문 84쪽

**0574** $\overline{\text{GC}}\perp$(평면 BCD)이므로

$$\overline{\text{BD}}\perp\overline{\text{GC}}$$

또, $\overline{\text{BD}}\perp\overline{\text{AC}}$이므로

$$\overline{\text{BD}}\perp(\text{평면 AGC})$$

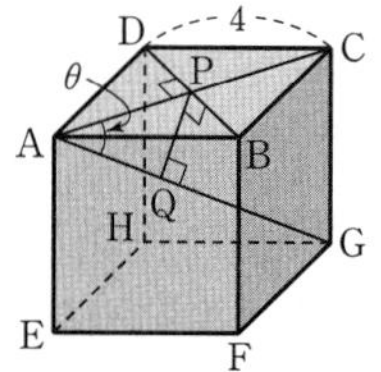

이때 점 P는 $\overline{\text{BD}}$와 평면 AGC, 즉 $\overline{\text{AC}}$, $\overline{\text{BD}}$의 교점이므로

$$\overline{\text{AP}}=\frac{1}{2}\overline{\text{AC}}=\frac{1}{2}\times4\sqrt{2}=2\sqrt{2}$$

$\angle\text{CAG}=\theta$라 하면 $\overline{\text{AG}}=4\sqrt{3}$이므로 직각삼각형 AGC에서

$$\sin\theta=\frac{\overline{\text{CG}}}{\overline{\text{AG}}}=\frac{4}{4\sqrt{3}}=\frac{\sqrt{3}}{3}$$

따라서 삼각형 PAQ에서

$$\overline{\text{PQ}}=\overline{\text{AP}}\sin\theta=2\sqrt{2}\times\frac{\sqrt{3}}{3}=\frac{2\sqrt{6}}{3}$$

답 ④

**다른풀이** 점 P가 $\overline{\text{BD}}$의 중점인 동시에 $\overline{\text{AC}}$의 중점이므로

$$\overline{\text{AP}}=\frac{1}{2}\overline{\text{AC}}=2\sqrt{2}$$

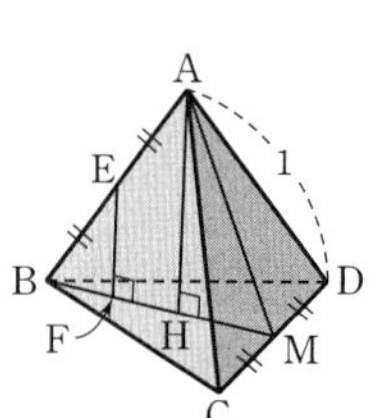

이때 $\triangle\text{ACG}\backsim\triangle\text{AQP}$ (AA 닮음)이므로

$$\overline{\text{AG}}:\overline{\text{AP}}=\overline{\text{GC}}:\overline{\text{PQ}}$$

즉, $4\sqrt{3}:2\sqrt{2}=4:\overline{\text{PQ}}$에서 $4\sqrt{3}\times\overline{\text{PQ}}=8\sqrt{2}$

$$\therefore \overline{\text{PQ}}=\frac{8\sqrt{2}}{4\sqrt{3}}=\frac{2\sqrt{6}}{3}$$

**0575** 오른쪽 그림과 같이 점 A에서 평면 BCD에 내린 수선의 발을 H라 하면 점 H는 삼각형 BCD의 무게중심이다.

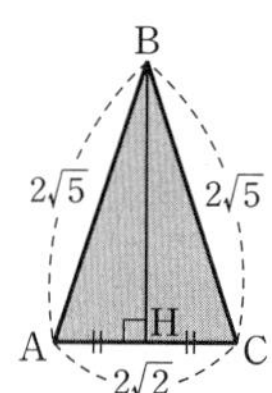

$\overline{\text{CD}}$의 중점을 M이라 하면

$$\overline{\text{BM}}=\overline{\text{AM}}=\frac{\sqrt{3}}{2}$$

$$\overline{\text{HM}}=\frac{1}{3}\overline{\text{BM}}=\frac{1}{3}\times\frac{\sqrt{3}}{2}=\frac{\sqrt{3}}{6}$$

직각삼각형 AHM에서

$$\overline{\text{AH}}=\sqrt{\overline{\text{AM}}^2-\overline{\text{HM}}^2}=\sqrt{\left(\frac{\sqrt{3}}{2}\right)^2-\left(\frac{\sqrt{3}}{6}\right)^2}=\frac{\sqrt{6}}{3}$$

삼각형 ABH에서 $\overline{\text{AE}}=\overline{\text{BE}}$, $\overline{\text{AH}}/\!/\overline{\text{EF}}$이므로

$$\overline{\text{EF}}=\frac{1}{2}\overline{\text{AH}}=\frac{1}{2}\times\frac{\sqrt{6}}{3}=\frac{\sqrt{6}}{6}$$

답 $\dfrac{\sqrt{6}}{6}$

**0576** $\overline{\text{AC}}=2\sqrt{2}$, $\overline{\text{AB}}=\overline{\text{BC}}=2\sqrt{5}$이므로 삼각형 ABC는 이등변삼각형이다.

오른쪽 그림과 같이 점 B에서 $\overline{\text{AC}}$에 내린 수선의 발을 H라 하면 직각삼각형 BAH에서

$$\overline{\text{BH}}=\sqrt{(2\sqrt{5})^2-(\sqrt{2})^2}=3\sqrt{2}$$

점 O에서 평면 ABC에 내린 수선의 길이를 $h$라 하면

$$(\text{사면체의 부피})=\frac{1}{3}\times\triangle\text{OAC}\times\overline{\text{OB}}$$

$$=\frac{1}{3}\times\triangle\text{ABC}\times h$$

이므로

$$\frac{1}{3}\times\left(\frac{1}{2}\times2\times2\right)\times4=\frac{1}{3}\times\left(\frac{1}{2}\times2\sqrt{2}\times3\sqrt{2}\right)\times h$$

$$\therefore h=\frac{4}{3}$$

답 $\dfrac{4}{3}$

**0577** 애드벌룬의 그림자의 넓이를 $S$라 하고, 애드벌룬의 중심을 지나고 태양 광선의 방향에 수직인 평면으로 애드벌룬을 잘랐을 때 생기는 원의 넓이를 $S'$이라 하면

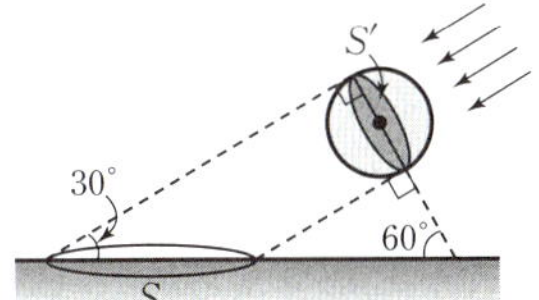

$S'=\pi\times5^2=25\pi$

태양 광선이 지면과 $30°$의 각을 이루도록 비추면 태양 광선과 수직으로 만나는 애드벌룬의 단면이 지면과 이루는 각의 크기는 $60°$이므로

$S'=S\cos60°$에서 $25\pi=S\times\dfrac{1}{2}$

$\therefore S=50\pi$

따라서 애드벌룬의 그림자의 넓이는 $50\pi$ m$^2$이다. **답** ②

**0578** 오른쪽 그림과 같이 평면 $\alpha$ 위에 있는 원뿔의 모선의 양 끝 점을 각각 A, B, 원뿔의 밑면인 원의 중심을 O라 하고 원뿔의 밑면과 평면 $\alpha$가 이루는 각의 크기를 $\theta$라 하면

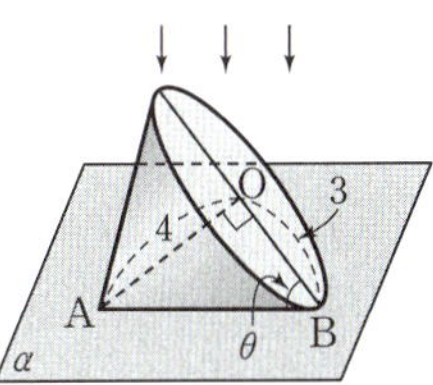

$\theta=\angle OBA$

직각삼각형 OAB에서 $\overline{AB}=\sqrt{3^2+4^2}=5$이므로

$\cos\theta=\dfrac{\overline{BO}}{\overline{AB}}=\dfrac{3}{5}$

따라서 구하는 그림자의 넓이는 원뿔의 밑면의 평면 $\alpha$ 위로의 정사영의 넓이와 같으므로

(밑면의 넓이)$\times\cos\theta=\pi\times3^2\times\dfrac{3}{5}=\dfrac{27}{5}\pi$ **답** ⑤

**0579** 오른쪽 그림과 같이 햇빛과 수직이고 공의 중심을 지나는 평면이 지면과 이루는 각의 크기는 $45°$이다.

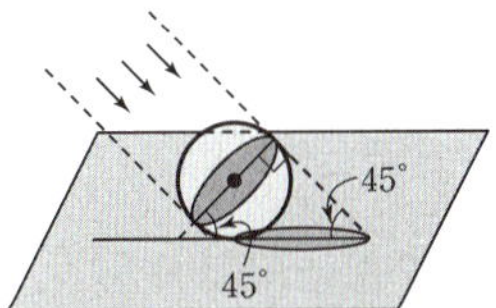

이때 공의 반지름의 길이를 $r$ cm라 하면 공의 그림자의 넓이가 $81\sqrt{2}\pi$ cm$^2$이므로

$\pi r^2=81\sqrt{2}\pi\times\cos45°$

$\pi r^2=81\sqrt{2}\pi\times\dfrac{\sqrt{2}}{2}$, $r^2=81$ $\therefore r=9\,(\because r>0)$

따라서 공의 반지름의 길이는 9 cm이다. **답 9 cm**

본문 85~87쪽

### 시험에 꼭 나오는 문제

**0580** ( i ) 네 꼭짓점 B, C, D, E로 만들 수 있는 평면은 평면 BCDE의 1개이다.

(ii) 두 직선 AE, AC로 만들 수 있는 평면은 평면 AEC의 1개이다.

(iii) 네 꼭짓점 B, C, D, E와 직선 AE로 만들 수 있는 평면은 평면 ABE, 평면 AED의 2개이다.

(iv) 네 꼭짓점 B, C, D, E와 직선 AC로 만들 수 있는 평면은 평면 ABC, 평면 ACD의 2개이다.

( i )~(iv)에서 구하는 서로 다른 평면의 개수는

$1+1+2+2=6$ **답 6**

**참고** (iii), (iv)에서 평면 AEC는 (ii)에서 이미 구했으므로 제외한다.

**0581** $\overline{AG}$와 꼬인 위치에 있는 모서리는

$\overline{EF}$, $\overline{BF}$, $\overline{BC}$, $\overline{DH}$, $\overline{CD}$, $\overline{EH}$

의 6개이다. **답 6**

**0582** ① $\overline{CG}\,/\!/\,\overline{DH}$이고 $\overline{AD}\perp\overline{DH}$이므로 $\overline{AD}\perp\overline{CG}$

② $\overline{BG}\,/\!/\,\overline{AH}$이고 삼각형 AFH는 정삼각형이다.

즉, $\angle FAH=60°$이므로 $\overline{AF}\perp\overline{BG}$가 아니다.

③ $\overline{FG}\perp$(평면 AEFB)이므로 $\overline{FG}$는 평면 AEFB 위의 모든 직선과 수직이다.

$\therefore \overline{BE}\perp\overline{FG}$

④ 정사각형의 두 대각선은 서로 수직이므로 $\overline{BE}\perp\overline{AF}$

⑤ $\overline{BE}\perp\overline{AF}$, $\overline{BE}\perp\overline{FG}$이므로 $\overline{BE}\perp$(평면 AFGD)

즉, $\overline{BE}$는 평면 AFGD 위의 모든 직선과 수직이므로

$\overline{BE}\perp\overline{AG}$

따라서 옳지 않은 것은 ②이다. **답** ②

**0583** ㄱ. 오른쪽 그림에서 $l\perp\alpha$, $m\perp\alpha$이면 $l\,/\!/\,m$이다. (참)

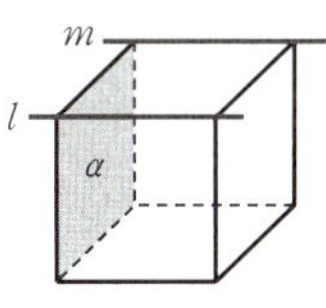

ㄴ. 오른쪽 그림에서 $l\perp\alpha$, $l\perp\beta$이면 $\alpha\,/\!/\,\beta$이다. (참)

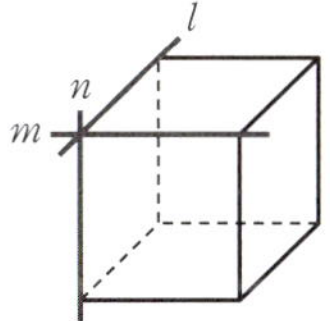

ㄷ. 오른쪽 그림과 같이 $l\perp m$, $m\perp n$이지만 $l\perp n$일 수도 있다. (거짓)

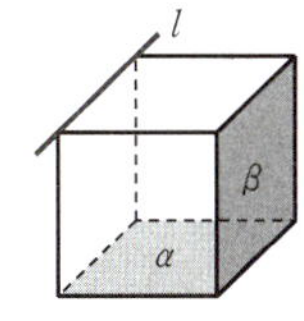

ㄹ. 오른쪽 그림과 같이 $l\,/\!/\,\alpha$, $l\,/\!/\,\beta$이지만 두 평면 $\alpha$, $\beta$는 만날 수도 있다. (거짓)

따라서 옳은 것은 ㄱ, ㄴ이다. **답** ①

**0584** $\overline{DH}\,/\!/\,\overline{AE}$이므로 직선 ME와 직선 DH가 이루는 각의 크기는 직선 ME와 직선 AE가 이루는 각의 크기와 같다.

$\therefore \theta=\angle AEM$

이때 $\overline{AE}=6$, $\overline{AM}=\dfrac{1}{2}\overline{AC}=\dfrac{1}{2}\times4\sqrt{2}=2\sqrt{2}$이므로

직각삼각형 AME에서

$\overline{ME}=\sqrt{\overline{AE}^2+\overline{AM}^2}=\sqrt{6^2+(2\sqrt{2})^2}=2\sqrt{11}$

$\therefore \cos\theta=\dfrac{\overline{AE}}{\overline{ME}}=\dfrac{6}{2\sqrt{11}}=\dfrac{3\sqrt{11}}{11}$    답 $\dfrac{3\sqrt{11}}{11}$

**0585** $\overline{PH}\perp\alpha$, $\overline{PQ}\perp\overline{AB}$이므로 삼수선의 정리에 의하여 $\overline{HQ}\perp\overline{AB}$

점 H가 삼각형 ABC의 무게중심이고 삼각형 ABC의 넓이가 24이므로

$$\triangle ABH=\frac{1}{2}\times\overline{AB}\times\overline{HQ}=\frac{1}{3}\triangle ABC에서$$

$\dfrac{1}{2}\times 8\times\overline{HQ}=\dfrac{1}{3}\times 24$    $\therefore \overline{HQ}=2$

따라서 직각삼각형 PHQ에서

$\overline{PQ}=\sqrt{\overline{PH}^2+\overline{HQ}^2}=\sqrt{4^2+2^2}=2\sqrt{5}$    답 ②

**0586** 오른쪽 그림과 같이 점 B에서 직선 $l$에 내린 수선의 발을 H라 하면 $\overline{BC}\perp\beta$, $\overline{BH}\perp l$이므로 삼수선의 정리에 의하여 $\overline{CH}\perp l$

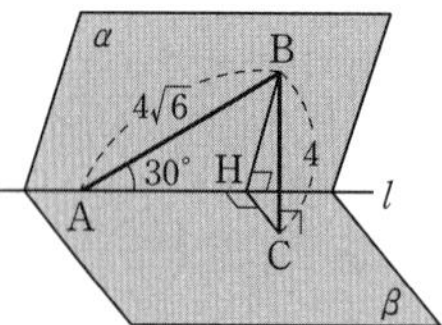

따라서 두 평면 $\alpha$, $\beta$가 이루는 각의 크기는 $\overline{BH}$와 $\overline{HC}$가 이루는 각의 크기와 같으므로 $\theta=\angle BHC$

이때 $\overline{BH}=4\sqrt{6}\sin 30\degree=2\sqrt{6}$이므로 직각삼각형 BHC에서 $\overline{CH}=\sqrt{\overline{BH}^2-\overline{BC}^2}=\sqrt{(2\sqrt{6})^2-4^2}=2\sqrt{2}$

$\therefore \cos\theta=\dfrac{\overline{CH}}{\overline{BH}}=\dfrac{2\sqrt{2}}{2\sqrt{6}}=\dfrac{\sqrt{3}}{3}$    답 $\dfrac{\sqrt{3}}{3}$

**0587** $\cos\alpha=\dfrac{\overline{DB}}{\overline{DF}}=\dfrac{\sqrt{1^2+2^2}}{\sqrt{1^2+1^2+2^2}}=\dfrac{\sqrt{5}}{\sqrt{6}}$

$\cos\beta=\dfrac{\overline{AF}}{\overline{DF}}=\dfrac{\sqrt{1^2+2^2}}{\sqrt{1^2+1^2+2^2}}=\dfrac{\sqrt{5}}{\sqrt{6}}$

$\cos\gamma=\dfrac{\overline{DE}}{\overline{DF}}=\dfrac{\sqrt{1^2+1^2}}{\sqrt{1^2+1^2+2^2}}=\dfrac{\sqrt{2}}{\sqrt{6}}$

$\therefore \cos^2\alpha+\cos^2\beta+\cos^2\gamma=\dfrac{5}{6}+\dfrac{5}{6}+\dfrac{2}{6}=2$    답 ②

**0588** 점 D에서 평면 BEFC에 내린 수선의 발이 F이므로 $\theta=\angle DBF$

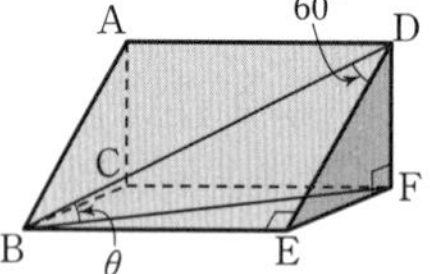

$\overline{EF}=\overline{DF}=a$라 하면 직각삼각형 DEF에서 $\overline{DE}=\sqrt{a^2+a^2}=\sqrt{2}a$

또, 직각삼각형 BED에서 $\overline{BD}=\dfrac{\overline{DE}}{\cos 60\degree}$이므로

$\overline{BD}=\dfrac{\sqrt{2}a}{\dfrac{1}{2}}=2\sqrt{2}a$

따라서 직각삼각형 BFD에서

$\sin\theta=\dfrac{\overline{DF}}{\overline{BD}}=\dfrac{a}{2\sqrt{2}a}=\dfrac{\sqrt{2}}{4}$    답 ①

**0589** 구와 입체도형이 접하는 점들을 연결하면 구와 반지름의 길이가 같은 원이 된다. 이 원을 오른쪽 그림과 같이 밑면과 한 점에서 만나도록 평행이동하면 이 원과 밑면이 이루는 각의 크기는 30°이다. 이 원을 포함하는 평면을 $\alpha$라 하면 밑면인 타원의 평면 $\alpha$ 위로의 정사영이 이 원이 되므로 원의 넓이는

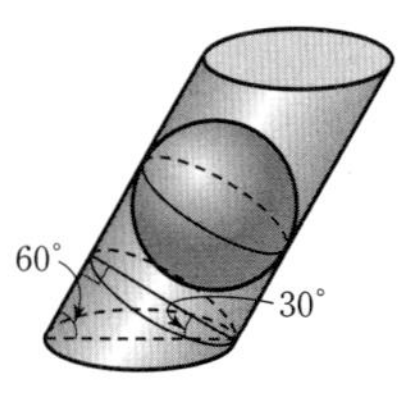

$6\sqrt{3}\pi\times\cos 30\degree=9\pi$

구의 반지름의 길이를 $r$라 하면

$\pi r^2=9\pi$, $r^2=9$    $\therefore r=3\ (\because r>0)$    답 3

**0590** 정육각형 IJKLMN의 한 변의 길이가 $2\sqrt{2}$이므로 그 넓이는

$$6\times\left\{\frac{\sqrt{3}}{4}\times(2\sqrt{2})^2\right\}=12\sqrt{3}$$

정육각형 IJKLMN의 평면 EFGH 위로의 정사영은 오른쪽 그림에서 색칠한 부분과 같으므로 그 넓이는

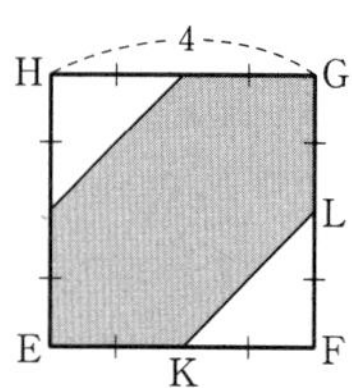

$4\times 4-2\times\left(\dfrac{1}{2}\times 2\times 2\right)=12$

따라서 $12\sqrt{3}\cos\theta=12$이므로

$\cos\theta=\dfrac{12}{12\sqrt{3}}=\dfrac{\sqrt{3}}{3}$    답 ③

**0591** $\overline{BD}$의 중점을 M, 점 A와 점 F에서 평면 BCD에 내린 수선의 발을 각각 G, E라 하면 점 G는 정삼각형 BCD의 무게중심이고

$\overline{CM}=\dfrac{\sqrt{3}}{2}\times 10=5\sqrt{3}$

이때 $\overline{AF}:\overline{FC}=2:3$이므로

$\overline{EM}=\overline{GM}+\dfrac{2}{5}\overline{CG}$

$\quad=\dfrac{1}{3}\overline{CM}+\dfrac{2}{5}\times\dfrac{2}{3}\overline{CM}$

$\quad=\left(\dfrac{1}{3}+\dfrac{4}{15}\right)\times\overline{CM}$

$\quad=\dfrac{3}{5}\times 5\sqrt{3}=3\sqrt{3}$

따라서 삼각형 FBD의 평면 BCD 위로의 정사영은 삼각형 BED이므로 구하는 넓이는

$\triangle BED=\dfrac{1}{2}\times\overline{BD}\times\overline{EM}$

$\qquad=\dfrac{1}{2}\times 10\times 3\sqrt{3}$

$\qquad=15\sqrt{3}$    답 $15\sqrt{3}$

참고   점 E는 $\overline{GC}$를 2 : 3으로 내분하는 점이고 점 G는 $\overline{CM}$을 2 : 1로 내분하는 점이다.

**0592** 다음 그림과 같이 태양 광선과 수직을 이루는 평면을 $\alpha$ 라 하면 평면 $\alpha$가 지면과 이루는 각의 크기는 $60°$이다.

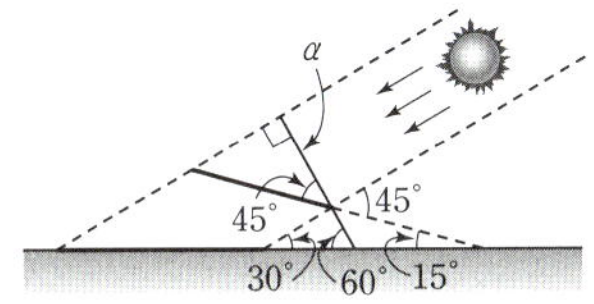

차광막의 그림자의 평면 $\alpha$ 위로의 정사영의 넓이를 $S$라 하면
$$S=20\cos 60°=20\times\frac{1}{2}=10$$

차광막과 평면 $\alpha$가 이루는 각의 크기가 $45°$이므로 차광막의 넓이를 $S'$이라 하면
$$S=S'\cos 45°$$
$$10=S'\times\frac{\sqrt{2}}{2} \quad \therefore S'=10\sqrt{2}$$

답 $10\sqrt{2}$

**0593** $\overrightarrow{PO}\perp\alpha$, $\overrightarrow{OQ}\perp\overrightarrow{AB}$이므로 삼수선의 정리에 의하여
$$\overrightarrow{PQ}\perp\overrightarrow{AB}$$

⑦

직각삼각형 PAQ에서
$$\overline{PQ}=\sqrt{14^2-(4\sqrt{6})^2}=10$$

⑭

따라서 직각삼각형 PQO에서
$$\overline{OQ}=\sqrt{10^2-8^2}=6$$

⑭

답 6

| 단계 | 채점요소 | 배점 |
|---|---|---|
| ⑦ | $\overrightarrow{PQ}\perp\overrightarrow{AB}$임을 보이기 | 40 % |
| ⑭ | $\overline{PQ}$의 길이 구하기 | 30 % |
| ⑭ | $\overline{OQ}$의 길이 구하기 | 30 % |

**0594** 오른쪽 그림과 같이 $\overline{AB}$, $\overline{CD}$의 중점을 각각 M, N이라 하면 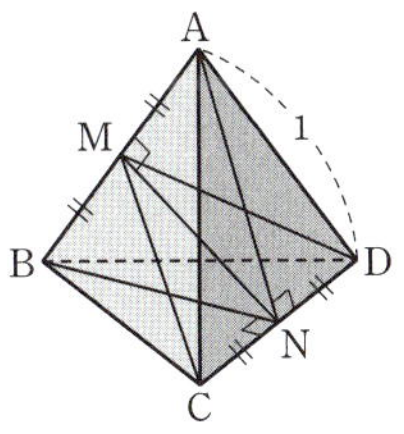
$$\overline{CD}\perp\overline{BN}, \overline{CD}\perp\overline{AN}$이므로$$
$$\overline{CD}\perp(\text{평면 } ABN)$$
$$\therefore \overline{CD}\perp\overline{MN}$$
같은 방법으로
$$\overline{AB}\perp(\text{평면 } CDM)$$
$$\therefore \overline{AB}\perp\overline{MN}$$
즉, $\overline{AB}$와 $\overline{CD}$ 사이의 거리는 $\overline{MN}$의 길이이다.

⑦

정사면체의 한 모서리의 길이가 1이므로
$$\overline{AN}=\frac{\sqrt{3}}{2}, \overline{AM}=\frac{1}{2}$$

⑭

따라서 직각삼각형 AMN에서
$$\overline{MN}=\sqrt{\left(\frac{\sqrt{3}}{2}\right)^2-\left(\frac{1}{2}\right)^2}=\frac{\sqrt{2}}{2}$$

⑭

답 $\frac{\sqrt{2}}{2}$

| 단계 | 채점요소 | 배점 |
|---|---|---|
| ⑦ | $\overline{AB}$와 $\overline{CD}$ 사이의 거리는 $\overline{MN}$의 길이임을 보이기 | 50 % |
| ⑭ | $\overline{AN}$, $\overline{AM}$의 길이 구하기 | 20 % |
| ⑭ | $\overline{MN}$의 길이 구하기 | 30 % |

**0595** 오른쪽 그림과 같이 점 D에서 선분 EG에 내린 수선의 발을 I라 하면
$$\overline{DI}\perp\overline{EG}, \overline{DH}\perp(\text{평면 } EFGH)$이므로$$
삼수선의 정리에 의하여
$$\overline{HI}\perp\overline{EG}$$

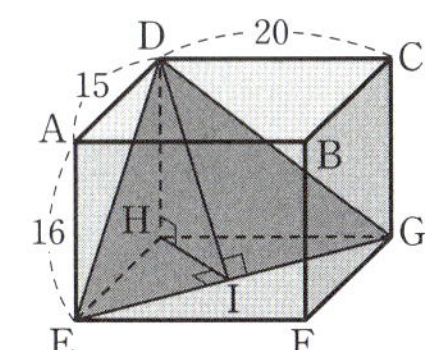

⑦

직각삼각형 HEG에서
$$\overline{EG}=\sqrt{15^2+20^2}=25$$
$$\triangle HEG=\frac{1}{2}\times\overline{EG}\times\overline{HI}=\frac{1}{2}\times\overline{EH}\times\overline{HG}에서$$
$$\frac{1}{2}\times 25\times\overline{HI}=\frac{1}{2}\times 15\times 20$$
$$\therefore \overline{HI}=12$$

⑭

직각삼각형 DHI에서
$$\overline{DI}=\sqrt{16^2+12^2}=20$$

⑭

따라서 삼각형 DEG의 넓이는
$$\frac{1}{2}\times\overline{EG}\times\overline{DI}=\frac{1}{2}\times 25\times 20=250$$

⑭

답 250

| 단계 | 채점요소 | 배점 |
|---|---|---|
| ⑦ | 삼수선의 정리를 만족시키는 $\overline{EG}$ 위의 점 I 정하기 | 30 % |
| ⑭ | $\overline{HI}$의 길이 구하기 | 30 % |
| ⑭ | $\overline{DI}$의 길이 구하기 | 20 % |
| ⑭ | 삼각형 DEG의 넓이 구하기 | 20 % |

**0596** 오른쪽 그림과 같이 점 P에서 평면 $\beta$에 내린 수선의 발을 H, 점 H 에서 교선 AB에 내린 수선의 발을 N 이라 하면 $\overline{PH}\perp\beta$, $\overline{HN}\perp\overline{AB}$이므로 삼수선의 정리에 의하여
$$\overline{PN}\perp\overline{AB}$$

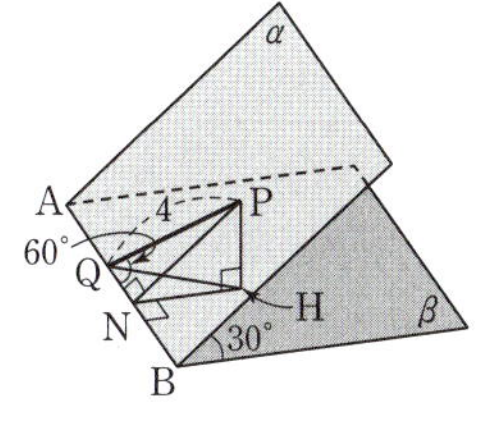

⑦

직각삼각형 PQN에서

$$\overline{PN}=\overline{PQ}\sin 60°=4\times\frac{\sqrt{3}}{2}=2\sqrt{3}$$

$$\overline{QN}=\overline{PQ}\cos 60°=4\times\frac{1}{2}=2$$

❹

또, 두 평면 $\alpha$, $\beta$가 이루는 각의 크기가 $30°$이므로

$$\angle PNH=30°$$

$$\therefore \overline{HN}=\overline{PN}\cos 30°=2\sqrt{3}\times\frac{\sqrt{3}}{2}=3$$

❺

따라서 선분 PQ의 평면 $\beta$ 위로의 정사영은 선분 HQ이므로 구하는 길이는

$$\overline{HQ}=\sqrt{\overline{QN}^2+\overline{HN}^2}=\sqrt{2^2+3^2}=\sqrt{13}$$

❻

답 $\sqrt{13}$

| 단계 | 채점요소 | 배점 |
| --- | --- | --- |
| ❼ | 삼수선의 정리를 만족시키는 두 점 H, N 정하기 | 30% |
| ❹ | $\overline{PN}$, $\overline{QN}$의 길이 구하기 | 20% |
| ❺ | $\overline{HN}$의 길이 구하기 | 20% |
| ❻ | 선분 PQ의 평면 $\beta$ 위로의 정사영의 길이 구하기 | 30% |

**0597** 오른쪽 그림과 같이 점 C에서 $\overline{AB}$에 내린 수선의 발을 M이라 하면 $\overline{OC}\perp$ (평면 OAB), $\overline{CM}\perp\overline{AB}$이므로 삼수선의 정리에 의하여

$$\overline{OM}\perp\overline{AB}$$

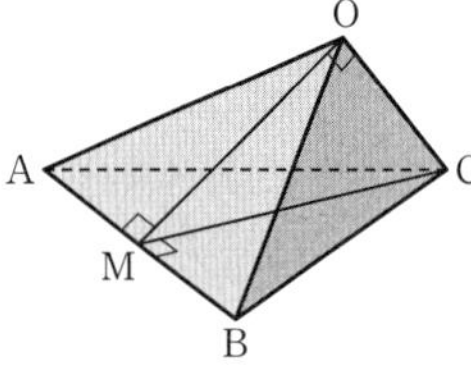

삼각형 ABC는 한 변의 길이가 6인 정삼각형이므로

$$\overline{MC}=3\sqrt{3}, \ \overline{AM}=\overline{BM}=3$$

직각삼각형 OMC에서

$$\overline{OM}=\sqrt{(3\sqrt{3})^2-3^2}=3\sqrt{2}$$

점 O에서 선분 MC에 내린 수선의 발을 H라 하면 $\overline{OH}\perp$ (평면 ABC), $\overline{OM}\perp\overline{AB}$이므로 삼수선의 정리에 의하여

$$\overline{MH}\perp\overline{AB}$$

즉, 점 H는 $\overline{MC}$ 위의 점이다.

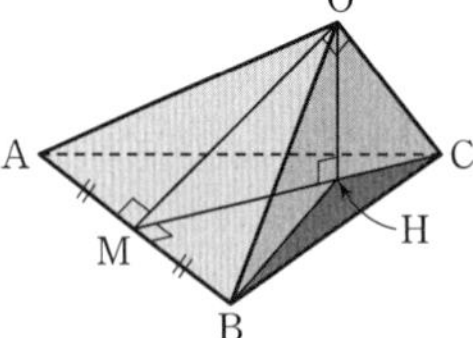

$$\triangle OMC=\frac{1}{2}\times\overline{OM}\times\overline{OC}=\frac{1}{2}\times\overline{MC}\times\overline{OH}$$에서

$$\frac{1}{2}\times 3\sqrt{2}\times 3=\frac{1}{2}\times 3\sqrt{3}\times\overline{OH}$$

$$\therefore \overline{OH}=\sqrt{6}$$

직각삼각형 OHC에서

$$\overline{HC}=\sqrt{3^2-(\sqrt{6})^2}=\sqrt{3},$$

$$\overline{MH}=\overline{MC}-\overline{HC}=2\sqrt{3}$$

따라서 삼각형 OBC의 평면 ABC 위로의 정사영은 삼각형 HBC이고 점 H는 $\overline{CM}$을 $1:2$로 내분하는 점이므로 구하는 정사영의 넓이는

$$\triangle HBC=\frac{1}{3}\times\triangle CMB=\frac{1}{3}\times\frac{1}{2}\times\triangle ABC$$

$$=\frac{1}{6}\times\frac{\sqrt{3}}{4}\times 6^2=\frac{3\sqrt{3}}{2}$$

답 ④

**0598** 오른쪽 그림과 같이 반구를 반구의 중심을 지나고 평면 $\alpha$와 평행한 평면으로 자를 때 생기는 단면인 반원의 평면 $\alpha$ 위로의 정사영의 넓이를 $S_1$, 반구의 밑면의 반인 반원의 평면 $\alpha$ 위로의 정사영의 넓이를 $S_2$라 하면 구하는 정사영의 넓이는 $S_1+S_2$이다.

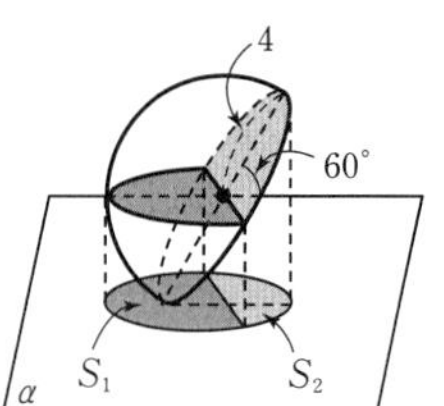

$S_1$은 반원의 넓이와 같으므로

$$S_1=\frac{1}{2}\times\pi\times 4^2=8\pi$$

$$S_2=(\text{반원의 넓이})\times\cos 60°=8\pi\times\frac{1}{2}=4\pi$$

따라서 구하는 넓이는

$$S_1+S_2=8\pi+4\pi=12\pi$$

답 $12\pi$

**0599** 평면 $\beta$와 구가 만나서 생기는 도형은 원이다. 이 원의 반지름의 길이를 $r$라 하면 이 원의 평면 $\alpha$ 위로의 정사영의 넓이가 $4\sqrt{3}\pi$이고 두 평면이 이루는 각의 크기가 $30°$이므로

$$4\sqrt{3}\pi=\pi r^2\times\cos 30°, \ \frac{\sqrt{3}}{2}\pi r^2=4\sqrt{3}\pi$$

$$r^2=8 \qquad \therefore r=2\sqrt{2}\ (\because r>0)$$

오른쪽 그림과 같이 평면 $\beta$와 구가 만나서 생기는 도형인 원의 중심을 O'이라 하고, 원 위의 임의의 점을 A라 하면 직선 OO'이 평면 $\beta$에 수직이므로 삼각형 OAO'은 $\angle OO'A=90°$인 직각삼각형이다.

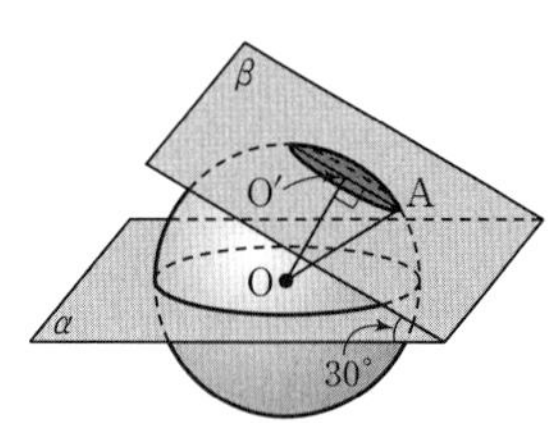

$$\overline{OA}=6, \ \overline{O'A}=2\sqrt{2}$$이므로

$$\overline{OO'}=\sqrt{6^2-(2\sqrt{2})^2}=2\sqrt{7}$$

따라서 구의 중심 O와 평면 $\beta$ 사이의 거리는 $2\sqrt{7}$이다.

답 $2\sqrt{7}$

# 06 | 공간좌표

## 📖 교과서 문제 정/복/하/기
본문 89쪽

**0600** 답 (1) $(2, 0, 1)$  (2) $(2, 4, 1)$  (3) $(2, 4, 0)$

**0601** 답 (1) $(-2, 3, 0)$  (2) $(0, 3, 1)$  (3) $(-2, 0, 1)$

**0602** 답 (1) $(3, 2, -4)$  (2) $(-3, -2, -4)$
(3) $(3, 2, 4)$  (4) $(-3, 2, -4)$

**0603** $\overline{OA}=\sqrt{2^2+(-4)^2+4^2}=\sqrt{36}=6$  답 **6**

**0604** $\overline{AB}=\sqrt{\{2-(-2)\}^2+(-3-1)^2+(1-3)^2}$
$=\sqrt{36}=6$  답 **6**

**0605** $\overline{AB}=\sqrt{(3-1)^2+\{2-(-2)\}^2+(6-3)^2}$
$=\sqrt{29}$  답 $\sqrt{29}$

**0606** (1) $B(-1, 2, 3)$
(2) $\overline{AB}=\sqrt{(-1-1)^2+(2-2)^2+(3-3)^2}=\sqrt{4}=2$
답 (1) $(-1, 2, 3)$  (2) **2**

**0607** (1) $\left(\dfrac{2\times5+1\times(-1)}{2+1}, \dfrac{2\times4+1\times1}{2+1}, \dfrac{2\times5+1\times2}{2+1}\right)$
$\therefore (3, 3, 4)$
(2) $\left(\dfrac{1\times5-2\times(-1)}{1-2}, \dfrac{1\times4-2\times1}{1-2}, \dfrac{1\times5-2\times2}{1-2}\right)$
$\therefore (-7, -2, -1)$
(3) $\left(\dfrac{-1+5}{2}, \dfrac{1+4}{2}, \dfrac{2+5}{2}\right)$  $\therefore \left(2, \dfrac{5}{2}, \dfrac{7}{2}\right)$
답 (1) $(3, 3, 4)$  (2) $(-7, -2, -1)$  (3) $\left(2, \dfrac{5}{2}, \dfrac{7}{2}\right)$

**0608** $\left(\dfrac{1+2+6}{3}, \dfrac{2+1+3}{3}, \dfrac{3+(-2)+2}{3}\right)$
$\therefore (3, 2, 1)$  답 $(3, 2, 1)$

**0609** 답 중심의 좌표: $(1, -1, 2)$, 반지름의 길이: **3**

**0610** 답 중심의 좌표: $(-3, 2, -4)$, 반지름의 길이: **4**

**0611** 답 $(x-2)^2+(y+3)^2+(z-4)^2=25$

**0612** 구의 반지름의 길이는
$\sqrt{1^2+2^2+0^2}=\sqrt{5}$
따라서 구하는 구의 방정식은
$x^2+y^2+z^2=5$  답 $x^2+y^2+z^2=5$

**0613** $x^2+y^2+z^2-6y=0$에서
$x^2+(y-3)^2+z^2=3^2$
따라서 중심의 좌표는 $(0, 3, 0)$, 반지름의 길이는 3이다.
답 **중심의 좌표: $(0, 3, 0)$, 반지름의 길이: 3**

**0614** $x^2+y^2+z^2-4x+2y+6z=0$에서
$(x-2)^2+(y+1)^2+(z+3)^2=14$
따라서 중심의 좌표는 $(2, -1, -3)$, 반지름의 길이는 $\sqrt{14}$이다.
답 **중심의 좌표: $(2, -1, -3)$, 반지름의 길이: $\sqrt{14}$**

**0615** 구하는 구의 방정식을
$x^2+y^2+z^2+Ax+By+Cz+D=0$이라 하자.
구가 두 점 $(0, 0, 0)$, $(1, 0, 0)$을 지나므로
$D=0, A=-1$
즉, 구의 방정식은 $x^2+y^2+z^2-x+By+Cz=0$이고 두 점
$(2, -1, 0)$, $(2, 1, 2)$를 지나므로
$B=3, B+2C=-7$  $\therefore C=-5$
따라서 구하는 구의 방정식은
$x^2+y^2+z^2-x+3y-5z=0$
답 $x^2+y^2+z^2-x+3y-5z=0$

## 📝 유형 익/히/기
본문 90~98쪽

**0616** 점 $A(2, -1, 3)$과 $x$축에 대하여 대칭인 점의 좌표는
$(2, 1, -3)$
점 $(2, 1, -3)$에서 $yz$평면에 내린 수선의 발의 좌표는
$(0, 1, -3)$
따라서 $a=0, b=1, c=-3$이므로
$a+b+c=-2$  답 $-2$

**0617** 점 $A(-2, 3, 1)$과 $zx$평면에 대하여 대칭인 점의 좌표는
$(-2, -3, 1)$
따라서 $a=-2, b=-3, c=1$이므로
$abc=6$  답 **6**

**0618** $P(4, 2, 1)$이므로 점 $P$를 $x$축에 대하여 대칭이동한 점의 좌표는
$(4, -2, -1)$

따라서 $a=4$, $b=-2$, $c=-1$이므로
$a-3b+2c=4-3\times(-2)+2\times(-1)=8$  답 ④

**0619** 점 $A(2, 3, 1)$을 $xy$평면에 대하여 대칭이동한 점 B의 좌표는
$(2, 3, -1)$
점 $B(2, 3, -1)$을 $z$축에 대하여 대칭이동한 점 C의 좌표는
$(-2, -3, -1)$
따라서 $a=-2$, $b=-3$, $c=-1$이므로
$a-b+c=-2-(-3)+(-1)=0$  답 **0**

**0620** $P(3, -2, 1)$, $Q(-3, 2, -1)$이므로
$$\overline{PQ}=\sqrt{(-3-3)^2+(2+2)^2+(-1-1)^2}$$
$$=\sqrt{56}=2\sqrt{14}$$  답 ③

**0621** $\overline{AB}=3\sqrt{5}$이므로
$$\sqrt{(a-2)^2+(2+3)^2+(-1-1)^2}=3\sqrt{5}$$
양변을 제곱하여 정리하면
$a^2-4a-12=0$, $(a+2)(a-6)=0$
$\therefore a=6 \ (\because a>0)$  답 **6**

**0622** $\overline{AC}=\overline{BC}$에서 $\overline{AC}^2=\overline{BC}^2$이므로
$(-3-a)^2+(2-5)^2+a^2=(-3+4)^2+(2-a)^2+(a-1)^2$
$12a=-12$  $\therefore a=-1$  답 ②

**0623** $P(1, 2, -3)$, $Q(-1, 2, 3)$이므로
$$\overline{AP}=\sqrt{(1-1)^2+(2-2)^2+(-3-3)^2}=6$$
$$\overline{AQ}=\sqrt{(-1-1)^2+(2-2)^2+(3-3)^2}=2$$
$$\overline{PQ}=\sqrt{(-1-1)^2+(2-2)^2+(3+3)^2}=2\sqrt{10}$$
이때 $\overline{PQ}^2=\overline{AP}^2+\overline{AQ}^2$이므로 삼각형 PQA는
$\angle A=90°$인 직각삼각형이다.
$$\therefore \cos\theta=\frac{\overline{AQ}}{\overline{PQ}}=\frac{2}{2\sqrt{10}}=\frac{\sqrt{10}}{10}$$

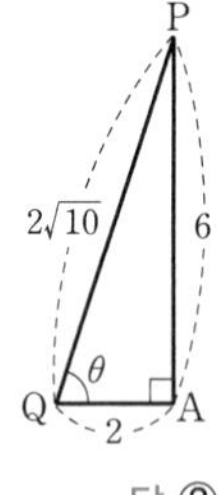

답 ②

**0624** $\overline{AB}^2=(a-2)^2+(-1-1)^2+2^2=a^2-4a+12$
$\overline{BC}^2=(1-a)^2+(-2+1)^2+(-1)^2=a^2-2a+3$
$\overline{CA}^2=(2-1)^2+(1+2)^2+(-2+1)^2=11$
$\cdots\cdots$ ㉮

삼각형 ABC가 $\angle A=90°$인 직각삼각형이므로
$\overline{BC}^2=\overline{AB}^2+\overline{CA}^2$
$\cdots\cdots$ ㉯

따라서 $a^2-2a+3=a^2-4a+12+11$이므로
$2a=20$  $\therefore a=10$
$\cdots\cdots$ ㉰

답 **10**

| 단계 | 채점요소 | 배점 |
|---|---|---|
| ㉮ | 삼각형 ABC의 세 변의 길이 구하기 | 50% |
| ㉯ | 피타고라스 정리 이용하기 | 30% |
| ㉰ | $a$의 값 구하기 | 20% |

**0625** 직선 $y=z$ 위의 점 P의 좌표를 $(0, a, a)$ $(a\neq0)$라 하면 원점 O에 대하여 삼각형 APO는 $\angle APO=90°$인 직각삼각형이므로
$$\overline{AO}^2=\overline{AP}^2+\overline{PO}^2$$
$2^2+3^2+1^2=(-2)^2+(a-3)^2+(a-1)^2+0^2+a^2+a^2$
$4a^2-8a=0$, $4a(a-2)=0$
$\therefore a=2 \ (\because a\neq0)$
따라서 $P(0, 2, 2)$이므로
$$\overline{AP}=\sqrt{(-2)^2+(2-3)^2+(2-1)^2}=\sqrt{6}$$  답 $\sqrt{6}$

**0626** 두 점 $A(a, b, 1)$, $B(-1, 2, a)$에 대하여
$$\overline{AB}=\sqrt{(-1-a)^2+(2-b)^2+(a-1)^2}$$
$$=\sqrt{2a^2+(b-2)^2+2}$$
이므로 두 점 A, B 사이의 거리는 $a=0$, $b=2$일 때 최소이고 최솟값은 $\sqrt{2}$이다.  답 ②

**0627** $\overline{OA}=\sqrt{4^2+3^2}=5$, $\overline{OB}=\sqrt{2^2+3^2+6^2}=7$
$$\overline{AB}=\sqrt{(2-4)^2+(3-3)^2+6^2}=2\sqrt{10}$$
오른쪽 그림과 같이 점 A에서 $\overline{OB}$에 내린 수선의 발 H에 대하여 $\overline{OH}=x$라 하면
$5^2-x^2=(2\sqrt{10})^2-(7-x)^2$
$25-x^2=40-49+14x-x^2$
$14x=34$  $\therefore x=\frac{17}{7}$
따라서 $\overline{AH}=\sqrt{5^2-\left(\frac{17}{7}\right)^2}=\frac{6\sqrt{26}}{7}$이므로
$$\triangle OAB=\frac{1}{2}\times\overline{OB}\times\overline{AH}$$
$$=\frac{1}{2}\times7\times\frac{6\sqrt{26}}{7}=3\sqrt{26}$$  답 ⑤

**0628** $y$축 위의 점을 $P(0, y, 0)$이라 하면 $\overline{AP}=\overline{BP}$에서
$\overline{AP}^2=\overline{BP}^2$이므로
$(-4)^2+(y-2)^2+(-1)^2=3^2+(y-3)^2+(-3)^2$
$2y=6$  $\therefore y=3$
따라서 구하는 점의 $y$좌표는 3이다.  답 ②

**0629** P$(x, 0, 0)$이라 하면 $\overline{AP}=\overline{BP}$에서 $\overline{AP}^2=\overline{BP}^2$이므로

$(x+2)^2+(-2)^2=(x-1)^2+4^2+(-3)^2$

$6x=18$ $\quad\therefore x=3$

따라서 P$(3, 0, 0)$이므로

$\overline{AP}=\sqrt{(3+2)^2+(-2)^2}=\sqrt{29}$ 답 ③

**0630** 점 P는 $xy$평면 위의 점이므로 점 P의 $z$좌표는 0이다.

즉, $c=0$이므로 P$(a, b, 0)$

$\overline{PA}=\overline{PB}$에서 $\overline{PA}^2=\overline{PB}^2$이므로

$(a-1)^2+(b+1)^2+(-1)^2=(a-1)^2+(b-2)^2+2^2$

$6b=6$ $\quad\therefore b=1$

$\overline{PA}=\overline{PC}$에서 $\overline{PA}^2=\overline{PC}^2$이므로

$(a-1)^2+(b+1)^2+(-1)^2=(a-2)^2+(b+1)^2$

$2a=2$ $\quad\therefore a=1$

$\therefore a^2+b^2+c^2=1+1+0=2$ 답 **2**

**0631** $\overline{AB}^2=2^2+(-1)^2+(1-2)^2=6$

$\overline{BC}^2=(a-2)^2+b^2+(-1)^2=a^2+b^2-4a+5$

$\overline{CA}^2=(-a)^2+(1-b)^2+2^2=a^2+b^2-2b+5$

$\overline{AB}^2=\overline{BC}^2$이므로 $a^2+b^2-4a-1=0$ $\quad\cdots\cdots$ ㉠

$\overline{BC}^2=\overline{CA}^2$이므로 $b=2a$ $\quad\cdots\cdots$ ㉡

㉡을 ㉠에 대입하여 정리하면

$5a^2-4a-1=0$, $(5a+1)(a-1)=0$

$\therefore a=-\dfrac{1}{5}$ 또는 $a=1$

그런데 $a$, $b$는 모두 정수이므로 $a=1$, $b=2$ $(\because$ ㉡$)$

$\therefore a+b=3$ 답 ⑤

**0632** $\overline{AB}=\sqrt{(1+2)^2+(2-7)^2+(-1-3)^2}=5\sqrt{2}$

두 점 A, B의 $zx$평면 위로의 정사영을 각각 A$'$, B$'$이라 하면

A$'(-2, 0, 3)$, B$'(1, 0, -1)$

$\therefore \overline{A'B'}=\sqrt{(1+2)^2+(-1-3)^2}=5$

이때 $\overline{A'B'}=\overline{AB}\cos\theta$이므로

$\cos\theta=\dfrac{\overline{A'B'}}{\overline{AB}}=\dfrac{5}{5\sqrt{2}}=\dfrac{\sqrt{2}}{2}$ 답 ④

**0633** 두 점 A, B의 $yz$평면 위로의 정사영을 각각 A$'$, B$'$이라 하면

A$'(0, 3, \sqrt{11})$, B$'(0, 7, 2\sqrt{11})$

$\therefore \overline{A'B'}=\sqrt{(7-3)^2+(2\sqrt{11}-\sqrt{11})^2}=3\sqrt{3}$

이때 $\overline{A'B'}=\overline{AB}\cos 60°$이므로

$3\sqrt{3}=\sqrt{(a-3)^2+(7-3)^2+(2\sqrt{11}-\sqrt{11})^2}\times\dfrac{1}{2}$

양변을 제곱하여 정리하면

$a^2-6a-72=0$, $(a+6)(a-12)=0$

$\therefore a=12$ $(\because a>0)$ 답 ⑤

**0634** $\overline{AB}=\sqrt{(4-1)^2+(4-2)^2+(1-3)^2}=\sqrt{17}$

$\overline{BC}=\sqrt{(4-4)^2+(2-4)^2+(3-1)^2}=2\sqrt{2}$

$\overline{AC}=\sqrt{(4-1)^2+(2-2)^2+(3-3)^2}=3$

이때 $\overline{AB}^2=\overline{BC}^2+\overline{AC}^2$이므로 삼각형 ABC는 $\angle C=90°$인 직각삼각형이다.

$\therefore \triangle ABC=\dfrac{1}{2}\times\overline{BC}\times\overline{AC}=\dfrac{1}{2}\times2\sqrt{2}\times3=3\sqrt{2}$

세 점 A, B, C의 $xy$평면 위로의 정사영을 각각 A$'$, B$'$, C$'$이라 하면

A$'(1, 2, 0)$, B$'(4, 4, 0)$, C$'(4, 2, 0)$

$\therefore \overline{A'B'}=\sqrt{(4-1)^2+(4-2)^2}=\sqrt{13}$

$\overline{B'C'}=\sqrt{(4-4)^2+(2-4)^2}=2$

$\overline{A'C'}=\sqrt{(4-1)^2+(2-2)^2}=3$

이때 $\overline{A'B'}^2=\overline{B'C'}^2+\overline{A'C'}^2$이므로 삼각형 A$'$B$'$C$'$은 $\angle C'=90°$인 직각삼각형이다.

$\therefore \triangle A'B'C'=\dfrac{1}{2}\times\overline{B'C'}\times\overline{A'C'}=\dfrac{1}{2}\times2\times3=3$

이때 삼각형 ABC와 $xy$평면이 이루는 예각의 크기를 $\theta$라 하면

$\triangle A'B'C'=\triangle ABC\cos\theta$이므로

$3=3\sqrt{2}\cos\theta$, $\cos\theta=\dfrac{\sqrt{2}}{2}$

$\therefore \theta=45°$ 답 **45°**

**0635** 두 점 A, B의 $z$좌표의 부호가 같으므로 두 점 A, B는 좌표공간에서 $xy$평면을 기준으로 같은 쪽에 있다.

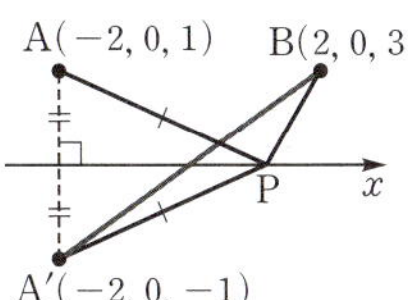

점 A와 $xy$평면에 대하여 대칭인 점을 A$'$이라 하면

A$'(1, 4, -3)$

이때 $\overline{AP}=\overline{A'P}$이므로

$\overline{AP}+\overline{PB}=\overline{A'P}+\overline{PB}\geq\overline{A'B}$

$=\sqrt{(2-1)^2+(2-4)^2+(3+3)^2}$

$=\sqrt{41}$

따라서 $\overline{AP}+\overline{PB}$의 최솟값은 $\sqrt{41}$이다. 답 $\sqrt{41}$

**0636** 두 점 A, B는 $x$축을 기준으로 같은 쪽에 있다.

점 A와 $x$축에 대하여 대칭인 점을 A$'$이라 하면

A$'(-2, 0, -1)$

이때 $\overline{AP}=\overline{A'P}$이므로

$\overline{AP}+\overline{PB}=\overline{A'P}+\overline{PB}\geq\overline{A'B}$

$=\sqrt{(2+2)^2+(3+1)^2}$

$=4\sqrt{2}$

따라서 $\overline{AP}+\overline{PB}$의 최솟값은 $4\sqrt{2}$이다. 답 ④

**0637** 두 점 A, B의 $x$좌표의 부호가 같으므로 두 점 A, B는 좌표공간에서 $yz$평면을 기준으로 같은 쪽에 있다.

································ ㉮

점 A와 $yz$평면에 대하여 대칭인 점을 $A'$이라 하면
$A'(-2, 3, 1)$
이때 $\overline{AP}=\overline{A'P}$이므로
$$\overline{AP}+\overline{PB}=\overline{A'P}+\overline{PB}\geq\overline{A'B}$$
$$=\sqrt{(4+2)^2+(1-3)^2+(a-1)^2}$$
$$=\sqrt{a^2-2a+41}$$

································ ㉯

즉, $\sqrt{a^2-2a+41}=2\sqrt{14}$이므로 양변을 제곱하여 정리하면
$a^2-2a-15=0, (a+3)(a-5)=0$
$\therefore a=5 \ (\because a>0)$

································ ㉰

답 **5**

| 단계 | 채점요소 | 배점 |
|---|---|---|
| ㉮ | 두 점 A, B가 $yz$평면을 기준으로 같은 쪽에 있음을 확인하기 | 20% |
| ㉯ | $\overline{AP}+\overline{PB}$의 최솟값을 구하는 식 세우기 | 40% |
| ㉰ | $a$의 값 구하기 | 40% |

**0638** 두 점 A, B의 $y$좌표의 부호가 같으므로 두 점 A, B는 좌표공간에서 $zx$평면을 기준으로 같은 쪽에 있다.
점 A와 $zx$평면에 대하여 대칭인 점을 $A'$이라 하면
$A'(1, -2, 3)$
이때 $\overline{PA}=\overline{PA'}$이므로 삼각형 ABP의 둘레의 길이는
$$\overline{AB}+\overline{BP}+\overline{PA}=\overline{AB}+\overline{BP}+\overline{PA'}\geq\overline{AB}+\overline{A'B}$$
$$=\sqrt{(2-1)^2+(1-2)^2+(-2-3)^2}$$
$$+\sqrt{(2-1)^2+(1+2)^2+(-2-3)^2}$$
$$=3\sqrt{3}+\sqrt{35}$$
따라서 삼각형 ABP의 둘레의 길이의 최솟값은 $3\sqrt{3}+\sqrt{35}$이다.

답 $3\sqrt{3}+\sqrt{35}$

**0639** 선분 AB를 $1 : 2$로 내분하는 점 P의 좌표는
$$\left(\frac{1\times4+2\times(-2)}{1+2}, \frac{1\times2+2\times5}{1+2}, \frac{1\times(-1)+2\times2}{1+2}\right)$$
$\therefore P(0, 4, 1)$
선분 AB를 $3 : 2$로 외분하는 점 Q의 좌표는
$$\left(\frac{3\times4-2\times(-2)}{3-2}, \frac{3\times2-2\times5}{3-2}, \frac{3\times(-1)-2\times2}{3-2}\right)$$
$\therefore Q(16, -4, -7)$
따라서 선분 PQ의 중점의 좌표는
$$\left(\frac{0+16}{2}, \frac{4-4}{2}, \frac{1-7}{2}\right)$$
$\therefore (8, 0, -3)$

답 $(8, 0, -3)$

**0640** 선분 AB를 $2 : 1$로 외분하는 점 D의 좌표는
$$\left(\frac{2\times0-1\times(-1)}{2-1}, \frac{2\times(-1)-1\times(-2)}{2-1}, \right.$$
$$\left.\frac{2\times4-1\times(-3)}{2-1}\right)$$
$\therefore D(1, 0, 11)$
선분 CD를 $2 : 1$로 내분하는 점 E의 좌표는
$$\left(\frac{2\times1+1\times2}{2+1}, \frac{2\times0+1\times1}{2+1}, \frac{2\times11+1\times3}{2+1}\right)$$
$\therefore E\left(\frac{4}{3}, \frac{1}{3}, \frac{25}{3}\right)$
따라서 $a=\frac{4}{3}, b=\frac{1}{3}, c=\frac{25}{3}$이므로
$$a+b+c=\frac{4}{3}+\frac{1}{3}+\frac{25}{3}=10$$

답 **10**

**0641** 선분 AB를 $3 : 1$로 외분하는 점 Q의 좌표는
$$\left(\frac{3\times a-1\times(-7)}{3-1}, \frac{3\times b-1\times0}{3-1}, \frac{3\times c-1\times5}{3-1}\right)$$
$\therefore Q\left(\frac{3a+7}{2}, \frac{3b}{2}, \frac{3c-5}{2}\right)$
이때 $Q(5, 6, -7)$이므로
$$\frac{3a+7}{2}=5, \frac{3b}{2}=6, \frac{3c-5}{2}=-7$$
$\therefore a=1, b=4, c=-3$
즉, 점 B의 좌표는 $(1, 4, -3)$이므로 선분 AB를 $3 : 1$로 내분하는 점 P의 좌표는
$$\left(\frac{3\times1+1\times(-7)}{3+1}, \frac{3\times4+1\times0}{3+1}, \frac{3\times(-3)+1\times5}{3+1}\right)$$
$\therefore P(-1, 3, -1)$
$\therefore \overline{PQ}=\sqrt{(5+1)^2+(6-3)^2+(-7+1)^2}=9$

답 **9**

**0642** $2\triangle ABD=3\triangle ADC$에서
$\triangle ABD : \triangle ADC=3 : 2$ ······ ㉠
오른쪽 그림과 같이 점 D는 선분 BC 위의 점이므로 ㉠을 만족시키는 점 D는 선분 BC를 $3 : 2$로 내분하는 점이다.

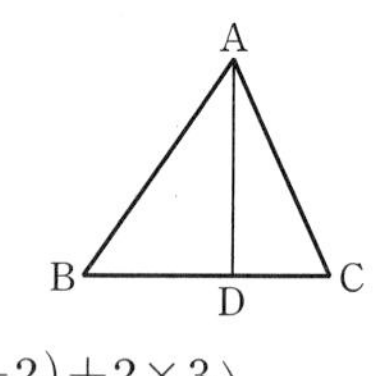

따라서 점 D의 좌표는
$$\left(\frac{3\times(-3)+2\times2}{3+2}, \frac{3\times1+2\times6}{3+2}, \frac{3\times(-2)+2\times3}{3+2}\right)$$
$\therefore D(-1, 3, 0)$
$\therefore \overline{AD}=\sqrt{(-1-2)^2+(3-5)^2+(-7)^2}=\sqrt{62}$

답 $\sqrt{62}$

**0643** $\overline{AP} : \overline{BP}=m : n$이라 하면 점 P는 선분 AB를 $m : n$으로 내분하는 점이고, 점 P가 $zx$평면 위에 있으므로 점 P의 $y$좌표는 0이다.
즉, $\frac{m\times(-1)+n\times2}{m+n}=0$에서 $m=2n$이므로
$\overline{AP} : \overline{BP}=2 : 1$
따라서 점 P는 선분 AB를 $2 : 1$로 내분하는 점이므로

$$P\left(\frac{2\times3+1\times(-3)}{2+1},\ \frac{2\times(-1)+1\times2}{2+1},\ \frac{2\times4+1\times1}{2+1}\right)$$

$\therefore\ P(1,\ 0,\ 3)$ 답 ②

**0644** 선분 AB를 $1:m$으로 내분하는 점이 $xy$평면 위에 있으므로 내분점의 $z$좌표는 0이다.

즉, $\dfrac{1\times(-4)+m\times2}{1+m}=0$이므로

$2m-4=0$ $\quad\therefore\ m=2$ 답 **2**

**0645** 두 점 A, B의 $z$좌표의 부호가 다르므로 선분 AB가 $xy$평면에 의하여 내분되고 선분 AB를 $m:n$으로 내분하는 점이 $xy$평면 위에 있으므로 내분점의 $z$좌표는 0이다.

즉, $\dfrac{m\times4+n\times(-2)}{m+n}=0$에서 $2m=n$이므로

$m:n=1:2$

따라서 $xy$평면은 선분 AB를 $1:2$로 내분한다. 답 ①

**0646** 선분 AB를 $7:4$로 내분하는 점이 $yz$평면 위에 있으므로 내분점의 $x$좌표는 0이다.

즉, $\dfrac{7\times a+4\times(-7)}{7+4}=0$이므로

$7a-28=0$ $\quad\therefore\ a=4$

㉮

또, 선분 AB를 $2:1$로 외분하는 점이 $x$축 위에 있으므로 외분점의 $y$좌표, $z$좌표는 모두 0이다.

즉, $\dfrac{2\times b-1\times4}{2-1}=0,\ \dfrac{2\times c-1\times5}{2-1}=0$이므로

$2b-4=0,\ 2c-5=0$

$\therefore\ b=2,\ c=\dfrac{5}{2}$

㉯

$\therefore\ a+b+c=4+2+\dfrac{5}{2}=\dfrac{17}{2}$

㉰

답 $\dfrac{17}{2}$

| 단계 | 채점요소 | 배점 |
|---|---|---|
| ㉮ | $a$의 값 구하기 | 40% |
| ㉯ | $b,\ c$의 값 구하기 | 50% |
| ㉰ | $a+b+c$의 값 구하기 | 10% |

**0647** 선분 AC의 중점의 좌표는

$\left(\dfrac{4+0}{2},\ \dfrac{-7+1}{2},\ \dfrac{-2+0}{2}\right)$, 즉 $(2,\ -3,\ -1)$

점 D의 좌표를 $(a,\ b,\ c)$라 하면 선분 BD의 중점의 좌표는

$\left(\dfrac{2+a}{2},\ \dfrac{1+b}{2},\ \dfrac{0+c}{2}\right)$, 즉 $\left(\dfrac{2+a}{2},\ \dfrac{1+b}{2},\ \dfrac{c}{2}\right)$

평행사변형 ABCD의 두 대각선 AC와 BD의 중점은 일치하므로

$\dfrac{2+a}{2}=2,\ \dfrac{1+b}{2}=-3,\ \dfrac{c}{2}=-1$

$\therefore\ a=2,\ b=-7,\ c=-2$

따라서 $D(2,\ -7,\ -2)$이므로

$\overline{BD}=\sqrt{(2-2)^2+(-7-1)^2+(-2)^2}=2\sqrt{17}$ 답 ①

**0648** 점 A는 선분 PP′의 중점이므로

$A\left(\dfrac{-4+6}{2},\ \dfrac{2+8}{2},\ \dfrac{-3+9}{2}\right)$ $\quad\therefore\ A(1,\ 5,\ 3)$

따라서 $a=1,\ b=5,\ c=3$이므로

$a+b+c=9$ 답 **9**

**0649** 점 B의 좌표를 $(a,\ b,\ c)$라 하면 평행사변형 ABCD의 대각선 BD의 중점의 좌표는

$\left(\dfrac{a-2}{2},\ \dfrac{b+4}{2},\ \dfrac{c+3}{2}\right)$

이때 대각선 BD의 중점은 두 대각선의 교점 $M(0,\ 1,\ 4)$와 일치하므로

$\dfrac{a-2}{2}=0,\ \dfrac{b+4}{2}=1,\ \dfrac{c+3}{2}=4$

$\therefore\ a=2,\ b=-2,\ c=5$

따라서 $B(2,\ -2,\ 5)$이므로

$\overline{AB}=\sqrt{(2-3)^2+(-2+1)^2+(5-4)^2}=\sqrt{3}$ 답 ③

**0650** 선분 AC의 중점의 좌표는

$\left(\dfrac{a-1}{2},\ \dfrac{-5+6}{2},\ \dfrac{-3+2}{2}\right)$, 즉 $\left(\dfrac{a-1}{2},\ \dfrac{1}{2},\ -\dfrac{1}{2}\right)$

선분 BD의 중점의 좌표는

$\left(\dfrac{b+2}{2},\ \dfrac{-1+2}{2},\ \dfrac{2-3}{2}\right)$, 즉 $\left(\dfrac{b+2}{2},\ \dfrac{1}{2},\ -\dfrac{1}{2}\right)$

마름모 ABCD의 두 대각선 AC와 BD의 중점이 일치하므로

$\dfrac{a-1}{2}=\dfrac{b+2}{2}$ $\quad\therefore\ a=b+3$ …… ㉠

㉮

또, 마름모는 네 변의 길이가 모두 같으므로 $\overline{AD}=\overline{CD}$에서 $\overline{AD}^2=\overline{CD}^2$

$(2-a)^2+(2+5)^2+(-3+3)^2$
$=(2+1)^2+(2-6)^2+(-3-2)^2$

$a^2-4a+3=0,\ (a-1)(a-3)=0$

$\therefore\ a=1\ (\because\ a<2)$

$a=1$을 ㉠에 대입하면 $b=-2$

㉯

$\therefore\ a+b=1+(-2)=-1$

㉰

답 $-1$

| 단계 | 채점요소 | 배점 |
|---|---|---|
| ㉮ | 대각선의 중점을 이용하여 $a,\ b$ 사이의 관계식 구하기 | 40% |
| ㉯ | 마름모의 정의를 이용하여 $a,\ b$의 값 구하기 | 50% |
| ㉰ | $a+b$의 값 구하기 | 10% |

**0651** 점 C의 좌표를 $(a, b, c)$라 하면 삼각형 ABC의 무게중심의 좌표는

$$\left(\frac{-1+0+a}{3}, \frac{2+4+b}{3}, \frac{3+1+c}{3}\right), \text{ 즉}$$

$$\left(\frac{-1+a}{3}, \frac{6+b}{3}, \frac{4+c}{3}\right)$$

이 점이 점 $(1, 3, 5)$와 일치하므로

$$\frac{-1+a}{3}=1, \frac{6+b}{3}=3, \frac{4+c}{3}=5$$

따라서 $a=4$, $b=3$, $c=11$이므로

$\text{C}(4, 3, 11)$ 답 ⑤

**0652** $\text{O}(0, 0, 0)$, $\text{E}(2, 0, 6)$, $\text{G}(0, 3, 6)$이므로 삼각형 OEG의 무게중심의 좌표는

$$\left(\frac{0+2+0}{3}, \frac{0+0+3}{3}, \frac{0+6+6}{3}\right), \text{ 즉} \left(\frac{2}{3}, 1, 4\right)$$

답 $\left(\dfrac{2}{3}, 1, 4\right)$

**0653** $\text{A}(3, 6, -9)$, $\text{B}(-3, 6, 9)$, $\text{C}(3, -6, 9)$이므로 삼각형 ABC의 무게중심의 좌표는

$$\left(\frac{3+(-3)+3}{3}, \frac{6+6+(-6)}{3}, \frac{-9+9+9}{3}\right), \text{ 즉}$$

$(1, 2, 3)$ 답 $(1, 2, 3)$

**0654** 선분 CM을 $2:1$로 내분하는 점의 좌표는

$$\left(\frac{2\times4+1\times a}{2+1}, \frac{2\times5+1\times b}{2+1}, \frac{2\times6+1\times c}{2+1}\right), \text{ 즉}$$

$$\left(\frac{8+a}{3}, \frac{10+b}{3}, \frac{12+c}{3}\right)$$

이 점이 삼각형 ABC의 무게중심 $\text{G}(3, 1, 2)$와 일치하므로

$$\frac{8+a}{3}=3, \frac{10+b}{3}=1, \frac{12+c}{3}=2$$

따라서 $a=1$, $b=-7$, $c=-6$이므로

$abc=42$ 답 **42**

**0655** 구의 중심을 C라 하면 점 C는 $\overline{\text{AB}}$의 중점이므로

$$\text{C}\left(\frac{-2+4}{2}, \frac{1+1}{2}, \frac{3-3}{2}\right) \quad \therefore \text{C}(1, 1, 0)$$

또, 구의 반지름의 길이는

$$\overline{\text{CA}}=\sqrt{(-2-1)^2+(1-1)^2+3^2}=3\sqrt{2}$$

따라서 구하는 구의 방정식은

$(x-1)^2+(y-1)^2+z^2=18$ 답 ③

**0656** $x^2+y^2+z^2-4x+6y+2z=11$에서

$(x-2)^2+(y+3)^2+(z+1)^2=25$

따라서 구의 중심의 좌표는 $(2, -3, -1)$이고 반지름의 길이는 $5$이므로

$a=2$, $b=-3$, $c=-1$, $r=5$

$\therefore a+b+c-r=-7$ 답 ②

**0657** 구 $(x+6)^2+(y-2)^2+(z-5)^2=16$의 중심의 좌표는 $(-6, 2, 5)$

이때 구하는 구의 반지름의 길이는 두 점 $(-6, 2, 5)$, $(-4, 1, 3)$ 사이의 거리와 같으므로

$$\sqrt{(-4+6)^2+(1-2)^2+(3-5)^2}=3$$ 답 ②

**0658** 구하는 구의 방정식을

$x^2+y^2+z^2+Ax+By+Cz+D=0$이라 하자.

구가 점 $(0, 0, 0)$을 지나므로 $D=0$

또, 구가 두 점 $(1, 0, 1)$, $(-1, 0, 1)$을 지나므로

$A+C=-2$, $-A+C=-2$

두 식을 연립하여 풀면 $A=0$, $C=-2$

즉, 구의 방정식은 $x^2+y^2+z^2+By-2z=0$이고 이 구가 점 $(0, 1, 1)$을 지나므로

$2+B-2=0 \qquad \therefore B=0$

따라서 구하는 구의 방정식은

$x^2+y^2+z^2-2z=0$ 답 $\boldsymbol{x^2+y^2+z^2-2z=0}$

**0659** 구하는 구의 방정식을

$x^2+y^2+z^2+Ax+By+Cz+D=0$이라 하자.

구가 점 $(0, 0, 0)$을 지나므로 $D=0$

또, 구가 두 점 $(-2, 0, 0)$, $(0, 4, 0)$을 지나므로

$A=2$, $B=-4$

즉, 구의 방정식은 $x^2+y^2+z^2+2x-4y+Cz=0$이고 이 구가 점 $(0, -1, 1)$을 지나므로

$1+1+4+C=0 \qquad \therefore C=-6$

$\therefore x^2+y^2+z^2+2x-4y-6z=0$

이때 점 $(1, a, 6)$이 이 구 위의 점이므로

$1+a^2+36+2-4a-36=0$

$a^2-4a+3=0$, $(a-1)(a-3)=0$

$\therefore a=1 \text{ 또는 } a=3$

따라서 모든 $a$의 값의 합은

$1+3=4$ 답 ④

**0660** $x^2+y^2+z^2-2x-2y-2z=11$에서

$(x-1)^2+(y-1)^2+(z-1)^2=14$

즉, 구의 중심의 좌표는 $(1, 1, 1)$이다.

이때 선분 AB의 중점의 좌표는

$$\left(\frac{2+a}{2}, \frac{-1+b}{2}, \frac{4+c}{2}\right)$$

이 점이 구의 중심 $(1, 1, 1)$과 일치하므로

$$\frac{2+a}{2}=1, \frac{-1+b}{2}=1, \frac{4+c}{2}=1$$

따라서 $a=0$, $b=3$, $c=-2$이므로

$a+b+c=1$ 답 **1**

**0661** 선분 AB를 $2:1$로 내분하는 점 P의 좌표는

$$\left(\frac{2\times(-1)+1\times2}{2+1},\ \frac{2\times0+1\times(-3)}{2+1},\ \frac{2\times(-1)+1\times5}{2+1}\right)$$

$\therefore \mathrm{P}(0,\ -1,\ 1)$

선분 AB를 $2:1$로 외분하는 점 Q의 좌표는

$$\left(\frac{2\times(-1)-1\times2}{2-1},\ \frac{2\times0-1\times(-3)}{2-1},\ \frac{2\times(-1)-1\times5}{2-1}\right)$$

$\therefore \mathrm{Q}(-4,\ 3,\ -7)$

이때 구하는 구의 중심을 C라 하면 점 C는 선분 PQ의 중점이므로

$\mathrm{C}\left(\dfrac{0-4}{2},\ \dfrac{-1+3}{2},\ \dfrac{1-7}{2}\right)$ $\qquad \therefore \mathrm{C}(-2,\ 1,\ -3)$

또, 구의 반지름의 길이는

$\overline{\mathrm{CP}}=\sqrt{2^2+(-1-1)^2+(1+3)^2}=2\sqrt{6}$

따라서 구하는 구의 방정식은

$(x+2)^2+(y-1)^2+(z+3)^2=24$

답 $(x+2)^2+(y-1)^2+(z+3)^2=24$


**0662** 점 P의 좌표를 $(x,\ y,\ z)$라 하면

$\overline{\mathrm{AP}}:\overline{\mathrm{BP}}=2:1$에서 $\overline{\mathrm{AP}}=2\overline{\mathrm{BP}}$, 즉 $\overline{\mathrm{AP}}^2=4\overline{\mathrm{BP}}^2$이므로

$(x+3)^2+y^2+z^2=4\{(x-3)^2+y^2+z^2\}$

$3x^2+3y^2+3z^2-30x+27=0$

$\therefore x^2+y^2+z^2-10x+9=0$

따라서 $a=-10,\ b=0,\ c=0,\ d=9$이므로

$a+b+c+d=-1$

답 ③


**0663** 점 B의 좌표를 $(a,\ b,\ c)$라 하면 점 B는 구

$x^2+y^2+z^2=4$ 위의 점이므로

$a^2+b^2+c^2=4$ $\qquad\qquad\qquad\cdots\cdots$ ㉠

선분 AB의 중점의 좌표를 $(x,\ y,\ z)$라 하면

$x=\dfrac{a}{2},\ y=\dfrac{b}{2},\ z=\dfrac{c+6}{2}$

$\therefore a=2x,\ b=2y,\ c=2z-6$

이것을 ㉠에 대입하면

$(2x)^2+(2y)^2+(2z-6)^2=4$

$\therefore x^2+y^2+(z-3)^2=1$

답 ②


**0664** $x^2+y^2+z^2-4x-2z+4=0$에서

$(x-2)^2+y^2+(z-1)^2=1$

점 B의 좌표를 $(a,\ b,\ c)$라 하면 점 B는 구

$(x-2)^2+y^2+(z-1)^2=1$ 위의 점이므로

$(a-2)^2+b^2+(c-1)^2=1$ $\qquad\cdots\cdots$ ㉠

선분 AB를 $1:2$로 내분하는 점의 좌표를 $(x,\ y,\ z)$라 하면

$x=\dfrac{1\times a+2\times(-6)}{1+2}=\dfrac{a-12}{3}$

$y=\dfrac{1\times b+2\times3}{1+2}=\dfrac{b+6}{3}$

$z=\dfrac{1\times c+2\times0}{1+2}=\dfrac{c}{3}$

---

$\therefore a=3x+12,\ b=3y-6,\ c=3z$

이것을 ㉠에 대입하면

$(3x+10)^2+(3y-6)^2+(3z-1)^2=1$

$\therefore \left(x+\dfrac{10}{3}\right)^2+(y-2)^2+\left(z-\dfrac{1}{3}\right)^2=\dfrac{1}{9}$

따라서 이 구의 반지름의 길이는 $\dfrac{1}{3}$이므로 구의 부피는

$\dfrac{4}{3}\pi\times\left(\dfrac{1}{3}\right)^3=\dfrac{4}{81}\pi$

답 ②


**0665** $x^2+y^2+z^2-2ax+4y-4bz+20=0$에서

$(x-a)^2+(y+2)^2+(z-2b)^2=a^2+4b^2-16$

따라서 구의 중심의 좌표는 $(a,\ -2,\ 2b)$이고 반지름의 길이는

$\sqrt{a^2+4b^2-16}$이다.

이때 구가 $xy$평면에 접하므로

$\sqrt{a^2+4b^2-16}=|2b|$

양변을 제곱하면 $a^2+4b^2-16=4b^2$

$a^2=16$ $\qquad \therefore a=4\ (\because a>0)$

또, 구가 $yz$평면에 접하므로

$\sqrt{a^2+4b^2-16}=|a|$

양변을 제곱하면 $a^2+4b^2-16=a^2$

$b^2=4$ $\qquad \therefore b=2\ (\because b>0)$

$\therefore a+2b=4+2\times2=8$

답 ③


**0666** 중심의 좌표가 $(3,\ -1,\ 5)$이고 $zx$평면에 접하는 구는 중심의 $y$좌표의 절댓값이 반지름의 길이와 같으므로 반지름의 길이는

$|-1|=1$

따라서 구하는 구의 방정식은

$(x-3)^2+(y+1)^2+(z-5)^2=1$

답 $(x-3)^2+(y+1)^2+(z-5)^2=1$


**0667** 중심의 좌표가 $(3,\ -2,\ 6)$인 구가 $x$축에 접하므로 구의 반지름의 길이 $r$는

$r=\sqrt{(-2)^2+6^2}=2\sqrt{10}$

$\therefore r^2=40$

답 ③

**다른풀이** 중심의 좌표가 $(3,\ -2,\ 6)$이고 반지름의 길이가 $r$인 구의 방정식은

$(x-3)^2+(y+2)^2+(z-6)^2=r^2$ $\qquad\cdots\cdots$ ㉠

이 구가 $x$축에 접하면 접점의 좌표가 $(3,\ 0,\ 0)$이므로

$x=3,\ y=0,\ z=0$을 ㉠에 대입하면

$(3-3)^2+(0+2)^2+(0-6)^2=r^2$

$\therefore r^2=40$


**0668** 중심의 좌표가 $(2,\ 3,\ a)$이고 $xy$평면에 접하는 구는 중심의 $z$좌표의 절댓값이 반지름의 길이와 같으므로 반지름의 길이는

$r=|a|=a\ (\because a>0)$
또, 이 구가 $z$축에 접하므로
$r=\sqrt{2^2+3^2}=\sqrt{13}$
$\therefore a=\sqrt{13}$
$\therefore a+r=\sqrt{13}+\sqrt{13}=2\sqrt{13}$      답 ④

**0669** $xy$평면, $yz$평면, $zx$평면에 동시에 접하는 구가 점 $(2,\ -3,\ 4)$를 지나므로 구의 반지름의 길이를 $r$라 하면 구의 중심의 좌표는 $(r,\ -r,\ r)$이다.
즉, 구의 방정식은
$$(x-r)^2+(y+r)^2+(z-r)^2=r^2$$
           ㉮

점 $(2,\ -3,\ 4)$가 이 구 위의 점이므로
$$(2-r)^2+(-3+r)^2+(4-r)^2=r^2$$
           ㉯

$2r^2-18r+29=0 \quad \therefore r=\dfrac{9\pm\sqrt{23}}{2}$
따라서 구하는 두 구의 반지름의 길이의 합은
$$\dfrac{9+\sqrt{23}}{2}+\dfrac{9-\sqrt{23}}{2}=9$$
           ㉰

답 **9**

| 단계 | 채점요소 | 배점 |
| --- | --- | --- |
| ㉮ | 구의 방정식 세우기 | 50% |
| ㉯ | 구의 방정식에 점 $(2,\ -3,\ 4)$의 좌표 대입하기 | 20% |
| ㉰ | 두 구의 반지름의 길이의 합 구하기 | 30% |

**0670** 구가 $x$축, $y$축, $z$축에 동시에 접하면 구의 중심에서 $x$축, $y$축, $z$축에 이르는 거리가 모두 같으므로 구의 중심을 C라 하면 $C(a,\ a,\ a)(a>0)$로 놓을 수 있다.
이때 이 구가 $x$축에 접하는 점을 P라 하면 점 P는 구의 중심에서 $x$축에 내린 수선의 발과 같으므로 $P(a,\ 0,\ 0)$
$\overline{CP}$의 길이는 구의 반지름의 길이와 같으므로
$\overline{CP}=\sqrt{(a-a)^2+a^2+a^2}=6\sqrt{2}$
$a\sqrt{2}=6\sqrt{2} \quad \therefore a=6$
즉, 중심이 점 $(6,\ 6,\ 6)$이고 반지름의 길이가 $6\sqrt{2}$인 구의 방정식은 $(x-6)^2+(y-6)^2+(z-6)^2=72$
$\therefore x^2+y^2+z^2-12x-12y-12z+36=0$
따라서 $A=-12,\ B=-12,\ C=-12,\ D=36$이므로
$A+B+C+D=0$      답 ③

**0671** $x$축 위의 점은 $y$좌표와 $z$좌표가 모두 0이므로 주어진 구의 방정식에 $y=0,\ z=0$을 대입하면
$x^2-8x-9=0,\ (x+1)(x-9)=0$
$\therefore x=-1$ 또는 $x=9$

따라서 구와 $x$축의 두 교점의 좌표는 $(-1,\ 0,\ 0),\ (9,\ 0,\ 0)$이므로
$\overline{AB}=|9-(-1)|=10$      답 ③

**다른풀이** $x^2+y^2+z^2-8x-6y-2z-9=0$에서
$(x-4)^2+(y-3)^2+(z-1)^2=35$
즉, 주어진 구의 중심을 C라 하면 $C(4,\ 3,\ 1)$이고 반지름의 길이는 $\sqrt{35}$이다.
이때 구의 중심 C에서 $x$축에 내린 수선의 발을 H라 하면
$H(4,\ 0,\ 0)$
$\therefore \overline{CH}=\sqrt{(4-4)^2+(-3)^2+(-1)^2}$
$\qquad =\sqrt{10}$
따라서 직각삼각형 CAH에서
$\overline{AH}=\sqrt{(\sqrt{35})^2-(\sqrt{10})^2}=\sqrt{25}=5$
$\therefore \overline{AB}=\overline{AH}+\overline{BH}=2\overline{AH}=10$

**0672** 구의 중심을 C라 하면 점 C는 $\overline{AB}$의 중점이므로
$C\left(\dfrac{2-4}{2},\ \dfrac{-2+2}{2},\ \dfrac{1+3}{2}\right) \quad \therefore C(-1,\ 0,\ 2)$
또, 구의 반지름의 길이는
$\overline{CA}=\sqrt{(2+1)^2+(-2)^2+(1-2)^2}=\sqrt{14}$
즉, 중심이 점 $C(-1,\ 0,\ 2)$이고 반지름의 길이가 $\sqrt{14}$인 구의 방정식은
$(x+1)^2+y^2+(z-2)^2=14$
$x$축 위의 점은 $y$좌표와 $z$좌표가 모두 0이므로 구의 방정식에 $y=0,\ z=0$을 대입하면
$(x+1)^2+4=14,\ (x+1)^2=10$
$\therefore x=-1\pm\sqrt{10}$
따라서 구와 $x$축의 두 교점의 좌표는
$(-1+\sqrt{10},\ 0,\ 0),\ (-1-\sqrt{10},\ 0,\ 0)$
이므로 구하는 거리는
$|(-1-\sqrt{10})-(-1+\sqrt{10})|=2\sqrt{10}$      답 **$2\sqrt{10}$**

**0673** $z$축 위의 점은 $x$좌표와 $y$좌표가 모두 0이므로 주어진 구의 방정식에 $x=0,\ y=0$을 대입하면
$4+36+(z-8)^2=r^2$
$\therefore z^2-16z+104-r^2=0$        …… ㉠
주어진 구와 $z$축이 만나는 두 점의 $z$좌표를 $\alpha,\ \beta$라 하면 두 점 사이의 거리가 14이므로
$|\alpha-\beta|=14$
또, $\alpha,\ \beta$는 $z$에 대한 이차방정식 ㉠의 두 근이므로 근과 계수의 관계에 의하여
$\alpha+\beta=16,\ \alpha\beta=104-r^2$
$\therefore |\alpha-\beta|^2=(\alpha+\beta)^2-4\alpha\beta$
$\qquad\qquad =16^2-4(104-r^2)$
$\qquad\qquad =4r^2-160$

즉, $4r^2-160=14^2$이므로
$4r^2=356$, $r^2=89$
$\therefore r=\sqrt{89}$ ($\because r>0$) ........ 답 ①


**0674** $y$축 위의 점은 $x$좌표와 $z$좌표가 모두 0이므로 주어진 구의 방정식에 $x=0$, $z=0$을 대입하면
$y^2-2y-24=0$, $(y+4)(y-6)=0$
$\therefore y=-4$ 또는 $y=6$
즉, 주어진 구와 $y$축의 두 교점의 좌표는 $(0,\ -4,\ 0)$, $(0,\ 6,\ 0)$이므로
$\overline{AB}=|6-(-4)|=10$
또, 두 점 A, B는 구 위의 점이므로 $\overline{AC}$, $\overline{BC}$의 길이는 구의 반지름의 길이와 같다.
이때 $x^2+y^2+z^2+2x-2y+4z-24=0$에서
$(x+1)^2+(y-1)^2+(z+2)^2=30$
$\therefore \overline{AC}=\overline{BC}=\sqrt{30}$
따라서 삼각형 ABC의 둘레의 길이는
$$\overline{AB}+\overline{BC}+\overline{AC}=10+\sqrt{30}+\sqrt{30}$$
$$=10+2\sqrt{30}$$
답 $10+2\sqrt{30}$


**0675** $xy$평면 위의 점은 $z$좌표가 0이므로 주어진 구의 방정식에 $z=0$을 대입하면
$(x-3)^2+(y+4)^2=45$
따라서 주어진 구와 $xy$평면의 교선은 반지름의 길이가 $3\sqrt{5}$인 원이므로 구하는 도형의 둘레의 길이는
$2\pi\times3\sqrt{5}=6\sqrt{5}\pi$ ........ 답 ④

**다른풀이** 주어진 구의 중심을 C라 하면 C$(3,\ -4,\ 2)$이고, 점 C에서 $xy$평면에 내린 수선의 발을 H라 하면
오른쪽 그림에서
$\overline{AC}=7$, $\overline{CH}=2$
직각삼각형 CAH에서
$\overline{AH}=\sqrt{7^2-2^2}=\sqrt{45}=3\sqrt{5}$

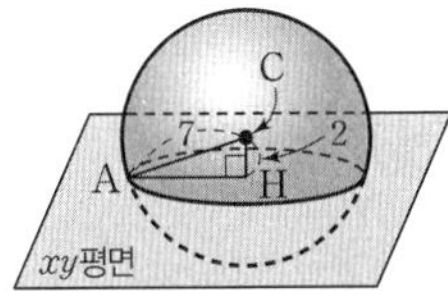

따라서 주어진 구와 $xy$평면의 교선은 반지름의 길이가 $3\sqrt{5}$인 원이므로 구하는 도형의 둘레의 길이는
$2\pi\times3\sqrt{5}=6\sqrt{5}\pi$


**0676** $yz$평면 위의 점은 $x$좌표가 0이므로 주어진 구의 방정식에 $x=0$을 대입하면
$y^2+z^2-6y-4z+k=0$
$\therefore (y-3)^2+(z-2)^2=13-k$
따라서 주어진 구와 $yz$평면의 교선은 반지름의 길이가 $\sqrt{13-k}$인 원이므로
$\sqrt{13-k}=\sqrt{5}$, $13-k=5$
$\therefore k=8$ ........ 답 8


**0677** 주어진 구의 중심의 좌표를 $(a,\ b,\ c)$라 하면 구의 방정식은
$(x-a)^2+(y-b)^2+(z-c)^2=25$
$zx$평면 위의 점은 $y$좌표가 0이므로 $y=0$을 위의 방정식에 대입하면
$(x-a)^2+(z-c)^2=25-b^2$
이 식이 $(x-2)^2+(z-3)^2=16$과 일치하므로
$a=2$, $c=3$, $25-b^2=16$
$25-b^2=16$에서 $b^2=9$
$\therefore b=3$ ($\because b>0$)
따라서 구의 중심의 $y$좌표는 3이다. ........ 답 3

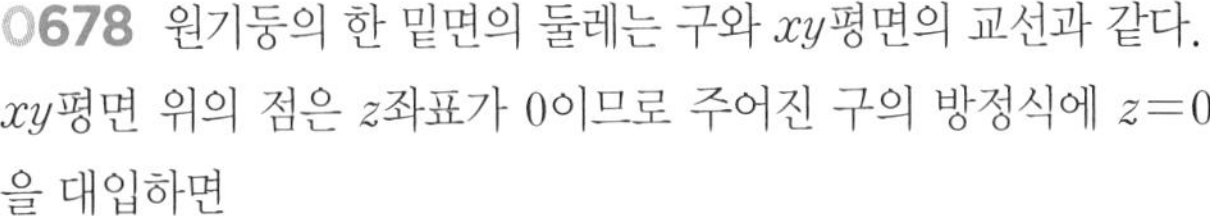

**다른풀이** 주어진 구의 중심을 C라 하고, 점 C에서 $zx$평면에 내린 수선의 발을 H라 하면 오른쪽 그림에서
$\overline{AC}=5$, $\overline{AH}=4$
직각삼각형 CAH에서
$\overline{CH}=\sqrt{5^2-4^2}=3$
이때 점 C의 $y$좌표는 양수이므로 점 C는 점 H를 $y$축의 방향으로 3만큼 평행이동한 것이다.
H$(2,\ 0,\ 3)$이므로 C$(2,\ 3,\ 3)$
따라서 구의 중심의 $y$좌표는 3이다.


**0678** 원기둥의 한 밑면의 둘레는 구와 $xy$평면의 교선과 같다.
$xy$평면 위의 점은 $z$좌표가 0이므로 주어진 구의 방정식에 $z=0$을 대입하면
$x^2+y^2+2x-4y+4=0$
$\therefore (x+1)^2+(y-2)^2=1$
즉, 원기둥의 밑면인 원의 반지름의 길이는 1이다.
또, $x^2+y^2+z^2+2x-4y-4z+4=0$에서
$(x+1)^2+(y-2)^2+(z-2)^2=5$
이므로 구의 중심의 좌표는 $(-1,\ 2,\ 2)$이고 $xy$평면 위에 있는 원기둥의 밑면의 중심의 좌표는 $(-1,\ 2,\ 0)$이므로 원기둥의 높이는 4이다.
따라서 원기둥의 부피는
$\pi\times1^2\times4=4\pi$ ........ 답 ①

**다른풀이** $x^2+y^2+z^2+2x-4y-4z+4=0$에서
$(x+1)^2+(y-2)^2+(z-2)^2=5$
주어진 구의 중심을 C라 하면
C$(-1,\ 2,\ 2)$이고, 점 C에서 $xy$평면에 내린 수선의 발을 H라 하면 오른쪽 그림에서

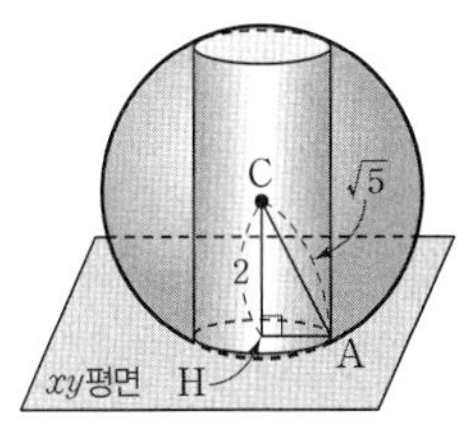

$\overline{AC}=\sqrt{5}$, $\overline{CH}=2$
직각삼각형 CHA에서
$\overline{AH}=\sqrt{(\sqrt{5})^2-2^2}=1$
따라서 구하는 원기둥의 부피는
$\pi\times1^2\times4=4\pi$

**0679** 주어진 구의 중심을 C라 하면 C$(-3, -1, -2)$이므로
$$\overline{PC}=\sqrt{(-3-1)^2+(-1-2)^2+(-2-3)^2}=5\sqrt{2}$$
오른쪽 그림과 같이 점 P에서 구에 그
은 접선의 접점을 T라 하면 직각삼각
형 PTC에서 구하는 접선의 길이는 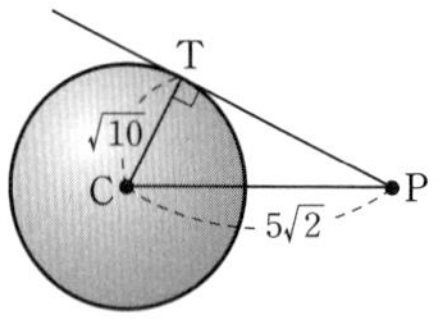
$$\overline{PT}=\sqrt{\overline{PC}^2-\overline{CT}^2}$$
$$=\sqrt{(5\sqrt{2})^2-(\sqrt{10})^2}=2\sqrt{10}$$

답 ③

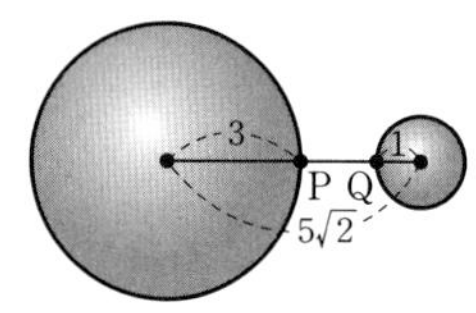

**0680** $x^2+y^2+z^2-2x+4y+k=0$에서
$$(x-1)^2+(y+2)^2+z^2=5-k$$
이 구의 중심을 C라 하면 C$(1, -2, 0)$이므로
$$\overline{CA}=\sqrt{(3-1)^2+(2+2)^2+3^2}=\sqrt{29}$$

──────────────────────── ㉮

오른쪽 그림과 같이 점 A에서 구에 그은
접선의 접점을 P라 하면 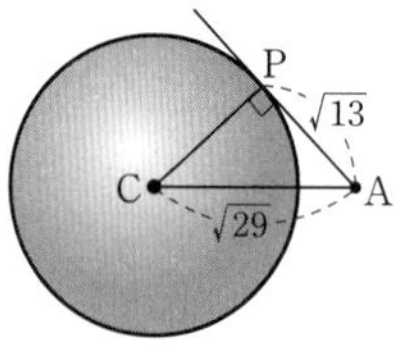
$$\overline{PA}=\sqrt{13}$$
직각삼각형 PCA에서 구의 반지름의 길
이는
$$\overline{PC}=\sqrt{(\sqrt{29})^2-(\sqrt{13})^2}=4$$

──────────────────────── ㉯

따라서 $5-k=4^2$이므로 $k=-11$

──────────────────────── ㉰

답 $-11$

| 단계 | 채점요소 | 배점 |
| --- | --- | --- |
| ㉮ | 구의 중심을 C라 할 때, $\overline{CA}$의 길이 구하기 | 40% |
| ㉯ | 구의 반지름의 길이 구하기 | 40% |
| ㉰ | $k$의 값 구하기 | 20% |

**0681** 주어진 구의 중심을 C라 하면 C$(-4, 1, -3)$이므로
$$\overline{PC}=\sqrt{(-4+2)^2+(1+1)^2+(-3-1)^2}=2\sqrt{6}$$
오른쪽 그림과 같이 점 P에서 구에
그은 접선의 접점을 T라 하면 직각
삼각형 PCT에서 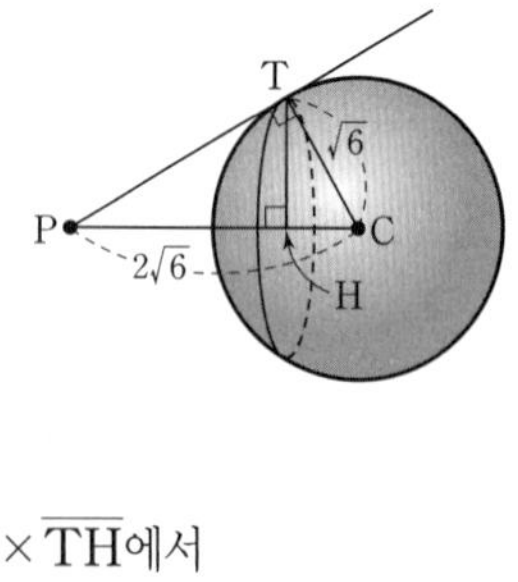
$$\overline{PT}=\sqrt{(2\sqrt{6})^2-(\sqrt{6})^2}=3\sqrt{2}$$
삼각형 PCT의 꼭짓점 T에서 선분
PC에 내린 수선의 발을 H라 하면
$$\triangle PCT=\frac{1}{2}\times\overline{PT}\times\overline{CT}=\frac{1}{2}\times\overline{PC}\times\overline{TH}$$에서
$$\frac{1}{2}\times3\sqrt{2}\times\sqrt{6}=\frac{1}{2}\times2\sqrt{6}\times\overline{TH}\quad\therefore\overline{TH}=\frac{3\sqrt{2}}{2}$$
따라서 접점이 나타내는 도형은 중심이 점 H이고 반지름의 길이
가 $\dfrac{3\sqrt{2}}{2}$인 원이므로 그 넓이는
$$\pi\times\left(\frac{3\sqrt{2}}{2}\right)^2=\frac{9}{2}\pi$$

답 ④



**0682** 구 $x^2+y^2+z^2=9$는 중심의 좌표가 $(0, 0, 0)$이고 반지
름의 길이가 3이다.
$x^2-10x+y^2-8y+z^2-6z+49=0$에서
$$(x-5)^2+(y-4)^2+(z-3)^2=1$$
이므로 중심의 좌표가 $(5, 4, 3)$이고 반지름의 길이가 1이다.
따라서 두 구의 중심 사이의 거리는
$$\sqrt{5^2+4^2+3^2}=5\sqrt{2}$$
두 점 P, Q 사이의 거리가 최소가 되
는 경우는 두 점 P, Q가 오른쪽 그림
과 같을 때이므로 구하는 최솟값은
$$5\sqrt{2}-(3+1)=5\sqrt{2}-4$$

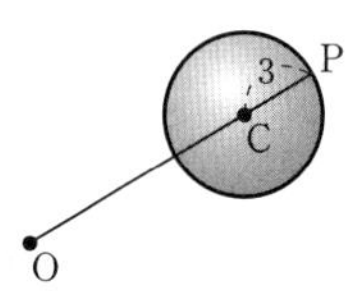

답 ②

**0683** 중심이 점 C$(-1, 2\sqrt{2}, 4)$인 구가 $z$축에 접할 때, 접점
의 좌표는 $(0, 0, 4)$이므로 이 구의 반지름의 길이는
$$\sqrt{(-1)^2+(2\sqrt{2})^2}=3$$
점 P와 원점 O 사이의 거리가 최대가 되는
경우는 오른쪽 그림과 같이 직선 OC가 구와
만나는 점 중 점 O에서 멀리 있는 점이 P일
때이다.
따라서 구하는 최댓값은
$$\overline{OC}+3=\sqrt{(-1)^2+(2\sqrt{2})^2+4^2}+3=8$$

답 ④

**0684** 구 $x^2+y^2+z^2=1$은 중심의 좌표가 $(0, 0, 0)$이고 반지
름의 길이가 1이다.
구 $(x-2)^2+(y-1)^2+(z-2)^2=1$은 중심의 좌표가 $(2, 1, 2)$
이고 반지름의 길이가 1이다.
따라서 두 구의 중심 사이의 거리는
$$\sqrt{2^2+1^2+2^2}=3$$
이므로 선분 PQ의 길이의 최댓값과 최솟값은
$$M=3+(1+1)=5$$
$$m=3-(1+1)=1$$
$$\therefore Mm=5\times1=5$$

답 5

**0685** $x^2+y^2+z^2+4x-8y+8z+32=0$에서
$$(x+2)^2+(y-4)^2+(z+4)^2=4$$
이 구의 중심을 C라 하면 C$(-2, 4, -4)$이고 반지름의 길이가
2이다.
이때 원점 O에 대하여 $\overline{OP}^2=a^2+b^2+c^2$
이므로 오른쪽 그림에서 직선 OC가 구
와 만나는 점 중 점 O에서 멀리 있는 점이
P일 때 $a^2+b^2+c^2$의 값은 최대가 된다.

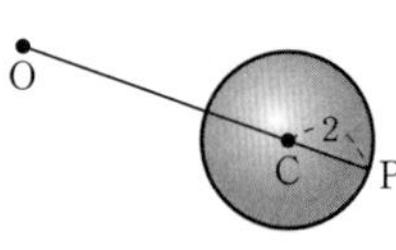

$\overline{OC}=\sqrt{(-2)^2+4^2+(-4)^2}=6$이므로
$\overline{OP}=\overline{OC}+\overline{CP}=6+2=8$
따라서 $a^2+b^2+c^2$의 최댓값은 $8^2=64$　　　　　　답 **64**

**0686** 구 $x^2+y^2+z^2=8$은 중심의 좌표가 $(0,\ 0,\ 0)$이고 반지름의 길이가 $2\sqrt{2}$이다.
$x^2+y^2+z^2-8x+6y-10z+k=0$에서
$(x-4)^2+(y+3)^2+(z-5)^2=50-k$이므로 중심의 좌표가
$(4,\ -3,\ 5)$이고 반지름의 길이가 $\sqrt{50-k}$이다.
따라서 두 구의 중심 사이의 거리는
$\sqrt{4^2+(-3)^2+5^2}=5\sqrt{2}$
두 구가 외접하므로
$2\sqrt{2}+\sqrt{50-k}=5\sqrt{2},\ \sqrt{50-k}=3\sqrt{2}$
$50-k=18$　　∴ $k=32$　　　　　　답 **④**

**0687** $x^2+y^2+z^2-4x+6y-2z-2=0$에서
$(x-2)^2+(y+3)^2+(z-1)^2=16$이므로 중심의 좌표가
$(2,\ -3,\ 1)$이고 반지름의 길이가 $4$이다.
또, $x^2+y^2+z^2+2x-2y-2z+12-k=0$에서
$(x+1)^2+(y-1)^2+(z-1)^2=k-9$이므로 중심의 좌표가
$(-1,\ 1,\ 1)$이고 반지름의 길이가 $\sqrt{k-9}$이다.
따라서 두 구의 중심 사이의 거리는
$\sqrt{(-1-2)^2+(1+3)^2+(1-1)^2}=5$
한 구가 다른 구에 내접하므로
$|\sqrt{k-9}-4|=5,\ \sqrt{k-9}-4=\pm5$
그런데 $k>9$이므로 $\sqrt{k-9}=9$
$k-9=81$　　∴ $k=90$　　　　　　답 **90**

**0688** 구 $S:(x-3)^2+(y-1)^2+z^2=16$의 중심을 O라 하면
$O(3,\ 1,\ 0)$이고 반지름의 길이는 $4$이다.
$S':x^2+y^2+z^2-6x+4y-8z+20=0$에서
$(x-3)^2+(y+2)^2+(z-4)^2=9$이므로 구 $S'$의 중심을 $O'$이
라 하면 $O'(3,\ -2,\ 4)$이고 반지름의 길이는 $3$이다.
즉, 두 구의 중심 사이의 거리는
$\overline{OO'}=\sqrt{(3-3)^2+(-2-1)^2+4^2}=5$
오른쪽 그림과 같이 두 구가 만나서 생
기는 원 위의 점 P에서 $\overline{OO'}$에 내린
수선의 발을 H라 하면 $\overline{PH}$는 두 구가
만나서 생기는 원의 반지름이다.

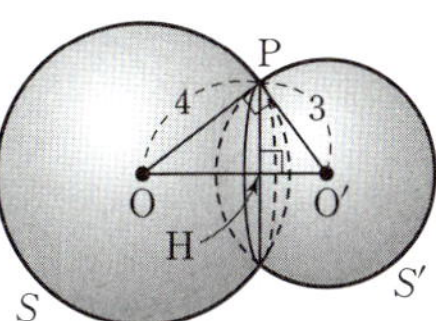

이때 $\overline{OP}=4,\ \overline{O'P}=3,\ \overline{OO'}=5$에서
$\overline{OP}^2+\overline{O'P}^2=\overline{OO'}^2$이므로 삼각형 $POO'$은 직각삼각형이다.
$\triangle POO'=\dfrac{1}{2}\times\overline{OP}\times\overline{O'P}=\dfrac{1}{2}\times\overline{OO'}\times\overline{PH}$에서
$\dfrac{1}{2}\times4\times3=\dfrac{1}{2}\times5\times\overline{PH}$　　∴ $\overline{PH}=\dfrac{12}{5}$

따라서 구하는 원의 둘레의 길이는
$2\pi\times\dfrac{12}{5}=\dfrac{24}{5}\pi$　　　　　　답 **⑤**



**0689** 점 P의 $x$좌표는 점 B의 $x$좌표와 같으므로 $5$
점 P의 $y$좌표는 점 A의 $y$좌표와 같으므로 $-4$
점 P의 $z$좌표는 점 A의 $z$좌표와 같으므로 $3$
∴ $P(5,\ -4,\ 3)$
이때 점 $P(5,\ -4,\ 3)$과 $yz$평면에 대하여 대칭인 점의 좌표는
$(-5,\ -4,\ 3)$이다.
따라서 $a=-5,\ b=-4,\ c=3$이므로
$a+b+c=-5+(-4)+3=-6$　　　　　　답 **②**

**0690** 삼각형 ABC에서
$\overline{AB}^2=(a-1)^2+(1-1)^2+(-3-1)^2=a^2-2a+17$
$\overline{BC}^2=(4-a)^2+(5-1)^2+(-3+3)^2=a^2-8a+32$
$\overline{CA}^2=(1-4)^2+(1-5)^2+(1+3)^2=41$
이때 삼각형 ABC가 $\angle B=90°$인 직각삼각형이므로
$\overline{AC}^2=\overline{AB}^2+\overline{BC}^2$
즉, $41=a^2-2a+17+a^2-8a+32$이므로
$a^2-5a+4=0,\ (a-1)(a-4)=0$
∴ $a=1$ 또는 $a=4$　　　　　　답 **1, 4**

**0691** $\overline{AP}=\overline{BP}$에서 $\overline{AP}^2=\overline{BP}^2$이므로
$(a-2)^2+(b+1)^2+(-1)^2=(a-1)^2+(b+2)^2+(-3)^2$
∴ $a+b=-4$　　　　　　　　　$\cdots\cdots$ ㉠
또, $\overline{BP}=\overline{CP}$에서 $\overline{BP}^2=\overline{CP}^2$이므로
$(a-1)^2+(b+2)^2+(-3)^2=(a-3)^2+(b-1)^2+2^2$
∴ $2a+3b=0$　　　　　　　　　$\cdots\cdots$ ㉡
㉠, ㉡을 연립하여 풀면
$a=-12,\ b=8$
∴ $b-a=20$　　　　　　답 **20**

**0692** $\overline{AB}=\sqrt{(4-1)^2+(3+1)^2+(7-2)^2}=5\sqrt{2}$
두 점 A, B의 $xy$평면 위로의 정사영을 각각 A′, B′이라 하면
$A'(1,\ -1,\ 0),\ B'(4,\ 3,\ 0)$
∴ $\overline{A'B'}=\sqrt{(4-1)^2+(3+1)^2}=5$
이때 $\overline{A'B'}=\overline{AB}\cos\theta$이므로
$\cos\theta=\dfrac{\overline{A'B'}}{\overline{AB}}=\dfrac{5}{5\sqrt{2}}=\dfrac{\sqrt{2}}{2}$　　　　　　답 **④**

**0693** 두 점 A, B의 $y$좌표의 부호가 같으므로 두 점 A, B는 좌표공간에서 $zx$평면을 기준으로 같은 쪽에 있다.

점 A와 $zx$평면에 대하여 대칭인 점을 A$'$이라 하면

$A'(2, -3, 1)$

이때 $\overline{AP}=\overline{A'P}$이므로

$\overline{AP}+\overline{PB}=\overline{A'P}+\overline{PB}\geq\overline{A'B}$

$\qquad\qquad =\sqrt{(4-2)^2+(1+3)^2+(5-1)^2}=6$

따라서 $\overline{AP}+\overline{PB}$의 최솟값은 6이다. **답 6**

**0694** 두 점 $A(3, 5, 0)$, $B(4, 3, -2)$에 대하여 선분 AB를 $3:2$로 외분하는 점의 좌표가 $(a, -1, -6)$이므로

$a=\dfrac{3\times4-2\times3}{3-2}=6$ **답 ②**

**0695** $\overline{AP}:\overline{BP}=m:n$이므로 점 P는 선분 AB를 $m:n$으로 내분하는 점이고, 점 P가 $zx$평면 위에 있으므로 점 P의 $y$좌표는 0이다.

즉, $\dfrac{m\times6+n\times(-2)}{m+n}=0$에서 $3m=n$이므로

$\overline{AP}:\overline{BP}=1:3$

따라서 $m=1$, $n=3$이므로

$m-n=-2$ **답 −2**

**0696** ㄱ. $zx$평면 위의 점은 $y$좌표가 0이므로 $H(1, 0, 4)$이다.

(거짓)

ㄴ. 점 B와 $yz$평면에 대하여 대칭인 점은 $x$좌표의 부호만 바뀌므로 $B'(3, 0, 5)$이다. (참)

ㄷ. $\overline{AB}=\sqrt{(-3-1)^2+(-2)^2+(5-4)^2}=\sqrt{21}$ (거짓)

ㄹ. 선분 AB가 $yz$평면에 의하여 $m:n$으로 내분된다고 하면 선분 AB를 $m:n$으로 내분하는 점이 $yz$평면 위에 있으므로 내분점의 $x$좌표는 0이다.

$\dfrac{m\times(-3)+n\times1}{m+n}=0$에서 $3m=n$이므로

$m:n=1:3$

즉, 선분 AB는 $yz$평면에 의하여 $1:3$으로 내분된다. (참)

따라서 옳은 것은 ㄴ, ㄹ의 2개이다. **답 2**

**0697** 점 $A(3, -2, 4)$를 $xy$평면에 대하여 대칭이동한 점의 좌표는 $(3, -2, -4)$

점 $(3, -2, -4)$를 원점에 대하여 대칭이동한 점 P의 좌표는 $(-3, 2, 4)$

이때 점 $(a, b, c)$는 선분 PQ의 중점이므로

$\left(\dfrac{-3+5}{2}, \dfrac{2-4}{2}, \dfrac{4-2}{2}\right)$, 즉 $(1, -1, 1)$

따라서 $a=1$, $b=-1$, $c=1$이므로

$a+b+c=1$ **답 ①**

**0698** 세 점 $A(a, 0, 5)$, $B(1, b, -3)$, $C(1, 1, 1)$을 꼭짓점으로 하는 삼각형의 무게중심의 좌표는

$\left(\dfrac{a+1+1}{3}, \dfrac{0+b+1}{3}, \dfrac{5-3+1}{3}\right)$, 즉 $\left(\dfrac{a+2}{3}, \dfrac{b+1}{3}, 1\right)$

이 점이 점 $(2, 2, 1)$과 일치하므로

$\dfrac{a+2}{3}=2, \dfrac{b+1}{3}=2 \qquad \therefore a=4, b=5$

$\therefore a+b=9$ **답 ④**

**0699** 삼각형 PQR의 무게중심의 좌표는

$\left(\dfrac{-1-6+a}{3}, \dfrac{1+1+b}{3}, \dfrac{-2-1+c}{3}\right)$, 즉

$\left(\dfrac{a-7}{3}, \dfrac{b+2}{3}, \dfrac{c-3}{3}\right)$

이 점이 삼각형 ABC의 무게중심 $G(-1, 0, 0)$과 일치하므로

$\dfrac{a-7}{3}=-1, \dfrac{b+2}{3}=0, \dfrac{c-3}{3}=0$

따라서 $a=4$, $b=-2$, $c=3$이므로

$a+b+c=5$ **답 5**

**0700** 삼각형 PBC의 무게중심을 $G_1$이라 하면

$G_1\left(\dfrac{a+1+4}{3}, \dfrac{3-1+2}{3}, \dfrac{-4-2+3}{3}\right)$

$\therefore G_1\left(\dfrac{a+5}{3}, \dfrac{4}{3}, -1\right)$

삼각형 ABC의 무게중심을 $G_2$라 하면

$G_2\left(\dfrac{-3+1+4}{3}, \dfrac{b-1+2}{3}, \dfrac{5-2+3}{3}\right)$

$\therefore G_2\left(\dfrac{2}{3}, \dfrac{b+1}{3}, 2\right)$

두 점 $G_1$, $G_2$의 $xy$평면 위로의 정사영은 각각 $\left(\dfrac{a+5}{3}, \dfrac{4}{3}, 0\right)$,

$\left(\dfrac{2}{3}, \dfrac{b+1}{3}, 0\right)$이고 이 두 점이 일치하므로

$\dfrac{a+5}{3}=\dfrac{2}{3}, \dfrac{4}{3}=\dfrac{b+1}{3}$

따라서 $a=-3$, $b=3$이므로 $a+b=0$ **답 0**

**0701** 같은 공간에 있는 두 점의 $x$좌표, $y$좌표, $z$좌표의 부호는 각각 일치한다.

ㄱ. 선분 AB의 중점의 좌표는

$\left(\dfrac{2+1}{2}, \dfrac{-3+2}{2}, \dfrac{5-3}{2}\right)$, 즉 $\left(\dfrac{3}{2}, -\dfrac{1}{2}, 1\right)$

ㄴ. $x^2+y^2+z^2-2x-4y+6z+10=0$에서

$(x-1)^2+(y-2)^2+(z+3)^2=4$

이므로 이 구의 중심의 좌표는 $(1, 2, -3)$

ㄷ. 점 $(-3, 5, 2)$와 $yz$평면에 대하여 대칭인 점의 좌표는 $(3, 5, 2)$

ㄹ. 구 $x^2+y^2+z^2-26=0$의 중심의 좌표는 $(0, 0, 0)$이므로 점 $(-1, 3, -4)$와 점 $(0, 0, 0)$에 대하여 대칭인 점의 좌표는 $(1, -3, 4)$

이때 각 점의 좌표의 부호는

ㄱ. $(+,\ -,\ +)$　　　　　ㄴ. $(+,\ +,\ -)$

ㄷ. $(+,\ +,\ +)$　　　　　ㄹ. $(+,\ -,\ +)$

따라서 같은 공간에 있는 두 점은 ㄱ, ㄹ이다.　　　　답 ③

**0702** $x^2+y^2+z^2+4x+ky-2z+1-k=0$에서

$(x+2)^2+\left(y+\dfrac{k}{2}\right)^2+(z-1)^2=\dfrac{k^2}{4}+k+4$

구의 부피가 최소이려면 구의 반지름의 길이인 $\sqrt{\dfrac{k^2}{4}+k+4}$가

최소이어야 한다.

이때 $\sqrt{\dfrac{k^2}{4}+k+4}=\sqrt{\dfrac{1}{4}(k+2)^2+3}$이므로 $k=-2$일 때 구의

반지름의 길이는 $\sqrt{3}$으로 최소이다.

따라서 부피가 최소일 때 구의 부피는

$\dfrac{4}{3}\pi\times(\sqrt{3})^3=4\sqrt{3}\pi$　　　　　답 $4\sqrt{3}\pi$

**0703** 점 B의 좌표를 $(x_1,\ y_1,\ z_1)$이라 하면 점 B는 구

$(x-4)^2+(y+3)^2+(z+7)^2=16$ 위의 점이므로

$(x_1-4)^2+(y_1+3)^2+(z_1+7)^2=16$　　　　……㉠

선분 AB의 중점의 좌표를 $(x,\ y,\ z)$라 하면

$x=\dfrac{-2+x_1}{2},\ y=\dfrac{5+y_1}{2},\ z=\dfrac{1+z_1}{2}$

$\therefore x_1=2x+2,\ y_1=2y-5,\ z_1=2z-1$

이것을 ㉠에 대입하면

$(2x-2)^2+(2y-2)^2+(2z+6)^2=16$

$\therefore (x-1)^2+(y-1)^2+(z+3)^2=4$

따라서 $a=1,\ b=1,\ c=-3,\ r=2$이므로

$a+b+c-r=1+1+(-3)-2=-3$　　　　　답 $-3$

**0704** $xy$평면, $yz$평면, $zx$평면에 동시에 접하는 구가 점

$(1,\ 1,\ 4)$를 지나므로 구의 반지름의 길이를 $r$라 하면 구의 중심

의 좌표는 $(r,\ r,\ r)$이다.

따라서 구의 방정식은

$(x-r)^2+(y-r)^2+(z-r)^2=r^2$

점 $(1,\ 1,\ 4)$가 이 구 위의 점이므로

$(1-r)^2+(1-r)^2+(4-r)^2=r^2$

$r^2-6r+9=0,\ (r-3)^2=0$　　　$\therefore r=3$　　　답 ⑤

**0705** 주어진 구가 점 $(3,\ 4,\ 1)$을 지나므로

$9+16+1-6-24-2a+b=0$

$\therefore 2a-b=-4$　　　　……㉠

$x^2+y^2+z^2-2x-6y-2az+b=0$에서

$(x-1)^2+(y-3)^2+(z-a)^2=a^2-b+10$

이므로 이 구는 중심의 좌표가 $(1,\ 3,\ a)$이고 반지름의 길이가

$\sqrt{a^2-b+10}$이다.

이 구가 $xy$평면에 접하므로 $\sqrt{a^2-b+10}=|a|$

양변을 제곱하면

$a^2-b+10=a^2$　　　$\therefore b=10$

$b=10$을 ㉠에 대입하면

$2a-10=-4$　　　$\therefore a=3$

$\therefore a+b=3+10=13$　　　　　답 **13**

**0706** $z$축 위의 점은 $x$좌표와 $y$좌표가 모두 0이므로 주어진 구

의 방정식에 $x=0,\ y=0$을 대입하면

$1+4+z^2=9,\ z^2=4$

$\therefore z=-2$ 또는 $z=2$

따라서 구와 $z$축의 두 교점의 좌표는 $(0,\ 0,\ -2),\ (0,\ 0,\ 2)$이

므로

$\overline{AB}=|2-(-2)|=4$　　　　　답 ③

**0707** $yz$평면 위의 점은 $x$좌표가 0이므로 주어진 구의 방정식

에 $x=0$을 대입하면

$y^2+z^2+6y-8z+k=0$

$\therefore (y+3)^2+(z-4)^2=25-k$

따라서 주어진 구와 $yz$평면의 교선은 반지름의 길이가 $\sqrt{25-k}$

인 원이다.

이 원의 넓이가 $10\pi$이므로

$\pi\times(\sqrt{25-k})^2=10\pi,\ 25-k=10$

$\therefore k=15$　　　　　답 **15**

**0708** $x^2+y^2+z^2+8x-6y-2kz+9=0$　　　……㉠

$xy$평면 위의 점은 $z$좌표가 0이므로 ㉠에 $z=0$을 대입하면

$x^2+y^2+8x-6y+9=0$

$\therefore (x+4)^2+(y-3)^2=16$　　　　……㉡

$yz$평면 위의 점은 $x$좌표가 0이므로 ㉠에 $x=0$을 대입하면

$y^2+z^2-6y-2kz+9=0$

$\therefore (y-3)^2+(z-k)^2=k^2$　　　　……㉢

두 원 ㉡, ㉢의 넓이의 비가 $4:1$이므로

$16\pi:k^2\pi=4:1$

$4k^2\pi=16\pi,\ k^2=4$

$\therefore k=2\ (\because k>0)$　　　　　답 **2**

**0709** $xy$평면 위의 점은 $z$좌표가 0이므로 주어진 구의 방정식

에 $z=0$을 대입하면

$(x-1)^2+(y-2)^2=1$

즉, 주어진 구와 $xy$평면이 만나서 생기는 원의 중심을 C라 하면

$C(1,\ 2,\ 0)$이고 반지름의 길이는 1이다.

점 A에서 $xy$평면에 내린 수선의 발을 B라 하면

$B(5,\ 2,\ 0)$

오른쪽 그림과 같이 직선 BC가
원과 만나는 점 중 점 B에서 멀
리 있는 점 P에 대하여 선분 AP
의 길이가 구하는 최댓값이다.

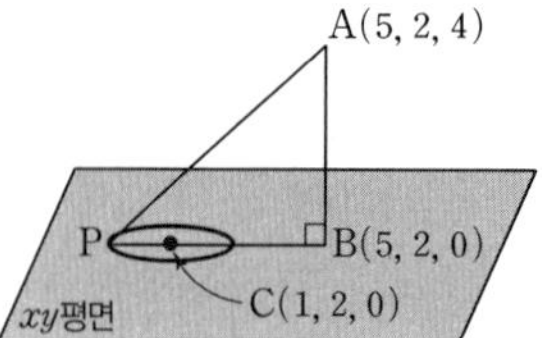


이때 $\overline{BC}=4$이고 원의 반지름의
길이가 1이므로
$$\overline{BP}=4+1=5$$
또, $\overline{AB}=4$이므로 직각삼각형 APB에서
$$\overline{AP}=\sqrt{\overline{BP}^2+\overline{AB}^2}=\sqrt{5^2+4^2}=\sqrt{41}$$

답 $\sqrt{41}$

**0710** $x^2+y^2+z^2+6x+4y+k=0$에서
$$(x+3)^2+(y+2)^2+z^2=13-k$$
이 구의 중심을 C라 하면 $C(-3, -2, 0)$이므로
$$\overline{CA}=\sqrt{(1+3)^2+(2+2)^2+(-1)^2}=\sqrt{33}$$
오른쪽 그림과 같이 점 A에서 구에 그은
접선의 접점을 P라 하면
$$\overline{PA}=5$$

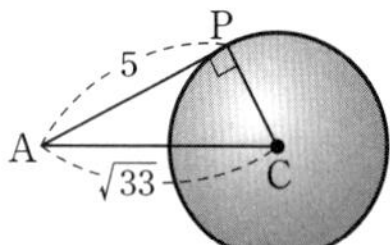


직각삼각형 PAC에서 구의 반지름의 길
이는
$$\overline{PC}=\sqrt{(\sqrt{33})^2-5^2}=2\sqrt{2}$$
따라서 $13-k=(2\sqrt{2})^2$이므로
$$k=5$$

답 **5**

**0711** $x^2+y^2+z^2+2x+2y+4z+5=0$에서
$$(x+1)^2+(y+1)^2+(z+2)^2=1$$
이므로 이 구의 중심을 C라 하면 $C(-1, -1, -2)$이고 반지름
의 길이는 1이다.
이때 $\overline{AC}=\sqrt{(-1-1)^2+(-1)^2+(-2-2)^2}=\sqrt{21}$이므로
$$M=\overline{AC}+1=\sqrt{21}+1, \quad m=\overline{AC}-1=\sqrt{21}-1$$
$$\therefore Mm=(\sqrt{21}+1)(\sqrt{21}-1)=21-1=20$$

답 ④

**0712** $x^2+y^2+z^2-2x+4y-4z+5=0$에서
$$(x-1)^2+(y+2)^2+(z-2)^2=4$$
이므로 이 구는 중심의 좌표가 $(1, -2, 2)$이고 반지름의 길이가
2이다.
두 구의 중심 사이의 거리는
$$\sqrt{(4-1)^2+(2+2)^2+(2-2)^2}=5$$
중심의 좌표가 $(4, 2, 2)$인 구의 반지름의 길이를 $r$라 하면 두 구
가 외접하므로
$$2+r=5 \quad \therefore r=3$$

답 **3**

**0713** $zx$평면 위의 점은 $y$좌표가 0이므로 점 P의 좌표를
$(a, 0, b)$라 하자.

⑦

---

$\overline{AP}=\overline{BP}$에서 $\overline{AP}^2=\overline{BP}^2$이므로
$$(a+1)^2+(-1)^2+(b-1)^2=(a-1)^2+4^2+(b-2)^2$$
$$\therefore 2a+b=9 \qquad\qquad \cdots\cdots \text{㉠}$$
또, $\overline{AP}=\overline{CP}$에서 $\overline{AP}^2=\overline{CP}^2$이므로
$$(a+1)^2+(-1)^2+(b-1)^2=(a+1)^2+(-2)^2+b^2$$
$$-2b=2 \quad \therefore b=-1$$
$b=-1$을 ㉠에 대입하면
$$2a-1=9 \quad \therefore a=5$$

㉴

따라서 구하는 점 P의 좌표는
$$(5, 0, -1)$$

㉵

답 $(5, 0, -1)$

| 단계 | 채점요소 | 배점 |
|---|---|---|
| ㉮ | 점 P의 좌표 정하기 | 20% |
| ㉴ | 점 P의 $x$좌표, $z$좌표 구하기 | 60% |
| ㉵ | 점 P의 좌표 구하기 | 20% |

**0714** 점 B의 좌표를 $(x, y, z)$라 하면 평행사변형 ABCD의
대각선 BD의 중점의 좌표는
$$\left(\frac{x+3}{2}, \frac{y-2}{2}, \frac{z+4}{2}\right)$$

㉮

이때 대각선 BD의 중점은 두 대각선의 교점 $(0, -4, 3)$과 일치
하므로
$$\frac{x+3}{2}=0, \frac{y-2}{2}=-4, \frac{z+4}{2}=3$$
$$\therefore x=-3, y=-6, z=2$$
따라서 $B(-3, -6, 2)$이므로

㉴

$$\overline{AB}=\sqrt{(-3+1)^2+(-6-4)^2+(2+5)^2}$$
$$=\sqrt{153}=3\sqrt{17}$$

㉵

답 $3\sqrt{17}$

| 단계 | 채점요소 | 배점 |
|---|---|---|
| ㉮ | 점 B의 좌표를 정하고 대각선 BD의 중점의 좌표 구하기 | 30% |
| ㉴ | 점 B의 좌표 구하기 | 40% |
| ㉵ | 선분 AB의 길이 구하기 | 30% |

**0715** 선분 AB를 $3:1$로 내분하는 점 C의 좌표는
$$\left(\frac{3\times(-3)+1\times 5}{3+1}, \frac{3\times 3+1\times 3}{3+1}, \frac{3\times 6+1\times(-2)}{3+1}\right)$$
$$\therefore C(-1, 3, 4)$$
선분 AB를 $3:1$로 외분하는 점 D의 좌표는
$$\left(\frac{3\times(-3)-1\times 5}{3-1}, \frac{3\times 3-1\times 3}{3-1}, \frac{3\times 6-1\times(-2)}{3-1}\right)$$

$$\therefore \mathrm{D}(-7, 3, 10)$$



이때 구의 중심을 P라 하면 점 P는 선분 CD의 중점이므로

$$\mathrm{P}\left(\frac{-1-7}{2}, \frac{3+3}{2}, \frac{4+10}{2}\right) \quad \therefore \mathrm{P}(-4, 3, 7)$$

또, 구의 반지름의 길이는

$$\overline{\mathrm{PC}}=\sqrt{(-1+4)^2+(3-3)^2+(4-7)^2}=3\sqrt{2}$$

따라서 구하는 구의 방정식은

$$(x+4)^2+(y-3)^2+(z-7)^2=18$$

답 $(x+4)^2+(y-3)^2+(z-7)^2=18$

| 단계 | 채점요소 | 배점 |
| --- | --- | --- |
| ㉮ | 두 점 C, D의 좌표 구하기 | 40% |
| ㉯ | 구의 중심의 좌표와 반지름의 길이 구하기 | 40% |
| ㉰ | 구의 방정식 구하기 | 20% |

**0716** 오른쪽 그림과 같이 점 A를 지나고 직선 OA에 수직인 평면을 $\alpha$, 구와 평면 $\alpha$의 교선 위의 한 점을 P라 하자.
구 $x^2+y^2+z^2=100$의 중심은 O$(0, 0, 0)$, 반지름의 길이는 10이므로

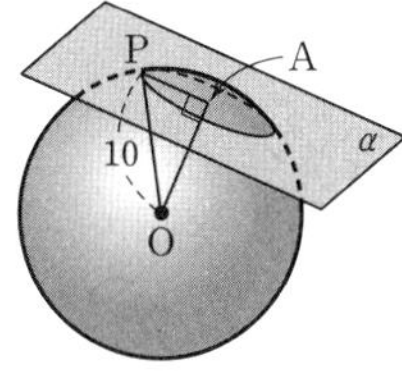

$$\overline{\mathrm{OP}}=10$$
$$\overline{\mathrm{OA}}=\sqrt{(-3)^2+1^2+7^2}=\sqrt{59}$$

직각삼각형 APO에서

$$\overline{\mathrm{AP}}=\sqrt{10^2-(\sqrt{59})^2}=\sqrt{41}$$

이므로 원의 반지름의 길이는 $\sqrt{41}$이다.

따라서 $S=\pi\times(\sqrt{41})^2=41\pi$이므로 $\dfrac{S}{\pi}=41$

답 **41**

| 단계 | 채점요소 | 배점 |
| --- | --- | --- |
| ㉮ | 주어진 상황 파악하기 | 40% |
| ㉯ | 원의 반지름의 길이 구하기 | 40% |
| ㉰ | $\dfrac{S}{\pi}$의 값 구하기 | 20% |

**0717** 오른쪽 그림과 같이 꼭짓점 C에서 $\overline{\mathrm{OB}}$에 내린 수선의 발을 M이라 하면 점 M은 $\overline{\mathrm{OB}}$의 중점이고,

$$\overline{\mathrm{CM}}=6\times\frac{\sqrt{3}}{2}=3\sqrt{3}$$

$$\therefore \mathrm{C}(3, 3\sqrt{3}, 0)$$

한편, 꼭짓점 A에서 삼각형 OBC에 내린 수선의 발을 H라 하면 점 H는 삼각형 OBC의 무게중심이므로

$$\overline{\mathrm{MH}}=\frac{1}{3}\overline{\mathrm{CM}}=\frac{1}{3}\times 3\sqrt{3}=\sqrt{3}$$

또, $\overline{\mathrm{AM}}=\overline{\mathrm{CM}}=3\sqrt{3}$이므로 직각삼각형 AMH에서

$$\overline{\mathrm{AH}}=\sqrt{(3\sqrt{3})^2-(\sqrt{3})^2}=2\sqrt{6}$$

따라서 A$(3, \sqrt{3}, 2\sqrt{6})$이므로

$$a=3, b=\sqrt{3}, c=2\sqrt{6}$$
$$\therefore a^2-b^2+c^2=9-3+24=30$$

답 **30**

**0718** 오른쪽 그림과 같이 네 점
A$(2, 0, a)$, B$(5, 0, a)$, C$(5, 5, b)$, D$(2, 5, b)$의 $xy$평면 위로의 정사영을 각각 A$'$, B$'$, C$'$, D$'$이라 하면
A$'(2, 0, 0)$, B$'(5, 0, 0)$, C$'(5, 5, 0)$, D$'(2, 5, 0)$

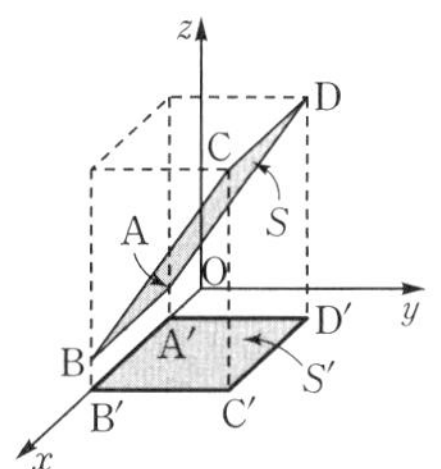

이때 사각형 ABCD의 넓이를 $S$, 사각형 A$'$B$'$C$'$D$'$의 넓이를 $S'$이라 하면

$$S'=S\cos\theta \text{에서 } 3\times 5=3\times\overline{\mathrm{BC}}\times\frac{5}{8}$$

$$\therefore \overline{\mathrm{BC}}=8 \qquad \cdots\cdots ㉠$$

또, B$(5, 0, a)$, C$(5, 5, b)$에서

$$\overline{\mathrm{BC}}=\sqrt{(5-5)^2+5^2+(b-a)^2}$$
$$=\sqrt{(b-a)^2+25} \qquad \cdots\cdots ㉡$$

㉠, ㉡에서

$$\sqrt{(b-a)^2+25}=8, (b-a)^2=39$$
$$\therefore b-a=\sqrt{39} (\because b>a)$$

답 $\sqrt{39}$

**0719** 구 $x^2+y^2+z^2=64$의 중심을 O,
구 $(x-1)^2+(y-2)^2+(z-2)^2=16$의 중심을 C라 하면
O$(0, 0, 0)$, C$(1, 2, 2)$
두 구의 중심 사이의 거리는

$$\overline{\mathrm{OC}}=\sqrt{1^2+2^2+2^2}=3$$

또, 두 구의 반지름의 길이는 각각 8, 4이므로 두 구의 위치 관계는 오른쪽 그림과 같다.

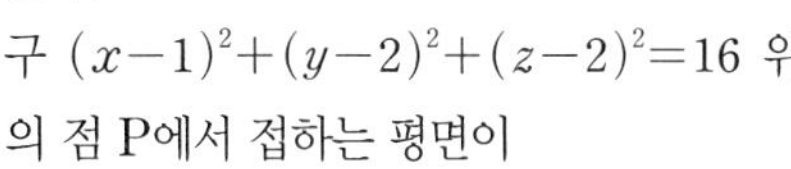

구 $(x-1)^2+(y-2)^2+(z-2)^2=16$ 위의 점 P에서 접하는 평면이
구 $x^2+y^2+z^2=64$를 자른 단면의 넓이가 최대가 되는 경우는 점 P가 오른쪽 그림과 같이 직선 OC 위의 점일 때이다.
평면과 구 $x^2+y^2+z^2=64$의 한 교점을 H라 하면

$$\overline{\mathrm{OP}}=\overline{\mathrm{PC}}-\overline{\mathrm{OC}}=4-3=1$$

직각삼각형 POH에서

$$\overline{\mathrm{PH}}=\sqrt{8^2-1^2}=3\sqrt{7}$$

따라서 이때의 단면은 반지름의 길이가 $3\sqrt{7}$인 원이므로 그 넓이는
$\pi\times(3\sqrt{7})^2=63\pi$

답 **63π**

**0720** 구 $x^2+y^2+(z-6)^2=25$의 중심을 C라 하면

C$(0,\ 0,\ 6)$이고 구의 반지름의 길이는 5이다.

오른쪽 그림과 같이 점 P에서 나온 빛이 구
와 접하는 한 점을 A, 선분 PA를 연장하
였을 때 $xy$평면과 만나는 점을 B라 하면

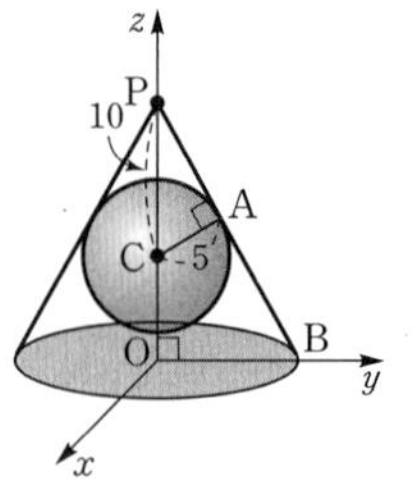

$\overline{PC}=10$, $\overline{AC}=5$이므로 직각삼각형

PCA에서

$\overline{PA}=\sqrt{10^2-5^2}=5\sqrt{3}$

이때 $\triangle$PAC$\backsim\triangle$POB이고, $\overline{PO}=16$이므로

$\overline{AC}:\overline{OB}=\overline{PA}:\overline{PO}$에서

$5:\overline{OB}=5\sqrt{3}:16$

$\therefore \overline{OB}=\dfrac{16\sqrt{3}}{3}$

따라서 그림자는 반지름의 길이가 $\dfrac{16\sqrt{3}}{3}$인 원이므로 그 넓이는

$\pi\times\left(\dfrac{16\sqrt{3}}{3}\right)^2=\dfrac{256}{3}\pi$
$\qquad\qquad\qquad$ 답 $\dfrac{256}{3}\pi$

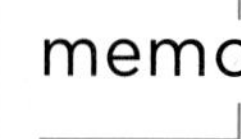

memo

# 개념원리
# RPM

## 기하